Die russische Kulturosophie

SLAVISCHE LITERATUREN

TEXTE UND ABHANDLUNGEN

Herausgegeben von Wolf Schmid

Band 18

PETER LANG

Frankfurt am Main · Berlin · Bern · Bruxelles · New York · Wien

Dirk Uffelmann

Die russische Kulturosophie

Logik und Axiologie
der Argumentation

PETER LANG
Europäischer Verlag der Wissenschaften

Die Deutsche Bibliothek - CIP-Einheitsaufnahme

Uffelmann, Dirk:
Die russische Kulturosophie : Logik und Axiologie der
Argumentation / Dirk Uffelmann. - Frankfurt am Main ; Berlin ;
Bern ; Bruxelles ; New York ; Wien : Lang, 1999
(Slavische Literaturen ; Bd. 18)
Zugl.:Konstanz, Univ., Diss., 1999
ISBN 3-631-35350-2

Dissertation der Universität Konstanz
Tag der mündlichen Prüfung: 22.04.1999
1. Referent: Prof. Dr. Igor' P. Smirnov, Universität Konstanz
2. Referent: Prof. Dr. Klaus Städtke, Universität Bremen

Gedruckt auf alterungsbeständigem,
säurefreiem Papier.

D 352
ISSN 0339-8066
ISBN 3-631-35350-2
© Peter Lang GmbH
Europäischer Verlag der Wissenschaften
Frankfurt am Main 1999
Alle Rechte vorbehalten.

Das Werk einschließlich aller seiner Teile ist urheberrechtlich
geschützt. Jede Verwertung außerhalb der engen Grenzen des
Urheberrechtsgesetzes ist ohne Zustimmung des Verlages
unzulässig und strafbar. Das gilt insbesondere für
Vervielfältigungen, Übersetzungen, Mikroverfilmungen und die
Einspeicherung und Verarbeitung in elektronischen Systemen.

Printed in Germany 1 3 4 5 6 7

Der methodische Grundgedanke dieser Arbeit geht auf einen Aufsatz von 1996 zurück, in dem am Gegenstand der „Kulturkonzepte in der Karamzin-Šiškov-Kontroverse" zum ersten Mal der Versuch unternommen wurde, die Instrumente von Logik und Axiologie zur Konzeptualisierung von Argumentationsformen einzusetzen. Die Anregung zu diesem Aufsatz verdanke ich einem Hauptseminar von Frau Prof. Dr. Renate Lachmann unter dem Titel „Ästhetische Konzepte des 18. Jahrhunderts in Rußland" (Universität Konstanz, Sommersemester 1994).
Es war Herr Prof. Dr. Igor' P. Smirnov, Konstanz, der mich auf die Spur der russischen Philosophie brachte. Für seine unermüdliche und mannigfaltige Unterstützung bei der Entstehung dieser Arbeit schulde ich ihm den größten Dank. Herr Prof. Dr. Klaus Städtke, Bremen, hat in einer späteren Phase substantielle Anregungen gegeben, für die ich ihm sehr verbunden bin.
Die Studienstiftung des deutschen Volkes hatte dankenswerterweise die Förderung dieser Dissertation in Aussicht gestellt; aufgrund der Anstellung als wissenschaftlicher Mitarbeiter an der Universität Bremen konnte ich nur auf die ideelle Seite dieser Unterstützung zurückgreifen.
Herrn Prof. Dr. Wolf Schmid gilt mein Dank für die freundliche Aufnahme dieser Arbeit in die Reihe „Slavische Literaturen".
Ich widme dieses Buch meinen Eltern.

[...] wer die Welt vernünftig ansieht, *den* sieht sie auch vernünftig an: Beides ist in Wechselbestimmung. (Hegel 1965, XI 37)

Das logische Denken, von dem die Logik redet, ein Denken, wo der Gedanke selbst als Ursache von neuen Gedanken gesetzt wird –, ist das Muster einer vollständigen Fiktion: *ein Denken derart kommt in Wirklichkeit niemals vor*. (Nietzsche 1904, 43)

Schlimm ist der Kulturbegriff, weil er seine eigene Operation verheimlicht und an die Stelle des Wissens um die Kontingenz die Emphase für sich selbst setzt. (Baecker 1999, 57)

INHALT

0.	**HINFÜHRUNG: TRENNEN UND VERBINDEN**	15
0.1.	Biologie	15
0.2.	Zivilisationsgeschichte	15
0.3.	Philosophiegeschichte	17
1.	**FORSCHUNGSLAGE**	**23**
1.0.	Der historische Rahmen	23
1.1.	Das Westler-Slavophilen-Thema. Zum Forschungsstand	23

Logische Konzeptualisierung der russischen Kulturosophie – Integration der Karamzin-Šiškov-Debatte – Philosophie, Philosophieren, Kulturosophie

1.2.	Kultur vs. Zivilisation	29
1.3.	Zum Begriff der Kulturosophie	31

Weitere proto-logische Hypothesen – Kulturosophie als Interdiskurs

1.4.	Ein Vorbegriff von Axiologik	39
1.5.	Konzepte, Mentalitäten, sekundäre modellierende Systeme – Individuelles vs. Kollektives	41
1.6.	Formalisierung/Formalismus – eine Gefahr?	43
1.7.	Kulturwissenschaft, Interkulturalität, Kulturologie	45
1.8.	Grenzen dieser Arbeit	47
2.	**LOGIK**	**49**
2.1.	Angewandte Logik	49
2.2.	Konzeptualisierung von Konzeptualisierung	50
2.3.	Trennen und Verbinden	51

Denken oder Sprache? – Thema und Rhema – Rhema vor *tertium* – Logik oder Rhetorik? – Objektsprachliche Vorformulierungen von Logik

2.4.	Eine Logik des Trennens und Verbindens. These 1	57
2.5.	Konjunktion und Disjunktion	58

Prädikatextensionen in klassenlogischer Darstellung

3. AXIOLOGIE 67

3.1. Die wertphilosophische Tradition.. 67
Objektivismus – Ontologische Ansätze – Nicht-ontologische objektivistische Ansätze – Subjektivismus – Psychologische Ansätze – Gnoseologische Ansätze – Wertrelativismus – Die Verdoppelung der Axiologie

3.2. Werthaltungen anstelle von Werten 76
Philosophische und kulturosophische Erkenntnisinteressen – Philosophiehistorische und mentalitätsgeschichtliche Erkenntnisinteressen

3.3. Eine in Denkoperationen begründete generative Theorie von Werthaltungen. (Hypo-)These 2... 78
Relationale Wertlehre – Mögliche Einwände von seiten ontologischer Werttheorien – Erweiterung der Meinong-Ehrenfels-Kontroverse – Weitere zur Werthaltungsgenese beitragende Faktoren

3.4. Axiologik vs. Logik der Werte. Terminologische Abgrenzung....... 82

4. APPLIKATION 85

4.1. „Negativ-heuristischer Schutzgürtel".. 85

4.2. Tendenzen und Kombinationen statt Konstanten und Invarianten.... 85
Partieller Strukturalismus – Mehrere Beschreibungsebenen – Partieller New Historicism – Kombination strukturalistischer und neuhistorizistischer Verfahren

4.3. Zum Status des Modells.. 90
Zwei Logikbegriffe und zwei Anwendungsweisen auf „Realität" – Das *pro* und *contra* einer objektiven Logik der Geschichte – Synchrone Schnitte – Modell und Realität – Unschärfe etc. – Praktische Bewährung – Inhärente Wertungen

4.4. Unbewußte (nicht-reflektierte) Logik... 99

4.5. Das Verhältnis zu anderen Typologisierungsangeboten................. 101
Duale und Dualität thematisierende Modelle – Eine bachtinologische Dualität

4.6. Universalismus?... 104
Erstes Universalismus-Problem: Ubiquitäre Logik? – Aussagen – Texte und Textsysteme – Zweites Universalismus-Problem: Ubiquitäres Werten? – Nicht-wertende Aussagesysteme? Pure Deskription – Nur positiv-wertende Aussagesysteme? – Radikaler Negativismus. Philosophie der Hoffnungslosigkeit – Drittes Universalismus-Problem: Ubiquitäre Tendenzen und Dominanzen?

4.7. Anwendung auf die russische Kulturosophie............................... 109
Elemente von radikalem Deskriptivismus in der russischen Kulturosophie

Inhalt

4.8. Unterschied zur Westler-Slavophilen-Opposition 111
   Historisch-exemplarische Ätiologie einer Denkform – Die Inhaltsoffenheit einer strukturellen Beschreibung – Entscheidung für das logisch-axiologische Modell. These 3 – Konzeptualisierung des Diversen

4.9. Formen *und* Inhalte – Intertextualitätstheoretischer Exkurs 115

5. N. M. KARAMZIN UND A. S. ŠIŠKOV 119

5.0. Kulturosophische Lesart der Karamzin-Šiškov-Kontroverse 119

5.1. Forschungsstand 120

5.2. Debattenverlauf und Textauswahl 121

5.3. Die Diskurse der Debatte 123
   Literatur und Ästhetik – Sprachgeschichte und Sprachpolitik – Politik und Gesellschaft – Das Wechselverhältnis der Diskurse

5.4. Der kulturosophische Antagonismus 134
   Russische Kultur und das Verhältnis zum Westen – Zeitbegriff – Zeichenbegriff – Menschenbild

5.5. Kulturmodellierende Oppositionen 139
   Alt vs. neu – Kultur vs. Anti-Kultur/Nicht-Kultur – Eigen vs. fremd – Andere Typologisierungsangebote

5.6. Logische Konzeptualisierung 143
   Karamzin vs. Šiškov. These 4 – Kulturräume – Zeichenkonzepte – Divergenz- und Konvergenztheorie, Schrift und Umgangssprache – Politik – Evolution vs. Revolution – Geschlechterverhältnis – Intuition und Rationalität – Ernst und Parodie – Polemik vs. Empathie (und Schweigen) – Zweck-Mittel-Relationen zwischen den logischen Operationen

5.7. Revision zweier Ansprüche 155
   Einfachheitsanspruch – Natürlichkeit?

5.8. Karamzin und Šiškov vor dem Hintergrund älterer Traditionen 156

6. P. JA. ČAADAEV UND I. V. KIREEVSKIJ 159

6.0. Fortbestand des Antagonismus von Konjunktions- und Disjunktionsaxiologik? 159

6.1. Vorgehen und Forschungsstand 160

6.2. Zur Gegenüberstellung von Čaadaev und Kireevskij 163
   Entwicklung im Denken und Textauswahl

6.3. Gegenstände der Diskussion 167
Über den Stand der Kultur überhaupt – Zur Lage der russischen Kultur – Kulturräume – Geschichtskonzepte – Russische Geschichte – Ansätze von Geschichtstheorie – Philosophiegeschichte – Religion – Menschenbild – Gesellschaftskonzepte – Zukunftsdesiderate

6.4. Kulturmodellierende Oppositionen.. 196
Alt vs. neu – Tot vs. lebendig – Kultur vs. Anti-Kultur/Nicht-Kultur – Eigen vs. fremd – Innen vs. außen – „Westler" vs. „Slavophile"?

6.5. Realisationen logischer Denkoperationen 200
Čaadaev vs. Kireevskij. These 5 – Ontologie und Epistemologie – Zeichenkonzepte – Exklusive vs. inklusive Kulturkonzepte – Kontextualität – Gegenwart und Zukunft – Freiheit und Gemeinschaft – Evolution und Revolution – Geschlechterverhältnis – Intuition und Rationalität – Eschatologie und „цельность" – Explizite Äußerungen zur Logik

6.6. Logisch-axiologisch nahestehende Denksysteme 215
Schelling – F. Schlegel – Baader – Überphilosophie und Übersetzungskultur

6.7. Zwei Gegenstandsbereiche – zwei Logiken 221
Politik oder Metaphysik? – Einheit? – Die Axiologik Čaadaevs und Kireevskijs im Kontext Karamzins und Šiškovs

6.8. Čaadaev und Kireevskij vor dem Hintergrund der Westler-Slavophilen-Debatte... 228

7. A. I. GERCEN UND N. JA. DANILEVSKIJ 229

7.0. Konvergenz auch unter anderen (Epochen-)Verhältnissen?............. 229

7.1. Vorgehen und Forschungsstand.. 229

7.2. Zur Gegenüberstellung von Gercen und Danilevskij......................... 232
Entwicklung im Denken und Textauswahl

7.3. Gegenstände der Diskussion 235
Kultur/Zivilisation/Zivilisationen – Zur Lage der Kultur, insbesondere der russischen – Kulturräume – „Slaventum" und Westeuropa – Menschheit? – Entwicklung, Fortschritt – Weitere Dimensionen der Geschichtskonzepte – Russische Geschichte – Erkennen und Wissenschaft – Religion – Sprache – Menschenbild – Gesellschaftskonzept – Ansätze zu einer Theorie internationaler Beziehungen bei Danilevskij – Zukunftsdesiderate

7.4. Kulturmodellierende Oppositionen.. 275
Alt vs. neu – Tot vs. lebendig – Anti-Kultur vs. Mit-Kultur – Eigen vs. fremd – Innen vs. außen – Nochmals zur Westler-Slavophilen-Konzeptualisierung

Inhalt 13

7.5. Realisationen logischer Denkoperationen 282
Gercen vs. Danilevskij. These 6 – Erkennen – Theorie und Praxis – Kulturraumkonzepte – Zeitkonzepte – Evolution und Revolution – Individuum und Gemeinschaft – Geschlechterverhältnis – Argumentationsweise – Deskriptives und Normatives – Explizites Verhältnis zur Logik

7.6. Logische Konzeptualisierung 301

7.7. Logisch-axiologisch nahestehende Denksysteme 302

7.8. Distribution der Axiologiken und Grenzen
der Wertkonzeptualisierung 306

7.9. Gercen und Danilevskij im Kontext der früheren Kulturosophen 307
Zum „Realismus"-Begriff im Lichte der Axiologik – Gercens und Danilevskijs Erbstücke aus der Axiologik der „Romantiker" – Lob der Disjunktion: Šiškov, Danilevskij, Gercen

8. V. S. SOLOV'EV UND K. N. LEONT'EV 311

8.0. Anknüpfung an frühere Debatten 311

8.1. Gliederung des Kapitels 312

8.2. Debatte 313
Forschungsstand – Entwicklung im Denken der Kontrahenten und Textauswahl – Slavophile Positionen des frühen Solov'ev

8.3. Parameter der Debatte 321
Zur Lage der russischen Kultur – Kulturräume – Die Verbindung mit einem Dritten: Byzanz – Geschichte – Kunstkonzept – Rolle der Religion – Menschenbild – Gesellschaftskonzept – Zukunftsentwurf – Staat und Apokalypse: Zur Widersprüchlichkeit Leont'evs

8.4. Kulturmodellierende Oppositionen 347
Alt vs. neu – Kultur vs. Anti-Kultur/Nicht-Kultur – Innen vs. außen bzw. geistig vs. materiell – Eigen vs. fremd – Einfach vs. komplex

8.5. Realisationen logischer Denkoperationen 351
Solov'ev vs. Leont'ev. These 7 – Ontologie und Epistemologie – Kosmogonie und Kulturgeschichte – Kulturraumkonzepte, Exklusion, Inklusion – Apokalyptik – Geschichte – Endzeit, Einheit – Göttliches und Menschliches – Individuum, Sozium und Staat – Geschlechterverhältnis – Rationalität und Intuition – Intertextpraxis – Explizites Verhältnis zur Logik

8.6. Logische Konzeptualisierung 374

8.7. Logisch-axiologisch nahestehende Denksysteme 378

Hermetische Wurzeln Solov'evs – Leont'ev und Nietzsche?

8.8. Zeitkontext, Typizität und Besonderheit 387

9. ERGEBNISSE UND GRENZEN 389

9.1. Logisch-axiologische Prävalenzen in der russischen Kulturosophie zwischen 1790 und 1900 389

Einzelergebnisse – Allgemeine Resultate – Aussagekraft der Ergebnisse

9.2. Verstehensangebote durch das logisch-axiologische Modell 393

Nationalkulturelle, Gruppen- oder Epochentypizität? – Tradition, Selektion, Rekombination. These 8 – Selektionsfreiheit

9.3. Logik und „Grenze" 397

Analyse vs. Synthese, Universalismus vs. Differenz – Grenzlinie vs. Grenzraum

9.4. Ausweitung des Anwendungsbereiches? 402

10. AUSBLICK INS 20. JAHRHUNDERT 405

10.1. Motivfortdauer 405

Politischer Diskurs – Kulturosophischer Diskurs

10.2. Weiterwirken der logischen Denkformen? 406

Ivanovs Dualismen – Das „Religiozno-filosofskoe obščestvo" – Die mehrwertige Logik Florenskijs – Die Antilogik Šestovs – Fedotov oder selbstwidersprüchliche Kombination – Ryklin oder dekonstruktive Kombination – Zusammenschau

10.3. Zu Erkenntnisinteresse und Ergebnis 414

11. METHODOLOGISCHER AUS- UND RÜCKBLICK 417

11.1. Komplexe Logik oder logisch-generative Wertphilosophie? 417

11.2. Eine Parallele von Methode und Geschichte? 418

11.3. Metaaxiologik 419

11.4. Zwischen Strukturalismus und New Historicism 420

11.5. Pragmatischer Historismus 422

LITERATUR 423

NAMENSINDEX 451

0. HINFÜHRUNG: TRENNEN UND VERBINDEN

0.1. Biologie

Als Lebewesen in einer Umwelt ist der Mensch darauf angewiesen, mit dieser Umwelt in Kontakt zu treten, um sich zu ernähren, um sich als Gattung zu erhalten. Andererseits bedarf er bestimmter Techniken des Schutzes vor seiner Umwelt, vor für ihn gefährlichen Tieren, vor Naturgewalten, vor konkurrierenden Menschen. So ist er aus seiner biologischen Geworfenheit auf eine Umwelt[1] heraus dazu determiniert, sich mit für ihn als Individuum oder als Gattungswesen förderlichen Teilen seiner Umwelt zu verbinden, und zugleich, sich vor ihn gefährdenden Elementen dieser Umwelt zu schützen, eine Trennlinie zwischen ihm und der äußeren Gefahr einzuziehen.

0.2. Zivilisationsgeschichte

> Als [...] sogar Herr Scheuffele von Wiedervereinigung sprach anstatt von ordnungsgemäßer Trennung des Abfalls in Papier- bzw. Restmülltonne [...] (Politycki 1997, 365)

Im Laufe der Geschichte seiner Zivilisation entwickelt der Mensch immer differenziertere Techniken, sich mit dem für ihn Förderlichen zu verbinden und sich vom Gefährdenden abzugrenzen. Die Verbände, in denen Menschen zusammenleben oder bestimmte Teilaspekte ihres Daseins aufeinander abstimmen, werden immer komplexer. Aus der Urhorde entwickeln sich Dorfgemeinschaften, aus regionalen Verbänden überregionale Einheiten, aus Nationalstaaten Staatenbünde. Die Grenze zwischen förderlicher (innerer) Umwelt und gefährdender (äußerer) Umwelt wird dabei immer weiter nach außen verlagert – von der Höhle als Schutzraum über agrarische Einzäunungen (νομόι), den römischen Limes bis zu abstrakten Rechtsschranken, ja zur noch nicht übersehbaren Entwicklungsstufe der Globalisierung. Zivilisationsgeschichtlich bildet sich so ein primäres Muster der Spaltung von innen

---

[1] In diesen hinführenden Bemerkungen wird – anders als in der folgenden Untersuchung – darauf verzichtet, die skizzierten Behauptungen durch wissenschaftliche Quellen zu belegen; die Aussagen sind in der Hinführung bewußt auf allgemeinster Ebene gehalten, sie springen schlaglichtartig durch Jahrtausende von kultur- und philosophiegeschichtlichen Entwicklungen, um ein mentalitätsgeschichtliches Phänomen anzudeuten, nicht aber um dessen Genealogie erschöpfend darzustellen.

und außen, von notwendigem Verbinden im inneren Bereich und ebenso überlebensnotwendigem Trennen dieses inneren schutzbedürftigen Bereichs vom gefährdenden äußeren. Die biologische Urkonstellation geht über in eine Denkroutine, Biologie führt zu Bio-logik.[2] Je differenzierter eine Gesellschaft wird, desto mehr einander überlagernde Subsysteme von Innen und Außen, von Verbinden und Trennen bildet sie aus.

Ein und dieselbe Struktur kann von wenigstens zwei Seiten betrachtet, in einer Hinsicht als Akt des Verbindens, in anderer als Akt des Trennens aufgefaßt werden: So ist arbeitsteiliges Wirtschaften zum einen ein komplexes Zusammenarbeiten, eine Synergiestrategie, andererseits beruht eben dieser Synergieeffekt auf der Trennung von Funktionen und Rollen. Je nach Perspektive erscheint Arbeitsteilung als Verbinden oder als Trennen. Die Reihe der Beispiele ließe sich beliebig vermehren und variieren. Vielleicht, im Hinblick auf die folgende Untersuchung der Strategien des Trennens und Verbinden im russischen kulturosophischen Diskurs, noch ein spezielleres Exempel: Emanzipation, sagen wir: Frauenemanzipation, läßt sich auf der einen Seite als Eingliederung in eine bis dahin männlich bestimmte Arbeitswelt, also als Strategie der Verbindung ansprechen. Andererseits kann Emanzipation genauso gut als Befreiung aus der Subordination in einer patriarchalen Ehe, also als Abschottung gegen eine als schädlich begriffene Verbindung verstanden werden.

An letzterem Beispiel läßt sich eine Umkehrung der Werte ablesen: Nicht jede Verbindung in einem „Innen"-Raum gilt als positiv. In differenzierten Gesellschaften steht auch die Wertzuweisung von Verbinden und Trennen zur Disposition. Dadurch kommen in Theorien über die Gesellschaft verschiedene Zuweisungen von Werten an Trennen und Verbinden zum Tragen. Das augenfälligste Beispiel ist der Antagonismus von kollektivistischen und individualistischen Werten.

Vor dem Hintergrund der biologischen Notwendigkeit der Unterscheidung von Trennen und Verbinden und der Komplizierung der Wertzuweisung an die beiden Operationen im Lauf der Zivilisationsgeschichte ist es nur natürlich, daß auch die abstrakteste Form des Reflektierens über das

---

[2] Diese Bio-logik ist die Fortsetzung einer natürlichen Konstellation, aber nicht selbst Natur. Vielmehr bildet sie das Scharnier zur zivilisationsgeschichtlichen Herauslösung des Menschen aus der Urkonstellation, das Scharnier zu immer neuen Logiken, die dann schließlich auch keine Bio-logiken mehr sind, sondern einzig im Kontext der differenzierten Lebenswelten der Moderne sinnvoll sind.

menschliche Sein, die Philosophie, das Thema von Trennen und Verbinden aufgreift.³

0.3. Philosophiegeschichte

> Здесь на земле единоцельны
> И дух и плоть путем одним
> Бегут, в стремленьи нераздельны,
> И бог — одно начало им.
>
> (Blok 1980, I 121)

Die im *Timaios* enthaltene spekulative Kosmologie Platons setzt nach kurzen Vorbemerkungen mit der Frage nach dem Grund der Erschaffung der Welt ein (Platon 1990, 36; 29e). Die erste Annahme, mit welcher der spekulierende Timaois sich selbst antwortet, betrifft die aus der Güte Gottes abgeleitete Geordnetheit der Welt (30a), die im weiteren als organische Einheit beschrieben wird (30c), welche alle Einzelgeschöpfe umfasse:

> Τῷ γὰρ τῶν νοουμένων καλλίστῳ καὶ κατὰ πάντα τελέῳ μάλιστα αὐτὸν ὁ θεὸς ὁμοιῶσαι βουληθεὶς ζῷον ἓν ὁρατόν, πάνθ' ὅσα αὐτοῦ κατὰ φύσιν συγγενῆ ζῷα ἐντὸς ἔχον ἑαυτοῦ, συνέστησε.⁴

Timaois verwirft ferner die Annahme, es könne mehrere Welten geben, indem er sagt: „εἷσ ὅδε μονογενὴς οὐρανὸς γεγονὼς ἔστιν καὶ ἔτ' ἔσται"⁵. Wenn Timaios also aus dem Streben des Schöpfers nach optimaler Verfassung der von ihm zu schaffenden Welt ausgeht und annimmt, daß eben dieser optimale Status im Allzusammenhang, in der „organischen" Einheit alles einzelnen Geschaffenen realisiert sei, ist dem eine Wertannahme inhärent: daß Einheit und Zusammenhang besser seien als Vielheit und diskrete Existenz. So beginnt die Geschichte der abendländischen Philosophie mit der eigenartigen Verknüpfung einer Denkroutine, die hier zunächst kurz „organische Einheit" genannt sei, und der *Wertbelegung dieser Denkform*: Einheit und Zusammenhang gelten für besser als Sonderung und Vereinzelung.

---

³ Wie wenig explizit dies jedoch in Philosophie und Philosophiegeschichtsschreibung passiert, ist frappant. Bislang gibt es keine kohärente Theorie der Werthaftigkeit der logischen Operationen Trennen und Verbinden.

⁴ „Da der Gott es also dem Schönsten unter allem durch die Vernunft Erkennbaren und in jeder Beziehung Vollkommenen möglichst ähnlich zu machen beabsichtigte, schuf er es als *ein* sichtbares Lebewesen, welches alle von Natur ihm verwandten Lebewesen in sich faßt." (30d)

⁵ „alleinig und einmalig geworden ist dieser Himmel und wird es ferner sein" (31b).

Erst in der neuzeitlichen Platon-Rezeption dominieren die „erkenntniskritischen" Dialoge (Apologie, Symposion u.a.). Im mittelalterlichen Platonismus, als die besagten Dialoge noch nicht bekannt waren, hingegen stand der in der aufklärerischen Diskussion etwas aus dem Blickfeld herausgetretene *Timaois* im Vordergrund (Jantzen 1988, 712). Man kann aufgrund der langanhaltenden Dominanz dieser Schrift in der Platon-Rezeption annehmen, daß vieles von den darin enthaltenen Wertkonzepten in die Routinen der späteren Philosophie eingegangen ist und sich darin fort- und festgesetzt hat, bis in die Neuzeit hinein.

Die Geschichte dieser Fortschreibung auch nur überblicksartig nachzuzeichnen, würde diese Hinführung sprengen. Daher sei hier ein auf den ersten Blick unvermittelter und weiter Sprung gestattet – zu einem Beispiel aus dem russischen Umfeld, mit dem es diese Arbeit zu tun haben wird:

In Rußland hebt vielen Darstellungen zufolge die Philosophie mit Čaadaevs *Первое философическое письмо* an[6]. Damit begänne sie unmittelbar mit dem platonischen Thema Einheit und Getrenntheit; denn in seinem *Первое философическое письмо* (unter skandalösen Umständen 1836 publiziert) besingt Petr Ja. Čaadaev die Einheit Westeuropas (mit einer Betonung des westlichen, katholischen Mittelalters):

> Народы Европы имеют общее лицо, семейное сходство. Несмотря на их разделение на ветви латинскую и тевтонскую, на южан и северян, существует общая связь, соединяющая их в одно целое [...]. (Čaadaev 1991, I 327)

Demgegenüber zeichne Rußland innere Zusammenhangslosigkeit aus: „В наших головах ничего общего, все там обособлено и все там шатко и неполно." (ebd., I 328) Henriksen schlägt nun eine Brücke von Platos kosmologischer Wertlehre zu Čaadaevs kontrastiver Konzeptualisierung Europas und Rußlands:

> It could be said that Chaadaev here is *nationalizing* the parts of Plato's cone[7]. Europeanizing its superior top half with its general essences, and Russianizing the bottom

---

[6] Diese Position ist strittig. Daß theologische Traktate, Predigten etc. der altrussischen Zeit (Ilarion) wie der russischen kulturellen Selbstreflexion dienende Texte des 17. und 18. Jahrhunderts, etwa auch Skovorodas oder Ščerbatovs, Philosopheme enthalten, ist klar. Daß bei Karamzin und Šiškov manches spätere kulturosophische Theorem vorkommt, wird unten (5.) zu zeigen sein. In bezug auf Čaadaev kann eigentlich nur vom Beginn der *expliziten* Kulturphilosophie in Rußland gesprochen werden. Er ist es, der Rußland zu einem philosophischen Ort macht.

[7] Henriksen führt Platos Kontrastierung von Einheit und Vielheit auf die Kegelfigur (mit der Opposition von einheitlicher Spitze und breiter, diversifizierter Unterseite) zurück (Henriksen 1995, 20-23).

half with its shaky „individual" particularities. Russia is particularized, and opposed to European generality and wholeness [...]. (ebd., 57)

Der „glorious oneness" (Henriksen 1995, 57) aller europäischen Völker steht bei Čaadaev der Mißstand gegenüber, daß die Russen nicht einmal selbstidentisch seien („differenciated even against themselves", ebd., 58). Der bei Plato angeschlagene Grundton positiver Einheitlichkeit (und umgekehrt: negativen Gespalten-Seins) setzt sich damit – nach vielen anderen Denkern – auch beim russischen Kulturphilosophen Čaadaev, nun mit konkreter kulturräumlicher Füllung fort.

Und noch ein Sprung (wieder unter Vernachlässigung vieler möglicher anderer Belege, die zeitlich dazwischenliegen)[8], zu einem dritten Beispiel, bei dem die impliziten Wertentscheidungen Platos und Čaadaevs explizit gemacht werden: Der deutsche Philosoph Hugo Münsterberg, Vertreter des Aufschwungs der Wertphilosophie in den ersten Jahrzehnten des 20. Jahrhunderts, steht in der Tradition jener Denkstrategie „organische Einheit", die von Plato über Plotin bis in den deutschen Idealismus und seine langlebigen Nachwirkungen (eine davon ist die russische Kulturosophie) reicht. Sie besagt, daß Verbinden, daß Einheit strukturell, an und für sich positiv sei.

Die positive Wertung von Verbinden (und damit unabweisbar verbunden die negative von Trennen[9]) erfährt in Münsterbergs *Philosophie der Werte* (1908) nun eine formale Begründung: Der Autor verteidigt die Überpersönlichkeit, Absolutheit, Unbedingtheit von Werten (Münsterberg 1908, 37f). Auf der Grundlage seiner objektivistischen Werttheorie errichtet Münsterberg ein Gebäude der „Welt der Werte" aus acht Hauptkategorien: „Daseinswerten", „Zusammenhangswerten", „Einheitswerten", „Schönheitswerten", „Entwicklungswerten", „Leistungswerten", „Gotteswerten" und „Grundwerten". Alle acht Abschnitte sind in jeweils drei Unterkapitel gegliedert. Bei den hier interessierenden „Einheitswerten" sind dies die Realisationsfelder Harmonie, Liebe und Glück, denen je analoge Werte zugeschrieben werden:

> Vielleicht bezeichnet es das Wesentliche am besten, wenn wir die Einstimmigkeit der Wesen als Liebe, die Einstimmigkeit der Dinge als Harmonie bezeichnen. So haben wir denn als Einheitswerte in der Außenwelt die Harmonie, in der Mitwelt die Liebe, in der Innenwelt das Glück. (ebd., 207)

---

[8] Was sich der New Historicism auf der synchronen Ebene, nämlich beim Springen von einem gesellschaftlichen Funktionssystem zu einem anderen, erlaubt, das sei bei diesem ersten Aufriß des Themas anhand dreier zeitlich weit auseinanderliegender Beispiele gleichfalls gestattet.

[9] Carl Schmitt argumentiert, mit der Setzung eines positiven Wertes ginge je schon die Bestimmung eines negativen „Unwertes" einher (Schmitt 1979, 22).

„Einstimmigkeit" ist das Kernwort der zitierten Passage. Eine andere Wortwahl für Einheits- und Zusammenhangswerte ist „Identität": „Die Hinarbeit auf Identität ist [...] entscheidend." schreibt Münsterberg (ebd., 121) weiter. Er dehnt sein Wertmaß Verbinden, Identität, Einstimmigkeit auf alle Bereiche des menschlichen Seins aus. Über die Wissenschaft heißt es: „Die allernächste Forderung daher ist, daß die Wissenschaft verbindet, und zwar jedes einzelne mit allem, jedes Sandkorn mit dem Universum." (ebd., 205)

Den Wert von Liebe und Harmonie (biologisch die „innere Umwelt") in Gleichklang, Übereinstimmung, Verbindung zu erblicken, ist ein bis in die Gegenwart weit verbreitetes Denkmuster. Bei der Wissenschaft sieht dies zu Ende des 20. Jahrhunderts jedoch anders aus; hier dominiert ein hermeneutisches Ethos, nach dem unterschieden wird, was zu unterscheiden ist. Nicht so bei Münsterberg. Für ihn liegt im Gleichklang-Schaffen und Einheit-Setzen ein Wert an sich. Gegenstandsunabhängig ist für den Philosophen der Jahrhundertwende das Verbinden, die logische Operation des Verbindens, ein Positivum.

Auf Grundlage dieser drei Beispiele läßt sich folgender Schluß ziehen: Logische Relationen können Werte zugesprochen bekommen. Logisch gesprochen und auf die dargelegten Beispiele bezogen: Konjunktion bzw. Identität werden mit dem wertenden Prädikat „gut" versehen.

Gibt es auch eine Gegentradition? Eine Denkstrategie, welche das Trennen als positiven Wert setzt? In seinem Aufsatz *Towards a Poetics of Culture* von 1986 konfrontiert Stephen J. Greenblatt die postmarxistische Kapitalismuskritik von Frederic Jameson mit der poststrukturalistischen Kapitalismuskritik Jean-François Lyotards. Er stellt damit eine letztlich klassisch argumentierende Philosophie, welche Jamesons Spätform des Marxismus ist (der Einheit für erstrebenswert gilt), gegen eine nicht- oder postklassische Philosophie, wie es die Dekonstruktion ist (die das „Gegenteil" anvisiert). Greenblatts Augenmerk sind – wie in der vorangegangenen Lektüre von Platons Kosmologie, Čaadaevs Kulturopposition und Münsterbergs Werttheorie – die logischen Strukturen der in den betrachteten Texte angewandten Denkstrategien. Greenblatt resümiert:

> I am suggesting then that the oscillation between totalization and difference, uniformity and the diversity of names, unitary truth and a proliferation of distinct entities – in short between Lyotard's capitalism and Jameson's – is built into the poetics of everydays behavior in America. (Greenblatt 1989, 8)

Wenn man Stephen Greenblatt glauben darf, so gibt es zum Einheitswert Münsterbergs eine Alternative des Trennungswertes. An Greenblatts Beispiel frappiert, daß Lyotard und Jameson mit der gleichen kritischen Intention an ihren Untersuchungsgegenstand, die kapitalistische Gesellschaftsordnung herangehen, und die gleiche negative Wertung in Anschlag bringen, nur eben für entgegengesetzte Strukturen.[10] Während für Lyotard die Malaise in der Vereinheitlichung liegt und folglich der positive Gegenwert im Trennen besteht, verhält sich dies bei Jameson genau umgekehrt. Im Reservoir einer Kultur liegen also beide gegenläufigen Wertungen der logischen Verfahren Trennen und Verbinden nebeneinander bereit. Die Kulturgeschichte aktualisiert diese Wertungen immer neu, in wertenden Beschreibungen gleichermaßen wie in kulturwissenschaftlichen Methoden[11]. So verschieden die jeweiligen Begriffe auch sind, durch welche das Minimalpaar Trennen vs. Verbinden ausgedrückt wird (*соединение* vs. *разделение*, *totalization* vs. *difference*), die Polarität der Wertbelegungen selbst bleibt unverändert. Die Verteilung von Trennen und Verbinden, ihre Oszillation zu betrachten, erklärt Greenblatt für die Aufgabe einer „Poetik der Kultur".

In diesem Sinne möchte die folgende Untersuchung ein Baustein zur Poetik der russischen Kultur (vor allem im 19. Jahrhundert) sein. Die Poetik, *Poietik* der Kultur soll hier jedoch auf den logischen Aspekt zugespitzt werden, der in Greenblatts Text von 1986 wie in Henriksens Dissertation von 1995 unabweisbar im Hintergrund steht (Greenblatt stellt „totalization" gegen „difference", Henriksen „generality" gegen „particularity"); daß Greenblatt selbst nicht „Logik der Kultur" sagt, resultiert eher aus einer terminologischen Vorsicht, ist ein Erbe postmoderner Selbstbeschränkung. „Poetik" hat in diesem Zusammenhang vor „Logik" lediglich den Vorteil, gleichermaßen weit von analytischer Philosophie wie von Hegel entfernt zu sein, jedoch den Nachteil, dem von Greenblatt selbst beschriebenen Gegenstand ferner zu stehen. An sich meint Greenblattes „poetics of culture" nichts anders als „logic of culture". Der folgende Entwurf einer Logik der Kultur[12]

---

[10] Ralf Liedtke stellt in seiner „Hermetik"-Untersuchung – ganz analog zu Greenblatts Beobachtungen über die zwei Kapitalismus-Kritiken – zwei Metaphysik-Kritiken nebeneinander, kritisiert an der einen die Einheitsvorstellung und legt an der anderen die Verfahren der Trennung frei (Liedtke 1996, 14); so treffend seine Diagnose, so fraglich sein Remedium: Hermetik als Philosophie der Differenz und zugleich der Indifferenz.
[11] Zur Axiologik solcher kulturwissenschaftlicher Methoden wie Strukturalismus, Dekonstruktion und New Historicism s. 4.2.1.-4.2.4. und 11.4.
[12] Während Greenblatt eine Beschreibung der logischen Verfahrensweisen einer kulturellen Praxis liefert, dies aber „Poetik der Kultur" nennt, benutzen einige andere Forscher die Lexemverbindung „Logik der Kultur", um anderes zu bezeichnen:

betrachtet Verteilung und Kombination der Denkstrategien Trennen und Verbinden im kulturphilosophischen Diskurs in Rußland und fragt nach der impliziten Wertbelegung der beiden logischen Operationen. Unter diesem Blickwinkel interessieren die *Bewertungen der Logik*, d.h. bestimmter logischer Operationen, die *Axiologik* des russischen philosophischen Diskurses über Kultur im 19. Jahrhundert.

Ein Schritt in Richtung einer allgemeinen, für russisches Denken spezifischen kulturellen Logik wird damit zwar getan; es soll aber gerade darum gehen, individuellen Logiken auf den Grund zu gehen, Kombinationen von Logiken zu betrachten, Oszillationen, Verschiebungen und Überlappungen einander widerstreitender Logiken herauszuarbeiten – und nicht darum, „den Russen", nachdem die alte Formulierungen der „russischen Idee" oder „russischen Seele" nicht mehr wissenschaftssalonfähig sind, *eine* allen gemeinsame invariante kulturelle Logik (etwa „duales" Denken) zu attestieren.

Das prominenteste russische Beispiel der jüngeren Vergangenheit bilden Vladimir S. Biblers Thesen zur „логика культуры" (Bibler 1991a, 1991b, 41). Auch Bibler lehnt es ab, von einer einheitlichen Logik zu sprechen, die im menschlichen Denken zur Anwendung käme. Aus der Zahl möglicher Logiken bildet für ihn die „Logik der Kultur" eine Spezialform: Logik der *Kultur*. Diese unterscheide sich von der antiken Logik des „eidetischen Verstandes", der mittelalterlichen des „teilhabenden Verstandes" sowie insonderheit von der Logik des „erkennenden Verstandes" der Neuzeit (1991a, 4). In Anlehnung an Bachtins Dialogtheorie (1991b) beschreibt Bibler das 20. (und 21. Jahrhundert) als Zeit der Logik der Kultur, der „Dialogik" (1991a, 9). Im „dialogischen" Zusammensehen verschiedener Logiken, realisiert sich in Biblers Zielvorstellung eine – mit logischer Metasprache so zu beschreibende – Logik der Konjunktion (u.a. von westlichem und östlichem Denken, Bibler 1991a, 387). Biblers „Logik der Kultur" hebt sich also in mehreren Punkten von der nachfolgend entworfenen ab: Sie bildet bei Bibler nicht die Beschreibung einer Methode, sondern einen Einzelfall, ein Epochenspezifikum. (Ob Biblers These über das 20. Jahrhundert, geäußert von der Warte des Aufschwungs des kulturwissenschaftlicher Integrativparadigmas der 1990er Jahre, als adäquate Beschreibung zutrifft und nicht vielmehr ein Paradigma der letzten Jahrzehnte auf das gesamte 20. Jahrhundert zurückprojiziert, steht auf einem anderen Blatt.) Biblers „Logik der *Kultur*" ist – logisch und ohne Biblers Emphase gesprochen – eine konjunktive Logik.

1. FORSCHUNGSLAGE

1.0. Der historische Rahmen

Diese Arbeit dreht sich um ausgewählte Vertreter der russischen Kulturphilosophie zwischen 1790 und 1900. Sie untersucht die in dieser Kulturphilosophie anzutreffenden dualen Denkweisen, derenthalben diese Kulturphilosophie Kulturosophie genannt wird (dazu 1.4.). Im einzelnen und vorrangig wird die Logik der Denkoperationen bei den russischen „Kulturosophen" Nikolaj M. Karamzin, Aleksandr S. Šiškov, Petr Ja. Čaadaev, Ivan V. Kireevskij, Aleksandr I. Gercen, Nikolaj Ja. Danilevskij, Vladimir S. Solov'ev und Konstantin N. Leont'ev betrachtet. Es wir die Frage gestellt, wie bei den genannten Vertretern der russischen Kulturosophie die logischen Operationen und auch objektsprachlichen Begriffe, welche sich in die logische Metasprache von Disjunktion und Konjunktion übersetzen lassen, axiologisch belegt werden. Im Mittelpunkt der Konzeptualisierung steht also die Axiologie der (in der Argumentation von kulturosophischen Texten implizierten) Logik, ihre „Axiologik".

1.1. Das Westler-Slavophilen-Thema. Zum Forschungsstand

Das russische Nachdenken über Kultur kreist, wie aus Romanen der russischen Realisten auch breiten Kreisen bekannt, um eine Dichotomie *Rußland* vs. *Westen*. Für die russischen Denker des 19. Jahrhunderts, vielleicht noch darüber hinaus, schien es fast unmöglich, dem Denken in dieser Doppelung zu entgehen:

> In an effort to unravel the confused web of the „philosophy of history" the Russian intellecutal of the 1830's and succeeding decades almost always thought in terms of two worlds, Russia and the West. [...] The Russian intellectual, of whatever ideological persuasion, could not let the West out of sight. (Christoff 1972, 230)

Wenn etwas, dann ist es aus der russischen Geistesgeschichte des 19. Jahrhunderts die Debatte von Westlern und Slavophilen, die in den Kulturwissenschaften auch außerhalb der Osteuropaforschung vertraut ist. Diese Debatte ist in der Sekundärliteratur viele Male ausführlich dargestellt worden (genannt sei hier nur Walicki 1975). An der Unterscheidung von *Rußland* vs. *Westen* hängen aber, wie die Philosophiegeschichten darlegen, weitergehende philosophische Ideengebilde (von „Systemen" läßt sich nur in bezug auf sehr wenige russische Philosophen sprechen), die ganz andere Elemente in die Debatte über die zukünftige Ausrichtung russischer „Identität" hineintragen. Eine wissenschaftliche Betrachtung, die sich nur auf *Rußland* vs. *Westen* kapriziert, greift zu kurz. Und auch die abstraktere binäre Opposition von *eigen* vs. *fremd* ist zu wenig, – nicht nur um Entwicklungen der Kunst zu beschreiben (vgl. Döring-Smirnov/Smirnov 1982, 31), sondern auch, um die russische Kulturosophie zu erfassen. Die Bezeichnung „Westler-Slavophilen-Debatte" jedoch verschuldet genau diese Reduktion auf Kulturraumkonzepte. Sie ist als Unterscheidung oberflächlich und daher in Gefahr, Konvergenzen zwischen beiden Lagern oder Divergenzen innerhalb eines Lagers zu vernachlässigen.

Der Gefahr des inhaltlichen Reduktionismus kann dadurch begegnet werden, daß eine Unterscheidung der Denkweisen der russischen Kulturosophie auch nach anderen als inhaltlichen Gesichtspunkten versucht wird. Eine solche Möglichkeit besteht in der Beschreibung der Logik von Denkoperationen und ihrer Wertbelegung, wie sie sich im Gefäß der kulturosophischen Texte niederschlägt. Von Inhalten zu abstrahieren, ist selbstredend nur eine andere Art Reduktion. Als Ergänzung zu verbreiteten inhaltsorientierten Reduktionen scheint allerdings eine solche „therapeutische Gegenreduktion" eher erweiternd wirken zu können.

1.1.1. Logische Konzeptualisierung der russischen Kulturosophie

Ein Versuch, die russische Kulturosophie des 19. Jahrhunderts insgesamt mit logischer Begrifflichkeit zu konzeptualisieren, ist bislang nicht unternommen worden. Ein einziger, allerdings umfangreicher Aufsatz Jurij Levins widmet sich speziell der logischen Konzeptualisierung von Vladimir Solov'evs Philosophie (1993). Levin arbeitet mit einem komplexen Begriffs- und Operationenapparat (jenseits der Grenzen der formalen Logik). Die von ihm festgestellte „основная схема" des Solov'evschen Denkens läßt sich aber auf die Dualität von Trennen und Verbinden, von Disjunktion und Konjunktion, wie sie hier aufgestellt wird, zurückführen (genaueres unter 8.7.1.).

A. S. Achiezer hat in seinem monumentalen dreibändigen Entwurf einer (logischen) Politgeschichte Rußlands – von der Dualitätsthese Lotman/ Uspenskijs (s.u. 1.3, Achiezer 1991, I 34) ausgehend und eine „конструктивная напряженность" jeglicher Kultur annehmend (ebd., 37) – logische Begriffe wie „Mediation", „Inversion" und „Extrapolation" eingesetzt, um Veränderungen (zumeist negative Veränderungen, Entartungen) zwischen

1. Forschungslage

politischen Systemen zu beschreiben. Der positiv-integrativen Funktion der Mediation stehe die Betonung des polar-trennenden gegenüber, so Achiezer. Letzteres nennt er typologisch zwar allgemein, terminologisch aber nach einer spezifischen dualistischen, gnostischen Strömung in der Geschichte der Philosophie das „Manichäertum":

> Фактически, манихейство можно интерпретировать как концептуальное, относительно детализированное представление об исключительном значении инверсии для существования человека в мире, как концепцию, *противостоящую медиации*, создавшую нравственную основу антимедиации. Манихейство основано на абсолютизации. Манихейство основано на абсолютизации жестокого противопоставления добра и зла. (Achiezer 1991, 47)

Auch hier werden, wie bei Levin, im Gefäß anderer Begriffe (bei Achiezer: „Manichäertum"[1] und „Mediation") Vorstellungen von Trennen und Verbinden, Disjunktion und Konjunktion in Anschlag gebracht. Achiezers heterogene Terminologie mit einem logischen Terminus („Mediation") und einem geistesgeschichtlichen Begriff in typologischer Verwendung („Manichäertum") ist allerdings nicht glücklich.

Schließlich gibt es den weit fortgeschrittenen Ansatz von Igor' P. Smirnov, der literaturgeschichtliche Enwicklungen logisch konzeptualisiert. In seiner Schrift *О древнерусской литературе, русской национальной специфике и логике истории* von 1991 bedient er sich terminologisch explizit der Begriffe Disjunktion und Konjunktion. Eine mitentscheidende Rolle spielen bei Smirnov jedoch solche – das Begriffspaar der Klassenlogik überschreitende – Erweiterungen wie Nichtkonjunktion, Antikonjunktion und Quasikonjunktion. Diesem Smirnovschen Ansatz ist die hier verwandte Terminologie verpflichtet, wenn sie ihm auch durch die Beschränkung auf die Grundopposition Disjunktion vs. Konjunktion und die Herleitung aus der formalen, besonders der Klassenlogik (Prädikatextensionen bilden das Definitionskriterium, dazu 2.4.) nicht in der ganzen Breite seines Modells folgt. Auch ist hier – statt wie bei Smirnov von Epochen – nur von Denkweisen oder Teilbereichen von Denksystemen einzelner russischer Kulturphilosophen die Rede.

---

[1] Achiezers Wortgebrauch spiegelt eine gerade im westlichen politikwissenschaftlichen Diskurs verbreitete Routine, das „russische Denken" *in toto* (bzw., im besseren Fall, gewisse seiner Spielarten) als „manichäisch" zu bezeichnen.

1.1.2. Integration der Karamzin-Šiškov-Debatte

Ein anderes Problem, das mit der Slavophilen-Westler-Unterscheidung einhergeht, besteht darin, daß das Augenmerk somit vorzugsweise bis ausschließlich auf Texte ab etwa 1830 gelenkt wird, wo in kulturphilosophisch expliziter Form über das Verhältnis von West und Ost gestritten wird. Präfigurationen dieses Themas, wie sie bereits bei Ilarion (Smirnov/Grübel 1997, 2-5) oder spätestens im 14./15. Jahrhundert[2] ausgemacht werden können, fallen so meist aus der Betrachtung heraus. Der Blick in die altrussische Literatur würde hier zu weit führen, er kann nur punktuell anhand der Debatten des 19. Jahrhunderts „eingeholt" werden.

Eine direkte Vorstufe der Westler-Slavophilen-Debatte wird in dieser Arbeit im Einklang mit Al'tšuller (1984) im sogenannten Sprachenstreit zwischen Karamzinisten und Šiškovisten gesehen; ein erster Gebrauch des später kulturmodellierenden Adjektivs „славянофильский" läßt sich spätestens 1804 nachweisen (s. Black 1975, 66); Batjuškov münzt es 1809 auf Šiškov (Al'tšuller 1984, 46 Anm. 14). Andere Forscher vertreten demgegenüber bis heute die Ansicht, von einer Kulturkontroverse könne erst deutlich später gesprochen werden; Holt Meyer bspw. meint, die „известная метафорическая оппозиция Востока и Запада Европы" im heutigen Sinne beginne erst mit Dostoevskij in den 40er Jahren des 19. Jahrhunderts (Meyer 1993, 43). Viele andere – dies die gebräuchlichste Marge – setzen mit Čaadaev ein. Klaus Städtke läßt den Kulturdiskurs in Rußland immerhin mit Karamzins *История государства Российскаго*[3] 1816-29 beginnen. Aber

---

[2] Quenet verlagert die Ursprünge ins 14. und 15. Jahrhundert zurück: „Le slavophilisme a ses origines lointaines dans l'isolement de la Russie moscovite et, aux XVe et XVIe siècles, dans l'organisation de l'État moscovite sous le signe de la ‚Troisième Rome'" (Quenet 1931, 6).

[3] Eine nicht-russisch geschriebene russistische Arbeit ist in einem Dilemma bezüglich der Zitiermodi: Im russischsprachigen Bereich herrschen andere Konventionen im Hinblick auf historische Schreibweisen als etwa im deutschsprachigen Raum. In dieser Arbeit wird eine gespaltene Strategie verfolgt: 1) Deutschsprachige und in anderen Sprachen als Russisch geschriebene Texte werden, wie in der Germanistik üblich, nach der originalen Orthographie der betreffenden vorliegenden Ausgabe zitiert. 2) In russischen *Titeln und Institutionennamen* werden, wie oben, ebenfalls die historischen Schreibweisen verwendet, allerdings ohne nach der Rechtschreibreform gestrichene ъ, ѣ und i, aber unter Beibehaltung von alten Flexionsformen, bspw. unbetontem nom. sg. mask der Adjektive auf -ой oder gen. sg. mask./neutr. und -аго. 3) In *Zitaten* aus älteren russischen Ausgaben wird die Orthographie an die heute gebräuchliche Schreibweise adaptiert, wie es in Rußland wissenschaftlicher Usus ist. Nominalkonstruktionen werden ohne flektierende Einbindung in den deutschen

1. Forschungslage

schon in der Debatte Karamzins und Šiškovs in den 1790er und 1800er Jahren sind wesentliche Positionen und – wie zu zeigen sein wird – Denkformen und Argumentationsstrategien der späteren kulturosophischen Debatte vorgeprägt. Nachfolgend wird versucht, diese wichtige Wurzel der kulturosophischen Antagonismen des 19. Jahrhunderts zu erschließen. Karamzin und Šiškov dürfen vielleicht, da ihre Argumentation fast immer an Sprache und Literatur gekoppelt ist, noch nicht als eigentliche Kulturosophen betrachtet werden. Ein Blick darauf, wie Kulturkonzepte in ihrer Kontroverse aufscheinen, welche kulturosophischen Momente *avant la lettre* sich in ihre Texten eingeflochten finden, fördert aber erstaunliche Analogien mit späteren Entwicklungen zutage.

1.1.3. Philosophie – Philosophieren – Kulturosophie

Der russischen Philosophie wird seit alters her vorgehalten, sie sei keine. Solche Züge russischen philosophischen Denkens wie Antirationalismus, Kollektivismus, Kulturkonkretheit, Anlaßgebundenheit erschweren die Rezeption russischen Denkens jenseits der Grenzen der russischen Kultur in wenigstens gleichem Maße wie die Sprachbarriere (Russisch ist keine der gängigen Sprachen der fachphilosophischen *community*, Fachphilosophen mit Rußland-Interessen wie Franz von Baader oder Gastprofessuren in Rußland, wie sie der zeitgenössische Hegelianer Vittorio Hösle vor einigen Jahren innehatte, sind die Ausnahme). Die Vorwürfe der Nicht-Philosophizität russischer Philosophie sind soweit verbreitet, daß sie auch unter den Vertretern dieser Philosophie[4] selbst in ihrer Existenz bezweifelt wird; derjenige russische Denker, der jenseits der Grenzen des russischen Kulturraums als einziger als Philosoph weitestgehend akzeptiert ist, Vladimir Solov'ev, stellt den Philosophie-Status des philosophierenden Denkens in Rußland genauso in Frage (Solov'ev 1966, V 94; vgl. dazu Städtke 1992, 563) wie befremdete westliche Fachphilosophen[5].

Satz – unabhängig auch vom Kasus der Belegstelle im Original – im Nominativ wiedergegeben.

[4] Die Anführungszeichen, die erforderlich wären, da die Philosophizität des Gegenstandes ja noch immer in Frage steht, werden aus Lesbarkeitsgründen weggelassen, nicht um eine Vorentscheidung zugunsten des Philosophie-Charakters herbeizuführen.

[5] Hans Georg Gadamer beantwortet noch in den 90er Jahren die Frage nach seinen wichtigsten philosophischen Anregungen aus Rußland mit den Literaten Tolstoj und Dostoevskij (vgl. Städtke 1998).

Alternativ zum Philosophie-Terminus hat in Rußland besonders in der zweiten Hälfte des 20. Jahrhunderts (bei Mamardašvili, Bibler u.a.) die Formel vom „философствование" Karriere gemacht (Świderski 1998, 7); die Bedeutung, die diesem Derivat beigegeben wird, schwankt stark. Świderski definiert – anderen Verwendungen entgegen – folgendermaßen:

> [...] I will return to „philosophizing" in this constructive meaning [nach den Arbeiten V. S. Biblers, DU], to present a position which explicitly ties it to contextual considerations. (Świderski 1998, 7)

Ein anderer Ausweg wäre zu sagen, daß philosophische Elemente, Philosopheme in diesem russischen „philosophischen" Diskurs neben anderen stehen, die Textsorte der russischen Philosophie also keine streng philosophische ist. Sie hat den globalisierenden Charakter eines Misch-, Inter- oder Universaldiskurses (zur Begriffswahl 4.8.2.), in dem ontologische neben religiösen und politischen Problemen und anderen mehr abgehandelt werden, in dem, so will es bisweilen erscheinen, alle Probleme auf einmal gelöst werden sollen – auf theoretischem wie praktischem Feld zugleich. Semen Frank faßt dies als Eigenart russischen Philosophierens (im 19. Jahrhundert) zusammen:

> [...] die eigentlich literarische Form des russischen philosophischen Schaffens aber ist der freie literarische Aufsatz, der nur selten ausdrücklich einem bestimmten philosophischen Thema gewidmet, gewöhnlich eine Gelegenheitsschrift ist, die, an irgendein ganz konkretes Problem des geschichtlichen, politischen oder literarischen Lebens anknüpfend, nebenbei die tiefsten und wichtigsten Fragen der Weltanschauung behandelt. Solcher Art sind zum Beispiel die meisten Werke der Slawophilen (deren Führer, wie Chomjakow und Kirejewsky, zu den bedeutendsten und originellsten russischen Denkern gehören), ihres Hauptgegners Tschaadajew, des genialen Konstantin Leontjew, Wladimir Solowjew und anderer mehr. (Sem. Frank 1926, 6)

Insofern gibt es auch keinen kategorialen Unterschied zwischen Karamzin und Šiškov und den späteren Kulturosophen Kireevskij, Čaadaev, Gercen, Danilevskij. Bei Karamzin und Šiškov, den Kontrahenten des ausgehenden 18. Jahrhunderts, hängt das Nachdenken über Kultur nur in graduell noch stärkerer Weise an anderen Diskursen, sind die Anlässe aus anderen Zusammenhängen noch dominanter, als es in Franks Beobachtung über die Textsorte, in der russisches philosophisches Schreiben stattfindet, deutlich wird. Der Charakter des Mischdiskurses kann, besser vielleicht als in der Reden vom „Philosophieren" oder der Feststellung der Präsenz von Philosophemen in Mischdiskursen, in dem Begriff der „Kulturosophie" (dem von

Grübel/Smirnov 1997 noch eine weitere Implikation eingeschrieben wird, s. 1.3.) eingefangen werden.[6] Der Mischcharakter des kulturosophischen Diskurses ist methodisch höchst relevant. Gestützt auf diese Partizipation der russischen Kulturosophie an vielen Diskursen wird hier versucht, auf die interne Diskursvielfalt möglichst ohne Ausschluß einzelner Bereiche, ohne thematische Reduktion einzugehen. Insofern verfolgt diese Arbeit die Intention – die von I. P. Smirnov zuvor an Epochen der altrussischen Literatur praktiziert wurde (Smirnov 1991, 37 u. 118) –, ein möglichst breites Spektrum an Fokussierungen aus diesem Mischdiskurs nachzuvollziehen, die Aspekte möglichst in ihrer ganzen Vielseitigkeit zu berücksichtigen und zugleich mit der logisch-axiologischen Konzeptualisierung *einen* integralen Zugang zu den sehr verschiedenen Äußerungsebenen zu finden. Insofern liegt in der polythematischen Struktur der russischen kulturosophischen Diskurses selbst ein Motiv für eine abstrakt-formale und eben deswegen allgemein auf alle unterschiedlichen Themenfelder beziehbare Konzeptualisierung, wie es die logisch-axiologische ist.

1.2. Kultur vs. Zivilisation

> Außerdem taucht das Wort Kultur nie allein auf: Es wird unfehlbar vom Wort Zivilisation begleitet, das gleichwohl nicht einfach als Doublette abgetan werden kann. (Braudel 1992, 240)

Von Kultur ist bei weitem nicht in allen Äußerungen der behandelten Kulturosophen, die sich auf das Thema Kultur hin lesen lassen, auch explizit die Rede. Der heutige „objektivierte Kulturbegriff" (im Gegensatz zum auf individuelle Bildung bezogenen früheren, s. Grzybek 1995, 59) fehlt in Rußland bei vielen Schriftstellern noch in der zweiten Hälfte des 19. Jahrhunderts. Lexikographisch läßt er sich erst 1896 bei Brokgauz/Efron nachweisen (ebd., 59f).

Da verwundert es nicht, daß bei den betrachteten Kulturphilosophen die Ausdrücke für das, was aus heutiger Perspektive als „Kultur" begriffen werden kann, stark variieren: Bei Karamzin begegnen Kulturkonzepte unter ei-

---

[6] Da die russische Kulturosophie philosophische Elemente enthält, scheint ein Verbot, das Substantivum „Philosophie" zu benutzen, unsinnig; allerdings spiegelt sich nachfolgend im Sprechen von „Denken", „Konzepten" etc. eine gewisse Reserve gegen eine unbesehene Identifizierung von Kulturosophie mit Philosophie.

nem weitgefaßten „просвещение"-Begriff (Lehmann-Carli 1996, 6), der materielle Kultur, Zivilisation, mal ein-, mal ausschließt (ebd., 9). Čaadaev sagt französisch ausnahmslos „civilisation" (Grzybek 1995, 62), bei Kireevskij begegnen „образование"[7] und „просвещение" (s. ebd., 63f). Eine klare terminologische Unterscheidung von geistiger und materieller Kultur gibt es in den behandelten Texten praktisch nicht[8]; Danilevskij vermengt „Kultur" und „Zivilisation" durch seine fast ausschließliche Verwendung im Plural oder Kontrast. Differenzen wie geistige oder materielle Kultur treten bei ihm hinter den interkulturellen, interzivilisatorischen Differenzen in den Hintergrund; nur einmal differenziert er, wenn „Kultur" einer von vier Parametern von „Zivilisation" ist (1995, 400), den geistigen Bestandteil eines mehr-als-geistigen Ganzen darstellt. Bei Gercen meint „Zivilisation" einmal das positive Ganze, was die Menschheitsgeschichte hervorgebracht habe, einmal die Elitekultur, die er ablehnt (1975, III 400, 422). Die von der deutschen Unterscheidung von Kultur und Zivilisation (s. dazu Elias 1997, 91f; Braudel 1992, 246) induzierte Gegenüberstellung greift in der russischen Begrifflichkeit des 19. Jahrhunderts kaum[9]. Vielmehr fließen sehr oft Geistiges, Soziales, Materielles und auch Religiöses (Städtke 1995, 26) zusammen; entscheidende Bedeutung kommt der Bestimmung der europäischen Zivilisation von Guizot zu, die für viele der behandelten Denker leitend gewesen ist. Daher ist die Einbeziehung der Begriffe „civilisation" und „просвещение" in eine Begriffs- und Konzeptgeschichte von Kultur im 19. Jahrhundert in Rußland dringend vonnöten, was Koschmal (1997, 217f) an Grzybeks Darstellung einmahnt. Das von Koschmal beschriebene Desiderat (ebd., 219) kann hier vorweg nicht eingelöst werden. Die nachfolgenden *close readings* aber zielen auch auf eine solche, mehr inhaltliche als termino-

---

[7] Renate Lachmann hat in ihrer Monographie *Zerstörung der schönen Rede* aufgezeigt, wie schon im 17. und 18. Jahrhundert implizite Kulturkonzepte an den Begriff (sprachlicher) Bildung (образование) gekoppelt sind (Lachmann 1994, 181-190) – eine Anbindung, die in Kireevskijs Terminologie ihre Fortsetzung erfährt.

[8] Wohl als einziger liefert Leont'ev eine regelrechte Definiton von Kultur als Ideensystem (s. Korolev 1911, 332).

[9] Als inhaltliche, polemische (nicht aber terminologische) Gegenüberstellung von europäischem technischem Fortschritt und bewahrter russischer Ganzheitlichkeit hat die Opposition *geistig* vs. *materiell* bzw. *innen* vs. *außen* aber besonders bei Kireevskij große Bedeutung (s. 5.4.5.), weswegen Städtke bei ihm auch den Beginn einer Opposition von geistiger Kultur und materieller Zivilisation ansetzt (Städtke 1995, 30). – Gubins Ablehnung der Forschungsfrage einer Differenzierung des Gebrauchs der Begriffe „Kultur" und Zivilisation in der russischen Philosophie leistet somit nichts anderes, als eine sehr uneinheitliche Problemlage zu verdecken (Gubin 1996, 155).

logische Klärung diverser mit Kultur verwandter Begriffe bei den russischen Kulturosophen des 19. Jahrhunderts ab.

> Es läßt sich somit festhalten, daß in den frühen Texten sowohl des „Westlertums" als auch der „Slavophilen" und somit in der gesamten Auseinandersetzung zwischen beiden Gruppen der Kulturbegriff noch nicht von herausragender Bedeutung war, daß sich wohl aber so etwas wie ein Kulturkonzept herauszubilden begann. (Grzybek 1995, 64)

Eine grundsätzliche Definition von Kultur (etwa im Sinne der Malinowskischen Funktionstheorie, der Tartuer „sekundären modellierenden Systeme", von Spenglers Untergangsthese [1963, 43f], dem Streit der Brüder Thomas und Heinrich Mann über „deutsche Kultur" und „europäische Zivilisation" o.ä.) zu liefern, ist für die Fragestellung der Kulturosophie nicht erforderlich. Vielmehr wird es darauf ankommen, im Lauf der Untersuchung die Unterschiede in dem, was z.B. Čaadaev und Leont'ev als Kultur begreifen (materielle Kultur, geistige Kultur, Normen, Sitte, Bräuche etc.), am Gegenstand selbst herauszuarbeiten. Die in Frage stehenden Texte etablieren keine abgeschlosse Definition von Kultur. Daher wäre es verfehlt, mit dem ehernen Maßstab einer Kulturdefinition an sie heranzutreten. Es ist gerade umgekehrt interessant, wie kulturosophische Texte mit ihrer Wertunterscheidung bestimmter Kulturen dennoch ansatzweise einen Begriff von Kultur in Opposition zu Nicht-Kultur/Natur erarbeiten, der zwar kulturologisch nicht fixiert ist, aber bereits in der vorkulturologischen und nicht-wissenschaftlichen Phase des Nachdenkens über Kultur im 19. Jahrhundert in Rußland allmählich Trennschärfe gewinnt. Umgekehrt macht gerade die letztliche Unbestimmtheit des Erstreckungsbereiches dessen, was mit dem heutigen Wort aus dem Denken des 19. Jahrhunderts als Nachdenken über Kultur begriffen werden kann, das thematisch so breite Spektrum dieses Denkens erst möglich. Um zu zeigen, wie Kultur in Ansätzen bestimmt wird, wird es in jedem Anwendungskapitel u.a. auch darum gehen, wie die betreffenden Kulturosophen das Verhältnis von Kultur und Nicht-Kultur bzw. Anti-Kultur zeichnen und wie sich für sie materielle und geistige Kultur zueinander verhalten.

1.3. Zum Begriff der Kulturosophie

Bei den ausgewählten Denkern läßt sich wie bei vielen anderen russischen Kulturphilosophen besonders des 19. Jahrhunderts ein Denken in binären Modellen festmachen. Ihr Nachdenken über Kultur greift zurück auf wertende Gegenüberstellungen zweier Kulturen. Diese beiden Merkmale der russischen Kulturphilosophie vorzugsweise des 19. Jahrhunderts bringen Rainer Grübel und Igor' P. Smirnov dazu, einen eigenen abgrenzenden Begriff für diesen Denken zu finden: „Kulturosophie"[10].

> Unter Kulturosophie wird im Unterschied zur Kulturologie ein Herangehen an die Kultur verstanden, das sich auf ihr Zerlegen in axiologische Dichotomien gründet. Die Kulturosophie erstrebt ein höheres und endgültiges, ein werthaftes Verstehen von Kulturen, die in disjunktiver Ordnung als entweder falsch oder wahr betrachtet werden. Der Glaube an den Sieg der wahren Kultur (in der Zeit) über die falsche überschneidet sich mit der Kulturgeschichtsschreibung. Epistemischer und existentieller Wert der Kultur kongruieren in kulturosophischer Betrachtungsweise. In der Annahme, daß nur irgendeine bestimmte Kultur einzig und allein *allgemeingültige* Bedeutung besitzt, berührt sich die Kulturosophie mit der Philosophie. Die wissenschaftliche Theorie der Kultur, die Kulturologie, reift allmählich im Schoße der Kulturosophie und tritt dann an ihre Stelle. Der Standpunkt des Kulturosophen liegt stets in einer der beiden Kulturen, während der Kulturologe sich so verhält, als stünde er außerhalb aller Kulturen. (1997, 5)

Kulturosophie unterscheidet sich demnach von Kulturologie[11] durch die Opposition von einer Kultur zur anderen und nicht von Kultur und Natur.[12] Zum zweiten übernehmen Grübel/Smirnov hier mit Einschränkungen die berühmte These von Lotman/Uspenskij aus dem Aufsatz *Роль дуальных моделей в динамике русской культуры (до конца XVIII века)* von 1977, wo der russischen Kultur bis zum 18. Jahrhundert attestiert wird, ihr fehle eine dritte, mittlere, neutrale Sphäre[13].

---

[10] Der bereits früher (etwa Lachmann 1990, 354) gebräuchliche Begriff wird so vom allgemeinen Label für philosophisches und implizit philosophisches Nachdenken über Kultur zur Kennzeichnung einer bestimmten „Logik" dieses Nachdenkens zugespitzt.

[11] Bis zu einem gewissen Grad ist die Unterscheidung *Kulturosophie* vs. *Kulturologie* im Paar *Historiosophie* vs. *Historiographie* oder ähnlichen Doppelbegriffen wiederzufinden. Analog ist dabei, daß dem tendenziellen Totalanspruch des -sophischen Partners jeweils eine weniger wertende, -logische, „wissenschaftliche" Erkenntnisweise gegenübergestellt wird (die meisten anderen europäischen Sprache kennen aber ebensowenig wie das Deutsche oder das Russische den Terminus einer „Historiologie" im Sinne von Geschichtswissenschaft).

[12] Vielleicht spielt auch deswegen der Naturbegriff in der russischen Philosophie des 19. Jahrhunderts so gut wie keine Rolle. Selbst Gercens Rehabilitierung dieses Begriffs in seinen *Письма об изучении природы* (s. 7.3.5.) bleibt vage; bei ihm steht der Leitbegriff „Leben" über „Natur".

[13] Der Lotman-Uspenskijsche Gedanke kommt beileibe nicht aus dem Nichts: Berdjaev hat 1918 im Sammelband *Из глубины*, der von der Zensur gestoppt wurde (s. N. Struve 1967, V) und erst 1967 erscheinen konnte, wohl als erster auf die Prädominanz des apokalyptisch-nihilistischen Dualismus ohne neutrale Mitte in Rußland hingewiesen (Berdjaev

1. Forschungslage

> Специфической чертой русской культуры исследуемой эпохи в интересующем нас аспекте является ее принципиальная полярность, выражающаяся в дуальной природе ее структуры. Основные культурные ценности (идеологические, политические, религиозные) в системе русского средневековья располагаются в двуполюсном ценностном поле, разделенном резкой чертой и лишенном нейтральной аксиологической зоны. (1977, 4)

Mit der Formulierung des „ценностное поле" kommt in diese zweiwertige Logik eine axiologischer Aspekt hinein: Wo nur entweder *A* oder *B* gelten können, erhält der jeweils ausgeschiedene Part (in digitaler Sprache die „0") den negativen Wert. Logik wird wert- und (wie Achiezer im Anschluß an Lotman/Uspenskij unterstreicht, 1991, 34) gefühlskonkret[14].

Jurij M. Lotman und Boris A. Uspenskij gehen nun im Hinblick auf die Geltung ihrer Beobachtung für die russische Kultur weit: „Двуступенчатая структура [русской] культуры оказалась значительно устойчивее, чем любые конкретные ее реализации." (Lotman/Uspenskij 1977, 31) Diese These wird von der Moskau-Tartuer Schule, wenn auch nicht mit erschöpfendem Geltungsanspruch, auf spätere Jahrhunderte ausgedehnt (Lotman 1992d, 84; Lotman 1996). Ein dualistisches Denkprinzip sei für die russische kulturelle Logik insgesamt konstitutiv.[15] Das zuvor methodisch eingesetzte und als universal auf beliebige Kulturen beziehbar gedachte binäre Prinzip wird auf ein nationalkulturelles, russisches Spezifikum (und im Subtext auch Verhängnis, Lotman 1992e, 264f, Zenkin 1998, 207) eingeengt.

Die Dualismus-These über die russische Kultur läßt sich apodiktisch nicht halten. Verschiedentlich ist bereits darauf hingewiesen worden, daß wesentliche Einschränkungen gemacht werden müssen. So ist es nicht zutreffend, daß die frühe russische Kultur kein Fegefeuer/Purgatorio kannte. Smirnov verweist darauf, daß der 40 Tage dauernde Schwebezustand der Seele zwischen Erde und Himmel, die „мытарства", durchaus in Analogie

---

1967, 80f), was als Quelle für den Mitautor von *Из глубины* Semen Frank gedient haben könnte, der 1926 erstmals in einem publizierten Text festhält: „Der russische Geist kennt eben keine Mittelposition" (1926, 29).

[14] Das emotive Moment betont Achiezer mit Termini aus der Kognitionspsychologie: „Конструктивная напряженность между полюсами дуальной оппосии [sic], один из которых воспринимается как комфортный, а другой как дискомфортный, является движущей силой воспроизводственной деятельности, а следовательно [sic] движущей силой всех особых форм деятельности, включая все формы духовной деятельности." (Achiezer 1991, 39).

[15] Die Diagnose über den (fremden) Gegenstand fällt also bei Lotman und Uspenskij — in Gestalt eines „re-entry" (Luhmann 1992a, 83f) — auf ihre (eigene) Methode zurück. Indem sie die russische Kultur als binär darstellen, reihen sie sich zugleich in diesen von ihnen erzeugten Gegenstand ein (s. Uffelmann 1997a, 268).

zu in der Westkirche verbreiteten Konzepten von Fegefeuer als „нейтральная сфера" zwischen zwei extremalen Polen gesehen werden kann (Smirnov 1991, 45 Anm. 68). Aleksandr Radiščev setzt in seinem Traktat *О человеке, его смертности и бессмертии* (1792) „умирание" als „средовое [...] состояние" zur Aufhebung des Leben-Tod-Dualismus ein (1990, 381). Und Renate Lachmann weist noch im späten 19. Jahrhundert an Turgenevs *Клара Милич* die Spuren der „мытарства"-Lehre nach (1998, 499), womit belegt wäre, daß diese alte Wurzel lange fortwirkt und nicht bloß, so könnte eingewandt werden, Entlehnungen aus dem Westen in Rußland zu nicht-dualen, bpsw. etwa, wie Lotman in den letzten Jahren gerne sagte (1992e, 261): ternären Denkmodelle führen.

Einschränkungen sind zu machen. Nichtsdestoweniger ist die Lotman-Uspenskij-These von der *community of investigators* angenommen worden[16]. Das jüngste Zeichen, daß *Роль дуальных моделей* ein klassischer Text geworden ist und ihre These Gemeingut der slavistischen Forschung, ist der von Vsevolod Bagno im Namen Dmitrij Lichačevs herausgegebene Sammelband *Полярность в култьтуре* (Lichačev 1997). Aage A. Hansen-Löve pointierte einmal mündlich gar eine „Konjunktur von Polarforschung", wofür die Masse an Belegen aber doch etwas zu gering ist. Die Diagnose von der Modellierung der Kultur mittels dualer, polarer Unterscheidungen ist sowohl titel- als auch parodiefähig geworden.

1.3.1. Weitere proto-logische Hypothesen

Neben Lotman/Uspenskijs Hauptinspiration von 1977, in welcher der logische Charakter des Beschreibungsmodells offengelegt wird, und neben der Fortsetzung dieser Dualizität bei Grübel/Smirnov 1997 sind noch einige vereinzelte übergreifende Hypothesen über das russische Denken (mehr oder weniger *in toto*) anzuführen, die logische, protologische oder logiknahe

---

[16] Auch wo Lotman/Uspenskij nicht genannt werden, entdeckt die Interkulturalitätsforschung der letzten Jahre ihr Dualitätsprinzip immer neu; Robert J. C. Young bspw. stützt sich auf Coleridge und Benjamin, um den dualen Zuschnitt aller Art von kulturmodellierenden Vorstellungen, von Bestimmungen von Kultur in binären Kontrastpaaren zu sistieren (Young 1995, 29f). Lotman/Uspenskijs Thesen von dualen und ternären Modellen hat er, davon zeugt der universale Charakter seiner Thesen, nicht rezipiert. Auch mit Blick auf das Interkulturalitäts-Paradigma ist danach eine Binnendifferenzierung der dualen Logik von Kulturkonzepten bzw. Erweiterung über den Rahmen des nur Zweiwertigen hinaus wünschenswert.

1. Forschungslage

Termini in Anschlag bringen; aus Platzgründen ist die Beschränkung auf einige herausragend wichtige Thesen und Denker wie Berdjaev und Semen Frank sowie auf diverse Hypothesen aus jüngster Zeit angeraten. Eine Reihe von logischen Oppositionen *implizierenden* Konzeptualisierungen einzelner philosophischer Denkgebäude, Schulen, „Denkstile" (C. Friedrich 1996, 34) oder „forms of thinking" (Fónagy 1996, 1) liefert in besonderer Weise Material für diese Untersuchung.

An chronologisch erster Stelle gilt es, nochmals die oben bereits erwähnten (s. 1.3.) Aufsätze von Nikolaj Berdjaev und Semen Frank anzuführen, in denen duale Apokalyptizität des russischen Denkens dekretiert wird (Berdjaev 1967, druckfertig 1918, und Sem. Frank 1926). Ihre Ansicht vom russischen Denken in Extremen ohne neutrale Mitte, ohne Überschneidung läßt sich mengenlogisch als These von der Disjunktivität russischen Denkens auf den Punkt bringen.

Die anderen Texte, die hier exemplarisch für proto-logische Konzeptualisierungen ganzer Diskurstraditionen in Rußland ausgewählt werden, stammen aus der neuesten Zeit, aus den Jahren 1996 bis 1998: Edward Świderski formuliert im bislang unpublizierten Aufsatz *Culture, Contexts, and Directions in Russian Post-Soviet Philosophy* die stochastisch gefederte These:

> Russian society has long made of syncretism/Synthesis an explicit value (setting it against Western individualism, atomizing rationalism, and the like), all the more so now that it is ridden with a sense of cultural discontinuity and fragmentation (1998, 34).

Der erste, logisch-axiologische Teil von Świderskis These, die Verwandlung von synthetisierenden Prozessen, verbindenden Abläufen, konjungierenden Operationen in einen positiven Wert, bildet die Gegenthese zu Berdjaev und Frank. Nicht die Disjunktivität, sondern der konjunktive Charakter russischen Denkens, verbunden mit einer positiven Wertung[17] verbindender Operationen, ist für Świderski Kennzeichen russischen Denkens[18]. Damit rückt der Schweizer Forscher die eine Seite der logischen Medaille von Konjunktion und Disjunktion ins Blickfeld, übersieht aber den komplexen und paradoxen Zusammenhang *beider* Operationen im russischen Denken.

---

[17] Als einer von wenigen unter den zahlreichen Forschern, die sich mit russischem Denken und russischer Philosophie beschäftigen, macht Świderski verdienstvollerweise auf die axiologische Implikation von Argumentationsformen aufmerksam.
[18] Èpštejns Feststellung vom „Totalismus", dem Einheitsstreben, welches das russische Denken kennzeichne (1996, 56), und Friedrichs Ansicht von „Differenzierungsfeindschaft" der russischen Philosophie (C. Friedrich 1996), gehen zwar noch einen Schritt weiter, lassen aber Świderskis axiologische Zuspitzung vermissen.

Ein weiterer Belegtext, Kristiane Burchardis geschichtswissenschaftliche Dissertation über das Moskauer *Религиозно-философское общество*, beschreibt die Denkformen der Westler und Slavophilen (um anschließend deren Weiterentwicklung in den Vorträgen der RFO zu verfolgen, was hier nicht berücksichtigt werden kann). Sie kontrastiert:

> Die Lehre der Slavophilen ist beherrscht von *partikularistischen* Elementen der Sonderrolle des russischen Volkes und der Orthodoxie; allein die Schriften Kireevskijs haben einige universelle Ansätze [hier verweist Burchardi auf E. Müller 1996, 336-339, DU].
> Anders als später Dostoevskij und Solov'ev sehen die Slavophilen keine Notwendigkeit, den ihrer Geschichtsphilosophie zugrundliegenden Dualismus von Ost und West auf höhreren Ebene zu überwinden; sie interpretieren das vorpetrinische Rußland kritiklos als die Rettung für Europa.
> In der Debatte um das russische Selbstverständnis im frühen 19. Jahrhundert symbolisieren die Westler dagegen das *universalistische* Moment, insofern sie Rußland und Europa in einem beide übergreifenden Geschichtsmodell bedenken. (Burchardi 1998, 52)

Hatten Nikolaj Berdjaev, Semen Frank und Edward Świderski die Eignung *einer* logischen Figur zur Beschreibung des Denkens in Rußland vorgeschlagen, spaltet Burchardi – darin strukturell Lotman/Uspenskij nahe – in zwei Protologiken: Universalismus vs. Partikularismus – d.h. Konjunktion/ Identität vs. Disjunktion – und schreibt diese zwei konkurrierenden Gruppen, den Westlern und Slavophilen, zu. Sie kompliziert damit die Perspektive, insbesondere durch den Halbsatz „allein die Schriften Kireevskijs haben einige universelle Ansätze" (ebd.).

Noch deutlicher auf gleicher Ebene sieht Gustav A. Wetter in seiner Einleitung zum Abschnitt „Rußland" aus Dahm/Ignatows *Geschichte der philosophischen Traditionen Osteuropas* die Koexistenz zweier Hauptanliegen oder Denkweisen der russischen Philosophie. Er konstatiert, daß in der russischen Philosophie „die Idee der All-Einheit, einer seinsmäßigen Verbundenheit von allem mit allem und die Zweiweltensicht" (Wetter 1996, 36) koexistierten, sich zueinander wie „regulative Prinzipien" verhielten (ebd.). Wetter ist damit noch weit von logischen Formulierungen entfernt, erfaßt aber treffend das summarisch-komplementäre Gleichgewicht von verbindenden, auf Einheit zustrebenden und aufteilenden, trennenden Operationen im – als ein „Ganzes" aufgefaßten – russischen Denken.

Einen weiteren Schritt sowohl in Richtung logischer Beschreibungssprache als auch in Richtung der Koexistenz widersprechender Operationen tut Aleksandr Achiezer, wenn er in seinem *Социокультурный словарь* unter dem Stichwort *Манихейство*, seiner typologischen Benennung dieser Denk-

1. Forschungslage

form Folgendes erklärt: „В русской культуре постоянно шла борьба между манихейской и антиманихейской линями." (Achiezer 1991, III 176) „Манихейство" wird als typologischer Begriff aus dem philosophiegeschichtlichen Kontext herausgelöst und steht für duale Disjunktion mit binärer Wertung (ebd.); das „Antimanichäertum" kann insofern mit konjunktivem Denken, bei Achiezer „медиация" und „срединная культура" (ebd., 186), gleichgesetzt werden[19]. Warum Achiezer, der mit „Mediation" ja einen logischen Terminus wählt, bei manchen anderen Begriffen nun historische Kontamination mutwillig in Kauf nimmt, bleibt ein Rätsel.

An diese Koexistenzannahme anknüpfend lautet die These dieser Arbeit, daß zur Beschreibung kulturosophischen Denkens ins Rußland mit Mitteln der (Mengen-)Logik komplexere Modelle vonnöten sind, als sie bisher vorliegen: Lotman/Uspenskijs Formulierung vom dualen Charakter ist nicht trennscharf im Hinblick auf Disjunktion und Konjunktion (beides sind schließlich Verfahren der zweiwertigen Logik). Wenn Lotman (1992b) später zwei- gegen dreiwertige Logik stellt, so bleiben die Zuschreibungen an einzelne Vertreter der russischen Geistesgeschichte unangemessenerweise eineindeutig. Derselbe Einwand gegen allzu globale Erklärungsmodelle trifft auch die angeführten Thesen von Berdjaev, Frank und Świderski, die – wohlgemerkt – alle auf ihre Weise zu einem gewissen Maß zutreffen, aber nur einen Ausschnitt erfassen, den komplexeren Sachverhalt reduzieren. Auch Burchardis Kontrastierung der Denkformen von Westlern und Slavophilen ist selbst zu dual-disjunktiv. Es trifft nicht zu, daß die Westler nur universalistisch, die Slavophilen nur partikularistisch gedacht hätten. Nicht nur an Kireevskij, wie Burchardi richtig bemerkt, sondern an allen nachfolgend besprochenen Denkern, lassen sich komplexe Allianzen von logischen Denkformen und deren Belegung mit Werten ausmachen.

Diese Beispiele für diverse (proto-)logische Beschreibungsansätze mögen hier genügen; bei der nachfolgenden Einzeluntersuchung von Logik und Axiologie der Argumentation russischer Kulturosophen von Karamzin bis Leont'ev wird nochmals der jeweilige Forschungsstand besprochen, wobei auch eine Reihe protologischer Beschreibungen, diesmal aber spezifischer, auf einen Denker bezogener Konzeptualisierungen zur Sprache kommen.

---

[19] Achiezer definiert die „Mediation" in einem an Konjunktion gemahnenden Sinne: „М[едиация] — логика процесса осмысления в рамках дуальной оппозиции, она характеризуется отказом от абсолютизации полярностей и максимализацией внимания к их *взаимнопроникновению*, к их существованию друг через друга." (Achiezer 1991, III 186, Hervorhebung DU).

Sowohl die Terminologie „Kulturosophie" als auch die These über die russische Kulturphilosophie des 19. Jahrhunderts (daß sie kulturosophisch sei) sind für diese Arbeit erkenntnisleitend. Sie bedingen die Wahl des zweiwertigen Logikmodells. Im Rahmen der zweiwertigen Logik soll gezeigt werden, daß duales Denken in deutlich unterscheidbaren Formen auftritt und die Dualitätsthese damit intern differenziert werden kann und muß.

1.3.2. Kulturosophie als Interdiskurs

Die russische Kulturosophie ist ein polythematischer Diskurs: Kosmologie, Zeichentheorie, Geschichtsphilosophie, Politik, Anthropologie – im Diskurs-Gefäß Kulturosophie wird ein buntes Spektrum von Einzeldiskursen verbunden.

Jürgen Link hat erstmals 1983 vorgeschlagen, den bei Michel Foucault in der *Archéologie du savoir* noch nicht distinktiven Begriff der „interdiskursiven Konfigurationen", also analoger Strukturen in verschiedenen Diskursen, zu einer Grundunterscheidung „zwischen *spezialdiskursiven* und *interdiskursiven* Elementen" heranzuziehen (Link 1988, 285). Anders als bei Foucault und Link wird der Interdiskursivitätsterminus hier allerdings nicht für Analogien zwischen getrennten Diskursen gebraucht, sondern für Diskurse, die, polythematisch strukturiert, an verschiedenen (politischen, literarkritischen, linguistischen, philosophischen etc.) Diskursen partizipieren. Der Begriffsgebrauch entspricht eher der Definition, die Michael Fleischer in Anlehnung, zugleich aber unter gewisser Abgrenzung von Link vollzieht:

Interdiskurs ist der spezifische Diskurs des Suprasystems einer Einzelkultur, der eine vermittelnde, integrative, kommunikationssichernde Funktion in diesem System ausübt und seinen kulturellen Zusammenhang ausmacht. (Fleischer 1997, 23)

Die russische Kulturosophie läßt sich dieser Definition gemäß als ein Interdiskurs, als ein diskursives „Suprasystem" begreifen, in dem verschiedene Teil- (oder, wie Link sagen würde: Spezialdiskurse) verhandelt werden.[20]

---

[20] Gabriela Lehmann-Carli zielt auf einen ähnliche polythematische Strukturierung, wenn sie „die russische Literatur des 18. Jahrhunderts" gerade mit Blick auf Karamzin einen „Universaldiskurs" nennt, der „neben Belletristik unter anderem auch Publizisitik im weitesten Sinne, politische Theorie, ‚Philosophie', Sprachtheorie, Geschichtsschreibung und -philosophie" umfaßt (Lehmann-Carli 1996, XI). Sogar in bezug auf die belletristischen Momente kann diese Diagnose für die Kulturosophie des 19. Jahrhunderts gleichermaßen gelten.

Als Interdiskurs hat die russische Kulturosophie danach die Funktion der Integration von Spezialdiskursen; sie reflektiert Kultur und zielt zugleich auf die Stabilisierung einer bestimmten Interpretation dieser Kultur. Nochmals Fleischer:

> Der Interdiskurs gewährleistet und sichert die Kommunikabilität zwischen den Subkulturen in einem komplexeren System, dem der Einzelkultur, *und* nutzt zugleich das Material (materieller Aspekt) für seinen eigenen Aufbau. (ebd.)

Indem er Spezialdiskurse integriert, bietet der kulturosophische Interdiskurs eine Gesamtinterpretation des kulturell Gegebenen (und Wünschenswerten) an. Verbindet man Fleischers Ausführungen über den Interdiskurs (1997) mit seiner früheren Arbeit über „Weltbilder" (1996), so nimmt der kulturosophische Interdiskurs eine Zwischenstellung ein zwischen den (subkulturellen) Spezialdiskursen und der regulativen Überfunktion eines – nur statistisch erfaßbaren – „kulturellen Weltbildes" (Fleischer 1996, 26). Angesichts der Richtungsstreitigkeiten, die im kulturosophischen Interdiskurs auf Schritt und Tritt begegnen, stellt sich allerdings die Frage, ob das Suprasystem des Suprasystems, ob ein irgendwie statistisch rekurrentes Weltbild aller Subjekte einer Kultur, das noch über dem – kontroversen – Interdiskurs angesiedelt wäre, überhaupt ermittelt werden kann.

Die folgende Untersuchung des Interdiskurses Kulturosophie stößt bei den vielfach unversöhnbaren inhaltlichen Kontroversen an die Grenze eines solchen umfassenden Konstruktes, wie es das „Weltbild" ist. Die zuweilen auftretenden logisch-axiologischen Konvergenzen jedoch lassen eine statistische Rekurrenz nicht ganz ausgeschlossen erscheinen – aber ob diese noch kulturspezifisch ist?

1.4. Ein Vorbegriff von Axiologik

Zum zweiten zentralen Begriff dieser Arbeit, zur logisch-axiologischen Methode, zur „Axiologik", kann vorneweg nicht soviel gesagt werden wie zu „Kulturosophie", da sie keine terminologische Tradition besitzt und sofern erst eingehender Definition bedarf, die im folgenden geleistet werden soll (Kap. 2.-3.).

Zum Muster seiner Bildung zwei Anmerkungen: eine genealogische und eine derivationsmorphologische. Natascha Drubek-Meyer erkennt anhand der Gogol'schen Erzählung *Вечера на хуторе близ Диканьки* das Unlogische bei Gogol' eher als Psychologisches und prädiziert ihren Zugang „Psychologik" (1992, 61). Igor' P. Smirnov betitelt seine 1994 in Moskau erschienene Psychogeschichte der russischen Literatur zwinkernd mit dem Wortungetüm *Психодиахронологика*. Diese Zusammenballung dient ihm zur Kennzeichnung des Anspruches, drei Bereiche bzw. Betrachtungsweisen in ein System zu integrieren: Geschichte, Psychologie und Logik. Eine strukturell vergleichbare Kontamination liegt auch dem hier (sparsam) verwendeten Kompositum Axiologik zugrunde. Es geht um die Verbindung von Logik und Axiologie, genauer darum, wie verschiedene logische Operationen mit Wert belegt werden.

Die ausgewählten Texte aus der russischen Kulturosophie verfahren so, daß sich die verwendeten Denkoperationen (sprachlich realisiert) auf zweiwertige logische Grundformen zurückführen lassen; dabei benutzen sie selbst – und nicht nur die Metatexte aus der Forschung – ein Begriffsinventar, das oft nur einer kleinen metasprachlichen Zuspitzung bedarf, um in logische Begriffe wie besonders Disjunktion, Konjunktion und Identität überführt zu werden: „разделение, разобщение, раздробление, разложение" auf der einen Seite „слияние, смешение, синтез, единение" und „единство" auf der anderen.

Die konkreten kulturosophischen Aussagen, in denen sich entweder die angeführten Operationen oder die genannten oder verwandte Lexeme wiederentdecken lassen, sind, wie für die kulturosophische Textsorte typisch, stark wertend. So ergibt sich eine notwendige Verbindung von Axiologie und (impliziter) Logik. Es ist daher möglich, die Texte daraufhin zu lesen, wie in ihnen bestimmte logische Operationen oder Konstellationen bewertet, axiologisiert werden. Eine Axiologie der Logik. „Axiologik".

Die Werthaftigkeit, welche eine zweiwertige Logik in ideologischen Texten gemeinhin impliziert, wurde sowohl von Lotman/Uspenskij 1977 als auch Achiezer 1991, Grübel/Smirnov 1997 und Świderski 1998 thematisiert. Die Beschreibung der Verbindung von Logik und Axiologie, die hier vorgeschlagen wird, geht noch einen Schritt weiter. Es wird nicht nur gefragt, welchem der beiden Glieder einer zweiwertigen Relation A und B der positive, welchem der negative Wert zugeschrieben wird; das Augenmerk richtet sich auch und vor allem darauf, wie verschiedene Weisen logischer Verknüpfungen von A und B selbst mit Werten belegt werden.[21]

---

[21] Wenn die Gegenstandsebene schon selbst zweiwertig strukturiert ist, muß die Metaebene eine höhere Komplexität haben. Dafür ist es aber nicht – wie Luhmann suggeriert – erforderlich, ein so „strukturreiches logisches Instrumentarium" (also eine mehrwertige Logik) einzusetzen, das dann „allenfalls in einem extrem formalen Sinne zur Verfügung"

1. Forschungslage

Das Wertungselement hebt die für die vorliegende Arbeit spezifische Benutzung von Logik aus dem formalen Bereich ins Feld der Pragmatik: Ein nicht unwesentlicher Teil der kommunikativen und ideologischen Zwecke, zu denen die betreffenden russischen Quellentexte geschrieben wurden, läßt sich an diesem axiologischen Vektor ablesen. Auch die internen Relationen zwischen verschiedenen bei einem Denker gebräuchlichen logischen Operationen (wie Mittel-Zweck, Thema-Rhema) können an der Werteskala abgelesen werden. Wie logische Operationen und Relationen axiologisiert werden, ist ideologisch somit höchst relevant.

Bei der Verwendung des Substantivs „Axiologik" treten keine besonderen Interferenzen mit anderen Begriffen auf. Anders ist dies bei einem noch zu suchenden zugehörigen Adjektiv, das sich, da „axiologisch" eindeutig als zu „Axiologie" gehörig erkannt wird, nicht bilden läßt. „Axiologikalisch" wirkt wie eine Überfrachtung mit Suffixen. Auch das Verb „axiologisieren" ist an „Axiologie" gebunden. Der Gebrauch des Begriffs „Axiologik" ist folglich nur mit Einschränkungen möglich; für die adjektivische Verwendung wird die analytische Version „logisch-axiologisch" bevorzugt.

Diese skizzenhaften Anmerkungen zum Neologismus „Axiologik" sind als vorläufige zu verstehen. Die Frage einer Definition dieses Terminus wird nochmals aufgenommen, wenn die Begriffsteile geklärt sind, d.h. wenn definiert ist, was hier unter Logik verstanden werden soll (Kap. 2.) und welchen Zusatzaspekt die Axiologie beiträgt (Kap. 3.). Im Anschluß an diese Grundbestimmungen wird Axiologik neu definiert (3.3.) und von benachbarten Begriffen abgegrenzt (3.5.).

1.5. Konzepte, Mentalitäten, sekundäre modellierende Systeme – Individuelles vs. Kollektives

Der kulturosophische Interdiskurs ist – wie dargestellt – ein Behältnis für Spezialdiskurse verschiedenster Provenienz – von Theologie bis Politik. Seine inhaltliche Nachzeichnung ist somit Gegenstand von Geistesgeschichte bzw., moderner gesprochen (da es nicht die Rekonstruktion eines allgemeinen Geistes, sondern die spezifischen Verschiebungen innerhalb konzeptueller Tradition im Vordergrund stehen), von Konzeptgeschichte. Diese Rekon-

---

steht (Luhmann 1992b, 63). Die nötige Komplexitätssteigerung kann auch durch eine Anreicherung des axiologischen Fokus (zu einem Fokus der Wertbelegung logischer Operationen selbst) erreicht werden.

struktion von Konzeptkontinuitäten und -verschiebungen zwischen den einzelnen Vertretern der russischen Kulturosophie und die Rekontextualisierung der jeweiligen Konzeptausprägungen nimmt die jeweils erste Hälfte der Anwendungskapitel ein (Teilkapitel 5.3., 6.3., 7.3., 8.3.). Hier geht der Blick noch vorrangig auf das *Was* der Kulturosophie.

Wenn dann in den jeweils folgenden Unterkapiteln x.4. der Kapitel 5.-8. eine logische Formalisierung dieses konzeptuellen *Was* vorgeschlagen wird, die in den Abschnitten x.5. an den einzelnen thematischen Fokussierungen spezifiziert wird, so verschiebt sich das Augenmerk vom *Was* der Konzepte auf das *Wie* der Argumentation. Es interessiert, „*wie* die Leute denken und nicht nur [...] *was* sie denken" (Burke 1989, 127); die „dahinterstehenden mentalen Konzepte" (Dinzelbacher 1993, XXVIII) rücken ins Zentrum. Dieses *Wie* wird von der Mentalitätengeschichte zur Absetzung von Konzept- und Ideengeschichte in Anspruch genommen. In der Tat berührt sich die hier versuchte Formalisierung von Denkformen mit dem von Huizinga schon 1919 in *Herbst des Mittelalters* quasi *avant la lettre* beschriebenen Fokus der Mentalitätengeschichte[22]. Hier wie dort interessieren „Grundformen des Denkens", Denkrichtungen (Huizinga 1987, 287), die sich auf verschiedensten Ebenen, in unterschiedlichsten Diskursen niederschlagen. Allerdings – darin besteht ein wesentlicher Unterschied – geht es bei der kontrastiven Einzelbetrachtung von acht Vertretern der russischen Kulturosophie nicht um eine allen gemeinsame (russische, kulturosophische) Mentalität, eine „Denkform", wie sie bei Lotman/Uspenskij im Mittelpunkt der kultursemiotischen Auseinandersetzung mit russischen kultureller Logik gestanden[23] und wie sie Clemens Friedrich in mentalitätengeschichtlichen Fahrwasser postuliert hatte (s. 1.3.1.). Obwohl die theoretische Reflexion der Mentalitätsgeschichte das Problem der Abweichung des individuellen Moments von kollektiver Mentalität aufgreift (Burke 1989, 133f), muß die Mentalitätsgeschichte (wie auch die Kultursemiotik) die individuelle Variation bis zu einem gewissen Grad übergehen. Jene zweiwertige Logik, die Lotman/Uspenskij (1977) dem russischen Denken, der russischen *Mentalität* attestieren, gilt es individuell zu differenzieren: in Kombinationen verschiedener zweiwertig-logischer Operationen (von Disjunktion und Konjunktion) bei einzelnen

---

[22] Zu Huizinga als Mentalitätsgeschichtler *avant la lettre* Burke 1989, 128 u. Dinzelbacher 1993, XV.

[23] Die sowjetische Kultursemiotik entwickelt in manchen Punkten der französischen *histoire des mentalités* verwandte Beschreibungsweisen von kulturellen Denkformen. Diese Similarität oder wenigstens Kontiguität wird jedoch weder hier noch dort thematisch.

1. Forschungslage 43

Kulturosophen. Damit tritt das Interesse der vorliegenden Arbeit, den spezifischen, individuellen Ausprägungen der kulturosophisch-zweiwertigen Denkform nachzuspüren, heraus aus dem auf kollektives „Allgemeingut" (Dinzelbacher 1993, XXVII) ausgerichteten Erkenntnisinteresse von Kultursemiotik und Mentalitätsgeschichte und kehrt zu den individuellen Erzeugnissen von einzelnen Vertretern der kulturellen Eliten zurück. Die Zweiwertigkeit mag als allgemeinster „Ausdrucksrahmen" (Dutu 1985, 4) der russischen Kulturosophie des 19. Jahrhunderts gelten; die Frage nach der Vielfalt des *Wie*, der individuellen Ausprägungen innerhalb dieses Ausdrucksrahmens, ist damit aber noch gar nicht gestellt. Ihr ist diese Arbeit gewidmet.

1.6. Formalisierung/Formalismus – eine Gefahr?

> Логика на все смотрит с точки зрения вечности — оттого все относительное и историческое теряется в ней. (Gercen 1975, I 207)

Der Antirationalismus, welcher weite Teile der russischen Philosophie spätestens ab Gercen und Kireevskij, wohl aber schon seit Metropolit Platon, vielleicht sogar seit Ilarion, auszeichnet, verwahrte sich gegen den sogenannten „Formalismus"[24]. Wenn nun, wie mit einem Beschreibungsmodell aus formaler Logik und Axiologie versucht, eine hochformalisierte Konzeptualisierung an eben dieses russische Denken herangetragen wird –, liegt es dann nicht nahe, darin einen feindlichen Akt zu sehen, einen Versuch, eben jene „Formale", wogegen sich soviele russische Philosophen immer gesträubt hatten, durch die Hintertür der Forschung einzulassen und ihm so doch noch zum Sieg zu verhelfen?

Auch abseits von einer solchen historischen Kontamination jeglicher Meta-Formalisierung tritt bei logischen Konzeptualisierungen ein grundlegendes Problem auf: Es wird – zumindest im letzten aller Abstraktionsschritte – fast von jeglichem Inhalt, nahezu von jeglicher weltanschaulichen, ideologischen Implikation abstrahiert. Negativer Freiheitsbegriff und nationaler Partikularismus werden als disjungierende Denkoperationen genauso vergleichbar wie totalitäre Überwachung des Individuums durch das Kollek-

---

[24] Die negative sowjetische Propagandaformel des „Formalismus" ist lediglich die Fortsetzung eins älteren russischen Philosophems bzw. Klischees (Gercen, Kireevskij u.v.a.).

tiv und Annahmen von der Wesensverbundenheit von Gott und Geschöpf als konjungierende Figuren.

Arbeiten zur russischen Kulturgeschichte, die mit näherungsweise binären Formalisierungen operieren (wie bspw. Igor' P. Smirnovs *Психодиахронологика* von 1994 oder Groysens These von Rußland als dem „подсознательное" des Westens von 1989 [Groys 1993]), setzen sich dem Vorwurf des Reduktionismus aus. Über ein formales Scharnier wie Verfahren der Substitution (s. Witte 1997, 27), durch die Ersetzbarkeit von allem durch alles, können frappante Verbindungen geschlagen werden, die sich aber vom (sozialen, weltanschaulichen, politischen) Gehalt eines Denkens, das so beschrieben wird, weit entfernen. Die Frappanz einer These wie der von Rußland als dem „Unterbewußten" des Westens wird um den Preis der formalisierenden Reduktion erkauft[25] – oder, anders gewendet, ohne die Reduktion gäbe es diesen Grad an Frappanz nicht.

Gerade indem eine Metabeschreibung durch hohen Formalisierungsgrad der Scylla entgehen will, ideologisch Partei zu ergreifen, sich selbst sozial und politisch, also ideologisch zu situieren in bezug auf das, wovon sie handelt, – gerade dadurch kommt sie der Charybdis des A-sozialen bedrohlich nahe.[26]

Während Smirnov und Groys mit Psychologie und Psychologik, also erweitertem begrifflichen Werkzeug verschiedener Provenienz, operieren, beschränkt sich die vorliegende Untersuchung auf das Werkzeug der Logik und der dieser anschließbaren binären Axiologie. Die Abstraktion vom konkreten Sachverhalt ist also noch weiter getrieben; nicht einmal das (allgemeine) Subjekt, dessen (Selbst-)Substitutionsoperationen diese beiden Kulturhistoriker konzeptualisieren, spielt hier die Rolle eines fixen Bezugspunktes. Es

---

[25] Groys muß bspw. die von Freud klar geschiedenen Begriffe „Unbewußtes" und „Unterbewußtes" zusammenwerfen, um mit binären Positionswechseln von „Bewußtsein" und „Nicht-Bewußtsein" arbeiten zu können, die erst seine Schlüsse zulassen. Genauso muß Čaadaevs These von der Ahistorizität Rußlands um die der Atopizität angereichert werden, weil ja das „Unterbewußte" für raumlos gilt (Groys 1993, 245f).

[26] Bspw. war Michail Ryklin geneigt, dem Verfahren des Austausches bei Groys einen „невинный цинизм" anzukreiden (Bremer Seminar zur russischen Philosophie, 1998). – Demgegenüber hat Igor' P. Smirnov derartige Vorwürfe antizipiert, wenn er im Vorwort zur zweiten russischen Auflage und ersten deutschen von *Бытие и творчество* von einem „Stil der Hoffnungslosigkeit" spricht (Smirnov 1997, 7). An einer solchen „Hoffnungslosigkeit" ist Formalisierung nicht unschuldig – oder, wiederum anders gewendet: ohne extreme Formalisierung ist solche „Hoffnungslosigkeit" im Sinne ideologischer Nicht-Stellungnahme nicht erreichbar.

wird in mengenlogischer Hinsicht genauso als Menge beschrieben wie alles andere auch. Vergleichbar den Arbeiten von Groys und Smirnov, denen diese Untersuchung vieles verdankt, ist in der abschließenden logischen Formalisierung, auf welche die Einzelkapitel der nachfolgenden Untersuchung hinauslaufen, soziale Realität höchstens noch in Spuren enthalten (etwa wenn bei Gercen und Danilevskij ein innerer Bereich festgestellt wird, in dem konjunktiv gedacht wird, und dies bei Gercen das Individuum, bei Danilevskij aber das Kollektiv des „Kulturtyps" ist).

Nun ist aber eine solche Entleerung der sozialen Implikation riskant, wo sie auf solche Denker angewandt wird wie eben Danilevskij. Der Spätslavophile ist schließlich nicht ganz zu Unrecht als „Protofaschist" (Ignatow) und „Protofundamentalist" (Hösle) verschrieen. Eine logische Konzeptualisierung kann also kaum daherkommen und die ideologische Brisanz dieses Denkens einfach stillschweigend übergehen.

Als Ausweg wird hier eine gespaltene Strategie gewählt: Zunächst werden die Ideologeme der betreffenden kulturosophischen Texte in einem behutsamen thematischen Zuschnitt ausgerollt, und erst in einem zweiten Schritt folgt die engere, spezifischere und formalere logische Konzeptualisierung.

1.7. Kulturwissenschaft, Interkulturalität, Kulturologie

Die vorliegende Untersuchung der russischen Kulturosophie grenzt an zwei „Paradigmen" der ehemaligen Geisteswissenschaften:

Zum einen hat sie mit allgemeiner Kulturwissenschaft – wenn auch auf einer anderen Ebene – den Gegenstand gemein. Im Rahmen des verstärkten Augenmerks auf Kultur rückt gerade auch die Kulturphilosophie in den Blickpunkt, wie zahllose postsowjetische Übersetzungen oder auch Konersmanns Leipziger Anthologie von Georg Simmel bis Herbert Schnädelbach belegen (Konersmann 1996). Indem gefragt wird, wie Kulturosophen Kultur entwerfen, wird natürlich ein Beitrag zur allgemeineren Frage nach Funktionieren oder „Poetik" (Greenblatt) von Kultur, hier der russischen Kultur erbracht. Diese allgemeinere Ausbeutung der vorliegenden Fragestellung beträfe die Rolle logischer Operationen und logisch-argumentativer Strategien bei der Konzeptualisierung und Selbstmodellierung einer Kultur.

Zum zweiten teilt die wertend-vergleichende Grundanlage der Kulturosophie (positive Wertung von Kultur A, negative von Kultur B) den Gesichtspunkt des „Zwischen" mit dem Forschungsschwerpunkt Interkulturalität. Die Axiologik-Hypothese ist somit zugleich ein Angebot zum Verstehen der Beweggründe für divergente Konzeptualisierungen des Verhältnisses von Kulturen. Hier ist (anders als u.a. axiologische Untersuchungen zu nationalen Auto- und Heterostereotypen, s.) besonders die Logik ein bisher wenig benutztes Hilfsmittel.

Während die Situierung der vorliegenden Untersuchung im weiten Feld der internationalen Entwicklung in Richtung Kulturwissenschaft sowie des aktuellen Forschungsschwerpunktes Interkulturalität legitim, angemessen, ja nicht unerwünscht ist, tut auf der anderen Seite eine Abgrenzung von einer spezifisch russischen Begleiterscheinung der Gegenwart not: Hatten schon die Vertreter der Moskau-Tartuer Schule, aber auch Aron Gurevič, Dmitrij Lichačev, Sergej Averincev u.a. (s. Zenkin 1998, 197f) Kultur zu ihrem Thema erhoben, in bestimmtem Sinne Kulturologie betrieben, so ist im postsowjetischen Rußland eine Inflation von sogenannter „Kulturologie" zu beobachten, die von der unterschwelligen Funktion begleitet wird, Orientierung zu liefern, verlorene Orientierung zu restituieren[27], und die mit groben Vereinfachungen (Scherrer 1999, 282) „globale Erklärungsansprüche" erhebt (Scherrer 1997)[28]. Dieses neue, inflationäre, ja vulgarisierende Phänomen „Kulturologie" ist von der „klassischen" sowjetischen Kuturologie der 60er und 70er Jahre deutlich zu scheiden (Zenkin 1998, 212). Während die alte Tartuer und Moskauer Kulturologie in Zenkins Sinne auf kultursemiotischen und mentalitätsgeschichtlichen Pfaden klarer Wissenschaftlichkeit wandelte, kann das für die heutige, oft moralistische und nationale gefärbte „Kulturologie" nicht gelten (ebd.).

Die Spezifik russischer Kultur ist in einer Neuauflage alter, u.a. Danilevskijscher Kulturtypenlehre mit Samuel P. Huntingtons *The Clash of Civilizations* (1995) neuerdings wieder ins Blickfeld der internationalen polito-

---

[27] S. bspw. Radugins Hypostase des Adelsgutes und der russischen Kleinstädte als Horte der „vaterländischen" Kultur, die eine Art letzten Ratschluß seines Lehrbuches Культурология darstellt (Radugin 1997, 294 u. 298).

[28] Jutta Scherrers Polemik (1997) gegen die vulgäre postsowjetische „Kulturologie" unter dem unglücklichen Titel *Alter Tee im neuen Samowar* (stammt womöglich nicht von der mit russischen Realia vertrauten Autorin, sondern von der Redaktion der *Zeit*) beschreibt die gleichnamige postsowjetische universitäre Disziplin zutreffend 1) als gerade Umkehrung der marxistischen These „Das gesellschaftliche Sein betimmt das Bewußtsein" und 2) als Wiederaufnahme der Philosophien vom russischen Sonderweg aus dem 19. Jahrhundert (Disjunktionsaxiologie im hier definierten Sinne). Scherrer unterscheidet zwischen dieser vulgären (Neo)Kulturologie und einer der Tartuer Schule folgenden Kulturologie (Scherrer 1999, 288), der auch diese Arbeit einige Inspirationen verdankt.

logischen und philosophischen *community of investigators* gelangt. Was Huntington in Anschlag bringt, läßt sich als Theorie internationaler Beziehungen etikettieren, aber auch reibungslos als eine generalüberholte Fassung kulturosophischer kulturkomparatistischer Denkmuster auffassen[29]; Huntington grenzt „civilization" im Singular von „civilizations" im Plural ab und macht klar: „Civilizations in the plural are the concern of this book [*The Clash of Civilizations*]." (1995, 41) Wie Grübel/Smirnov (1997, 5) definieren, sind Kulturen in komparativer Mehrzahl (meist im Dual[30]) und ihr (Wert-) Konflikt exakt der Gegenstand der Kulturosophie. Ähnlich der postsowjetischen Kulturologie gerät auch Huntingstons politikwissenschaftliche Prophezeiung, die eine Metaposition einzulösen zwar durchaus *bestrebt* ist, in die Fänge der disjunktiven Kulturtypenlehre.

Die hier vorgelegte Untersuchung zur Logik und Axiologie der russischen Kulturosophie zielt dezidiert *nicht* darauf ab, eine Variante des Denkens über Kultur für die richtige, die wertvollere herauszuschälen, den Konflikt als unvermeidlich zu beschreien oder die Versöhnung weltmultikulturell nahezureden. Es ist ihr um einen Beitrag zum *Verstehen* einer historischen Ausprägung des Nachdenkens über Kultur in Rußland zu tun, um eine Analyse der historischen, logischen Genealogie von Öffnung und Abschluß Rußlands und nicht um Bewertung oder gar normative Handlungsanweisung.

1.8. Grenzen dieser Arbeit

Diese Untersuchung ist eine exemplarische. Sie kann und will nicht historisch erschöpfend sein. So bleiben zwischen den vier betrachteten Paaren von kulturosophischen Denkern in der Zeit zwischen 1790 und 1900 merkliche Lücken. Wichtige Kulturosophen wie etwa Chomjakov werden nur am Rande behandelt. Des weiteren werden weder die ältere Zeit, in der Vorformen von Kulturosophie zweifellos feststellbar sind (Grübel/Smirnov 1997, 6-8), noch die spätere symbolistische Philosophie ausführlich analy-

---

[29] Niemand anders als der „Orientalist" Edward Said wirft Huntington vor, mit seiner Kulturendisjunktion in einen wertenden Dualismus zurückzufallen: „Solche Figuren wie Huntington mit ihrer Weltaufteilung in Ost und West, die sich unterscheiden müssen und in denen man auf dem Unterschied besteht, stellen letztlich den Nationalismus in seiner schlechtesten Variante dar." (Said 1998, 87)
[30] Wobei eine Kultur als „wahre", die andere „in disjunktiver Ordnung" als „falsch" (Grübel/Smirnov 1997, 5) apostrophiert wird.

siert. Eine systematischere Behandlung des 20. Jahrhunderts ist nicht mehr zu leisten. Die weitgehende Aussparung des 20. Jahrhunderts wird in Kapitel 10. zwar nicht ausgeglichen; mit einigen vorläufigen Bemerkungen zu Vjačeslav Ivanov, den Vertretern des Moskauer Религиозно-философское общество (1905-1918), zu Lev Šestov, Pavel Florenskij, Georgij Fedotov und schließlich zu Michail Ryklin wird jedoch versucht, Tendenzen, weitere Entwicklungslinien und sich ergebende methodische Schwierigkeiten aufzuzeigen.

Diese Arbeit konzentriert sich also auf vier Debatten, die jedoch in gewisser Weise insofern Konstrukte darstellen, als die Synchronie nicht immer voll gegeben ist (so liegen zwischen den wichtigsten Texten Čaadaevs und denen seines Widersachers Kireevskij fast 20 Jahre; sie spiegeln eher eine in den Salons mündlich geführte Debatte als daß die Texte selbst das Medium dieser Debatte, ihr Ort des Gesehens wären). Der Anspruch der logisch-axiologischen Konzeptualisierung ist ein exemplarischer. Historische Entwicklungslinien umfassend darzustellen oder die Entwicklung gar kausal (geschichtslogisch) zu motivieren, ist nicht beabsichtigt.

Wichtiger als die Rekonstruktion historischer Debattenverläufe ist an der paarweisen Gegenüberstellung ein anderes: Im Antagonismus von zwei Parteien kulturosophischen Denkens ins Rußland, der als Breitenorientierung berechtigt ist, aber auch die Forschungsliteratur wesentlich dominiert und in ihren Ergebnissen einengt, ist ein Kontrast-Klischee enthalten. Die paarweise Aufteilung wichtiger Vertreter des Westler-Slavophilen-Streits des 19. Jahrhunderts dient nicht etwa der Reproduktion eines solchen Kontrast-Klischees, das sich verständlicherweise am einfachsten (und gröbsten) auf der Ebene von Gesamtbetrachtungen beider Parteien aufrechterhalten läßt; die Isolierung von Paaren ist vielmehr Ausfluß des Bemühens, genauer hinzuschauen, unter der Oberfläche eines offensichtlichen kulturgeographischen Dissenses Berührungen, Analogien, Verwandtschaften, Abhängigkeiten und Konvergenzen aufzuspüren, die bei einer Totalperspektive übersehen werden. Auch wenn es paradox klingen mag: Die binäre Gliederung in viermal zwei Vertreter hat den Effekt einer Destabilisierung der *idealiter* stets einen binären Opposition.[31] Das binäre Verfahren *en detail* zielt auf eine Dekonstruktion binärer Schemata *en gros*.

---

[31] German Ritz hat solches an seinem bemerkenswerten Iwaszkiewicz-Buch unternommen; bei ihm dient die paarweise Untersuchung von Iwaszkiewicz-Texten der Dekonstruktion (Ritz 1996, 16).

2. LOGIK

2.1. Angewandte Logik

> Die logischen Verhältnisse kehren überall wieder. (Frege 1964, 114)
>
> [...] повторение вообще как-то глупо. Онтологически — оно невозможно. (Rozanov 1992, 517)

Zweck der vorliegenden Arbeit ist nicht in erster Linie die detaillierte Deskription von historischen Positionen und Entwicklungssträngen der russischen Kulturphilosophie, sondern die Erstellung eines *typologischen Modells*.

Jedes konzeptualisierende Ordnen ist in Gefahr, die eigene Ordnung, die doch nur Konzeptualisierung *von* etwas, Verstehensangebot *für* einen Gegenstand der Forschung sein soll, als Zweck in sich zu etablieren. Die Relation des Mittels Konzeptualisierung und des Zwecks, ein genaueres Verständnis des Gegenstandes zu liefern, droht sich bisweilen zu verkehren. Die Systematisierungsabsicht muß folglich durch Skepsis in bezug auf das Erkennen, welches durch die Systematisierung geleistet werden kann, so weit gebremst werden, daß das theoretische Modell dem Verstehen des zu beschreibenden Materials dient und nicht umgekehrt das Material zum Beleg der Theorie degradiert wird. Peirce führt für diese Rückkopplung von einer offen formulierten theoretischen Hypothese und deren Bewährungserprobung sowie eventuellen Umformulierung im „Dialog" mit dem Gegenstand der Betrachtung den Begriff „Abduktion" ein (1966, 122 u. 136f).

In dieser Arbeit wird eine logische Beschreibungssprache an die kulturosophischen Konzeptualisierungen des russischen 19. Jahrhunderts herangetragen, um darzulegen, wie sich darin verschiedene Grundmuster wiederholen und abwandeln. Angewandte Logik dient der Beschreibung *konkreter* Denkoperationen mit *konkreten* Inhalten[1]. Die Arbeit ist mithin in zwei unauflösbaren Paradoxen gefangen: zum einen der Aporie der systematischen Absicht und des notwendigen Aufzeigens des Inkommensurablen[2], zum anderen

---

[1] Daher hat dieses Verfahren mit einer Logik *apriori* (wie der transzendentalen Logik Kants) und auch der rein formalen, die sich die logische Form zum Zweck setzt und ihr Interesse auf die Beziehungen zwischen logischen *Formeln* und deren Auffassung richtet (also Metalogik ist), bloß terminologische Gemeinsamkeiten.

[2] Adorno charakterisiert die Wahrung des inkommensurabel Nicht-Identischen als Zielsetzung seiner *Negativen Dialektik* (1990, 151f).

dem Paradox von Erkenntnisabsicht und Erkennbarkeitsskepsis (Deformation des zu Erkennenden durch die Deskription dessleben, Lotman 1992b, 99).

2.2. Konzeptualisierung von Konzeptualisierung

Geschrieben wird hier keine Logik der Geschichte, die ihren Ablauf erklärt, sondern es soll eine Reihe denkerischer Konzeptualisierungen aufgestellt werden, die über einen Zeitraum von 100 Jahren verteilt in der russischen Kulturosophie entstanden sind. Konzeptualisiert wird nicht Geschichte, sondern die Konzeptualisierungen von Kultur (und darin inbegriffen auch von Geschichte). Konzeptualisierung von Konzeptualisierung. Was von den russischen Kulturosophen zwischen 1790 und 1900 gedacht worden ist, wird nach einem Modell beschrieben, das rekurrente Muster, wiederkehrende logische Operationen in ihrem Denken zu isolieren bestrebt ist. „Formale" Logik wird zu hermeneutischen Zwecken angewandt:

> [...] przez „logikę stosowaną" możemy rozumieć badanie tych praw i reguł logicznych (łącznie z prawami semantyki i metodologii), które występują w danej dziedzinie.[...] *Dla wszystkich f: jeżeli f jest dziedziną ludzkiej praktyki, to istnieje logika stosowana f wtedy i tylko wtedy, gdy f zwaiera wypowiedzi, które stanowią jakieś struktury obiektywne lub je wyrażają.* (Bocheński 1990, 11f)

Die Bedingung objektiver Stukturen im Bocheńskischen Sinne (1990, 13) ist beim Gegenstand kulturphilosophischer Texte weniger dahingehend erfüllt, daß als sie Aussagen mit objektivem Geltungsanspruch tätigen, als darin, daß sie sich im Medium Schrift „verobjektivieren". In der Arbeit wird versucht, logische Kategorien zur Formalisierung denkerischer (genauer semantischer) Operationen, auf denen die untersuchten Texte fußen oder die in ihnen zur Anwendung kommen, zu benutzen (s. Tugendhat/Wolf 1993, 24f).

Die Konzeptualisierung von Denk*operationen* anstelle von Denk*inhalten* erleichtert es, einer Falle zu entgehen. Diese besteht darin, daß die kulturtypologische Metabeschreibung durch das Vokabular des von ihr zu Beschreibenden, das bei Selbstbeschreibungen von Kulturen u.a. in Form ihrer kulturphilosophischen Systeme Verwendung findet, sowie durch die diesem Vokabular inhärente Ideologie infiziert wird. Als Ausweg bietet sich zum einen die Tarskische Unterscheidung von Meta- und Objektsprache (Tarski 1936, 6) und zweitens ein Verfahren Jurij M. Lotmans (1992b, 95) an; letzterer löst die – in der mittelalterlichen Suppositionslehre[3] diagnostizierte – Gefahr der Kontamination von Termini durch verschiedene Bezeichnungsweisen mit seiner Forderung auf, kulturtypologische Formalisierungen dürften die Lexeme der Objektebene, mit denen seinerzeit die kulturelle Selbstmodellierung betrieben wurde, nicht zur Metabeschreibung wiederverwenden. Entsprechend geht es in der folgenden Konzeptualisierung nicht um Ost oder West, Religion oder Vernunft, Individuum oder Sozium, sondern um Trennen und Verbinden.

2.3. Verbinden und Trennen

Menschliches Denken ist, wie in der Hinführung gesehen, In-Beziehung-Setzen einzelner Glieder. Bedeutung entsteht aus der Relation, in welche die verwendeten Glieder zueinander gesetzt werden. Ein Glied X erhält seine Bedeutung erst durch seine paradigmatische Distinktion von Y und seine syntagmatische Kontiguität mit Z (vgl. Saussure 1975, 170-174).[4]

Werden zwei Glieder zueinander in Beziehung gesetzt („*соположение*= Zusammenstellung, Lang [1981, 440] über Jurij Lotman) so werden ihnen Ähnlichkeiten zugesprochen und Unterschiede angemerkt (vgl. Konjunktion vs. Diskonjunktion [Greimas 1971, 14] oder *сопоставление*=vergleichende Nebeneinanderstellung vs. *противопоставление*=kontrastierende Gegenüberstellung [Lang 1981, 440][5]). Aus der Summe von Gleichem und Ver-

---

[3] Hauptvertreter der Suppositionslehre sind William of Shyreswood, Jean Buridan, Walter Burleigh und William of Ockham. William of Shyreswoods Verteidigung seines viel zu weiten (Kneale/Kneale 1966, 274) Gebrauchs des Suppositionsbegriffs auch für grammatikalisches Sprechen über ein Wort („*Homo est nomen*"), die sogenannte *suppositio materialis*, enthüllt jene Differenz im Wortgebrauch, die später als die Unterscheidung von Objekt- und Metaebene gefaßt wird: „Videtur enim quod non sit diversus modus supponendi, sed potius significandi, quia significatio est praesentatio alicuius formae ad intellectum. Ergo diversa praesentatio diversa significatio." (William of Shyreswood, zit. n. ebd., 254)

[4] Thema wie Verfahren des Relationierens werden in einer nicht unbeträchtlichen Zahl der nachfolgend betrachteten Texte aus der russischen Kulturosophie bereits paratextuell genannt (s. Kireevskijs Titel *О характере просвещения и его отношении к просвещению России* [1852] oder den Untertitel von Danilevskijs Hauptwerk *Взгляд на культурные и политические отношения славянского мира к германо-романскому* [1869, beide Hervorhebungen DU]).

[5] „Das gedankliche Operieren erfolgt durch Setzen von Analogien und Ermittlung von Kontrasten, um Vergleichsinstanzen zu schaffen für heterogene Erscheinungen", subsumiert

schiedenem entsteht Bedeutungsunterscheidung. Doch das ist bereits auf die Ebene einzelner Merkmale. Zuvor nochmals ein Schritt zurück:

Trennen und Verbinden sind die beiden Grundoperationen des Relationierens: „X und Y" oder „X und nicht Y". Was genau „und" bzw. „und nicht" oder (gleichbedeutend mit letzterem, was schon die Schwierigkeit zeigt:) „aber nicht" bedeuten, ist extrem schwer zu fassen. Dabei ist die Negation eines Gliedes zugunsten eines anderen noch vergleichsweise einsichtig, während die konkreten Bedeutungen von „und" schwer aufzulösen sind. Die Vielzahl dessen, was sich hinter „und" verbergen kann, scheint kaum reduzibel. Ist die Verbindung „und" zur Identität hin nach oben offen? Ist „und" eine beliebige Zusammenfügung, bei der die verbundenen Glieder über keine (weitere) Gemeinsamkeit verfügen müssen? Logisch hieße eine solche beliebige Verbindung Adjunktion, also einschließendes „oder". Die Bedeutung von „und" wäre dann durch „oder" bestimmt. Wird „und" hingegen gedacht als Anzeiger einer Ähnlichkeitsrelation von X und Y, denen ein gemeinsamer Zug zugesprochen wird (bei abweichenden anderen Zügen) – die Logik spricht von der Zuweisung eines beiden gemeinsamen Prädikats –, so käme dies mengentheoretisch der Inklusion oder dem aussagenlogischen Konjunktor gleich.

Menschliches Denken arbeitet – allem Anschein nach – wie seine sprachliche Realisation mit Aussagen (Sätzen, Urteilen). Einem Subjekt a wird ein Prädikat P zugewiesen[6]. Verbinden und Trennen zweier Glieder des Denkens a und b funktionieren also in der Form einer *Prädizierung*. Die Aussagenteile „a und b" oder „a und nicht b" können nicht für sich allein bedeutungshaft sein. Erst durch den Bezug auf ein Prädikat, das beiden zu- oder einem zu- und dem anderen abgesprochen wird, erhalten Verbinden und Trennen semantische Kontur. Wenn – die Beispiele stammen aus der Kulturosophie – der westeuropäischen Kultur Individualismus und Rationalismus zugesprochen und diese Merkmale zugleich der russischen Kultur abgesprochen werden, so handelt es sich um eine trennende, eine disjunktive Operation. Die Behauptung, beide Kulturen hätten Anteil an einer allgemein-menschlich-humanistischen Tradition, basiert auf einem verbindenden, konjunktiven Denkvorgang. Daraus folgt, daß der meistversprechende Weg

---

Ewald Lang den Lotmanschen Denkstil (1981, 440), und kennzeichnet ihn als heuristischen Einsatz des linguistischen Oppositionsprinzips (ebd., 442).

[6] Im weiteren, wo dies nicht ausdrücklich anders gesagt wird, stets logische, nicht grammatische Begriffsverwendungen.

2. Logik 53

zur genaueren Beschreibung von Trennen und Verbinden über das Zu- und Absprechen von Prädikaten führt[7]. Die hier in Anschlag gebrachte Unterscheidung von Trennen und Verbinden wird in mythologischen und geistesgeschichtlichen Prosopopöien anschaulich: Das erste der prominenten Paare bilden Apoll, „der Gott des Unterscheidens und Trennens", und Hermes, „der Gott des Verbindens" (Rombach 1991, 15f). Das zweite, philosophiegeschichtliche Doppelgestirn besteht aus Platon, dem „Philosophen der Einheit", und Aristoteles, dem „Denker der analytischen Unterscheidung" (s. Czaplejewicz 1977b, 12; ähnlich auch Ivan Kireevskij, 6.3.4.).

2.3.1. Denken oder Sprache?

Eine definitorische Anmerkung zum Begriff der Denkoperation ist unverzichtbar, auch wenn eine vollgültige Definition unerreichbar bleibt: Die Formalisierung von Gedankenoperationen darf nicht als Suche nach vorsprachlichen und sprachgenerierenden Räumen verstanden werden, die von Sprache different wären, sondern muß mit ihrer sprachlichen Seite zusammenhängende oder mit ihr sich überschneidende Vorgänge beschreiben[8]. *Inventio* und *dispositio* sind genausowenig von der *elocutio* zu trennen wie umgekehrt.[9] Der in Logik wie Grammatik gleichermaßen gebräuchliche „Satz"-Terminus legt insofern eine Analogie nahe, als es sich jeweils um bedeutungsgenerierende Beziehungen zwischen mindestens zwei Gliedern und nicht um eine einzelnes Objekt oder Prädikat, handelt (wiederum zwei in beiden Metasprachen verwandte Wörter). Schon bei der Binnendifferen-

---

[7] Es mag auch andere Wege geben. Bleibt jedoch die fundamentale Subjekt-Prädikat-Struktur des Denkens bzw. der Sprache außer Betracht, so kann das Ergebnis – eine Relationierung von zwei Gliedern ohne Rückgriff auf Prädikate (ein Sonderfall von Prädikaten ist das *tertium comparationis*) – nur sehr grobe Ergebnisse hervorbringen. (Denkbar wäre dann eine Auffassung vom Verbinden als der Vereinigungsmenge zweier Gegenstände – Adjunktion – statt als Schnittmenge zweier Prädikatenmengen – Konjunktion.) Diesen Mangel eines jeden Versuchs von nicht-prädikativer Semantik illustriert das im Vergleich zur Prädikatenlogik heillos grobe Raster der Aussagenlogik. Der Gegenstand (und auch die Präsupposition eines *tertium*) ist das Thema, das Prädikat das diesem zugeschriebene Rhema der jeweiligen Aussage (s. 2.3.1.2.).
[8] In der Debatte über die Sapir-Whorf-Hypothese wurde die Frage nach dem Verhältnis von Denken und Sprache eingehend erörtert, aber nicht abschließend oder gar konsensuell beantwortet.
[9] „Говорить о невыраженном содержании — нонсенс." (Lotman 1992e, 8).

zierung ihrer jeweiligen „Sätze" aber gehen Grammatik und Logik verschiedene Wege. Da unterschiedliche sprachliche Aussagen mit derselben logischen Form ausgedrückt werden können, ist eine Deckung von Sprache und Denken ebensowenig anzunehmen wie die Unabhängigkeit beider voneinander. Der Wortgebrauch „Denkoperationen" besitzt eine zerebrale Komponente. Angesichts des heuristischen Einsatzes von Logik ist der logisch-axiologische Zugang aber mitnichten als Neurophysiologie, sondern als spezifische Semantik zu beschreiben.

Wenn in dieser Untersuchung auf Texte als Materialbasis rekurriert wird, ist Sprache das Gefäß, in dem Denken, Logik wiedergefunden werden können. Diese praktische Entscheidung liefert keine philosophische Lösung des Dilemmas von Sprache und Denken, an dem sich eine Vielzahl von Theorien (wie die Sapir-Whorf-Hypothese), sondern stellt eine methodische Notwendigkeit dar, wenn Denken anhand seines medialen Behältnisses, nämlich verschriftlichter Sprache beschrieben wird.

2.3.1.1. Thema/Rhema

Das Abheben auf die Ebene sprachlichen Ausdrucks von Denken ist jedoch nicht nur eine methodologische „Notlösung" (weil Denken in der Natur nicht „rein" vorkommt), sondern eine methodische Unverzichtbarkeit. Die Logik einer Denkoperation läßt sich nicht erfassen, wenn nur das Thema im Blickpunkt steht, ja selbst dann nicht, wenn die axiologische Wertung mit hinzugenommen wird; stets kommt es auf die logische Perspektive (eine Art Aspekt wie im griechischen und slavischen Verbalsystem) an. Und diese logische Perspektive ist einzig und allein über die Ebene der sprachlichen Oberfläche erreichbar; daher wird in dieser Untersuchung beharrlich nach dem Wortlaut gefragt, wird jede logische Konzeptualisierung an konkrete Zitatformulierungen zurückgebunden.

Um ein Beispiel zu geben, das diese abstrakte Erörterung veranschaulicht: Frauenemanzipation ist für viele der russischen Kulturosophen, ja für fast alle ein Thema. Bei manchen läßt sich eine klar positive Wertung der Emanzipation von Frauen feststellen. Doch ist Emanzipation eine Strategie von Trennen/Disjunktion, von Verbinden/Konjunktion oder von Identifikation? Wird Emanzipation als Eingliederung von Frauen in zuvor allein männlich bestimmte Tätigkeitsfelder aufgefaßt, so steht der Aspekt des

Verbindens im Mittelpunkt; wird Emanzipation als Gleichheit aller Fähigkeiten und Rechte von Mann und Frau verstanden, erscheint sie als Identifikation; wird in Emanzipation hingegen die Befreiung der Frau aus der Subordination unter den Mann, die in patriarchaler Ehe oder Familie wurzeln, gesehen, so handelt es sich um eine disjunktive Operation[10]. Wenn also Karamzin, Gercen und Solov'ev in dieser oder jener Weise für Emanzipation votieren, so bedeutet dies längst nicht, daß sie damit derselben spezifischen Axiologik anhängen. Um die Axiologik des Votums für Frauenemanzipation bei den betreffenden Denkern zu bestimmen, ist es unerläßlich, nach ihren Formulierungen, nach den konkreten „Satzperspektiven" (Mathesius, zit. n. Lutz 1981, 10) zu fragen.[11] Erst anhand der Formulierungen, zu denen Karamzin, Gercen und Solov'ev greifen, läßt sich die „Einstellung des Sprechers z[um] Sachverhalt" (Lutz 1981, 7), mit dem gebräuchlichen Ammannschen Begriff (s. ebd., 11): das Rhema der Aussage erfassen. Axiologik ist im Bereich der Rhemata von Aussagen anzusiedeln. Das Rhema des „Gedachten" aber ist auf keinem anderen Wege erreichbar als über den sprachlichen Ausdruck.

2.3.1.2. Rhema vor *tertium*

Gegen die Meinung, ein Argument sei disjunktiv ausgerichtet, kann billigerweise stets das Gegenargument vorgebracht werden, daß doch die auch dem Disjungieren inhärente Figur des Vergleiches nur möglich sei, weil ein *tertium comparationis* als je schon vorausliegend gedacht sei. Mit dem Thema-Rhema-Paar kann dem entgegnet werden: Das *tertium* ist lediglich auf der thematischen Ebene mitenthalten, für das Rhema hingegen spielt es keine Rolle.

Auch hier ein Beispiel, eines von grundlegender Bedeutung: Wenn von vielen Vertretern der russischen Kulturosophie Rußland und Europa in ein disjunktives, ein Gegensatzverhältnis gebracht werden, so liegt zwar das *tertium comparationis* zugrunde, daß beide Kulturen eben *als Kulturen* so basal verbunden sind, daß sie überhaupt verglichen werden können. Schließlich,

---

[10] Zu Trennen und Verbinden als zwei divergenten Paradigmen des Feminismus (und russischen Besonderheiten in dieser Beziehung) vgl. Ebert 1999.
[11] Umgekehrt stellt sich das Problem implizierter Wertentscheidungen: Wo keine konkreten Aussagen über ein Thema belegt sind, ist zwar die ideologiekritische Hinterfragung von Implikationen (meist affirmativer, den *status quo* stützender Art) zulässig und nötig, eine Festlegung der logisch-axiologischen Position aber spekulativ.

so könnte es weiter heißen, werde ja nicht das Sozium der Weißmeerfische mit der russischen Kultur verglichen, sondern ein Objekt, dem auch das Attribut menschlicher Kultur zugeschrieben wird. Betont, argumentativ herausgehoben wird beim Kontrastieren jedoch das Trennende, nicht das implizit mitgedachte *tertium*. Somit handelt es sich um eine disjungierende Operation.[12] Wo hingegen das *tertium* selbst herausgehoben wird, etwa wenn Solov'ev die christlichen Konfessionen mit dem Argument verbindet, sie hätten als *tertium* das Christliche, wo also das *tertium* zum expliziten Argument wird, ist Konjunktion am Werke.

2.3.2. Logik oder Rhetorik?

Die logische Metaperspektive berührt sich mit einer rhetorischen Konzeptualisierung, wie sie Holt Meyer (1993) für Čaadaevs Sicht des russischen Null-Ortes in Anschlag bringt. Beide Ansätze berühren sich, insoweit sie das „Wie" des Denkens bzw. Argumentierens im Auge haben: Philosophieren als Form des Argumentierens, nicht Philosophie als Behältnis von Inhalten. Die Konvergenz des formalistisch ererbten Interesses am „Wie" (Как *сделана Шинель Гоголя*, Ejchenbaum 1971, Hervorhebung DU) scheint letztlich bedeutsamer als die Divergenz in bezug darauf, welche Ebene gewählt wird: Denken oder Sprache. Bei logischer Konzeptualisierung richtet sich wie bei rhetorischer das Augenmerk auf *Figuren* des Denkens bzw. Aussagens. Ivan Fónagy (1996) schlägt mit *Figures of Thought and Forms of Thinking* eine Beschreibungsmetasprache vor, welche die rhetorische Begrifflichkeit zur Wiedergabe von Denkfiguren einsetzt. Wird in der folgenden Untersuchung auch eher der umgekehrte Weg beschritten, so zielen doch beide Ansätze, der rhetorische wie der logische, auf einen Bereich zwischen Denken und Sprache.

---

[12] Ein umgekehrter Fall findet sich bei Šiškov, der das Russische und das Altkirchenslavische des expliziten Vergleichens gar nicht für bedürftig befindet, da er sie für eins hält (s. 5.6.3.). Hier wird das *tertium* durch die Figur der Identität liquidiert – das aber zu dem Zweck des eigentlichen Rhemas, des eigentlichen Argumentationsziels: Um das Russische/Altkirchenslavische vom fremden Französischen zu trennen. Das darin nun wieder implizierte *tertium* indoeuropäischer Sprachen wird jedoch durch das Disjunktionsrhema in den Hintergrund gedrängt.

2.3.3. Objektsprachliche Vorformulierungen von Logik

Die kulturosophischen Primärtexte können – abgesehen davon, daß sie logische Operationen benutzen – selbst Begriffe enthalten, die nicht-terminologische, proto-logische Vorformulierungen[13] von Disjunktion und Konjunktion darstellen: „разделение", „слияние" etc. Die Kluft zwischen Denken und Sprache wird dadurch, so scheint es, etwas verringert. Die beiden Fälle – logische Operationen und protologische Lexeme – müssen voneinander geschieden werden, bedingen aber keine wesentliche Differenz im Hinblick auf den konzeptualisierenden Vorgang, im Hinblick auf die Axiologik. Aussagen, die vorterminologische, proto-logische Lexeme enthalten, sind axiologisch lediglich unmittelbarer lesbar, als es implizite Operationen erlauben.

2.4. Eine Logik des Trennens und Verbindens. These 1

Nach dem kurzen Ausflug in den Problemkreis des ungelösten Problems des Verhältnisses von Denken und Sprache wieder zurück zur Frage von Trennen und Verbinden mithilfe von Prädikation:

Wenn einem Gegenstand *a* das Prädikat P zugesprochen wird, dem Gegenstand *b* aber nicht, so besteht das, was das Trennende ausmacht, in der *Extension des Prädikats*. Der Schlüssel zum Verständnis von verbindenden und trennenden Denkoperationen liegt in der *Prädikatextension*. Im Gegensatz zur Unfestlegbarkeit der Bedeutung von „und" als Relation nur zwischen den Gegenständen *a* und *b* ohne Zu- bzw. Absprechen eines Prädikats (oder Bezug auf ein *tertium*), im Gegensatz dazu ist die Prädikatextension eindeutig definierbar – und das in doppelter Weise: sowohl graphisch mit den Mitteln der Mengenlehre bzw. Klassenlogik als auch mithilfe prädikatenlogischer Formeln.

Unbestreitbar ist die Definition von Konjunktion und Disjunktion mittels Prädikatextensionen eine Einschränkung. Die gemeinsprachliche Polyvalenz von „und" und „oder" wird damit reduziert auf klare Festlegungen: auf das „und" als Konjunktor und das ausschließende „oder" als Disjunktor. Man-

---

[13] Von einem logischen Metabewußtsein, einer Selbstreflexion auf die eigene Argumentationslogik bei den russischen Kulturosophen zu sprechen, ist problematisch, obwohl gerade bei Kireevskij und Solov'ev die nicht-terminologischen Vorformulierungen nicht mehr weit von logischen Termini (in russisches lexikalisches Material gegossen) entfernt sind. Auch Jurij Levin (1993, 9f) beruft sich wiederholt auf Begriffsreihen Vladimir Solov'evs, um seine logische Formalisierung zu stützen.

cher alltägliche Sprachgebrauch ist dadurch nicht mehr abgedeckt. Aber es geht hier schließlich nicht um eine linguistisch-analytische Definition der Wortbedeutungen von „und" und „oder", sondern darum, Trennen und Verbinden als Grundoperationen des menschlichen Denkens zu beschreiben. Ein weiterer Vorteil der prädikatenlogischen Formalisierung von Verbinden und Trennen, von Konjunktion und Disjunktion besteht darin, daß dadurch die – für sich genommen noch nicht bedeutungshaften – Zuordnungen „a und b" sowie „a und nicht b" in semantische Aussagen überführt werden.

Für den Gegenstand russischer kulturosophischer Konzepte, die im Zeitraum zwischen 1790 und 1900 entstanden, genauer in Texten von Karamzin, Šiškov, Čaadaev, Kireevskij, Gercen, Danilevskij, Solov'ev und Leont'ev enthalten sind, – für diesen Gegenstand lautet die methodologische Grundannahme dieser Arbeit, daß die darin vorkommenden Operationen von Trennen und Verbinden mithilfe der Unterscheidung von Prädikatextensionen hinreichend trennscharf konzeptualisiert werden können.

2.5. Konjunktion und Disjunktion

> Obwohl ich die Eleganz makelloser Logik und sauberer Folgerichtigkeit in Terminologie, Begriffsbildung und theoretischer Formulierung bewundere, ist es nicht das Hauptziel des vorliegenden Beitrags, diese Qualitäten zu erreichen. (Kohut 1991, 13)

Wie Algirdas Greimas das Grundpaar Trennen und Verbinden begrifflich als Konjunktion und Diskonjunktion faßt (Greimas 1971, 14) ist oben kurz angeklungen. Greimas schreitet von dort weiter zu den Semen als kleinsten bedeutungsunterscheidenden Einheiten, wohin die logisch-axiologische Untersuchung allerdings nicht folgen muß, da ihr Interesse nicht wie das Greimassche darauf abzielt, Trennen und Verbinden als „Bausteine" von Sprache zu beschreiben, sondern – vorläufig gesprochen – als universelle[14] Denkoperationen zu konzeptualisieren.

---

[14] Vgl. Frege 1964, 114. Universell soll hier bedeuten: Heuristisch überall verortbar. Es soll nicht besagen: „Außer dem gibt es nichts"; und auch nicht: „Alles läßt sich adäquat darauf reduzieren". Zum Universalismusproblem s. ausführlicher 4.6.1.-4.6.3.

2. Logik

Die nachfolgend aufgestellte Unterscheidung von denkerischen Figuren[15] mit vorwiegend konjunktiven und anderen mit vorwiegend disjunktiven Operationen kann sich nicht auf *ein* logisches Oppositionspaar allein stützen. Konjunktion und Disjunktion werden als Überbegriffe gewählt, die sich einerseits mit (partieller und vollständiger) Inklusion und andererseits mit Exklusion als Begriffen zur Beschreibung der Relation von Klassen zueinander berühren. Bei Disjunktion kann zusätzlich zwischen konträr und kontradiktorisch unterschieden werden[16]. Zu den genannten Paaren kommt – als eine weitere, für die russische Kulturosophie des 19. Jahrhunderts weniger bedeutsame Nebenoperation – das Element der Identifikation (die meist den Grenzwert von Konjunktion darstellt, vereinzelt aber auch als Komplement disjunktiver Strategien begegnet, s. 5.6.10.).

Um über eine einigermaßen griffige Terminologie zu verfügen, wird im folgenden darauf verzichtet, die jeweils gemeinten Komplexe trennenden und verbindener Operationen durch Komposit-Ungetüme wie *konjunktiv-inklusiv* zu beschreiben. Die Beschränkung auf das Gegensatzpaar *konjunktiver vs. disjunktiver Operationen*[17] ist demgegenüber kontrastschärfer. Um des weiteren falsche Eindeutigkeiten und Vereindeutigungen zu umgehen, wird von den beiden einander gegenüberstehenden Arten von Operationen je im Plural die Rede sein: konjunktive[18] und disjunktive[19] Operationen (vgl. dazu 4.2.).

---

[15] Die Rede von geschlossenen Traditionslinien wird hier bewußt gemieden, da sich solche Traditionslinien auf logischer Grundlage schwerer als auf dem Wege über eine inhaltliche Grundopposition wie Ost-West oder über markierte intertextuelle Bezüge (s. 4.9.) aufbauen lassen.

[16] Ein Beispiel für kontradiktorische Disjunktion wäre Kultur vs. Antikultur, für konträre Disjunktion: Kultur vs. Natur. Kulturosophie arbeitet stärker mit kontraditkorischen, Kulturologie mit konträren Disjunktionen.

[17] Die Relation von Klassenlogik (als einem Teil der Mengenlehre) und Aussagen- bzw. Prädikatenlogik kann hier nicht weiter betrachtet werden. Es mag hier genügen, daß Steiner zufolge (1980, 1047) jene Position Gottlob Freges sich durchgesetzt hat, die besagt, daß die Klassenlogik „eine *Übersetzung* der formalen Logik in eine andere Ausdruckweise" (ebd., Hervorhebung DU) ist, beide aber nicht in vollem Umfange gleichwertig sind (s. auch Henrich 1979, 149f).

[18] Konjunktion wird hier in einem Sinne von Kohärenz, Nähe und Berührung der Glieder begriffen. Weniger metaphorisch gesprochen: im Sinne von partieller Deckung der Prädikate, die beiden Gliedern zugesprochen werden. Es gibt bei der konjunktiven Operation keine Angleichung und Gleichsetzung, in eben dem Sinne, wie Jacques Derrida in *Force de loi* von „Konjunktion oder [...] Konjunktur" zwischen literaturwissenschaftlich-philosophischer Dekonstruktion und *critical legal studies* spricht (Derrida 1991, 19f). Gewisse, vereinzelte Züge sind gleich; volle Identität ist weder intendiert noch möglich. Kon-

Die Bandbreite, welche die kombinatorische Verwendung der klassenlogischen Verhältnisse von Mengen – Inklusion und partiellen Inklusion[20] – mit dem aussagenlogischen Konjunktors einerseits und des aussagenlogischen Disjunktors (der dem klassenlogischen Verhältnis Exklusion gleichwertig ist) andererseits in die Gegenüberstellung hineinträgt, ist dem Beschreibungsgegenstand semantischer (Denk-)Operationen angemessener als eine noch konzisere Gegenüberstellung. Die gemeinsprachliche Opposition von Trennen und Verbinden läßt sich nur mittels solcher Kombinatorik einholen.

2.5.1. Prädikatextensionen in klassenlogischer Darstellung

Sei A die Menge der Eigenschaften P_{1-n} des Gegenstandes a, B die Menge der Eigenschaften Q_{1-n} des Gegenstandes b. Die für die Prädikatenextension relevante Frage lautet, ob es Überschneidungen von P_{1-n} und Q_{1-n} gibt. Danach bestimmt sich das klassenlogische Verhältnis der Mengen A und B als disjunkt, partiell inklusiv, vollständig inklusiv oder identisch. Die Relationen zwischen den Mengen A und B der Eigenschaften P_{1-n} des Gegenstandes a und Q_{1-n} des Gegenstandes b nehmen sich in der klassenlogischen Darstellung der Eulerschen Kreise[21] folgendermaßen aus. Zunächst Disjunktion und Identität:

---

junktion erscheint als strikte Inklusion, nicht als Subsumption, die sowohl echte Teilmenge als auch Identität erlauben würde (Menne 1991, 104f).

[19] Immanuel Kant liefert in der *Kritik der reinen Vernunft* eine Bestimmung von „disjunktivem Urteil", die dem Wortgebrauch im folgenden (auch wenn Kant in Aussagenverknüpfungen und nicht in divergenten Prädikatextensionen argumentiert) entspricht – mit der einen Einschränkung, daß sich bei Kant die disjunktiven Urteile zu einem Ganzen komplementieren: $p ⊔ q$ beinhaltet bei ihm, daß es außer p und q kein r geben kann, daß p und q „sich wechselseitig ausschließen, aber dadurch doch *im Ganzen* die wahre Erkenntnis bestimmen" (Kant 1983, 114). Hegels Definition von disjunktivem Urteil, formuliert im Geiste einer Dialektik, in der die Gegenteile ineinander übergehen, vermengt dagegen das disjunktive „Entweder-Oder" mit dem adjunktiven „Sowohl-Als" (Hegel 1965, VIII 379).

[20] Die partielle Inklusion wird andernorts mengentheoretisch „Durchschnitt" oder „Schnittmenge" genannt.

[21] Die Euler zugeschriebene kreisdiagrammatische Darstellung der Syllogistik (s. Euler 1960, 232f.) geht Bocheński zufolge (1962, 304) eigentlich auf Leibniz zurück; da dessen einschlägiges Manuskript jedoch erst 1903 veröffentlicht worden sei, habe sich die Bezeichnung Eulersche Kreise eingebürgert. Hier bietet sich der Rückgriff auf diese diagrammatische Darstellung an, weil sie zumindest teilweise eine „intuitive evidence" (Kneale/Kneale 1966, 350) besitzt. Deshalb wird den Eulerschen Kreisen hier auch der Vorzug gegeben vor

2. Logik

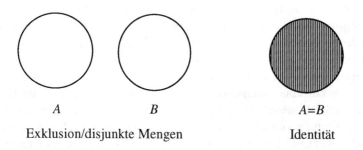

A   B   A=B

Exklusion/disjunkte Mengen   Identität

Das Schema der Exklusion[22] besagt: Der Durchschnitt von A und B ist leer, oder: Kein Element P_x der Klasse A ist zugleich auch ein Element Q_x der Klasse B. $A \cap B = \varnothing$[23]. Im kulturosophischen Kontext angewendet heißt das: Keine der Eigenschaften, die A zugeschrieben werden, wird auch als Eigenschaften von B angesehen. Z.B. (nachfolgend verbreitete kulturosophische Argumente, Kulturosopheme in indirekter Wiedergabe): Kulturen werden als völlig unterschiedlich gedacht; Signifikant und Signifikat werden voneinander getrennt; Übersetzung von einer Sprache in eine andere gilt als unmöglich; unterschiedliche Zeitphasen besitzen vorgeblich keine Übergangs- und Überlappungsphase.

Das Schema für Identität besagt: Alle Elemente P_x von A sind auch Elemente Q_x von B, und alle Elemente Q_x von B sind auch Elemente P_x von A. Alle Prädikate P_{1-n} von Gegenstand a sind auch Prädikate Q_{1-n} von Ge-

---

den genaueren und differenzierungsfähigeren Vennschen Diagrammen (Venn 1880), die heute in der spezialisierten Literatur zur Logik (z.B. Quine 1969, 105) mehr Verwendung finden.

[22] Der klassenlogische Gebrauch ist vom aussagenlogischen Schefferschen Strich zu scheiden (der Schlußsatz ist genau dann und nur dann wahr, wenn beide Prämissen falsch sind), der dazu dient, alle anderen aussagenlogischen Junktoren zu eliminieren (z.B. zur computertechnischen Implementierung).

[23] Das einen Vergleich erst ermöglichende *tertium comparationis* bildet selbst kein Prädikat. Zwar könnte man meinen, die Aussage „Russische und westeuropäische Kultur haben nichts gemeinsam" setze „Kulturhaftigkeit" als gemeinsamen Zug voraus. Da es um diesen aber in der Aussage prädikationssemantisch gar nicht geht, das Rhema im Trennen besteht, kann das *tertium* als „Nicht-Prädikat" mengentheoretisch vernachlässigt werden.

genstand b. Es gibt keine einzige Abweichung. $A=B$, also $a\equiv b$[24] (s. auch Henrich 1979, 142). In der Anwendung auf kulturosophische Aussagen ist das Fehlen von Abweichungen von der Regel, daß P_{1-n} von a auch Q_{1-n} von b sind, nur durch die Beschränkung auf das Rhema der Aussage garantiert. Wenn kulturosophische Aussagen *voneinander verschiedene* Gegenstände miteinander in Beziehung setzen, dann kann, da diese anfangs als verschieden (mit verschiedenen Namen versehen) gesetzt wurden, *Identität* – von einer Metaposition aus betrachtet – in diesem Rahmen *nie voll erreicht werden*. Es kann nur eine argumentative, rhematische Bewegung in Richtung Aufhebung aller Unterschiede geben. Angewendet heißt das: Verschiedene historische Formen können als „eigentlich" identisch gedacht, sie können miteinander identifiziert werden. Wieder einige Beispiele aus der Kulturosophie: In einem apokalyptischen Endzustand sollen die Gegensätze in All-Einheit zusammenfallen; Signifikant und Signifikat werden analogistisch als identisch, unauflösbar miteinander verbunden vorgestellt.

Konjunktion wird klassenlogisch durch zwei Schemata repräsentiert:

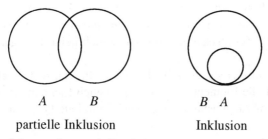

A   B   B A
partielle Inklusion   Inklusion

Das Schema der partiellen Inklusion besagt: A hat eine gemeinsame, nichtleere Schnittmenge mit B, ist aber nicht mit B deckungsgleich; d.h. einige Elemente P_x von A sind zugleich *Nicht-B*. $A \cap B$, definiert durch $\{P_x | P_x \in A \wedge P_x \in B\}$, ist nicht leer. Aber auch die Menge $\{P_y | P_y \in A \wedge P_y \in \check{B}\}$ ist

---

[24] Um die Prozessualität zu fassen, wäre zutreffender von „Identifikation" zu sprechen. Doch gibt es einen philosophiegeschichtlichen Konsens von Hegel bis Frege, der darin besteht, daß (so gibt Adorno Hegel wieder), „zum Sinn eines rein identischen Urteils die Nicht-Identität [...] seiner Glieder" gehöre; „in einem Einzelurteil könne Gleichheit überhaupt nur von Ungleichem prädiziert werden, wofern nicht der immanente Anspruch der Urteilsform, daß etwas dies oder jenes sei, versäumt werden soll." (Adorno 1971, 363). Nach Frege ist klar, daß $a\equiv b$ für Inhalt-s, nicht aber Namensgleichheit steht (1964, 14).

nicht leer. Anders gesagt: Einige Elemente der Klasse *A* sind auch Elemente der Klasse *B*. Einige Prädikate des Gegenstandes *a* sind auch Prädikate des Gegenstandes *b*. Auf kulturosophische Aussagen angewendet: Einige der Eigenschaften von *A* treffen in der kulturosophischen Zuschreibung auch auf *B* zu, aber nicht alle. Zum Beispiel: Kulturen besitzen Gemeinsamkeiten; Zustände in der Zeit haben eine Übergangsphase; Übersetzung zwischen Kulturen und Sprachen wird für möglich angesehen; es gibt partielle Synonymie usw.

Das Schema für (strikte[25]) Inklusion schließlich besagt: *A* ist echte Teilmenge von *B*. Alle Elemente von *A* sind Elemente von *B*, aber nicht alle Elemente von *B* sind Elemente von *A*. Alle Prädikate P_x von Gegenstand *a* sind auch Prädikate Q_x von Gegenstand *b*, aber nicht alle Prädikate Q_x von *b* sind auch Prädikate P_x von *a*. Ein kulturosophisches Beispiel: Eine Kultur erscheint als Teil eines übergreifenden Systems von Kulturen, eine Sprache als Glied eines Sprachenbundes[26].

Wie bereits der klassenlogische Sprachgebrauch von den disjunkten Mengen nahelegt, läßt sich Disjunktion gleichzeitig auch als aussagenlogische Operation ansprechen: p ⊔ q[27]. Es ist klar, daß im kulturellen Anwendungsbereich der logischen Formel nicht von wahr/falsch die Rede sein kann, sondern daß es sich dort zumeist um Wertungen des Charakters gut/schlecht handelt. Die Wahrheitstafeln anzuführen, hätte nur definitorischen Wert, würde aber irreführen.[28] Daher hier nur eine verbale Definition: Sind in der klassenlogischen Darstellung die Mengen disjunkt, d.h. ist die Schnittmenge leer, so ist der Satz p ⊔ q wahr, wenn entweder p oder q wahr sind, nicht aber wenn beide wahr oder beide falsch sind. Prädikatenlogisch

---

[25] Menne fügt dieses Epitheton hinzu, um den Fall auszuschließen, daß *A* keine echte Teilklasse von *B* ist, sondern *A* und *B* identisch sind (Menne 1991, 105).

[26] Die hier hergestellte Affinität der beide Relationen partielle und strikte Inklusion zeigt auch Eulers Terminologie von universeller und partieller Affirmation (Euler 1960, 234). Beide Verhältnisse sieht der Mathematiker des 17. Jahrhunderts als vergleichbar affirmativ an.

[27] Andere Schreibweise: aut (p,q). Manche Logiker gebrauchen „Disjunktion" für das einschließende *oder: p v q* bzw. *vel (p,q)*. Der Begriffsgebrauch dieser Arbeit folgt (z.B.) Bocheński (1962, 129), der das einschließende *oder* der Adjunktion vom ausschließenden Charakter der Disjunktion abgrenzt. Bei wieder anderen findet sich ein nochmals abweichender Wortgebrauch für das ausschließende „oder"; z.B. nennt Menne dieses Verhältnis Kontravalenz (Menne 1991, 32).

[28] Schließlich geht es bei der Formalisierung von Denkoperationen um deren „kybernetische" Beschreibung und nicht um die Überprüfung des logischen Wahrheitsgehaltes (jedenfalls einzelner Aussagen; bei Verknüpfungen kann dies relevant werden, s. 10.2.5.).

bedeutet dies: Eine Disjunktion liegt dann und nur dann vor, wenn eine Prädikat R *entweder* ein Prädikat aus der Menge A der Prädikate P_{1-n} des Gegenstandes *a oder* aus der Menge B der Prädikate Q_{1-n} des Gegenstandes *b* ist. Wenn es Element beider Mengen oder keiner von beiden ist, dann handelt es sich nicht um eine Disjunktion.

Die Übertragung des klassenlogischen Terminus Inklusion auf die äquivalente formale Operation der Konjunktion sieht folgendermaßen aus: Die Funktion der Konjunktion ergibt genau dann eine wahre Aussage, wenn beide Glieder p und q wahr sind: p ∧ q. Prädikatenlogisch: Eine Konjunktion liegt genau dann vor, wenn ein Prädikat R ein Prädikat aus der Menge A der Prädikate P_{1-n} des Gegenstandes *a und zugleich auch* aus der Menge B der Prädikate Q_{1-n} des Gegenstandes *b* ist. Wenn R nur Element von A oder nur Element von B oder Element keiner der beiden Mengen ist, liegt keine Konjunktion vor.

Für die partielle Inklusion gibt es keine entsprechende aussagenlogische Funktion[29]. Auch Identität läßt sich, da sie kein Junktor ist, nicht aussagenlogisch fassen. Hier ist jedoch dem Wortsinn nach eindeutig, daß die beiden Inhaltsglieder gleichgesetzt werden, für (deckungs-)gleich erklärt werden. Das Glied B wird – semantisch, nicht logisch gesprochen – nach Identifikation mit A nicht mehr als etwas von A unterscheidbar anderes verstanden[30].

Kurz zusammengefaßt: Disjunktive Operationen nehmen im klassenlogischen Sinn die beiden Inhaltsglieder, mit denen das Denken operiert, auseinander, trennen sie voneinander ab, grenzen sie gegeneinander ab, negieren jede Verbundenheit, bilden, wie Euler sagt, eine universelle Negation; im prädikatenlogischen Sinn schließen sie aus, daß eine Eigenschaft von Gegenstand *a* auch Eigenschaft von Gegenstand *b ist*. Konjunktive Operationen setzen, klassenlogisch (inklusiv) verstanden, die Glieder in Beziehung, stellen eine Gemeinsamkeit (eine Schnittmenge) fest – nach Euler eine partielle oder vollständige Affirmation; prädikatenlogisch gesprochen gibt es mindestens eine Eigenschaft, die beiden Gegenständen *a* und *b* gemein ist.

---

[29] Die Tatsache, daß darin der Quantor „einige" vorkommt, bewirkt, daß Aussagenverknüpfungen, die ihn enthalten, intensional sind, also aussagenlogisches Folgern untersagt ist, da kein Wahrheitstransfer garantiert ist.

[30] An den Extremen tritt eine eigentümliche Berührung von Disjunktion und Identifikation zutage: Wenn bei der Identifikationsoperation allein A zurückbleibt, so berührt sich dies gewissermaßen mit einem der beiden wahren Fälle der Disjunktion: $A \land \neg B$: Eigenschaften, die A zugesprochen werden, sind – im disjunktiven Fall – nur Eigenschaften von A und nicht von B oder – im identifikatorischen Fall – Eigenschaften von A (und zugleich B), aber B ist nicht mehr als selbständig erkennbar.

2. Logik

Was nun die konkrete Anwendung der beiden Operationenbündel betrifft, so werden sich die jeweiligen prädikaten- und klassenlogischen Komponenten verschieden gut für die Illustration unterschiedlicher Gegenstandsbereiche anwenden lassen: Das Verhältnis von Zeitphasen zueinander ist anschaulicher klassen- bzw. mengenlogisch vorzustellen (partielle Inklusion: stufenweise Evolution; Disjunktion: revolutionärer Bruch). Das Gut-/Schlecht-Kriterium (oder auch das von Gut und Böse) für Kulturen läßt sich eher in Analogie zum Wahr-Falsch-Paar der Aussagenlogik aufzufassen. Doch gerade im letzten Fall kann auch die klassenlogische Vorstellung von der unaufhebbaren Differenz, Getrenntheit, Disjunktivität verschiedener Kulturen oder andererseits des Einschlusses, der Inklusion einer Kultur in ein größeres Kulturensystem (Einordnung Rußlands in Europa oder die Menschheit), anschaulich sein.

3. AXIOLOGIE

> Indessen ist es überall, und aus vielen Gründen in Rußland ganz im besonderen, mit der Logik so eine eigene Sache. An sich ist sie machtlos: Ihre Zusammenhänge müssen erst in Beziehung gebracht werden zu sympathiebetonten Vorstellungen, wenn sie Einfluß gewinnen sollen. (Nötzel 1923, 92)

3.1. Die wertphilosophische Tradition

Wert- und Wertungsaspekte treten in der Philosophie seit frühesten Zeiten auf; neuzeitliche Wertphilosophen setzen den Anfang der Geschichte der Wertphilosophie gerne mit Sokrates, Platon und Aristoteles an (bspw. Hessen 1937, 13; Werkmeister 1970, XIII). Diese Versuche einer Nobilitierung über Tradition vermögen nicht darüber hinweg zu täuschen, daß der Beginn einer neuzeitlichen eigentlichen *Disziplin* Axiologie[1] nicht etwa bei Kant, Bentham oder schließlich Nietzsche, sondern erst bei Hermann Lotze veranschlagt werden kann (so auch Windelband 1914, 245). Auf Lotze folgen innerhalb weniger Jahre die Hauptvertreter deutschsprachiger Werttheorie: Brentano, Meinong, von Ehrenfels, Windelband. Im deutschsprachigen Raum ebbt die Hochkonjunktur wertphilosophischen Denkens, die von Ende des 19. Jahrhunderts bis in die 20er Jahre des 20. Jahrhunderts dauert, danach schnell ab[2]. Axiologie bleibt in Deutschland im wesentlichen mit der Zeit der Jahrhundertwende verbunden.

Anders sieht dies im angelsächsischen Raum aus, wo die eigentliche Wertphilosophie erst mit Wilbur Urbans *Valuation. Its Nature and Laws* sowie mit John Deweys Kritik an Urban (beide Werke 1909, s. Werkmeister 1973) einsetzt. Mit Deweys *Theory of Valuation* (1939), Clarence I. Lewis' *An Analysis of Knowledge and Valuation* (1946) und Stephen C. Peppers fundamentalen *Sources of Value* (1958) wurden die Meilensteine der Dis-

---

[1] Von einigen Philosophen und Forschern wird allgemeine Werttheorie von spezieller, strenger Axiologie geschieden (Hülsmann 1971, 737), von anderen hingegen nicht (Baran 1990, 805; auch Windelband [1914, 245], benutzt „Wertlehre oder Axiologie" gleichbedeutend). Letzterem synonymen Begriffsgebrauch folgt dieser Abriß.

[2] Werkmeister führt im ersten, der deutschsprachigen Wertphilosophie gewidmeten Band seiner anthologischen Darstellung (1970) in 15 Kapiteln Denker an, deren axiologische Hauptwerke vor und bis in die 1920er Jahre erschienen sind. Erst das letzte Kapitel geht mit Krafts *Grundlagen einer wissenschaftlichen Wertlehre* (1937) – und dann auch nicht weit – über den genannten Zeitrahmen hinaus.

ziplin hier wesentlich später gesetzt als in der deutschsprachigen Axiologie (vgl. zu dieser zeitlichen Verschiebung auch Winko 1991, 26).

Entscheidende Impulse hat die Wertphilosophie aus dem Bereich der politischen Philosophie, genauer der Natur- und Menschenrechtslehre empfangen. Insbesondere die Frage eines Rechts auf Leben, eines objektivierbaren Primärwertes Leben (Sauer 1973, 30), ist ein Punkt, zu dem das wertphilosophische Denken stets aufs neue zurückkehrt. Gegen einen unbesehenen Import des ehedem rein volkswirtschaftlichen Begriffs „Wert" in die Sphäre des Politischen regt sich bald Widerstand. Der Verfechter eines reinen Politischen, Carl Schmitt, tritt – wie im *Begriff des Politischen* – 1959 auch im Zusammenhang der Wertediskussion gegen die Anwendung moralischer Kategorien in der Politik auf, und sei es des Werts des Lebens[3]. Gerade aber im politologischen Liberalismus wird die orientierende Rolle von Werten (Menschenrechten etc.) bis heute intensiv diskutiert. Sieht man von dieser Ausweitung der Verwendungen des Wertbegriffs in Feldern angewandter Philosophie (politischer Theorie) ab, so spielt die eigentliche Wertphilosophie in der gegenwärtigen Philosophie eine vergleichsweise (im Vergleich zur Hochkonjunktur im deutschsprachigen Raum zu Beginn des 20. Jahrhunderts) unbedeutende Rolle, weswegen der nachfolgende Versuch einer überblicksartigen typologischen Ordnung der Hauptrichtungen auch hauptsächlich auf Positionen der Jahrhundertwende rekurriert.

Die Behandlung von Spezialproblemen der Wertphilosophie wie etwa der Einordnung von Kants *Grundlegung der Metaphysik der Sitten* von 1785 in die Kategorien objektivistischer oder subjektivistischer Werttheorien muß hier unterbleiben, da solche Fragen für den Entwurf und die systematische Abgrenzung einer generativen Axiologik, wie sie hier skizziert werden soll, nicht zielführend sind. Die linguistische Spielart der Axiologie (Strich 1909, Hall 1952 oder Davidson 1982) kann nicht gewürdigt werden. Auch können in der nachfolgenden kurzen Kategorisierung der Hauptrichtungen der Wertphilosophie anhand der Frage nach dem Seinsstatus der Werte wichtige

---

[3] „Das Zwillingspaar Leben-Wert/Wert-Leben präsentiert sich seit über hundert Jahren in einer bunten Reihe ungewollt symptomatischer, oft ganz naiver Buchtitel entgegengesetzter Herkunft." (Schmitt 1979, 17) Unvermutet kommt dagegen bei Schmitt, der ja nach 1945 stets auf dem Hintergrund seiner nationalsozialistischen Vergangenheit gelesen wird, die (kritische?) Umkehrung: „Die Verwandlung in einen Wert [...] ermöglicht fortwährend Umwertungen [...] Auch eröffnen sich phantastische Möglichkeiten der Verwertung des Wertlosen und der Beseitigung des Unwerts." (ebd.)

Begriffsunterscheidungen wie bspw. Ehrenfels' „Eigenwert" vs. „Wirkungswert" hier nur kursorisch erwähnt, nicht aber eingehender betrachtet werden. Zum Zweck der Kontrastierung von ontologisch-objektivistischen und generativ-subjektivistischen Werttheorien wird hier vorzugsweise auf die Axiologien Hermann Lotzes, Franz Brentanos, Alexius Meinongs und Christian von Ehrenfels' zurückgegriffen. Diese enge Auswahl hat umfangstechnische Gründe; andere Denker kommen am Rande zur Sprache, soweit dies für die Kontrastschärfung dienlich ist.

3.1.1. Objektivismus[4]

3.1.1.1. Ontologische Ansätze

Fritz Wenischs Dissertation von 1968, welche die *Die Objektivität der Werte* schon im Titel führt, ist die eiligste Form der Mitteilung einer verbreiteten ontologisierenden Position, die sich oftmals als Abwehr eines bedrohlichen neuen oder fremden Relativismus versteht (zur Metaposition s. Ehrenfels 1982, 30, und Hessens Entgleisung, 1937, 6, als Beispiel). Ausgangspunkt der ontologischen Tradition ist Platons Lehre von der höheren Realität der Ideen des Schönen und Guten.

A. Campbell Garnett stellt 1937 – unverkennbar in dieser alten Tradition stehend – klar, daß für ihn die Verschiedenheit subjektiver Zugänge zu Werten die Frage der Objektivität der Werte nicht tangiert:

> In brief, as objects of knowledge, values are just as objective and just as subjective as everything of which we are aware. The really important question at issue when we ask whether they are the one or the other is no epistemological, but ontological. (1937, 154)

---

[4] Der Objektivitätsbegriff, welcher hier in Anschlag kommt, deckt sich inhaltlich mit Schnädelbachs Typologie der Wertphilosophien (1973, 205); wo hier „ontologisch" gesagt wird, gebraucht Schnädelbach allerdings „real". Die Unterscheidung von subjektivistischen und objektivistischen Werttheorien kann lediglich als grobe Orientierung dienen; Simone Winko macht gegen diese Unterscheidung den triftigen Einwand, daß „,liberalere' objektivistische und ,großzügigere' subjektivistische Konzeptionen kaum voneinander abweichen" (Winko 1991, 23). Da es hier nicht um die verschiedenen Grade von Verbindlichkeit geht, welche Wertphilosophen den Werten zuschreiben, sondern um die Art und Weise der Generierung von Werthaltungen durch das Subjekt bzw. Widerspiegelung eines objektiven Wert-Sachverhalts im Subjekt, reicht die Trennschärfe der Distinktion allerdings aus.

Seine ontologische Frage beantwortet er damit, daß Abweichungen „einzelner" wertwahrnehmender Subjekte dem ontologisch autonomen Status der Werte keinen Abbruch täten:

> The potentiality of the act for positive or negative value in the moral experience of the person who commits it is, however, *something that has an independent reality of its own*. (ebd., 170; Hervorhebung DU)

Garnett gibt den Werten ontologischen Status zu einer Zeit zurück, als dies durch die Trennung von Sein und Gutem, von Ontologie und Axiologie (Schnädelbach 1983, 199) schon längst nicht mehr allgemein üblich war (s.u.). Er verlagert die Differenzen über Werte in den Bereich der von ihm in platonischer Manier nachgeordneten Epistemologie: „Our volitional activity discovers values that are *there;* it does not create them." (ebd., 180)

3.1.1.2. Nicht-ontologische objektivistische Ansätze

Mit dem Psychologismus des späten 19. und der analytischen Philosophie des 20. Jahrhunderts kommen metaphysische und ontologische Zugangsweisen außer Mode. Die onto-theologische Ligatur von Gutem und Sein gerät unter Beschuß (Kuhn 1973, 671f). Es werden Versuche unternommen, Allgemeingültigkeit auf dem Wege rationaler Begründung, intuitiver Evidenz oder aber als nicht weiter begründbare und doch unanzweifelbare Realität abzusichern. Die Tatsache, daß einzelne Subjekte trotzdem in ihrer Auffassung von der angenommenen Norm des Guten abweichen, führt zur Notwendigkeit der Setzung eines „Normalbewußtseins" (Windelband 1914, 254), der viele Wertphilosophen nachgeben.

Franz Brentanos Vortrag *Vom Ursprung sittlicher Erkenntnis* von 1889 verbindet rationales und emotionelles Moment. Er legt Objektivität ins Fühlen: „Das mit richtiger Liebe zu Liebende, das Liebwerte, ist das Gute im weitesten Sinne des Wortes." (1955, 19) Oskar Kraus würdigt in seiner Einleitung zu diesem axiologiegeschichtlich bedeutsamen Text Brentanos (Meinong und Ehrenfels setzten sich mit ihrem Lehrer Brentano auseinander) folgendermaßen:

> Ebenso wichtig ist die weitere Folgerung, daß es weder eines „Reiches ewiger Wahrheiten" bedarf, um die Allgemeingiltigkeit (sic) apodiktischer Erkenntnisse zu retten, noch eines „Reiches ewiger Werte", um die Objektivität und Absolutheit unserer Wertaxiome gegen allen Subjektivismus und Relativismus abzusichern. (Kraus 1955, XI)

3. Axiologie

Brentanos These von der Objektivität des emotionell Richtigen ist in vielerlei Hinsicht kritisiert worden. Wichtig ist hier, daß Brentano mit dieser Bestimmung in die Nähe einer tautologischen Geltungsbehauptung von Werten kommt, wie sie Urban macht: „Value itself is merely *valid*. That *is* its objectivity." (Urban 1917, 318).

3.1.2. Subjektivismus

3.1.2.1. Psychologische Ansätze

Das Programm psychologischer Werttheorie kann nicht treffender wiedergegeben werden als mit der Grundlegung des jungen Alexius Meinong:

> Es scheint vielmehr, dass die Thatsache des Werthes selbst, das Werth-Phänomen, wenn man so sagen darf, sich gar nicht anders beschreiben lässt, als mit Hilfe von Bestimmungen, welche dem psychischen Leben entnommen, doch wohl auch vor das Forum der Psychologie gehören werden [...] es ist, so viel mir bekannt, niemals auch nur versucht worden, das Wesen des Werthes ohne Bezugnahme auf Psychisches zu definieren oder zu beschreiben [...]. (Meinong 1894, 4)

Meinongs Annahme, es *gäbe* gar keine nicht-psychologischen Werttheorien, muß nach dem obigen Exkurs zu ontologischen Ansätzen als falsifiziert gelten. Die seinerzeitige Überzeugtheit Meinongs von der Eignung des Werkzeugs Psychologie wird durch diese von ihm übergangene Folie jedoch eher unterstrichen.

Ehrenfels hört 1884/85 Meinongs Grazer Vorlesungen zur Wertphilosophie und kommt seinem Lehrer 1893/94 mit einem eigenen Entwurf einer systematischen Wertlehre zuvor, die dann den Anstoß zu einer ebenfalls publizierten Reaktion Meinongs gibt. Die sich damit entspinnende Ehrenfels-Meinong-Kontroverse (dazu Grassl 1982 u. Simons 1986, 95f) bildet den Höhepunkt in der Geschichte der Wertphilosophie im deutschsprachigen Raum. Ehrenfels stellt das Begehren in den Mittelpunkt seines *Systems der Werttheorie* von 1897 und hebt hervor:

> *Nicht deswegen begehren wir die Dinge, weil wir jene mystische, unfaßbare Essenz „Wert" in ihnen erkennen, sondern deswegen sprechen wir den Dingen „Wert" zu, weil wir sie begehren.* (Ehrenfels 1982, 219)

Meinongs eigene Lösung ist dagegen die Genese des Wertes aus dem Gefühl:

> Man wird anstandslos zugeben, dass der Werth auf das Werthgefühl zurückgeht, aber der Wert ist doch jedenfalls nicht das Wertgefühl. [...] der Werth eines Gegenstandes besteht sonach im Werthgehalten-werden. (Meinong 1894, 24)

3.1.2.2. Gnoseologische Ansätze

Die meisten Philosophen betrachten rationale Aspekte nach den emotionellen erst in zweiter Linie. Der Sinneswahrnehmung und den unmittelbaren Wertassoziationen wird ein Vorrang vor gedanklicher Verarbeitung, vor rationalem Urteilen und Beurteilen eingeräumt. Symptomatisch für diese Tendenz ist, daß Josef Clemens Kreibig rationale Werturteile als sekundär faßt. Werkmeister referiert seine Position:

> Value judgements which are not correlative to the immediately felt value experience but depend upon a mediating cognitive judgement or upon a process of association are „secondary value judgement" and do not carry with them the same sense of certainty or truth which primary judgements do. That is to say, the secondary value judgements may be false. (Werkmeister 1970, I 120).

Eine Ausnahme aus dieser verbreiteten Nachordnung der *ratio* nach sensorischen Reiz und unmittelbar-emotionalen Reflex macht die Wertlehre Bernard Bosanquets. Im ersten Band seiner Wertlehre, der *Individuality and Value* betitelt ist und auf Bosanquets Edinburgher *Gifford Lectures* von 1911 zurückgeht, stellt der Anglohegelianer Bosanquet den Hegelschen Geist, seiner Bezeichnung nach „logical spirit", ins Zentrum:

> The logical spirit, the tendency of parts to self-transcendence and absorption in wholes, is the birth-impulse of initiative, as it is the life-blood of stable existence. (Bosanquet 1927, 24)

Im Über-sich-selbst-Hinausgreifen des Geistes nimmt nach Bosanquet das vorwiegend als logisches begriffene Subjekt das Ganze des Universums, das Absolute und Allgemeine vorweg: „[...] individuality strongly anticipates the character of perfection" (ebd., 316). Bosanquet denkt das logische Subjekt also stets in der Doppelung von subjektiver Beschränktheit und Hinausgreifen ins Unendliche, „Perfekte". So geht umgekehrt alles in der Welt auf die Tätigkeit des logischen Subjekts zurück: „[...] Logic [im engl. Orig. stets mit Großbuchstaben, DU], or the spirit of totality, is the clue to reality, value, and freedom." (ebd., 23) Bosanquets Kosmologie[5] ist danach einer der wenigen Fälle, wo ein rationales Vermögen, wo die Logik die werterzeugende Rolle spielt.

Angesichts der spezifischen Doppelung von Subjektivität und Selbst-Überschreitung der Subjektivität in Bosanquets Philosophie fällt eine eindeutige Zuordnung zur subjektivistischen Fraktion schwer. Daß Bosanquet hier trotzdem berücksichtigt wurde, liegt eher an der Außergewöhnlichkeit seiner Position und an der Genese von Werten aus der Episteme, die er vertritt. Wenn auch in ganz anderem Zuschnitt, so zielt doch der unten (3.3.) formulierte Entwurf einer logisch-generativen Axiologie auf ein Bosanquets „logical spirit" in gewisser Hinsicht vergleichbares rationales, logisches *movens* für Wertentscheidungen hin.

3.1.3. Wertrelativismus

Beide oben unter dem Abschnitt *Psychologismus* auswahlweise referierten Positionen, die von Ehrenfels genauso wie die des frühen Meinong, lassen keinen Zweifel an ihrer psychologistischen, subjektivistischen und antiobjektivistischen Ausrichtung: Wenn für Meinong „der Werth auf das Werthgefühl zurückgeht", so scheint es jenseits davon keine Werte zu geben. Doch ganz so harsch ist Meinong auch damals schon nicht[6]. Von Ehrenfels, in vielem subjektivistisch-radikaler als sein Lehrer, ironisiert den Objektivismus in der Philosophiegeschichte insgesamt:

Auch die Philosophie folgt ursprünglich jenem Drange der Objektivierung, welche den Inhalt der inneren Erfahrung oder die Beziehungen der äußeren Dinge zu ihr als absolute Bestimmungen in die Dinge selbst hinaus verlegt, und suchte das an sich Wertvolle zu erforschen – mit demselben Rechte etwa, mit dem man darüber streiten könnte, ob

---

[5] Zu Bosanquets System unter axiologischem Blickwinkel vgl. auch Werkmeister 1973, 62-66.

[6] Während in der Geschichtsschreibung der Wertphilosophie verbreitet die Meinung vertreten wird, Meinongs Frühwerk sei unzweideutig von psychologistischem Wertrelativismus geprägt, sind darin doch deutliche Vorzeichen seiner späteren Doppelung von intersubjektiven, sogenannten „unpersönlichen" (Meinong 1968, 277) Werten und subjektiven Werthaltungen und -gefühlen (in der Schrift *Für die Psychologie und gegen den Psychologismus in der allgemeinen Werththeorie* von 1912) enthalten. So heißt es bereits 1894: „Ein Gegenstand hat Werth, sofern er die Fähigkeit hat, für den ausreichend Orientierten, falls dieser normal veranlagt ist (sic) die tatsächliche Grundlage für ein Wertgefühl abzugeben." (Meinong 1894, 25; zum Postulat „normaler Veranlagung s. 3.1.1.2.).

die Richtung nach dem Nordpol oder die nach dem Südpol aufwärts weise [...]. (Ehrenfels 1982, 30)

3.1.4. Die Verdoppelung der Axiologie

> Between the subjectively desired and the objectively desirable [...] is a difference for feeling so patent that in naïve and unreflective experience the feelings with such objectivity of reference are spoken of as predicates of the objects themselves. (Urban 1909, 17)

Die Schärfe, welche in Ehrenfels obigem Zitat anklingt, ist nicht der Grundtenor von Meinongs und Ehrenfels' Wertphilosophie. Im Gegenteil läßt sich bei beiden im Früh- wie im Spätwerk die Tendenz zu einer differenzierten Zusammenschau subjektiver und objektivierbarer Faktoren ausmachen. Es herrscht eine Doppelung von psychologisch ausgerichteter Wertsetzungshypothese und einer Rückbindung an objektive Faktoren vor (s. Ehrenfels' Trennung von subjektivem Eigen- und objektivierbarem Wirkungswert, Ehrenfels 1982, 32)[7].

Diese Verdoppelung der Wertphilosophie ist von der Sekundärliteratur meist im Dienste einer eindeutigen Festlegung der betreffenden Systeme auf *entweder* den subjektivistischen *oder* den objektivistischen Pol (s. Hessen 1937, 14-18) vernachlässigt worden. Da sie jedoch grundlegend ist, seien hier mit Lotze und Meinong zwei klassische Vertreter angeführt und mit Jacques Derridas politischer Philosophie ein Ausblick in die Gegenwart gewagt:

Hermann Lotze scheint in seinem *Mikrokosmos* zunächst von einer ontologistischen Position auszugehen, wenn er schreibt: „Vom *eigenen* Wert der Dinge werden wir vielmehr bezwungen." (Lotze 1923, II 320). An anderer Stelle artikuliert er aber nur noch die Zuversicht

> [...], daß in jenem Gefühl für die Werte der Dinge und ihrer Verhältnisse unsere Vernunft eine ebenso ernst gemeinte Offenbarung besitzt, wie sie in den Grundsätzen der verstandesmäßigen Forschung ein unentbehrliches Werkzeug der Erfahrung hat. (ebd., I 275)

---

[7] Die Terminologien unterscheiden sich wesentlich. Eine Doppelung begegnet jedoch in vielen Systemen. Rickert bspw. spricht von „beiden Seiten" der Welt (1921, 126), trennt „reales" psychisches Werten von „irrealem" logischem Wert (=„Geltung", ebd., 127).

3. Axiologie

Im Resümée seines Kapitels über *Das Gewissen und die Sittlichkeit* (V. Buch, 5. Kap.) reduziert Lotze schließlich äußere Objektivität auf das innere Objektivierungsstreben[8] des Menschen (Bosanquets „Selbstüberschreitung" des Subjekts ist davon gar nicht so weit entfernt) und gibt so eine interessante Erklärung von Fanatismus (ebd., 329):

> Wir haben versucht, in der Idee einer an sich gültigen und verbindlichen Wahrheit, in der Ahnung eines allgemeinen Maßes und Rechtes, nach dem alle Wirklichkeit zu messen ist, diesen gemeinsamen und unvertilgbaren Zug des menschlichen Geistes nachzuweisen [...]. (ebd., 339)

Der Mensch strebt Lotze zufolge nach der Setzung objektiver Wahrheiten („Idee") – Schnädelbach nennt dies „objektiven Wertapriorismus" (1983, 218) –, womit er aber gleichzeitig eine subjektiv-generative Werttheorie bedient; Lotze spürt trotzdem die „Ahnung eines allgemeinen Maßes und Rechtes" und bleibt auf der Schwelle zwischen generativer Psychologie und a-genetischer Ontologie der Werte.

Meinongs Paar „Werth" und „Werthhaltung" verlegt diese Doppelung auf die terminologische Ebene. Er scheidet klar: „Die Werthhaltung, das versteht sich ganz von selbst, ist nicht selbst der Werth [...]." (Meinong 1894, 67) Schon 1894 hatte Meinong die Statusdifferenz von Wert und Werthaltung herausgestrichen, die er darin begründet sah, „dass der Werth nicht in der Weise an die Werthhaltung gebunden ist, dass er etwa mit dieser entstünde und verginge." (ebd.)

Zu Derridas ambiger Wertphilosophie ist es nun freilich ein Sprung: Enthalten ist die Passage, die eine Doppelung impliziert, welche der Meinongschen vergleichbar ist, in Derridas dekonstruktiver Lektüre von Benjamins *Zur Kritik der Gewalt*, die mit einer Doppelablehnung jeglicher einseitiger Bestimmungen von Gerechtigkeit und Recht, also von Werten endet. Derrida verneint gleicherweise eine einseitige rechtspositivistische, mithin antiobjektivistische und eine verabsolutierend-ethische Auffassung von Gerechtigkeit (letztere ist bei Walter Benjamin die „göttliche Gewalt", s. Derri-

---

[8] Das Paradebeispiel für dieses von Lotze dekretierte Objektivierungsstreben ist übrigens der Kantsche kategorische Imperativ. Lotzes Sentenz – „Damit das, was wir errungen haben, auch für uns selbst Wert habe, muß es notwendig als ablösbar von unserer Individualität, als die Natur der Sache selbst, als allgemeine Wahrheit anerkannt werde." (Lotze 1923, 328) – liest sich wie eine wertphilosophische Auslegung von Kants ethischem Imperativ: „*handle nur nach derjenigen Maxime, durch die du zugleich wollen kannst, daß sie ein allgemeines Gesetz werde.*" (Kant 1983, VI 51).

da 1991, 106). Er votiert stattdessen für die paradoxe Koexistenz von Relativem und Mehr-als-Relativem:

> Es gibt zwei konkurrierende *Gewalten** [im frz. Original dt.], auf der einen Seite die Entscheidung (angemessen, gerecht, geschichtlich, politisch usw.), eine Gerechtigkeit jenseits des Rechts und des Staats, aber ohne entscheidbare Erkenntnis, auf der anderen Seite entscheidbare Erkenntnis und Gewißheit in einem Bereich, der strukturell betrachtet der des Unentscheidbaren, des mythischen Rechts oder des Staates ist. (Derrida 1991, 112)

3.2. Werthaltungen anstelle von Werten

Die vorangegangene überblicksartige Skizze wertphilosophischer Grundpositionen soll, wenn sie auch nicht als Darlegung der Fülle an damit verbundenen Detailfragen durchgehen kann, für diesen Zweck genügen. Es geht hier nicht um die Entwicklung einer vollen, systematischen Konzeption von Sein und Erkenntnis von Werten. Die heuristische Einschränkung der vorliegenden Arbeit, die sich mit dem Zusammenhang von logischen Denkoperationen und Argumentationsstrategien und Wertsetzungen beschäftigt, erlaubt es, die ontologische Frage einzuklammern. Es soll nicht beantwortet werden, was Werte sind, ob es objektive Werte *gibt*, sondern lediglich gefragt werden, inwieweit die Wahl bestimmter logischer Operationen in Denken und Argumentieren eine wertsetzende Dimension hat. In der terminologischen Unterscheidung Meinongs gesprochen: Hier interessieren „Werthaltungen", nicht „Werte" an sich. Im Vordergrund steht die Genese, die Generierung von Wertpositionen, nicht deren Bezug zu einer intersubjektiven oder objektiven Realität metaphysischer Werte.

3.2.1. Philosophische und kulturosophische Erkenntnisinteressen

Mit dieser Einschränkung des Blickwinkels soll also in keiner Weise die Legitimität der ontologischen Fragestellung „Welches ist der Seinsstatus von Werten?" bestritten werden. Die im ontologisierenden Diskurs oftmals gemachte Unterscheidung von Primär- und Sekundärwerten ist philosophisch wie gesellschaftspolitisch von Bedeutung. Die ontologische Wertfrage aber ist eine philosophische, mit Blick auf die in Frage stehenden russischen Texte: auch eine kulturosophische. Es ist jedoch *keine* Frage der Metaebene, der Philosophie- und Mentalitätsgeschichte, die sich nicht dafür interessieren, welche Werte wertvoll seien, sondern in welchen kulturellen Kontexten, von welchen Akteuren, auf welche Weise welche Werte in Anschlag gebracht werden.

3.2.2. Philosophiehistorische und mentalitätsgeschichtliche Erkenntnisinteressen

Im Bereich der Philosophiegeschichtsschreibung kann es nur darum gehen, zu beschreiben, wie in bestimmten Denksystemen und Diskursen Werthaltungen zustandekommen. Hier ist es Aufgabe, Modelle dafür zu finden, wie es zu bestimmten Wertentscheidungen kam und wie es dazu kommen konnte. Dazu müssen die eigentlichen Werthaltungen mit anderen Faktoren in Zusammenhang gebracht werden. Die methodische Entscheidung, eine Verbindung herzustellen zwischen Werthaltungen und bspw. ökonomischen Bedürfnissen, kann jedoch ihrerseits nicht für sich behaupten, philosophisch neutral zu sein. Eine wahrhaftig „reine", weltanschaulich unbeteiligte Metaebene ist nicht erreichbar.

Daher sei im folgenden nur eine Hypothese mit philosophischen Implikationen formuliert, aber ohne unmittelbar philosophische Zielrichtung. Die Methoden philosophiegeschichtlicher Betrachtung sind philosophisch selbst nicht neutral. Dies kann jedoch kein Ausschlußargument sein; es kommt lediglich darauf an, die in ihnen implizierte Parteinahme einzuklammern und nicht als philosophisches Resultat *per se* anzunehmen. Philosophische Implikate sind in der Philosophiegeschichtsschreibung eher Störfaktor als Forschungsergebnis.

Würde diese philosophie- und geistesgeschichtliche Arbeit philosophische Geltungsaussagen zutage fördern, so wäre das der im weitesten Sinne geschichtswissenschaftlichen, also re-konstruktiven Zielsetzung abträglich. Die Methode eines so weit als möglich unbeteiligten Blicks auf Denkformen würde sich durch eigene Geltungsaussagen Fesseln anlegen; sie käme durch ihre philosophisch-ideologische Fixierung unweigerlich auf die eine oder andere Weise mit der Ideologie der betrachteten Texte in Konflikt. Bei Logik und Axiologie als Werkzeugen ist dies bis zu einem gewissen Grade unvermeidbar (daher in den Anwendungskapiteln die Abschnitte über das explizite Verhältnis der betrachteten Denker zur Logik: 6.5.9., 7.5.10., 8.5.12.); Fälle von Logik-Ablehnung auf der Seite der russischen Kulturosophen wird von der logisch-axiologischen Methode unvermeidlich gegen den Strich gebürstet. Doch sollten die eigentlich philosophisch-weltanschaulichen Facetten möglichst gering gehalten werden, auf das *methodisch* absolut Erforderliche begrenzt bleiben.

3.3. Eine in Denkoperationen begründete generative Theorie von Werthaltungen. (Hypo-)These 2

Die Hypothese, welche dieser Untersuchung der russischen Kulturosophie von Karamzin bis Leont'ev zugrundeliegt, lautet folgendermaßen: Die in den Argumentationen der betrachteten Kulturosophen auftretenden logischen Denkoperationen bzw. argumentativen Strategien sind mit Wertungen verknüpft. In der Analyse ergeben sich bestimmte Neigungen, Dominanzen, Rekurrenzen gewisser logischer Operationen in Anwendung auf eingrenzbare Teilbereiche des jeweiligen kulturosophischen Denkens.

Die These besteht darin, daß die Werthaltungen, von denen die kulturosophischen Texte zeugen, mit den jeweils dominierenden logischen Operationen zusammenhängen. Es sind nicht bloß die Inhalte des kulturosophischen Nachdenkens, welche mit Wertungen belegt werden und zu Werthaltungen führen. Es sind auch nicht allein konkrete historisch-gesellschaftliche Interessen und Emotionen, die Wertentscheidungen determinieren. Es ist vielmehr so, daß auch die *logischen Relationen selbst*, die zur Anwendung kommen, mit Werten belegt werden. *Wenn logische Operationen strukturell mit Wertungen belegt sind, dann wirkt die Wahl bestimmter dominanter logischer Operation an der die Entscheidung für die Wertung der jeweils verhandelten Inhalte mit.* Die Perspektive, unter welcher der Einfluß von Wertbelegungen logischer Operationen auf die Wertungen, mit denen – unter anderem – die Inhalte des kulturosophischen Denkens belegt werden, untersucht wird, wird als *Axiologik* bezeichnet.

3.3.1. Relationale Wertlehre

Wenn einzelne konkrete Wertentscheidungen, wie soeben hypothetisch behauptet, unter anderem auf die Wertbelegung logischer Operationen zurückgehen, so impliziert dies eine relationalistische Auffassung von Werten. Ansätze zu einer relationalistischen Wertlehre finden sich in vielen Systemen, an prominenter Stelle bei William Dawson Lamont, dessen „Proposition I" lautet: „*Valuation is always relative or ‚comparative', never absolute or*

3. Axiologie

‚simply positive'." (Lamont 1955, 59) Eine Relationalität nehmen viele Wertphilosophen an, es ist jedoch zumeist die Relation des Werts auf das wertende Subjekt (so bspw. Meinong 1968, 273-277). Lamont hingegen macht so etwas wie die Übertragung der Saussureschen Differenzialqualitätsthese von der Linguistik[9] in die Axiologie:

> Since valuation is an act enforced upon us by an objective situation which requires that, of two or more demands which we entertain, one must remain unsatisfied, a situation therefore which requires us to place those things in an order of choice; and since the value of a thing is the place assigned to it in such an order, then the value of x is indicative of its relative place in an order. The predication of „goodness" may be simply positive, but *the predication of value (valuation) must always be comparative.* x is „good"; but x has „more (or less) or higher (or lower) value" than y. (Lamont 1955, 59, Hervorhebung DU)

Bei Übertragung auf die Axiologik-Hypothese interessiert demnach nicht, ob ein *A* einen Wert an sich hat (das wäre die objektivistische Variante), noch sein Bezug auf ein einzelnes Subjekt (die subjektivistische Variante). Der Wert von *A* ist in der Konsequenz dieser Annahme vielmehr abhängig von seiner differentiellen Qualität, die es im Verhältnis zu *B*[10] in einer logischen Operation zugewiesen bekommt. Wird eine Disjunktion vollzogen, so entspricht dies der von Lamont dargelegten Operation: *A* wird auf Kosten von *B* positiv belegt. Wird hingegen die logische *Operation* der Konjunktion positiv belegt, so erhalten beide Konjunktionsglieder *A* und *B* eben durch diese ihre hergestellte Relation positiven Wert (wodurch quasi, wenn auch in nicht-ökonomischem Sinne, „Mehrwert" erzeugt wird).

3.3.2. Mögliche Einwände von seiten ontologischer Werttheorien

Gegen eine *logische* Werthaltungsgenerierung, wie sie oben skizziert wurde, lassen sich verschiedene Einwände vorbringen. Zum einen hat eine solche logisch-strukturelle Generierung von Werthaltungen keine Verbindung zu etwa annehmbaren objektiven Werten noch zu intersubjektiv-statistisch ermittelbaren praktischen „Wirkungswerten" (im Sinne von Ehrenfels). Während sich bei der Meinongschen Gefühl- und der Ehrenfelsschen Begehrungshypothese eine solche Verbindung zu einem objektiven oder objekti-

---

[9] „[...] *dans la langue il n'y a que de différences.* Bien plus: une différence suppose en général des termes positifs entre lesquels elle s'établit; mais dans la langue il n'y a que des différences *sans termes positifs*" (Saussure 1975, 166).
[10] *A* und *B* seien Elemente der Welt, verschieden vom wertenden Subjekt.

vierbaren Guten oder Nutzen erstellen läßt, so daß die Psychologie durch die Annahme ontologischer oder intersubjektiver Gründe gestärkt wird, ist dies bei Axiologik nicht der Fall.

Kehrt man zur biologistischen Annahme der Hinführung (0.1.) zurück, so erscheint die Wertbelegung von logischen Operationen vielmehr als Ableitung der Ursituation des Menschen in zwei Welten, einer förderlichen inneren und einer gefährlichen äußeren. Mit der einen tut Verbindung gut, von der anderen Abgrenzung not. Von dieser logisch-axiologischen „Urszene" her würde dann die Wertbelegung von Trennen und Verbinden gelöst, ihres urprünglichen Inhalts befreit und so – als Logik ohne Inhalte, aber mit Werten – für jede Art Denk- und Wertoperation disponibel. Im Vergleich zu Interesse und Gefühlen ist die Wertgenese aus Präferenzen für logische Operationen abgeleitet, sekundär, eine Spätfolge. Sie ist, wenn sie über die Urdichotomie von innerer Umwelt und Verbindungswerten einerseits und äusserer Umwelt und Trennungswerten andererseits hinausgeht, ein Produkt zivilisationsgeschichtlicher Differenzierungsprozesse. Gäbe es eine solche Differenzierung nicht, so existierten keine unterschiedlichen Axiologiken (und diese Arbeit hätte nach dem Kapitel 0.1. enden können). Die logische Werthaltungsgenerierung ist der späte und in ihren Formen längst nicht immer noch offen erkennbare Reflex auf die biologische Urkonstellation

Eine direkte Verknüpfung zwischen positiver Belegung der strukturellen Verfahren Trennen und negativer Wertung von Verbinden oder umgekehrt und einem praktisch erkennbaren Nutzen oder einem metaphysischen Guten ist ohne entsprechende Inhalte nicht herstellbar. Ob Konjunktion Ausgleich oder Gleichmacherei bedeutet, ob Disjunktion Freiheit oder Partikularismus meint, läßt sich ohne die jeweiligen Inhalte der logischen Verknüpfungen nicht beantworten. Der Formalismus-Vorwurf greift insofern zweifellos.

Die Einwände Formalismus und Abgeleitetheit entkräften aber nicht die Hypothese, daß es einen Zusammenhang von Dominanzen logischer Verfahren und Wertentscheidungen gibt. *Positiv* läßt sich dies anderseits nur am Material, also zusammen mit Inhalten untersuchen. Und dafür scheint die russische Kulturosophie ein geeigneter Gegenstand.

3.3.3. Erweiterung der Meinong-Ehrenfels-Kontroverse

Die Axiologik macht keine Aussage über objektive Werte an sich. Sie beschränkt sich darauf, eine Vermutung über die Faktoren anzustellen, die

3. Axiologie

Werthaltungen generieren. Es ist nun nicht von der Hand zu weisen, daß es daneben andere, bedeutsame Faktoren gibt, die legitim zur Erklärung von Werthaltungsgenesen herangezogen werden können. Da ist einmal das von Ehrenfels herausgestellte „Begehren". Ein persönlich-interessehaftes Involviertsein in einer gesellschaftlichen Situation kann mit Sicherheit zu Wertentscheidungen beitragen: Der Henker wird aus reinem Berufsinteresse heraus das Recht auf Leben kritischer hinterfragen als die Amme. Karl Marx koppelt Werte an Klasseninteressen, stellt sie als relativ zur jeweiligen Gesellschaftsordnung dar (Marx 1969, XX 288f). Das Meinongsche Argument, daß Gefühle hineinspielen, ist ebenso schlagend. Die Diskussion der Westler und Slavophilen oder die intellektuellen Auseinandersetzungen der *разночинцы* waren hoch emotionalisiert. Bevor noch die eigene Meinungsbildung eines jungen, eben in die Gesellschaft eintretenden Menschen beginnen kann, mag die emotionale Sättigung bereits die eine oder andere ideologische Parteinahme herbeiführen.

Beim oben unterbreiteten Vorschlag der logischen Werthaltungsgenese schwingt nicht etwa das Interesse mit, Meinong oder Ehrenfels zu widerlegen. Ihre Konzeptionen sollen vielmehr um einen bisher nicht gesehenen Aspekt bereichert und ergänzt werden: um die Beobachtung, daß *auch* zwischen Dominanzen von logischen Operationen und inhaltlichen Wertentscheidungen ein Zusammenhang besteht. Weder Begehrungen noch Gefühle sind restlos auf Logik zurückführbar, wenn auch Überschneidungen – insbesondere im Bereich der Kognitionspsychologie – unbestreitbar sind: Die Verteilung von positivem und negativem Wert an Glieder einer zweiwertigen Opposition wird emotional unterstützt (s. Achiezer 1991, 39). Warum sollte eine solche Gefühlskonkretheit nicht auch für ganze Operationen und nicht nur für einzelne Relationsglieder gelten können? Umgekehrt ist auch die Logik nicht restlos auf Begehren und Gefühl reduzierbar. Beispielsweise schließen viele biologischen Bedürfnisse (mit Ausnahme von Einsamkeit oder Selbstbestimmung) disjunktive Operationen aus; jedes Aneignungsverhalten ist seiner logischen Form nach letztlich konjunktiv. Macht hingegen stellt sich ambivalent dar: Sie beansprucht (Konjunktion) und grenzt ab und aus (Disjunktion). Folglich sind Wertgenese aus logischen Präferenzen einerseits und Begehren andererseits, wenigstens in einer differenzierten Gesellschaft, nicht 1:1 verrechenbar.

3.3.4. Weitere zur Werthaltungsgenese beitragende Faktoren

Der Hinweis auf Gefühl und Begehren erschöpft die Frage nach Faktoren, die Werthaltungsgenesen steuern, noch nicht. Unter den weiteren möglichen Gesichtspunkten seien fest etablierte Diskurstraditionen, „im System kultureller Werte objektivierte Sinnbezüge" (Lindner 1973, 456), d.h. Wahrnehmungsschablonen genannt, welche die Meinungsbildung eines neu hinzutretenden, künftig selbst wertenden Individuums (mit)bestimmen. Ehrenfels verweist in diesem Zusammenhang auf das Mephisto-Zitat von den überkommenen, nicht an die veränderte gesellschaftliche Lage angepaßten gesellschaftlichen Werten:

> Es erben sich Gesetz' und Rechte
> Wie eine ew'ge Krankheit fort [...]
> Vernunft wird Unsinn, Wohltat Plage;
> Weh dir, daß du ein Enkel bist!
> (Ehrenfels 1982, 121 Anm. 49).

Grübels exemplarische Untersuchung *Sirenen und Kometen* verfolgt die Entwicklung der Axiologie literarischer Motive von der Antike bis in die Gegenwart (Grübel 1996, 2).

3.4. Axiologik vs. Logik der Werte. Terminologische Abgrenzung

Es gibt eine Reihe von anderen Begriffsverbindungen von „Logik" und „Wert" bzw. Komposita mit der Wurzel *axio-*, von denen es die Axiologik-Hypothese abzugrenzen gilt.

Der wichtigste Vergleichs- und Abgrenzungsbegriff ist die Teildisziplin der mathematischen Logik, die sich mit Wertungen beschäftigt. Der deutsche Name „Wertlogik" rückt sie stärker in die Nähe von „Axiologik" als die englische Bezeichnung „logic of preference" (Rescher 1969, 73). Einer der ersten Versuche einer Logik der Werte mit formalen Aspekten findet sich in Aristoteles' *Topik* (116a-120b). Aus der Fülle seiner Einzelbestimmungen sei hier zur Illustration lediglich eine einzige angeführt:

3. Axiologie

Καὶ τὸ δι' αὐτὸ αἱρετὸν τοῦ δι' ἕτερον αἱρετοῦ αἱρετώτερον, οἷον τὸ ὑγιαινειν τοῦ γυμνάζεσθαι. τὸ μὲν γὰρ δι' αὐτὸ αἱρετόν, τὸ δὲ δι' ἕτερον. (Top. 116a, 29-31; Aristoteles 1967, 62)[11]

Es ist unmittelbar einsichtig, daß bei Aristoteles nicht logische Operationen bewertet werden, sondern eine logische Handreichung gegeben wird, wie richtig zu werten sei. Die spätere formale, mathematische Fortsetzung von Aristoteles' Wertlogik (eine allerdings nicht aktuelle Bibliographie mathematischer Wertlogik bietet Rescher 1969, 185f) fragt gleichfalls nicht nach der Bewertung von logischen Operationen, sondern nach den logischen Operationen des Wertens. Axiologik unterscheidet sich also von jeder Form von Logik, bei der mit Werten im mathematischen Sinne gearbeitet wird, d.h. in logische Formeln Werte als Operatoren für Variable *eingesetzt* werden (s. Bocheński 1956, 380), dadurch, daß bei Axiologik *logische Operationen als ganze bewertet, mit Werten im moralischen Sinne belegt* werden. Die Axiologik kann mit der Komplexität der Kalküle der *logic of preference* in keiner Weise Schritt halten und gehört nicht in den Bereich reiner mathematischer Logik, sondern ins Forschungsfeld Poetik (Greenblatt) oder eben Logik der Kultur.

Neokantianischer Provenienz ist das zweite Beispiel eines auf Signifikantenebene mit Axiologik verwandten Begriffs. Wilhelm Windelband hatte es unternommen, dem Kantischen *apriori* jede psychologische Bedeutung zu nehmen und ihm nurmehr eine logische zuzumessen (1914, 210f): Logisches *apriori* anstelle eines psychologischen *priori* (ebd., 211). Auf das Feld der Axiologie übertragen ist das Erkenntnisziel Windelbands und des an ihn anknüpfenden Rickert die Geltung, die logische Geltung von Werten (1921, 122). Es handelt sich also beim neokantianischen „Wertlogismus" um einen weiteren Versuch, den Werten objektiven, logischen Status zu verleihen und nicht um die Genese (strittiger) Werthaltungen aus der Wertbelegung logischer Operationen.

Ein dritter terminologischer Berührungspunkt findet sich bei Carl Schmitt: Wie oben angesprochen polemisiert[12] Schmitt gegen ein, wie er es sieht, in andere Diskurse hinüberschwappendes Denken in Wertbegriffen; diese von ihm kritisierte Negativerscheinung faßt er unter dem Begriff

---

[11] „Auch ist wertvoller, was um seiner selbst willen erstrebenswerter ist, als was um eines andern willen erstrebt wird, z.B. gesund-sein besser als turnen [...]" (Aristoteles 1952, 78).

[12] Die Ausdehnung des Anwendungsbereichs von Werten führe zur „allgemeinen Neutralisierung" (1979, 18) – für Schmitt ein Schreckbegriff.

„Wertlogik" (Schmitt 1979, 12 u. 21) zusammen. Ihm ist es augenscheinlich nicht um die Wertbelegung von Logik, von bestimmten Denkoperationen, sondern grundsätzlich um ein Art von Denken, um eine Denkstrategie zu tun, die stets und unverzüglich wertet. „Logik" ist dann nur Substitut für etwas in der Art von „Diskursstrategie" oder gar „Manie".

Doch Schmitt geht, das sei der Vollständigkeit halber angefügt, noch einen Schritt weiter und behauptet, daß „der Wert tatsächlich seine eigene Logik hat" (ebd., 28). Dies macht er an Max Scheler fest; dessen Wertethik zeichne sich durch die Definiton über das Negative, die negative Kontrastfolie der positiven Werte, den „Unwert" aus (ebd., 23). Schmitt attestiert so der „Wertlogik" Aggressivität (ebd.), eine quasi Raskol'nikovsche Tendenz zur Diskriminierung mittels „Unwert-Erklärung zwecks Ausschaltung und Vernichtung des Unwerts" (ebd., 22)[13]. Niklas Luhmann spinnt diesen Gedanken fort, wenn er in seinem Text Macht statuiert: „Macht wird konstituiert durch die Verteilung von Präferenzen für Alternativen und hängt daher inhaltlich von solchen Präferenzkonstellationen ab." (Luhmann 1975, 60). Wertsetzen durch logisches Operieren ist demnach machtrelevant; ein jeder solcher Akt nimmt teil am gesellschaftlichen Handeln, insofern Geltungsaussagen die Komplexität möglicher Anschließbarkeit für den nächsten reduzieren und somit – dem Luhmannianer Dirk Baecker zufolge (1996, 103) – tendenziell Gewalt sind.

Schmitts These und Luhmanns Anschluß sind aus einem anderen Grund für die Kulturosophie aufschlußreich, insofern sie erlaubt, die disjunktive Wertsetzung $A \wedge \neg B$ als Aggression gegen B zu deuten und die Aggressivität von (disjunktivem) Nationalismus auf diesem Umweg zu begründen. Das aber ist bereits ein Spezialfall; so wäre das, was Schmitt, es negativ konnotierend, als Wertlogik bezeichnet, in logisch-axiologischen Begriffen eine negative Wertung des negierten Gliedes B. Schmitt polemisiert mit einer positiven Wertung von Disjunktion, verfolgt hier also selbst – so der mögliche Umkehrschluß – eine Konjunktionsaxiologie.

---

[13] Der von Schmitt (schweigend beredt) implizierte Zusammenhang von Wertphilosophie, insbesondere von Max Schelers System, mit dem Holocaust ist ungeheuer. Ob Schmitts unerhörte Suggestion *historisch* zu halten oder wie sie moralisch zu beurteilen ist, kann hier nicht Thema sein; auch nicht, ob sie nicht eher einer Psychologie des Gegenangriffs zur Entlastung der Verteidigung entspringt. Daß Schmitts radikalisierende Interpretation der Schelerschen materialen Wertethik aus dessen *Text* nicht gänzlich unbegründet ist, belegt die Tatsache, daß Scheler in der Tat von folgenden „zwei Axiomen" schreibt: „Alles Wertvolle soll sein, und alles negativ Wertvolle soll nicht sein." (Scheler 1966, 214).

4. APPLIKATION

4.1. „Negativ-heuristischer Schutzgürtel"[1]

Der zentrale Punkt der hier versuchten logischen und axiologischen Konzeptualisierung ist die Opposition disjunktiver und konjunktiver Denkoperationen. Sie bildet den „harten Kern" der Methode. Um diesen unversehrt zu halten, bedarf eines

> protective belt around this core, and we must redirect the *modus tollens* to these. It is this protective belt of auxiliary hypotheses which has to bear the brunt of tests and get adjusted and re-adjusted, or even completely replaced, to defend the thus-hardend core. (Lakatos 1970, 133)

Ein solcher Schutzgürtel für den logisch-axiologischen Kern der hier angewandten Methode soll in diesem Kapitel angelegt werden.

4.2. Tendenzen und Kombinationen statt Konstanten und Invarianten

4.2.1. Partieller Strukturalismus

Trends gibt es. (Popper 1979, 90)

Weder die Opposition konjunktiv vs. disjunktiv noch andere Begriffspaare erschöpfen auf den Punkt, *was* im und vor allem *wie* im Zusammenhang mit den kulturosophischen Konzepten, die in den Debatten des 19. Jahrhunderts vertreten werden, „wirklich gedacht" wurde. Auch ist keinem der acht paarweise betrachteten Kulturosophen ausschließlich eine der beiden Operationen zuzuweisen. Die Präfixe *in-, ex-, dis, con-* sowie die Wurzel *idem* beschreiben *Bündel* von Operationen, formalisieren Etwa-Bewegungen, deuten Tendenzen an. Bei Einzelpunkten der Kulturkonzepte von Denkern, die kontrastiert werden, handelt es sich in manchen Fällen um volle Antinomien; oftmals muß aber anstelle einer privativen Opposition eher eine graduelle Unterscheidung stehen – wie z.b. zwischen den politischen Vorstellungen Karamzins und Šiškovs, der Einschränkung von Rationalität bei Čaadaev und

---

[1] Der Kompositbegriff „negativ-heuristischer Schutzgürtel" ist aus Lakatos' großem Aufsatz *Falsification and The Methodology of Scientific Research Programs* (1970) entlehnt.

Kireevskij oder den Kulturraumkonzepten Gercens und Danilevskijs. Stets spielen Tendenzen eine große Rolle.

Keine Klassifikation darf sich allein auf Konstanten beschränken, wie Jakobson an zwei Stellen anläßlich des serbokroatischen *deseterac* erläutert (1966a, 39 u. 1966b, 53). Die klare Trennung beider Strukturbeschreibungsweisen (entweder Konstanten oder Tendenzen), die Jakobson für die Versologie fordert (1966a, 39), ist im Feld der Typologisierung von Denkoperationen und der Wertbelegung dieser Denkoperationen nicht zu leisten. Hier kommt es vor, daß ein Parameter womöglich einmal als Tendenz und ein anderes Mal (näherungsweise) als Konstante auftritt. Die Einsicht in die Grenzen des Modells gebietet die vorsichtigere Begriffswahl „Tendenz" anstelle von „Konstante" (oder „Invariante"). Die Verbalbestandteile der gewählten Terminologie -*klusiv* und -*junktiv* verweisen entsprechend auf Prozessualität und Bewegung und damit auf den Tendenzhaftigkeitscharakter der Rekurrenzen, welche die Konzeptualisierung wiedergeben will: konjungierende und disjungierende Operationen.

Bei vielen der nachfolgend betrachteten Kulturosophen begegnen Kombinationen verschiedener logisch-axiologischer Präferenzen, die sich auf verschiedene Gegenstandsbereiche (z.B. Gegenwart und Zukunft, Sein und Sollen, Innen und Außen) beziehen können. Diese kombinierten Operationen können aber auch in ein Widerspruchverhältnis zueinander treten. Ersteres ist der Fall besonders bei Kireevskij und Čaadaev, letzteres findet sich bei Leont'ev, Fedotov und Ryklin.

Wenn diese Untersuchung eine kulturtypologische Formalisierung vorschlägt, die so heterogene Aspekte des Denkens z.B. von Karamzin und Šiškov umfassen soll wie Linguistik, Literaturtheorie und politisches Gesellschafts- und Geschichtsbild, so muß sie einen Abstraktionsgrad besitzen, der in den diversen Diskursen Gemeinsamkeiten in Form von wenigstens analogen Tendenzen erfassen kann. Gerade die Abstraktion vom Inhalt, die Ausrichtung auf die Figuralität, die dem Denken bzw. Argumentieren innewohnt, erlaubt ein Zusammensehen von verwandten *Formen* des Denkens.[2] Diese Tendenzen schließen dann keineswegs die Existenz auch einzelner gegenläufiger Elemente aus (vgl. Papernyj 1985, 16). Die Formalisierung ist von der (zweifellos möglichen) Falsifikation eines Anspruches auf Totalität und auf

---

[2] Fónagy begründet seinen Ansatz *Figures of Thought and Forms of Thinking* damit, daß das Augenmerk auf die Figuralität des Denkens die Zusammenschau von Redundanz und Abweichung zugleich erlaube: „Figures successfully combine redundancy and variety, since the forms are most diverse." (Fónagy 1996, 1)

4. Applikation

allgemeine Geltung durch die vereinzelte Gegenbelege deshalb nicht betroffen, weil der Anspruch von Ausnahmslosigkeit gar nicht erhoben wird. Relevant ist nur die statistische Eignung; signifikante Rekurrenzen bestimmter Denkoperationen bei einzelnen Kulturosophen sind für die Konzeptualisierung hinreichend.

Das Augenmerk dieser Untersuchung richtet sich auf Strukturen, wie sie nicht nur jenseits der Grenzen einzelner Diskurse sondern auch von historischem Wandel unbeschadet wiederkehren. Der Abstraktionsschritt zur logischen Form verführt, da er gewisse strukturelle Rekurrenzen in den Texten aller betrachteten russischen Kulturosophen herausfiltert, zur hochstrukturalistischen Annahme ahistorischer Konstanten (s. Gallas 1972, XXX). Gerade bei der russischen Kulturosophie des 19. Jahrhunderts sind es aber *wechselnde Kombinationen* von wiederkehrenden Bausteinen, also in der Gesamtbetrachtung (und nicht mit dem Fokus der einzelnen Bausteine) gerade eine Varianz und keine Invarianz.

Diese Rekurrenzen und Dominanzen können – mit gebotener Vorsicht – als für verschiedene Denker spezifische „Ideo-Logiken" (Smirnov 1997, 17) oder, mit einer traditionelleren Formulierung: als eine Art „Denkstil" charakterisiert werden, wie Clemens Friedrich es vorschlägt:

> Ich verstehe darunter Denkformen, kategorielle Muster und deren Strukturbeziehungen, die das Denken und die eigentlichen wissenschaftlichen oder philosophischen Lehren als unsichtbaren Hintergrund durchziehen. Die politische, künstlerische, philosophische Ausrichtung der Einzeldisziplinen kann heterogen sein, und doch kehrt natürlich mit Abweichungen und immer neuen Variationen ein fester Kern [vgl. Lakatos, DU] des Denkens wieder, den man wie eine stilistische Eigentümlichkeit betrachten kann. (C. Friedrich 1996, 34)

Für Friedrichs Ansatz spricht seine Intention, diskursübergreifende Merkmale zu suchen; gegen seinen Begriff des *einen* Denkstils ist hingegen einzuwenden, daß er zu sehr vereindeutigt. Friedrich spricht von der „Differenzierungsfeindschaft" der russischen Philosophie (ebd.), während die Antinomie von Konjunktion und Disjunktion gerade auf die Kopräsenz und bisweilen paradoxe Kontamination mehr als einen „Stils" hinweist. Jede „Ideo-Logik" einer philosophischen Denkerin oder eines philosophischen Denkers setzt sich aus einer Kombination verschiedener logischer Stile zusammen.

4.2.2. Mehrere Beschreibungsebenen

Kulturen, als soziale Systeme, reflektieren und modellieren sich u.a. durch Operationen der Selbstbeschreibung und Abgrenzung, vorzugsweise mittels binärer Codierung (Luhmann 1992a, 271). Sie erarbeiten selbst eine Sprache zu ihrer Beschreibung. Kulturen sind aber keine ausdifferenzierten Funktionssysteme mit einer einzigen Sprache, einer einzigen „Leitdifferenz" (ebd. 273); mehrere binäre Codes konkurrieren. Weder auf der Ebene der Selbstreflexion einer Kultur noch von einer Außen-, einer „Meta"position aus läßt sich daher *eine* erschöpfende Opposition herausarbeiten, wenn auch in der Selbstreflexion meist die Dualismen *Eigenes* vs. *Fremdes* und *alt* vs. *neu* kultursemiotisch beherrschend sind. Es ist weder auf der Ebene solcher inhaltlich-ideologischer Oppositionen noch im Bereich logisch-axiologischer Konzeptualisierung ein einziges orthodox-strukturalistisches, binäres, hierarchisches System mit invarianter Opposition herstellbar.

Die in den nachfolgenden vier Kapiteln unternommenen Versuche, zwar dualistisch zu formalisieren, dabei aber mehrere, nicht-erschöpfende duale Paare einander gegenüberzustellen, bleiben in der Spannung, welche die Scharnierstelle zwischen reduktionistischem Strukturalismus und asystematischem New Historicism auszeichnet. Das (Mono-)Systematisieren wird nicht durch asystematisches, aphoristisches Vorgehen abgelöst, sondern durch seine Vervielfältigung in inhaltliche und logisch-formale Beschreibungsebene unterminiert, durch deren Trennung voneinander aber in gewisser Weise zugleich perpetuiert. Die Vervielfältigung der binären Opposition Disjunktion vs. Konjunktion bezieht sich dabei auf drei Ebenen: auf die Objektebene der von den Kulturträgern selbst gemachten Unterscheidungen, die Ebene inhaltlich orientierter Konzeptualisierungsangebote (s. 4.9.) und drittens die Ebene der logisch-axiologischen Formalisierung.

4.2.3. Partieller New Historicism

Selbst die Erscheinungen der Ebene logisch-axiologischer Formalisierung läßt sich – sobald der Bereich reiner Theorie verlassen wird und die Untersuchung in das Feld der Applikation vorstößt – nicht mehr auf rein binäre Muster reduzieren: Es gibt weder Denker noch Denksysteme, die nur in einer einzigen logischen Form denken würden, und zwar nicht nur in dem Sinne, daß hinter einer Dominanten auch noch zweitrangige Nebentendenzen in Anschlag kämen. Nein: Eine logisch-axiologische Denkform besteht fast

4. Applikation

immer aus einer Kombination von Operationen, einer kombinatorischen Strategie. Zwischen den verschiedenen logischen Operationen und ihren Wertbelegungen ereignet sich eine Oszillation, ein Austausch, der für die Argumentationsform konstitutiv ist. Wo es sich um – weitgehend – kohärente Denksysteme handelt, läßt sich das Verhältnis zwischen den verschiedenen Operationen als bezwecktes beschreiben: Eine Operation tritt in den Dienst einer anderen; Verhältnisse wie Mittel-Zweck, Diagnose-*télos* oder Thema-Rhema lassen sich herausarbeiten. Wo diese Kohärenz aber nicht herstellbar ist, da gerät Kombination zu Kontamination und wird eine kohärente (wenn auch nicht einheitliche, weil kombinatorische) logisch-axiologische Struktur problematisch. An der Hürde der widersprüchlichen Kontamination logisch-axiologischer Prävalenzen gerät die zweiwertige Logik an die Grenze der logischen Falschheit. In solchen Fällen (wie etwa bei Leont'ev oder Šestov) wird die zweiwertige Logik an ihre Grenze herangeführt. Ob in der Folge auch ein Blick in eine höherwertige Logik möglich wird, oder ob sich die Denkstrategie im An-die-Grenze-Heranführen der eigenen Argumentation erschöpft, ist ein anderes, schon jenseits der zweiwertigen Heuristik stehendes Problem.

4.2.4. Kombination strukturalistischer und neuhistorizistischer Verfahren

> Утверждения: «все различно и не может быть описано ни одной общей схемой» и «все едино, и мы сталкиваемся лишь с бесконечными вариациями в пределах инвариантной модели» — в разных видах постоянно повторяются в истории культуры от Экклезиаста и античных диалектиков до наших дней. И это не случайно — они описывают разные аспекты единого механизма культуры и не отделимы в своем взаимном напряжении от ее сущности. (Lotman/Uspenskij 1971, 164)

Auf der einen Seite steht in dieser Untersuchung, wie aus dem Vorausgegangenen hervorgeht, das strukturalistisch inspirierte Projekt, mit einem abstrakten und in seinen Unterscheidungen nahezu binären Modell Strukturen des Denkens und Argumentierens zu beschreiben. Andererseits wird die Zweiwertigkeit durch Kombination, Kontamination und Oszillation zwischen den binär unterschiedenen Polen wieder überzeichnet, interessiert gerade nicht die Reduktion auf eine Seite des polaren Spannungsfeldes, sondern die komplexe Koexistenz 1) verschiedener Operationen in einem Denksystem und 2) divergenter logisch-axiologischer Denkformen im Rahmen eines Diskurses (wie der russischen Kulturosophie), die sich dann noch 3) im Kräftefeld einer scheinbar binären Konfrontation (wie der Westler-Slavophilen-Debatte) oder 4) in den Zeiträumen scheinbar einheitlicher geistesgeschichtlicher Epochen (wie Romantik, Realismus, Symbolismus, vor deren Hintergrund die kulturosophische Debatte abläuft) realisiert. Mit der Ausrichtung auf Komplexität und nicht restlos systematisierbare Oszillation (Baßler 1995, 15) kommt ein neuhistoristischer Zugriff auf das zu betrachtende historische Material zum Tragen.

Es soll aber – durchaus nicht im Geiste des New Historicism – versucht werden, das Oszillieren nicht als ästhetisches Faktum an sich bestehen zu lassen, Geschichte mit einer neuhistoristischen Ethik (die mehr eine [Auto-]Ästhetik ist) in vorgefundener (scheinbarer) Ungeordnetheit zu belassen. Die logisch-axiologische Untersuchung setzt sich das Ziel einer *Systematik des Oszillierens* zwischen logischen Operationen und ihren axiologischen Belegungen. Sie spürt keinen „surprising coincidences" (Veeser 1989, XII) nach, sondern beschreibt ein jeweiliges manifestes Denksystem als Produkt der Auswahl aus einem Reservoir (einer Tradition) und als Folge von Transformationen (s. 9.2.3.-9.2.3.).

Außerstande, eine Ätiologie der jeweiligen Art und Weise der Selektion aus dem Reservoir der verschiedenen Traditionen von Denkformen durch einen Denker anzugeben, ist dieses Verfahren zum einen „weniger" als ein strukturalistischer Anspruch; bestrebt, sich wiederholende Formen aufzuzeigen und ein Verstehensmodell für diese Regularitäten (bei einem Denker oder in einer Denktradition) zu liefern, ist dieses Verfahren aber zugleich „mehr" als die Bescheidenheit eines neuhistoristischen Stöberns nach „surprising coincidences". Der präsentistische Fokus des New Historicism, welcher der wesentliche Grund und das entscheidende Mittel für diese Ästhetik des überraschten Forschers (oder noch eher von dessen Lesern) darstellt, wird durch einen klassisch-diachronen Historismus ersetzt.

4.3. Zum Status des Modells

Soweit die eine, pragmatische, vom Gegenstand und der Formalisierungsabsicht her gegebene Seite. Zum anderen ist auch danach zu fragen, welchen Status die logische Beschreibungsweise gegenüber der durch sie zu beschreibenden Wirklichkeit (kulturosophisches Denken des 19. Jahrhunderts) hat. Ist dies ein heuristischer, der Status eines Modells? Oder kann eine Beschrei-

4. Applikation

bung in Kategorien logischer Denkoperationen für sich reklamieren, wiederzugeben, was an Denkvorgängen „wirklich" abgelaufen ist und abläuft? Heuristik oder Ontologie[3]?

Ernst Tugendhat und Ursula Wolf unterscheiden in der Geschichte der Logik drei Bestimmungen dessen, was Logik sei:

> Handelt es sich um Gesetze des Seins oder der Wirklichkeit (wir wollen das die ontologische Auffassung nennen) oder um Gesetze des Denkens (die psychologische Auffassung) oder um Gesetze der Sprache (die sprachliche Auffassung)? (Tugendhat/Wolf 1993, 8f)

Was von Tugendhat/Wolf an dieser Stelle nicht differenziert wird, ist die Frage, ob die logischen Gesetze solche *des* Seins, *des* Denkens usw. seien, also in diesen enthalten seien, oder aber nur normativ *für* das Denken gelten. An anderer Stelle wenden sie sich gegen das Verständnis von Logik als normativer Denkschule (ebd., 14). Der Normativismus durchzieht jedoch die logische Tradition von Port-Royal bis in die Moderne[4]. Wenn Logik nur Gesetze (Normen!) *für* das Denken formuliert, so dürfte sie umgekehrt, deskriptiv angewandt, keine ontologische Geltung reklamieren. Gerade das aber wird der Logik von einer bedeutenden Tradition, die Geschichte und Logik zusammendenken will, zugesprochen. Diese ganze Tradition kann hier selbstredend nicht adäquat wiedergegeben, sondern bloß bruchstückhaft umrissen werden mit dem Ziel, den neuen logisch-axiologischen Zugang im Kontext existierender Modelle der Relation von Logik und historischer Wirklichkeit (die ja wieder *nur* Denken ist: Operationen kulturphilosophischen Denkens) zu situieren, um ihn kontrastscharf zu machen.

---

[3] Was hier wie eine klare, disjunkte Unterscheidung aussieht, ist jedoch ein eminentes philosophieschichtliches Problem. Z.B. ist anhand des Substrats der Wahrnehmung und des Dings an sich bei Kant die Adäquatheit von Vorstellung und Realität längst nicht geklärt. Sein und Wahrnehmung, Ontologie und Heuristik scheinen nicht aus einem paradoxen Bedingungs- und zugleich Ausschlußverhältnis zueinander herausgelöst werden zu können.

[4] Die Moderne setzt der Logik als *ars inveniendi* das Konzept der *ars demonstrandi* entgegen (Tugendhat/Wolf 1993, 13). Mit der Unterscheidung von zulässigen und nichtzulässigen Schlüssen ist aber auch die *ars demonstrandi* weiterhin mit dem Ziel von wahrheitsorientiertem Denken normativ veranlagt (vgl. Gabriel 1996, 115). Logische Gesetze sind Normen (wie der Vergleich der Paradoxe der klassischen Logik mit dem Alltagverstand beim Folgern aus logischen Falschheiten oder der vielgeübte Vorwurf zeigen, jemand argumentiere auf eine Weise, die logisch unzulässig sei).

4.3.1. Zwei Logikbegriffe und zwei Anwendungsweisen auf „Realität"

Zuerst sind in der Tradition des Zusammendenkens von Logik und Realität zwei verschiedene Begriffe von Logik gegeneinander abzugrenzen. Der eine, dialektische Logikbegriff, der in der Vergangenheit hauptsächlich benutzt wurde, um historische Realität als Produkt (Hegel) oder Produzentin (Marx) geistiger Formen zu behaupten, ist weit eher mit „Dialektik" als mit der formal-mathematischen Version von Logik verwandt[5]. Wenn der folgende kurze historische Parcours auf diese dialektisch-logische Linie Bezug nimmt, so rechtfertigt sich dies weniger durch die Homonymie „Logik" als durch den Anspruch der betreffenden Tradition, Menschheits- und/oder Kulturgeschichte mit denkerischen Modellen objektiv parallelisieren zu können.

Eine anders geartete Form der Anwendung von Logik auf kulturhistorische Entwicklungen ist da zu finden, wo Logik als Modell für intentionale Gegenstände, die selbst Produkte von Denken sind, bezogen wird. Hier, z.B. bei Igor' P. Smirnov, kommen dann auch dezidiert formallogische Beschreibungsformen für die Konzeptualisierung von Konzeptualisierung (Literatur) zur Anwendung.

4.3.2. Das *pro* und *contra* einer objektiven Logik der Geschichte

Das Verhältnis von Logik und Geschichte ist in der Philosophie etliche Male kontrovers betrachtet worden und stellt ein eminentes Problem dar. Die umfangreiche Tradition philosophischen Zusammendenkens von Logik und Geschichte (Menschheits-, Kultur- oder Philosophiegeschichte) wäre Thema einer eigenen Arbeit[6]. Daher können die objektivistischen Theorien von einer Logik der Geschichte sowie die Gegenargumente hier nur mit einem ganz spezifischen hermeneutischen „Vorgriff" (Heidegger 1986, 150) kurz angedeutet werden. Es kann nicht darum gehen, Hegel zuzustimmen oder ihn zu widerlegen, sondern lediglich im Anschluß an ihn und Kontrast zu ihm den Unterschied der logisch-axiologischen Konzeptualisierung von bereits Konzeptualisiertem zu einer Logik der Welt-, Geistes- oder Kulturgeschichte darzustellen.

---

[5] Vgl. Hoffmeister 1980, 7. Zu weitergehender Differenzierung s. Harris 1987, 131f.
[6] Zu zentralen Ansätzen s. weiter Hösle 1984, 70-77, bes. Anm. 69.

4. Applikation

Sowohl Hegel als auch sein materialistischer Antipode Marx sehen eine objektive Parallelität von Geschichte und „Logik": Geschichte folge (dialektisch) logischen Gesetzen[7]. Bei Hegel wie bei Marx gibt es eine epistemische Invariante des *Objektivismus* oder Ontologismus[8]. Ganz gleich, ob von Identität, Totalität oder objektivem Ausdruck gesprochen wird, in diesem Verständnis *entsprechen* Logik und Geschichte einander. Hegelianische Geschichtskonzepte erleben eine neue Aufwertung bei Vittorio Hösle. Sie werden dort in ihrer Absolutheit eingeschränkt, wodurch

> der Kantisch-Hegelsche Gedanke einer dialektischen Entwicklung der Philosophiegeschichte [...] in einer durchaus nicht bloß vagen, sondern in einer genau zu spezifizierenden Weise, wenn auch *nicht in jener Detailentsprechung*, die Hegel in Aussicht stellt, zutrifft. (Hösle 1984, 87, Hervorhebung DU)

---

[7] In Band 1 seiner *Vorlesungen über die Philosophie der Weltgeschichte* unter dem Titel *Die Vernunft in der Geschichte* ist für Hegel der „einzige" und zentrale Gedanke einer Philosophie der Weltgeschichte, „den sie mitbringt, [...] der einfache Gedanke der *Vernunft*, daß die Vernunft die Welt beherrscht, daß es also auch in der Weltgeschichte vernünftig zugegangen ist." (Hegel 1970, 28). Geschichte sei „Abbild des Urbildes" (ebd., 50) Vernunft. Geist objektiviere sich in der Geschichte, bilde die „Substanz der Geschichte" (ebd.). Logik sei demnach „das den Reichtum des (z.B. historisch) Besonderen in sich fassende Allgemeine" (Hegel 1969, 54). Sie gewinnt bei Hegel den Rang der Ontologie (ebd., 61). Für ihn sollen Subjekt und Objekt wieder zusammenfallen; Hegel setzt *apriori* und *aposteriori* ineins (Adorno 1971, 252), eliminiert ein vom Sein verschiedenes Sollen (Marquard 1982, 37f). Marx' polemischer Angriff auf Hegel kommt der Hegelschen Intention durchaus nahe: „Hat man (mit Hegel) erst in den logischen Kategorien das Wesen aller Dinge gefunden, so bildet man sich ein, in der logischen Formel der Bewegung die *absolute Methode* zu finden, die nicht nur alle Dinge erklärt, sondern die auch die Bewegung der Dinge umfaßt." (Marx 1971, 741) Marx nimmt bekanntlich für seine Geschichtsphilosophie in Anspruch, die Hegelsche, „auf dem Kopf" stehende „um[zu]stülpen" (Marx 1957, 11). Althussers Einwand, Marx' Dialektik unterscheide sich als Methode von Hegels Realdialektik (Althusser 1968), trifft wohl für Marx' Gesellschaftsanalyse zu, nicht aber für die prospektive Geschichtsphilosophie. In letzterer bleibt die Hegelsche Struktur von Objektivierung in der Form ihrer Umkehrung, als – wie Marx sagen würde – *Widerspiegelung* jedoch erhalten: Nicht mehr der Geist objektiviert sich nach Marx in der Geschichte, sondern das Bewußtsein spiegelt das Sein wider, die Materie determiniert den Überbau. Lenin argumentiert in seinem späteren Werk wieder eindeutig realdialektisch (Rodríguez-Lores 1972, 209); in seinen Randbemerkungen zur Hegelschen *Logik* bringt er diese Konzeption von Logik als Spiegel der Geschichte auf die Formel: „Законы логики суть отражения объективного в субъективности... Логика есть учение не о внешних формах мышления, а о законах развития «всех материальных, природных и духовных вещей», т.е. развития всего конкретного содержания мира и познания его." (Lenin 1969, XXIX 165 u. 84)

[8] Zu Hegels Reklamation von Wahrheit für *seine* Philosophiegeschichte s. Hösle 1984, 80f.

4. Applikation

Auch unter russischen Ansätzen, die zu Logik als Beschreibungsmodell greifen, gibt es solche, die eine Logik der Geschichte zu schreiben suchen: Nach Achiezer soll es eine historische Logik politischer Systeme in Rußland geben, die aus den Mechanismen der internen Wert- und Gefühlsspannungen von dualem Denken *resultiert*[9].

In der Smirnovschen *Психодиахронологика* (1994), einer u.a. logischen Literaturgeschichte Rußlands von Romantik bis Postmoderne, wird mit einer lapidaren Hegelianismus-Berufung (respektive der Akzeptanz eines solchen Vorwurfes, Smirnov 1994, 8) auf den ersten Blick[10] das Hegelsche Objektivierungsverhältnis Geist – Welt restituiert. Entwicklung wird psychologisch und eben logisch *erklärt*.

Der dargelegten objektivistischen Tradition werden von verschiedenen Seiten und entschiedenen Gegenstandpunkten[11] triftige Einwände entgegengehalten, für die hier nicht der Ort ist; wenn im vorausgegangenen kursorischen Abriß diverse Konzepte von Logik der Geschichte angeführt wurden, so diente dies der Sondierung des bisher beackerten Feldes angewandter Logik, auch im Hinblick auf die russische Kulturgeschichte. Anders als bei einer Logik der Geschichte (anders als bei Hegel, Marx und Lenin oder anders auch als bei Smirnov und Achiezer) oder der Kulturgeschichte geht es bei der logisch-axiologischen Konzeptualisierung umd die Logik einzelner historischer denkerischer Systeme.

---

[9] S. Achiezer 1991, I 39-54 und: „Такие формы как *инверсия, антимедиация* и т.д. — необходимое условие объяснения важнейших социальных механизмов, важнейших массовых исторических процессов." (ebd., III 88)

[10] Dieser Eindruck täuscht: Smirnovs Psychismus-Definition liest sich eher als die Ausweitung des konstruktivistischen Autopoiesis-Theorems auf das praktische Handeln. „Psychismus" entspricht im Smirnovschen weiten Verständnis nicht der Liftonschen magisch-psychologischen Begriffsverwendung (Lifton 1969, 32), die im Lichte des Smirnovschen Wortgebrauchs nur als autoplastischer Teilaspekt anzusprechen wäre. Smirnovs Psychismus bleibt auf der Schwelle von Auto- und Alloplastik: „Психическая субститутивная работа обеспечивает человеку власть над миром, логическая — над самим собой, историческая — над психикой иных субъектов." (Smirnov 1994, 8). Objektive Entsprechung von (Kultur-) Geschichte und Psyche im Sinne der Hegelschen Parallelisierung von Vernunft und Geschichte kann im Lichte von Smirnovs Psychopoiesis so nicht gemeint sein.

[11] „Logische Regeln sind erst recht keine allgemeinen Gesetze des Seins." (Zinov'ev /Wessel 1975, 15). Popper (1979) und Marquard (1982) sind die prominentesten Kritiker.

4.3.3. Synchrone Schnitte

Die Frage der Applizierbarkeit von Logik auf Geschichte, die Erklärung von deren Verlauf als einer logischen Folgerichtigkeit bleibt also offen. Statt diese Frage zu lösen, wird eine beschränktere Version von Logikapplikation vorgeschlagen. Wenn die vorliegende Arbeit kulturosophische Entwürfe über 100 Jahre hinweg von etwa 1790 bis 1900 umfaßt, dann handelt es sich dabei nicht um die Behauptung einer Entwicklung und die Bereitstellung eines Modells für die Erklärung dieser Entwicklung, sondern vielmehr um die Durchführung von vier (heuristisch konstruierten) synchronen Schnitten[12], der Gegenüberstellung von acht russischen kulturphilosophischen Denkern in vier Paaren. Die logische Konzeptualisierung von kulturphilosophischen Konzeptualisierungen ist also gerade nicht historisch erklärend, sondern sie beschreibt nur etwas mit Veränderung Wiederkehrendes. Sie konzeptualisiert Konzeptualisierungen von (u.a.) Geschichte, nicht aber Geschichte selbst.[13] Sie faßt logische Denkoperationen als universelle Strukturen auf, die sich – in unterschiedlichen Formen und Kombinationen – erneuern. Die Unterschiede, die bei jedem neuen Auftreten vorkommen – die Wiederkehr in anderer Form, eine Unähnlichkeit des Ähnlichen –, tragen zwar historischen Wandel in die Beschreibung hinein; mit dem logisch-axiologischen Modell wird jedoch *nicht* der Anspruch erhoben, diese geschichtliche *Entwicklung* formalisieren und *erklären* zu können.

Mit der Axiologik wird ein Blickwinkel angeboten, der das Verstehen der vorliegenden Texte selbst sowie bestimmter Bezüge und Traditionen, in denen sie stehen, um einen neuen Aspekt bereichern kann.

---

[12] Weil jedes Wort Antwort auf ein anderes ist (Bachtin 1972, 316) gibt es – philosophisch streng verstanden – niemals Synchronie. Die Diachronie ist im antwortenden Wort „gestaut" gegenwärtig.

[13] Da das hier verwandte Vokabular aus der Klassenlogik rekrutiert ist, dominiert zudem die räumliche Vorstellungsebene der Mengenlehre (Eulersche Kreise); das mengenlogische Vokabular eignet sich schon deswegen weniger für eine Logik der Geschichte als solche latent temporalen (weil gemeinsprachlich durch das Konditional „wenn – dann" umschriebenen) Begriffe wie logische Folgerung.

4.3.4. Modell und „Realität"

Haben die russischen Kulturosophen exakt in eben jenen logischen Operationen gedacht, die hier zu ihrer Konzeptualisierung benutzt werden? Stimmt das logische Modell mit dem, was in diesem Fall „Realität" ist, dem, wie „wirklich" gedacht wurde, überein? Das oben an der Logik der Geschichte angesprochene transzendentalphilosophische Problem des Verhältnisses von Denken und Realität betrifft auch die Konzeptualisierung von Denkoperationen, die für das wissenschaftliche „Meta-Denken" Gegenstand, Objektebene, „Realität" sind.

Jeder Beschreibungs- und Formalisierungsversuch steht in einem Dilemma: Er kann für sich letztlich nur Modellstatus – exterior gegenüber der eingeklammerten Realität – beanspruchen. Trotzdem ist wohl jedes Modell gedacht als Beschreibung *von* etwas anderen und nicht als bloß autoreferentielles. Das Paradox des Modells besteht in einem Vor-und-zurück: vorwärts zum Gegenstand, mit Zielrichtung Ontologie – zurück in die Skepsis betreffs der irreduziblen Exteriorität des Modells dem Gegenstand gegenüber, in die Heuristik[14].

4.3.5. Unschärfe usw.

Die Konjunktur von unscharfer Mathematik, Mengenlehre und Logik in den letzten Jahrzehnten gründet auf dem Mangel, daß die bis dahin computertechnisch implementierte zweiwertige Logik die komplexen, auf Wahrscheinlichkeit, Grenzunschärfe und Parallelprozessen beruhenden Vorgänge des menschlichen Gehirns nur sehr unzureichend zu simulieren imstande ist. Als Ausweg wird zurückgegriffen auf die von L. A. Zadeh schon 1962 erstmals formulierte unscharfe (*fuzzy*) Logik. Diese komme, so meinen die Theoretiker der unscharfen Logik, den zerebralen Prozessen zumindest *näher* als die klassische zweiwertige Logik (vgl. Grauel 1995, 1 u. 129-156)[15].

---

[14] Frege äußert die Hoffnung, seine logische Begriffsschrift könne einen weiteren Schritt auf dem, wie er einräumt, möglicherweise infinitesimalen Weg zu einer die „Sachen selbst treffenden Bezeichnungsweise" (Frege 1964, XI) bilden. Transzendentalphilosophischer Skeptizismus der Abgrenzung des Wahrnehmens vom Sein (Husserl 1992, VIII 22) einerseits und Wissenschaftsoptimismus andererseits, Heuristik und Ontologie fließen bei Frege ineinander.

[15] Vor diesem Hintergrund erscheinen frühere Parallelisierungen der zweiwertigen Logik mit zerebralen Vorgängen hoffnungslos überholt. Selbst Gotthard Günther sagt

4. Applikation

Bereits dieses kurze Anreißen eines enorm komplexen Gebietes macht es unausweichlich, den Status der hier auf die russischen Kulturosophen des 19. Jahrhunderts angewandten Opposition von Begriffen aus der zweiwertigen Logik als ausschließlich heuristischen zu begreifen. Zerebral *kann* nichts so binär, so zweiwertig ablaufen, wie es hier heuristisch angenommen wird. Dieser Einschränkung will die hier vorgeschlagene logische Opposition zum einen durch das Sprechen von Tendenzen, zum anderen durch die gezielt ambigue Verwendung von klassen- und prädikatenlogischen Begriffen Genüge tun. Die Konzentration auf ein zweiwertiges Logik-Modell ist eine ökonomische Beschränkung: die angedeutete terminologische und operationelle Kombinatorik von strikter Inklusion/Konjunktion und partieller Inklusion legt nahe, daß zumindest bisweilen ein nicht-zweiwertiges Modell hilfreich wäre[16]. Das mehrwertige Modell zur Beschreibung eines historischen Phänomens geriete jedoch aufgrund seiner extremen Komplexität zum Hauptzweck, würde das historische Material zum Vorwand degradieren. Dies zu vermeiden, bleibt diese Arbeit innerhalb der (durch die Kombination von Operationen erweiterten) schlichteren, aber auch weit ökonomischeren zweiwertigen Logik[17].

1959: „Unsere klassischen [aristotelischen, DU] Denkgesetze sind der direkte Ausdruck der Funktionsweise unseres Gehirns." (1959, VII) Und Klaus schreibt, sich noch 1967 auf Pavlov berufend: „Unser logisches Denken hat also eine neurophysiologische Grundlage, die auf *denselben* Prinzipien beruht, die wir benützen, wenn wir die Aussagenlogik auf elektronische Schaltsysteme [gemeint ist folglich die zweiwertige Aussagenlogik, DU] anwenden." (Klaus 1967, 13)

[16] So könnte bspw. das Problem der Koexistenz von Widersprüchen bei Leont'ev, Fedotov und Ryklin in einer Logik ohne Satz vom auszuschließenden Widerspruch genauer, aber auch um Größenordnungen unanschaulicher beschrieben werden. Dreiwertige Logik erlaubt $A \land \neg A$, da sie die Negation $\neg$ als konträr auffaßt, während die zweiwertige Logik die Negation $\neg$ nur als kontradiktorisch konzeptualisieren kann, wodurch $A \land \neg A$ eine logische Falschheit ist.

[17] Aus der Reserve gegenüber mehrwertiger Logik speist sich schließlich auch die geringfügige Bezugnahme auf literarische Texte in dieser Arbeit; Kristeva zufolge gilt in der Literatur eine mehrwertige Logik (1969, 191) mit konträren Widersprüchen. Bis dahin ist ihr zuzustimmen, wenn sie wohl auch mit dem Diktum von 0≠0 über das Ziel hinausgeschossen ist.

4.3.6. Praktische Bewährung

Eine modellhafte Beschreibung erweist sich an ihrer Bewährung, im Zuge ihrer Anwendung. Auch die in sich schlüssigste Theorie ist nicht *an sich* richtig, an sich „wahr". „Wahrheit" ereignet sich als *Tauglichkeit* einer Theorie zur Beschreibung, zur Herausarbeitung der Besonderheiten eines (nicht nur kulturwissenschaftlichen) Gegenstandes:

> The truth of an idea is not a stagnant property inherent in it. Truth *happens* to an idea. It *becomes* true, is *made* true by events. Its verity *is* in fact an event, a process [....]. Its validity is the process of its valid-*ation* (James 1967, 430)

Umgekehrt scheitert eine Theorie in eben dem Maße (wird sie „unwahr"), in welchem sich ihr Gegenstand ihr widersetzt, in welchem sie die Besonderheiten dieses Gegenstandes eher verdeckt als herausfiltert, in welchem sie sich im Zuge ihrer Applikation nicht bewährt, sondern falsifiziert wird (Popper 1963, 37).

Wenn das logische Vokabular auch für die angeführten Kontroversen erklärungsmächtig zu sein vermag, so kann daraus noch mitnichten die volle Adäquatheit dieser Theorie zum historischen Gegenstand noch auch eine allgemeine Geltung dieser Beschreibungsweise gefolgert werden. Die Materialbasis dieser Untersuchung ist mit vier Debatten, dem Zeitraum von etwas mehr als einem Jahrhundert und einer thematischen (kulturosophischen) sowie nationalphilologischen (russischen) Anwendung zu beschränkt, um die übergreifende Gültigkeit des Modells zu behaupten. Auch die logisch-axiologische Metasprache ist kein „abschließendes Vokabular" (Rorty 1992, 128). Es ist – wie alle anderen Vokabulare, die als alternative Sprache zu einem Objektvokabular Verwendung finden – metaphorisch. Als alternatives Vokabular kann die logische Terminologie „Täuschungen aufdecken, die durch den Sprachgebrauch über die Beziehungen der Begriffe oft fast unvermeidlich entstehen" (Frege 1964, XII), vermag selbst aber auch selbst nicht erschöpfend oder restlos adäquat zu sein.

4.3.7. Inhärente Wertungen

Wenn mit der Konzeptualisierung von logisch-axiologischen Präferenzen auch weder eine Wertung der Kulturkonzepte der jeweiligen russischen Kulturosophen noch ihrer Axiologik intendiert ist, so kann doch nicht – in szientistischer Manier – die Wertfreiheit dieser Formalisierung behauptet werden,

4. Applikation

da jedes Umgehen mit Zeichen dialogisches, mithin ideologisches Handeln (Lachmann 1982, 143) und jede Beschreibung von Kultur definitorisch, mithin deformierend (Lotman 1992b, 99) ist. Das logische Modell neigt einerseits aufgrund seiner klaren Trennungen einerseits zur Stringenz der Disjunktion. Der unscharfe kombinatorische Begriffsgebrauch und das polysystematische Beschreibungsverfahren, das auch andere Oppositionen (der Objektebene wie anderer Konzeptualisierungsangebote) nebeneinander bestehen läßt, andererseits begünstigen hingegen konjunktives Denken gegenüber dem disjunktiven, z.B. Karamzins weniger vereindeutigendes Konzept gegenüber dem Šiškovs. Der Offenheit des logischen Begriffspaars für das Ineinandergreifen mit anderen Unterscheidungen (4.5.1.-4.5.2., 5.5.4.) ist *in nuce* eine Option für den konjunktiven Part inhärent.

4.4. Unbewußte (nicht-reflektierte) Logik

Jeder Denkoperation läßt sich ein logisches Muster zuweisen. Wenn es *(realiter* bzw. ontologisch begriffen) eine solche Grundlogik des Denkens bei den betreffenden russischen Kulturosophen gäbe, so täte die Nicht-Reflektiertheit des eigenen logischen Operierens bei den zu betrachtenden Denkern dem Modell keinen Abbruch. Einesolche unbewußte Logik, oder – mit Bourdieus Begriff aus dem Umfeld der Habitustheorie gesprochen – ein solches unbewußtes „Denkschema" (s. Schwingel 1998, 56) muß ganz und gar nicht verdrängt sein; man kann das Prädikat *unbewußt* „in dem Sinne [verwenden], daß ihre [der Denkschemata] Genese d.h. Geschichte vergessen wurde." (ebd., 57) Auch in Analogie zur Freudschen und Lacanschen unbewußten Rhetorik (Lacan 1975, 36) könnte, ja müßte eine bestimmte Form von logischem Vorgehen, d.h. eine Tendenz zu bestimmten Verfahren, gerade dann mit besoderer Stärke wirksam werden, wenn sie nicht reflektiert ist.

Schon Roman Jakobson hatte 1956 in *The Twofold Character of Language*[18] Metapher und Metonymie als semiotische Grundoperationen be-

---

[18] Jakobson selbst zollt Mikołaj Kruszewski (1851-1887) den Tribut für die Invention der Opposition von Similarität und Kontiguität (Jakobson 1965, 10-14). Seine Kruszewski-Lektüre datiert er auf 1914 (Jakobson/Pomorska 1982, 111). Als eine weitere selbständige Quelle wären aber auch Boris Pasternaks Beobachtungen über Vadim Šeršenevič' metaphorischen Stil von 1914 zu nennen (also exakt im Jahr von Jakobsons Kruszewski-Lektüre), in denen „сходство" und „смежность" kontrastiert werden: „Факт сходства, реже ассоциативная связь по сходству и никогда не по смежности — вот проис-

stimmt, sie aber nicht unzweifelhaft im Unbewußten angesiedelt[19]. Ob er jedoch die Operationen *in* der symbolischen Ordnung oder im Moment der *Übersetzung* von etwas vorbegrifflich Vorhandenem bzw. des Eintritts in die symbolische Ordnung anzusiedeln bestrebt ist, bleibt in Jakobsons Formulierung offen:

> Eine gewisse Rivalität zwischen den metonymischen und metaphorischen Darstellungsweisen kommt bei jedem symbolischen Prozeß, gleichgültig, ob es sich um einen intrapersonellen oder um einen sozialen handelt, zum Vorschein. (Jakobson 1983, 173)

Jacques Lacan versetzt in *Instance de la lettre* von 1957 (1975a) und *Subversion du sujet* aus dem Jahre 1960 (1975b) in Anlehnung an Freuds Dualität von Verschiebung und Verdichtung (Freud 1991, 285-314) die rhetorisch verfaßte Doppelstruktur von Metonymie und Metapher in den Bereich des Unbewußten (Lacan 1975b, 173). Julia Kristeva (1978, 33 u. 39) greift 1974 die Opposition auf und siedelt sie, Lacan folgend und sich von Jakobson absetzend bzw. dessen Konstruktion umwertend (ebd., 52f), im triebhaften Urgrund, der sogenannten „*chora*" (ebd., 36), an, situiert sie also *vor* den Mechanismen der symbolischen Sprachordnung.

Analog zur unbewußten, „urgründigen" Rhetorik nach Lacan und Kristeva könnte für die unbewußte (nicht-reflektierte, d.h. nicht explizit gemachte) Logik und Axiologik ein ebensolcher Raum inhaltsleerer Strukturen behauptet werden, der die auf ihm fußenden Denkoperationen mit konkreten (hier: kulturosophischen) Inhalten vorstrukturierte. Von der metaphysischen Behauptung eines ontologisch primären Vor-Raumes im Sinne Kristevas oder Podorogas[20] ist die hier vertretene heuristische Vorstellung von einer nichtreflektierten logischen Vorstrukturiertheit jeden Denkens aber weit entfernt.

Nun hat aber der Begriff der unbewußten Logik *inhaltlich* nichts mit den freudianischen Präsuppositionen der unbewußten Rhetorik bei Lacan und Kristeva zu tun. Es handelt sich um eine Analogie im Bezug auf das (heuri-

---

хождение метафор Шершеневича." (Pasternak 1991, 353). Diese zweite mögliche Quelle läßt Williams in ihrer Kruszewski-Monographie unerwähnt (1989, 248f).

[19] An anderer Stelle sagt Jakobson angelegentlich seiner Aphasie-Forschungen jedoch, daß die Prozesse Metapher und Metonymie auch „in nicht-sprachlichen Zeichensystemen" aufträten und stellt mittelbar den Bezug zu Freud her (Jakobson 1979, 135f).

[20] Kristeva versucht in Berührung mit Derrida und doch im Gegensatz zu seiner inhalts- und „urstruktur"-leeren *différance* (Kristeva 1978, 52), eine nur unzureichend als heuristisch ausgewiesene (ebd., 77f) und damit metaphysische Struktur der semiotischen „*chora*" zu setzen, wie dies Valerij Podorogas Topologiekonzept – *mutatis mutandis* – 16 Jahre später erneut versucht (in: Derrida 1993, 176).

stisch angenommene) generative Verhältnis, keinesfalls aber im Hinblick auf die Lacansche Anthropologie.

Diese mehr andeutende als ausführende Entwicklung einer Modellvorstellung von nicht-reflektierter Logik mag hier genügen. Dies genauer auszuführen wäre ein Desiderat für die Forschung – auch was die Kompatibilität der beiden Vorstellungen von unbewußten Grundoperationen, unbewußter Logik und unbewußter Rhetorik, anbetrifft.

4.5. Das Verhältnis zu anderen Typologisierungsangeboten

[...] determinatio negatio est. (Spinoza 1925, 240)

Wenn im folgenden überblicksartig andere Typologisierungsangebote und die Frage ihrer Beziehbarkeit auf den kulturosophischen Gegenstand angesprochen werden, so ist es angesichts der Vielzahl an Metabeschreibungen von Kultur ausgeschlossen, irgendeine Vollständigkeit zu reklamieren[21]. Auch ist eine jedem Ansatz an sich angemessene Ausführlichkeit nicht zu leisten, soll nicht der hier vorgeschlagene Entwurf völlig unter einem Berg alternativer Theorien verschüttet werden. Partielles Erinnern ist zur Selbstverortung in einem Forschungskontext vonnöten. Andererseits ist partielles Vergessen – auch jenseits Bloomscher „anxieties" (1976, 7) – pragmatisch (d.h. aus quantitativen Erwägungen) unverzichtbar, will man nicht pure bibliothekarische Bestandsaufnahme leisten.

4.5.1. Duale und Dualität thematisierende Modelle

Oben war auf die Grübel-Smirnovsche Begriffsbildung „Kulturosophie" als Klassifikation dichotomisierender Kulturphilosophien verwiesen worden (1.3.) . Damit ist Dualität, duale Zuspitzung von Elementen des Denkens als eine Qualität des zu betrachtenden Textmaterials gemeint. Jurij Lotman thematisiert diese Struktur im Hinblick auf die gesamte russische Kultur. In *O русской литературе классического периода* (1992d) stellt er Dualität als ein Merkmal des russischen Weltverständnisses dar. Er diagnostiziert die

---

[21] Vieles muß ausgelassen werden, was vielleicht ein interessantes Licht aus fernerliegenden Vergleichsperspektiven werfen könnte. Als eines von vielen Beispielen sei Papernyjs vorrangig architekturtheoretische Unterscheidung von *Культура 1* und *Культура 2* genannt, die sich ihm zufolge auf weitere Bereiche der russischen Kunst übertragen ließe (Papernyj 1985, 18).

geringe Ausbildung eines triadischen bzw. ternären Weltmodells in Rußland: Das Fehlen einer neutralen Sphäre, sei es des Fegefeuers, sei es säkularer Immanenz kennzeichne russisches politisches, religiöses und kulturelles Denken[22].

Dagegen ist einzuwenden, daß es verschiedene Arten von Binarität gibt, die zu differenzieren sind, daß neben dem von Lotman gemeinten binär-disjunkten auch ein (quantitativ nicht unbedeutendes) binär-konjunktives Denken in Rußland stattgehabt hat. Zugegebenermaßen kommt das konjunktive Denken demjenigen nahe, was Lotman das ternäre nennt (1992e). Vor der Folie der deutlicheren „logischen" Stringenz des Disjunktiven ist im konjunktiven Denken gerade eine Tendenz zu – wie Lotman sagt – Widersprüchlichkeit (1992d, 86) zu beobachten. Der Unterschied des logisch-axiologischen Modells zu dem Lotmans besteht darin, ob im Falle des Ternären/ Inklusiven/Konjunktiven der Grenzbereich alternierend 1) als Überschneidung, 2) als unscharfe Grenze oder aber 3) als eigener dritter Bereich begriffen wird. Die erstere Variante ist die geeignetste; die klassenlogische Darstellung und die mit ihr vereinbare logische Begriffswahl ist dem Ternäritätsbegriff dahingehend überlegen, daß sie Berührung und partielle Inklusion differenzierter beschreibt, während das Ternäre an sich nichts über das Verhältnis (partielle oder vollständige Inklusion oder Exklusion) der drei Bereiche/Mengen aussagt. Dieser Punkt kann hier zunächst nur angerissen werden. Erst nach einem Durchgang durch die Texte sind am Material fundierte Belege möglich (9.3.).

4.5.2. Eine bachtinologische Dualität

Stand die Diskussion der vorstehend aufgeführten Modelle im ambivalenten Zeichen der Bezweiflung ihrer Eignung für den kulturosophischen Gegenstand einerseits und der Anerkenntnis gewisser Berührungen mit dem logisch-axiologischen Modell andererseits, so soll das letzte Angebot einer kulturtypologischen Opposition im Dienste der Illustration möglicher Realisierungsebenen des logischen Modells Konjunktion vs. Disjunktion einge-

---

[22] Lotman wiederholt in seinem anscheinend letzten Text *Механизм смуты*, der 1995 zuerst deutsch als *Zeit der Wirren* in *Lettre International* erschienen ist, seine These von binären Denkmustern in Rußland (1995, 68). Er nennt dort als einzige Ausnahme nur noch Anton Čechov (ebd., 71), während 1992 neben diesem auch Lev Tolstoj und Ivan Bunin figuriert hatten. S. zum Problem des Ternären und der neutralen Sphäre bes. auch 9.3.

4. Applikation

setzt werden. Es handelt sich dabei um die von Renate Lachmann in einer Fußnote zum *Synkretismus*-Kapitel von *Gedächtnis und Literatur* vorgeschlagene Gegenüberstellung zweier Kulturverhalten (Lachmann 1990, 205), die hier ausführlich zu zitieren gestattet sei. Das Schema verdankt sich einer bachtinologischen Kontrastierung des Hierarchisierend-Vereindeutigenden auf der einen Seite und des Negierend-Dispersiven auf der anderen. Die erste Hauptreihe dieses Schemas lautet:

Kultureller Mechanismus (Repräsentations- und Transformationsmodelle)

Hierarchisierung	Dehierarchisierung
Ausschluß	Einschluß
Vereinheitlichung	Diversifikation
Kanonisierung	Dekanonisierung
Totalisierung	Detotalisierung
Offizieller Konsens	Hang zu Esoterik
Maß	Hyperbel, Raffinement
Positivität	Negativität
Teleologie	Ateleologie
Monovalenz	Ambivalenz

(Lachmann 1990, 205f, Anm. 8)

Auch aus dieser Kontrastierung ist bei weitem nicht alles unbesehen übertragbar; bei den meisten Punkten aber wird die erste Spalte Realisierungsformen des disjunktiven, die zweite solche des konjunktiven Denkens enthalten. Probleme bereiten „Vereinheitlichung" und „Diversifikation", die genauer zu definieren wären; reibungslos fügen sich „Hierarchisierung/ Dehierarchisierung", „Ausschluß/Einschluß" und „Monovalenz/Ambivalenz" ein. Die zunächst nur schwer zuordbaren Termini Positivität und Negativität werden deutlicher, wenn Lachmann Negativität als Sinnstreuung spezifiziert:

Nun lassen sich Mischung und Proliferation als Ausdruck einer Negativität [...] interpretieren, denn die hybride, dialogisch-plurivoke Form, das Wort als verschiedene Sinnpositionen kreuzendes Gegenwort und als Parodie verhindert die Sinn-Monade. (Lachmann 1990, 211)

Monadologisches Denken mit diskreten Elementen wäre disjunktiv, die Vermischung der Monaden konjunktiv.

4.6. Universalismus?

4.6.1. Erstes Universalismus-Problem: Ubiquitäre Logik?

4.6.1.1. Aussagen

Von der Wertfreiheit einer Metasprache mußte schon Abschied genommen werden. Auch rein *formale* Logik ist eine Ideologie. Vom alleinigen Beschreibungsmodell Logik muß man sich genauso verabschieden, denn auch dieses kann nur ein alternatives Vokabular zu Rhetorik und Psychologie bilden. Die Logik hat um nichts weniger ihre spezifischen Präsuppositionen, die sie – anders als Florenskij und Nietzsche es tun (s. 5.6.2. u. 7.2.1.) oder Günther (1959) es programmatisch entwirft – meistens unhinterfragt läßt. Daß die Logik weniger Voraussetzungen und Spuren ihrer – mathematischen – Anwendung in sich trüge, als Psychologie und Rhetorik aus ihren jeweiligen Feldern an Ballast in neue Anwendungen einbringen, dürfe sich schließlich ebenso als Trug herausstellen.

Läßt sich angesichts dessen die Universalität der Logik noch retten? Sind Konjunktion und Disjunktion in diesem Feld ubiquitär, ein universeller generativer Mechanismus? Jurij I. Levin reklamiert – bei der Einschränkung unumgänglicher Vereinfachung – eben diesen Status eines „единый образ" (1993, 5), eines invarianten „порождающий механизм" (ebd., 16) für seine logische Konzeptualisierung. Das über Fuzzy-Logic Gesagte (s. 4.3.5.) macht jedoch deutlich, daß eine diskrete logische Substruktur ein heuristisches Konstrukt ist und nicht beanspruchen kann, den zerebralen Vorgängen, auf die sie referiert, zu entsprechen.

Aber Denken in Operationen des Trennens und Verbindens – wenn auch nicht *realiter* zweiwertig –, ist dieses Double zweier Tendenzen oder Richtungen gedanklicher Operationen vielleicht eine anthropologische Konstante und auch generative Invariante? Es fällt schwer, eine Denkoperation zu ersinnen, die nicht irgendwie dis- oder konjunktiv bzw. identifikatorisch wäre, die mit Begriffen des Trennens und Verbindens in gar keiner Weise zu beschreiben wäre. Vielleicht gibt dennoch es etwas jenseits dieser Kategorien... Vor voreiligem Abstreiten einer solchen Möglichkeit sollte wissenschaftliche Vorsicht bewahren. Eine erste, logische Universalismus-Hypothese scheint aber – vorläufig und im Bewußtsein dieser Vorläufigkeit – vertretbar. Wenn logische Modelle für universalistisch gelten mögen, dann gilt die *Universalität* dieses zweiwertig-logischen Modells nur für die *Möglichkeit*

4. Applikation

ihrer universellen Anwendung. Es ist nicht universell in dem Sinne, daß sie dem zu Beschreibenden, hier den zerebralen und mentalen Prozessen, ganz entspräche, voll adäquat wäre und somit ontologischen Rang hätte.

4.6.1.2. Texte und Textsysteme

Daß sich jede einzelne Aussage in irgendeiner Weise mit den Begriffen Trennen oder Verbinden beschreiben läßt, ist das eine. Ob diese Beschreibung aber auch aussagekräftig sein kann für eine größere Zahl von Sätzen, für Texte, für gewisse Phasen in der Entwicklung eines Denkers, für bestimmte Denker im ganzen, für kulturell-philosophische Richtungen, Epochen oder gar noch Nationalkulturen, steht auf einem anderen Blatt: Es ist zu fragen, wie *relevant* in einem konkreten Beschreibungsfall die Generierung von Werthaltungen durch Denkoperationen jeweils sein kann, ob Axiologik im jeweiligen Fall für eine kulturwissenschaftliche Metaformalisierung hinreichend aussagekräftig ist. Dies läßt sich in keiner Weise „universell" entscheiden. Hier können lediglich Einzelanalysen, einzelne Anwendungsversuche Aufschluß geben.

Wenn es sich im Zuge eines Anwendungsversuchs als nicht möglich erweist, Dominanzen und Tendenzen (im Sinne von 4.2.) zu ermitteln, wenn schlichtweg keine Systematik, keine Regularität, keine statistische Tendenz auszumachen ist, dann taugt Axiologik nicht als Beschreibungsmittel von Argumentationsweisen in Texten. Daß es Texte und Textsysteme geben müßte, in denen sich keine statistischen Häufungen ausmachen lassen, scheint von selbst so einsichtig, daß es kaum begründet werden muß. Ein Spektrum von Textsorten, die sich selbst unterminieren und konterkarieren, könnte als Beispiel dafür dienen: Sobald Texte ihre eigenen Verfahren, ja – spezieller gesagt – ihre eigenen Wertsetzungsstrategien grundsätzlich unterhöhlen, wird es eine statistische Analyse in bezug auf Logik, Axiologie und Axiologisierung der Logik der Argumentation schwer haben.

Gänzliche Asystematizität ist ein Grenzwert, der nie erreicht wird. Je weniger denkerisches System aber hinter verschiedenen Texten einer Autorin oder eines Autors steht, und je stärker darin auf äußere Anlässe reagiert wird, „под шум и гром событий" (Gercen 1975, III 6), „на злобу дня" geschrieben wird, desto weniger scheint auch eine systematisierbare Axiologik auf. Systematische Werke aus der russischen Kulturosophie wie Danilevskijs *Россия и Европа* oder das Gesamtwerk Solov'evs (zumindest in den jeweiligen Schaffensphasen) treffen zugleich mit dem systematischen Projekt auch eine fixierbare logisch-axiologische Vorentscheidung. Bei den nur halb philosophischen, halb aber auch journalistischen Kurztexten Aleksandr Gercens gestaltet sich die Konzeptualisierung, selbst nach Dominanten und Tendenzen, schwieriger.

4.6.2. Zweites Universalismus-Problem: Ubiquitäres Werten?

Vasilij Zen'kovskij erklärt die Wertsättigung eines Denkens zu einem Beleg dafür, daß es sich um religiöses Denken handle (1948, II 286). Folgt daraus, daß nicht-religiöse Texte (wenn es solche nach Zen'kovskij überhaupt gibt), nicht oder weniger wertend sind? Der nachfolgende Durchgang durch die Texte russischer Kulturosophen des 19. Jahrhunderts wird nahelegen, daß auch dezidiert nicht-religiöse Texte axiologisch gesättigt sind. Es geht um die grundsätzliche Frage: Gibt es Texte (und Textsysteme), die nicht in der Weise werten, daß bestimmte Elemente auf- und andere abgewertet werden? Drei Varianten sind denkbar: Gruppen von Aussagen, die gar nicht werten, solche, die nur positiv werten, und drittens solche, die nur negativ werten.

4.6.2.1. Nicht-wertende Aussagensysteme? Pure Deskription

Zunächst kommt dabei der obige Einwand gegen szientistische Wertfreiheit zu Hilfe (s. 4.3.7.): Vollständige Wertfreiheit dürfte unerreichbar sein. Das Streben nach größtmöglicher Wertfreiheit ist eine der mächtigsten Tendenzen der Neuzeit, ihres Wissenschaftsglaubens. Viel bezweifelt, wird das Ethos des „Objektiven" immer wieder neu aufgerichtet. Ein *Streben* nach der puren Deskription des Seienden ist zumindest möglich, und wenn auch die Figur asymptotischer Annäherung an gänzliche Wertfreiheit zu optimistisch scheint, so trägt doch jede Metasprache der Beschreibung – und sei es selbst die 0-1-Opposition der Informatik – unweigerlich Wertakzente in sich. Danilevskijs Import des organizistischen Paradigmas in die Philosophie etwa untergräbt das Deskriptivitätsstreben, in dessen Dienste es – angeblich – unternommen wurde, zumindest durch die Wertpolarisierung von *alt* vs. *jung*.

4.6.2.2. Nur positiv-wertende Aussagensysteme?

Vom Idealkonstrukt purer Deskription ist es unter dem Wertgesichtspunkt nur ein kleiner Schritt zu allumfassender Positivierung. Alles positiv zu werten, – das wäre nur in einem gänzlich unhierarchischen System vorstellbar. Jedes „vor" oder „über" oder „nach" verböte sich da. Hegels Versuch einer Integration aller Stadien des Geistes in ein Gesamtschema ist allein aufgrund der teleologischen Hierarchisierung der Stufen nicht ausschließlich positiv. Solov'evs Hegel-Adaption in Form der „relativen" Werte aller „einseitigen" Vorstufen, die dem *télos* Alleinheit vorausgehen, ist davon in gleichem Maße betroffen.

4.6.2.3. Radikaler Negativismus. Philosophie der Hoffnungslosigkeit

Auch zur allumfassenden Hoffnungslosigkeit ist es von purer Deskription nur ein Schritt. Wo alles – deskriptiv – gleich gilt, gilt es auch gleich wenig.

Gegen die Wissenschaft als Leitparadigma des Erkennens, gegen ihren Anspruch auf Allgemeingültigkeit wissenschaftlicher Aussagen regt sich spätestens seit Nietzsche philosophisch-systematischer Widerstand. Adorno sorgt sich um das vom Allgemeinen unterjochte Besondere (1990, 149); die Dekonstruktion schreibt sich den Abbau allgemeiner Wahrheiten auf ihre Fahnen (Derrida 1998, 48). Die mit diesen Eckpunkten nur schemenhaft angedeutete Traditionslinie radikalen Skeptizismus , die sich – zumindest streckenweise – darauf beschränkt, andere Wahrheits- und Wertsysteme zu problematisieren, ohne eigene Gegenangebote zu machen, stellt die wohl wichtigste Anfrage an die universelle Einsetzbarkeit von Axiologik dar: Wie werden dort, wo einzig negative Wertungen vorgenommen werden, duale Wertoppositionen aufgebaut?

An einzelnen Texten aus diesem radikal-skeptizistischen Traditionsstrang ließe sich sehr wohl die Relevanz einer Analyse mit den Werkzeugen von Axiologik motivieren: Die Negationsstrategie, welche Allgemeinbegriffe auf komplexere Unter-, Einzel- und Sonderfälle zurückführt, verdankt sich einem Ethos des Trennens. Unterscheiden bekommt hier an sich Wertrang. Zudem ist weder Nietzsche noch Adorno oder Derrida der pädagogische Impetus, das Ideal der kritischen Vernunft abzustreiten.

Neben dem Ethos des Unterscheidens (κρίνειν) werden andererseits in der neueren Philosophie, speziell im Revier der Dekonstruktion herkömmliche Abgrenzungen umgestoßen, Zusammenhänge deutlich gemacht, wo bisher keine gesehen wurden oder gesehen werden durften. Foucaults Analysen der Ausgrenzungsstrategien (Diskurs, Sexualität, Gefängnis, Wahnsinn, s. Foucault 1994, 45) wären ein Beispiel für einen Skeptizismus, der konjungierend operiert. Im kritischen Gesamtinteresse kommen bei Foucault besonders konjunktive, „Überkreuzungs"strategien (Foucault 1994, 13) zum Tragen, bei Adorno besonders disjunktive Argumentationsweisen. Da sich aber beide gegen die logische Gestalt früherer Denkschablonen wenden, werden jeweils entweder Disjunktion oder Konjunktion axiologisch positiviert und die Gegenoperation negativ belegt.

Gibt es etwas jenseits von Kritik? Etwas, das nicht einmal mehr in der Bekämpfung einer fremden Strategie implizit ein Positivum aufblitzen ließe? Ist radikale Hoffnungslosigkeit als Textmerkmal denkbar? Oder wird dort, wo sie vorherrscht, nicht mehr gesprochen und geschrieben? Igor' Smirnov deutet im *Vorwort zur zweiten russischen sowie zur ersten deutschen Ausgabe* von Бытие и творчество („Sein und Kreativität") eine Selbstauslöschung des Diskurses der Hoffnungslosigkeit an: „Der Stil der Hoffnungslosigkeit, die das ‚Ende aller Dinge' beschleunigt, muß notwendig lakonisch sein." (Smirnov 1997, 7) Lakonismus aber ist nicht Aposiopese. Wieder wäre aber eine Figur der Annäherung an Hoffnungslosigkeit, an hoffnungslose Deskription (wenngleich auch diesmal nicht asymptotisch) denkbar.

4.6.3. Drittes Universalismus-Problem: Ubiquitäre Tendenzen und Dominanzen?

Die ersten beiden Universalismus-Probleme ließen sich mit Argumenten der Nicht-Ausschließlichkeit wo nicht auflösen, so doch auf theoretischem Wege soweit beantworten, daß eine Betrachtung großer Datenmengen nicht erforderlich war: Es schien kein Denken/Argumentieren vorstellbar zu sein, auf das das Gegensatzpaar von trennenden und verbindenden Operationen nicht *in irgendeiner Weise* zuträfe. Es schien gleichermaßen kein Denken/Argumentieren vorstellbar, das nicht *in irgendeiner Weise* Wertungsaspekte besäße.

Das dritte Universalismus-Problem, das der Eignung des statistischen Verfahrens, Tendenzen und Dominanzen in Wertbelegungen von logischen Operationen aufzuspüren, läßt sich nicht theoretisch allgemein beantworten. Wie viele Texte/Aussagensysteme, welcher Anteil aller existenten Texte/Aussagensysteme lassen sich auf diesem Wege effektiv und informativ beschreiben? Die Datenmenge ist abzählbar unendlich, womit die Frage nach der Anwendbarkeit auf alle potentiellen Fälle praktisch irrelevant wird.

Daher muß dieses dritte Universalismus-Problem als solches, als theoretisches ungelöst bleiben, und stattdessen der Versuch der exemplarischen Untersuchung *eines* Textesystems gemacht werden.

4.7. Anwendung auf die russische Kulturosophie

In dieser Arbeit wird die konkrete Anwendung der Axiologik-Hypothese auf den Gegenstand der russischen Kulturosophie, d.h. ausgewählter Denker von Karamzin bis Leont'ev erprobt. Mögen die diversen universalistischen Vermutungen dabei im Hintergrund bleiben; *was hier eigentlich interessiert, ist die Eignung der Theorie „Axiologik" zur Konzeptualisierung des Denkens und Argumentierens wichtiger russischer Kulturosophen (vorzugsweise) des 19. Jahrhunderts.*

Wie Wertgefühle, die nicht ohne „Gelegenheit" (Meinong 1894, 28) existieren können, kommt auch „Wert-Logik", Axiologik nicht ohne Inhalte aus. Genauso kann sich die wissenschaftliche Anwendbarkeit dieser Theorie nur an einem konkreten Fall erweisen: Die inhaltliche „Gelegenheit", welche die russische Kulturosophie für eine Untersuchung unter dem Blickwinkel Axiologik prädestiniert, ist einerseits ihre binäre Verfaßtheit, andererseits ihre ideologische Sättigung: Die kulturosophischen Texte bedienen sich solcher Denkoperationen oder Argumentationsstrategien, die sich mithilfe zweiwertiger Klassenlogik beschreiben lassen. Der wesentliche Grund für diese Konzeptualisierbarkeit dürfte in der weltanschaulich-ideologischen Involviertheit liegen: Das Denken der russischen Kulturosophen, die nachfolgend näher betrachtet werden, ist über weite Strecken hin wertend. Es will nicht bloß philosophische Beschreibung einer Gegebenheit in einem bestimmten Seinsbereich sein, sondern formuliert Desiderate, verurteilt und lobt, weist Richtungen auf und verwirft andere. Es ist ein Denken, das Orientierung geben möchte, das an der Modellierung der Kultur, in deren Rahmen es entsteht, gezielt mitzuwirken bestrebt ist.

4. Applikation

4.7.1. Elemente von radikalem Deskriptivismus in der russischen Kulturosophie

Die „idealistischen" Vertreter unter den hier betrachteten Kulturosophen, insbesondere Čaadaev, Kireevskij und Solov'ev, tun sich in ihrem Antikantianismus[23] nicht schwer damit, ihre jeweiligen Beschreibungen als objektiv einzustufen. Angesichts des ihnen in diesem Punkt abgehenden Problembewußtseins fließen Wertpositionen nahezug ungehindert in die Gegenstands„beschreibungen" ein, die in ihren Texten vorgenommen werden. Bei den „Realisten" Gercen und Danilevskij herrscht da eine größere Skepsis vor. Sie bemühen sich, normative Wertsetzungen und deskriptive Elemente auseinanderzuhalten. Bei Danilevskij scheitert dieses Unterfangen; sein Denken kommt unter dem Deckmantel strenger Wissenschaftlichkeit einher und leistet sich doch die unverkennbare Prägung durch das eigene wertsetzende Erkenntnisinteresse. Bei Gercen ist eine Spaltung zu beobachten: In vielen Passagen seiner Texte ist er emphatisch beteiligt, formuliert klare Wertdesiderate im Optativ „да здравствует". In anderen Texten, ja direkt benachbarten Kapiteln klingen dagegen gänzlich andere Töne an, hängt der Autor (oder Erzähler?) einem derart distanzierten negativistischen Deskriptivismus an, daß es extrem schwer wird, Wertsetzungen herauszulesen, die über den provokativen Effekt an radikalem Negativismus hinausgehen. Als Beispiel für diese Juxtaposition von normativen und deskriptiven Kapiteln wären die Abschnitte *LXII год Республики, единой и нераздельной* und *Consolatio* aus *С того берега* zu nennen. Ersteres ist eine explizite Wertung der Ereignise der französischen Februarrevolution von 1848. In *Consolatio* spricht der männliche Gesprächspartner mit einer Simme der Hoffnungslosigkeit und damit Nicht-mehr-Involviertheit (s. dazu 7.6.1.), doch ist es eben nur eine der Stimmen des Polylogs *С того берега*. An dieser Stimme aber gelangt der Beschreibungsversuch der Axiologik an systematische Grenzen[24].

---

[23] Dieser Antikantianismus geht übrigens in nicht wenigen Fällen mit einer bloß sporadischen Kant-Kenntnis einher. Kant muß nicht gekannt sein, um abgelehnt zu werden.

[24] Eine andere Grenze, eine zugleich systematische und zeitliche, zeichnet sich in Anfängen bei Leont'ev ab, um bei Vjač. I. Ivanov wieder überzeichnet zu werden und bei Florenskij und Šestov erneut mit voller Schärfe eminent zu werden. Es ist dies die Grenze der zweiwertigen Logik, mit deren Fall auch die Beschreibung mit den Werkzeugen der Axiologik nicht mehr funktioniert (s. 10.2.3. u. 10.2.4.).

4. Applikation

4.8. Unterschied zur Westler-Slavophilen-Opposition

Am schärfsten tritt die binär-wertende Verfaßtheit der russischen Kulturosophie an der Europa-Rußland-Opposition zutage, weswegen sie in bisherigen Gruppenkonzeptualisierungen (Westler vs. Slavophile) auch im Vordergrund stand.

Wenn die Opposition von Rußland und Europa, dem Rußland gegenüber irgendwie anderen, in sich als irgendwie kohärent angenommenen[25], – wenn sich also zwei erratische Blöcke (Blockkonstrukte) Rußland und Europa in den Vordergrund schieben, muß dann nicht umgekehrt formuliert werden: Sind nicht etwa die Leitinhalte Rußland-Westeuropa entscheidend für die Prägung von Denkroutinen? Tritt dann die Logik der Argumentation nicht hinter diese „Leit-Inhalten" zurück?

4.8.1. Historisch-exemplarische Ätiologie einer Denkform

Um diese Anfrage befriedigend beantworten zu können, ist ein – spekulativer – Blick über den Rand der Texte vonnöten. Woher rührt die binär-wertende Denkstruktur der russischen Kulturosophie? Warum läßt sich im russischen kulturosophischen, viel mehr als im westeuropäischen kulturphilosophischen Denken, eine solche Struktur ausmachen?

Liegt dies an der kulturellen Erspätung Rußlands gegenüber dem Westen, daran, daß elaborierte philosophische Systeme längst vorlagen und eine eigene Position nur in Auseinandersetzung mit diesen zu erreichen schien, daß russische Kultur, als Übersetzungskultur angetreten[26], sich von diesem äußeren Determinans loszumachen sucht? Das russische philosophische Denken also ein Akt der Selbstverteidigung des Zuspätgekommenen, ein Aufbegehren gegen den „precursor", Ausfluß einer „anxiety of influence" (Bloom 1973)? Die Zahl 3 in der Losung vom *Третий Рим* als Chiffre des Zuspätkommens?

Aber befand sich die Renaissance in einer anderen Lage, als sie vor der Aufgabe stand, in Auseinandersetzung mit dem antiken Erbe eine eigene Position zu finden? Aneignung des antiken Erbes als konjunktiver Weg einer-

---

[25] Es ist keine Frage, daß solch ein Europa (und auch ein definierbares, festlegbares Rußland) ein kulturosophisches Konstrukt ist, und das in umso stärkerem Maße, als seine Einheitlichkeit betont wird (wie etwa bei Čaadaev).

[26] Zum Begriff der „Übersetzungskultur" s. Städtke 1999 und Kissel/Uffelmann 1999.

seits und disjunktive Abstoßung, Zurückweisung mit Argumenten des christlichen Mittelalters andererseits. Und resultiert für alle Kulturen, die sich ursprünglich als Übersetzungskulturen begreifen *müssen* (ob sie es wollen oder nicht – etwa die heutigen postkolonialen Kulturen Afrikas, Lateinamerikas), ein und dasselbe binäre Rezeptionsmuster? Eine solche generelle Determination (die aus begreiflichen Gründen hier nicht am übergroßen Material durchbuchstabiert werden kann), ein solches Verurteilt-Sein von Übersetzungskulturen zu binärer Logik scheint zu hoch gegriffen.[27]

Oder läßt sich die Struktur binären Wertens bei kombinatorischer oder paradoxer Koexistenz von konjunktiven Aneignungsverfahren und disjunktiver Zurückweisung mit einer „anxiety of influence" ganz allgemein erklären? Bloom erfaßt ja mit seine Ausdifferenzierungen der verschiedenen Kanalisierungen der „anxiety of influence" in der kabbalistischen Begriffsreihe „Clinamen", „Tessera", „Kenosis", „Daemonization", „Askesis", „Apophrades" (Bloom 1975, 71-74) gleichermaßen Mechanismen der apotropäischen Rezeption, der Abgrenzung vom „precursor" wie der Wiederannäherung an diesen (Apophrades), die das Frühere für das Spätere, das Fremde für das Eigene ausgeben und damit den Kontrast löschen, d.h. aufzulösen bestrebt sind.

Vom Status der Übersetzungskultur oder vom *anxiety*-Theorem ausgehend wäre, wieder auf den Gegenstand der russischen Kulturosophie zurückgebunden, der Gegensatz Rußland – Europa modellbildende Präfiguration, mentalitätsgeschichtlich gesprochen: der „Trendsetzer" (Dinzelbacher 1993, XXX) für alle anderen Gegenüberstellungen, mit denen die russische Kulturosophie arbeitet. Die Position des anderen und die eigene, noch zu erschaffende Position, der Ort des anderen Philosophen und der Ort des eigenen Denkens wären dann die räumliche Grundkonstellation für das binär-wertende Denken (s. Uffelmann 1998c).

Dem Bloomschen Angebot zu folgen hieße Philosophie psychologisieren und soziologisieren. Es hieße Denktraditionen hintanstellen. Orthodoxie, Neoplatonismus, Sozialismus –, diese und viele andere Konzepte, die in die russische Kulturosophie hineinwirken, würden dann einer derartigen Sozio-

---

[27] Kulturräume und -zeiten sind, so legt es jedenfalls das Beispiel Westeuropas nahe, längst nicht immer und überall bestimmend für binär-geographische oder dann auch binärtemporale Denkmuster. Weder ist der *Alt-neu*-Gegensatz für die Renaissance noch ein geographischer Dualismus, etwa *Nord-Süd, romanisch-germanisch* für die westeuropäischen Kulturen *in dem Maße* relevant wie die Rußland-Europa-Antinomie für die russische Kulturosophie

logie der Orte des Denkens, einer Leitopposition als dem „Trendsetzer" kultureller Logik untergeordnet. Darin besteht eine Gefahr, nämlich die der Annahme eines sozial-räumlichenen Modellfalls (Ort des anderen und eigene Position, Europa und Rußland) für das binär-wertende Denken. Texte kämen dann in erster Linie aus dem Leben und höchstens in zweiter Linie aus anderen Texten.

Spezifische Augenmerke wie das soziologisierend- oder psychologisierend-räumliche haben ihre Berechtigung. Sie haben aber auch ihren blinden Punkt. Sie legen sich auf einen inhaltlichen Fluchtpunkt fest und ordnen diesen anderen Inhalten über. Die abstrakte Denkroutine einer „Leitdifferenz" (Luhmann 1987, 19) würde auf einen historisch kontingenten Inhalt reduziert, womit — im Fall von *Rußland* vs. *Europa* — die Innenperspektive eines je interessierten „Kulturvergleichs" bloß prolongiert würde (Luhmann 1992b, 78). Diese Innenperspektive darf die Metaebene aber gerade nicht affizieren.

4.8.2. Die Inhaltsoffenheit einer strukturellen Beschreibung

Die Logik und Axiologie von Denkoperationen tritt historisch (in der Kulturphilosophie) natürlich nicht ohne Inhalte auf; die Inhalte ihrerseits sind – ausser in einer ideal-unhierarchischen Datenbank – nicht ohne logischen Bezug zueinander vorstellbar. Meinong sagt, „dass es nicht oder doch nicht zunächst die Gegenstände sind, auf die es ankommt, sondern unser Verhalten zu Gegenständen." (Meinong 1894, 14) Und Carl Schmitt meint, wenngleich eher in kritischer Intention:

> Die Verwandlung in Werte, die „Ver-Wertung", macht das Inkommensurable kommensurabel. Ganz beziehungslose Güter, Ziele, Ideale und Interessen, etwa von christlichen Kirchen, sozialistischen Gewerkschaften, Landwirte-, Ärzte-, Opfer-, Geschädigten- und Vertriebenen-Verbänden, kinderreichen Familien usw. usw. werden dadurch vergleichbar und kompromißfähig. (Schmitt 1979, 13)

Was Schmitt (kritisch) in bezug auf die Akteure politischen Handelns feststellt, gilt *mutatis mutandis* (methodisch positiv) auch für die Inhalte programmatischen Denkens: Werten erlaubt die Zusammenfassung verschiedenster Gesichtspunkte unter *eine* kohärente Werthaltung (z.B., mit Vorbehalt gesprochen, eine „westlerische", eine „liberale", „slavophile", „konservative" etc.). So werden nachfolgend nicht nur ausgewählte Aspekte des kulturosophischen Denkens der betreffenden Vertreter herausgegriffen, sondern wird dieser Diskurs als ein wesentlich zusammengesetzter, als Interdiskurs (s.

1.3.2.) aufgefaßt, in dessen Teildiskursen aber – so die Arbeitshypothese – entweder analoge logische Argumentationsformen zur Anwendung kommen oder diese untereinander so korreliert sind, daß ein Sinnzusammenhang zwischen den Teildiskursthemen und der dann jeweils dominanten logischen Operation entsteht.[28]

4.8.3. Entscheidung für das logisch-axiologische Modell. These 3

Aufgrund des gegebenen Wechselbezugs von Inhalten und logischen Operationen sowie aufgrund der Relationalität der Inhalte zueinander dürfte der nachfolgende Versuch einer Integration der Inhalte der Westler-Slavophilen-Kontroverse in eine 1) logisch-allgemeine Formalisierung und 2) in eine genetische Theorie der Werthaltungen auf logischer Basis für begründet gelten können. Die logisch-axiologische Betrachtung bietet keine so griffig soziologisierende Antwort an wie die Westler-Slavophilen-Opposition, re-aktualisiert etwa durch das Bloomsche Theorem der „anxiety of influence". Demgegenüber aber schließt das logisch-axiologische Modell weniger aus, hierarchisiert es die diversen Inhalte eines zu beschreibenden Denkens in geringerem Maße.

Aufgrund der Erwägung, daß die rezeptionsgeschichtlich dominierende *eine* geographisch-kulturräumliche Opposition von Europa und Rußland den Blick verengt, während gerade die Überschreitung dieser konkreten Ebene, während die strukturelle Allgemeinheit von Axiologie und Logik den Blick erweitert –, aufgrund dieser Vorteile wird hier logisch-axiologisch vorgegangen.

4.8.4. Konzeptualisierung des Diversen

Zusammenfassend gesprochen ist also eine Erklärung von Wertkonflikten wie der Westler-Slavophilen-Kontroverse nicht nur aus historischen Parteiinteressen (Bedürfnissen im Sinne von Ehrenfels), nicht nur aus einer mythisch-emotional gesättigten Politik (Wertgefühle nach Meinong 1894), nicht nur aus psychologisierenden und soziologisierenden Annahmen einer „anxiety of

---

[28] Dieser Interdiskurs überschreitet manche Genregrenze: Es sind beileibe nicht ausschließlich argumentative Textsorten, die für die Betrachtung in Frage kommen. Solche polydiskursiven Werke wie Gercens Autobiographie Былое и думы (s. Ginzburg 1957, 201) oder auch literarische Werke sind von kulturosophischen Bausteinen durchsetzt.

influence", sondern auch aus der Divergenz von Dominanzen logischer Grundoperationen möglich. Welcher Aspekt dominiert (Gefühl, Begehrung, Einflußangst oder logisch-axiologische Präferenzen), ist je nach Beschreibungsgegenstand zu entscheiden. Für die russische Kulturosophie bietet sich die Axiologik als integrative Beschreibung von Werthaltungen und oppositiven Wertzuweisungen an diverseste Gegenstände – und eben nicht nur an das infernalische Vergleichspaar *Rußland* vs. *Europa* – an.

4.9. Formen *und* Inhalte – Intertextualitätstheoretischer Exkurs

Die logische Abstraktion, d.h. das Augenmerk auf Formen des Denkens bedeutet eine Ausrichtung auf Strategien der Relationierung von Signifikaten. Eine solche Herangehensweise abstrahiert weitgehend von konkreten Signifikanten.

Es soll nun aber nicht etwa versucht werden, jedes Denkgebäude, jede spezifische Kombination logischer Relationierungen bei einem kulturosophischen Denker für sich genommen, rein immanent zu betrachten. Die kulturgeschichtliche Perspektive, die wesentliches Erkenntnisinteresse dieser Untersuchung ist, ginge bei einem solchen „immanentistischen" Ansatz in die Brüche. Und nicht nur diese. Die Denksysteme der verschiedenen russischen Kulturosophen würden bis zur Unkenntlichkeit ver-formalisiert, so daß nur noch deren logisches Skelett überdauern würde, das Fleisch ihres ideologischen Gehalts aber fast restlos abgenagt wäre.

Wie ist dem Dilemma zu entgehen, wie der Doppelforderung zu entsprechen, *sowohl* 1) eine hohe formale Abstraktion zu erreichen, um damit Heterogenes vergleichbar zu machen, *als auch* 2) die Denkgebäude mit ihrem ideologischen Gehalt zu beschreiben und 3) deren kommunikative Gerichtetheit (*направленность*) und damit den Kontext, das intertextuelle Geflecht, in welchem ein Text entstanden ist, (Bachtins „чужое слово", 1992, 316) zu „re"konstruieren?

Im folgenden wird, zur sukzessiven Auflösung des Dilemmas, ein Vorgehen in zwei Schritten gewählt. In einem jeweils ersten, konzeptgeschichtlichen Schritt wird die Beschreibung des ideologischen Gehaltes der betreffenden kulturosophischen Texte bzw. Textsysteme eines Autors versucht (Teilkapitel 5.3., 6.3., 7.3. und 8.3., vgl. zu diesem ersten Schritt auch 1.5.). Hier wird intertextuell und kontextualisierend gearbeitet. D.h. die einzelnen Aufweise von Verbindungen, Prätexten, Einflüssen, polemischen Stoßrichtungen, parodistischen Verkehrungen, Entstellungen usw. haben einen mehr oder weniger rekonstruktiven Charakter. Es interessieren die für Intertextualitätsforschung privilegierten Textebenen der Lexeme, Sememe und Ideologeme. Bei aller gedächtnistheoretisch motivierten Skepsis gegenüber dem Rekonstruktionsbegriff (s. konstruktivistische Geschichtskonzepte von Walter Benjamin bis Gebhard Rusch[29]) steht hinter diesen Kontextualisierungen die Absicht, so etwas wie eine wahrscheinliche kommunikative Verortung eines Textes vorzunehmen, das Bemühen, seine Anregungen und Abstoßungen *als historische, als den betreffenden Autor vermutungsweise in eben dieser Form bewegt habende* Anregungen und Abstoßungen darzustellen.

Die Gedankengebäude aus der russischen Kulturosophie von Nikolaj Karamzin bis Vladimir Solov'ev werden dabei nach gewissen Themenfeldern untergliedert, Themenfeldern, die bei allen betrachteten kulturosophischen Denkern in stärkerem oder schwächerem Maße eine Rolle spielen. Diese Zerlegung des Interdiskurses der Kulturosophie in eine Reihe von Teildiskursen (wobei auch Rückkoppelungseffekte von einem Teildiskurs auf einen anderen, Ausblendungen etc. zur Sprache kommen – etwa die Implikationen der jeweiligen Konzeptualisierung des Verhältnisses der Geschlechter für Menschenbild, Gesellschaftsentwurf usw.) ist gegen eine sklavische *Re*produktion der ideologischen Konstrukte gerichet. Die Zerlegung ist so zum einen im etymologischen Wortsinne kritische (trennende, zerlegende) Sichtung des Materials, die „Auseinandererlegung" dieses Materials in diskrete Ideologeme, zum anderen aber auch die Vorbereitung des nächsten Schrittes: Nur wenn die Zerlegung eines Systems in Teildiskurse vorausgegangen ist, kann nachfolgend auch eine Konzeptualisierung der Logiken, die in den verschiedenen Teilbereichen zur Anwendung kommen, unternommen werden.

Nach dem Durchgang durch die Teilreihen der ideologischen Gebäude der in Frage stehenden kulturosophischen Texte bzw. Textsysteme wird jeweils eine These darüber formuliert, wie sich die Argumentationslogik und ihre Wertbelegung bei den beiden einander jeweils gegenübergestellten Autoren auf eine geringe Zahl von Grundoperationen, Kombinationen, Verteilungen zurückführen lassen (Unterkapitel 5.4., 6.4., 7.4., 8.4.).

Danach werden die Teildiskurse in leicht verschobener Einteilung nochmals aufgenommen, nun aber dezidiert auf die Realisierung der in der These formulierten logischen Verfahren und ihre axiologische Belegung befragt. Es

---

[29] Ein Kondensat von Benjamins konstruktivistischer Geschichtstheorie findet sich in seinen Thesen *Über den Begriff der Geschichte* (Benjamin 1978). Zu Benjamin s. Bolz 1989, 94-112, u. Menke 1991, 90; Ruschs Monographie summiert von 1987 die Ergebnisse des neurobiologischen Konstruktivismus seit Humberto R. Maturana.

4. Applikation

geht hier um *Formen* des Denkens, sozusagen um „Logeme" oder „Axiologeme", um Inhalte aber nur noch in dem Maße, wie Form ohne Gehalt nicht in Erscheinung treten kann (Aristoteles' Phys. 192a, 1987, 45-49). Daher haben hier die Vergleiche mit Denkformen bei anderen Philosophen einen anderen intertextuellen Status: Während intertextuelle Bezüge über die Signifikantenebene oft eindeutig belegt werden können (je länger ein wörtliches Zitat, desto geringer die Möglichkeit, die Filiation des Konzepts im manifesten Text aus dem Referenztext – Terminologie nach Lachmann 1990, 60 – zu bestreiten), ist dies bei Denkformen nicht der Fall. Wo – abstrahiert von jedem Inhalt, ja unter Zusammenspannung miteinander inkompatibler Inhalte – Analogien von Denkformen festgestellt werden, kann es nicht um nachweisbaren „Einfluß" gehen.[30] Wenn also bspw. im Zusammenhang von Logik und Axiologie der Argumentation von Kireevskij und Čaadaev ein Feld verwandter Denkformen von Schelling bis Franz von Baader geöffnet wird (6.6.1.-6.6.3.), so hat diese Analogie einen in erster Linie heuristischen und nicht intertextuell-rekonstruktiven Status. Direkt festhaltbaren „Einfluß" einer Denkroutine, zum Beispiel des Stereotyps vom (negativ beschriebenen) Zerfall einer Ureinheit und dem Streben nach (positiv entworfener) Wiedervereinigung, – solchen *unmittelbaren* Einfluß von Prätexten mit der gleichen Axiologik kann es nicht geben. Es läßt sich zwar festhalten, daß Marx' Entfremdungskritik und sein Geschichtsschema der gleichen Axiologik folgen wie christliche Sündenfallslehre oder neoplatonische Kosmologie; aber die Behauptung, Marx „habe" dieses Denkmuster unzweifelhaft eben aus dem oder dem Bibelvers, dem oder dem Plotin-Text, wäre zu gewagt. Hier, in den Teilkapiteln 5.5.-5.6., 6.5.-6.6., 7.5.-7.6. und 8.5.-8.6., haben die Hinweise auf Kontiguitäten in den Denkformen, sei es zwischen Solov'ev und hermetischer Philosophie oder zwischen Leont'ev und Nietzsche – die Funktion, darauf aufmerksam zu machen, daß bestimmte Denkmuster und -formen in verschiedensten Kontexten und Zeiten auftreten und sich auf irgendeine (unterschwellige) Weise weitervererben. Mit der exemplarischen Darstellung der Analogie der Denkformen von Hermetik und Vladimir Solov'ev sollen bspw.

---

30 Auch wo zweifellos die (positiv-zustimmende) Benutzung einer fremden Quelle vorliegt, kann die Intertextpraxis hier ein Stück weit ausgeblendet werden, da der Abschreibende den fremden Text durch sein Wieder-Schreiben zum eigenen macht, ihn, seine Denkform, zum erneuten Male autorisiert (vgl. Bachtin 1972, 324). Wo allerdings ein parodistisches (negativ-polemisches) Verhältnis zum Prätext besteht, ist diese Intertextualität auch für die Wertbelegung der Denkform von Relevanz. Die logische Form bleibt, der parodistische Oberton jedoch verkehrt die Axiologie – und damit die Axiologik insgesamt.

die russischen Sekten genausowenig ausgeschlossen werden wie bei Leont'ev der Referenztext Danilevskij u.v.a. Die Markiertheit intertextueller Bezüge, auf die sich literaturwissenschaftliches Arbeiten (bisweilen) stützen kann (was im jeweils ersten Schritt ja auch geschieht), kann für die Analyse von Denkformen unter einem kulturgeschichtlich umfassenden Blickwinkel nicht in Anspruch genommen werden.

5. N. M. KARAMZIN UND A. S. ŠIŠKOV[1]

5.0. Kulturosophische Lesart der Karamzin-Šiškov-Kontroverse

Die Vielzahl der Aspekte, die in der Diskussion zwischen Admiral Aleksandr Semenovič Šiškov und Nikolaj Michajlovič Karamzin bzw. ihren Anhängern auftraten, zeigt, daß es um mehr als um die einzelnen dabei berührten Themen, daß es um ein dahinterstehendes kulturosophisches Gesamtkonzept[2] ging. Ėjchenbaums Diktum „[...] поэтика неразрывно связана у Карамзина с общефилософскими его суждениями" (1969, 205) steht in spiegelbildlichem Verhältnis zu Lotman/Uspenskijs Ansicht über Šiškov:

> Его [Шишкова] лингвистические концепции, [...] в известной мере определились внелингвистическими соображениями общеидеологического типа. (Lotman/ Uspenskij 1975, 175)

Von beiden Seiten her ist somit gerechtfertigt, daß hier nicht allein der ästhetische Diskurs einbezogen wird, sondern auch der linguistische und der politische Diskurs Berücksichtigung finden. Das Argument, hinter der dominanten sprachlichen Kontroverse verberge sich aus Zensurgründen eine politische Diskussion, mag wohl die Eigenbedeutung des Sprachstreits reduzieren (Lotman/Uspenskij 1975, 169); umgekehrt belegt es jedoch die Implikationenvielfalt des Sprachenstreits. Da die Argumentation der Kontrahenten also auf diverse Weise die Grenzen der einzelnen Diskurse überschreitet, sind auch in der Metadarstellung Überschneidungen unvermeidbar. Gerade die Überschneidungen der ästhetischen, linguistischen und politischen Ebene im „Sprachenstreit" aber sind es, welche aus der Summe divergenter spezialdiskursiver Elemente schon bei Karamzin und Šiškov einen proto-kulturosophischen Interdiskurs machen (vgl. auch Lehmann-Carli 1996, I 32).

---

[1] Dieses Kapitel ist die vollständig überarbeitete und erheblich erweiterte Fassung des Aufsatzes *Kulturkonzepte in der Karamzin-Šiškov-Kontroverse* (Uffelmann 1996).

[2] Wenn hier und im folgenden von Kulturkonzepten die Rede ist, so meint das keine explizit ausgearbeitete systematische Konzeption, sondern ein in Texten, die anderen kommunikativen Zwecken dienen, mitschwingendes und mitgeleistetes Konzipieren einer Kulturosophie (unabgeschlossener Prozeß). Daß die in Frage stehenden Texte oftmals einem aktuellen Anlaß folgen, gilt zum Teil auch für die späteren Debatten, besonders für Aufsätze Kireevskijs, Gercens und Leont'evs. Dennoch wird dort, in den später entstandenen Texten, Kultur und der Unterschied von Kulturen wesentlich expliziter verhandelt und zum eigentlichen Thema erhoben, als es bei Karamzin und Šiškov der Fall ist.

Auf die analytische Dekomposition des Interdiskurses der Karamzin-Šiškov-Kontroverse in einen literarisch-ästhetischen, einen linguistischen und einen politischen Teil (5.3.1.-5.3.3.) folgt die Rekomposition in Form eines zu beschreibenden Bindekonzeptes (bzw. zweier antagonistischer Bindekonzepte) der Kulturosophie (5.4.-5.4.4.). Kulturosophische Konzepte schwingen in der Debatte mannigfach als Implikate mit, werden aber selten explizit als solche angeführt. Sie können als dominanter „impliziter Text"[3] der Karamzin-Šiškov-Kontroverse aufgefaßt werden. Infolgedessen ist zuteilen auch eine (symptomatologische) Lesart, die Mitschwingendes, Mitgemeintes und Präsupponiertes heraus- und hinzuliest, vonnöten. Trotzdem bleiben textuelle fixierte Aussagen Karamzins und Šiškovs der Hauptmaßstab für die logisch-axiologische Konzeptualisierung. Nur belegbare Zitate gestatten die Herausarbeitung des logisch-axiologischen Rhemas aus den kulturosophischen Statements.

5.1. Forschungsstand

Neuere Forschungen haben nach Tynjanovs klassischer Gegenüberstellung (1929) versucht, die „pose de deux éternels ennemis" (Garde 1986, 279) aufzubrechen und stattdessen Konvergenzen zu zeigen (Rothe 1968), und die Sprachkonzeptionen Karamzins und Šiškovs in gemeinsame ältere Traditionen hineingestellt (Živov 1990, Gasparov 1992, Murašov 1993). Politische Lesarten kranken ähnlich älteren literar- und sprachgeschichtlichen mit ihrem unidirektionalem Fortschrittsschema (Grot 1912)[4] oft an einseitiger Hoch- oder Abwertung einer der beiden beteiligten Seiten (Mordovčenko 1959, Kulakova 1964, Leontovič 1974, Kočetkova 1975). Šiškov und die *Беседа любителей русскаго слова* stehen in der literarhistorischen Beleuchtung fast automatisch im Schatten der sie – aus der Retrospektive gesehen – überholt habenden Karamzinisten und des *Арзамас* (Ljamina 1997, 67). Insgesamt herrscht eine Trennung von literarisch-linguistischen und po-

---

[3] „Der ‚implizite Text' ist der Ort der Überschneidung und Bündelung fremder Textbedeutungen, der Überlagerung von produzierter und konkretisierter Bedeutung, des Zuwachses an Bedeutung und der Restriktion des Bedeutungspotentials, der Ort, an dem Geschichte und Gesellschaft den Text sich zuordnen und der Text sich Geschichte und Gesellschaft zuordnet." (Lachmann 1982, 145f)

[4] Es sei als Dokument nur Gercen angeführt, der urteilt: „Шишков бредил [...]!" (1975, V 215). Gasparov demonstriert in einer Synopse die verschiedenen Mechanismen von Šiškovs Diskreditierung (1992, 30-32).

litisch-historischen Aspekten vor. Die Forschung zur russischen Kulturphilosophie hat das in der Karamzin-Šiškov-Kontroverse implizit vorhandene Rohmaterial bisher kaum gesichtet und wenig auf ihr Erkenntnisinteresse bezogen. Die Logik der Denkformen Karamzins und Šiškovs wurde bisher nicht zum Thema gemacht.

Živov stellt in seiner sprachzentrierten Untersuchung die These auf, der kulturelle Antagonismus der Petrinischen Epoche trete hinter linguistisch-literarischen Auseinandersetzungen in den Hintergrund (1990, 147). Daß er dennoch wirkt, kann hier gezeigt werden. Durch die Gegenüberstellung impliziter Kulturkonzepte soll die alte Opposition vermittels logischer Termini und unter Aufnahme partieller und genealogischer Konvergenzen auf eine neue Grundlage gestellt werden.

5.2. Debattenverlauf und Textauswahl

Die Kerntexte der Debatte datieren aus dem Zeitraum von 1794 bis 1804. Ihren Ausgang nimmt die Polemik von literarischen Texten Karamzins und deren breiter und positiver Rezeption. Erst gegen Ende der 1790er Jahre werden sie in stärkerem Maße der Kritik unterzogen (vgl. Kovalevskaja 1978, 246). Auf Šiškovs polemische Schrift *Разсуждение о старом и новом слоге Российскаго языка*[5] (1803) antwortet der Karamzinist Makarov im gleichen Jahr mit *Критика на книгу под названием Разсуждение....* 1804 kontert Šiškov mit *Прибавление к сочинению, называемому «Разсуждение» или собрание критик изданных на сию книгу с примечаниями на оные*[6]. Die wichtigsten Karamzinisten waren P. I. Makarov, D. V. Daškov, V. S. Podšivalov, auf der Seite Šiškovs traten D. M. Chvostov und P. L. Kutuzov auf. Die eigentliche polemische Konfrontation fand ohne Teilnahme Karamzins statt, der eine direkte Reaktion auf Šiškovs Angriff elegant umging[7] und sich ab 1804 auf die Historiographie konzentrierte.

---

[5] Karamzin wird darin zwar namentlich nicht genannt, aber einige Direktzitate aus Karamzin, insbesondere aus *Отчего в России мало автроских талантов*, machen den Bezug auf seine Texte unverkennbar (s.u. in diesem Kapitel)

[6] Zum weiteren Verlauf der Debatte s. Mordovčenko 1959, 77-98.

[7] In einem Brief an Wilhelm von Wolzogen lehnt Karamzin eine Stellungnahme zu Šiškovs *Разсуждение...* ab. Er schreibt: „Vous m'avez parlé de l'ouvrage de M. Chichkow: je l'ai lu. Quoique sûr de votre amitié et de la bonne opinion que vous avez de moi, je n'ai pas le courage de vous dire franchement mon avis sur ce gros volume: je suis trop bon Russe pour cela. Mais je vous remercie, mon cher ami, du joli mot que vous m'avez die (sic) a

Positionen der Anhänger Karamzins und Šiškovs, die spätere institutionalisierende Zirkelbildung[8] – *Беседа любителей русскаго слова* 1810 (Šiškov, Šachovskoj, Katenin, Griboedov) vs. *Арзамас* 1815 (Karamzin, V. L. Puškin, Gnedič, Žukovskij) –, die Žukovskij-Kampagne (1815-17), die dritte Phase der Archaisten-Neuerer-Debatte (s. Gasparov 1992, 54) und der Aspekt der „младшие архаисты" müssen hier genauso wie Karamzins *История государства Россiйскаго* außer Betracht bleiben. Die folgende Darstellung zeichnet nicht die Polemik in den Jahren ab 1803 nach, sondern ist den theoretischen Texten Karamzins (des frühen) und Šiškovs gewidmet. Literarische Texte Karamzins werden nur vereinzelt als Belege herangezogen[9], wobei allerdings die Reisebriefe *Письма русскаго путешественника* (1791/92), die als halbautobiographische, halbreferentielle und damit „halbfiktionale" Gattung (Salzmann 1988, 33) an der Grenze zwischen referentiellen und a-referentiellen Diskursen anzusiedeln sind, in eingeschränkter Hinsicht – nämlich der von kulturkonzeptuellen und weltanschaulichen Implikaten – durchaus für diese Untersuchung relevant sein können.[10] Makarovs Entgegnung auf Šiškov findet allein punktuelle Berücksichtigung. Indem die ästhetische Kontroverse der Wende des 18. zum 19. Jahrhundert auf Karamzin und Šiškov zugespitzt wird, wird gleichzeitig der Anspruch aufgegeben, die Auseinandersetzung von Neuerern und Archaisten insgesamt zu erfassen; denn die Identifikation von Karamzin und Šiškov mit ihren jeweiligen Anhängern verbietet sich:

---

cette occasion." (zit. n. Lehmann-Carli 1996, 34). dieses beharrliche Schweigen ist für die logisch-axiologische Konzeptualisierung bedeutsam (s. 5.6.9.): nach der Watzlawickschen Regel, daß man nicht nicht kommunizieren könne, bezieht Karamzin durch sein Schweigen in logisch-axiologischer Hinsicht Stellung.

[8] Auch wenn der *Арзамас* eher als parodistische Veranstaltung zu gelten hat und damit zum Gegenstand/Gegner der Parodie hin geöffnet war, läßt er sich als soziales System mit autopoietischen Gruppenkohärenz- und Disziplinierungsmechanismen begreifen.

[9] Wie Gabriel (1996, 111) überzeugend darlegt und so Kristevasche Positionen (1969) von einer anderen Warte aus neu formuliert, leistet das „analogische Denken" der Literatur „Widerstand gegen das logische Denken [zumindest gegen das zweiwertige, DU]" und erschwert so eine zweiwertige Konzeptualisierung unerhört.

[10] Die im Vordergrund der *Письма русскаго путешественника* stehende Entwicklungsgeschichte, die Ausrichtung allen Geschehens auf die Reflexion des Geschehens im Erzähler, der nach dem Vorbild der Sterneschen *A Sentimental Journey through France and Italy. By Mr. Yorick* (1768) auch in Karamzins Reisebriefen zutagetretende „solipsism" des Erzählers (Titunik 1984, 235) muß dabei vernachlässigt werden.

[...] отождествление всего архаистического движения и его различных подразделений с «Беседой» а «Беседы» с Шишковым — при ближайшем рассмотрении оказывается неправильным. (Tynjanov 1929, 89) Karamzin nahm an der Polemik ab 1803 nicht teil. Besonders vor einer Gleichsetzung der Argumentation der Karamzinisten mit der Karamzins sollte man sich folglich hüten.

5.3. Die Diskurse der Debatte

5.3.1. Literatur und Ästhetik

Karamzin legt im *Пантеон российских авторов* seine These von der Progredienz[11] der Qualität literarischer Ausdrucksmittel in der russischen Literaturgeschichte dar. Die russische Literatur beginne eigentlich erst ab den Reformen Petrs I. (Karamzin 1982, 75)[12], die Karamzin in den 1790er Jahren noch ausschließlich positiv sieht[13], und befinde sich seither in einem stetem Prozeß der Reifung. Angesichts der Tatsache, daß auch Lomonosov noch nicht voll als Vorbild dienen könne (ebd., 72), verlagert Karamzin seine Hoffnung jedoch auf die Zukunft

> Со временем будет, конечно, более хороших авторов в России — тогда как увидим между светскими людьми более ученых или между учеными — более светских. (ebd., 103).

Karamzins Progredienzthese diametral entgegengesetzt, erblickt Šiškov eine vergangene Stasis literarischer Blüte, ja einen fortschreitenden Niedergang der literarischen Ausdrucksmittel von den kirchenslavischen geistlichen Bü-

---

[11] Diese Begriffsneuprägung, bzw. der Import des Begriffs aus der Medizin mit Bedeutungswandel ist angezeigt, will man den unter *Dekadenz*theorie zusammengefaßten historiosophischen Konzepten eine ebensolche Gruppe von *progredienz*theoretischen Entwürfen terminologisch adäquat gegenüberstellen. Die Prozessualität des Partizips Präsens von *progredi* macht den Begriff „Progre*dienz*" (vgl. Deka*denz*) besser geeignet als „Progreß".

[12] Das Nicht-Vorhandensein einer russischen Literatur ist ein von Karamzin angestoßener Topos des frühen 19. Jahrhunderts (vgl. Lotman 1992b, 95f). Er hält sich bis zu Belinskij. Bei Danilevskij (s. 7.3.1.1.) sieht das Bild schon anders aus.

[13] Zum Wandel in Karamzins Bild von Petr I., insbesondere unter dem Einfluß Herderscher Thesen über die Slaven, und einem damit verbundenen Wandel in Karamzins Ansichten über Fortschritt und heilen Urzustand, der in den historiographischen Schriften des späten Karamzin durchschlägt, s. Bittner 1959, 238 et passim; zum Petr-Bild Karamzins auch Mitter 1955, 204-208).

chern bis zur Gegenwart. Dieser führe von Lomonosov (Šiškov 1824, 80), den er vielfach zitiert und der ihm zufolge als Vorbild dienen könne (ebd., 15-22)[14], über Kantemir (ebd., 59f) bis zu den neuen, jungen, für Šiškov mehr als zweifelhaften Schriftstellern. Šiškovs Versideal ist die syllabische Dichtung (s. Al'tšuller 1984, 33). Als Ausbildungsmittel zum Erwerb der Kompetenz literarischen Schreibens empfiehlt Šiškov die Lektüre kirchlicher Bücher (Šiškov 1824, 66). Die „alten Regeln" (ebd., 14) hätten, so Šiškov, weiterhin orientierende Geltung.

Stellt für Šiškov geistliche kirchenslavische Literatur einen unumstößlichen Maßstab dar, sieht Karamzin dagegen den literarischen Ausdruck und Geschmack stetem Wandel unterworfen: „[...] приговоры наши не могут быть всегда решительны; [...] вкус изменяется в людях и народах" (1982, 143). Die Befähigung zum Autor/zur Autorin wird bei Karamzin wesentlich über subjektiv-emotionale Parameter des Charakters definiert: Herz, Gefühl, Menschenliebe (1984, 60-62). Der Schriftsteller sei „сердценаблюдатель по профессии" (*Московской Журнал* II [4/1791], 85)[15]. Geschmack (*вкус*) könne folglich – Karamzin argumentiert hier kantianisch – dem Verstand nicht zugänglich („неизъясн(им) для ума", 1982, 143) sein. Für Schreibende wie Rezipierende dagegen seien Gefühl und Geschmack unverzichtbar: „Иногда чувствительность бывает без дарования, но дарование не бывает без чувствительности." (ebd.) Demgegenüber ordnet Šiškov *вкус* dem rationalen Vermögen (*ум*) unter: „Употребление и вкус должны зависеть от ума, а не ум от них." (1825, 86). Šiškov polemisiert gegen den ästhetischen Geschmacksbegriff, was in der parodistischen Verkehrung gipfelt: „Когда я читаю тонкий или верный вкус, то не должен ли воображать, что есть также и толстый и неверный вкус?" (1824, 164)

Liegt für Karamzin das Geheimnis des Schreibens in der Intuition („угадывать", Šiškov [1824, 130], übrigens ein Begriff Karamzins [1982, 102], also ein markiertes Zitat), so stellt Šiškov dem die rationale Reflexion gegenüber: „Надлежит о словах разсуждать и основываться на коренном знаменовании оных, а не угадывать их." (Šiškov 1824, 131). Der Šiškov-

---

[14] Al'tšuller belegt, daß die Berufung auf Lomonosovs *Предисловие о пользе книг церковных* insofern irreführt, als die darin getätigten Äußerungen über den je nach Stilniveau verschiedenen Gebrauch von Kirchenslavismen durchaus nicht Šiškovs Meinung entsprechen; Lomonosov hatte außer Gebrauch geratene Krichenslavismen rundweg abgelehnt (s. Al'tšuller 1984, 300, 303).

[15] Dennoch treibt Karamzin die sentimentalistische Ausrichtung nicht zum sentimentalen Egozentrismus, den er in *Моя исповедь* ironisch auflaufen läßt (1984e, 534f).

schen These von Rationalisierbarkeit als poetologischem Leitprinzip (rhetorisches Paradigma der souveränen *ratio* ist die Allegorie) begegnet das von Karamzin redigierte *Московской Журнал* mit der sensualistischen Bevorzugung des irreduzibel-unabstrahierbaren konkreten Bildes (vgl. Valickaja 1983, 182).

Karamzin äußert sich gegen den Primat der großen Gegenstände (1984, 89) in der Literatur. An die Stelle des für Šiškov noch gültigen äußeren Maßstabes des Gegenstandes und des ihm je angemessenen Stils tritt – einhergehend mit der Suspension äußerer Maßstäbe von Korrespondenzwahrheit (ebd.) – die innere Meßlatte der existentiellen Identifikation des Schriftstellers mit seinem Gegenstand (1984, 88): Dieser habe, so Karamzin, „раб своего воображения" (ebd.) und nicht Tyrann über seine Einbildungskraft zu sein. Die damit bezeichnete Produktionsästhetik der Einfühlung, die auf der Wirkungsseite entsprechend reflektiert werden soll, verwahrt sich gegen jegliches Von-außen-Herantragen – seien dies Stilnormen, konventionelle Gegenstandslehre oder auch normative Moral. So heißt es im von Karamzin herausgegebenen *Московской Журнал*:

> А ты, благочестивый моралист, перестань шуметь без пользы и с сей минуты откажись от смешного требования, чтобы Поэты не воспевали ничего, кроме добродетели. Разве ты не знаешь, что нравоучительное педантство есть самое несноснейшее [...]? (Moskovskoj Žurnal VIII [10-11/1792], 130)

Der subjektive, „solipsistische" (Titunik 1984, 230) Maßstab hebelt bei Karamzin alle normhaften Geltungssysteme aus. Er bindet Tradition, äußeres Geschehen, Sprachgebrauch an den subjektiv-ästhetischen Filter, durch den dieses Äußere hindurchgehen muß, zurück.

Šiškov verordnet die Orientierung an alten Regeln („по принятым издревле правилам и понятиям", 1824, 14), Karamzin verwahrt sich gegen epigonale Reproduktion. Er schreibt: „[...] но сохрани меня бог казаться рабским подражателем" (1984b, 535). Selbst jedoch gleichermaßen an einem Vorbild orientiert, paraphrasiert Karamzin seine Idealvorstellung von gelungenem literarischen Stil mit der Formel „приятность слога" (1982, 68), die an der *élégance* der französischen Literatur- und Umgangssprache ausgerichtet ist. Šiškov weist dieses Leitbild wiederholt zurück (s. bspw. 1824, 3 u. 350). Verstößen gegen harmonische Ebenmäßigkeit des Stils wird von Šiškov hingegen geradezu eine „конструктивная роль" (Tynjanov 1972, 306) zugewiesen – ähnlich der „громкость" vermittels von „витиеватые речи" bei Lomonosov (1952, 204). Der Karamzinist Makarov hält dagegen: „Ныне уже нельзя блистать одним набором громких слов." (1817, 39).

Wodurch aber ist „приятность" gekennzeichnet? In Karamzins Praxis[16] besteht sie in periphrastischem Stil (Tynjanov 1929, 97) und einer abhängig vom jeweils Auszudrückendem einzig passenden, festen Wortfolge (s. Kovalevskaja 1978, 252). „Приятность" meint einen Primat des mittleren Stils, der am *„usus loquendi"* (Lotman/Uspenskij 1984, 582) orientiert ist, also den Dualismus von gesprochener und geschriebener Sprache aufzuheben bestrebt ist: Mit dem Satz „французы пишут как говорят" (Karamzin 1982, 102) umschreibt Karamzin seine Unzufriedenheit mit der Sprachsituation des *двуязычие*. Šiškov parodiert im Gegenzug den periphrastischen Stil der Karamzinisten (1824, 55). Im *Разсуждение...* führt er die Auseinandersetzung mit Karamzin in Form eines langen direkten und kommentierten Zitates[17] aus dessen *Отчего в России мало авторских талантов?* ohne Nennung des Verfassers auf halb explizite Weise (1824, 119-138, dazu Garde 1986, 280). Er hypostasiert – wie Karamzin umgekehrt gegen archaisierenden, kirchenslavisierenden Stil ankämpft („бомбаст, [...] гром слов", Karamzin 1984, 89) – sein Ideal von Einfachheit und Klarheit (Šiškov 1824, 57). Šiškov erlaubt für die Dichtung eine recht freie Wortfolge, hängt weiterhin der Lomonosovschen Dreistilelehre an (s. Proskurin 1997, 162) und trennt die gesprochene strikt von der geschriebenen Sprache (s. Lotman/ Uspenskij 1984, 585). Unter literatursoziologischem Gesichtspunkt läßt sich das melodische Stilleitbild Karamzins mit Privatlektüre, das oratorische Šiškovs mit vorgetragener Deklamation (vgl. Tynjanov 1972, 332) in Verbindung bringen.

Unermüdlich wiederholt Šiškovs *Разсуждение...* – wie schon Lomonosov (1952, 237) – die These von der Reinheit der Sprache kirchlicher Bücher, die eine Blütephase markiere und als Didaktem geeignet sei (Šiškov 1824, 140). 1811 unterstreicht Šiškov diese Forderung mit einem eigenen *Разсуждение о красноречии Священнаго Писания*. Doch bereits 1803 dekretiert er:

---

[16] Hier ist wohlgemerkt nur vom Stil des frühen Karamzin die Rede, nicht vom historiographischen, wieder traditionelleren Stil seiner *История государства Россійскаго*.

[17] Šiškov begründet die anonyme Zitation damit, daß es ihm nicht um persönliche Angriffe, sondern um allgemeinen „Nutzen" gegangen sei, und versichert die Echtheit aller Belegstellen (1824, 140f). Makarov kritisiert diese Praxis als Vergiftung der Diskurskultur (1817, 47).

[...] Священные книги читай не для забавы, читай их для того, чтоб вникнуть в знаменование коренных слов наших, примениться к свойственному нам слогу. Ты хочешь быть писателем, познай из них силу языка своего и приучи разум свой к собственным своим выражениям, дабы не было тебе нужды гоняться за переводом чужих слов. (ebd., 285f)

Einen derartigen didaktischen Wert bezweifelt Karamzin (1982, 102), quasi *avant la lettre* von Šiškovs Forderung.[18] Kirchenslavisch bildet im Verständnis Šiškovs die Grundlage auch der modernen Literatursprache (1824, 81). Ausgedehnte Zitate aus David, Salomon und dem Römerbrief sowie viele andere vereinzelte Bibelstellen sollen in Šiškovs Argumentation – als Entwurf eines Wörterbuchs – die Qualität der Bibelsprache belegen (ebd., 62-65, 172-213, 230-249). Karamzins Sprachreform bedeutet hingegen *de facto* die Übertragung der westlichen soziliterarischen Situation (s. Lotman/Uspenskij 1984, 582).

In den Antagonismus scheint zunächst nicht zu passen, daß beide Seiten zuviel aktuellen französischen Einfluß im Russischen kritisieren (Karamzin 1982, 102, Šiškov 1824, 13)[19]. Am Verhältnis zu Entlehnungen aus westlichen Sprachen wird der Unterschied jedoch deutlich: Karamzin empfiehlt kreative Neubildungen, Kalkierungen, Materialentlehnungen, neue Phraseologismen und semantische Neubelegungen:

Что ж остается делать автору? Выдумывать, сочинять выражения; угадывать лучший выбор слов; давать старым некоторый новый смысл, предлагать их в новой связи, но столь искусно, чтобы обмануть читателей и скрыть от них необыкновенность выражения. (1982, 102)

Šiškov hingegen favorisiert die Rückbesinnung auf kirchenslavische Etyma und die Eliminierung fremder Elemente („очищает его [свой язык], кто истребляет чужеязычие", 1824, 429). Der Admiral erlaubt Neologismen wie Lehnbildungen folglich nur „по самой крайней нужде" (ebd., 286).

---

[18] Im übrigen kann de Maistres Stellungnahme zum Altkirchenslavischen in der *Première lettre sur l'éducation publique en Russie* von 1810 als Polemik gegen Šiškovs Hypostase altkirchenslavischen Schrifttums begriffen werden: „La Russie ne possède point cet avantage; sa langue religieuse est belle sans doute, mais stérile, et jamais elle n'a produit un bon livre." (de Maistre 1893, 173).

[19] Karamzin wurde trotzdem zeit seines Lebens Gallomanie und übermäßiger Gebrauch von Gallizismen vorgeworfen (s. Vjazemskij 1984, 302 u. 316; Lotman 1992, 199).

5.3.2. Sprachgeschichte und Sprachpolitik

Kirchenslavisch wird von Šiškov als die Ursprache aller Slaven angesehen; es bilde, so behauptet er, die direkte Vorstufe des modernen Russisch (1824, 65): „Славенский [...] истинное основание [русского]" (1824, 65). Er hält das Russische für dem Griechischen urverwandt (1824, 2). Es ist für ihn gar nur Dialekt (*наречие*) des Kirchenslavischen (vgl. Murašov 1993, 75)[20].
Der Zeichenbegriff Šiškovs wird von Murašov als „schriftmystisch" (1993, 76) eingestuft. Damit ist in der analogistischen Denkweise die Deckung von Signifikat und Signifikant gemeint. Interessant ist am mystischen Zeichenkonzept Šiškovs, daß er nicht etwa Versuche unternimmt, die Ursprache zu rekonstruieren, sondern eine „Spezifik nationalsprachlicher Filiation" (ebd., 78) von der Ursprache zu den modernen Einzelsprachen betont, womit gerade das *Unverwechselbare* am Russischen/Altkirchenslavischen[21] das Rhema seiner Argumentation bildet.
Šiškovs Purismus arbeitet mit dem Rückgriff auf slavische Etyma. Französische Entlehnungen werden von ihm abgelehnt (1824, 14), was Materialentlehnungen wie Lehnübersetzungen gleichermaßen einschließt. Das Übersetzen wird als Mittel der Bereicherung der eigenen Sprache verboten: „Переводить нельзя" (1825, 311). Es heißt sogar ontologisierend, die prinzipielle Signifikat-Inkongruenz verschiedener Sprachen mache Entlehnungen unmöglich (1824, 39-42), argumentiert Šiškov. Für Neubildungen müsse als Grundlage das slavische „Wurzelwort" („коренное слово") herhalten. Neologismen sollten, so will es Šiškov, durch Kirchenslavismen[22] ersetzt wer-

---

[20] Die zeitgenössischen slavischen Sprachen nur als Dialekte (bei Šiškov nun des Altkirchenslavischen) zu begreifen, ist eine verbreitete Position des beginnenden 19. Jahrhunderts, bspw. des slovakisch-tschechischen Slavisten Šafařík (Šafařík 1963, erstmals deutsch 1826).
[21] Zum logischen Verhältnis beider s. 5.6.3.
[22] Šiškovs Kirchenslavismen sind als Rückgriff auf nicht mehr gebräuchliches Altes in der neuen Situation genauso Neologismen (s. Lotman/Uspenskij 1975, 175f). Šiškovs antineologistischer Polemik steht der Tatbestand gegenüber, daß gerade er mit der Vielzahl der von ihm gebildeten Slavismen ein wichtiger Schöpfer von Neologismen war (eben nur mit anderem Stammmaterial). Hier interessiert aber für die logisch-axiologische Konzeptualisierung kein „Faktum", wie es von einer historiographischen Metaposition konstatiert werden kann, sondern die subjektive Intention, die in den konkreten Aussagen Šiškovs kristallisiert ist. Auch Lotman/Uspenskij machen die notwendige Unterscheidung von Rhema der Aussage und sprachgeschichtlicher Metabetrachtung: „Это [наличие неологизмов у Шишкова] не отменяет *субъективной* ориентированности Шишкова на прошлое." (Lotman/Uspenskij 1975, 176).

den, selbst wenn diese infolge von Entwöhnung fremd („дики") erschienen (ebd., 227) oder gar nicht mehr verstanden würden:

> Впрочем для выражения какой либо мысли лучше поставить, хотя и старое, но коренное Российское слово, нежели новопереведенное с Француского или иного языка. Естьли читатель не будет тебя разуметь, он виноват, а не ты. (ebd., 222)[23]

Šiškov stellt den nach seinem Verständnis *reinen* Sprachgebrauch in moralisierender Weise über das Elementarprinzip von Kommunikation: Selbst das Einander-Verstehen der Kommunikationspartner bleibt nicht vor dem Opferaltar seines retrograden Purismus verschont. Šiškov schlägt für die russische Literatursprache eine Verzahnung von Kirchenslavisch und russischem „просторечие" vor, die aber nicht willkürlich vorgenommen werden dürfe (1824, 48), um die Geziertheit („высокопарность") des einen und die Einfachheit des anderen in einer höheren Synthese zu bewahren (ebd., 14f).

Die Karamzinsche Annäherung der Literatursprache an die gesprochene Sprache bezieht sich – dem Programm nach – nicht auf die Imitation bestehender Dialekte, sondern auf eine ideale Umgangssprache (Uspenskij 1985, 18). Soziolinguistisch handelt es sich bei der Sprache der Karamzinisten aber, wie Uspenskij feststellt (1985, 46), um den kosmopolitisch ausgerichteten Soziolekt der Adelselite, was Šiškov den Karamzinisten auch richtig vorhält: „щеголяют" (1824, 113). Die Differenzen von ideologischem Anspruch und realisierter Praxis stellen ein Problem für die spätere typologische Formalisierung dar: Da diese Untersuchung nicht einzig auf die Oberflächenargumentation Karamzins beschränkt ist, sondern Kulturkonzepte als impliziten Text herausarbeiten will, muß auch nach der zeitgenössischen Rezeption gefragt werden[24]. Entscheidend für die logische Konzeptualisierung

---

[23] Unter anderem verwendet Šiškov, wenn auch selten, den Anfang des 19. Jahrhunderts bereits völlig ungebräuchlichen (Radiščevs Wiederbelebungsversuch war gescheitert) *dativus absolutus* („едучи в карете", Šiškov 1824, 459).

[24] Die Zeitgenossen erkannten zweifelsohne die Nähe von Adelssoziolekt und karamzinistischem Sprachgebrauch. Wo Karamzins *Theorie* ein globales und ständeüberschreitendes Sprachprojekt formuliert, besagt seine *Praxis* doch auch eine Tendenz zu Exklusivität infolge erkennbarer Gruppensprache. Karamzins ungehinderte Rezeption durch breite Leserschichten wirkt aber schlußendlich nicht als neue, andere Gegenexklusivität, sondern im Sinne einer Demokratisierung der russischen Literatursprache. Gleiches gilt für die karamzinistische Gegenrhetorik: Ein Regelkanon ist sie, wenn sie auch Anspruch auf volle individuelle Freiheit des Bezeichnens erhebt, dennoch. Die neue Norm ist aber offener und wirkt – da sie eine zweite, alternative ist, die das Feld des Möglichen ausweitet – individualisierend, letztendlich regellockernd und ist damit offener für weitere Entwicklungen.

ist aber die Absicht, die die Autorin oder der Autor verfolgt, da sich – soweit sie rekonstruierbar ist – nur an ihr die logische Denkform, um die es hier ja vorrangig geht, niederschlägt.

Für Karamzin lebt eine Sprache nur in stetig fortschreitender Entwicklung (s. 1964, I 130). Konservierung des *status quo* bedeute den Tod einer Sprache (1982, 142). Eine Sprache, so Karamzin, entwickle sich ohne normativ-puristische Eingriffe in einem selbstlaufenden Mechanismus (ebd.). Šiškovs Zurückweisung von Entlehnungen sowie das angestrebte Aufhalten und Zurückdrehen des russischen Sprachstandes werden vom Karamzinisten Makarov als historisch beispiellos, mithin unhistorisch und realitätsfern disqualifiziert (1817, 11 u. 24).

In einem Brief an Charles de Bonnet aus den *Письма русскаго путешественника* bezieht Karamzin Position für die Notwendigkeit von Neologismen im Russischen („il faudra faire de nouvelles compositions, et même de nouveaux mots", 1964, I 304). Šiškovs Beispiele zur Kritik von Lehnübersetzungen (Musterbeispiel *влияние*, 1824, 25) entstammen – den Gegner nur scheinbar treffend markierend – dem von ihm global angenommenen „новый слог", aber nur einige davon wirklich aus Werken Karamzins (s. Proskurin 1997, 155). Andere sind aus dem Werk eines drittrangigen Dichters, den *Утехи меланхолии* von Obrezkov entnommen, der von den Karamzinisten nicht als einer der ihren angenommen wurde und in bezug auf Archaismenverwendung und Syntax Šiškov gar näher steht als Karamzin (ebd., 157 u. 168). Daß die Vorwürfe Šiškovs an den „новый слог" meistenteils also Karamzin gar nicht treffen, macht deutlich, daß es nicht um eine personenbezogene Polemik ging, sondern um einen Glaubensstreit, dessen modellierende Hauptbegriffe bei Šiškov eben „alt" und „neu" sind (s. dazu weiter unten 5.5.1.).

5.3.3. Politik und Gesellschaft

Die ursprünglich vornehmlich linguistisch-ästhetische Argumentation Šiškovs wird nach Tynjanovs Darstellung im späteren Verlauf zunehmend politisch durchsetzt:

> [...] Шишков, чувствуя недостаточность прямых доводов, прибегнул к другим и задел своих противников опасением за их религиозные и патриотические чувства. (Tynjanov 1929, 91)

Auffallend ähnlich referiert Kočetkova (1975, 114) – ebenfalls ohne Textbelege aus Šiškov – Mordovčenkos (1959, 78) Darstellung. Šiškov figuriert dieser in der Literaturgeschichtsschreibung verbreiteten sekundären Praxis nach als extremer politischer Reaktionär. Die Zitate aus dem *Разсуждение...* Šiškovs, die Makarov in einer Fußnote (1817, 46) anführt, sind nun jedoch entweder unverkennbar sprachlicher Ausrichtung („ненависть к языку своему"), im kollektiven Wir gehalten oder unpersönlich formuliert: „ненавидеть свое и любить чужое почитается ныне достоинством". Anklage schwingt bei Šiškov zwar mit, der direkte Akkusativ aber, den die Sekundärliteratur gerne suggeriert, fehlt im *Разсуждение...* (s. auch Gasparov 1992, 32).

Zwar befürwortet Karamzin demokratische Gleichheit bei der Frage der Bauernaufklärung (1984, 50) sowie der Gefühlsfähigkeit des Menschen (1964, I 607), doch ist, wie gesehen, der Stil der Karamzinisten für Adelsschichten „kasten-"spezifisch (Lotman/Uspenskij 1984, 604). Karamzin schreibt dem Adel eine führende Rolle zu (Kisljagina 1976, 179), will liberalistische Prinzipien nur im Rahmen des *самодержавие*[25] verwirklichen (Leontovič 1974, 73; Black 1975, 12). Er votiert für bäuerliches Grundeigentum, aber gegen die Bauernbefreiung (ebd. 77-81). Karamzins politische Position schwankt im und nach dem Erleben der französischen Revolution[26]. Er changiert zwischen republikanischer und monarchischer Gesinnung („Карамзин был в самом деле душою республиканец, а головою монархист", Vjazemskij 1984, 432 Anm. 14)[27], zwischen Fortschrittsoptimismus und Resignation. Black rekurriert deswegen immer wieder auf den „political dualism" und die „characteristically ambivalent notion of society" des frühen

---

[25] Pipes stützt sich auf Ključevskij, wenn er klarstellt, daß der russische Terminus *самодержавие* in westliche Sprachen eher mit „Souveränität" als mit „Autokratie" zu übersetzen ist, und legt den historischen (Pugačev) und philosophischen (Montesquieu) Hintergrund dieser Präferenz Karamzins offen (1975, 113f u. 124-126). Damit macht er die heute als Widerspruch begriffene Verbindung von Liberalismus und *самодержавие* in Karamzins politischem Denken wenigstens greifbarer.
[26] Karamzins Neigung zu mystizistischen Auffassungen der Freimaurer in der Frühzeit vor 1787 (s. Dudek 1989, 346, Valickaja 1983, 170) und Murašovs These von den Wurzeln von Karamzins Denken in Wissenskonzepten der ostkirchlichen Mystik (1993, 75) können hier nicht weiter betrachtet werden. Auch die politischen Implikate der historiosophischen Konzeption der *История государства российскаго* müssen ob des gesetzten Rahmens außer acht bleiben.
[27] Weiteres zum komplexen Widerspruchsverhältnis von monarchistischen und republikanischen Tendenzen bei Karamzin bei Kisljagina 1976, 148-176, und Pipes 1975.

Karamzin (1975, 10f et passim). Versuche von Zeitgenossen[28] sowie von seiten der Sekundärliteratur[29], diese Ambivalenz zu reduzieren, scheitern an der simultanen „coexistence d'oppositions" (Kristeva 1969, 191) – paradigmatisch in den beiden fiktiven Briefen *Мелодор к Филалету* und *Филалет к Мелодору* von 1795. Karamzins in der Jugendzeit erworbenes aufklärerisches Gedankengut verschiebt sich Gukovskij zufolge (1939, 498) besonders ab Ende der 1790er Jahre von der politischen zur moralisch-utopischen Kategorie[30], ersetzt das Soziale durch das Psychologische (s. Štrange 1956, 82, Pipes 1975, 108). Das ästhetische autonome Reich der Phantasie, das Karamzin in den 90er Jahren beschwört, hat sicherlich auch eine eskapistische Implikation (Dudek 1991, 476). Karamzin wird aber durchaus nicht zum humanistische Seifenblasen produzierenden Reaktionär, wie ihn Kulakova (1964, 148f) darstellt. Das scheinbar unpolitische Ideale (naturverbundene Vergangenheit, Idyll) kann schließlich, wie es Bloch immer wieder nahelegt (Bloch 1962, 126) utopisch-politischer Maßstab sein, der kritisch-korrektiv an die Gegenwart angelegt wird. Wenn Kulakova außerdem richtig bemerkt, daß Karamzin soziale Fragen wenig interessieren, so kann sein Freiheitsbegriff als negativer gelten, was bürgerlich konservativ, *de facto* affirmativ ist (wie unausgesprochene Utopien ja auch), aber unter den Bedingungen real existierender Autokratie nicht reaktionär ist. Karamzin hängt dem Leitbild des platonischen Staates an (Lotman/Uspenskij 1984, 559), er unterscheidet in der zu seinen Lebenszeiten unveröffentlichten Spätschrift *О древней и новой России в ее политическом и гражданском отношениях* gute (väterliche[31]) monarchische Herrschaft von autokratischem Despotismus (vgl. Lotman 1992, 199f; Pipes 1975, 114-116). In der Frage der befürworteten Staatsform ist also zwischen Šiškov

---

[28] Es ist N. I. Novikov, der 1816 Melodor als Maske Karamzins entlarven zu können meint (s. Lehmann-Carli 1996, 142).

[29] Beobachtet hat dies zuerst Rothe 1968, 260 Anm. 46; Lehmann-Carli spricht mit Bezug auf Rothe nacheinander von „Melodor/Karamzin" und „Philaleth/Karamzin" (Lehmann-Carli 1996, 144-156).

[30] Einen deutlichen Kontrast dazu bildet Radiščevs 1790 veröffentlichte sozialkritische Reisebeschreibung *Путешествие из Петербурга в Москву*, in der allerdings die revolutionären Passagen in konterkarierende, gegenläufige Rahmungen eingelassen sind; auch Radiščev läßt sich nicht auf den Brustton *einer* unzweifelhaften politischen Option festlegen (s. Uffelmann 1999).

[31] Karamzin 1974, 192-195. Nikolaj Fedorovs *Философия общего дела* formuliert – etwa 80 Jahre danach – verwandte politisch-kulturphilosophische, ja eschatologische Vorstellungen.

und Karamzin keine vollgültig antinomische Gegenüberstellung möglich. Einzelne Punkte ihrer Argumentation unterscheiden sich dennoch stark.

5.3.4. Das Wechselverhältnis der Diskurse

> Langue, littérature et politique se mêlaient. (Quenet 1931, 8)

Der literarische und der synchron-linguistische Diskurs bilden zusammen eine ästhetische Konfiguration, ja die ästhetische Auseinandersetzung ereignete sich wesentlich im Gefäß der linguistischen Kontroverse: des sogenannten Sprachkampfes. Šiškov benutzt sprachhistorische Theoreme zur Erhärtung seiner ästhetischen Position; die Widerlegung seiner These vom Kirchenslavischen als direkter Vorstufe des Russischen durch Kačenovskij 1816 und Vostokov 1820 (vgl. Mordovčenko 1959, 96-98) wirkte sich umgekehrt diskreditierend auch auf sein ästhetisches Konzept aus.

In seiner Antwort auf Makarov parallelisiert Šiškov seine Negativsicht der Französischen Revolution, besonders der *Terreur*, mit dem drohenden Verlust altrussischer literarischer Traditionen:

> Мы остались еще [...] при прежних наших духовных песнях, при священных книгах, при размышлениях о величестве Божием, при умствованиях о христианских должностях и о вере, научающей человека кроткому и мирному житию; а не тем развратным нравам, которым новейшие философы обучили род человеческий, и которым пагубные плоды, после толикаго пролияния крови, и поныне еще во Франции гнездятся. (1824, 423)

Živov bringt die Verbindung, in die Sprach- und Politikproblematik bei Šiškov zueinander treten, folgendermaßen auf den Punkt: „Проблема церковнославянского языкового наследия связывалась у Шишкова с проблемой народности." (1990, 141) Tynjanov suggeriert darüber hinaus, daß Šiškov den religiös und national reaktionären Argumentationsfaden in eben dem Moment aufnehme, als die ästhetisch-linguistische Beweisführung auszulaufen drohte (1929, 91). Zu diesem Zeitpunkt von Šiškov intendiert als Verschärfung der ideologischen Konfrontation, wird die politische Dimension späterhin aber geradezu zum Versuch eines Brückenschlages zwischen Šiškov und Karamzin gereichen, wenn Karamzin zum Ehrenmitglied der *Беседа любителей рускаго слова* gewählt wird. Politisch ist die Opposition des radikalen „младший архаист" Kjuchel'beker zu Šiškov unversöhnlicher als die Šiškovs zu Karamzin[32]. Damit muß vor allem die eineindeutige Relation literarisch-archaisch vs. politisch-reaktionär revidiert werden (vgl. ebd.). Der politische Aspekt verwischt – ansatzweise – die ästhetische Differenz Šiškovs und Karamzins[33]. Politische Reaktion und sprachlicher Konservativismus laufen bei Šiškov parallel. Bei Karamzin tut sich erneut jene Spannung auf, die mit den drei Schritten von Individualisierungsideologie, gruppensprachlicher Exklusivität und letztlich doch erfolgter Demokratisierung der literarischen Bildung aufgrund seiner Reform beschrieben war (s. 5.3.2.).

Der politische Diskurs ist als ein Diskurs, der Gesellschaftsbilder entwirft, unter den kulturosophischen subsumierbar. Sprachgeschichte und Sprachstand, Literaturgeschichte, historische Poetik und Fragen zeitgenössischer Ästhetik, nationale Standortbestimmung in Raum und Zeit, erzieherischer Wert von Religion und Menschenbild sowie Positionen politischer Philosophie lassen sich einzig in einem verbindenden kulturosophischen Konzept miteinander verzahnen.

5.4. Der kulturosophische Antagonismus

Wenn der in drei Teile zerlegte Interdiskurs unter neuen Gesichtspunkten wieder zusammengetragen werden soll, so müssen diese philosophisch sehr weit gefaßt sein: vom Verhältnis zum anderen bis zu den Begriffen von der Zeit, vom Zeichen und vom Menschen. Der umfassende Blickwinkel ist dadurch gerechtfertigt, daß kulturelle Kommunikationssysteme umfassende Weltmodelle entwerfen und Modelle ihrer selbst in diese Weltmodelle integrieren (Lotman 1970, 12).

---

[32] Eine Synopse des späten Karamzins ab 1810 und der Positionen Šiškovs liefert Al'tšuller 1984, 41-45.

[33] Rothes These, daß die Übereinstimmung Šiškovs und Karamzins auch sonst sehr weit ging und das Kirchenslavische nachgerade den einzigen Differenzpunkt bildete (1968, 416), schießt über das Ziel hinaus. Nachfolgend wird vielmehr versucht, die Vielzahl der Unterschiede herauszuarbeiten und schließlich zu einem neu formulierten, nunmehr kulturosophisch gefaßten Antagonismus zu gruppieren.

5.4.1 Russische Kultur und das Verhältnis zum Westen

> Какой народ не перенимал у другого? (Karamzin 1964, I 416)

Wenn Karamzin auch einräumt, daß jede Sprache (und jede Kultur) unverwechselbar eigene Züge besitze, also kopierende Nachahmung des Westens nicht in Frage komme, befürwortet er doch eine Angleichung an den Westen, da Rußland dem kulturellen Stand Westeuropas erst noch (wenn auch schnell) nachreife (1982, 141): Die Annäherung bedeutet bei Karamzin so mehr ein wechselseitiges „сближение народов" (ebd., 145). Die Reisebriefe Karamzins bilden das Paradigma eines gleichberechtigten Kulturaustausches. In seiner Genealogie der Grenze zwischen Rußland und Europa ruft Michail Ryklin (1998) neben Casanova auch Karamzin zum Zeugen eines nicht auf irgendwie wesentliche Weise durch Grenzen zerschnittenen einheitlichen europäischen Raums an und fährt fort:

> Различия подмечались [Карамзиным и Казановой], накапливались, сортировались *наряду* со сходствами, логический статус которых был примерно таким же. (Ryklin 1998, 1)

Für den Antipoden Šiškov sind die Westnachahmer „попугаи" (1824, 10) oder „обезьян(ы)" (ebd., 252). Er stellt eine griechisch-kirchenslavisch bestimmte russische Identität unversöhnlich gegen französische und französisierend-russische Orientierungen (ebd., 3). Bei Šiškov realisiert sich Nationalismus als Sprachpurismus und Kulturverteidigung (gegen die französische Sintflut: „вломились к нам насильственно и наводняют язык наш, как потоп землю", ebd.). Die Franzosen zerstören für Šiškov russische „обычаи" (ebd., 6), die Lektüre ihrer Bücher deformiert – ihm zufolge – die Sittlichkeit („нравы", ebd., 10). Kirchenslavische Lexeme dienten über die ästhetische und linguistische Ebene hinaus der Tradierung eines spezifischen (nationalen und religiösen) kulturellen Wissens (vgl. Murašov 1993, 82f). Šiškov wettert gegen den „Selbsthaß" der russischen Kultur (1824, 4) und hebt zur Abwehr der „Überfremdung" das nationale („всенародный", ebd., 7) Kollektiv aufs Tableau. Der Weg zurück zu den kirchenslavisch-christlichen Wurzeln (s. die Lexik: *коренной*, *древний*, ebd., 4) meint bei Šiškov russische Autozentrierung und kulturelle Dissoziation (ebd., 12) vom Westen.

5.4.2 Zeitbegriff

Von Karamzins politischer Ambivalenz bleibt die Vorstellung einer nichtrevolutionären, kontinuierlichen (Mitter 1975, 186) Progredienz von Kultur und Zivilisation als „*ultima ratio*" (Lotman 1987, 201f) unberührt. Die These von der Progredienz des menschlichen Wissens (1984, 49) – ein rationalistischer Zug[34] – bedeutet eine Abwendung von der oft so verstandenen Dekadenztheorie Rousseaus (ebd., 50), welcher – *mutatis mutandis* – Šiškov anhängt. Karamzin spricht von evolutionärem Fortschritt gegenüber dem Mittelalter (ebd.). Bildung ist für die idealistische Geschichtsauffassung des jungen Karamzin der Motor dieser „übernationalen [...] Kontinuität" (Mitter 1955, 187f). Goldenes Zeitalter und Arkadien sind für ihn unhistorische Wunschprojektionen (Karamzin 1984, 50).

Šiškov hingegen wertet das Alte, Überkommene, Ursprüngliche als Gutes, Wahres, Heiliges, panchronisch Gültiges: Ziel der Geschichte ist in Šiškovs kulturosophischem Konzept die Rückkehr zum Uranfang[35]. Die Progredienzthese Karamzins hingegen kennt, wie Lotman (1981, 88) ausführt, kein – zumindest kein der menschlichen Erkenntnis offenliegendes – fixes Ziel. Ohne daß für ihn – wie später für Gercen (s. 7.3.10.) – die konkrete Ausformung des Geschichts*télos* vorhersagbar wäre, leitet Karamzin halb ein futurisches Sich-Vorweg (russische Literatur ist noch Desiderat, das jedoch sicher eingelöst werden wird, Karamzin 1982, 103), halb ein gegenwärtiges Schon-Da (Karamzins Sicht seiner eigenen Position innerhalb der russischen Kulturgeschichte). Šiškov hingegen favorisiert ein mythisch-archaisches Zurück.

5.4.3. Zeichenbegriff

Šiškovs antiarbiträrem, mythischem Zeichenkonzept steht die Auffassung Karamzins gegenüber, dessen literarische periphrastische Praxis ein Eins-zu-eins-Verhältnis von Signifikat und Signifikanten ausschließt. Man könnte sagen, daß bei letzterem ein arbiträrer Zeichenbegriff aufscheint. Die Übertragung des linguistischen Begriffes der Arbitrarität auf den Bereich literarischen Bezeichnens ist unter der Prämisse nicht terminologischer, metapho-

---

[34] Wie es auch die „Ode" an die Wissenschaft (1984, 58) zeigt.
[35] Zu gewissen randständigen Tendenzen Karamzins, in seine Progredienzthese vereinzelte Rückgriffe auf alte „обычаи" aufzunehmen, s. Lotman 1981, 89.

risch-etymologischer Verwendung sinnvoll: Hier ist keine losgelöste Freiheit des Bezeichnens – mit welchen Lexemen oder asemantischen Lautkonglomeraten auch immer – gemeint, sondern die Überantwortung des Bezeichnens als Prozeß individuellen Auswählens zwischen mehreren, dem Sprachsystem eigenen oder verwandten Möglichkeiten an das *arbitrium* des/der Sprechenden oder Schreibenden. Lotman/Uspenskij zeigen in *Миф — имя — культура* – der hier vertretenden Position entsprechend – eine Verbindung von poetischer, periphrastischer Sprachpraxis und der Zerstörung des mythischen Zeichenbegriffs auf (1992, 73).

Der theoretische Individualisierungsanspruch Karamzins wird durch Gruppenkonformitätsmechanismen überzeichnet, in denen die Karamzinisten sich unzweifelhaft am „щегольский слог" orientieren. Die Tendenz zu einer größeren Freiheit der individuellen, (im definierten Sinne) arbiträren Auswahl zwischen möglichen Lexemen bei Karamzin hebt sich dennoch deutlich von Šiškovs normativem Beharren auf der Richtigkeit eines und nur eines einzigen Lexems ab. Wo – wie bei Karamzin – mehrere Signifikanten ein Signifikat adäquat repräsentieren können, ist ein mythisch motiviertes fixes Band zwischen beiden Dimensionen des Zeichens ausgeschlossen. Bezeichnen ist für Karamzin ein Prozeß individueller Freiheit, für Šiškov die Reproduktion einer statischen Norm:

> Das künstlerische Schaffen basiert [für Šiškov] nicht wie bei Karamzin auf einem inneren, *subjektiven (Selbst-) Erkenntniserlebnis*, sondern auf einem im Studium der kirchenslawischen Sprachdenkmäler erworbenen philologischen *(Kollektiv-) Wissen*. (Murašov 1993, 83)

Wo bei Karamzin durch Lexemauswahl, periphrastische und synonymische Verschiebung ein zeitliches Moment ins Bedeuten Einzug hält, verdichtet Šiškov das Bedeuten durch die Annahme einer Eins-zu-eins-Relation von Signifikant und Signifikat zu statischer Momenthaftigkeit. Das Syntagma ist für Šiškov eher eine Perlenkette diskreter semantischer Augenblicke, einzelner Schlaglichter, bei Karamzin mehr ein Prozeß kontinuierlichen Aufschubs.

5.4.4. Menschenbild

Trotz gewisser politisch resignativer Momente in Karamzins Werk und trotz der simultanen Widerspruchsstruktur zwischen Melodor und Filalet kann Karamzins Menschenbild als positiv (1984, 89) angesprochen werden. An Karamzins persönlichem Leitbild der „независимость" (Lotman 1987, 202f) läßt sich ein pluralistisches und programmatisch tolerantes Bild vom anderen festmachen, wie sich an folgendem Toleranzvotum aus den *Письма русскаго путешественника* erweist: „Тот есть для меня истинный философ, кто со всеми может ужиться в мире; кто любит и несогласных с его образом мыслей." (1964, I 125) Karamzins Fortschrittsoptimismus bezieht sich gerade auch auf den je einzelnen Menschen und seine freie Entfaltung. Äußere, selbst konstitutionelle Einflüsse sollten – im Ansatz eine Hobbessche negative Freiheit – ferngehalten werden: „Progress, which has to be internal, individual and moral, could not be promoted through the positive actions of government." (Pipes 1975, 107) Das ist eine klassisch liberalistische Position, formuliert noch ohne liberales Verfassungsdenken, das Rußland erst im 19. Jh. erreichte. Karamzin propagiert einen deskriptiven Humanismus der Schwäche, deutlich an der zustimmenden Rousseau-Zitation „я слаб (то есть, я человек)" (*Московской Журнал* VI [4/1792], 68), womit er sich in die abendländische Tradition von Humanitätsdefinitionen einreiht, an deren Anfang wohl Didos Rede, in der sie Aeneas und den Trojanern Asyl gewährt, steht: „non ignara mali miseris succurere disco" (Vergil 1969, 122, V. I, 630) und die auch Gercen – mit Karamzins Schwäche-Lexem fortschreibt (Gercen 1975, VI 221). Vergils Sentenz zitiert Karamzin sinngemäß in seinen *Reisebriefen*, 1964, I 428f). Aus der Fähigkeit zum Mitfühlen entwickelt Karamzin – die Tendenz zum negativen Freiheitsbegriff wieder überzeichnend[36] – eine implizite sympathetische Anthroplogie des *zoon politikon* (s. 1964, I 350, 382, 464 u. 571), die typisch sentimentalistisch ist (Radiščev unterscheidet sich in dieser einen Hinsicht nicht von seinem ungleichen Bruder Karamzin [Radiščev 1992, 21]).

Dem steht bei Šiškov ein normativer Begriff von menschlicher Tradition und der Unterordnung des einzelnen Mernschen unter diese Norm gegenüber, wovon seine lexikalische Präskriptionen nur eine Oberflächenmanifestation ist. Pluralität ist Šiškovs Denken in Dogmen und ewigen Wahrheiten fremd:

---

[36] Ein Schritt, den Gercen nicht nachvollzieht (s. 7.5.6.).

Для системы взглядов Шишкова и для всего его мышления характерно то, что он принципиально отрицал самую возможность различных мнений по вопросам языка и литературы. Незыблемые, веками освященные каноны, авторитет и догма — вот что служило для него критерием истины и красоты. (Mordovčenko 1959, 84)

Karamzin eröffnet – wie beim Bezeichnen – subjektive Freiheit bzw. Unabhängigkeit, Šiškov unterwirft den einzelnen kollektiven Regeln. Karamzins Tendenz zur Innenleitung[37] steht auf Šiškovs Seite präskriptive Außenleitung gegenüber.

5.5. Kulturmodellierende Oppositionen

5.5.1. Alt vs. neu

Die von Lotman/Uspenskij in *Роль дуальных моделей в динамике русской культуры (до конца XVIII века)* erarbeitete dualistische kulturreflektierende und -modellierende Unterscheidung von *alt* vs. *neu* läßt sich auch noch in kulturellen Teilsystemen des 18. Jahrhunderts finden (vgl. Lachmann 1994, 22f). In der Argumentgeschichte des Alt-neu-Topos „плюс и минус поменялись местами" (Lotman/Uspenskij 1974, 278). An der oppositiven Wertung von *alt* und *neu* als *gut* und *schlecht* und umgekehrt wird der Unterschied von Karamzins progressistischem und Šiškovs retrogradem Kulturverständnis, von Progredienz- und Dekadenztheorie deutlich. Šiškov schreibt: „[...] чем древней язык, чем меньше он пострадал переменами, тем он сильнее и богаче" (zit. n. Kovalevskaja 1978, 249). Für Šiškov verbirgt sich der Keim der Zukunft im Alten, zu dem es zurückzukehren gelte. Das Alte wird zur Utopie (vgl. Al'tšuller 1984, 38, und Lotman/Uspenskij 1975, 175).

In Karamzins *Пантеон российских авторов* gilt stattdessen, wie gesehen, umgekehrt das (literarisch) Neue gegenüber dem Alten für höherwertig.

---

[37] Interiorisierung ist ein wesentliches Unterscheidungsmerkmal der Karamzinschen Reform, das Lachmann an der Liebestopik nachweist: „Der *locus amoenus* ist zum *locus amoenus* der Seele geworden, zu einem *locus melancholicus*." (1994, 281).

5.5.2. Kultur vs. Anti-Kultur/Nicht-Kultur

Kulturelle Selbstbeschreibungen tendieren dazu, das je eigene Kulturkonzept mit Kultur überhaupt zu identifizieren. Der Šiškovschen Rückbesinnung auf das (alte) russische Eigene steht aber bei Karamzin der Dialog mit dem Fremden, besser: dem anderen gegenüber. Sprachlich stellt Šiškov das eigene, „heilige" Kirchenslavische gegen das – nicht an sich, aber bei Hereinnahme in den russischen Kontext – „teuflisch" fremde Französisch.

Wo beim Raumkonzept gerade von Karamzin – im Duktus der Aufklärungsreise gegen nationalen Autozentrismus – eine Umkehrung anzunehmen wäre, indem der bereiste fremde Raum positiv belegt würde und der eigene negativ, geschieht letzterer Teilschritt nicht; die positive Belegung Westeuropas zieht nicht etwa die negative Bewertung Rußland nach sich, vielmehr wird das Verhältnis als Befruchtung, Addition, Austausch von gleichberechtigten, übergeordnet menschheitlichen Positionen aus gedacht („Все *народное* ничто перед *человеческим*", 1964, I 418, "гражданин вселенной", ebd. 521). Rußland kann für Karamzin als Land noch nicht so weit entwickelter Kultur von der Kultur der anderen Länder profitieren. In gewisser Weise sieht Karamzin also in Rußland eine Noch-Nicht-Kultur (so im *Пантеон...*, 1982, 103); andererseits ist er bestrebt, diesen gewissen zeitlich-graduellen Unterschied bei seiner Reise durch Westeuropa nicht noch hervorzuheben, sondern seinen westlichen Gesprächspartnern die literarischen Errungenschaften Rußlands näherzubringen.

5.5.3. Eigen vs. fremd

Die Opposition *Eigenes* vs. *Fremdes* wird, wie aus der Verteilung von Kultur und Anti-Kultur bei Karamzin und Šiškov hervorgeht, nur einseitig von Šiškov benutzt, doch ist auch bei ihm der alte theologisch bestimmte Antagonismus dahingehend aufgeweicht, daß erst *Importe* aus einem Kulturraum in einen anderen dem exportierenden Raum die negative Rolle zumessen. Solange Kulturräume auf sich beschränkt bleiben, einander ausschließen, setzt auch bei Šiškov die Wertung noch nicht ein.

Bei Karamzin aber verlieren die Begriffe *Eigenes* und *Fremdes* prinzipiell ihren Oppositions- und Ausschlußcharakter. Seine Bildungsreise 1789/90 ist in verschiedensten Hinsichten (sprachlich [1964, I 245], literarisch, aber auch religiös[38]) ein Akt interkultureller Grenzüberschreitung oder, besser: Grenzverwischung.[39] Als solche empfiehlt Karamzin Reisen gar als medizinisches Heilmittel: „питательно для духа и сердца нашего" (1964, I 201).

5.5.4. Andere Typologisierungsangebote

> Die Konstruktion setzt die Destruktion voraus (Benjamin 1991, 587)

Es existiert eine ganze Reihe typologischer Systematisierungen der russischen Kulturgeschichte, die für Karamzin und Šiškov bedingt unterscheidungs- und verstehenswirksam sein können: Auf stark abstrahierter Ebene ermittelt Lotman zwei Grundtypen kultureller semiotischer Systeme: ein *dynamisches* und ein *statisches* (1992b, 101). Šiškovs Denken in überzeitlich gültigen Texten und Regeln und von einer Wurzel her würde eindeutig zum statischen Kulturmodell neigen, während Karamzins These von der Geschichtlichkeit von Geschmack und Ausdruck dynamischen Charakter hätte.

Parameter aus Lotman/Uspenskijs Distinktion von *Regelkultur* und *Textkultur* treffen gleichfalls auf wichtige Gesichtspunkte der Karamzin-Šiškov-Kontroverse zu: In der Logik dieser Unterscheidung ginge 1) die Ausdruckszentrierung Šiškovs mit analogistisch-motiviertem Zeichenbegriff einher und stünde im Kontrast zum konventionalistischen (arbiträren) Zeichenbegriff der Karamzinisten, der im Sinne Lotman/Uspenskijs (1971, 152) als Tendenz zur Inhaltszentrierung gefaßt werden könnte. Auch die Pole Symbol (Karamzin) und Ritual (Šiškov) würden in diesem Sinne bei der Karamzin-Šiškov-Kontroverse greifen. Problematisch wird diese Zuordnung jedoch, wenn die Ebene des Zeichenbegriffs verlassen wird: Murašov argumentiert auf eine mit Lotman/Uspenskij inkompatible Weise, wenn er bei Karamzin die Fortsetzung einer elokutionellen (ausdruckszentrierten) Facette

---

[38] S. Karamzins, d.h. seines Erzählers, ergriffenes Gebet in einer katholischen Kirche (1964, I 150) und seinen Besuch in Luthers Wartburg-Zelle mit positivem Reformationsbild (ebd., 184f). Mitters Lesart, Karamzin begegne „der katholischen Kirche [...] grundsätzlich unfreundlich" (1955, 187f), führt in die Irre; er sieht an Karamzin richtig die Intoleranz gegen religiöse Intoleranz (ebd., 188), zeichnet ihn selbst aber – in einem performativen Widerspruch seiner Interpretation – als zu wenig tolerant.

[39] Theoretische Arbeiten zu Reise zur Zeiten der Aufklärung verweisen verschiedentlich auf den Aspekt der Grenzüberwindung durch Reisen (s. bspw. Laermann 1976, 82-88).

der Theorien Lomonosovs (1993, 73) und bei Šiškov die Wiederkehr der bei Lomonosov dazu komplementären Komponente – der Schriftmystik mit Transport von kulturellem Wissen als Inhaltszentrierung (1993, 82) – ermittelt. 2) Die Tendenz Šiškovs, das Fremde, nicht dem eigenen kulturellen System Angehörende als *Anti-Kultur* mit Abgrenzungsnotwendigkeit zu versehen (vgl. die Tiermetaphern), ließe sich reibungsloser als Punkt 1) in das Schema von Regel- vs. Textkultur einpassen. Karamzin, der das gleichzeitige Fremde nicht als Un- noch Anti-Kultur, sondern als *Mit*kultur auffaßt, kennt das Fremde als solches, nämlich als fremd Bleibendes, gar nicht. Er betrachtet demnach russische Vergangenheit als *(Noch)-nicht-Kultur*. 3) Auch die terminologiebildende Opposition *Regel vs. Text* ist auf Karamzin vs. Šiškov ein Stück weit anwendbar, da Šiškovs *Разсуждение*... autoritativ mit kirchenslavischen Texten argumentiert, einzig diese Texte als Maß gelten läßt, Karamzin aber mit der existentiell-subjektiven Poetik eine metatextuelle ästhetische Argumentation verfolgt. Allein, der Ausdruck Regelkultur will aufgrund von Karamzins Ablehnung normativer Regelhaftigkeit[40] nicht ganz glücklich scheinen, zumal Šiškov andererseits sich auf alte Regeln beruft (1824, 14). Mag auch die Unterscheidung von Lotman/ Uspenskij in zeitlich übergreifender Perspektive produktiv sein, die Terminologie wirkt für diese Debatte eher verdeckend als erhellend.

Da also die Opposition *Text vs. Regel* bei Karamzin und Šiškov nicht besonders treffend ist, wichtige Einzelpunkte (Ausdruck vs. Inhalt) strittig bleiben und in dieser semiotischen Ausrichtung Politik und Geschichte zu kurz kommen, könnte ein weitergehender Abstraktionsschritt Abhilfe schaffen: eine Formalisierung nicht auf der Ebene der „знаковость", sondern von Dominanzen bei (Modellen von) logischen Denkoperationen und deren Wertbelegung bei Karamzin und Šiškov.

---

[40] Auch wenn der sentimentalistische Subjektivismus genauso *seine* Rhetorik hat, die nur als Antirhetorik ausgegeben wird, gilt der oben aufgezeigte Mechanismus der Bindekraftverminderung, welche die Anti-Regel bewirkt (vgl. 5.3.2.).

5.6. Logische Konzeptualisierung

5.6.0. Karamzin vs. Šiškov. These 4

Die hier vorgeschlagene Formalisierung versucht Karamzins Denken als eines des Einschlusses und der Berührung heterogener Elemente zu beschreiben, als ein Denken, das die Koexistenz des Verschiedenartigen duldet, ja Überschneidung fördert. Demgegenüber sind Šiškovs Denkoperationen vom Prinzip des Ausschlusses des anderen gekennzeichnet. Um keine diffusen Überschneidungen, keine Einschlüsse oder Einflüsse zwischen den zu trennenden Gliedern hinzunehmen, unterscheidet Šiškov, da unmöglich alles, auch das bloß schattierungshaft andere ausgeschlossen werden kann, zwischen einem Außenraum, in dem und von dem Trennung gilt, und einem Innenraum, in dem diese nicht nötig ist. Das vorherrschende Trennen (im äußeren Bereich) wird also bisweilen von einer Operation so engen Verbindens (im Inneren) unterstützt, daß dabei Konjunktion in nominelle Identität übergeht. Diese ist dann deutlich etwas anderes als die konjunktive Anbindung des heterogen Bleibenden (s. 5.6.3.). In dem zu schützenden Inneren – bei Šiškov kehrt die biologische Urszene (Urstruktur) der Axiologik wieder (s. 0.1.) – wird so stark verbunden, daß fast Identität resultiert, das aber zu dem Zweck, die Abgrenzung gegen das Äußere noch zu unterstreichen.

Der Tendenz nach verbindet Nikolaj Karamzin das Vielfältige, läßt es nebeneinander im Kontakt bestehen[41], während Aleksandr Šiškov entweder das Verschiedene, im Außenraum, ganz und gar voneinander abtrennt oder, im Innenraum, bis zur Deckung – zumindest in der Rhetorik seiner Darstellung – in eins setzt.

Im logischen Vokabular gesprochen, handelt es sich beim Karamzinschen Denken um konjunktive Operationen, bei Šiškov hingegen um die Spaltung zwischen äußerer Disjunktion und innerer Konjunktion/Identifikation. Da bei Šiškov das Trennen im Mittelpunkt steht, kann ein Dualismus der logisch-axiologischen Präferenzen formuliert werden, basierend auf den Formeln: Šiškov: $A \sqcup B$ (ausschließendes Oder), Karamzin: $A \wedge B$ (Konjunktion). Die dominante Operation Disjunktion geht bei Šiškov bis-

---

[41] Vgl. Münsterbergs Definition der „Einheitswerte": „Das Reich der Liebe verlangt nicht, daß die Individualitäten ausgelöscht und die Verschiedenheiten verwischt werden." (Münsterberg 1908, 225).

weilen einher mit dem Argumentationsmittel einer rhetorisch realisierten Identitätsoperation $A = B$.

5.6.1. Kulturräume

Zunächst sei das Augenmerk auf inklusive vs. exklusive Kulturkonzepte gerichtet: Šiškovs autozentriertes Konzept russischer Kultur und Nation („ибо каждому народу свой состав свойствен", 1824, 286) mit der Abspaltung alles anderen bildet die eine Seite. Ein paradigmatisches Zitat:

> Желание некоторых новых писателей сравнить книжный язык с разговорным для всякого рода писаний, не похоже ли на желание тех новых мудрецов, которые помышляли все состояния людей делать равными. (zit. n. Gorškov 1969, 312)

Šiškov „против единообразия" – faßt Tynjanov seine Position zusammen (1929, 98). Wichtig ist dabei anzumerken, daß es Šiškov durchaus nicht um eine Verteufelung des Fremden, anderen (meist: des Französischen) an sich geht, sondern um dessen Abtrennung vom Russischen. Das Fremde ist nicht essentiell böse, sondern erst bei seiner Hineinnahme ins Eigene schädlich. Die Kulturen haben disjunkt nebeneinander zu stehen.[42] Dagegen steht das Kulturkonzept Karamzins, das eine wechselseitige Befruchtung westeuropäischer und russischer Kultur im Rahmen einer Zivilisation propagiert: „[...] то можем идти рядом с другими [народами], к цели всемирной человечества" (1982, 145). Eine zeitgenössische andere Kultur ist für Karamzin weder Anti- noch Un-Kultur, sondern Mit-Kultur, er kann sie in die Gemeinschaft einer übergreifenden Kulturenfamilie einschließen. Somit ist Karamzins Begriff von eigenem und fremdem Raum nicht schlicht die Umkehrung der Šiškovschen Exklusion (wie es bei Čaadaev und Kireevskij der Fall sein wird, 6.3.2. u. 5.5.2.), sondern Hineinnahme, Berührung und Austausch.

---

[42] Al'tšuller läßt sich von Šiškovs polemischer Schärfe (die zugegebenermaßen öfters einen quasi-essentialistischen Ton annimmt) blenden, wenn er meint, bei ihm eine Diskreditierung des Französischen *an sich* zu finden („Сам французский язык «беден, скуден», представляет собой «бесплодную, болотистую землю»", Al'tšuller 1984, 30, Hervorhebung DU).

5.6.2. Zeichenkonzepte

Der Nationalismus Šiškovs (vgl. Lotman/Uspenskij 1984, 564) und die Europäisierung Karamzins (ebd. 603) stehen sich besonders auf sprachlich-ästhetischem Gebiet gegenüber: Ihre Zeichenkonzepte[43] lassen sich mit dem Modell von Konjunktion und Disjunktion als dominanten, positiv belegten Denkoperationen in Einklang bringen: Karamzin verbindet geschriebene und gesprochene Sprache, nähert sie einander an, ohne den kategorialen Unterschied zu beheben. Bei Šiškov werden die drei Sprachstile kategorial voneinander geschieden und können gesprochene und geschriebene Sprache nicht zusammenkommen. Periphrasen und konnotative Nuancen vereinigen bei Karamzin mehrere Lexeme zu einem semantischen Feld, während Šiškov ein einzig richtiges Wort annimmt und Synonyme ablehnt (1825, 334). Šiškovs These von der Konkreszenz von Signifikant und Signifikat bei den *коренные слова* arbeitet identifikatorisch[44] und zugleich disjunktiv, und zwar letzteres, wenn man bedenkt, daß dabei die Betonung auf der nationalen Differenz, auf der Ablehnung von Synonymen, auf der Reinigung des Signifikats von kulturfremdem, sinnlosem (Šiškov 1824, 139) Signifikanten-Ballast (Murašov 1993, 86) liegt.

5.6.3. Divergenz- und Konvergenztheorie, Schrift- und Umgangssprache

Daß Šiškov Russisch und Kirchenslavisch nicht voneinander scheidet, ist kein Proprium, das nur dem Admiral zu eigen wäre. Die historische Diglossie erscheint, wie Uspenskij belegt[45], vielen als Gesamtsystem einer einzigen

---

[43] Weder Karamzin noch Šiškov verfügen über einen Zeichen*begriff* im Verständnis des 20. Jahrhunderts. Wenn hier dennoch dieser Terminus benutzt wird, so ist eine implizite Denkstruktur gemeint, die sich aus der Perspektive *ex post* als eine in verschiedenen Auffassungen vom Status des sprachlichen Zeichens begründete Differenz herauskristallieren läßt.

[44] Die Verschiedenheit von Zeichen und Bezeichnetem kann Šiškov selbstredend nicht aufheben. In seiner Darstellung, der Rhema-Struktur seiner Aussage nach, aber klingt es – und das ist für die Denkoperation entscheidend – wie Identität.

[45] Allgemein: „Диглоссия [церковнославянско-русская] представляет собой такой способ существования двух языковых систем в рамках одного языкового коллектива, когда функции этих двух систем находятся в дополнительном распределении, соответствуя функциям одного языка в обычной (недиглоссийной) ситуации." (Uspenskij 1994, 5) Und speziell zu Šiškov: „Русский язык [Шишковым] в принципе не противопоставляется церковнославянскому, но объединяется с ним на глу-

Sprache. Auch die Wurzelverwandschaft von Griechisch, Kirchenslavisch und Russisch nach Šiškov besagt in seinem argumentativen Interesse nicht etwa ein konjunktives Verhältnis, in dem das Heterogene Überschneidungsflächen böte: Das Denken von einer Wurzel aus ist rhematisch vielmehr die zeitliche Erweiterung der Identitätssoperation. Argumentativ geschaffene (ungefragt gesetzte) genetische *Identität* von Russisch und Kirchenslavisch (im Rahmen einer diglossischen Sprachsituation) füllt für Šiškov die Bresche bei ungeliebter synchroner Abweichung (die auf einer Metaebene objektiv nur als Konjunktion beschrieben werden kann). Der Dialektbegriff, mit dem das Russische belegt wird, rettet die Identität mit dem Kirchenslavischen. Man würde heute geneigt sein, Šiškovs Theorie der Auseinanderentwicklung von Sprachen aus einer Wurzel linguistisch unter die Divergenztheorien zu subsumieren, wie sie William Jones 1788 erstmals vertrat. Divergenz wird im beginnenden 19. Jahrhundert im Dienste der wissenschaftlichen Sprachvergleichung entweder annähernd wertneutral, oder aber – bei Humboldt – im Rahmen einer „teleologischen Sprachgeschichte" (Heeschen 1972, 91) aufgefaßt. Šiškovs anti-evolutionäres Erkenntnisinteresse besteht jedoch genau in der Gegenbewegung: im normativen Bestreben, diese Divergenz aufzuhalten, sie zurückzuentwickeln. Gäbe es bei ihm eine nicht-wertende Deskription der Sprachgeschichte, würde er der Divergenztheorie zuzurechnen sein; seine unifizierenden Erkenntnisinteressen laufen jedoch der Divergenz exakt zuwider: Russisch, Altkirchenslavisch und Griechisch möchte er als so gut wie nicht voneinander abweichende Ausprägungen *einer* Sprache begriffen wissen.

> Древний Славенский язык, отец многих наречий, есть корень и начало российского языка, который [...] процвел и обогатился красотами, заимствованными от сродного ему Эллинского языка [...]. (1824, 2)

Hier wird augenscheinlich Entlehnung nicht verworfen (wie zwischen Französischem und Russischem). Die Urverwandtschaft garantiert, so Šiškov, daß Austausch und Berührung sich nicht schädlich auswirkten. Ein Außenraum wird von einem Innenraum geschieden. Innen ist Berührung, Konjunktion möglich, erlaubt, da sie auf Wesensidentität hinausläuft. Hier strebt Šiškovs Argumentation – wenn auch partiell mit konjunktiven Mitteln – auf Identifikation zu. Nach außen hingegen wird disjunktiv abgespalten.

бинном уровне: «славенский» и «русский» — это в сущности один и тот же язык [...]." (ebd., 158).

5. Karamzin und Šiškov

Die Anhänger der Karamzinschen Reform räumen hingegen auch bei harscher Ablehnung der Šiškovschen Identitätsthese und Betonung der Unterschiede immer eine Verwandtschaft ein: als verschiedene, aber einander berührende und ineinander übergehende Stufen der Sprachentwicklung (Živov 1990, 136)[46]. Was sie aufheben, ist die innersprachliche Unterscheidung von gesprochener und geschriebener Sprache, die einander im Verständnis der Karamzinisten – der disjunktiven Drei-Stile-Lehre und Šiškovs Fortschreibung der Diglossie entgegen – durchwirken.

5.6.4. Politik

Die politischen Positionen der beiden Kontrahenten lassen sich ebenfalls mit der Unterscheidung von Disjunktion und Konjunktion verstehen: Karamzins humanistisches „Kulturbewußtsein, das im ethisch-ästhetischen Bereich die gesellschaftlichen Widersprüche nicht real überwinden hilft, sondern überbrückt und mildert" (Städtke 1978, 42), steht auf der einen Seite, die radikal-reaktionäre Position Šiškovs auf der anderen. Karamzin sucht statt plötzlicher politischer Änderung eher die didaktische und damit allmähliche Anbahnung von Veränderung.[47] Šiškov begreift die Unterschiede der Menschen und soziale Ungerechtigkeit als gottgegebene Differenz. Im sozialen Feld denkt Radikalität disjunktiv oder identifikatorisch, konservative Affirmation[48] („politische Mitte") hingegen konjunktiv[49]. Graduellen Übergängen bei Karamzin stehen auf Šiškovs Seite kategoriale Unterschiede gegenüber.

---

[46] Wenn Živov von der Karamzinschen Zerstörung des „славянороссийский синтез" (1990, 136) und einem umgekehren Purismus spricht, so scheint dies nicht mit der These von der Konjunktivität, Antidisjunktivität der Karamzinschen Denkoperationen vereinbar. Einen kategorischen wechselseitigen Ausschluß von Russisch und Altkirchenslavisch, wie sie in mancher Polemik der Karamzinisten vorkommt, gibt es bei Karamzin selbst nicht. Die Kriterien *употребление* und *вкус* sind – so ist Živov zu entgegenzuhalten – weit weniger Ausschluß alles anderen, sind toleranter (da unsystematischer und deskriptiver) als (Šiškovs) rationalistischer Purismus. Wie Živov selbst einräumt, ist die Analogie zum französischen Sprachpurismus angesichts der kaum vergleichbaren historisch-soziolinguistischen Situationen nur eine partielle (ebd., 138).

[47] Black schreibt: „By the late nineties, he was aware of the perils of both uncontrolled freedom and of unlimited autocracy, so that he insisted that all citizens had to be educated before any type of government other than autocracy could work in Russia." (1975, 32).

[48] Der Eulersche Begriff für Inklusion lautete eben Affirmation (s. 2.5.1.).

[49] Interessant ist, daß die radikal-revolutionären Töne, die bei Radiščev anklingen, wenn sie auch nicht den gesamten Text seines *Путешествие из Петербурга в Москву*

5.6.5. Evolution vs. Revolution

> Nicht so der Zeitablauf ist eine Schöpfung unseres Geistes, als vielmehr die Aufteilung dieses Ablaufs.
> (Braudel 1977, 77)

Die Modellvorstellung von Karamzins konjunktivem Denken erhellt auch das Konzept organischer, gradueller Entwicklung in der diesseitigen Welt. Wenn evolutionäres Denken zwei Zeitzustände A und B über einen langsamen Entwicklungsprozeß in Verbindung bringt, so läßt sich eine Reihe von transitorischen Zuständen C_{1-n} angeben, die je durch gemeinsame Prädikate mit dem benachbarten Zustand verbunden sind[50]. In Eulerschen Kreisen:

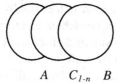

$A \quad C_{1-n} \quad B$

Politisch bedeutet das evolutionäre Konzept Karamzins die Ablehnung des Plötzlichen, typologisch gesprochen: des Revolutionären.

---

ausmachen, mit dem kollektiven Gleichheitsgedanken (Identitätssatz) und dem revolutionären Umbruch (kategoriale Exklusion zweier Kontinuitätsphasen) in der Modell-Heuristik logisch-axiologischer Präferenzen näher an Šiškov sind als an Karamzin. Über die Grenzen der Heuristik weist jedoch hinaus, daß auch Karamzin Reaktion und Revolution strukturell zusammenbringt (Lotman 1981, 88). Eine ähnlich gelagerte Position bezieht Tomáš Glanc, wenn er marxistische und symbolistische Apokalyptik in Beziehung setzt (1995, 194).

[50] Strachov nennt eine solche Geschichtsvorstellung später im Gercenschen Zusammenhang den „французский прогресс" (1887, 84). Demgegenüber steht bei ihm der „немецкий прогресс", ein disjunktives Trennen der Zeitphasen, ein Konzept, dem u.a. auch Gercen angehangen habe (ebd., 91). Eine vergleichbare Gegenüberstellung nimmt auch Henri Bergson an: Aufreihung diskreter, diskontinuierlicher Momente (am Beispiel der natürlichen Zahlen, Bergson 1920, 61, 65) vs. „homogene Zeit" (ebd., 92). Und Jurij M. Lotman kontrastiert in Культура и взрыв die Konzepte „allmählicher Forschritt" und „diskontinuierlicher Bruch („взрыв"): „Прерывное и непрерывное" (1992e, 25). Wieder an Bergson knüpft Renate Lachmann an, wenn sie das Zeitkonzept, welches die „Kulturosophie der Akmeisten" beinhalte, als eines der fließenden Kotinuität ohne markierte Schwellen und Brüche charakterisiert: „Schwelle und Bruch können nicht als Markierung gedacht werden, weil es Markierungen der Zeit in dieser Vorstellung [der Akmeisten] nicht gibt." (Lachmann 1990, 355).

Karamzin ist gegen ein gewaltsames Zurück, ebenso wie er gegen ein gewaltsames Vorwärts ist. Er will keine Reaktion, genauso wie er keine Revolution will. (Leontovič 1974, 76)

Dagegen muß das disjunktive Konzept (im weitesten Sinne revolutionäre) Umbrüche zwischen qualitativen Zuständen denken: In Šiškovs orthodoxem Bild christlicher Weltgeschichte ist zwar wohl ein solcher apokalyptischer Bruch impliziert – und Apokalyptik ist als Trennung von Diesseits und Jenseits Disjunktion (s. 8.5.4.); dies ist bei Šiškov jedoch selbst nicht Thema, so daß die Konzeptualisierung hier eine Lücke lassen muß.

Das pluralistische Menschenbild Karamzins begründet eine Toleranz der Vielfalt und der *независимость* der anderen als Andersartiger, duldet den anderen trotz seiner Andersheit neben sich[51]. Jeder Mensch ist als Abweichender doch mit jedem anderen über gemeinsame Merkmale verbunden; den ganz anderen, disjunktiv Fernen gibt es für Karamzin nicht. Bei Šiškov hingegen lassen sich unifizierende Tendenzen ausmachen. Er unterwirft alle Menschen identischen Normen. Šiškov steht also in der Spannung von disjunktiver Trennung von größeren Sozietäten (Kulturen) und normativ-identifikatorischem Anspruch an jeden einzelnen. Disjunktion und (als Grenzwert, Rhema) Identität zusammen bilden bei Šiškov eine Form von struktureller Widersprüchlichkeit durch Kombinatorik, eine Form, die später *mutatis mutandis* noch mehrfach begegnen wird – etwa bei Leont'ev, Fedotov, Ryklin (8.3.9., 10.2.5., 10.2.6.).

5.6.6. Geschlechterverhältnis

Die lesesoziologische Orientierung Karamzins auf das adlige Salon-Publikum bewirkt, daß er – angenommene – weibliche Rezeptionserwartungen (1982, 102) berücksichtigt oder vielmehr argumentativ ins Feld führt. Mit einer verbreiteten Genderschablone wird Frauen dabei ein stärkeres irrational-emotionales Erlebnisvermögen zugesprochen: „[...] женщины вообще могут чувствовать некоторые красоты поэзии живее мужчин" (1964, I 134). Der Umkehrschluß auf die Abwertung der rationalen Fähigkeiten von Frauen ist zwar erlaubt, steht aber nicht im Vordergrund von Karamzins Ar-

---

[51] Kampf gilt – so die später schon sprichwörtliche Ausnahme aus toleranzdemokratischen Prinzipien – nur dem Kampf, Intoleranz der Intoleranz („Я вооружился против войны всем своим красноречием,", lautet ein pazifistisches Credo aus den *Письма русскаго путешественника*, Karamzin 1964, I 106).

gumentation. Sentimentalität ist für Karamzin stets ein Positivum. Er beabsichtigt mit der zitierten Passage eher eine Auf- als eine Abwertung.

Šiškov hingegen schreibt – ohne jede Gender-Ambivalenz – patriarchal den Ausschluß von Frauen von literarischer Produktion fest: „[...] женщины [...] редко бывают сочинительницами, и так пусть их говорят как хотят." (1824, 128f) Karamzins Zuweisungen traditioneller Frauenrollen sind, obgleich vorhanden (1964, I 238), nie so kategorisch wie bei Šiškov; ja mitunter ironisiert er selbst Genderrollen (ebd., 479). Der ästhetisch linguistische Richtungsstreit hat somit auch eine geschlechtergeschichtliche Implikation (vgl. auch Gasparov 1992, 35f): Šiškovsche Exklusion und Karamzinsche Inklusion von Frauen. Disjunktion vs. Konjunktion.

Dabei ist in methodologischer Hinsicht festzuhalten, daß für die logischaxiologische Konzeptualisierung entscheidend ist, daß Karamzin das Rhema der Angleichung verfolgt, Šiškov aber das der Rollentrennung. Emanzipation könnte genausogut (wie bei Gercen der Fall, 7.5.7.) – logisch umgekehrt – disjunktiv als Befreiung, Deemanzipation als Eingliederung in ein Gesamtsystem Familie beschrieben werden. Für die logisch-axiologische Beschreibung sind nicht die Themen oder die ideologischen Positionen entscheidend (Emanzipation *ist* nicht etwa automatisch Konjunktion oder Disjunktion), sondern das Rhema der jeweils belegten Äußerung.

5.6.7. Intuition und Rationalität

Die Modellvorstellung von differierenden Denkoperationen kann – auf einer anderen Ebene – einerseits im Rationalismus, andererseits in stärker intuitiver Ausprägung verankert werden: Rationalismus neigt, so könnte vereinfacht und verkürzt gesagt werden, zu unterscheidendem Denken, zu Abgrenzung, Disjunktion und Identifikation (wie später Kireevskij dem Rationalismus Einseitigkeit, Zersplitterung vorwirft, s. 6.5.1.), ein stärker emotionalintuitives Vorgehen zu Konjunktion.

Es ist klar, daß die emotionalen Elemente bei Karamzin (vorzugsweise in Poetologie und Anthropologie) stärker sind als bei Šiškov. Lehmann-Carli argumentiert, daß neben den rationalen Elementen in die russischen Aufklärung, und besonders beim jungen Karamzin, auch Irrationalismen von der Art Lavaters Eingang gefunden haben (1991, 507). Unter präromantischen Einflüssen verstärkt sich die emotionale Komponente: Der sentimentalistische Kult der Tränen drückt das *Mit*gefühl mit dem Anderen aus. Der sentimentalistische mitfühlende Erzähler (1992, 36) fühlt sich seinen Gestalten verbunden[52]. Die Seele findet sich in Karamzins *Бедная Лиза* im Einklang mit der umgebenden Natur wieder (1992, 20, 32, 34).

In linguistischer Dimension korrespondiert mit der Integration des Emotiven ins Rationale bei Karamzin die Tendenz zur deskriptiv-intuitiven Stützung auf das Prinzip des aktuellen *употребление*. Dem steht das rationalistische und normative Rechten mit der Sprache bei Šiškov gegenüber der. Karamzins nicht rational-rechtenden, deskriptiven Maßstab lehnt Šiškov im Zeichen von Regel und Grammatik (1824, 227) ab. Erst die Situation einer rational geführten Kontroverse trägt schließlich auch in die karamzinistischen Argumente einen wohl jeder Polemik eigenen ausschließenden Charakter und präskriptive Forderungen hinein[53].

Konjunktion läßt sich bei Karamzin noch auf einer anderen Ebene als bei den oben aufgewiesenen Denkoperationen der Konjunktion verschiedener Gegenstandsbereiche (Kulturen, Dimensionen der Sprache, Kontinuitätsphasen usw.) nachweisen: an der *Konjunktion der Operationen selbst*. Karamzin ist kein einseitig antirationalistischer Sentimentalist; die Bejahung der Aufklärung als Progredienz des Wissens zieht sich gleichermaßen wie die Gefühlsanthropologie durch sein Schaffen (s. Gorbatov 1991, 114 u. 222). Die angelsächsische Philosophie, besonders David Hume, beeindruckten und beeinflußten Karamzin stark (Kosmolinskaja 1993, 203f). Rationalität und Irrationalität durchwirken einander bei Karamzin[54].

Šiškovs klassizistischer Rationalismus steht – wie immer rigoros trennend – auch der Kraft der Intuition feindlich gegenüber. Doch ist es keineswegs ein allgemeiner Rationalismus, den Šiškov meint; nicht jegliches rationale Argumentieren nimmt er an, sondern nur das in seinem Sinne laufende;

---

[52] Der hierfür gebräuchliche Ausdruck „Identifikation" trifft aus der logischen Perspektive das Mit-Fühlen nicht ganz, ist vom Denkoperationen formalisierenden Zugang her zu stark, da nur partielle (emotionale, soziale) Identität hergestellt wird, da verbunden wird, anstatt gleichzusetzen.

[53] Dies eher als die mit Šiškov gemeine Wurzel des klassizistischen Purismus (Živov 1990, 140) bewirkt die exklusiven Momente in der karamzinistischen Argumentation.

[54] Rothe erbringt den Nachweis rationalistischer Einflüsse und Argumentationen bei Karamzin und nimmt damit eine nötige Korrektur früherer literarhistorischer Topoi vor. Er folgert, Karamzin sei kein „typischer Vertreter des Sentimentalismus" gewesen (1962, 303). Die sentimentalistischen Elemente lassen sich jedoch nicht abstreiten; Sentimentalismus ist bei Karamzins ein umfassendes, mit anthropologischen und kulturell-politischen Implikaten versehenes Reformprogramm. Die eine wie die andere Vereindeutigung reduzieren das Denken Karamzins unzulässig.

„fehlgeleitetes" aufklärerisches Räsonnieren[55] wird von ihm auf der anderen Seite – wie von den altrussischen Stammvätern der Philosophie-Kritik[56] – abgelehnt.

5.6.8. Ernst und Parodie

Angesichts der Karamzinschen Konjunktion von Gegenstandsbereichen, insbesondere aber der Druckmischung verschiedener Verfahren kann eine widersprüchliche Spannung, eine Ambivalenz nicht ausbleiben. Dieselbe Ambivalenz beherrscht die „coexistence d'oppositions" in den Briefen Melodors und Filaleths. Sie trägt als ein unaufgehobenes Ineinander von Negation und Affirmation die Verfahren der Karamzinschen Parodien *Моя исповедь* und *Рыцарь нашего времени* (Reproduktion, Unterminierung und Umkehrung von Topoi). Anders als die abgrenzende Zitationsweise und polarisierende Überspitzung in Šiškovs *Разсуждение...*, die explizite Wertungen stets nachliefert und damit die intratextuelle Monologizität trotz der intertextuellen Situation restauriert, dienen diese Verfahren bei Karamzin durchaus keiner gegenläufigen Vereindeutigung. Karamzin tendiert zu milder, einschließender Ironie[57], zu Ambivalenz, Offenlassen („приговоры не могут быть всегда решительны", 1982, 143; vgl. auch das Fortschreiten der menschlichen Zivilisation auf ein nicht bekanntes Ziel hin), Polyphonie, Šiškov andererseits zu Disjunktion, Polarisierung, Monologizität (zum Zusam-

---

[55] Šiškov schreibt in einem Brief an Mordvinov über seine La-Harpe-Lektüre: „Я теперь читаю последнее Лагарпово сочинение philosophie du XCVIII siècle; какая книга! Как она открывает безумное умствование дидеротов, жанжаков, волтеров и прочих, называющихся философами! Как это возможно, что осветитель пути нашего, разум, часто ведет нас по такой кривой дороге, по которой глупость и простодушие никогда не повело бы? В самом грубейшем невежестве не найдем мы столько слепоты и заблуждения, сколько в уме обширном и многими знаниями изощренном." (zit n. Al'tšuller 1984, 32).

[56] Sich in seinem *Послание* von Mitte des 12. Jahrhunderts gegen den Philosophi-Vorwurf zur Wehr setzend (Kliment Smoljatič 1980, 282), verlegt sich Kliment Smoljatič auf die kirchlicherseits approbierte Form rationaler Tätigkeit: auf Exegese und Semiologie, beides verstanden als Abbilden eines schon je gegebenen, göttlichen Zeichensystems, nicht als eigene Kreation des Auslegenden (Franz 1996, 158). Filofej systematisiert jene Vorwürfe, auf die Kliment reagiert, Anfang des 16. Jahrhunderts, zum Philosophie-Verbot (s. Malinin 1901, 243).

[57] Späte Äußerungen Karamzins über Šiškov (1818) werden von Paul Garde als solche „condescendance" verstanden (1986, 284). „Karamzin [...] contemple avec quelque amusement l'agitation inlassable de son aîné [Šiškov]." (ebd., 285).

menhang von Monologismus und Disjunktion, Dialogismus und Konjunktion s. 4.5.2.).

5.6.9. Polemik vs. Empathie (und Schweigen)

Šiškov polemisiert, wie gesehen, mehr oder weniger markiert gegen Karamzin. Mit dieser Streitform setzt er sich von seinem Konterpart ab, disjungiert er seine eigene Position von der Karamzins (wie Šiškov sie sieht). Karamzin reagiert nicht. Seine Definition – „Тот есть для меня истинный философ, кто со всеми может ужиться в мире, кто любит и несогласных с его образом мыслей." (1964, I 125) – verwirft die polemische Abgrenzung zugunsten eines sozial-konjunktiven Programms. Šiškov schließt er in den 1790er Jahren jedoch sichtlich nicht in den Kreis seiner sozialen Konjunktion ein. Andererseits kann Karamzin, will er seinem Programm treubleiben, dem Angreifer Šiškov nicht mit gleicher polemischer Waffe heimzahlen. Also ignoriert er den zeternden General; die polemische (disjunktive) Schmutzarbeit übernehmen seine Anhänger (das Schweigen Karamzins, seine Nicht-Teilnahme an der Debatte von Karamzinisten und Šiškovisten könnte so durch seine logisch-axiologische Präferenz begründet werden). Während das Ignorieren *de facto*, das Schweigen performativ eine Disjunktion darstellt, werden Karamzins textuelle Verlautbarungen (die hier ja konzeptualisiert werden – nicht seine Lebenspraxis) davon freigehalten. In ihnen triumphiert unbeschadet das sozial-konjunktive Programm.

5.6.10. Zweck-Mittel-Relationen zwischen den logischen Operationen

Zusammenfassend läßt sich sagen, daß bei Karamzin in verschiedensten Gegenstandsbereichen konjunktive Operationen zur Anwendung kommen, daß die Grenzen zwischen zwei diskreten Gliedern A und B aufgeweicht werden, daß Berührung, Vermischung, Befruchtung, Austausch fast durchweg[58] positiv konnotiert sind.

---

[58] Es kann nicht ausbleiben, daß in einem Text von 500 Seiten Umfang und mit einer so unüberschaubaren Vielzahl von Gegenständen der Erörterung, wie es die *Письма русскаго путешественника* sind, auch Gegenbelege zu finden sind (es sind ohnedies erstaunlich wenige). Der gravierendste dürfte Karamzins Entrüstung über die Mischung von deutscher und französischer Kultur in der romanischen Schweiz betreffen, wo er ausruft: „Сие смешение для меня противно. Целость, оригинальность! Вы во всем драго-

Bei Šiškov hingegen werden Grenzen zwischen Entitäten aufrechterhalten. Im Interesse der disjunktiven Aufrechterhaltung von Spezifik, von *Eigenem* gegenüber dem *Fremden* werden mitunter Konstrukte von engstens zusammenhängendem Eigenen erzeugt, wird also in einem inneren Kernbereich des Eigenen konjunktive Verschränkung verwendet, aber soweit überboten, daß diese in Identifikation übergeht. Diese identifikatorische Annäherung des Verschiedenen dient bei Šiškov nicht dem Austausch über eine Grenze hinweg, zielt nicht auf Berührung oder Dialog, sondern auf die Kontrastschärfung nach außen. Identifikation im Innenraum im Dienste von Disjunktion gegen das Äußere, Verbinden *als* Trennen. Damit kommt bei Šiškov recht genau jenes Modell zur Anwendung, das oben (0.1.) als logisch-axiologische „Urszene" bezeichnet worden war. Klassenlogisch nimmt sich dies folgendermaßen aus: Seien *A, B* und *C* die Mengen der Prädikate der Gegenstände des Innenraums (bei Šiškov etwa Russisch, Altkirchenslavisch und Griechisch), *D* die Prädikate eines Gegenstandes aus der feindlichen Umwelt, etwa das Französische:

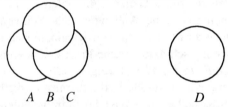

A B C   D

Aleksandr Šiškov ist daran gelegen, die konjunktive (partiell inklusive) Konstellation $A \cap B \cap C$ argumentativ soweit als möglich in eine von Identität, $A=B=C$, zu überführen, um die Distanz zu *D* zu betonen. Die Differenzen zwischen *A, B* und *C* werden nicht gewürdigt (s. oben 5.6.3.); das Rhema ist ihre wechselseitige Nähe im Kontrast zum fernen *D*. Bei Karamzin geht die Bewegung des Konjugierens hingegen nie bis an den Pol der Identität heran. Unifizierung ist ihm fremd („мы скучаем единообразием и желаем перемен", Karamzin 1964, I 298); eine eschatologische All-Einheit, wie sie für die späteren russischen Kulturosophen insbesondere Solov'ev wertleitend sein wird, begegnet beim frühen Karamzin nicht. Die Grenze zwischen innerer und äußerer Umwelt benötigt er gleichfalls ebensowenig. In dem optimistischen Bild einer wechselseitigen Befruchtung aller Indivi-

---

ценны; вы занимаете, питаете мою душу — всякое подражание мне неприятно." (1964, I 283).

duen, Kulturen etc., das er in seinen jungen Jahren favorisiert, funktioniert die Spaltung der Urszene nicht.

5.7. Revision zweier Ansprüche

5.7.1. Einfachheitsanspruch

Beide Seiten begreifen ihre eigene Sprachpraxis als einfach und klar. Karamzin meint damit eine am Französischen orientierte homogene Syntax, mittleren Stil mit periphrastischen Elementen; Šiškov hingegen versteht darunter kirchenslavische Lexik, russische Rektionen (1824, 25), 3-Stil-Differenzierung. Er nimmt *ясность* und *простота* für ältere russische Dichtung in Anspruch (ebd., 57). Den Gegensatz bildet bei ihm ein Beispiel, welches mit der Rektion „влияние на что-либо" als Karamzinistisches markiert ist: „Несвязность и пустословие" (ebd., 58) nennt Šiškov solches Schreiben.

Der je anderen Seite wird manieristische „Überfunktion des Stils" (H. Friedrich 1964, 545) über die Sachangemessenheit hinaus vorgeworfen. Diese Debatte der Kontrastierung von Einfachheit und elaboriertem Stil, ein Grundtenor des Attizismus-Asianismus-Streites, wurde in Rußland bereits von Sumarokov (1957, 112) gegen Lomonosov geführt. An der Beiderseitigkeit des Einfachheitsideals und des Manierismus-Vorwurfs erweist sich, wie Begriffe historischer Umwertung unterliegen (Lotman/Uspenskij 1977). In der Diachronie kultureller Selbstbeschreibungen gleiten die Signifikate unter dem Signifikanten (vgl. Lacan 1975, 27), ist der Signifikant stabiler, resistenter als seine Signifikate. Prozesse historischen Wandels sind folglich am Bedeutungswandel eher (wenngleich auch schwieriger) abzulesen als am Bezeichnungswandel.

Lichačev schreibt in seiner Gegenüberstellung von primärem und sekundärem Stil dem primären einen stärkeren Einfachheitsanspruch zu (1973, 177). Die Reklamation des Einfachen durch die Klassizisten Sumarokov und Šiškov ließe sich somit vor diesem typologischen Hintergrund erklären. Bei Karamzin ist entsprechend die reduktionistische Rhetorik schwächer ausgeprägt, wenn auch in Form des Natürlichkeitsideals durchaus vorhanden.

5.7.2. Natürlichkeit?

Mit dem Einfachheitsideal geht auf beiden Seiten die Reklamation von Natürlichkeit für die eigene Sprachpraxis einher. Bei Karamzin soll dies über die Stüzung auf das *употребление* erreicht werden, Šiškov übernimmt die Rousseausche Antinomie von Kultur und Natur:

> Шишков, основываясь на просветительском (уже — руссоистском) противопоставлении Природы и Истории, естественного и искусственного, утверждал превосходство русского языка над французским, поскольку русский язык — «природный» и «первоначальный», а французский — «искусственный». (Lotman 1992c, 128)

Das Dekadenzmodell in Šiškovs Sprachgeschichte entspricht strukturell einer verbreiteten vulgären Interpretation der Rousseauschen Geschichtsphilosophie (vgl. Schaeffler 1991, 119f Anm. 51). Karamzin steht dagegen in der aufklärerischen historiosophischen Tradition des Fortschrittsoptimismus. Vorzugsweise auf linguistischer Ebene läßt sich also Dekadenztheorie (Šiškov, vgl. auch Lotman 1981, 85f) gegen Progredienztheorie (Karamzin) stellen. Politisch-gesellschaftlich vertraut Karamzin – bei allen resignativen Momenten – auf weiteren zivilisatorischen Fortschritt. Bei Šiškov ist die Rückkehr zu einem positiven Uranfang entworfen, Karamzin steht dagegen freimaurerischen Vorstellungen vom schrittweisen, langsamen Vervollkommnungsprozeß näher: „Именно в этой школе он усвоил веру в прогресс и представление о культуре как о средстве улучшения людей." (Lotman 1981, 88)

5.8. Karamzin und Šiškov vor dem Hintergrund älterer Traditionen

Die Debatte von Karamzin und Šiškov greift in vielen Punkten zurück auf ältere kulturmodellierende Oppositionen. Die wichtigsten seien abschließend kurz angedeutet.

Die Distinktionen *свой* vs. *чужой* sowie *alt* vs. *neu* spielen während des gesamten 18. Jahrhunderts – von der Entzweiung über die Westöffnung Peters bis zum Sprachenstreit – die Hauptrolle in russischen kulturellen Selbstdefinitionen (Lotman/Uspenskij 1974, 263f). Daß der Gegensatz *alt* vs.*neu* keine spezifisch russische Distinktion ist, wird deutlich, wenn Städtke die Kontroverse der Karamzinisten und Šiškovisten „eine Art russischer ‚Querelle'" (1978, 37) nennt, also eine – wenn auch nur sehr partiell geltende –

5. Karamzin und Šiškov

Parallele zum französischen literarischen Richtungsstreit des 17. Jahrhunderts, der *Querelle des Anciens et des Modernes* zwischen dem Traditionalisten Nicolas Boileau und dem Progressisten Charles Perrault zieht. Mit je wechselnden ästhetisch-stilistischen und politisch-kulturellen Inhalten wird eine Debatte von „Neuen" und „Alten" seit der griechischen Attizismus-Asianismus-Debatte geführt (vgl. Rötzer 1979, IXf).

Der von Baumgarten her bekannte Begriff des Herzens des Redners wird von Karamzin gegen die Regelpoetik eingesetzt[59]. Das irreduzibel konkrete Bild entzieht sich – wie das Symbol im Verständnis der deutschen Klassik – der Rationalisierung, die Baumgarten als Verlust qualifiziert hatte: „Quid enim est abstractio, si iactura non est?" (Baumgarten 1961, 363). Lessings Betonung der je neuen, regelentbundenen Originalität Shakespeares gegen die regelpoetische Tradition der französischen Klassizisten (Lessing 1968, 43) wiederholt sich bei Karamzin:

> Шекспир не держался правил театральных. Истинною причиною сему, думаю, было пылкое его воображение, не могшее покориться никаким предписаниям. (1982, 29)

Dagegen hebt Šiškov wie Lomonosov Textautorität und alte Regeln hervor (1824, 14) und argumentiert mit rationalen Kriterien. Reißt in Karamzins intellektueller Biographie der Faden aufklärerischer Rationalität auch niemals ab, so tendiert er doch weit mehr als Šiškov zu Emotionalität, Irrationalität. In Karamzins Rousseau-Rezeption sind – ähnlich wie auch der *Рыцарь нашего времени* in ambivalenter Weise Rousseau-Topoi evoziert – beide Tendenzen anzutreffen: die sentimentalistische Tendenz mit Gefühlsinszenierung sowie die Verteidigung des Erkenntnisstrebens (1984, 45).

---

[59] Vielleicht ist es auch kein Zufall, wenn eine Seite nach der Erwähnung Baumgartens in Karamzins Reisebrief vom 02.07.1789 entsprechend auch die Begriffe „сердце" und „вкус" fallen (1964, I 127f).

6. P. JA. ČAADAEV UND I. V. KIREEVSKIJ

6.0. Fortbestand des Antagonismus von Konjunktions- und Disjunktionsaxiologik?

> Im Grunde aber stimmen beide vollkommen überein. Westler und Slawophile gehen [...] von gleichen Voraussetzungen aus. (Sečkarev 1939, 63)

Die Kontroverse von Westlern und Slavophilen wird von Karamzin und Šiškov in wesentlichen inhaltlichen Positionen vorgeprägt und vorweggenommen. Will man eine Entwicklungslinie von Karamzin und Šiškov zu den späteren kulturosophischen Diskussionen im 19. Jahrhundert zeichnen, so liegt eine Zusammenschau Šiškovs mit den Slavophilen und Karamzins mit den Westlern nahe. Šiškov wäre aus dieser Perspektive neben Ščerbatov und anderen als einer der Stammväter slavophilen Denkens, und zwar als ein bisher zu wenig als solcher gewürdigt, zu begreifen.

Aus einzelnen, vergleichsweise leicht demonstrierbaren disjunktiven Tendenzen im Raumkonzept des slavophilen Denkens (genauer dessen isolationistischem Zweig, besonders ausgeprägt beim Spätslavophilen Danilevskij) heraus würde sich der Umkehrschluß auf Konjunktionsaxiologik im westlerischen Denken aufdrängen. Ist dem aber wirklich so? Wird nicht vielleicht nur die Exklusion des anderen umgekehrt, führt also zur russischen Selbstexklusion aus der europäischen Kultur? Čaadaevs *Первое философическое письмо* oder Belinskijs Abwertung des traditionell Russischen im Vergleich zum Westen (Belinskij 1995, II 326-328) könnten als eine solche umgekehrte Exklusion aufgefaßt werden, während Gercen sich differenzierter und vermittelnder zum Verhältnis *Rußland* vs. *Westen* äußert, ja mitunter slavophilen Ansichten nicht mehr fern ist. Prowestliche Positionen, die so radikal formuliert sind, daß sie den (disjunktiven) Ausschluß alles überkommen Russischen für die weitere Entwicklung Rußlands vorziehen, stehen neben Desideraten von (konjunktiver) Berührung und Befruchtung der beiden Kulturkreise. Eine globale Zuordnung westlerischen Denkens ist folglich problematisch.

Auf der anderen Seite wäre zu fragen, ob sich die Dominanz der disjunktiven Denkoperationen bei funktionaler Unterordnung konjunktiver bis identifikatorischer Verfahren im Inneren des abzugrenzenden Elements, wie sie bei Šiškov beobachtet wurde, bei allen Slavophilen in derselben Weise fortsetzt, ob sich nicht vielleicht auch in messianistischen Zukunftsvisionen beim späten Kireevskij oder in seiner Konzeptualisierung einer Verbindung von Rationalem und Glaubenshaftem konjunktive Denkformen ausmachen lassen.

Von methodisch entscheidender Bedeutung ist, daß die Positionen „aller" Slavophilen keineswegs mit denen jeder ihrer Vertreter übereinstimmen. Eine Rede über *die* Ansichten *der* Slavophilen, wie sie leider bis heute gang und gäbe ist (S. Puškin 1996, 6), verbietet sich. Um differenzierte Aussagen treffen zu können, muß sich eine Untersuchung der russischen Kulturosophie auf einzelne Vertreter konzentrieren. In diesem Kapitel sind dies Ivan V. Kireevskij und Petr Ja. Čaadaev.

Es wird eine eingehendere Lektüre beider Positionen – westlerischer wie slavophiler – erforderlich sein, wobei, das vorweg, im Falle von Čaadaev und Kireevskij besonders nach Aussagen über Vergangenheit und Gegenwart einerseits sowie Zukunftsentwürfen andererseits und den diesen Gegenstandsbereichen jeweils zugehörigen logischen Operationen differenziert werden muß, während in späteren Zeiten, bei Gercen und Danilevskij (7.), komplexe Gegenüberstellungen verschiedener Räume (*innen vs. außen*) zum Tragen kommen.

6.1. Vorgehen und Forschungsstand

Die Positionen von Ivan Vasil'evič Kireevskij und Petr Jakovlevič Čaadaev, die in diesem Kapitel im Zentrum stehen, nehmen gewisse Momente der Karamzin-Šiškov-Auseinandersetzung wieder auf. Andere Streitpunkte Karamzins und Šiškovs fallen bei Čaadaev und Kireevskij aus dem Diskurs über Kultur heraus: Vorzugsweise die linguistische und literatursprachliche Kontroverse der Vorgänger findet in diesem eigentlichen[1] kulturosophischen Rahmen nur noch geringen Reflex. Dagegen rückt der Aspekt der Gegenwartsdiagnose – Kulturkritik bzw. -apologie – in den Vordergrund.

Wie im Karamzin-Šiškov-Kapitel steht auch hier am Anfang eine Kompilation der wichtigsten Theoreme der Kulturosophien Čaadaevs und Kireevskijs unter inhaltlichen Gesichtspunkten wie dem kulturräumlichen Verhältnis zum Westen, dem Geschichtsbegriff, der Rolle der Religion, dem Menschenbild u.a. Als ein Ausgangspunkt für all diese Aspekte kann – wie bei allen hier untersuchten Debatten – die Gegenwartsdiagnose mit Aussagen

---

[1] Karamzins und Šiškovs Kulturkonzepte waren als implizite, nicht-begriffliche beschrieben worden.

6. Čaadaev und Kireevskij 161

über den Stand der russischen Kultur aufgefaßt werden kann (sie muß es jedoch nicht, kann auch lediglich als „Kairos" begriffen werden, Stepun 1959, 40). Gegenwartsdiagnose und Zukunftsdesiderat bilden Ausgangs- und Zielpunkt der kulturosophischen Argumentation Čaadaevs wie Kireevskijs. Die Struktur des kulturosophischen Interdiskurses, bei Karamzin und Šiškov weitgehend impliziter Text, verändert sich: Bei Čaadaev und Kireevskij handelt es sich eher um das Heranzitieren verschiedener anderer Dimensionen im Dienste eines – wenn auch nicht immer im Mittelpunkt stehenden, so doch sehr wesentlichen – kulturphilosophischen Erkenntnisinteresses. Da in Texten von Čaadaev und Kireevskij das Thema Kultur mit den Begriffen Aufklärung, Bildung, Zivilisation im Vergleich zu Karamzin und Šiškov thematisch expliziter verhandelt wird, wird hier – vor allem auch aus umfangsökonomischen Gründen – weitestgehend auf die Berücksichtigung literarkritischer Arbeiten der beiden Kulturosophen verzichtet[2].

Eine Umgruppierung der in der Čaadaev-Kireevskij-Debatte vorkommenden Aspekte nach dem Gesichtspunkt kulturrelevanter Parameter wird diesmal nicht nötig sein, da bei Čaadaev und Kireevskij der Kulturgesichtspunkt auf der Ebene des Expliziten und Denotativen angesiedelt ist und seine Wertungen ebenfalls auf der Hand liegen. Bereits auf Grundlage der isolierten Aspekte wird eine logische Konzeptualisierung der beiden Kulturosophien möglich sein. So gibt es nachfolgend drei Schritte: die inhaltliche Nachzeichnung (6.3.), die Frage nach kulturmodellierenden Oppositionen (6.4.) und die logisch-axiologische Konzeptualisierung (6.5.-6.6.). Stärker als dies bei Karamzin und Šiškov der Fall war, sind die logisch-axiologischen Präferenzen, die jeweils zu beobachten sind, auch bei einem einzelnen kulturosophischen Autoren zum einen nach den inhaltlichen Teilgebieten, zum anderen nach Deskription und normativ-futurischen Aussagen zu unterscheiden, wodurch sich schließlich eine Antwort auf das eingangs aufgezeigte Problem der Ligatur disjunktiver und konjunktiver Denkoperationen im westlerischen wie auch in messianistischen Teilrichtungen des slavophilen Denkens geben lassen wird.

Die bisherige Forschung behandelt Čaadaev und Kireevskij weniger gesondert als antagones oder gar konvergentes Paar als im Kontext der gesamten Debatte von Westlern und Slavophilen. Wenn ein Einzelvergleich der beiden Denker unternommen wird, dann dominiert die Sicht Čaadaevs und

---

[2] Dazu eingehend E. Müller 1966, Tarasov 1987, Bezwiński 1993.

Kireevskijs als eines Gegensatzpaares (MacNally 1971, 62)[3]. Walickis grundlegende Arbeit (Walicki 1975) bietet lediglich vereinzelte Analogien, zieht aber den Vergleich der philosophischen Systeme trotz des mehrfachen Aufweisens gleicher Prätexte nicht durch und übersieht so die basale Konvergenz. Masaryk widmet dem Vergleich einige wenige, unsystematische, aber interessante Sätze (1992, 207f). Toropygin (1994, 100) sieht eine – von ihm leider mangelhaft begründete – wechselseitige Beeinflussung Čaadaevs und Kireevskijs.

Bisweilen wird in der Forschung der mittelbare Antwortscharakter von Kireevskijs *В ответ А. С. Хомякову* auf Čaadaev kursorisch aufgeführt (Tarasov 1987, 12-14). Koyré erstellt die eine oder andere inhaltliche Analogie der *Философические письма* und des *Девятнадцатый век* (1929, 193), was Copleston (1986, 511) wiederholt; Christoff sieht dafür allerdings keinen letzthin schlagenden Beweis (1972, 201). Viele andere Autoren lassen sich zu einseitig apologetischen (Brodskij 1910, Losskij 1991, Bulanov 1994) oder einseitig herabwürdigenden Lesarten der Slavophilen (Caats 1937 bzw. Dorn 1938[4], Bezwiński 1993) hinreißen. In bezug auf den frühen Kireevskij-Aufsatz *Девятнадцатый век* meint Müller, daß „hinter der Übereinstimmung einzelner Punkte eine entsprechende Konvergenz im Grundsätzlichen fehlt" (1966, 121). Quenet sieht eine solche gegeben, aber allein im christlichen, religiösen Moment der Philosophie Čaadaevs und Kireevskijs (1931, 397). Für Miljukov ist die Bedeutung des Glaubens für beide dasjenige Detail, an dem er trotz differenter Ausgangspunkte der beiden eine Konvergenz feststellt (1913, 340).

---

[3] MacNally selbst beruft sich dabei besonders auf einen Brief Čaadaevs von 1845 und einen Text von 1852, in denen er einen detaillierten Einspruch gegen Kireevskijsche slavophile Positionen nachweist (1971, 78-84). Er rekurriert aber weniger auf die *Философические письма*, die in der folgenden Untersuchung im Mittelpunkt stehen.

[4] Wie 1997 bereits dargelegt (Uffelmann 1997a, 274 Anm. 47), sind die Bücher von A. Caats (Lille 1937) und N. Dorn (Paris 1938) abgesehen vom Deckblatt mit dem Namen des „Verfassers" bis in die Typographie hinein völlig identisch, was der nachfolgenden Forschungsliteratur erstaunlicherweise noch nicht aufgefallen ist, da sie meist nur einen der beiden anführt (E. Müller 1966, Gleason 1972). Schwerer verzeihlich ist der Fehler von N. Losskij (1991, 44 Anm. 1), der beide in einer Fußnote als weiterführende Literatur empfiehlt, zumindest eines von beiden Büchern aber sichtlich nie in Händen hatte. Wer von beiden der Plagiierende und wer der Plagiierte ist, kann vom grünen Tisch aus nicht entschieden werden. Das führere Publikationsjahr von Caats sowie die andere Type beim Autorennamen auf dem Titelblatt Dorns sprechen zugunsten der Lauterkeit von Caats. Es sind aber auch andere Konstellationen von Betrug denkbar; darüber könnte erst eine eingehende, letztlich kriminalistische Recherche in Frankreich Aufschluß verschaffen.

Fedor Stepun (1959) gibt mit anderer Terminologie eine exzellente Analyse dessen, was hier *romantische Axiologik* genannt wird, und weist dieselbe bei den Slavophilen nach; Čaadaev berücksichtigt er nicht. Mandel'štam hingegen konzentriert sich in seiner Vorformulierung eines logischen Grundstrebens auf Čaadaev allein: „С этой глубокой, неискоренимой потребностью единства, высшего исторического синтеза родился Чаадаев в России." (Mandel'štam 1971, 285) Auch Rjazanovskij, der in Kireevskijs literarischer Wirkungstheorie eine Transposition der Hegelschen Dialektik – „von unbewußter Bejahung und Synthese über Kampf und Dualität zu bewußter Synthese, die alle früheren Spannungen auflöste" (1954, 65) – erblickt, beachtet weder die Verfahren der Argumentationslogik Kireevskijs noch deren Nähe zu Strukturen von Čaadaevs Darstellung. Quenet wiederum schließt in seine Formulierung von der „Amalgamierung" Rußlands und des Westens in Čaadaevs Vision nur dessen Syntheseideal – und dann nur in einem isolierten Punkt – ein (Quenet 1931, 132). Einzig Sečkarev (1939, 63) macht eine knappe Bemerkung über „gleiche Voraussetzungen", die in eine proto-logische Richtung geht. Nachfolgend wird – gerade gegen E. Müllers oben zitiertes Diktum – gezeigt, daß sogar für die späten, unzweifelhaft slavophilen Texte Kireevskijs eine zutiefst grundlegende, nämlich *logisch-axiologische Konvergenz* mit dem Čaadaev der *Философические письма* besteht!

6.2. Zur Gegenüberstellung von Čaadaev und Kireevskij

Von einer regelrechten Debatte wie zwischen Karamzinisten und Šiškovisten kann im Falle der beiden Kontrahenten Čaadaev und Kireevskij *anhand der untersuchten Texte* nicht gesprochen werden. Legt masn die jeweiligen Kerntexte zugrunde, so besteht zwischen den Texten Čaadaevs von 1828/30 und 1836 und Kireevskijs Aufsätzen von 1852 und 1856 eine Spanne von mehr als 20 Jahren. MacNally zeigt aber für 1848 und 1852 direkte Reaktionen Čaadaevs auf Kireevskij (1971, 78-92)[5]. Die quasi synchrone Gegenüberstellung ist heuristisches Konstrukt, aber aufgrund der Zugehörigkeit beider zur selben Salonkultur (s. Gercen 1975, V 231) und nachgewiesener zeitweise freundschaftlicher Beziehung zwischen beiden läßt sich manche Passage aus Kireevskijs Texten berechtigtermaßen als Antwort auf Čaadaev

---

[5] Zur Rolle Kireevskijs und Čaadaevs in der Westler-Slavophilen-Debatte s. MacNally 1971, 56-135; zur Debatte grundsätzlich und umfassend Walicki 1975.

lesen. So sind Kireevskijs Aufsätze stellenweise deutlich intertextuell markiert und als Entgegnung auf Čaadaev verstehbar (Kireevskij 1861, II 230). Koyré (1929, 192) geht noch einen Schritt weiter, indem er wesentliche Gedanken des 1832 veröffentlichten Kireevskij-Artikels *Девятнадцатый век* auf Čaadaevs damals noch unpublizierte *Философические письма* zurückführt (der sehr persönliche Kontakt ist in Briefen für diese Zeit bezeugt, Čaadaev 1991, II 74f). Einen Beweis dafür gibt es jedoch nicht. In jedem Fall führt aber in der späteren Phase eine Reaktionslinie von Čaadaevs 1. Brief über Chomjakovs *О старом и новом* zu Kireevskijs *В ответ А. С. Хомякову*, Kireevskijs erstem klar slavophilen Text. Besonders für Kireevskijs Aufsätze aus den 50er Jahren[6] kann gelten, daß die textuellen Fixierungen eher das Kondensat einer in der Diskussionskultur der Salons seit etwa 1842, dem Beginn der klassischen „Westler-Slavophilen-Debatte", längst etablierten Position waren[7]. So sind weniger die Texte Čaadaevs und Kireevskijs das Medium einer Debatte als der Spiegel und das Kondensat einer mündlichen Diskussionskultur der Adelssalons, in denen beide verkehrten.

Die Entwicklung im Denken Kireevskijs und Čaadaevs interessiert hier nur am Rande: Die *Философические письма* Petr Čaadaevs stammen aus den Jahren 1828 bis 1830[8]. Äußerer Anstoß zu ihrer Abfassung war der (nicht-fingierte) französischsprachige Briefwechsel mit E. D. Panova (zur Person Panovas s. Quenet 1931, 94). Geršenzon bestreitet 1908 – noch in Unkenntnis von vier der insgesamt acht Briefe – die öffentliche Stoßrichtung bei der urspünglichen Abfassung der *Философические Письма* (1908, 69, 146); der Gesamttitel des Werks, das durch die autoreigene Durchnummerierung schon über die Briefwechseldimension hinaus als Einheit konstituiert wurde, stammt von 1834. Der erste Brief erschien in russischer Übersetzung von A. S. Norov im Oktober 1836 in Nadeždins Zeitschrift *Телескоп*, die

---

[6] In gewisser Weise gilt dies aber auch schon für Čaadaevs *Философические письма*, deren Erscheinen zum „Schuß in der Nacht" erklärt wurde [Gercen 1975, V 217], um damit nebenbei auch eine gewisse Ko-Autorschaft und Mit-Verantwortung, Mit-Schuld der Salons an Čaadaevs Provokation zu verwischen.

[7] Zu den vor-schriftlichen Diskussionsformen zwischen Čaadaev, Kireevskij und Chomjakov s. den *locus classicus*, Gercens *Былое и думы* sowie Kamenskij 1991, 70.

[8] Weiteres zur Publikationsgeschichte Čaadaevs findet sich im Kommentar von Z. A. Kamenskij und M. I. Lepechin in: Čaadaev 1991, I 678-681, 690-692 u. 742f. S. dazu auch bei Schelting 1948, 36-41, Falk 1954, 29-36, und speziell zum *Телескоп*-Skandal Gillel'son/Vacuro 1986, 165-183. In Synopse mit der Biographie betrachten die frühe Publikationsgeschichte Geršenzon 1909 und Gleason 1972. Bis 1966 geht Rouleau (1970, bes. 77).

6. Čaadaev und Kireevskij

daraufhin verboten wurde. Nadeždin wurde verbannt und Čaadaev für verrückt erklärt. Die anderen Briefe blieben lange Zeit ungedruckt. Außer einem kleinen Aufsatz von 1832 konnten keine weiteren Texte Čaadaevs zu Lebzeiten publiziert werden, auch die *Апология сумасшедшего*, die direkt im Anschluß an den *Телескоп*-Skandal konzipiert wurde und Fragment blieb, nicht[9]. Erst ab 1860 erschienen erste Schriften Čaadaevs postum in Frankreich. Spätere Entwicklungen Čaadaevs nach der *Апология*, die zwischen gewissen Konzessionen an slavophile Positionen und radikal-demokratischen Ansichten schwanken, sollen hier nicht detaillierter betrachtet werden[10].

Auch Ivan Kireevskijs Schrift *О характере просвещения Европы и его отношении к просвещению России* (1852) hat einen epistolographischen Anstrich, selbst wenn in diesem Fall sofort zugegeben wird, daß die briefliche Korrespondenzsituation benutzt wird für eine Auftragsarbeit für den *Московский сборник* (Kireevskij 1861, II 229). Die zweite hier betrachtete Schrift Kireevskijs ist der postum erschienene Text *О необходимости и возможности новых начал для философии* (1856). Kireevskij begann seine kulturosophische Publikationstätigkeit 1832 als Westler mit dem Aufsatz *Девятнадцатый век*, wo er zwar schwächere, doch unverkennbar in Čaadaevs Richtung gehende Positionen formulierte. Dennoch entdeckt Koyré (1929, 190) bereits hier Wurzeln des slavophilen Gesellschaftsbildes, und Quenet geht einmal sogar so weit zu suggerieren, Kireevskij habe unter seinem Namen einen Text von Čaadaev, auf dem nach 1836 Publikationsverbot lastete, veröffentlicht (Quenet 1931, 216f), was er aber implizit wieder zurücknimmt (ebd., 404) und was sich nicht verifizieren ließ. Wie beim *Телескоп* vier Jahre später wurde Kireevskijs Zeitschrift nach der Publikation des Aufsatzes von 1832 verboten (s. Gillel'son/Vacuro 1986, 114-139). Ende der 30er Jahre vollzog Kireevskij seine Wende[11] zum Sla-

---

[9] Die ungewollte (textuelle) Wirkungslosigkeit Čaadaevs nach 1836 ist es vielleicht auch, was Mondry zu seiner allzu zweifelsfrei vorgetragenen Fixierung der Herkunft des Typus des „лишний человек" in der russischen Literatur veranlaßt: „the archetypal figure of the superfluous man, [...] Petr Čaadaev" (Mondry 1991, 349).

[10] Dazu weiteres bei Walicki 1975, 100-117, Koyré 1926, 599-608, Schelting 1948, 69ff, der Čaadaevs spätere Äußerungen in den Kontext der Westler-Slavophilen-Debatte einbindet.

[11] Brodskij nennt dies ein ekstatisches Bekehrungserlebnis zur Orthodoxie (1910, XXI), was Gleason (1972, 141) problematisiert und Walicki eher als die Fortsetzung von Kireevskijs philosophischer Annäherung an das Christentum faßt (1975, 133f).

vophilentum[12]. E. Müller unterscheidet drei Schaffensphasen Kireevskijs: 1) von 1830 bis 1832, 2) um 1845 und 3) von 1852 bis 1856, die eigentliche slavophile (E. Müller 1993, 108).

6.2.1. Entwicklung im Denken und Textauswahl

War bei Karamzin ein Schnitt in der Entwicklungslinie seines Denkens erforderlich gewesen, zeitlich angesiedelt vor der *История государства Российскаго*, so dient der größeren Kontrastschärfe der Positionen und Denkweisen Čaadaevs und Kireevskijs eine vergleichbare Konzentration auf bestimmte Werke. Losskij behauptet bei den Westlern überhaupt eine besondere Diskontinuität ihres Denkens, ein Sich-Lossagen von früheren Positionen im Alter (1991, 68). Doch auf der anderen Seite gibt es ebensolche Tendenzen: Fällt Kireevskijs Lebensweg vom Westler zum Slavophilen auch unter den Losskijschen Mechanismus, so zeichnet sich doch beim späteren Kireevskij zwischen den besprochenen beiden Schriften von 1852 und 1856 eine gewisse Entwicklung zu größerer Verbindlichkeit (Konjunktivität) ab, die nachfolgend stellenweise einbezogen wird, aber in die logisch-kontrastive Heuristik nur als Einschränkung eingeht. Auch an diesem internen Punkte ist die methodische Entscheidung für eine vorwiegend synchrone Betrachtungsweise vonnöten[13].

Čaadaevs *Апология сумасшедшего* nimmt einige seiner Behauptungen aus den *Философические письма* zurück oder schränkt sie ein, setzt aber zugleich Grundgedanken der *Briefe* fort; dies bereitet vielen Rezipienten Schwierigkeiten: „Лучше не касаться *Апологии*", meint Mandel'štam (1971, 287), und Černyševskij sieht es gar für geboten an, sie zu zensieren, um nur „Čaadaevs eigene Meinung" wiederzugeben (1998, 156). Die Unterschiede zwischen den beiden Texten Čaadaevs beziehen sich auf die diagnostische Ebene. Das apologetische Schreibinteresse dominiert dennoch nicht den gesamten Text der *Апология* (wie es Quenet sehen möchte, 1931, 264), vielmehr geht Čaadaev zum Angriff auf die sich herausbildende Sla-

---

[12] Von Panslavismus gibt es bei Kireevskij genauso wie bei den übrigen Frühslavophilen kaum eine Spur, weswegen nur die Üblichkeit den Gebrauch des Terminus „Slavophilentum", der ursprünglich Polemik der Šiškov-Gegner war (Masaryk 1992, 209), rechtfertigt, den Ausdruck mit Vorbehalt weiter zu benutzen.
[13] Zur Problematisierung dieser Herangehensweise und der möglichen Betrachtungsweise einer Logik historischer *Entwicklungen* s. 4.3.1.-4.3.3. und 9.2.1.

vophilie über (Čaadaev 1991, I 530, frz. 296[14]; s. auch Schelting 1948, 62). So ist auch Losskijs Hinweis (1991, 72) auf Čaadaevs Rezeption der Französischen Juli-Revolution (eine Analogie zu Karamzin in den 1790er Jahren) nicht wesentlich, da die Unterschiede zwischen den beiden Texten Čaadaevs – hier ist einer beträchtlichen Forschungstradition (z.B. Tarasov 1987, 18) zu widersprechen – recht gering sind[15]. Es ist so ganz und gar nicht nötig – wie Černyševskij es vorführte –, Stellen, die Čaadaevs eigene Meinung spiegelten, von denen, die dem apologetischen Zweck gegenüber denjenigen Personen dienten, von denen sein persönliches Schicksal offensichtlich abhing (Černyševskij 1950, VII 601), zu unterscheiden. Die Axiologie von Trennen und Verbinden bleibt, wie nachfolgend zu zeigen sein wird, erhalten.

6.3. Gegenstände der Diskussion

6.3.1. Über den Stand der Kultur überhaupt

Bevor die Frage nach der Bestimmung der zeitgenössischen russischen Kultur bei Čaadaev und Kireevskij gestellt wird, sei zuerst das Problem ihrer Sicht des Standes von Kultur allgemein aufgeworfen: Čaadaev schreibt, die antiken Philosophen hätten in einer noch weniger geteilten, partikularisierten, zersplitterten Welt gelebt als die heutigen Menschen (Čaadaev 1991, I 359) – eine genaue Wiederholung der Winckelmannschen Opposition von Antike und Moderne (1756, 14). Und auch für Kireevskij sind es das Sich-erschöpft-Haben der europäischen Kultur einerseits („недовольство", Kireevskij 1861, II 231) und die unzureichende Würdigung der Leistungen der altrussischen „Aufklärung" andererseits, die eine Neubesinnung erforderten (Kireevskij 1861, II 306). Bei Kireevskij kann man über regressive Folgerungen aus seiner Diagnose der Gegenwartskrise streiten, bei Čaadaev gibt es bei durch-

---

[14] Hier wie im folgenden wird im Haupttext nach der russischen Übersetzung aus dem Französischen von D. I. Šachovskoj zitiert, und zwar aus dem Grund, daß Čaadaevs Texte, obzwar französisch geschrieben, als *russische* ins russische kulturelle Bewußtsein eingegangen sind; den Телескоп-Skandal löste 1836 nicht das französische Original, sondern die erste russische Übersetzung von A. S. Norov aus. Die französischen Belegstellen werden in Klammern, oder, wo wörtlich zitiert wird, in Fußnoten beigegeben.
[15] Im Sinne von Kontinuität auch Quenet 1931, 268, Falk 1954, 24, Schelting 1948, 41-52, und MacNally 1969, 18; Miljukov 1913, 333 u. 336, schwankt zwischen beiden Polen.

gängigem Progressismus bloß vereinzelte Spuren von Hochschätzung des katholischen Mittelalters. Beiden aber gibt die Gegenwart Probleme auf.

6.3.1.1. Zur Lage der russischen Kultur

Unmittelbar nach der Anrede an seine Briefpartnerin nimmt Čaadaev im zweiten Absatz seines 1. Briefes die, wie er sie sieht, erbärmliche Lage der russischen Gesellschaft zum Abstoßungspunkt aller weiteren Überlegungen: Wie könne die Adressatin ihre guten Anlagen zu gedeihlicher Selbstentwicklung, an denen Čaadaevs Briefe entscheidend mitwirken sollen, vor dem verderblichen „следствие того печального положения вещей"[16], ja der schlechten Luft, in der sie in Rußland zu leben verurteilt sei (1991, I 321, frz. 87), bewahren? Die Folge der Nichtteilhabe Rußlands an westlichen Traditionen sei, daß das zeitgenössische Rußland auf der niedrigsten Stufe der sozialen Leiter aller Kulturen stehe (ebd., 328, frz. 94). Die russische Gesellschaft sei dissoziiert: „В наших головах нет решительно ничего общего."[17] Rußland stelle eine Leerstelle dar („пробел в интеллектуальном порядке"[18]). Die Parameter der Abwesenheit von Zivilisation gemahnen auch bei Čaadaev – und nicht nur in Kireevskijs Konzeptualisierung westlicher Kultur (u.a. E. Müller 1966, 101-103) – an den Zivilisationsbegriff Guizots: Fortschreiten, soziale Kohärenz und individuelle Vervollkommnung, alles Produkte des römischen Christentums (Guizot 1884, 15-18). All das fehlt laut Čaadaev Rußland und den Russen. Karamzins Diagnose vom Fehlen einer russischen Literatur wird von ihm verallgemeinert: Čaadaev schreibt den ersten *Философическое письмо* vom metaphorischen Ort „Necropolis", dem Friedhof (s. Kissel 1999, 147) Moskau aus (1991, I 339, frz. 106). Seine Diagnose ist vernichtend, und doch sei es, so merkt er an, noch nicht einmal die ganze, nackte und brutale Wahrheit, die er seiner Briefpartnerin zugemutet habe (ebd., 338, frz. 105). Zwar schlug der Brief 1836 wie eine Bombe ein, hallte nach Gercen (1975, V 217) wider wie ein „Schuß in der Nacht", doch sind manche der Klagemotive Čaadaevs bei de Maistre vorgeformt[19]

---

[16] Čaadaev 1991, I 320, frz.: „L'effet naturel de ce funeste état de choses" (ebd., 86).
[17] „Il n'y a absolument rien dans nos têtes de général" (ebd.).
[18] „[...] nous faisons lacune dans l'ordre intellectuel"(ebd., 330, frz. 97).
[19] Schelting und Toropygin zählen noch einige sekundär bedeutsame Publikationen vor Čaadaev auf, in denen die russische Vergangenheit abgewertet wird (Schelting 1948, 21; Toropygin 1996, 113). Dazu kämen Stellungnahmen de Bonalds (1959, 49f), der bekanntlich eine wichtige Quelle für Čaadaev darstellt. Von einem vorbereiteten Diskurs für

(nur sind dessen Erörterungen bei weitem nicht so populär geworden, s. dazu Quenet 1931, 156).

Das Niveau westlicher Bildung, so muß auch Kireevskij zugeben, habe Rußland noch nicht erreicht (s. auch Groys 1995, 24):

> Хотя мы и подчиняемся образованности Запада, ибо не имеем еще своей, но только до тех пор можем подчиняться ей, покуда не сознаем ее односторонности. (Kireevskij 1861, II 307)

Nachahmung ist für Kireevskij nicht erstrebenswert; denn Rußland hält ihm zufolge alle Grundlagen für eine gedeihliche Fortentwicklung bereit: in der Rückbesinnung auf die Werte der „altrussischen Aufklärung". Pervertierungen durch westliche „Infektionen" (ebd., 272) fielen zwar ins Gewicht, seien aber nicht unüberwindlich. Im Gegensatz zu Čaadaevs Totenort ist Rußland für Kireevskij also der einzige Ort, der Leben verspricht, auch wenn es erst entwickelt, ja geboren, wiedergeboren werden müsse. Diese Auferweckung („пробуждение") aus dem Trug („обаяние", ebd., 236) sieht Kireevskij in seiner Zeit bereits in vollem Gange.

6.3.2. Kulturräume

Eines der berühmtesten Zitate aus Čaadaev gilt der kulturräumlichen Verortung Rußlands:

> [...] мы никогда не шли вместе с другими народами, мы не при-надлежим ни к одному из известных семейств человеческого рода, ни к Западу, ни к Востоку, и не имеем традиции ни того, ни другого. Мы стоим как бы вне времени [...].[20]

Bei de Maistre war es noch ein weniger (nach beiden Seiten hin) ausschließendes „Zwischen" gewesen, in dem Rußland verortet wurde (s. Quenet 1931, 158), bei Čaadaev wird bei diesem „Zwischen" die Grenze ausgeschlossen: weder ... noch. „[...] мы принадлежим к другой солнечной системе", heißt es dann gar in Čaadaevs Brief an Schelling von 1832 (1991, II

Čaadaevs Absenz-These kann jedoch nicht die Rede sein, da sonst die Rezeption des ersten *Briefes* als „Schuß" nicht begründbar ist (s. Uffelmann 1997a, 259).

[20] „[...] nous n'avons jamais marché avec les autrec peuples; nous n'appartenons à aucune des grandes familles du genre humain; nous ne sommes ni de l'Occident ni de l'Orient, et nous n'avons les traditions ni de l'un ni de l'autre. Placés comme en dehors des temps [...]" (Čaadaev 1991, I 323, frz. 89).

77)[21]. Die Nichtteilhabe an den westlichen Traditionen schließt Rußland – nach Čaadaev, der sich darin de Maistre anschließt (1959, 58) – aus diesem europäischen Kulturverband aus (1991, I 325, frz. 91), den sich der Russe als kohärent vorstellt, wenn auch beileibe nicht alle Teile in allen Punkten identisch seien[22]. Die *Апология сумасшедшего* schränkt diesen Ausschluß Rußlands später ein: Rußland strebe schon seit Petr I. nach Annäherung an den Westen. Daß Petr I. Rußland die westliche Zivilisation mit Gewalt aufgezwungen habe, sei doch als positiv anzusehen (ebd., 525, frz. 291); es bewege sich nämlich seither (wie es auch Karamzin sah) in Richtung Fortschritt (ebd., 526, frz. 292). Zum Raumkonzept ist aus anderer Perspektive zu ergänzen, daß Čaadaev in der Tradition des Montesquieu-/Herderschen Klimadiskurses steht und ein gut Teil am russischen Entwicklungsrückstand den widrigen äußeren, klimageographischen Bedingungen anlastet (ebd., 340 u. 538, frz. 107 u. 304, s. Kamenskij 1991, 59).

Kireevskijs Text *О характере просвещения Европы и его отношения к просвещению России* nennt im Titel das Vergleichsthema und nimmt bereits im ersten Satze vorweg, wie dieser Vergleich ausfallen wird: Es werde um Unterschiede gehen (Kireevskij 1861, II 229), um Unterschiede, die alles durchdrängen: „всю душу, весь склад ума, весь [...] внутренний состав Русского человека" (ebd.). Er wendet sich gegen die Auffassung, welches die kulturellen Differenzen als bloß graduelle ausgibt (ebd., 230) – sie seien kategorial (ebd., 237), ja mehr als das: kontradiktorisch (ebd., 235)[23].

---

[21] Trotzdem gehen Boris Groys und Isupov/Bojkov zu weit, wenn sie meinen, Rußland stehe gleich ganz außerhalb der Räumlichkeit (Groys dekretiert „вне пространства" [1993, 245], was er für seine Argumentation benötigt, Rußland sei wie das „Unterbewußte" raumlos, 1993, 246; Isupov/Bojkov: „атопичность", 1991, 161). Es hieße dies, eine kulturosophische Polemik als grundsatzphilosophische Aussage mißzuinterpretieren: Rußland ist ein Loch in der Kulturlandschaft, nicht aber im Raum-Zeit-Kontinuum; Schwarze Löcher kannte Čaadaev nicht und man täte ihm keinen Dienst, ihn – im Hinblick auf Rußland – zu deren Antizipator zu küren.

[22] „семейное сходство"/„un air de famille", ebd., 327, frz. 93.

[23] Daß es sich bei aller Kategorialität aber um Polemik, um bewußte Kontrastierung handelt, zeigt folgender Nebensatz aus dem Text *О необходимости новых начал для философии*: „[...] ибо судьба всего человечества находится в живой и сочувственной взаимности, не всегда заметной, но тем не менее действительной" (Kireevskij 1861, II 301). Dazu ein struktureller Vergleich: Die Disjunktionslogik von Nietzsches Spätwerk, insonderheit des *Zarathustra* und des *Ecce Homo*, hat ein eben solches polemisch-provokatives Rhema: sie soll den Rezipienten aus eingeübten Mustern schlagartig herausreißen, aber nicht autoritär belehren, sondern zu wiederum eigener Überwindung aktivisieren. Daß die Geltung des Behaupteten bei Nietzsche infragegestellt wird, bildet indes

6. Čaadaev und Kireevskij

Kireevskij nennt eine Reihe unterscheidender Prädikate, läßt die Kontrastierung in einer mehr als anderthalbseitigen Antithese von „hier" und „dort" gipfeln (ebd., 275f). Ethnische („племенные", ebd., 238), historisch kontingente, religiöse und gesellschaftliche[24] Unterschiede werden genannt – die Rhetorik der Antithese ist hyperbolisch (Blagova 1995, 132). Peskov faßt die einzelnen Realisationen dieser slavophilen kategorialen Antinomie in einem zwölf Punkte umfassendes Schema zusammen (1993, 62-73). Kireevskijs Hauptbezugspunkt aber ist die von ihm so genannte „Aufklärung", das „просвещение"; es gebe eine westliche und eine russische, unter der er die Wirkungsgeschichte der Schriften der Väter der Ostkirche versteht.

Wie bei Čaadaev „цивилизация" für Kultur steht, so bei Kireevskij „просвещение" – ein gewichtiger Unterschied im Hinblick auf Materielles und Geistiges als Elementen von Kultur/Zivilisation/Aufklärung[25]! Ist der Hauptbezugspunkt für Kireevskij die „Aufklärung/Bildung", so ist die entscheidende Wertungsbelegung in der Opposition von *innen* und *außen* zu suchen: von russischer Fähigkeit zur Introspektion und westlicher Veräußerlichung (Kireevskij 1861, II 236). Im Westen ließen sich, so Kireevskij weiter, in allen Bereichen (Sprache, Jurisprudenz, Logik, religiösen Riten, Aktivismus) die Dimensionen des bloß Äußerlichen ablesen (ebd., 242f). Der Begriff von Kultur als Zivilisation bei Čaadaev läßt diese Opposition hingegen kaum zu (vgl. 1.2.).

---

einen Unterschied zu Kireevskij, dem eine solche bloß provokativ-didaktische, aktivisierende Stoßrichtung (bei Suspendierung des normativen oder Geltungsanspruchs) nicht attestiert werden kann.

[24] Eine Fußnote wert ist dabei die ebenfalls in der kommunistischen Topik anzutreffende Kontrastierung der westlichen Verabsolutierung des Eigentumsbegriffs (wo das Individuum über sein Eigentum definiert werde und nicht umgekehrt) einerseits und der russischen Umverteilungsgemeinde andererseits (Kireevskij 1861, II 267), die für Gercen höchst bedeutsam wird (7.3.9.).

[25] *Eine* adäquate Übersetzung gibt es nicht. Da das russische „просвещение" bei der Rezeption der ostkirchlichen Kirchenvätern angesiedelt wird, kommt die Epochenimplikation von Aufklärung nicht in Frage – jedenfalls nicht im herkömmlichen Sinne. Städtke zeigt die Kontamination des säkularen Wortsinnes mit einer geistlichen Bedeutung (etwa: Erleuchtung, Bekehrung) im Gebrauch des russischen 19. Jahrhunderts (Städtke 1995, 26), so daß „просвещение" – will man doch den Aufklärungsbegriff benutzen – bei Kireevskij eher russisch-geistliche Gegenaufklärung ist. E. Müller (1966, 45 Anm. 1) demonstriert die trotzdem vorhandene Nähe zum Kulturbegriff.

172 6. Čaadaev und Kireevskij

6.3.3. Geschichtskonzepte

6.3.3.1. Russische Geschichte

Bevor versucht werden kann, allgemeine „geschichtstheoretische" Konzepte Čaadaevs und Kireevskijs herauszudestillieren, müssen, auch als Verbindungsglied zum vorherigen kulturräumlichen Gesichtspunkt, ihre Ansichten zur Geschichte Rußlands dargelegt werden.

Wenn die phylogenetische Geschichte, wie Čaadaev implizit immer voraussetzt, ein Entwicklungsprozeß ist, mit dem die ontogenetische Erziehung und Bildung verglichen werden kann, so hat Rußland an der allgemeinen Heranbildung des (westeuropäisch gedachten) Menschengeschlechts keinen Anteil gehabt. Čaadaev: „всемирное воспитание человеческого рода на нас не распространилось"[26]. Die westlichen Werte Pflicht, Gerechtigkeit, Recht und Ordnung (Čaadaev 1991, I, 327, frz. 93) sowie logische Denkkultur (ebd., 328, frz. 94) hätten, so Čaadaev, in Rußland keinen Platz, es sei *tabula rasa* (ebd., 527, frz. 193); russische Denker gebe es nicht (ebd., 329, frz. 96). Er nennt in der Folge eine ganze Reihe von Parametern, die in Rußland nicht verwirklicht worden seien: Gesellschaftliche Sozialität sei in Rußland stets rein theoretisch geblieben (ebd., im Gegensatz zu Kireevskijs „abstrakt" ein lediglich phraseologischer Wortgebrauch von „theoretisch"), praktisch fehle es an jeder Ordnung des alltäglichen Lebens, an das Sozium tragenden und stabilisierenden Gewohnheiten, ja selbst an Normalität (ebd.). Alles sei unetabliert, in steter Beweglichkeit, im Chaos („хаотическое брожение"[27]). Rußland stelle, so fährt Čaadaev fort, das Dementi der Menschheit dar (ebd., 330, frz. 96). Die These von der abwesenden russischen Geschichte ist besonders vor dem Hintergrund des damaligen Aufschwungs der Historiographie provokativ (s. Isupov/Bojkov 1991, 158); Vjazemskij liest nämlich den 1. Brief als Dementi Karamzins, d.h. von dessen Historiographie[28]; und ein zweiter Dialogpartner ist denkbar, nämlich Christian von Schlözer, Čaadaevs Erzieher (vgl. Quenet 1931, 4f).

---

[26] „[...] l'éducation universelle du genre humain ne nous a pas atteints" (1991, I 323, frz. 89).
[27] „la fermentation chaotique" (Čaadaev 1991, I 325, frz. 91).
[28] S. Geršenzon 1908, 143. Schon in seinen *Reisebriefen* hatte Karamzin die russische Geschichte als „нечто привлекательное, сильное, достойное внимания не только русских, но и чужестранцев" gelobt (1964, I 415).

6. Čaadaev und Kireevskij

Diese gegenwärtige Ungeordnetheit bedingt Čaadaev zufolge auch den Mangel an diachroner Kontinuität, an einer – proto-Bergsonisch – „непрерывная длительность"[29]; „все исчезает"[30]. Keine zivilisatorisch institutionalisierte *memoria*-Kultur bewahrt nach Čaadaevs Auffassung in Rußland das Gewesene auf (ebd., 325, frz. 91). Rußland habe, allein schon deshalb, weil es kein Geschichtsbewußtsein besitze, keine Geschichte. Die – oft in revolutionärer Form – fortschreitende Entwicklung der Geschichte aller anderen Völker spare allein Rußland aus: „Мы, напротив, не имели ничего подобного"[31]. Rußland vegetiere in ahistorischem Stillstand vor sich hin; es besitze nur eine dumpfe Gegenwart, stehe wie ein Säugling noch *vor* der Geschichte (ebd., 325, frz. 91). Warum dies indes historisch so gekommen sei, kann Čaadaev zunächst nur einer „странная воля судьбы"[32] zuschreiben, führt dann aber später detaillierter das Fehlen geistesgeschichtlicher Epochen in Rußland auf: Renaissance (ebd., 331, frz. 98) und Aufklärung (ebd., 330, frz. 97) habe es in Rußland nicht gegeben. Anstatt dies aber dann auch explizit auf kontingente Faktoren zurückzuführen, naturalisiert[33] Čaadaev folgendermaßen: „В крови у нас есть нечто, отвергающее всякий настоящий прогресс."[34] Čaadaev findet so zu einer widersprüchlichen Mischlösung: Schuld habe zum Teil das Schicksal, zum Teil hätten die Russen ihr Unglück mitverursacht (ebd., 331). Wesentlicher Punkt dieses Selbst-Verschuldens ist für ihn die Orientierung am verderblichen Byzanz (ebd.) – ein Gedanke, dem Leont'ev das genaue Gegenteil kontern wird (8.3.2.1.).

Kireevskij wendet sich gegen eine frühere Ansicht („говорили тогда", 1861, II 230), die den russischen kulturellen Fortschritt erst mit Peter einsetzen läßt (wie Čaadaev in den *Философические письма*) und diese Verspätung dann zur Chance besonders gelehriger Entwicklung umdeutet (wie Čaa-

---

[29] „la durée permanente" (Čaadaev 1991, I 328, frz. 94).
[30] „tout s'écoule" (Čaadaev 1991, I 324, frz. 90).
[31] „Nous autres, nous n'avons rien de tel." (Čaadaev 1991, I 324, frz. 91).
[32] „une destinée étrange" (Čaadaev 1991, I 325, frz. 91)
[33] Die russische Philosophie hat bis in die Gegenwart die Tendenz, besonders negative Aussagen (Disjunktionen) zu ontologisieren; dies gilt selbst für den partiell dekonstruktivistisch arbeitendenen Ryklin (s. 10.2.6.). Es ist gut möglich, daß es sich dabei um ein Charakteristikum jeglicher Philosophie handelt, um eine dem philosophischen Diskurs innewohnende Neigung, „Negatives" (einerseits Abgrenzung/Disjunktionen, andererseits negative Inhalte wie Sündenfall, Dekadenzprozesse, Erkennensgrenzen) stärker zu ontologisieren als positive, normative, utopische, teleologische Vorstellungen. Das wäre Thema einer grundsätzlichen metaphilosophischen Untersuchung.
[34] „Nous avons je ne sais quoi dans le sang qui repousse tout véritable progrès" (Čaadaev 1991, I 330, frz. 97).

daev in der *Апология*)³⁵. Die Bezüge auf Čaadaev sind unverkennbar. Petr I. wird für Kireevskij, für die Slavophilen grundsätzlich zum „bête noir" (MacMaster 1967, 248). Gegen Čaadaevs Zuschreibung einer bedeutenden Rolle an Petr I. etabliert Kireevskij eine eigene russische „Aufklärung", die in der Rezeption der griechischen Kirchenväter bestehen soll. Er hält Čaadaevs Mangelthese also eine ostkirchlich-russische, eigene Tradition entgegen.

Kireevskijs Aussagen über die russische Geschichte bilden im wesentlichen den Konterpart zu Čaadaevs Thesen. So läßt sich kurz zusammenfassen, daß Kireevskij nach der Blütphase geistlicher Kultur im alten Rußland (Kireevskij 1861, I 260) eine Phase des stetigen – wenngleich nicht völligen – Niedergangs erblickt.

> [...] несмотря на то, что вся мыслящая часть народа, своим воспитанием и своими понятиями, значительно уклонилась, а в некоторых и совсем отдалилась от прежнего Русского быта, изгладив даже и память о нем из сердца своего: — этот Русский быт, созданный по понятиям прежней образованности и проникнутый ими, еще уцелел [...]. (ebd., 260f)

Der Prozeß der Dekadenz dauert nach Kireevskijs Meinung bis zur aktuellen Auferweckung (ebd., 236). Kireevskij sieht im russischen Mittelalter eine Stasis von friedlichem Zusammenleben realisiert – ein weitverbreiteter Topos und Mythos der russischen Kulturreflexion, der auf Herder zurückgeht (s. Christoff 1972, 208, 226f bes. Anm. 38). Die Herrschaftsnahme der Varäger ginge auf friedvolle Einladung zurück (ebd., 261)³⁶. Die Chistianisierung sei vollends gelungen, Rußland habe die neue Religion wie eine *tabula rasa* aufgesogen³⁷. Das alte Rußland ist für Kireevskij geradezu mit dem Wesen des Christentums identisch (s. E. Müller 1966, 324) – eine Idealprojektion, die

---

³⁵ Šiškov hatte demgegenüber den Rückstand als Wert an sich gesehen und – wie später Leont'ev – die weitere Entwicklung aufhalten wollen (s. Al'tšuller 1984, 32).

³⁶ Diese Konstruktion ist nötig aus dem Blickwinkel von Kireevskijs Anfangseffekttheorie (derjenigen der Kognitionspsychologie vergleichbar): Wie der Anfang, so unweigerlich auch die weitere Entwicklung. Was friedlich begonnen hat, wird, so das Rhema dieser Theorie, auch so weiter wachsen, was auf Gewalt gegründet ist, immer nur Gewalt ernten (Kireevskij 1861, II 249). So kann es bei Kireevskij über das mittelalterliche Rußland heißen: „В ней [в России] не было ни завоевателей, ни завоеванных" (ebd., 263). Danilevskij schließt sich dem an (7.3.4.).

³⁷ Interessant ist die umgekehrte Verortung und Wertung der russischen *tabula rasa*. Sie wird von Kireevskij ins Jahr 988 versetzt, während sie von Čaadaev in der Gegenwart gesehen und in den *Философические письма* als Leerstelle begriffen wird, die er erst in der *Апология сумасшедшего* zaghaft zur Chance umwertet.

nicht nur der ideologische Gegner Gercen entlarvt (1975, V 226f), sondern auch der Mitstreiter Chomjakov in seiner Entgegnung *По поводу статьи И. В. Киреевского* als unhistorisch herausstellt (1995, 209; s. dazu auch Ignatow 1996, 14). Dieser Gedanke setzt sich in der im weitesten Sinne slavophilen Tradition fort, so daß MacMaster mit Blick auf Danilevskij bereits eine ganze Diskursgeschichte diagnostizieren kann:

> The story of the happy marriage of the Russian people and the one true religion is familiar to us. Unlike the Europeans, the Russians had persisted in Orthodoxy from the first. (MacMaster 1967, 257)

Die späteren Gefährdungen – Einfälle fremder Völkerschaften in Rußland – konnten dann laut Kireevskij den „wesentlichen Sinn des russischen inneren und gesellschaftlichen Lebens nicht mehr ändern" (1861, II 241). Er nimmt so eine Art panchroner Stasis des russischen Christentums an (s. Uffelmann 1997a, 265f). Solange die alte Rus' unabhängig gewesen sei, habe auch ihre erste Blüte angedauert. Mit dem Mongolensturm setzte der Niedergang ein, den die gewaltsame Nachahmung des Westlichen noch verschlimmerte (Kireevskij 1861, II 230f).

6.3.3.2. Ansätze von Geschichtstheorie

Čaadaev denkt Welt als Bewegung (Čaadaev 1991, I 373, frz. 137) und damit Geschichte als – wenn auch nicht ubiquitären (ebd., 400, frz. 165) – Progreß (der für ihn *per se* etwas Positives ist, vgl.: „всякий настоящий прогресс"[38]). Er setzt in organizistischer Manier die Geschichte eines Volkes in Parallele zur Ontogenese (ebd., 326, frz. 92). Gerade auch die revolutionären Phasen werden bei Čaadaev – als energetisch reich – positiv gewertet (ebd., 324, frz. 90). Insgesamt wird Kulturgeschichte bei ihm theoretisch gedacht als Akkumulationsprozeß: Auf früherem könne – im Westen – aufgebaut werden (ebd., 334, frz. 100). Was war, bleibe gespeichert, nutzbar. Čaadaev bekennt sich zum Historismus (ebd., 393, frz. 158). Das Neue wird von ihm in besonderer Weise als Wert an sich begriffen. Die wiederkehrenden Formeln vom „новое общество"[39] und „новое бытие"[40] jenseits von Raum und Zeit zeugen von dieser Axiologie des Neuen bei Čaadaev. Bezeichnend ist

---

[38] „tout *véritable* progrès" (Čaadaev 1991, I 330, frz. 97; Hervorhebung DU, vgl. dazu auch Miljukov 1913, 329).
[39] „la société moderne" (z.B. Čaadaev 1991, I 335, frz. 101).
[40] „l'existence nouvelle" (Čaadaev 1991, I 363, frz. 128).

auch die *Апология*, die *Философические письма* seien an ein zukünftiges Publikum gerichtet und von den Zeitgenossen falsch verstanden worden (ebd., 524, frz. 290). E. Müller geht zu weit, wenn er schreibt: „Čaadaev verneint den evolutionären Charakter der Universalgeschichte" (1966, 126); denn die Progredienz überzeichnet bei ihm nichtsdestotrotz alle Rückschläge. Ebenso unzutreffend ist es, wenn Falk aus einzelnen Hochbelobigungen Čaadaevs für die christliche Vorzeit (1991, I 412, frz. 178) oder aus seiner Kritik der Reformation (ebd., 410, frz. 176) schließt, Čaadaev stelle das katholische Mittelalter grundsätzlich über die Neuzeit (Falk 1954, 26)[41]. Da übersieht der einschlägig interessierte Jesuit Falk die ungeheure Vielzahl an progressistischen und neuheitsaxiologischen Textbelegen Čaadaevs (1991, I 407, 409, frz. 173f etc.).

Wenn bei Kireevskij auch die organizistische Metapher in bezug auf Volk und Geschichte eine gewisse Rolle spielt (Kireevskij 1861, II 233, s. dazu Galaktionov 1995, XIIIf), so lassen sich doch die progressistischen Implikationen Čaadaevs bei ihm nicht wiederfinden. Eine Theorie von allmählicher Akkumulation durch *memoria* entwickelt er nicht. Vielmehr sieht er einen geistigen Uranfang (ostkirchliche Geistlichkeit), der durch historische Kontingenz verschüttet worden sei, aber im Inneren unangefochten fortlebe.

Folgende Metaphorik aus der Informatik sei hier gestattet: Einem Gedächtnis mit stetem neuen Informationseingang, einem Arbeitsspeicher RAM (Random Access Memory), als das man Čaadaevs Gedächtniskonzept beschreiben könnte, hält Kireevskij die Vorstellung von einmaliger Programmierung und nachmaligem Nur-Abrufen, von einem Festspeicher ROM (Read Only Memory), entgegen. Wenn sowohl Čaadaev als auch Kireevskij

---

[41] Eher ist Z. N. Smirnova zuzustimmen, die einen unaufgelösten Widerspruch zwischen zwei Auffassungen der *Философические письма* feststellt: Einerseits gilt Čaadaev der Verstand als gefallen, gottfern, zum anderen ist in der Realisierung des westlichen, katholischen Christentums so etwas wie das Reich Gottes auf Erden bereits erreicht (Z. N. Smirnova 1998, 97).

Angesichts dieser Spannung trifft zu, daß das Bild Čaadaevs nicht nur vom westlichen Mittelalter, sondern vom Westen überhaupt sich einer Idealprojektion verdankt und damit Kireevskijs Projektion auf das russische Mittelalter strukturell nahekommt. Čaadaevs europäische Einheit ist ein Idealkonstrukt. Mandel'štam kommentiert Čaadaevs Bild vom Westen so: „Только русский мог открыть такой Запад, который сгущеннее, конкретнее самого исторического Запада." (Mandel'štam 1971, 290). Aber – es sei hier zum wiederholten Mal angemerkt – bei der logisch-axiologischen Beschreibung geht es nicht um die historische Adäquatheit, sondern einzig um die (rhematische) *Form* der Aussagen. Mit den Texten zu polemisieren, käme einer negativen Identifikation nahe; die geschichtswissenschaftliche Regel *sina ira et studio* würde dadurch untergraben.

6. Čaadaev und Kireevskij

philosophischer Traditionalismus attestiert wird (Falk 1954, 46-48; Rouleau 1970, 13; Lanz 1925, 600), so gilt das unter dem aufgezeigten Blickwinkel des Gedächtnisbegriffes und der gleichzeitigen Axiologie des Neuen für Čaadaev in geringerem Maße als für Kireevskij. Tradition ist bei Čaadaev Fortschreibung, bei Kireevskij Urstasis.

Die Entwicklung der westeuropäischen Gesellschaften wird von Čaadaev nun inhaltlich als fortschreitende Vergeistigung beschrieben[42]. Alle materiellen Interessen, die an sich den Fortschritt bremsten (Čaadaev 1991, I 408 u. 420, frz. 174 u. 178f), ordneten sich dort dem Idealen unter (ebd., 335, frz. 101). Vergeistigung, Vergeistlichung seien die entscheidenden Momente der Weltgeschichte.[43] Klarheit der wahren Erkenntnis sei, so Čaadaev, in früheren Zeiten noch ausgeschlossen gewesen, was heute hingegen möglich geworden sei (ebd., 354). Offenbarung und göttliches Eingreifen in die Geschichte, wovon er oftmals, aber selten explizit spricht („сверхъестественная сила"[44]), begreift Čaadaev anscheinend nicht als einmaliges Ereignis (vgl. ebd., 352), sondern als fortwährendes Sich-Ereignen göttlicher Wahrheit (vgl. Falk 1954, 46, Geršenzon 1908, 76). Religion ist also – theurgisch verstanden (Čaadaev 1991, I 524, frz. 290) – das *movens* der Geschichte (vgl. ebd., 336, frz. 102); sie ist das einende Band der von Čaadaev (Hegel nahekommend) favorisierten integralen, ideenorientierten und nicht etwa empirisch-faktenhäufenden[45] Historiographie bzw. -sophie (ebd., 393, 418, frz. 158f u. 184, zur Hegel-Nähe[46] s. Dobieszewski 1986, 26f). Oftmals unbe-

---

[42] Der nächste Fall, wo sich die die Frage der historischen Adäquatheit solcher Dikta eigentlich erhebt; trotzdem wird sie aus grundsätzlichen Erwägungen nicht gestellt; Polemik mit den Inhalten kulturosophischer Texte kann nicht philosophiewissenschaftliche Aufgabe sein. Im Kontext einer philosophischen Lektüre kann Kritikkriterium nur innere Kohärenz, nicht aber äußere Adäquanz sein (was für politikwissenschaftliche Lesarten nicht gilt), vgl. Ackermann 1998, 111, E. Müller 1966, 340. Kritische Lektüren Kireevskijs und Čaadaevs vom gegenwärtigen Wissensstand der historischen Forschung aus kommen hier nicht in Betracht.

[43] Trotz des darin eingeschlossenen Providentialismus gibt es für Čaadaev so etwas wie Freiheit in der Geschichte, das Herausfallen aus dieser Providenz, wie es mit Rußland geschah (vgl. Novikova/Sizemskaja 1995, 46).

[44] „puissance surnaturelle" (Čaadaev 1991, I 400 u. 405, frz. 171).

[45] Walicki liest dies als Zurückweisung einer aufklärerischen mechanistischen Geschichtsphilosophie (1975, 95).

[46] Toropygin führt über den „Apriorismus" eine Analogie von Kants und Čaadaevs Geschichtsbegriff ein und erklärt Čaadaev so zu einem „отчасти кантианец" (1996, 121). Daß Kants gnoseologische Geschichtsphilosophie meilenweit von Čaadaevs metaphysi-

merkt vom Menschen bewege sich seine Geschichte notwendig (ebd., 365, frz. 130) auf das als vorbestehend fix gedachte Absolute, auf den „закон" (ebd.) zu. Geschichte ist bei Čaadaev damit Heilsgeschichte. Im Zusammendenken von Ereignisgeschichte, Kulturgeschichte und Heilsgeschichte scheut Čaadaev auch vor folgender, geradezu blasphemischer Identifikation nicht zurück: „[...] все же царство Божие в известном смысле в нем [в европейском обществе] действительно осуществлено [...]."⁴⁷

Die Zuweisung eines solch extremen Positivums wie des Reiches Gottes an den westeuropäischen Part zeugt von extremer Axiologisierung von Čaadaevs Denken: Im Gegenzug zur radikalen Abwertung Rußlands geschieht – durch zweiwertiges Denken *more logico* – die radikale Aufwertung von dessen Gegenteil. Und doch wird diese Nahvision noch überboten von der Vorstellung des „Небо" („ciel"), der „жизнь совершенной подчиненности"⁴⁸. Es ist ein Himmel auf Erden, ein Reich Gottes im Diesseits, was Čaadaev vorschwebt (vgl. Merežkovskij 1998, 313; MacNally 1969, 13; Rouleau 1970, 13).

Eine wichtige Dimension ist bei Čaadaev das Erinnern von Geschichte: „мы помним не более того, что желаем вспомнить"⁴⁹, und: „Мы строим образы прошлого точно так же, как и образы будущего. [...] Все времена мы создаем себе самим."⁵⁰ Das klingt, als ob Čaadaev – schon gar nicht mehr weit vom neurowissenschaftlichen Konstruktivismus der Gegenwart entfernt – Erinnern als mit konstruierter Geschichte zusammenfallend denken würde. An anderer Stelle aber wird die Überzeugung von der Existenz objektiver Geschichte manifest: „Историк находит ее готовую"⁵¹. Das Erinnern habe eine entscheidende verbindende Funktion (ebd., 326 u.

---

scher, Hegels Bewußtseinsgeschichte unvergleichlich viel näherstehender Auffassung entfernt ist, wird dabei zu Unrecht übergangen.

⁴⁷ „[...] le règne de Dieu s'y trouve en quelque sorte réalisé" (Čaadaev 1991, I 336, frz. 103). Andererseits – hier wird die vielfältige Selbstwidersprüchlichkeit schon innerhalb der *Философические письма* Čaadaevs deutlich, was als Hinweis genügen soll – schätzt er die moralische Lage aller Völker der Gegenwart als verheerend ein; es bedürfe einer reinigenden Katastrophe (Čaadaev 1991, I 433, frz. 198).

⁴⁸ „vie de soumission parfaite" (Čaadaev 1991, I 363, frz. 128).

⁴⁹ „[...] l'on n'a jamais plus de souvenirs que l'on en veut avoir" (Čaadaev 1991, I 361, frz. 127).

⁵⁰ „Nous nous faisons des images du passé précisément comme nous nous en faisons de l'avenir. [...] Tous les temps, nous les faisons nous-mêmes [...]" (Čaadaev 1991, I 362, frz. 127).

⁵¹ „L'historien vient un jour, la trouve toute faite [...]" (Čaadaev 1991, I 527, frz. 294).

527, frz. 92 u. 294), es stifte ein Zusammengehörigkeitsgefühl[52]. Das kollektive Gedächtnis formt in Čaadaevs Sicht ein dem Hegelschen Geist täuschend ähnelndes Weltbewußtsein, „мировое сознание" („intelligence universelle"); es schaffe eine „совокупность всех идей, которые живут в памяти людей"[53]. Die Tradition stelle geistiges Allgemeingut bereit (ebd.). Außer dem historisch Nachweisbaren wirke, fügt Čaadaev hinzu, auch ein kollektives Unbewußtes verbindend (ebd., 383, frz. 149).

Für Kireevskij sind die äußeren Einflüsse auf die russische Geschichte an einer Stelle seiner Erörterung kontingent (1861, II 237) und – so scheint es zunächst – nicht etwa Produkt einer Vorsehung. Der Čaadaevschen Progredienz*theorie* ließe sich also nicht unbedingt eine Dekadenz*theorie* Kireevskijs gegenüberstellen, da er Geschichte nicht als durchgängig providentiell gesteuert sieht. Dekadenz*faktizität* käme seiner Deskripition russischer Geschichte näher. Goerdt stellt an Kireevskijs Geschichtsdenken Säkularisationstheorie und Verfallstheorie zurecht zusammen (1968, 81). Verstreute Elemente einer Fortschrittstheorie im frühen Text *Девятнадцатый век* unterminieren aber diese Hauptrichtung in den beiden Texten von 1852 und 1856 nicht; es bleibt sich eben nicht, wie Goerdt behauptet gleich, ob man

> das moderne Europa als Ergebnis des Fortschritts aus dem Geist der Antike oder [wie Kireevskij, DU] – des Verfalls aus dem Geiste des Katholizismus denkt. (Goerdt 1968, 83)

Für die Frage nach Progredienz oder Dekadenz ist dies entscheidend, und Kireevskij tendiert klar zur zweiten, ist – *mutatis mutandis* – Rousseauist (Masaryk 1992, 219f). Die europäische „Entelechie des Rationalismus" (E. Müller 1966, 316) ist für Kireevskij eine Abwärts-Entelechie. Neben dieser entelechetischen Dekadenz des Westens steht aber die Diskontinuität der russischen Geschichte (E. Müller 1966, 329), die auch für Kireevskij letztlich nur als kontingent zu erklären ist.

Daneben gibt es bei Kireevskij wiederum eine gegenläufige, religiös motivierte Argumentation, in der Gott Geschichte gestaltet: „Господ спасал Свои Церкви единодушием всего Православного мира." (Kireevskij 1861, II 239) Zudem sagt Kireevskij, daß die Entwicklung eines Staates eben von den geistigen Ursprüngen abhänge, auf denen er gründete (ebd., 249).

---

[52] Čaadaev bedient sich in diesem Zusammenhang der Webmetaphorik, wenn er vom „abgerissenen Faden" der russischen (Nicht-)*memoria* spricht. Zum Verhältnis von Flecht- und Akkordmetaphern und konjunktivem Denken s. 5.5.8.
[53] „la somme du (sic) toutes les idées qui vivent dans le souvenir humain" (Čaadaev 1991, I 382, frz. 148).

Religion und Kultur bestimmten eine gesellschaftliche und historische Situation, materielle Faktoren seien schwächer zu veranschlagen (ebd., 35). Und an anderer Stelle in Kireevskijs Text wird auch ein moralisches Geschichts-*télos* formuliert:

> Ибо нет сомнения, что все действия и стремления частных людей и народов подчиняются невидимому, едва слышному, часто совсем незаметному течению общего нравственного порядка вещей [...]. (ebd., 301)

Gleich darauf wird von Kireevskij aber wieder alles historische Geschehen der Freiheit des Einzelnen überantwortet (ebd., 302-304). Determinationsphasen und Freiheitsmomente wechselten einander demzufolge ab:

> В самой сущности ее лежит необходимость отдельных периодов развития, между которыми она является свободною от предыдущих влияний и способною избрать то или другое направление. (ebd., 304)

Offenbar verschränkt Kireevskij hier Determination durch Inneres und Kontingenz des Äußeren. Das führt ihn zum Mißtrauen gegenüber Versuchen der Identifikation einzelner historischer Stasen in einem heilsgeschichtlichen Plan (Walicki 1975, 149), – zwar nicht gleich zu historiologischem Agnostizismus, aber zu erheblicher Vorsicht gegenüber einer hegelianischen Objektivität.

Vom positiven Revolutionsbegriffs der Čaadaevschen *Философические письма* hat Kireevskij nichts (Kireevskij 1861, II 249). Revolution, Umwälzung, Veränderung *per se* ist für ihn negative Folge des Partikularismus, des Konflikts der Parteiungen (ebd.):

> Напротив того, в обществе, устроившемся естественно из самобытного развития коренных начал, каждый перелом есть болезнь, более или менее опасная. (ebd., 266)

Überschreitung, Übertretung sei das Entwicklungsgesetz der westlichen Kirche, Galilei ist Kireevskijs Beispiel hierfür (ebd., 286). Doch ist Übertretung für Kireevskij das Entwicklungsgesetz eines Niedergangs. Es führt ihm zufolge weg vom selbstidentischen, reinen Uranfang.

6.3.4. Philosophiegeschichte

> Русская философия делает своей проблемой всю прежнюю философию. (Florovskij 1929a, 278)

Kireevskij reitet einen regelrechten Parcours durch die Geistesgeschichte des Abendlandes (1861, II 251-254, ausführlich dazu E. Müller 1966, 351-389). Seine Schrift *О необходимости новых начал для философии*[54] beurteilt Aristoteles und Platon als Urväter zweier divergenter philosophischer, ja geistig-allgemeiner und kultureller Traditionen[55]:

> [...] самый способ мышления Платона представляет более цельности в умственных движениях, более теплоты и гармонии в умозрительной деятельности разума. (Kireevskij 1861, II 256)

Darüberhinaus kontrastiert Kireevskij westliche und griechisch-orthodoxe Kirchenväter (ebd., 255), bezeichnet eine endlich auch westliche Rezeption der letzteren als Desiderat (ebd., 256)[56] und stellt die westliche Philosophie der Neuzeit als rationalistischen Verirrungsprozeß – mit Einsetzen der Blüte im englischen Empirismus[57] (ebd., 232, 254) und voller Entfaltung bei Fichte und Hegel dar (ebd., 254). Gegen den Rationalismus dieser westlichen Überlieferungslinie stelle die Literatur der Väter der Ostkirche ein Antidotum dar.[58] Doch auch innerhalb der westlichen Tradition erblickt Kireevskij ge-

---

[54] Um des kulturosophischen Erkenntnisinteresses und der logischen Konzeptualisierungsabsicht willen ist hier die stark verkürzte Wiedergabe vonnöten.

[55] Eine Unterscheidung, die in Rußland lange gemacht wurde, und vom Polen Eugeniusz Czaplejewicz in jüngerer Zeit erneut gegen Aristoteles fruchtbar gemacht wurde (1977a, 97-115, vgl. 2.3.). In der Konsequenz dieser reanimierten Opposition gerät bei Czaplejewicz mit formalistischer Verfremdung als *movens* der Literaturgeschichte auch Konkurrenz als Prinzip demokratischer (Kontroll-)Freiheit in den Verdacht des gewalttätig Totalitären, während das Kollektive im Gegenzug verharmlost wird (Czaplejewicz 1991).

[56] Mit dem von ihm herausgegebenen Florilegium von Kirchenväterzitaten in altkirchenslavischer Übersetzung Paissij Veličkovskijs leistet Kireevskij einen wegbereitenden Beitrag zur Einlösung dieses seines Desiderats (s. Onasch 1983, 55).

[57] Während bei Chomjakov und anderen Slavophilen der angetane Blick auf England die Antinomie Rußland vs. Europa durch ein Drittes, durch England, abschwächt, macht Ivan Kireevskij diese Ausklammerung Englands aus dem antieuropäischen Verdikt nicht mit. Dies ist einer von vielen möglichen Belegen für die Wichtigkeit differenzierender Betrachtung der Vertreter der Slavophilie (wie auch des Westlertums) im einzelnen.

[58] Es ist beileibe nicht unumstritten, daß die Väter der Ostkirche dem Rationalismus ferngestanden hätten (Vl. Ivanov kritisiert – im Geiste Kireevskijscher Wertungen, aber gegen seine Zuschreibung – deren „einseitigen Intellektualismus", 1995, 201); die Herkunft aus dem byzantinisch-ostkirchlichen Kulturkreis scheint daher eine gewichtigere

rade zu seinen Lebzeiten einen Umschwung, ein Selbsterkenntnismoment, und zwar bei Schelling (Kireevskij 1861, II 234, 282), den er ja selbst in München gehört hatte (wodurch er sich als Ohrenzeuge dieses entscheidenden Umschwungs fühlen konnte). Schellings „positive" oder *Philosophie der Offenbarung* gilt für Kireevskij zunächst als entscheidender Schritt, erscheint ihm in den 1850er Jahren aber dann (anders als zuvor, E. Müller 1993, 126) als nicht mehr hinreichend. Auch Schelling müsse nochmals überwunden werden. Slavophilie dürfte dabei als die Philosophie der Zukunft gedacht sein (Walicki 1975, 160). Die auf anderen Ebenen beobachtete disjunktive Kontrastierung findet sich auch bei der Diagnose der Denkformen westlicher und russischer Theologie und Philosophie:

> Отсюда, кроме различия понятий, на Востоке и Западе происходит еще различие и в самом *способе* мышления богословско-философском. (Kireevskij 1861, II 258)

Bei Čaadaev ist die Auseinandersetzung mit der Philosophiegeschichte nicht so umfassend, sie steht immer unter dem Vorzeichen der Gegenüberstellung theologischen und philosophischen Denkens (s. 1991, I 399), nicht aber unter dem der west-östlichen Kontrastierung.

6.3.5. Religion

In alter antihäretischer Diskurstradition verurteilen sowohl Čaadaev als auch Kireevskij den Abfall von der ursprünglichen, einen Lehre (Čaadaev 1991, I 321, frz. 87, Kireevskij 1861, I 199). Ziel der Heilsgeschichte, die alle weltliche Geschichte in sich schließe und in der das Christentum seine objektive, soziale und historische Funktion habe (Geršenzon 1908, 80), ist dabei für den Westler[59] die Wiedererlangung der All-Einheit. Mittel dazu ist der religiöse

---

Motivation dafür, daß Kireevskij gerade diese Literatur auswählt, als die Beschaffenheit der Argumentation in diesen Texten. Das Kirchenväter-Argument wäre damit vorrangig ein Mittel zur Kulturkonfrontation.

[59] Da Čaadaev in der *Апология* frühere Positionen kaum zurücknimmt und die eschatologische Einheitsvision von der Kulturdiagnose getrennt betrachtet werden kann, ist dieses Eptitheton für Čaadaev ansatzweise adäquat (vgl. Copleston 1986, 30f). Westliche zivilisatorische Situation und christliche Utopie bilden bei ihm zwei Gegengewichte gegen den nur auf Rußland bezogenen didaktisch-provokativen (Gercens „Schuß in der Nacht", 1975, V 217, kann als Wecksignal gelesen werden) und damit funktionalen Pessimismus der *Философические письма*. Ein funktionaler Pessimismus ist aber kein Nihi-

Geist. Dieser „[...] заключается всецело в идее слияния всех, сколько их ни есть в мире, нравственных сил — в одну мысль, в одно чувство [...]."[60] Viele von Čaadaevs Formulierungen über die Kirche im Westen weisen auf seine Verehrung für die katholische Kirche hin. Orthodoxie (ebd., 332, frz. 98) und „spalterischer" Protestantismus (ebd., 410f, frz. 175) werden verworfen[61]. Čaadaev verteidigt das Papsttum (ebd., 414f, frz. 180, dazu Schultze 1950, 34f), ja gar die katholische Ablaßpraxis (ebd., 411, frz. 177) und hebt die positive sozialgestalterische Wirkung des katholischen Christentums hervor (s. Quenet 1931, 395; MacNally 1971, 139, 146), weswegen Isupov/Bojkov zurecht von einem „европо-христиано-центризм" (1991, 103) Čaadaevs sprechen. Dieser stellt die westliche, in seiner Sicht sozialintegrative Kirche gegen die orthodoxe asketische Trennung von Welt und Religion (ebd., 149). In der Forschungsliteratur wird jedoch bisweilen gefolgert, bei Čaadaev fände sich kein Katholizismus-Import, sondern lediglich ein Lobpreis auf den Katholizismus im anderen (Europäischen):

> Čaadaev predigte nicht den Katholizismus für Rußland [...], sondern beschrieb die katholische Religion als einen integralen Faktor der gesellschaftlichen und kulturellen Entwicklung in Westeuropa. (Städtke 1995, 23)

In dieser Schärfe ist die Alternative trügerisch: Čaadaev will in der Tat nicht den Katholizismus als *historische* Ausprägung nach Rußland verpflanzen, wohl aber all jene Positiva, die er mit dem Katholizismus assoziiert, für die der Katholizismus bei ihm die Leitmetapher darstellt: soziale Integrationskraft und „Einheit". Miljukov weist auf die außerordentliche Bedeutung des katholischen Philosophen de Maistre und der Traditionalisten de Bonald und Lammenais für Čaadaevs eigenes Denken hin (1913, 326), Quenet sieht das idelle Zentrum von Čaadaevs Philosophie im Katholizismus (1931, 189); damit wäre – *in persona* Čaadaevs – schon ein Import geleistet. Wenn Geschichte – wie für Čaadaev – Geistes- und Heilsgeschichte ist, so folgt, daß

---

lismus, sondern dessen utopisches Gegenteil. Er geht, gerade in der *Апология сумасшедшего*, in Messianismus über.

[60] „[...] il est tout entier dans l'idée de la fusion de tout ce qu'il a au monde de forces morales en une seule pensée, en un seul sentiment" (Čaadaev 1991, I 321, frz. 87).

[61] Daß die *Апология сумасшедшего* dann eine Verneigung vor der orthodoxen Kirche macht (ebd., 536, frz. 302), scheint vor allem Ausfluß apologetischer Notwendigkeit zu sein. In späteren Zeugnissen Čaadaevs ist eine gewisse ökumenische Gleichstellung von Orthodoxie und Katholizismus als „einander nebengeordneten Zweigen" (Schultze 1950, 43) auszumachen. „Doch hat Čaadaev niemals seine Meinung aufgegeben, daß die katholische Kirche und das Papsttum Prinzipien idealer wie sozialer Einheit seien." (ebd.).

für ihn die Differenz von westlicher Religion und Orthodoxie entscheidend ist für die grundlegende Unterschiedenheit russischer und westlicher Kultur – nicht dem Namen (Katholizismus, Orthodoxie), sondern den Implikationen Integration und Einheit nach.

Spätere Chomjakovsche Formulierungen von der einen Kirche (1994, 6f) scheinen auch in Čaadaevs eschatologischer Vision vom Reich Gottes als Wiedervereinigung aller Bekenntnisse zu *einer* „universellen/kat-holischen"[62] („вселенская церковь"/„Eglise universelle", Čaadaev 1991, I 332, frz. 99) Kirche vorformuliert, die sein Geschichts*télos* bildet. Da auch der Islam für Čaadaev nur eine entfernte Erscheinungsform des Christentums darstellt (ebd., 430, frz. 194f, s. Schultze 1950, 33), wird er nicht als antichristlich negativ gewertet, sondern gilt als eine Spielart aus dem „бесконечное множество сил, послушных голосу Христа"[63]. Es ist schwierig, die Rolle, die Čaadaev dem tätigen Menschen in diesem heilsgeschichtlichen Geschehen zumißt, zu bestimmen. An manchen Stellen scheint bei ihm das Dogma vom Empfangen der Gnade durch (ebd., 349), an anderen wird detailliert über das je individuelle Gestalten reflektiert.

In Photianischer Tradition (s. Benz 1957, 147) konzeptualisiert Kireevskij die Trennung von West- und Ostrom als Abfall der westlichen Seite von der Gesamtkirche. Er erblickt im Kirchenschisma von 1054 ein Unglück nicht für die Entwicklung der russischen Gesellschaft, sondern für den Westen: Es führte zur Überfunktion der logischen Äußerlichkeit bei den westlichen Kirchenvätern und damit auch zur veräußerlichten westlichen Philosophietradition (zur Bedeutung von Trinität und *filioque* für Kireevskij s. Goerdt 1968, bes. 52). Oder vielmehr: die Neigung zum disjunktiven Denken, zur abstrakten, „losgerissenen" („оторванная") Rationalität (Kireevskijs 1861, II 245, 285, 300) bedinge erst das Schisma: Die Geisteshaltung bestimmte – so Kireevskij – die Religionsgeschichte, und damit – in deren im Westen notwendiger säkularisierender (Abfalls-) Bewegung – Geistes- und Sozialgeschichte überhaupt. Die westliche Geisteshaltung, „[...] разрушив своею односторонностию гармоническую цельность внутреннего умозрения" (ebd.,

---

[62] Es läßt sich nicht beweisen, daß Čaadaev mit dem Attribut *вселенский* auf dessen griechische Entsprechung „kat-holisch" hinweist. Ein sehr enger Zusammenhang beider Begriffe ist bei ihm aber unzweifelhaft. Demgegenüber konzeptualisert Kireevskij die katholische Konfession immerfort als Abfall von der „вселенская церковь". Bei ihm sind universal und katholisch Antonyme und nicht wie bei Čaadaev näherungsweise synonym.

[63] „[...] nombre infini de puissances obéissant à la voix du Christ" (Čaadaev 1991, I 430, frz. 195).

246), ist für ihn der eigentliche Sündenfall. Wenn Goerdt (1968) die orthodoxe Theologie (*filioque*-Verneinung) als Urgrund von Ivan Kireevskijs Abendlandsdiagnose herausstellt, so ist dies eine (fraglos zutreffende) inhaltliche Füllung der tieferliegenden logischen Struktur: der Disjunktionskritik. Kireevskij kann zwar vom Erkenntnisinteresse Goerdts aus legitim auf die orthodoxe Dogmatik reduziert werden; logische Reduktion ist dafür aber angemessener; denn nach dem disjunktiven Sündenfall geht für Kireevskij die Entwicklung wie von selbst bergab:

> Но, однажды оторвавшись от нее, Римское исповедование уже, как по готовому скату горы, само собою спустилось до всех тех уклонений, которые все более и более удаляли его от истины и произвели всю обособленность Западного просвещения со всеми его последствиями для него и для нас. (Kireevskij 1861, II 300)

Theologische Debatten des Westens bleiben für Kireevskij sinnentleert und unverständlich (ebd., 251). Scholastik sei Wortklauberei („словопрения", ebd. 251)[64], die ihre schlechte Wirkung weithin verübe (ebd., 252). Die Reformation stellt für Ivan Kireevskij dann nur noch die Überbietung des schizoid Lebensfernen, rein Logischen (ebd.), nicht aber eine neue Stufe dar (ebd., 284-6, vgl. Kruse/Uffelmann 1999, 156). Er zeichnet folgende Dekadenzlinie:

> Ибо как могла Римская Церковь оторваться иначе от Церкви Вселенской? Она отпала от нее только потому, что хотела ввести в веру новые догматы, неизвестные церковному преданию и порожденные случайным выводом логики Западных народов. Отсюда произошло то первое раздвоение в самом основном начале Западного вероучения, из которого развилась сперва схоластическая философия внутри веры, потом реформация в вере и наконец философия вне веры. Первые рационалисты были схоластики; их потомство называется Гегельянцами. (Kireevskij 1861, II 284)

Auch positive Ansätze, die Kireevskij vereinzelt in der westlichen religiösen Philosophie anerkennt (Malebranche, Pascal), hätten nicht greifen können, weil Wahrheit nur *in* der Kirche sei (ebd., 290). Päpstliches Unfehlbarkeitsdogma (ebd., 246), apostolische Sukzession (ebd., 285) sowie – in einem logisch-axiologisch etwas paradoxen Schritt, da hier die Vermischung, nicht die Entmischung angeprangert wird – die weltliche Herrschaft der römischen

---

[64] Mit demselben Unverständnis geht auch Gercen 1844/45 in *Письма об изучении природы* an die Scholastik heran, interessanterweise – Gercen als Quelle für Kireevskij? – ebenfalls die Väter der Ostkriche dagegen aufbietend (1975, I 219).

Kirche[65] sind für Kireevskij weitere Sekundärfolgen der einen abspalterischen Geisteshaltung (ebd., 246f): „раздвоение" (ebd., 247) heißt bei ihm dies letztere Übel. Die Čaadaevsche Einbeziehung des Islams kann Kireevskij ebenfalls in keiner Weise teilen. Weiter entfernt vom wahren Christentum, sei der Islam vielmehr noch abstrakter als das westliche Mittelalter und habe seinen negativen Einfluß auf Europa ausgeübt (ebd., 250).

Es gibt also bei Čaadaev und Kireevskij durchaus vergleichbare, idealistische und religiozentrische Geschichtskonzepte, i.e. Kulturgeschichtskonzepte (vgl. Smolič 1934, 17). Beide ziehen Religion und Geistesgeschichte zusammen. Sie denken – nach den besprochenen Texten zu urteilen – mehr im Rahmen von Tradition als von persönlichem mystischem Erleben[66]. Ihre Einschätzungen der westlichen und russischen Kirche sowie Geistestraditionen klaffen jedoch axiologisch diametral auseinander.

6.3.6. Menschenbild

Für Čaadaev hat der Mensch Anteil an zwei Welten: der materiellen der Erfahrung und der geistigen (1991, I 352, frz. 117); Mandel'štam faßt dies als den „Dualismus" Čaadaevs (1971, 284). Die zwei Welten sind: eine innere und eine äußere. Auch Čaadaev übt also – darin Kireevskij nahekommend – Kritik an rein immanenter Philosophie, rein empirischer Vernunft (Čaadaev 1991, I 351f, frz. 115f)[67]. Der Bezug zum kontextuell unmittelbaren Äußeren (Beispiel Patriotismus) ist für ihn weniger wichtig als der zum allgemeinen Inneren (zur absoluten Wahrheit, ebd., I 523, frz. 289). Gesunder, praktischer Menschenverstand steht bei Čaadaev weit unter der „absoluten Vernunft" (ebd., 524, frz. 290).

Auch bei Kireevskij nimmt die Argumentation ihren Ausgang von einer Kritik rein äußerer, empirischer Vernunft, wird einseitiger Äußerlichkeit der epistemischen Ausrichtung ein „отрицательное значение для внутреннего

---

[65] Die These von der bestimmenden Rolle von römischer Staatlichkeit und Kirche für die kulturelle Entwicklung Europas entstammt Guizots *Histoire de la Civilisation* (1884, 32-64), wird aber von Kireevskij umgewertet (E. Müller 1966, 342).

[66] Zu Kireevskijs „nicht wirklich" mystischer Position s. E. Müller 1966, 407f Anm. 45. Die mystischen Züge – Einflüsse Jung-Stillings, die Geršenzon in Čaadaevs Briefen der 20er Jahre ausmachen will – spielen in den *Философические письма* keine Rolle, wie Masaryk (1992, 200) Geršenzon (1909, 77) widerlegt.

[67] In gewissem Sinne setzt sich hier die Antiphilosophie Filofejs (vgl. Malinin 1901, 243, und oben 5.6.7.) fort.

6. Čaadaev und Kireevskij

сознания человека" (Kireevskij 1861, II 231) zugeschrieben. Beim slavophilen Denker tut sich so – allen Verortungen des Inneren (Rußland) und des Veräußerlichten (Europa) übergeordnet – eine idealistische Opposition von Innen und Außen auf. „Kalte" Analyse und Selbstermächtigung des Verstandes oder das Hängen an Sinnesdaten (ebd., 232) entfernen auch nach Kireevskij von ganzheitlich innerem Erkennen, von Glauben und Wahrheit: einen so Denkenden und Lebenden betrachtet Kireevskij als

> оторванный от всех других верований, кроме веры в рациональную науку, и не признающий другого источника истины, кроме выводов собственного разума [...]. (ebd., 233)

Doch der Glanz des Äußerlichen, den er am Westen festmacht, ist verführerisch. In einer Selbstkritik räumt Kireevskij ein, ihm zuerst auch verfallen zu sein (ebd., 253); gemeint ist wohl sein Artikel *Девятнадцатый век*. Kireevskijs konservative Technikkritik („мир власти бездушного расчета", ebd., 298) ist genauso Ausfluß der Außen-Innen- bzw. Materie-Geist-Opposition.

Wie Čaadaevs Geschichts- und Religionsgeschichtsauffassung einen basalen Idealismus spiegeln, so ist auch an seinem Menschenbild ein – wenn auch den Aspekt des materiellen Egoismus' nicht verleugnender (1991, II 349, frz. 114), kontextuell vermittelter und differenzierter (ebd., 340, frz. 106f) – Primat des Inneren, des Seelischen vor dem Äußeren ablesbar, selbst wenn der Philosoph eher von einem engen Zusammenhang von Außen und Innen spricht (ebd., 345, frz. 110). Čaadaev betont an vielen Stellen die Wichtigkeit der Umstände für das seelische Gleichgewicht und die seelische Entwicklung, hebt den Einfluß des Äußeren auf das Innere hervor (ebd., I 327 u. 385, frz. 94 u. 151), streicht aber dann als Gegengewicht das innere Leben des geistigen Menschen (ebd., 351, frz. 116) heraus: „В жизни есть обстоятельства, относящиеся не к физическому, а к духовному бытию; пренебрегать ими не следует."[68] Eine sentimentalistische, Karamzin revozierende Verteidigung des inneren Menschen! Wo das Innere nicht verwirklicht ist, herrscht für Čaadaev barbarische Dunkelheit: „вся их душа вне их."[69]. Losskij sagt – ein weiterer, unerwarteter Konvergenzpunkt – auch Kireevskij einen sentimentalen Charakter und sentimentalistische Axiologie nach (1991, 27).

---

[68] „Il y a dans la vie un certain détail qui se ne rapporte pas à l'être physique, mais qui regarde l'être intelligent: il ne faut pas le négliger" (Čaadaev 1991, I 323, frz. 89).
[69] „[...] toute leur âme est hors d'eux" (Čaadaev 1991, I 326, frz. 93).

6. Čaadaev und Kireevskij

Für Čaadaev muß eine Leitidee dem Menschen Orientierung geben (1991, I 344, frz. 109). Sie müsse alles andere strukturieren, das allzu Leichte, Oberflächliche fernhalten (ebd., 345, frz. 109)[70]. Nie sei die den Menschen leitende Kraft diesem voll bewußt (ebd., 349, frz. 114); sie hinterlasse, so Čaadaev, als Spur nur ein „смутное чувство" (ebd., 350, frz. 115).

Auch Kireevskijs Metaphilosophie orientiert sich auf eine generative Grundidee hin:

> В конце философской системы, между ее исконной истиной и ее искомой целью, лежит уже не мысль, имеющая определенную формулу, но один, так сказать, дух мысли, ее внутренняя сила, ее сокровенная музыка, которая сопровождает все движения души убежденного ею человека. (Kireevskij 1861, II 295)

Am menschlichen Erkennen meldet Čaadaev generell Zweifel an (1991, I, 351, frz. 116)[71]. Er vertritt die These vom Ungenügen der empirischen Vernunft und (nominalistisch[72]) der unaufhebbaren Exteriorität des Verstandes seinen Objekten gegenüber (ebd., 366f, frz. 131f). Kantische Transzendentalphilosophie ist ihm jedoch Anstoß zur Umkehr (ebd., 388, frz. 154). Die höchste mögliche Einsicht ist für ihn gerade die freiwillige[73] Unterordnung eben dieses Verstandes unter die äußere höhere geistige Macht (ebd., 357, frz. 123). Die Zuschreibung von innen und außen wechselt hier im dritten Brief und wird fortan in der Axiologie Čaadaevs umgekehrt gebraucht: Hatte er zuvor noch zu innerer Entwicklung, innerem Leben angeraten, so ist nun

---

[70] Čaadaev intoniert mit seiner Kritik an Zeitungsneuheiten einen diskurskritischen Diskurs, wie er später in die Heideggersche Verurteilung des „Man" mündet. Daß diese protoexistentialistische Rückwendung Čaadaevs auf das Selbst das Soziale zurückstellt, wie Geršenzon bemerkt (1909, 91), ist richtig. Andere Stellen mit sozialgestaltender Intention sprechen aber dagegen, Čaadaev als sich selbst bespiegelnden Mystiker zu lesen, wie Geršenzon dies beharrlich wiederholt. Čaadaevs Betonung des sozial Verbindlichen am Katholizismus spricht zumindest am Gegenstand der hier betrachteten Texte gegen die Disjunktion der Subjekte in der mystischen Welthaltung.
[71] Auf eine detailliertere Wiedergabe von Čaadaevs Fragen nach verschiedenen anthropologischen Vermögen (Čaadaev 1991, I 350f, frz. 115f) sei hier verzichtet. Sie würde dem logischen Erkenntnisziel nicht näherbringen.
[72] Besonders das Spinoza-Zitat „одно только имя" ordnet Čaadaevs Herangehen in die Tradition des Nominalismus ein. Čaadaev erklärt – vor Vaihinger, Nietzsche, Popper und Marquard – naturwissenschaftlich exakte Erkenntnis zur Fiktion (Čaadaev 1991, I 370, frz. 136).
[73] Vorsehung schließt für Čaadaev Freiheit angeblich nicht aus (1991, I 390f., frz. 155f). So kurz, so gut. Das eminente philosophische Problem Determinismus vs. Indeterminismus wird bei ihm lapidar abgefertigt und bleibt ungelöst.

6. Čaadaev und Kireevskij

die *ultima ratio* die Unterordnung unter das Äußere. Dies tendiert zur christologischen Denkfigur der Kenosis: Der aristokratisch-individualistische Primat des Inneren kippt hier bei Čaadaev in eine Axiologik, die Individuation, aufgefaßt als negative Vereinzelung (s. Baader, Hegel u.a., 6.6.3.), überwinden will. Walicki spricht von Fusion mit dem Äußeren, mit Gott/Natur und weist Čaadaev Ansätze von Pantheismus nach (1975, 89).

Die noch vergleichsweise besten Einsichten erlaubt dem Menschen laut Čaadaev die sog. synthetische Intuition (1991, I 358f, frz. 124). Die prinzipielle Unerkennbarkeit der geistigen Welt ist damit noch nicht aufgehoben; die getrennte Dualität der zwei Welten könne erst durch das Offenbarungsgeschehen überwunden werden (ebd., 352, frz. 117). Čaadaev rät seiner Briefpartnerin – man darf es wohl als allgemeine anthropologische Aussage lesen –, das Beste sei, sich an die religiöse Tradition zu halten, sich um die Erfüllung der überkommenen Glaubensformen zu bemühen (1991, I 322, frz. 88)[74].

Auch bei Kireevskij spielt der Problemkreis rationale Erkenntnis und Glaube eine herausragende Rolle. Während in *О характере просвещения Европы и его отношении к просвещению России* (1852) eine stark antirationalistische Tendenz zutagetritt, versucht Kireevskij in *О необходимости новых начал для философии* (1856) bei aller Rationalitätskritik, besonders des „römischen abstrakten Verstandes" (Kireevskij 1861, II 300) die Integration (funktionale Unterordnung) rationaler Philosophie in und damit unter das Christentum:

> Развитие разумного знания, конечно, не дает спасения, но ограждает от лжезнания. Правда, что где ум и сердце однажды проникнуты Божественною истиною, там степень учености делается вещию постороннею. (ebd., 299)

Göttliche Wahrheit, wie sie hier bei Kireevskij aufscheint, ist als Offenbarung mit orthodoxer Glaubenslehre identisch (vgl. E. Müller 1966, 424). Ihr hat sich bei den Frühslavophilen der abstrakte Verstand fügsam zuzuordnen.

---

[74] Čaadaev macht eine nicht unbedeutende Einschränkung, wenn er davon spricht, nicht alle Regeln seien sklavisch zu erfüllen; bei höherer Einsicht sei auch eine weniger detailgetreue Erfüllung der kirchlichen Riten tolerierbar und sinnvoll (Čaadaev 1991, I 322, frz. 88). Einfache Klarheit müsse das menschliche Leben bestimmen, die mit bissiger Askese nicht zu verwechseln sei (ebd., 348) – seine Lebenspoetik ist christlich-reduktionistisch, aber nicht radikal-zelotisch und auch nicht mystisch-ekstatisch: „религиозная мысль без страсти, без насилия" („la pensée religieuse sans passion, sans violence", ebd., 348, frz. 113).

Ein besonders bemerkenswerter Punkt an Kireevskijs positivem Menschenentwurf ist das kollektive Subjekt, die kollektive Identität der Familie in Rußland. Er lobt die seines Erachtens in Rußland verbreitete „soziale Kenosis" (Smirnov 1994, 252):

> [...] как радостно один член всегда готов добровольно пожертвовать собою за другого, когда видит в своей жертве общую пользу своей семьи. (Kireevskij 1861, II 270)

Kollektivismus tritt bei Kireevskij, dem „Anthropologen" unter den Frühslavophilen (Onasch 1993, 56), an die Stelle der verdammenswerten Formen des westlichen Individualismus und Partikularismus. Das Subjekt als Ausgangspunkt der Philosophie wie im deutschen Idealismus und die Verallgemeinerung seiner moralischen Handlungsweise wie in Kants kategorischem Imperativ weist Kireevskij zurück (1861, II 274; auch hier deutet sich – wie bei Čaadaev – eigentlich ein punktueller axiologischer Wechsel in der Innen-Außen-Opposition an, der aber nicht explizit gemacht wird und nicht weiterwirkt). Kireevskij hält der subjektzentrierten Begründung von Moral das russische ubiquitäre Gefühl der (Erb-)Sündhaftigkeit entgegen (ebd.). Ein ganzheitlicher, stets existenziell involvierter Mensch ist es, was ihm vorschwebt (ebd., 305f). Insgesamt ließe sich das Menschenbild bzw. -ideal Kireevskijs mit Walicki (1975, 152) als „Integralismus" bezeichnen.

Woher aber stammt diese Konzeption? Andrzej Walicki verwirft die Lanzsche These von der Hauptquelle christliche Anthropologie (1925, 603) und hebt die deutsche romantische Philosophie hervor (Walicki 1975, 154). Gleason ist jedoch im Recht, wenn er gegen seinen Lehrer Andrzej Walicki beide Wurzeln nebeneinander bestehen läßt (1972, 282). Schlegel ist Walickis Hauptzeuge. Über dem Schlegelschen Integrationsgedanken steht immer noch die Subordination des Rationalen unter den Glauben, so daß also Schellings Philosophie der Offenbarung die noch wichtigere Quelle ist als Friedrich Schlegel (dazu 6.6.1.).

6.3.7. Gesellschaftskonzepte

Der wechselseitige Austausch ist für Čaadaev das Geheimnis des Erfolgs des westeuropäischen, religiös begründeten Kulturenverbundes („соприкосновение сознаний"[75]). Daraus könnte man ein horizontal-demokratisches

---

[75] „contact des intelligences" (Čaadaev 1991, I 327, frz. 93)

Gesellschaftideal Petr Čaadaevs folgern. Auch die Ablehnung von Leibeigenschaft als dem Menetekel russischer Rückständigkeit und Unzivilisiertheit sowie der Unterlegenheit der orthodoxen Konfession (ebd., 346f, frz. 112; s. Vjač. Vs. Ivanov 1998, 727) verweist auf „demokratische" Vorstellungswelten (zur Haltung Čaadaevs zur Leibeigenschaft s. Quenet 1931, 27 u. 82-84). Das „обращение" Čaadaevs zur Religion um 1820 (s. Geršenzon 1908, 34) ist keine völlige Wegwendung von den freiheitlichen Idealen seiner Jugend. Davon zeugt auch noch der zu Lebzeiten nicht publik gemachte, ja möglicherweise geradezu verheimlichte, nach 1848 entstandene antimonarchistische *Проект прокламации к крестьянам* (1991, I 550), das von einigen Forschern Čaadaev zugeschrieben wird (Kamenskij 1991, 79 Anm. 49). Nach Abfassung der *философические письма* erlebt Čaadaev aber die französische Juli-Revolution als bedrohlich (Walicki 1975, 104, MacNally 1971, 204f) und ist – seiner privaten Proklamation, wenn sie denn aus seiner Feder stammt, zum Trotz – ratlos gegenüber der französischen Juni-Revolution von 1848 (ebd., 206-208). Geršenzon führt manche weiteren Beispiele für politisch-affirmative Äußerungen Čaadaevs an (1908, 96-101). So argumentiert Čaadaev auch mit einem Elitebegriff, den er nicht als sozial ungerecht oder arrogant hinterfragt, sondern als objektiv produktiv begrüßt[76]: „Незначительное меньшинство мыслит, остальная часть чувствует, в итоге получается общее движение."[77] In diesen politischen Vorstellungen des einst den Dekabristen nahestehenden, zum religiösen Traditionalismus sich bekennenden späteren Čaadaev läßt sich keine Einheitlichkeit herstellen: „Like many honest man he was confused by complex real life. He did not have *the truth*. He was inconsistent." (MacNally 1971, 216)

Kireevskij formuliert eine weit explizitere These von der Popularisierung, der Weitergabe der Leistungen einer tonangebenden intellektuellen Elite an die passiv aufnehmender Masse (1861, II 233) – Walicki nennt dies den „epistemological élitism" Kireevskijs (1975, 157). Dasselbe Verhältnis kritisiert Kireevskij aber an der Unmündigkeit der katholischen Kirchengemeinde (1861, II 287). Die Elite wird bei ihm funktional eingeordnet: sie ist ein Organ am Körper des Volksganzen (ebd.). Bewußtseinsprozesse sind für Kireevskij stets kollektive (ebd.) und jede denkerische Einzelleistung auf ein geistesgeschichtliches Gesamtsystem zurückzuführen.

---

[76] Ein weiterer Fall des Hochmutes des Philosophen gegenüber der „hypokreativen" Menge, von dem Igor' Smirnov spricht (1990, 58).

[77] „Tandis que le petit nombre médite, le reste sent, et le mouvement général a lieu." (Čaadaev 1991, I 329, frz. 95).

Mit säkularer Demokratie hat auch Čaadaevs religiozentrischer geistesgeschichtlicher Entwurf nichts gemein. Er würdigt das Politische unter das Religiöse herab (Čaadaev 1991, I 402, frz. 167). Weil Europa das Christliche vertritt (und eben deshalb), ist Čaadaev Eurozentrist (ebd., 404, frz. 169). Argumentiert Čaadaev auch nicht unbedingt politikbezogen gegen die Freiheit des Einzelnen, so muß doch diese antidemokratische *Implikation* zugegeben werden. Čaadaev ist mit seinem theologischen Freiheitsbegriff nahe an Hegels Freiheit im Staat, in der Gesellschaft (1965, XII 144), aber durchaus auch an der „соборность" seiner Widersacher Chomjakov und Kireevskij:

> [...] все назначение человека состоит в разрушении своего отдельного существования и в замене его существованием совершенно социальным, или безличным.[78]

Evgenij Barabanov verallgemeinert dies, von Čaadaev ausgehend, auf die gesamte russische religiöse Philosophie:

> Und die Aufgabe des Individuums, wie sie die russische religiöse Philosophie versteht, ist es, seinen Platz in seiner Existenz gegenüber dem ontologisch vorgängigen kollektiven Ganzen zu finden. (1992, 113)

Der Aristokratismus Čaadaevs macht ihn aus einer gesamteuropäischen Perspektive zum Konservativen (nicht aber zum Reaktionär). Seine Ablehnung von allem gegenwärtig Russischen unterminiert hingegen, wie Walicki klarmacht (1975, 103, 116), auch diesen Begriffsgebrauch. MacNally faßt die Doppelung als „reformist-conservative ideals" (1969, 3). Es wird also kein Weg daran vorbeiführen, das Paradox vom politischen Fortschrittler und religiösen Traditionalisten Čaadaev so bestehen zu lassen (vgl. auch Geršenzon 1908, 64).

Noch deutlicher ist Kireevskijs Distanz von einer Demokratie, begriffen als Konkurrenz von Meinungen. Konkurrenz, Konflikt ist für ihn vielmehr das Schlechte an sich (1861, II 240, 249). Čaadaev hatte im Westen das Versöhnungs- und Vermittlungsprinzip hervorgehoben. Kireevskij kann dort nichts davon erblicken und hält dagegen: Seiner Auffassung nach beruhten die westlichen Gesellschaften auf Gewalt, auf Konflikt, auf Unterwerfung, auf Hierarchie (Kireevskij 1861, II 240), was ihr letztliches Verderben präjudiziere (ebd., 249). Individualismus und Partikularismus – baulich manifestiert in den abgegrenzt-ummauerten Ritterburgen des westlichen Mittelal-

---

[78] „[...] toute la destination de l'homme consiste dans ce travail de l'anéanissement de son être personnel et de la substitution, à celui-là, de l'être parfaitement social ou impersonnel" (Čaadaev 1991, I 417, frz. 182).

ters (ebd., 264) – lauten die Vorwürfe (ebd., 243)[79]. Dem kontrastiert Kireevskij das – ihm zufolge – friedliche russische Mittelalter, wo die „Leiter" der Standesunterschiede keine Gewalt gegen den Einzelnen bedeutete (ebd., 264)[80]: „Эти маленькие миры или согласия сливаются в другие, бóльшие согласия." (ebd.) Kireevskijs Begriff von Volk ist, wie Smolič bemerkt, ein Begriff „mystischer Einheit" (1934, 49). Walicki macht hier eine interessante Analogie zwischen Tönnies' Gesellschaft-Gemeinschafts-Opposition und Kireevskijs Gegenüberstellung von rational-äußerlichem und integralem Sozium auf, die hier nicht weiterverfolgt werden kann. Wichtig sind noch Kireevskijs Angriff auf die Hierarchie der katholischen Kirche und seine Versuche, russische Standesunterschiede gleichsam wegzudefinieren. Kireevskijs Gleichheitsvision in Vergangenheit und Utopie (цельность) bedingt aber keineswegs auch eine aktuell-politische Stellungnahme für die Gleichberechtigung aller; besonders für die Aufhebung der Leibeigenschaft käme dies erst in einer schon erreichten idealen, von westlichen Einflüssen gereinigten Gesellschaft in Frage (vgl. Smolič 1934, 41f). Kireevskij leistet sich eine Inkonsequenz im Bezug auf die Leibeigenschaft, die er im Grunde ethisch ablehnt, zum damaligen Zeitpunkt aber erhalten wissen will[81]. Revolution lehnt Kireevskij als an und für sich „verwirrende" Veränderung auch psychologisch ab (vgl. Rjazanovskij 1954, 47f). Walicki identifiziert den konservativen Antikapitalismus Kireevskijs als (ebenso wie bei Čaadaev) aristokratische Position (Walicki 1975, 148, 177).

Kireevskij ist wie Čaadaev beim Nicht-Hinterfragen des Elitebegriffs nicht radikal, aber auch beileibe nicht reaktionär. Bei beiden Denkern herrscht eine Spannung von theologisch inspirierter Auffassung von der Gleichheit der Geschöpfe und einer elitären Praxis, die die politischen Vorstellungen beider durchzieht.

---

[79] Die Lexik bordet über von Ausdrücken der Zersplitterung, Abspaltung: „раздробляет", „разрозненно" usw. (Kireevskij 1861, II 268).

[80] Fedotov wiederholt diese Idiolatrie fast 100 Jahre später in unveränderter Form, s. Uffelmann 1994, 335.

[81] Diese Ambivalenz zeichnen ähnlich Walicki 1975, 146; Gleason 1972, 227-232; und E. Müller 1966, 475-484; kritischer gegenüber Kireevskij, ihm klare ökonomische Interessiertheit vorwerfend, ist Christoff 1972, 285-293.

6.3.8. Zukunftsdesiderate

Der von Čaadaev diagnostizierte Rückstand Rußlands auf den Westen könne einzig durch Nachholen wettgemacht werden – die Überlegenheit Westeuropas müsse rückbehaltlos anerkannt werden (Čaadaev 1991, I 339, frz. 106). Was dort bereits geleistet sei, habe Rußland, so Čaadaev, in gleicher Form nachzuholen:

> Если мы хотим подобно другим цивилизованным народам иметь свое лицо, необходимо как-то вновь *повторить у себя все* воспитание человеческого рода.[82]

Zu erreichen ist der Nachvollzug[83] für Čaadaev durch „общение с другими народами" (1991, II 326). Nachvollzug ist aber in seinem Verständnis nicht unkritische, äußerliche Imitation; diese sei schon bisher in Rußland erfolglos geblieben (ebd., 327, frz. 93). Ein Zurück zum alten russischen Eigenen (dessen Existenz Čaadaev überhaupt abstreitet) kritisiert er auch in der *Апология* noch scharf (ebd., 531, frz. 297, vgl. auch Falk 1954, 23), womit eine slavophile Lesart der *Apologie* Čaadaevs als begrenzt, gewaltsam erscheinen muß, was aber dennoch in der Sekundärliteratur vielfach vorgekommen ist (s. 6.2.1.).

Die zentrale Rolle spielt in Čaadaevs Zukunftshoffnung das Christentum. Obwohl Rußland bisher an den sozialgestalterischen Kräften des westlichen Christentums nicht partizipieren konnte (1991, I 332, frz. 99), bildet die christliche Religion – Čaadaev zufolge – doch eine gemeinsame Wurzel, an die Anknüpfung – Ausgangspunkt für den beschwerlichen Weg des Nachvollzugs – möglich scheint (ebd.). Religiöse Traditionen seien, so stellt er heraus, wichtiger als philosophisch-humanistische (z.B. die klassische Antike, ebd., 390, frz. 156). Es bedürfe aber – hier spricht Čaadaev wieder als Sozialrealist und nicht als Eschatologe – noch vieler ergänzender Momente, vieler Korrekturen des Bisherigen (ebd., 339, frz. 106) für einen gedeihlichen Weg Rußlands in die Zukunft (ebd., 333, frz. 99). Čaadaev meint, eine neue Gesellschaft, eine neue Welt müsse geschaffen werden (ebd., 340, frz. 106).

---

[82] „Si nous voulons nous donner une attitude semblable à celle des autres peuples civilisés, il faut, en quelque sorte, *revenir chez nous* sur toute l'éducation du genre humain." (Čaadaev 1991, I, 325, frz. 92, Hervorhebung DU).

[83] Ein solches Nachreifen lehnt schon der frühe, westlerisierende Kireevskij in *Девятнадцатый век* ab, akzeptiert aber noch eine präsentische Übernahme westlicher Errungenschaften ohne Durchlauf des gesamten Entwicklungsganges (Kireevskij 1861, I 85).

6. Čaadaev und Kireevskij 195

Es gibt bei ihm also Ausblicke auf verschiedenen Ebenen. Von generellem Pessimismus (Galaktionov/Nikandrov 1989, 253) kann schon in bezug auf die *Философические письма* nicht die Rede sein. Die kulturelle Verspätung Rußlands kann für Čaadaev in der *Апология сумасшедшего* dann ein Vorteil für eine umso günstigere künftige Entwicklung sein (ebd., 534, frz. 300, vgl. Berdjaev 1983, 56). Gerade der „девственный ум"[84] Rußlands, Reformulierung der „лакуна" von 1828, vermöchte, so Čaadaev 1836, für neue Ideen besonders empfänglich zu sein.

Die Abgetrenntheit Rußlands gilt es laut Čaadaev zu überwinden. Verbindendes müsse gesucht werden, z.B. auch in gleichen Gesetzmäßigkeiten geschichtlicher Entwicklungen:

> И тогда национальности, которые до сих пор лишь разделяли людей, избавившись от ослепления и от страстного преследования своих интересов, объединились бы для достижения согласованного и всеобщего результата [...].[85]

Historische Verschiedenheit wird von Čaadaev im künftigen Gemeinsamen (quasi hegelisch[86]) aufgehoben, also als Unterschiedliches in Einheit bewahrt (Čaadaev 1991, I 398, frz. 163, Hegel 1965, XI 165). Entscheidend ist aber das Allumfassende, welches der Čaadaev der *Апология* aus der aus Rußlands Verspätung erwachsenden Chance zu einer russischen Mission für die Menschheit (vgl. Zamaleev 1995, 183) ableitet:

> [...] у меня есть глубокое убеждение, что мы призваны решить большую часть проблем социального порядка, завершить большую часть идей, возникших в старых обществах, ответить на важнейшие вопросы, которые занимают человечество.[87]

---

[84] „esprits vierges" (Čaadaev 1991, I 3534, frz. 300).

[85] „Pour lors, les nationalités, qui n'ont fait jusqu'à cette heure que diviser les hommes, dépouillées de leurs aveuglements et de leurs intérêts passionnées, se comineraient les unes avec les autres pour produire un résultat harmonique et universel." (Čaadaev 1991, I 397, frz. 163).

[86] Hier wie öfter sind die Similaritäten so deutlich, daß trotz nicht belegbarer intertextueller Beziehung und nicht nachweisbarer Hegel-Lektüre Čaadaevs zur Zeit, als er die *Философические письма* schrieb (wie Kamenskij zeigt, las Čaadaev Hegel erst Ende der 1830er Jahre, Kamenskij 1991, 33 Anm. 21, 55), die Annahme, daß Čaadaev auf irgendwelchen sekundären Wegen von Hegelschen Ideen beeinflußt war, nicht von der Hand zu weisen ist.

[87] „[...] J'ai l'intime conviction que nous sommes appelés à résoudre la plupart des problèmes de l'ordre social, à achever la plupart des idées surgies dans les vieilles sociétés, à prononcer sur les plusgraves questions qui préoccupent le genre humain." (Čaadaev 1991, 534, frz. 300).

Čaadaev selbst ist es damit, der nach seiner vernichtenden Klage über die Mängel Rußlands die „große Kippfigur" hervorbringt (Hansen-Löve 1999, 169), in der das Negativum Rußland nochmals negiert wird (ebd., 170) und so zum messianischen Remedium taugt. Dieser Messianismus des glücklichen Zuspätgekommen-Seins ist nun einer für die gesamte Menschheit. Er ist, wie jeder Messianismus[88], ein konjunktiver, allumfassender.

Bei Kireevskij stehen dem Čaadaevschen Progressismus vor allem Rückgriffe auf das russische Alte gegenüber – Čaadaev nennt dies die „retrospektive Utopie" der Slavophilen (1991, II 145). Die Werte der russischen „Aufklärung" müßten, so Kireevskij, restauriert werden, wenn auch nicht in unkritischer Übertragung (1861, II 280). Er fordert seine Zeitgenossen, vor allem die Intellektuellen, auf, die Einseitigkeit westadaptierter Bildung zu überwinden und zu den eigenen Wurzeln zurückzukehren. Völlige Ablehnung sei jedoch nicht gemeint:

> [...] но всегда останется оно [Европейское просвещение] существенным, уже неизъемлемым элементом всякого будущего развитии (sic) нашего. (Kireevskij 1861 II 38)

Es brauche einen geistigen Wandel, meint Kireevskij (ebd., 306). Die Rückkehr oder Wiedergewinnung der mittelalterlichen „цельность" in neuer, noch zu schaffender Qualität und nicht der historisch-konkreten Lebensform gemäß (dies betonen besonders Florovskij 1983, 257f, und S. Puškin 1996, 30) bildet für Kireevskij den Ausweg aus der zeitgenössischen gefälschten Welt, in der für ihn die westliche Äußerlichkeit weithin auch in Rußland dominiert.

6.4. Kulturmodellierende Oppositionen

An dieser Stelle sollen die kulturmodellierenden Oppositionen bei Čaadaev und Kireevskij systematisch betrachtet werden. Zu den bei Karamzin und Šiškov gemachten Distinktionen von *alt* vs. *neu*, *Kultur* vs. *Antikultur*, *eigen* vs. *fremd* kommen hier noch *tot* vs. *lebendig* und *innen* vs. *außen*.

---

[88] Es gibt keinen isolationistischen Messianismus, wie Galaktionov meint (1995, XVII).

6.4.1. Alt vs. neu

Bei Čaadaev war ein historiosophischer Progressismus in bezug auf Welt- und Heilsgeschichte festzustellen. Die Höherwertung des Neuen gegenüber dem Alten bereitet hier keine wesentlichen Probleme. Denn selbst in der späteren *Апология*, in der die russische Verspätung zur Chance umdefiniert wird, greift er zum verwandten Begriffspaar vom „jungen Rußland" und den „alten Gesellschaften" (1991, I 534, frz. 300). Auch wo sich die (fehlende) Vergangenheit zum Zukunftspotential wandelt, wird anders als bei Kireevskij oder Leont'ev nicht das Verblieben-Sein Rußlands beim Alten beschworen, sondern die Jugend, welche zum Neuen begabt, zur Zukunft geöffnet sei.

Bei Kireevskij ist die Beurteilung nicht ganz so einfach: Sein Votum für die Rückbesinnung auf die altrussischen Werte der östlichen Kirchenväter[89] deutet eine entgegengesetzte Positivierung des Alten an, erinnert an Šiškovs Hochbewertung der kirchenslavischen Schriften. Zukunft ist für Rußland in seinem Verständis dadurch nur zu gestalten, daß an das Alte angeknüpft wird. Wenn Kireevskij aber über westliche Philosophie spricht, so verspottet er auch gewisse Versuche, Altes mit Neuem zu mischen (1861, II 235). Und am Ende von *О характере просвещения Европы и его отношении к просвещению России*, etwas unorganisch an die insgesamt regressive Argumentation angeheftet, folgt noch Kireevskijs Warnung:

> Ибо такое перемещение прошлого в новое, отжившего в живущее, было бы то же, что перестановка колеса из одной машины в другую, другого устройства и размера: в таком случае колесо должно сломаться, или машина. (ebd., 280)

Ursprünge und Überzeugungen, wie sie in den Schriften der Kirchenväter, die in der altrussischen Kirche kursieren, begegnen, sollen nach Kireevskijs Vorstellung aber im Neuen wiedergeboren werden. Diese sollen deren „живительный зародыш и святой указатель пути" (ebd., 314) bilden und mit der philosophischen Erfahrung der Zwischenzeit verwoben werden. So stellt sich Kireevskijs obige Warnung vor der Revitalisierung des Alten als Einsicht dar, dabei nicht allzu oberflächlich dabei zu verfahren, eher aber noch als argumentative Absicherung, daß ihm kein Regressionismus vorgeworfen werden könne. Der Text *О необходимости новых начал для фи-*

---

[89] Daß hier eigentlich eine Spannung besteht, wischt Kireevskij mit einem gänzlich ahistorischen Argument zur Seite: Die reine russische Übernahme des Christentums gewährleiste *identische* Übereinstimmung mit dem Geiste der östlichen Kirchenväter (z.B. Issak von Ninive und Maximos Confessor).

лософии webt die Ligatur von Philosophie und Christentum vier Jahre später feiner zusammen (s. 6.5.7.).

6.4.2. Tot vs. lebendig

Nach Peskovs Diagnose von der mythopoetischen Logik der slavophilen Historiosophie (1993, 85) wird die Opposition von neu und alt durch die von tot und lebendig (Tod und Auferstehung) überzeichnet. Der toten Rationalität des Westens wird bei Kireevskij das lebendige Wissen („живое знание") der Orthodoxie und der sich erschöpft habenden, absterbenden rationalen Philosophie die lebendige Überzeugung kontrastiert.

Čaadaev hat eine solche Opposition von Leben und Tod kaum.[90] Das russische vorhistorische Chaotische ist lebendig, aber nicht kultürlich. Gilt bei Čaadaev also Kultur vs. Natur?

6.4.3. Kultur vs. Anti-Kultur/Nicht-Kultur

> Россия, в глазах Чаадаева, принадлежала еще вся целиком к неорганизованному миру. (Mandel'štam 1971, 285)

Daß Čaadaev „Zivilisation" statt „Kultur" sagt, macht die Unterscheidung von Kultur, Anti- und Nicht-Kultur auf den ersten Blick schwierig, enthält jedoch im Grunde den Schlüssel, um deren Verhältnis zu entscheiden. Die von Čaadaev so gesehene Nicht-Leistung zivilisatorischer Entwicklung in Rußland (verbunden mit der Nicht-Ausprägung eines kulturellen Zusammenhaltes) dürfte als Noch-Nicht-Kultur (wie bei Karamzin) und damit weitgehend als Natur (negativ gewertet) zu beschreiben sein. Der frühe Kireevskij von 1832 sah das noch sehr ähnlich (vgl. E. Müller 1966, 106).

Wenn der späte Kireevskij hingegen sagt, die innere Verfassung des russischen Menschen sei von westlicher Erziehung noch nicht verformt („не переработанный еще Западным воспитанием", Kireevskij 1861, II 229), so ist gerade nicht gemeint, daß Rußland Kultur leider noch nicht erreicht habe, sondern, ganz entgegengesetzt, daß sich dort etwas Höheres bewahrt

---

[90] Der positive Gebrauch des Epitheton „живой" (1991, I 439, frz. 204) ist ein vereinzelter, nicht systematischer; der dem Lebendigen zugeschriebene positive Wert ist ein menschliches Gemeingut, von dem es nur sehr wenige Ausnahmen gibt (z.B. Leont'ev, bedingt Šiškov).

habe. Das andere, Neue, Europäische trägt bei Kireevskij in vielem die Zeichen von Antikultur; westliche Bildung ist für ihn „Überbildung" (ebd., 231), Technik und Industrie zeichne Veräußerlichung aus (ebd., 306). Daß die im alten Rußland kanonischen Texte der ostkirchlichen Kirchenväter gerade keine Innovation böten, sei ihr eigentliches Verdienst (ebd., 257).

Das Karamzin-Šiškov-Schema, in dem der eine Noch-Nicht-Kultur überwinden will und der andere Antikultur abstoßen möchte, wiederholt sich in gewissem Maße bei Čaadaev und Kireevskij.

6.4.4. Eigen vs. fremd

Jazykov wirft Čaadaev in seinem berühmten Gedicht vor: „Вполне чужда тебе Россия,/ Твоя родимая страна." (Jazykov 1964, 397). Die Axiologie von eigen und fremd, die in dieser Polemik steckt, ist klar. Es ist die slavophile Hochwertung des Eigenen und Ablehnung des eindringenden Fremden, die von Šiškov her bekannt ist und die für Kireevskij mit Ausnahme weniger Textstellen mit versöhnenden Zukunftsvisionen (s. 6.5.8.) gleichfalls Bestand hat[91].

Bei Čaadaev selbst ist nun das eigene Russische eher nicht existent. Erst die Aufnahme des – nicht als solches erlebten – Fremden durch Petr I. schuf ihm zufolge russische Kultur. Vorher gab es, wollte man Čaadaev glauben, noch keine. Die Exklusion wird also genau umgekehrt – was sich auch von Karamzins früher Verschränkungs- und Verbundenheitsthese abhebt. Čaadaev selbst schreibt im Medium des „Fremden": auf Französisch.

6.4.5. Innen vs. außen

Kulturtypologisch wurde die Opposition von innen und außen bisher kaum betrachtet. Für das Denken von Kireevskij und Čaadaev ist sie jedoch zentral. Beide stellen – bei gewissen Schwankungen der Axiologie (s. 6.3.6.) – das Innen über das Außen, doch ist Čaadaev eher als Kireevskij bereit, die Wechselwirkung zwischen beidem wertneutral hinzunehmen und die Öffnung für das Außen als Öffnung für Gemeinschaft und auch göttliche Offenbarung (bei Kireevskij von innen) zu begrüßen.

---

[91] Die Ausnahmen aber gilt es zu berücksichtigen. Rjazanovskij macht sich die absolute Disjunktion von „wir" und „sie" in der Slavophilie zu einfach (1954, 60-65).

Bei Kireevskij wird hingegen eine strikte Unidirektionalität gedacht: Das Innere ist vom Äußere getrennt; wirkt das Äußere auf das erstere ein, so hat dies den Charakter verderblicher Infektion („зараза", 1861, II 272). Bei Kireevskij steht die aus der biologischen Urszene bekannte (0.1.) Axiologie des Innen im Zentrum seines Denkens (vgl. Christoff 1972, 164f): Es gebe, sagt er, heute unter den Russen viele, die

> [...] глубоко обращают свое внимание внутрь себя и своего отечества, изучая в нем — те основные начала, из которых сложилась особенность Русского быта; в себе — открывая те существенные стороны духа, которые не находили себе ни места, ни пищи, в Западном развитии ума. (Kireevskij 1861, II 236)

Das Nach-außen-Wirken des Inneren ist für Kireevskij aber begrüßenswert: Erst in einem Kontext, der von innen her gestaltet ist, wird für ihn Philosophie „lebendige Überzeugung" (ebd., 315).

6.4.6. „Westler" vs. „Slavophile"?

Bei Čaadaev bahnt sich mit der *Апология сумасшедшего* die ab 1842 geläufige Unterscheidung von *западники* einerseits und *славянофилы* oder *славяне* andererseits an (1991, I 530, frz. 296); er bezieht polemisch Stellung gegen die Slavophilen. In den beiden großen Kireevskij-Aufsätzen begegnen die Epitheta zur Personenkennzeichnung nicht[92]. Die darin vertretenen Positionen ließen sich jedoch für die Beobachter der Salondiskussionen besonders der Jahre 1842 bis 1844 sofort als Subsumption slavophiler Ansichten lesen. Die Etiketten *западники* und *славянофилы* gewinnen nach vereinzelten früheren Verwendungen (s. 1.1.2.) ihren modellierenden Status aber erst durch Gercens *Былое и думы* (s. 7.4.6.).

6.5. Realisationen logischer Denkoperationen

6.5.0. Čaadaev vs. Kireevskij. These 5

Bei Čaadaev und Kireevskij gibt es anders als bei Karamzin und Šiškov jene klare Dominanz entweder disjunktiver oder konjunktiver Axiologik. Bei ihnen ist vielmehr zu differenzieren, ob eine Aussage Diagnosecharakter hat

---

[92] Kireevskij spricht verblümt vom „общее мнение" (1861, II 230), wenn er westlerische Ansichten referiert, um gegen sie zu Felde zu ziehen.

(und damit oft in der Art des Beklagens formuliert ist) oder aber normativ formuliert ist, ein Sollen, eine Hoffnung ausdrückt. Was die beiden Kulturosophen über den Stand der Welt, die menschliche Geschichte oder eine gegenwärtige kulturelle Situation sagen, arbeitet mit Begriffen der Disjunktion. Beide trennen Westeuropa von Rußland ab, aber mit gegenläufiger Wertung: Čaadaev hypostasiert Westeuropa, Kireevskij das alte Rußland. Die Form der Trennung ist aber logisch identisch: Disjunktion. Nur ist diese Disjunktion argumentatives Mittel, nicht positives Wert-Ziel. Was den Zukunftsentwurf betrifft, so gibt es bei Kireevskij und Čaadaev nicht nur eine logisch-strukturelle, sondern punktuelle auch inhaltliche Analogie: Sie streben nach Vereinigung und Versöhnung der Gegensätze: konjunktive Axiologik.

Über den inhaltlich-ideologischen Antagonismus („Westler" vs. „Slavophiler") hinweg hat die Logik und Axiologik ihres kulturosophischen Denkens bedeutende strukturelle Konvergenzen aufzuweisen.

6.5.1. Ontologie und Epistemologie

Čaadaev erwähnt die komplementären mechanischen Begriffe von Abstoßung und Anziehung, Zentrifugal- und -petalkraft (Čaadaev 1991, I 370f, frz. 135f), wendet sie aber weder als abstrakte Prinzipien auch auf das Denken noch in seinen eigenen Reflexionen an. Für ihn gilt eine ontologische Disjunktion von Endlichem und Unendlichem (ebd., 368f, frz. 133f), von Schöpfer und Geschöpf (ebd., 378, frz. 143), von religiösen und weltlichen Figuren (ebd., 425, frz. 190). Epistemologisch bedeutet das die Nicht-Übertragbarkeit von empirischen Betrachtungsweisen aufs Ewige und Geistige. Falk faßt Čaadaevs Kant-Auseinandersetzung, die in der Übernahme mancher epistemologischer Prinzipien des Königsbergers und deren religiöser Überschreitung besteht (Falk 1954, 44-46), folgendermaßen zusammen, :

> Die Kritik der praktischen Vernunft führt nach Čaadaev nicht zur Erfassung jener Wahrheiten, die der theoretischen Vernunft unzugänglich sind. Unser Autor fordert dazu Glauben. (ebd., 46)

Schließlich sei die innerweltliche Gespaltenheit, so Čaadaev, in der Offenbarung überwindbar als eine Vereinigung von Endlichem und Unendlichem: „небо на земле"[93] in einem „великий апокалиптический синтез"[94]. In den *Философические письма* fließen *ratio* und Glauben so zusammen: „Между

---

[93] „le ciel sur la terre" (Čaadaev 1991, I 440, frz. 204).
[94] „la grande synthèse apocalyptique" (Čaadaev 1991, I 440, frz. 205).

ними не существует какой-либо стены; напротив, они поддерживают друг друга" (Z. N. Smirnova 1998, 92).

Unermüdlich stellt demgegenüber Kireevskij „einseitigen", „äußeren", „logischen", „abstrakten", westlichen Verstand gegen inneres, integrales Erkennen.[95] Äußeres Wissen ist nach seiner Auffassung Schein gegenüber dem Sein des Ganzheitlichen (1861, II 248)[96]. Wenn es aber bei Čaadaev heißt „геометрическое рассуждение [...] безбожное" (1991, II), so wird deutlich, daß es an diesem Punkt keinerlei Unterschied zwischen dem Westler und dem Slavophilen gibt: Abstraktion ist als – logisch gesprochen – disjungierende Form Abfall vom Sein. Der ontische Status von Disjunktion als Auflehnung gegen die göttliche Ganzheit ist der Schein. Doch kann die Trennung von Endlichem und Unendlichem auch bei Kireevskij überwunden werden? Dieser begrüßt ja doch die Grenze zwischen Menschlichem und Göttlichem, die er der russischen Kirche attestiert (ebd., 307). Kireevskij hält – an diesem Einzelpunkt, wenn auch ganz und gar nicht prinzipiell – an der Disjunktion fest („неприкосновенность пределов Божественного откровения" (ebd., 308), hypostasiert die Grenzschärfe, wie es ein Klassenlogiker klarer nicht verlangen würde. Čaadaev versucht, genau diese Grenzschärfe zu überwinden.

6.5.1.1. Zeichenkonzepte

Semiotische Fragen kehren bei Čaadaev und Kireevskij im Gegensatz zu Karamzin und Šiškov nur am Rande wieder. Wenn dies dennoch einmal der Fall ist, dann im Rahmen der allgemeinen Epistemologie: Im letzten *Philosophischen Brief* vertritt Čaadaev einen klassischen Phonozentrismus im Sinne der Derridaschen *Grammatologie* (Derrida 1974, 18-23). Die tote Abgespaltenheit des geschriebenen Worts (Čaadaev 1991, I 437, frz. 202), die der platonischen Schriftkritik entspricht, müsse durch das „живое слово"/„la vivante parole" (ebd., 439, frz. 204) ersetzt werden. Ein „новый голос" („une

---

[95] Kireevskij wirkt so – neben Gercen (schon 1842, s. 7.5.9.) und anderen – entscheidend mit an der Herausbildung einer Diskursschablone, die in Rußland über Solov'ev in die symbolistische Philosophie und – als Formalismus-Feindschaft oder durch die perhorreszierenden Schreckbilder der „Einseitigkeit" (s. bspw. Bachtin 1990, 6) und des „Abstrakten" (dazu: Groys 1994, 18f) – weiter in offizielle wie inoffizielle sowjetische und noch postsowjetische (s. Degot' 1995, 154) Diskurse – Eingang gefunden hat.
[96] Auch westliche Kunst wird als Trug der Einbildungskraft ins Scheinhafte und damit Negative verstoßen (Kireevskij 1861, II 273).

voix nouvelle", ebd., 438, frz. 202) müsse ertönen. Mission habe lebenserfüllte Einwirkung zu werden, die Trennung von Sprecher und Hörer, von Zeichen und hervorgerufenem Eindruck müsse im lebendigen Wort überwunden werden (ebd., 439, frz. 204). Alle Kräfte müßten im Dienste der Mission eingesetzt werden. Sie seien imstande, so Čaadaev, die Trennung des ontologisch Disjunkten, von Schöpfer und Geschöpf, zu überwinden: „Богочеловек". Gottes Offenbarung verbindet für Čaadaev innere und äußere Welt.

Bei Kireevskij hat Sprache – als grammatisches System oder selbst als nationales Ausdrucksmittel – eine noch randständigere Bedeutung (während er der Sprache auf dem Umweg über das Sprechen, über den Diskurs *implizit*, als Werkzeug oder Gefäß, durchaus Bedeutung beimißt, 1861, II 230, 282). Aus einem Verweis Kireevskijs, wie Rom als Gesellschafts- und Denksystem überhaupt sei auch die lateinische Sprache künstlich und äußerlich (1861, II 242f), läßt sich negativ seine Vorstellung von erfüllter, innerer, präsenter Sprache ableiten – ein ähnlicher Logozentrismus wie bei Čaadaev (und selbstredend unzähligen weiteren Philosophen). Alles Begriffliche wird tot, verliert Lebensfülle (s. Stepun 1959, 50).

Für eine logische Konzeptualisierung sind beide Feststellungen aber zu vage, da über das antidisjunktive Moment hinaus keine Festlegung auf Konjunktion oder Identität wie bei Karamzin und Šiškov gemacht werden kann.

6.5.2. Exklusive vs. inklusive Kulturkonzepte

[...] не имеющая отношения ни к чему.[97]

Die slavophile Zukunftslösung für Rußland kennzeichnet Čaadaev mit Verben des Sich-weg-Bewegens: „уйти в пустыню [...] удаляться"[98] und ordnet diesem „weg" eine negative Axiologie zu: Abtrennen, Sich-Entfernen – mit der logischen Beschreibungssprache: Disjungieren – ist für ihn schlecht. Jeden nationalen Alleingang erachtet er für inakzeptabel. Kireevskij wertet Disjunktion gleichermaßen negativ, ordnet aber den disjunkten Binarismus inhaltlich der westlichen Philosophie zu (1861, II 276). Čaadaev hingegen sieht disjunktive Strukturen in der russischen unausgebildeten, vor-zivilisatorischen Noch-Nicht-Kultur. Die Axiologik ist übereinstimmend: Entzweiung,

---

[97] „[...] ne s'apporte à rien" (Čaadaev 1991, I 328, frz. 94).
[98] „reprendre le chemin du désert [...] rétirer" (Čaadaev 1991, I 530, frz. 296).

Abspaltung, Inkohärenz, sagen wir: Disjunktion, gilt sowohl für Kireevskj als auch Čaadaev als negativ, Verbinden, Verschmelzen als positiv[99]. Einzig in der Zuweisung des Gegenstandsbereichs ergeben sich Differenzen zwischen Kireevskij und Čaadaev, die dann allerdings kontradiktorischer Natur sind.

Es ist unstrittig, daß Čaadaev für eine fruchtbare Berühung der Kulturen votiert (innerhalb Europas, jenes Čaadaevschen Konstrukts einer Ganzheit, schon Realität, zwischen Rußland und Westeuropa noch Desiderat); ein Nationalismusvorwurf kann gegen ihn nicht greifen. Und auch das Etikett des „Eurozentristen" (Greenfeld 1992, 264), das Greenfeld Čaadaev zumißt, darf auf der Ebene der Zielvorstellung nicht als Ausschluß Rußland interpretiert werden; Čaadaev als „Träger des europäischen Bewußtseins"[100] ist gerade der „Importeur" dieses Bewußtseins nach Rußland.

An Kireevskijs Verhältnis zur Nation hingegen scheiden sich die Geister. Manche wollen ihn aus der slavophilen Disjunktion des heilen Russischen vom verderblichen Westlichen herauslösen und streichen in seinem Zukunftskonzept die konjunktive Verschränkung westlicher rationaler Tradtion mit russischer Integralität heraus; für andere gibt es keinen Zweifel an der Prinzipialität der von Kireevskij 1852 und 1856 konstruierten Differenz Europas und Rußlands (E. Müller 1966, 312); wieder andere reihen ihn ein in eine alte Genealogie russischen Nationalismus (Caats 1937 bzw. Dorn 1938, 7-20, 77; mit Vorsicht Bezwiński 1991, 7, 133-135). Diese Frage wird bei der Differenzierung der zeitlichen Ekstasen nochmals aufgenommen (6.5.3.).

6.5.2.1. Kontextualität

Einen Nebenaspekt der Kulturraumfrage bildet das Problem der Art und Weise, wie System und Umfeld gesehen werden, welche Rolle dem Kontext zugewiesen wird. Wie oben dargestellt, hängen für Čaadaev Inneres und Äußeres zusammen, läßt sich das Innere nicht völlig vom Kontext abtrennen – Bewußtseinsprozesse sind nach Čaadaev historisch und interaktiv (Walicki 1975, 90).

---

[99] Wie die anscheinend übereinklingende positive Wertung von Verbinden, Einheit usw. logisch zu klassifizieren ist: als Konjunktion (strikte oder partielle Inklusion) oder als Identität, ist die wohl diffizilste Frage bei der logischen Konzeptualisierung von Čaadaevs und Kireevskijs Denkformen. Diesem Punkt wird ein eigenes Unterkapitel gewidmet (6.7.2.).

[100] So schreibt Boris Groys 1993: „[...] сам Чаадаев выступает в роли носителя европейского сознания" (1993, 246).

Bei Kireevskijs Thesen über kollektive Bewußtseinsprozesse scheint das ähnlich gelagert, wenn auch seine Axiologie das Äußere stärker verwirft (1861, II 231, s. auch Losskij 1991, 38, u. Städtke 1995, 27). Er greift zur Metapher von Samen (Innerem) und umgebendem Boden (Äußerem)[101]:

> [...] племенные особенности [...] могут, наконец, ему дать свободный ход на Божьем свете или заглушить его чужими растениями; но самое свойство плода зависит от свойства семени. (Kireevskij 1861, II 261)

In ihrer idealistischen Weltsicht unterscheiden sich die beiden Philosophen nicht, wohl aber im nebenherlaufenden Blick auf zivilisatorische Realia, auf materielle Kontexte. Hier spielt eine nicht zu unterschätzende Rolle, daß Čaadaev nicht von Kultur, sondern von „civilisation"[102] spricht, was materielle Kultur stärker einschließt, während Kireevskij von geistesgeschichtlichen Tatbeständen, von „образование" handelt, ja von Denkinhalten abstrahierend, sich auf Denk*formen* konzentriert. Der unterschiedliche Begriffsgebrauch (der allerdings vorzugsweise historisch und nicht semantisch bedingt ist), weist auf eine gewisse Differenz im Verständnis von „Kultur" hin: Bei Čaadaev finden sich materielle Aspekte neben geistigen, die bei Kireevskij allein im Vordergrund stehen.

6.5.3. Gegenwart und Zukunft

> An der Gegenwart krank sein und in den Erinnerungen in die Vergangenheit das Heil aller Zukunft sehen – dies ist der typische Seelenzustand der romantischen Geisteshaltung, aus dem sich alle Stilgesetze des romantischen Philosophierens ergeben. Dies ist der Grund, weshalb alle romantischen Worte, welche von der Gegenwart handeln, kritisch-diagnostisch klingen, dagegen die, die von der Zukunft oder der Vergangenheit sprechen, immer einen dithyrambisch-enthusiastischen Anstrich haben. (Stepun 1959, 44)

Rußland hat mit Europa nach Čaadaevs erstem *Философическое письмо* nichts gemeinsam; der siebte Brief und die *Апология сумасшедшего* machen gewisse Einschränkungen; Disjunktion als aktuelle Negativdiagnose

---

[101] Dies ist eine Vorformulierung von Danilevskijs „innerem Entwicklungsgesetz" (mit analoger Biologisierung, s. 7.3.3.).

[102] Die erste russische Übersetzung in *Телескоп* 1836 benutzte aber – wie Kireevskij später – „образование" und auch „просвещение" (vgl. dazu Städtke 1995, 24).

wird bei Čaadaev also nicht in Reinform durchgehalten, die Tendenz dazu ist aber sehr stark. Was in seiner Zukunftshoffnung überwunden werden soll, betont seine aktuelle Diagnose umso stärker.

«Западники» у нас, искренно мечтая переориентировать будущее родины на образцы, предложенные миру европейской цивилизацией, позади себя различают все ту же русскую «особенную стать» и настаивают на ней с яростью и страстью. (Rodnjanskaja 1992, 87)

Wie also beim westlerischen Desiderat der Verbindung mit dem Westen die Markierung des russischen Besonderen mitschwingt (s. auch Groys 1995, 22f), so ist bei der Abweisung des Westlichen im slavophilen Denken umgekehrt die Gereiztheit dialektischer Zurückweisung, der Abstoßung von westlichen Anfängen des eigenen Denkens zu spüren (Peskov nennt dies den „deutschen Komplex" der Slavophilen, 1993, 56). Die positive Philosophie braucht die Wegbereitung durch die negativen (E. Müller 1993, 117). In der Gegenwartsdiagnose kritisieren beide Philosophen also Dispersion, logisch gesprochen: Disjunktion, nur an verschiedenen Polen. Beide argumentieren aber schließlich in der Kontrastierung von Gespaltenheit und Einheit selbst disjunktiv.

Kireevskij hält der aktuellen westlichen Kultursituation als Negativwertung Disjunktion vor, läßt sein Denken aber zugleich in Čaadaev ähnelnde Versöhnungsvisionen münden. Doch ist für ihn die „цельность" in der orthodoxen Kirche nicht bloß eschatologisches *télos*, sondern wird als real bereits existent behauptet. „Kirche ist tendenziell *théosis* von Christus her für alle durch alle." (Goerdt 1968, 126) Dennoch geht nach Kireevskij schon von der gegenwärtigen Kirche die künftige erlösende Kraft aus. Die beiden hier untersuchten Kireevskijschen Texte sehen am Ende eine Synthese westlicher und russischer Erfahrung vor (s. E. Müller 1966, 339). So entbehren Goerdts unermüdliche Beteuerungen des angeblichen „Prinzips der transzendentalen Einheit des russischen und europäischen Geistes" bei Kireevskij (Goerdt 1968, 26, ähnlich wieder 1995, 301) keineswegs jeder Grundlage, sind aber zu apologetisch. E. Müller kann es mit Recht ambivalent fassen: „Эта дихотомия [России и Европы] мыслится [Киреевским] поэтому с самого начала как преодоленная в будущем синтезе." (Müller 1993, 143) Andrzej Walicki überwindet in seiner Interpretation die ontologische Differenz, die andere in Kireevskijs antithetischer Rhetorik erblicken, zugunsten einer Unterscheidung von Wesen und Erscheinung: „It was not Europe and Russia that were irreconcilable opposites, but rationalism and pure Christianity." (Walicki 1975, 168) Fedor Stepun sieht dies recht genau umgekehrt:

Allerdings spielt dieses konstante positiv-christliche Verhältnis zu Europa in den Theorien der Slawophilen nur die Rolle eines Hintergrundes, gegen den sich die Kurve ihrer philosophischen und menschlichen Entfernung von der westeuropäischen Menschheit nur desto schärfer abhebt. (Stepun 1959, 54)

Abschließend läßt sich, da sonach immer noch die Prinzipialität der Rhetorik und die Hochwertung des alten Eigenen neben den Versöhnungswünschen (und gegen diese) stehen, die Frage nach Ausschluß oder Berührung in Kireevskijs Interpretation nicht beantworten:

> Так и остается неизвестным, хочет ли Киреевский строить русское просвещение из «чистых собственных материалов», либо он считает более целесообразным «смешанные». (Caats 1937 bzw. Dorn 1938, 148f)

6.5.4. Freiheit und Gemeinschaft

Soziale Disjunktion ist für Čaadaev eine Folge moralischer Freiheit (Čaadaev 1991, I 391). Er betont – überraschenderweise Šiškov ähnlich – die Unterschiede der Individuen. Der Mensch ist bei ihm aber vor allem ein *zoon politikon* (ebd., 384, frz. 149f)[103]. Kommunikation bringt in Kontakt und nützt der Gemeinschaft:

> [...] наши самые сокровенные мысли находят все возможные средства вылиться наружу; распространяясь, перекрещиваясь между собой, они сливаются воедино, сочетаются, переходят из одного сознания в другое, дают ростки, приносят плоды — и, в конце концов, порождают общий разум.[104]

Alles ist somit nach Čaadaev erlernt, von anderen erworben, nichts genetisch angelegt (ebd., 389, frz. 154). Ohne Austausch gehe nichts: „[...] ничто в мире сознаний не может быть постигнуто как совершенно обособленное, существующее само собой."[105] Čaadaevs eigene Diskurspraxis reiht sich ein in die philosophische *community of investigators*; er bedient

---

[103] Kamenskij schwelgt mit nationalem Fokus im Begriff einer „родовая сущность" Čaadaevs, die Marx und Engels zu einer „gesellschaftlichen" korrigiert hätten (1991, 37f).

[104] „[...] nos pensées les plus intimes trouvent toutes sortes de moyens de se reproduire au-dehors; en se répandant, en se croisant, elles se confondent, ses combinent, passent d'un esprit à l'autre, germent, fructifient, et finalement engendrent la raison générale." (Čaadaev 1991, I 381, frz. 147).

[105] „Tout autant que le reste du monde créé, rien ne se peut concevoir dans le monde intellectuel de parfaitement isolé, de subsistant par soi-même." (Čaadaev 1991, I 386, frz. 151).

sich weidlich bei den französischen Traditionalisten und nimmt Konzepte auf, die als hegelianische zu erkennen sind.

Kireevskij steht ebenso auf dem Boden der philosophischen Tradition, was er in seinem Text mit einer Fülle von Namen dokumentiert. Da er die Geschichte der Philosophie aber nicht als Fortschreiten (höchstens schließlich bei Schelling zur Erkenntnis der eigenen Fehlerhaftigkeit) beschreiben mag, setzt er seine eigene Position kaum in ein Verhältnis konjunktiver Berühung mit der bisherigen Philosophiegeschichte (selbst wenn dies vereinzelt rhetorisch vorkommt), sondern erstrebt eher die Ablösung von diesem philosophischen Denken und eine Bewegung hin zum Theologischen. Weg von individuellem Philosophieren (das er ja selbst – in einem performativen Paradox – betreibt), hin zu gemeinschaftlicher Religiosität.

Von einer anderen Warte aus, nicht aus der Opposition von Theologie und Philosophie heraus, schreibt Petr Čaadaev: „Теперь он [человек] проникнут своей собственной обособляющей идеей, личным началом, разобщающим его от всего окружающего [...]."[106] Er wertet also individuelle Freiheit, die oben als Motiv einer Disjunktionsdiagnose identifiziert wurde, negativ als „обособленность"/„séparation" (Čaadaev 1991, I 361, frz. 126), während höchste Vollkommenheit in der freiwilligen Selbstentsagung des Subjekts[107] („отрешился от своего нынешнего пагубного Я"[108]), in der Öffnung für das Außen („причастность"/„rapport", ebd., 361, frz. 126, s. auch Z. V. Smirnova 1968, 116), durch – so die Denkfigur – Kenosis[109] zu erreichen sei: Freiheit *mit*, nicht *von* – ein theologischer Freiheitsbegriff bei Čaadaev (vgl. dazu Copleston 1986, 41, allgemein: Uffelmann 1994, 330f). Identität *mit* statt Freiheit *von*: „Наконец, собственное действие человека

---

[106] „Au lieu donc de cette idée individuelle et solitaire, dont il est rempli à cette heure, de cette personnalité, qui l'isole de tout ce qui environne et voile toutes choses devant les yeux." (Čaadaev 1991, I 361, frz. 126).

[107] Die Selbstentsagung, Selbstentleerung steht in der christlichen Tradition, unter die das Subjekt hier bei Čaadaev und Kireevskij untergeordnet werden soll, zu deren Gunsten das Subjekt sich selbst entleeren soll, wie es in Phil. 2,7 heißt: „ἑαυτὸν ἐκένωσε".

[108] „[...] abdiquant le funeste *moi* actuel [...]" (Čaadaev 1991, I 361, frz. 126).

[109] Auch wenn Kuznecov (1998, 744f) die *поэтика поведения* Čaadaevs nach dem *Телескоп*-Kandal überzeugend als Aufbegehren gegen eine russische apophatische Tradition darstellt, ist diese antikenotische Implikation für Čaadaev durchaus nicht auf jeder Ebene kennzeichnend. Die Negation des Individuums in den *Философические письма* steht zur Verhaltenspoetik in deutlicher Spannung.

исходит действительно от него лишь в том случае, когда он соответствует закону."[110]

Kireevskij seinerseits überschreitet die Mikroebene persönlicher Freiheit und entwirft eine Gegenüberstellung alles Partikularen, Individuellen, Rational-Distanzierten einerseits und des angenommenen christlichen Einheitsgeistes andererseits als gesamtgesellschaftlicher Makroerscheinungen (1861, II 243f). Der Kollektivismus seines Subjektbegriffs, der das bei Čaadaev beobachtete kenotische Moment noch deutlich überbietet, funktioniert gerade auch in seiner nicht-hierarchisierenden Spielart identifikatorisch und endzeitlich vereinigend.

Für die Gegenwart galt aber noch die für Kireevskij dringend aufrechtzuerhaltende Leibeigenschaft – manifeste Disjunktion der beiden sozialen Stasen frei und leibeigen, aber auch – anders betrachtet – Moment einer konjunktiven Anbindung des Sklaven an seinen Herren. In der Disjunktion der Rollen liegt bei Kireevskij eine Konjunktion der Individuen, eine Ablehnung individueller Freiheit. Die Verteilung von Disjunktion und Konjunktion/Identität auf Gegenwart/Klage/Diagnose/Methode und Zukunft/Erlösung bleibt auch bei Kireevskij im politischen und subjekttheoretischen Bereich bestehen.

6.5.5. Evolution und Revolution

Kireevskijs Ablehnung von Revolution zeugt vom Ideal einer statischen („natürlichen") Gesellschaft. Entwicklung ist für ihn Herabentwicklung, jeglicher Umbruch Veränderung zum Schlechteren. Gut sei nur der heile Frühzustand gewesen. Im Zeitbegriff scheint also wie beim politischen Reaktionär Šiškov im Gegensatz zu Karamzin als Vertreter der „politischen Mitte" – Konjunktion als Form der Berührung historischer Phasen – und etwa zu den revolutionären Passagen Radiščevs – Disjunktion als Revolutionskonzept) identifikatorisches Denken, Identitätsaxiologik auf.

Wie man aus folgendem evolutionistischem Gedanken Čaadaevs folgern kann, sind geschichtliche Phasen für Čaadaev durch gemeinsame Merkmale konjunktiv miteinander verwoben:

> [...] подобно тому, как в природе всякая вещь связана со всем, что ей предшествует и что за ней следует, так и всякий отдельный человек и всякая мысль

---

[110] „Enfin, l'action propre de l'homme n'est véritablement telle qu'alors qu'elle est conforme à la loi" (Čaadaev 1991, I 375, frz. 140).

людей связаны со всеми людьми и со всеми человеческими мыслями, предшествующими и последующими [...].[111]

Im Vergangenheitsbereich gibt es bei Čaadaev also ein nicht-utopisches, progredientes Geschichtskonzept von konjunktiv verbundenen Geschichtsphasen (vgl. Copleston 1986, 37). Diese allmähliche Entwicklung geht der eschatologischen Konzeption voraus. Dabei reicht das „Fast-Reich-Gottes" ins Gegenwärtige hinein.

Die Kireevskijsche Versöhnung aller Individuen in orthodoxer Konziliarität beschreibt eine, wenn auch normative Nah- bis Gegenwartsvision. Für ihn ist aber die Leibeigenschaft erst in einer besseren Gesellschaft aufhebbar. Er ist damit Utopist, Apokalyptiker: Nach der einen Stasis der altrussischen Blüte und dem verwestlichenden Niedergang muß für Kireevski folglich wieder ein apokalyptischer Bruch, ein plötzlicher Übergang zu einer neuen Stasis hin stehen:

> Man kann aus der feurigen Welt der Seins-Gnade herausfallen; man kann aber nun in sie zurückkehren, und die göttliche Offenbarung ist dem Menschen das Licht, das ihm leuchtet, solange er in der Finsternis, jenseits der *Feuergrenze* wandelt. (Smolič 1934, 58, Hervorhebung DU)

Auch Čaadaev ist Apokalyptiker, Eschatologe. Er verbindet jedoch – anders als sein Gegenspieler – realen Progressismus mit utopischer Allversöhnungserwartung: immanente Konjunktion mit sich vorbereitender apokalyptischer Disjunktion.

6.5.6. Geschlechterverhältnis

Wieder bildet die Frage nach der Auffassung des Geschlechterverhältnisses, was die Zahl der Erwähnungen angeht, in den Primärtexten quantitativ nur einen Nebenaspekt. Doch die Tatsache der Verdrängung ins Marginale zeugt bekanntlich eher von der Bedeutsamkeit der Verdrängung als von deren Gegenteil (s. Bovenschen 1979, 65).

Die Korrespondenzpraxis der Čaadaevschen *Briefe* legt – über Konvention hinaus (s. Euler) – einen fast gleichberechtigtem Umgang, ein Lehrer-Schülerin-Verhältnis nahe (Konjunktion). Čaadaev spricht zu einer gebil-

---

[111] „[...] de même que chacque chose dans la nature est liée à tout ce qui la précède et à tout ce qui la suit, chaque individu humain et chaque pensée humaine sont liés à tous les êtres humains et à toutes les pensées humaines qui les ont précédés et qui les suivront." (Čaadaev 1991, I 380, frz. 146).

deten Frau. Die weibliche Leserin wiederholt hier Karamzins Ideal einer weiblichen Rezeptionsgesellschaft. Čaadaev selbst nennt sich „Philosoph der Frauen" (Rouleau 1970, 11f). Er rät seiner Leserin E. D. Panova – aller floskelhaft bekundeten Hochachtung vor ihrem selbständigen Verstande zum Trotz – klassisch weibliche Rolleneigenschaften wie Demut und die Lektüre idyllischer Texte (der Karamzinsche Sentimentalismus steht Pate) an (Čaadaev 1991, I 322, frz. 87). Demut ist jedoch ein grundlegendes epistemologisches Ideal Čaadaevs (ebd., 358, frz. 124), so daß hier nicht etwa eine klassische Frauenrolle *im Unterschied* zu einer männlichen, nicht-demütigen gedacht ist. Die Selbstnegierung, Kenosis, die dem männlichen Autor gleichermaßen ansteht wie der weiblichen Adressatin, hebt bei Čaadaev ganz umgekehrt die Differenz der Geschlechter auf (Döring-Smirnov 1994, 84). Es kommt zum „Verzicht auf Unterscheidung", zu „Geschlechts-Indifferenz" (ebd., 85f).

Kireevskij schreibt 1833 *О русских писательницах* – noch in seiner westlerischen Phase. Vom „нежность"-Ideal Karamzins ausgehend (Kireevskij 1861, I 114), begrüßt er den Fortschritt der Frauenemanzipation als Normalisierung, Gleichstellung (ebd., 115-117). Im Aufsatz *О русских писательницах* gilt Frauenemanzipation für Kireevskij noch uneingeschränkt positiv. Bezwiński schreibt:

> Swym atrykułem *O pisarkach rosyjskich* sprzeciwiał się saintsimonistom, proponował włączenie kobiet do życia intelektualnego, widział je aktywne w społeczeństwie rosyjskim. (Bezwiński 1993, 53)

Am konventionellen Familienbild des späten Kireevskij mit seinem kollektivem Subjektbegriff läßt sich hingegen implizit eine prinzipielle Ablehnung von Frauenemanzipation ablesen (1861, II 271). Von Geschlechterdisjunktion kann unter dem Blickwinkel des kollektiven Subjektbegriffs jedoch nicht die Rede sein; vielmehr handelt es sich – Čaadaevs theologischem Freiheitsbegriff verwandt – um eine Identität in der Nicht-Wertigkeit des Subjekts oder um dessen positive Entwertung, das sich hier manifest eben auch gegen weibliche Individualität äußert. Die Kenosis überzeichnet bei Čaadaev wie bei Kireevskij die Geschlechterdifferenz. Die Negation des Subjekts/des Individuums führt zur Entdifferenzierung, zur Konjunktion der Geschlechter.

6.5.7. Intuition und Rationalität

Čaadaev verbindet *ratio* und glaubende Einsicht zu einer synthetischen „Denk"form, die, so meint er, der analytischen Logik des empirischen Verstandes allein weit überlegen sei (Čaadacv 1991, I., 358f, frz. 124). „Логическое самоотречение" führe den Menschen zu sich selbst (ebd., 359, frz. 125). Weder bei Čaadaev noch bei Kireevskij ist es aber mystische Intuition, die zur überrationalen Erkenntnis führt (Gleason 1992, 245, Lanz 1925, 600), sondern das Partizipieren des Subjekts an christlichen Traditionen. Die Behauptung Galaktionovs/Nikandrovs (1989, 353), im Verständnis Kireevskijs verwinde die Philosophie reinen Glauben und *praktisches* Leben zu einer Einheit, was die Widerlegung seiner antirationalistischen Reklamationen bedeuten würde, scheint angesichts der wiederholten Subordination der *ratio*[112] unter die christliche Lehre[113] nicht zutreffend. Diese funktionale Einordnung ist bei Kireevskij durchaus nicht „das *gleichmäßige* Zusammenwirken aller Vernunftkräfte [...], deren keiner ein Vorrang vor den anderen gebührt." (E. Müller 1966, 426). Offenbarung ist immer höher als alle Vernunft – wie Müller selbst an anderer Stelle schreibt (ebd., 455). Die *ratio* bedarf, so stellt Onasch Kireevskijs Gedanken in den orthodox-theologischen Kontext zurück, einer „Transfiguratio", einer „Veredelung" durch die glaubende Ein-

---

[112] Kireevskij greift zur Hegel-Schellingschen Opposition von Verstand und Vernunft (beide vertreten durch das *разум*-Lexem, aber mit verschiedenen Epitheta: *отвлеченный разум*=Verstand, *внутренний разум*=Vernunft). Der Russe spricht nur noch ersterem die logische Abstraktheit und dem zweiten die Chance der Integrierbarkeit in ganzheitliches Erkennen zu, wobei die Vernunft dann auch das positive Attribut „innen" erhält (Kireevskij 1861, II 324). Abgesehen von dieser (terminologischen) Quelle im deutschen Idealismus sind für die antirationalistische Grundhaltung auch vielerlei russische Wurzeln denkbar; im russischen Denken vor dem 19. Jahrhundert nach solchen Spuren theologisch motivierten Antirationalismus zu suchen, würde den Rahmen dieser Arbeit sprengen. Daher hier nur ein sporadischer Hinweis auf die antirationalen Implikationen in Ilarions Überbietung des Gesetzes durch die Gnade und seine Abweisung griechischer Philosophie (s. Bulanin 1994, 135, in Filofejs Verbot des Philosophieren oder in der „Philosophie des Herzens", als deren Stammvater (unter anderen) der Metropolit Platon gelten kann (Tareev, nach Vl. Ivanov 1995, 197).

[113] Das Motiv des Antirationalismus war in altrussischen geistlichen Diskursen in die feindliche Gegenüberstellung von Theologie und Philosophie eingeschlossen gewesen (s. Bulanin 1994); die Auflehnung gegen eine *translatio studii* bildet die Urform des russischen Antirationalismus, der damit von Anfang an einen interkulturellen Index hat. Bei Kireevskij realisiert sich das Motiv mit leichten Umgewichtungen neu: Er argumentiert aus der Philosophie, nicht mehr aus der Theologie heraus, spricht also vom Ort des anderen; seine Konjunktionsaxiologie ist selbst ein Aufstand gegen die Modernisierung.

sicht (Onasch 1983, 60). Eingeräumt wird der Vernunft von Kireevskij lediglich eine Mittlerfunktion als eines unter anderen Werkzeugen (1861, II, 318) zwischen Wissen und Glauben (ebd., 313).

Die Struktur der Einordnung und Überbietung des Verstandes durch den Glauben ist also – trotz Syntheserhetorik beider – bei Čaadaev und Kireevskij analog. *Ratio* wirkt genau dann verbindend, d.h. logisch-axiologisch positiv, wenn sie sich unterordnet (Walicki ist hier zu positiv in bezug auf Čaadaevs Würdigung der Vernunft, 1975, 93).

Für die schellingianisch induzierte slavophile Ästhetik gilt eine ähnlich hierarchisierte Ganzheit, in welcher die *ratio* ein-, aber untergeordnet wird (s. den Slavophilie-Apologeten Bulanov 1994, 82): Die Frontstellung gegen (westlich) aufklärerischen Rationalismus geht – im Umkehrschluß – mit einer gewissen Nähe von Kireevskijs ästhetischen Positionen zum Sentimentalismus der Karamzinschen Literaturtheorie einher.

6.5.8. Eschatologie und „цельность"

Ein weiterer wichtiger Punkt ist die Čaadaevsche und Kireevskijsche Vorstellung vom Zusammenfallen des mndan Getrennten in einer endzeitlichen Erlösung. Čaadaev schreibt: „[...] предельной точкой нашего прогресса только и может быть полное слияние нашей природы с природой всего мира." (Čaadaev 1991, I 363) Die eschatologische Vision Čaadaevs, die vielleicht als identifikatorische *coincidentia oppositorum* gelesen werden kann (s. Lexem „объединение"), reicht schon in die Welt hinein: Verbinden, logisch gesprochen: konjunktive Verhältnisse des Menschen zu seiner Welt und zu seinen Mitmenschen sind der Vorglanz des „Himmels", des Reiches Gottes *auf Erden*: „Симпатия, любовь, сострадание", sagt Čaadaev (ebd., 363). Nichts aber rechtfertigt Geršenzons Zurückweisung des eschatologischen Moments bei Čaadaev, wenn er sagt: „возможно лишь бесконечное приближение к идеалу." (1908, 77). Das ist Schiller, nicht Čaadaev. Die Čaadaevsche musikalische Metapher vom „созвучное целое"/„concert harmonique" (ebd., 364, frz. 129) betont den Zusammenklang von verschiedenen Bleibendem, Nicht-Identischem: Dies ist strikte oder partielle Inklusion, keine Identität, wohl aber Stufe auf dem Weg zur Zieleinheit[114].

---

[114] Zelinsky stellt die Musik bei V. F. Odoevskij (die beiden Musikkapitel aus den *Русские ночи* von 1831 und 1835 zeugen, wenn sie auch für Čaadaev nicht Prätext sind, nicht sein können, doch von einer Diskursüblichkeit des Zusammensehens von Musik und

An vielen anderen Stellen aber begegnet bei Čaadaev die klassische logozentrische Einheitsrhetorik, „jener metaphysische Durst nach *Einheit"* (Hurwicz 1921, 6): „имеется абсолютное единство во всей совокупности существ" (Čaadaev 1991, I 378), und: „Ум по природе стремится к единству." (ebd.). Entscheidend ist, daß er diese Einheit als im wesentlichen bereits realisiert ansieht, und zwar im Westen: „На Западе есть единство," gibt Mandel'štam (1971, 286) Čaadaevs Emphase wieder. Čaadaevs Beeinflussung durch den deutschen Idealismus ist – auch durch die Schelling-Referenz (ebd., 380) – unübersehbar. Diesem Einheitsbegriff entspricht dennoch weniger als etwa bei Šiškov logische Identität, sondern allem Unterschiedenen wird (zumindest) eine gemeinsame Eigenschaft, ein wesenhaft verbindendes Merkmal zugesprochen. Wenn der Westen jetzt schon „Einheit" hat, so ist es keine logische Identität, sondern Zusammenhang, im besten Falle Ganzheitlichkeit: Konjunktion.

Die Verschmelzungsmetaphorik Kireevskijs scheint erstaunlich ähnlich. Kireevskijs Leitbegriff der „цельность" ist Chomjakovs „соборность" *avant la lettre* (so Smolič 1934, 62, Walicki 1975, 158). Auch Kireevskijs „Wut der Synthese" (Stepun 1989, 47) überwindet die epistemologische Geschiedenheit von Glauben und Wissen, nur nicht eschatologisch, sondern bereits kontemporär in der (russischen) Orthodoxie:

> Но в том-то и заключается главное отличие православного мышления, что оно ищет не отдельные понятия устроить сообразно требованиям веры, но самый разум поднять выше своего обыкновенного уровня, — стремится самый источник разумения, самый способ мышления возвысить до сочувственного согласия с верою.
>
> Но в цельном мышлении, при каждом движении души, все ее струны должны быть слышны в полном аккорде, сливаясь в один гармонический звук. (Kireevskij 1861, II 309 u. 310)

Allein, was bei Kireevskij als kontemporär ausgegeben wird, ist doch wohl (wie Čaadaevs Gottesreich auf Erden) normativ, wünschenswert, ist bisher lediglich unbewußt und *in potentia* vorhanden (Peskov 1993, 76f.).

Vereinigungsbewegung) in den Funktionszusammenhang der „Rückkehr zur verlorenen Einheit": „Die Musik wird zur heiligen Göttin gesteigert, welche die Unschuld der Kindheit zurückbringt. Deshalb erhält sie in der romantischen Fortführung des neuplatonischen Denkmodells, nach dem die Bewegung von der ursprünglichen Einheit über die Trennung zur erneuerten Einheit führt, eine zentrale Aufgabe zugewiesen: Verwandlung des Menschen von der Musik her." (Zelinsky 1975, 257)

Auch Kireevskij hat also in seiner Vision schon bestehender Einheit im orthodoxen Geist die konjunktive Akkord-Metapher. Smolič kritisiert gerade das Überwiegen des synthetischen Interesses vor der analytischen Praxis Kireevskijs spricht vom „Glaubens- und Vereinigungspathos des mystisch veranlagten Philosophen" (1934, 16). Bei Čaadaev ließe sich ein stärker ambivalentes Gleichgewicht von Analyse und Synthese festmachen, utopisch gewinnt letztere aber auch bei ihm die Oberhand (s. Barabanov 1992, 105).

Die Vision Kireevskijs verharrt weitestgehend in dieser Synthese von Denken und Glauben. Anklänge an real-*praktische* Verbindung sind vorhanden. Kireevskijs Hegelkritik aber – wie Groys dies tut (1995, 25) – als Analogie zu Cieszkowskis Praktizismus (Cieszkowski 1976, 112, s. auch Zieleńczyk 1923) zu lesen, geht fehl. Kireevskij ist Offenbarungs- und Einheits-, nicht aber Praxistheoretiker.

6.5.9. Explizite Äußerungen zur Logik

Wie stehen Kireevskij und Čaadaev explizit zur Logik? Die Frage ist relevant, weil im Anschluß daran eine logische Konzeptualisierung versucht wird (und interessant ist, ob Logik als Verfahren von den so Konzeptualisierten denn angenommen oder abgelehnt wurde). Für Petr Čaadaev ist Logik – als Analytik – Gewalt des Denkens an sich selbst:

> Что такое логический анализ, как не насилие разума над самим собой? Дайте разуму волю, и он будет действовать одним синтезом. [...] мы постоянно сбиваемся на естественный путь, путь синтеза.[115]

Der natürliche Weg ist für Čaadaev also die Synthese, die wiederum definitorisch einzugrenzen wäre: Konjunktion, Identifikation? Die Opposition zum gewalttätig Analytischen weist aber darauf hin, daß Čaadaev eine Festlegung genau *nicht* anstrebt.

Auch hier ist Kireevskij seinem westlerischen Opponenten nicht fern: Die „излишние законы разумной необходимости" sind nur „законы разумной *возможности*" (Kireevskij 1861, II 304, Hervorhebung DU), nicht aber ubiquitär und präskriptiv gültig. Kireevskij kontrastiert lebendige Überzeugung („живое убеждение", ebd. 252) mit angeblich sinn- und lebensentleer-

---

[115] „Ensuite l'analyse logique, qu'est-ce autre chose encore sinon une violence que l'esprit se fait à lui-même? Laissez faire votre raison, elle n'opérera que par synthèse." (Čaadaev 1991, I 358, frz. 123). – Selbst Nietzsche wird die erste Hälfte dieser Sentenz fünfzig Jahre später kaum aggressiver formulieren (Nietzsche 1980, 352, s. 8.7.2.).

ten syllogischen Schlüssen. Die Offenbarung überbietet bei ihm die Syllogistik. Kireevskijs „живое знание" nimmt damit im Keim vorweg, was die bewußte und markierte A-logik Šestovs (s. 10.2.4.) einlöst.

Und doch bildet die Ablehnung der Logik bei Čaadaev wie bei Kireevskij kein unüberwindliches Hindernis, die zweiwertigen Maßstäbe an ihr Denken anzulegen, was nach einem Exkurs zu philosophischen Prätexten beider geschehen soll (s. 6.7.).

6.6. Logisch-axiologisch nahestehende Denksysteme

Daß im folgenden die Philosophen des deutschen rationalitätskritischen Idealismus, Schelling, Schlegel und Baader, als Vergleichspunkte für Čaadaev und Kireevskij eingesetzt werden, soll in keiner Weise darüber hinwegtäuschen, daß mit katholischer Mystik (de Maistre, dazu Falk 1954 und Quenet 1931), französischem Traditionalismus (Bonald, Lammenais, s. Falk 1954, MacNally 1971 und besonders Quenet 1931), christlicher Anthropologie und Patristik (östliche Kirchenväter Issak von Ninive, Maximos Confessor, s. Lanz 1925, Christoff 1972), orthodoxer Dogmatik (Makarij, s. Goerdt 1968) und Neoplatonismus (vgl. Falk 1954) viele weitere Quellen – bald für den einen, bald für den anderen wichtiger – für den Religiozentrismus und/oder das Einheitsdenken der beiden russischen Denker ausgemacht werden können. Da es hier um die logische Konzeptualisierung geht und nicht um Vollständigkeit der philosophischen Prätexte, sei diese Einseitigkeit gestattet (vgl. Stepun 1959, 48f). Eine logische Denkform kann, wie oben dargelegt (4.9.), kaum je zweifelsfrei auf eine Quelle zurückverwiesen werden, wie das bei einzelnen inhaltlichen Konzepten fraglos der Fall ist. Daher hier wird eine *exemplarische* Synopse versucht, nicht aber eine intertextuelle Zusammenstellung mit einigen Mustertexten aus dem Umkreis des deutschen Idealismus;[116] daher die Vernachlässigung von exakten Wegen der Vermittlung, wie Quenets These, daß Čaadaev den überwiegenden Teil seiner philosophiegeschichtlichen Kenntnisse aus den Franzosen, aus Maistre, Bonald, Lammenais, Ballanche, Guizot schöpfte (Quenet 1931, 164).[117]

---

[116] Groys' Annahme von einer markierten Reaktion Čaadaevs auf den deutschen Idealismus („Философские письма Чаадаева очевидным образом являются реакцией на историософию немецкого идеализма", 1993, 248) ist zu ausschließlich.

[117] Quenet hat mögliche französische Quellen Čaadaevs minutiös aufgelistet (Quenet 1931, 133-189).

6. Čaadaev und Kireevskij

Zweifellos aber gibt es eine intertextuelle und typologische (romantische) Ähnlichkeit (Ivanov-Razumnik 1998, 386) zwischen den in beiden Fällen – französischer Traditionalismus wie deutscher Idealismus – aus dem Neoplatonismus ererbten Axiologiken. Dies gilt dies nicht nur für die Philosophie des deutschen Idealismus, sondern auch für die – philosophielastige – Literatur. Als eines unter vielen möglichen Beispielen sei hier Wackwitz' Summierung der textuellen Philosophie von Hölderlins Werken aufgeführt: „Einheit, Trennung und poetische Vereinigung", sagt Wackwitz, „damit sind die Grundbegriffe der Philosophie Hölderlins benannt." (Wackwitz 1982, 1)

6.6.1. Schelling

> Переход от рационализма к «философии откровения», воскрешавшей предания немецкой мистики, лишил философа [Шеллинга] его прежнего влияния в Германии; но именно благодаря этому переходу Шеллинг стал учителем религиозно-философской мысли в России. (Е. Trubeckoj 1995, I 61)

Entscheidender philosophischer Einfluß geht für Čaadaev wie für Kireevskij wohl von Schelling aus. Čaadaev traf ihn 1825 und korrespondierte mit dem deutschen Philosophen, lobte ihn in seinem berühmten Brief an Schelling in den höchsten Tönen (Čaadaev 1991, II 75f), hatte aber in seiner Bibliothek erstaunlicherweise nur wenige Werke von ihm (MacNally 1971, 180), obgleich er bekundete, „alles" von Schelling gelesen zu haben (Quenet 1931, 168). Schon Gercen erkennt die große Bedeutung Schellings für Čaadaevs, wie er sie nennt, „мистическая философия" (1975, V 222). Kireevskij hörte 1830 Schellings Münchener Vorlesungen. Außerdem besteht in der ersten Jahrhunderthälfte in Rußland ein allgemeiner schellingianischer Hintergrund (Vellanskij, Galič, Davydov, M. G. Pavlov, s. Koyré 1929, 88-136, Sečkarev 1939, Kamenskij 1980). In der Art und Weise der Schelling-Rezeption dürfte denn auch – neben der slavophil-westlerischen ideologischen Konfrontation – der Schlüssel zu suchen sein, um die Einheitslogik des Denkens Čaadaevs und Kireevskijs zu erschließen.

Kireevskij hält Schelling gegen die von ihm, wie man heute sagen würde, als schizoid angesehene rationalistische westliche Philosophietradition. Schelling ist für ihn der Endpunkt dieser Entwicklung, die in Fichte und Hegel gipfelte. Schelling stellte – Kireevskij zufolge – dieser Philosophietradition die vernichtende Diagnose: Auf dem bisher beschrittenen Wege ginge es nicht mehr weiter (ebd., 321f). Abbruch tue not. Auf zu Neuem, ganz anderem, zur Offenbarung[118]! „Die Offenbarung muß etwas über die Vernunft hinausgehendes enthalten." (Schelling 1993, 98) Nach der negativen rationalen müsse, so Schelling und in seinem Gefolge auch Kireevskij, eine lebendige, positive Philosophie folgen. E. Müller präzisiert im Aufsatz von 1993 die Prätextstellen Schellings für solche Formulierungen Kireevskijs aus den Münchener Vorlesungen aus dem Sommersemester 1830 (E. Müller 1993, 114-116); Kireevskij reproduziert danach die Schellingschen Gedanken getreu. Und doch geht er auch über den deutschen Philosophen hinaus, bemängelt er das Scheitern von Schellings die Problemdiagnose überschreitendem Entwurf. Die Mythologie sei – so Kireevskij – ein Holzweg, das rational-diskursive Vorgehen Schellings methodisch falsch. Rettung verheiße allein der christliche Glaube (vgl. E. Müller 1966, 383).

Die Notwendigkeit einer Selbstentsagung der Vernunft, ihrer Unterordnung unter den Glauben, unter die als höhere begriffene christliche Wahrheit, begegnet in exakt gleicher Weise im Čaadaevschen Denken.

Entscheidend wichtig ist bei beiden auch das Zielmoment Einheit, eschatologische Versöhnung. Koyré ordnet das synthetisierende Denken der 1. Hälfte des 19. Jahrhunderts insgesamt einer Zeitströmung zu. Danach gehören dann sowohl Ivan Kireevskij als auch Petr Čaadaev zu den „adeptes du système de l'identité" (1929, 187).

> Kirejevskij setzte an die Stelle des christlichen Glaubens bei Schelling den orthodoxen Glauben [...]. Interessant ist im weiteren Verlauf der Entwicklung Kirejevskijs, eine Parallele mit Čaadajev zu ziehen, der an Stelle des orthodoxen Glaubens den katholischen Glauben setzt und zu entsprechend verschiedenen Ergebnissen kommt. Im Grunde aber stimmen beide vollkommen überein. Westler und Slawophile gehen nicht nur an diesem Punkt von gleichen Voraussetzungen aus. (Sečkarev 1939, 63)

6.6.2. F. Schlegel

Waren die Anmerkungen zu Schelling noch stärker inhaltlich an Vernunft vs. Glauben und damit an die Philosophiegeschichte gebunden, so kann bei der

---

[118] Im Grunde wird Schelling von Kireevskij positiv gesehen, nur die Nicht-Achtung der Kirchenväter gefällt dem Russen nicht (Kireevskij 1861, II 325). So müsse auch Schelling noch – nun von Russen – überwunden werden (1832 war Schelling für Kireevskij noch Endstadium gewesen [1861, I 68], was sich in den 50er Jahren wandelte).

6. Čaadaev und Kireevskij

Frage nach der Bedeutung des (wohlgemerkt) späten Friedrich Schlegel[119] für Kireevskij und Čaadaev eine formalere Ebene beschritten werden: Schlegel konzeptualisiert im Kapitel *Von dem Zweispalt in der Urgeschichte und von der Zerteilung des Menschengeschlechts* seines Spätwerkes *Philosophie der Geschichte* den Sündenfall als *Zer*fall (1971, 33f, zu Schlegel als logisch-axiologisch verwandt mit den frühen Slavophilen s. auch Pfalzgraf 1954, 61).

Daß Schlegel – wie Čaadaev – katholische Einheit gegen protestantischen Abfall stellt – und *mutatis mutandis* Kireevskij mit orthodoxer Einheit gegen katholischen Abfall strukturell dasselbe tut – ist als inhaltliche Füllung schon weniger wichtig als die bei allen dreien gleiche Axiologik von Trennen und Vereinen. Wie Schelling sieht Schlegel in seiner Zeitgeschichte die Chance der Überwindung des Negativ-Wissenschaftlichen zugunsten positiver Offenbarung (Schlegel 1971, 419f). Die alte Einheit ist „wiederherzustellen" (ebd., 428).

6.6.3. Baader

Bei Franz Xaver von Baader können in der synoptischen Lesart nun alle Inhalte beiseite bleiben. Hier interessieren nur die Formen Spaltung und Einheit[120]. Blagovas These, Kireevskij habe gerade nicht aus Baader geschöpft, der damals in Rußland weit bekannt war, mit dem Zaren Aleksandr I. korrespondierte und von Kireevskij in seinem philosophiegeschichtlichen Parcours erwähnt wird, ist entschieden zu widersprechen. Blagova behauptet, beide gründeten schlicht auf christlichem Fundament (Blagova 1995, 135). Das Christentum reicht aber so global nicht hin, um die gemeinsame Axiologik von Trennen und Verbinden bei Baader, Čaadaev und Kireevskij zu motivieren. Berdjaev spricht zusätzlich von „ein und demselben Kulturstil", dem die Westler und Slavophilen der 1840er Jahre angehörten (1983, 58), was von

---

[119] Der frühe Friedrich Schlegel, der als Fragmenttheoretiker bekannt ist, kann eher als Antizipator für Dekonstruktion (Analyse, Dekomposition, Disjungieren) denn als Ideengeber für konjunktive Axiologik in Anspruch genommen werden.

[120] Baader schöpft – wie auch Schelling – aus älteren Quellen, von denen aus der deutschen Mystik besonders Jakob Böhme zu nennen ist. „Baader hat Böhme wie kein zweiter gekannt und ausführlich kommentiert." (Schulte 1988, 157). Es sind nur Platzgründe, die dazu bewegen, in diesem Kapitel nur die deutsche romantische Philosophie als Prätexte zu behandeln, bei Solov'ev dann hingegen nur Mystik und Neoplatonismus. Da Solov'ev Baader kannte und auch Kireevskij Böhme erwähnt, wäre zu Teilen auch der kreuzweise umgekehrte Bezug denkbar gewesen.

soziologischem Gesichtspunkt her gewisse Koinzidenzen besonders im Gesellschaftsbild nahelegt, die logische Konvergenz aber nicht begründet. Zum diplomatischen Lavieren Baaders und doch eigentlich zu seiner Logik schreibt Hartl: „Sein Motto war nicht das ‚aut – aut', sondern das ‚et – et'" (1993, 195). Konjunktion statt Disjunktion. Baader identifiziert das Böse/ den Teufel auf allen Ebenen mit dem Trennen, Abspalten und Gott im Gegenzug mit der Einheit. Nach dem Sündenfall, gedacht als Spaltung, als „Entzweiung als Ursache des Bösen" (Baader 1851, II 167 Anm. 1), herrscht (eine Tautologie) Gespaltenheit. Baader übernimmt die gnostische Kosmogonie Böhmes und zitiert diesen:

> Es [jedes sekundäre, gottferne Ding] führe sich denn selber in eine fremde Fassung ein, welche dem ersten Grunde, darin es entstand (und darin es bestehen soll), nicht gleich ist, so ist's eine Abtrennung vom Ganzen. (Baader 1851, III 418)

Christoph Schulte stellt Baaders Bezug zu Kants Definition des „radikal Bösen" wieder her:

> Kant habe [...] verkannt, daß das Autonomieprinzip die Erhebung des eigenen Willens, selbst schon der Aufstand gegen den göttlichen Willen einleitet und damit das Böse induziert. (Schulte 1988, 169)

Schulte folgert, daß bei Baader „Autonomie rein prinzipiell Anomie" ist (ebd., 187). Was sich auf sich selbst zurückbezieht, kappt die Bande, die es mit dem anderen verbinden. Logisch ist dies ein Akt der Disjunktion – und eben die ist in Baaders Philosophie das Böse. Einheit gilt es für Baader folglich zu restaurieren, da sie als Ausgang je schon Ziel ist. In dieser Denkroutine, dieser Axiologik Baaders scheint eine fundamentale strukturelle Ähnlichkeit zur Wertung von Trennen und Vereinigen bei Kireevskij und Čaadaev durch. „[...] истина Якова Беме повлияла на Фр. Баадера и Шеллинга —, явления, родственные славянофильству." (Berdjaev 1912, 122) Baader spitzt mit seiner die Disjunktion verteufelnden Axiologik eine allgemeine idealistische Schablone zu: Daß das Böse die Spaltung sei, die Vereinzelung, – diese Ansicht findet sich so oder anders formuliert etwa auch bei Hegel (1965, X 320). Daraus folgt: Čaadaev muß vor 1828, also vor der Arbeit an den *Философические письма* weder Baader noch Hegel wirklich *gelesen* haben, um aus vielen anderen sekundären Quellen mit dieser Denkform vertraut zu sein.

Wie auch später bei Solov'ev stellt die hermetische oder – wie auch immer diese heterogenen Konzepte unter einen Begriff zusammengefaßt werden – heterodox mystische[121] Kosmogonie eine entscheidende Spur auch für die Axiologik der russischen Kulturosophie des 19. Jahrhunderts dar (an anderen Diskursen dieses Jahrhunderts ist dies weidlich nachgewiesen worden).

6.6.4. Überphilosophie und Übersetzugnskultur

Igor' Smirnov formuliert in einer unpublizierten These die Auffassung, die frühe religionsphilosophische Konjunktur im russischen selbständigen Denken bedeute eine Überkompensation des russischen Mangels an eigener Philosophie, der allerdings auf ein allgemein-christliches Fragment zurückginge: Insgesamt sei das Christentum eine stark philosophische Religion. Den Kompensationsfaden Smirnovs fortspinnend, könnte die paulinische Theologie als bereits so rationalistisch beschrieben werden, daß das Rationale das Religiöse schon von den Wurzeln des Christentums an zurückdrängt (in diesem Sinne auch Schillers berühmte Klage über *Die Götter Griechenlands*, Schiller 1984, I 163-169) und später rekompensiert wird – nun mit der Infiltration der Philosophie durch die Religion, durch religiöse Philosophie. Das Unterfangen, mit Glauben und integralem Erkennem sowie „цельность" partikulären (westlichen oder falsch verstanden aufklärerischen) Rationalismus zu überwinden, wäre bei Čaadaev wie bei Kireevskij eben eine solche Überkompensation.

Diese Überkompensation kann demnach einmal auf die christliche Quelle zurückgebunden werden. Eine alternative Lesart besteht, wie oben angedeutet (4.9.1.), darin, die russische Kultur als eine Übersetzungskultur zu bestimmen (Städtke 1999, Kissel/Uffelmann 1999), welche sich (in Person einiger, aber längst nicht aller ihrer Vertreter) der eigenen Übersetzungswurzeln zu entledigen strebt, indem sie die Kultur, aus der sie sich (übersetzend) generiert hatte, zu überbieten sucht. Bei Kireevskij wird dieser Akkord vernehmlicher angeschlagen als bei Čaadaev, der erst in der *Апология сумасшедшего* die Rückständigkeit Rußlands, welche er zuvor so vernehmbar beklagt hatte, zur Chance einer allgemeinen Mission Rußlands für die Menschheit erhebt, womit das neue Rußland die „alten Gesellschaften" überböte.

---

[121] Die Baaderschen *Vorlesungen über J. Böhmes Theologumena und Philosopheme* schöpfen aus der hermetischen Wurzel und ihrer mystischen Fortsetzung bei Böhme. (Wenn in diesem Kontext eine Nähe sowohl Čaadaevs als auch Kireevskijs zur hermetisch-mystischen Kosmogonie festzustellen ist, so ist doch die Erlebnisseite der mystischen Weltanschauung für die untersuchten Texte wirkungslos geblieben.)

6.7. Zwei Gegenstandsbereiche – zwei Logiken

> So ist auch das Denken der Westler – bei Tschaadajew, Herzen, Bjelinsky – durch das Hauptmotiv der Slavophilen, – das Ideal eines konkreten Universalismus, einer integrierenden Totalität des gemeinschaftlichen und zugleich freien Menschenlebens innerlich bestimmt. (Sem. Frank 1926, 35)

Gibt es, nach all diesen partiell gemeinsamen, logisch-philosophisch nahestehenden Denksystemen als eine gemeinsame Axiologik Čaadaevs und Kireevskijs? Oder induziert die weltanschauliche Divergenz doch auch in der logisch-axiologischen Wertverteilung Unterschiede?

Eine polare Gegenüberstellung der Axiologiken wie bei Karamzin (konjunktiv) und Šiškov (disjunktiv mit vereinzelten konjunktiv-identifikatorischen Elementen im zu schützenden Innenraum) gestatten Čaadaev und Kireevskij nicht, überschneidet sich doch ihre logische Axiologie stark am Punkte des Verwerfens disjunktiver Konstellationen, die nur verschiedenen Polen zugeschrieben werden: Wenn Čaadaev das Unzusammenhängende in der zeitgenössischen russischen Kultur beklagt, Kireevskij hingegen den Grundton des slavophilen Diskurses vorprägt, indem er den abgespaltenen, kalten Rationalismus des Westens anklagt, dann handelt es sich beiderseits um disjunktive Denkvorgänge, in denen Disjunktion nochmals selbst als einer der beiden Oppositionspartner begegnet. Chaos=Disjunktion, Verbindung =Kosmos/Ordnung (vgl. Peskov 1993, 85). Disjunktion wird als argumentative Strategie gegen Disjunktivität als Objekteigenschaft eingesetzt.[122] Es ist eine alte Figur spaltungsfeindlicher Intention, daß diese selbst zum Mittel der Spaltung (der Spaltung) greift[123].

Čaadaevs Negation einer zeitgenössischen russischen Kultur kann logisch als $A \wedge \neg B$ (A europäische Kultur, B russische Kultur) beschrieben werden, Kireevskijs Umkehrung als $\neg A \wedge B$. Ivanov-Razumnik: „Славянофильство вывернуло наизнанку мировоззрение Чаадаева; против его плюсов оно

---

[122] Analoges hat Jurij Murašov in seinem Aufsatz über den Monologismus Bachtins gezeigt: Gegen Monologismus (Disjunktion) streitend, verfährt Bachtin in seiner eigenen (dem Inhalt nach dialogischen [konjunktiven]) Argumentation selbst monologisch. Zur Vergleichbarkeit von klassenlogischem und dialogtheoretischem Vokabular s. 4.5.2.

[123] In Prudentius' *Psychomachia* wird die spalterische Personifikation Heresis („Deus est mihi discolor", läßt Prudentius sie sagen, V. 710) vernichtet, indem sie in Stücke geschlagen wird: „carpitur innumeris feralis bestia dextris" (V. 718, Prudentius 1962, 328), obgleich ihr dies streng genommen, ihrem Wesen der Spaltung nach, nicht schaden dürfte.

почти везде поставило минусы и наоборот." (1998, 399f) Oder, noch rigoroser, Zamaleev: „[...] они лишь по-разному расставляли свои плюсы и минусы" (Zamaleev 1995, 182);

Kireevskijs Axiologie negativer Disjunktion ist jedoch nicht durchgängig[124]: Daß Rußland an der westlichen Entwicklung nicht teilgenommen habe, sei vorteilhaft (Kireevskij 1861, II 237; für Čaadaevs *Философические письма* ist dies gerade das *pessimum possibile*). Auch Inneres und Äußeres, Göttliches und Menschliches sollten laut Kireevskij dringend getrennt bleiben: Čaadaev strebt demgegenüber in stärkerem Maße eine Versöhnung des zuvor kategorial Geschiedenen an (vielleicht aber in etwas geringerem Maße volle Identität). Die Dissoziation vom Äußeren führt nur bei Kireevskij zum Heil. Als ein Nebengesichtspunkt, der Kireevskij mehr unterläuft, als daß er ihn explizit machen würde, ist sein Lob der russischen Trennung von Kirche und Staat anzuführen (ebd., 262), mit dem er – Fedotov vorweg (s. Uffelmann 1994) – Dualismus als Freiheitsgaranten konzeptualisiert.

Auf der einen Seite steht Kireevskij also in der Nachfolge Šiškovs, und zwar darin, Disjunktion als nötig zu begreifen oder auch Geschichte eher statisch (identifikatorisch) zu sehen, auf der anderen Seite arbeitet seine philosophische Gesamt-konzeption auf Vereinigungsdenken hin. Um auf der einen, russischen Seite konjunktives und identifikatorisches Denken als positiven Wert zu etablieren, wird von Kireevskij zur Disjunktion dieses angeblichen russischen Positiv-Ganzheitlichen vom schlechten anderen, eben in sich Disjunkten, Westlichen gegriffen (vgl. Peskov 1993, 73). Čaadaev tut dasselbe, nur umgekehrt. Alexander Schelting faßt dies so:

> Die Slawophilen übernahmen seine [Čaadaevs] Gegenüberstellung Rußlands und Europas als geistig und kulturell wesensfremder Welten, jedoch taten sie es unter entgegengesetzten Vorzeichen. (Schelting 1948, 293)

Dieser strukturelle idealistisch-romantische Konsens in Čaadaevs und Kireevskijs Axiologik überzeichnet die kulturräumliche Axiologie und deren implizite Disjunktionslogik. Der Konsens von Kireevskij und Čaadaev im Bezug auf die Logik lautet mit Kireevskijs Worten: „раздвоение и цельность" (1861, II 276). Lediglich die kulturräumliche Zuweisung weicht voneinander ab, ist kontradiktorisch verschieden. Das *Gerüst der Axiologik*

---

[124] In Kireevskijs *Девятнадцатый век* von 1832 hatte das vereinigende Moment auch etwas Gewalttätiges (1861, I 68). Anstelle der späteren Wertsättigung ging es hier noch um eine bemüht wertungsfreie Darstellung.

stimmt jedoch bei den romantischen Philosophen Ivan Kireevskij und Petr Čaadaev überein[125].

Die Axiologie der Räume ist aber, um dies schon hier deutlich zu machen, nur ein erster Schritt, Beschreibung eines *status quo*, Anführung des Themas. Dem folgt im zweiten, normativen Denkschritt bei beiden russischen Kulturosophen das Ziel, das Rhema Vereinigung, Verbindung, Verschmelzung. Und dieses Positivum des Verbindens ist beiden gemein: Konjunktionsaxiologie sowohl bei Kireevskij als auch bei Čaadaev.

6.7.1. Politik oder Metaphysik?

Čaadaev kann, so argumentiert Dobieszewski, nach den philosophischen Leitsternen Hegel und Schelling auf zwei diametral verschiedene Weisen interpretiert werden: als Schellingianer und „Mystiker" oder – wenn er ihn auch erst spät gelesen hat, also kaum *direkt* beeinflußt sein kann – als Hegelianer, Historiosoph und politischer Philosoph (Dobieszewski 1986, 25, vgl. auch Z.V. Smirnova 1968, 111). An anderer Stelle heben eher materialistisch eingestellte Philosophen wie Gercen, Černyševskij, Plechanov und Forscher wie Kamenskij[126] aber auch Walicki (1975, 87) den gesellschaftspolitischen Aspekt hervor, während religiös orientierte Philosophiehistoriker wie Geršenzon (1908, 96) und Zen'kovskij (1948, I 162, 177) die Metaphysik betonen. Für Geršenzon stellt sich die Alternative zurecht nicht:

> Здесь сказалась смутная догадка о большей, чем политическая, о вечной истине, о внутренней свободе, для которой внешняя и, значит, политическая свобода – правда, только подножье, но столь же существенно необходимое, как воздух для жизни. (Geršenzon 1908, IIIf)

Beide Seiten gehören zusammen. Statt einer Hierarchie, wie sie Geršenzon suggeriert, müßte aber eher eine Koexistenz[127] beider Prätexte bzw. Denk-

---

[125] Aus der Konvergenz der Verfahren sollte man aber nicht auf die Austauschbarkeit der Inhalte schließen, wie dies Greenfeld nonchalant literarisiert: „And in the best Romantic tradition of striving toward unity in multiplicity, one could be a Westernizer in the morning, a Slavophil in the afternoon, and criticize after dinner." (Greenfeld 1992, 270).

[126] Bei Kamenskij ist die Wertung der beiden Facetten besonders krass, wenn er Čaadaevs Komplexität auf die Formel des „противостояние рационального и иррационального" bringt (1991, 44).

[127] Zen'kovskijs zwar griffige Formel vom „богословие культуры" (1948, I 163) ist zu sehr auf Kohärenz und Kürze erpicht. Genau entgegengesetzt strebt Kamenskij danach,

weisen, Logiken bei Čaadaev konstatiert werden: Hegelsche immanent-dialektische Konjunktivität und Schellingsche transzendente Einheit. Bei Kireevskij erhebt sich Frage, ob die religiöse Philosophie von den Kulturkonzepten abhängt oder umgekehrt, oder ob beide koexistieren.[128]

6.7.2. Einheit?

> Denjenigen nun, welche über die Philosophie urteilen und sich über sie äußern wollen, wäre zuzumuthen, daß sie sich auf diese Bestimmungen der Einheit einließen und sich um die Kenntnis derselben bemühten, wenigstens so viel wüßten, daß dieser Bestimmungen *eine große Vielheit* und daß eine große Verschiedenheit unter ihnen ist. (Hegel 1965, X 470)

Wenn beide Philosophen der Negativwertung des Disjunktiven das Positivum des Verbindens und der „Einheit" entgegenstellen, so scheint eine volle Analogie zu bestehen. Meinen aber beide dasselbe, wenn sie von „Einheit" und „Vereinigung" sprechen? Zunächst ist zu sagen, daß die reale Grundlage, auf welche „Einheit" bezogen wird, für Čaadaev die Einheit des Katholizismus, für Kireevskij die der Orthodoxie ist. Sind auch logisch-theoretische Unterschiede zu erkennen? Der Einheitsbegriff läßt sich bei Kireevskij oft (Ausnahmen z.B. 1861, II 310) als volle Übereinstimmung deuten, bei der unterschiedlich bleibende Prädikate aus dem Blick geraten: Der Entzweiung (ebd., 276) im Westen stellt Kireevskij das Denken von Einheit, von Identität in Rußland gegenüber (ebd., 239) – Einheit wird gerade als religiöse „соборность" begriffen, wenn Kireevskij den etwa gleichzeitig von Chomjakov systeamtisierten Begriff auch bedeutungsanalog durch „единодушие, цельность" vertritt (ebd., 239, 255). Sehr aufschlußreich ist eine markierte Auseinandersetzung mit Hegels Synthesebegriff in *O характере просвещения Европы и его отношении к просвещению России*:

> Правда, они [Западные мыслители] употребляют иногда те же выражения, какие и Восточные, говоря о «внутреннем сосредоточении духа», о «собрании ума в себе» и тому подобное; но под этими словами обыкновенно разумеют они другое: не сосредоточение, не собрание, не цельность внутренних сил, а только

Čaadaevs Philosophie für grundsätzlich „paradox" zu erklären (1991, 9), womit er es sich gleichfalls zu leicht macht.
[128] Daß in der obigen referierenden Darstellung von den Kulturräumen ausgegangen worden ist, besagt keine ontologische oder epistemologische Hierarchie.

их крайнее *напряжение*. Вообще можно сказать, что центр духовного бытия ими не ищется. (ebd., 258f, Hervorhebung DU)

Eine Vereinigung, die Spannung bleibt, kann mit Fug und Recht als Paraphrase des Hegelschen dreifachen Aufhebungsbegriffes gelesen werden: Steigerung, Überwindung und Bewahrung von Gegensätzen in der Synthese (Hegel 1955, 229). Das aber will Kireevskij nicht. Seine „Einheit" soll spannungsfrei sein; Kireevskij wendet sich gegen Hegels „Einheit", die Beierwaltes als Konjunktion auf den Punkt bringt (die aber die Junghegelianer ganz anders lesen, s. 7.7.):

> [...] aus der Differenz, der Negation und dem Widerspruch heraus schließt sie [die Einheit] sich mit sich selbst zusammen; sie *ist* Selbstvermittlung aus der überwundenen Entzweiung. (Beierwaltes 1980, 242)

Das letzte Moment: die Bewahrung des Gegensatzes in der Synthese, ja deren Herausstellung im synthetischen Erkennen (1961, 165), ist klassenlogisch als strikte oder partielle Inklusion, in keinem Fall aber als Identifikation zu bezeichnen[129]. Synthese als Konjunktion im Hegelschen Sinne gilt Kireevskij 1852 als Streben, „только преднамеренным усилием [...] придать [...] искусственную соразмерность" (ebd., 259; man beachte die Gegenüberstellung von „цельность" [Identität] und „соразмерность" [Konjunktion])[130]. „Смешение" lehnt Kireevskij ab (ebd., 278). Im weiteren Verlauf seiner Argumentation frappiert die Häufigkeit des Lexems „одно".

Im Aufsatz von 1856 wird die Hegelsche Dialektik von Kireevskij dann jedoch zustimmend zitiert: „схождение положительного и отрицательного в одно *сложное* (конкретное)" (ebd., 319f).

Čaadaev betont mit seinen vielfach begegnenden Einheitslexemen dagegen die Aufhebung des Ausschlusses bei deutlicher Erhaltung einer Grundverschiedenheit, keine Totalnivellierung und Identifikation. Čaadaev neigt – wenn man unterscheiden will – eher zu Konjunktion, Kireevskij eher zu Identität. Allerdings ist dieser Unterschied nur *gradueller* Art. Die Koinzidenz der Akkord-Metapher zeigt konjunktive Elemente bei beiden. Zentral ist hingegen folgendes: Verbinden ist der positive Pol der Axiologik beider. Der eine wie der andere verwerfen sie Disjunktion.

---

[129] Identität und ihre letztliche Definiton muß als eigentlich philosophisches, nicht mehr methodisches Problem hier offen, Leerstelle, blinder Fleck bleiben.
[130] Wenn Kireevskij jedoch von der Durchlässigkeit der Stände im russischen Mittelalter spricht, benutzt er Begriffe der Konjunktion (Kireevskij 1861, II 264). Wiederum gilt: Bei der logischen Konzeptualisierung nur von Tendenzen und Dominanzen die Rede sein, nicht von Invarianten.

6.7.3. Die Axiologik Čaadaevs und Kireevskijs im Kontext Karamzins und Šiškovs

So kann schließlich die Kontrastierung von vorwiegend disjunktivem und dominant konjunktivem Denken, die für Karamzin und Šiškov galt, nicht auf Čaadaev und Kireevskij ausgedehnt werden. Zum einen widerstehen dem zu erhebliche Schwankungen bis Widersprüchlichkeiten in den Texten der beiden Denker, als daß sie eine disjunkte Trennung von Disjunktion und Konjunktion ermöglichen würden. Gerade Kireevskijs Lavieren zwischen der Idolatrie des Alten und der Versöhnung mit dem Neuen, dem Lob des Russischen und der Versöhnung mit dem Westlichen, der Überbietung der Vernunft durch die Offenbarung und der Versöhnung von Glauben und Vernunft wären hier zu nennen. Bei Čaadaev fallen die Inkonsistenz von Traditionalismus und Progressismus, von konjunktivem Progreß und apokalyptischer Disjunktion u.a.m. ins Gewicht.

Beide argumentieren insgesamt logisch sehr verwandt, und zwar mit zwei getrennten Bereichen, von den einer logisch und inhaltlich analog, der andere nur logisch analog ist: Die beiden einander widersprechenden Zuweisungen der *einen* logischen Axiologik bestehen zum ersten in einem Grundzug der folgenden Slavophilen-Westler-Debatte: in der Disjunktion der Kulturräume Europa und Rußland (Thema der Debatte) – hier wird disjunktiv argumentiert und zugleich Disjunktion als Inhalt negativ gewertet. An diesem Punkt stehen sich beide auch inhaltlich gegenüber. Zum zweiten haben beide idealistische Synthese- bis Identifikationskonzepte, die sich aus christlicher Eschatologie speisen[131] (Rhema der Texte) – hier wird konjunktiv bis identifikatorisch gedacht und zugleich Einheit positiv gewertet. Von diversen Einzelfällen abgesehen, sind also die Axiologiken Čaadaevs und Kireevskijs eher analog zueinander als einander (wie bei Karamzin und Šiškov) entgegengesetzt. Die Spaltung der Anwendungsfelder läuft entlang einer diachronen Achse: disjunktive Gegenwartsdiagnose vs. konjunktive Zukunftshoffnung. Dem Thema Disjunktion ist die Zukunftshoffnung, das Rhema Konjunktion implantiert. Bei Detail-Unterschieden müßte auch eher die Rede von einer stärkeren Neigung Čaadaevs zu konjunktivem Denken (z.B. Zeitbegriff), Kireevskijs zu stellenweise disjunktivem und identifikatorischem (z.B. Statik, Göttliches –

---

[131] Besonders dieser letzte Punkt (das Gewicht von Eschatologie und apokalyptischem Denken) wird bei den Denkformen von Solov'ev und Leont'ev wiederkehren.

Menschliches) gehen. Von einem antagonen Paar jedoch kann nicht gesprochen werden[132].
Logik und Axiologik fördern hier über die Inhalte hinaus – ja gegen diese – Konvergenz zutage.

6.8. Čaadaev und Kireevskij vor dem Hintergrund der Westler-Slavophilen-Debatte

Čaadaev wird mitunter als Stammvater beider Traditionen, der westlerischen wie auch der slavophilen, aufgefaßt (s. Val'denberg 1998); Ėpštejn nennt ihn denjenigen, „[...] from whose love-hate to Russia both Westernizers and Slavophiles originated." (1995a) Wenn eine Anknüpfung der Slavophilen an Čaadaev in positivem Sinne möglich war, so weniger aufgrund seiner aktuell-kulturosophischen Aussagen, sondern wegen seines religiozentrischen Welt- und Geschichtsbegriffs. Kireevskij gilt seinerseits als Begründer der philosophischen Slavophilie.

Insgesamt ist das Denken der Westler weniger religiös, so daß hier Čaadaev fast eine Ausnahme bildet (vgl. Losskij 1991, 67). Eine von Aleksandr Puškins Widmungsgedichten (*К Чаадаеву*) angestoßene und bei Černyševskij und Gercen fortgesetzte politische Rezeptionsroutine vernachlässigt infolgedessen die religiöse Dimension von Čaadaevs Denken (Gercen 1954, II 226; Černyševskij 1950, VII 595) und begreift den religiösen Aspekt als „облачение" (ebd.) des gesellschaftlich-politischen Kerns seiner Philosophie. Das ist, wie oben gezeigt, falsch. Hegel und Schelling stellen keine Alternative dar, sondern sind Gestirne am Himmel über zwei (logisch deutlich unterscheidbaren bzw. als Thema und Rhema voneinander abgrenzbaren) Denkfeldern Čaadaevs – und auch Kireevskijs. Hier hilft die Logik, eine zu vereindeutigende Entweder-Oder-Antwort zu vermeiden.

---

[132] Eine klare metapositionelle Unterscheidung (Disjunktion) zweier selbst konjunktiver Rhemata, wie sie hier bei Čaadaev und Kireevskij vorkommen, ist methodisch unmöglich: Zwei (vonmeinander graduell abweichende) Konjunktionen auf der Objektebene schließen Disjunktion auf der Metaebene aus.

7. A. I. GERCEN UND N. JA. DANILEVSKIJ

7.0. Konvergenz auch unter anderen (Epochen-)Verhältnissen?

Hatte sich bei Čaadaev und Kireevskij mit Blick zurück auf die Konfrontation von Karamzin und Šiškov die Frage gestellt, ob der dort beschriebene Antagonismus logisch-axiologischer Rekurrenzen fortzusetzen sei, so kehrt sich dies bei Aleksandr Gercen und Nikolaj Danilevskij um: Läßt sich bei ihnen eine ähnliche Konvergenz der logisch-axiologischen Mittel bei gleichzeitiger Divergenz der inhaltlichen Belegung ausmachen wie bei Kireevskij und Čaadaev? Nur jetzt eine „realistische" anstelle der „romantischen"? Oder haben wir es eher mit einer Neuauflage des Antagonismus' der Inhalte *und* dominanten Verfahren in der Art der Gegenüberstellung von Nikolaj Karamzin und Admiral Šiškov zu tun?

7.1. Vorgehen und Forschungsstand

Wieder einmal verlagern sich die Schwerpunkte des kulturphilosophischen Nachdenkens: Religion und besonders Eschatologie, die bei Kireevskij und Čaadaev noch zentral waren, verlieren bei Gercen und Danilevskij sichtlich an Bedeutung; Politik, ja Soziologie und Wissenschaftstheorie werden wichtiger; Sprache findet zwar bei beiden Berücksichtigung, aber in sehr unterschiedlicher Hinsicht. Andere Gegenstandsbereiche schließlich werden bei Gercen und Danilevskij mit neuer, bislang nicht gekannter Systematik betrachtet, so daß etwa eigene Unterkapitel zum Entwicklungsbegriff, zum Wissenschaftsverständnis oder gar zur Theorie internationalen Beziehungen (bei Danilevskij) angezeigt sind.

Aleksandr Gercen ist jenseits der russischen Grenzen nach Solov'ev der zweitbekannteste russische Philosoph des 19. Jahrhunderts. Die Sekundärliteratur zu Gercen ist – insbesondere infolge seiner Funktionalisierung als (mit einschränkungen geeigneter) früher russischer sozialistischer Revolutionär durch die sowjetische Geschichtsschreibung – ausgesprochen umfangreich. Von den hier betrachteten acht kulturosophischen Denkern wird sie an Fülle lediglich durch die Arbeiten zu Vladimir Solov'ev in den Schatten gestellt. Ein gänzlich anderes Bild ergibt die Literaturlage zu Nikolaj Danilevskij, dessen Hauptwerk *Россия и Европа* durch die philosophiehistorische Forschung vergleichsweise wenig rezipiert wurde[1], wofür wiederum die spezifische Rezeptionslage in der Sowjetzeit mitverantwortlich ist (s. Vajgačev 1991, 564f). Die Feststellung von Danilevskijs mangelnder Beachtung aus dem Munde des Danilevskij-Apologeten Bestužev-Rjumin (1995, 432), geäußert 1881, ist insoweit auch für die spätere Zeit gültig, als wissenschaftliche Untersuchungen ohne apologetischen Einschlag oder weltanschauliche Polemik gegen Danilevskij fortwährend Mangelware sind. Seit nach dem Fall der Sowjetunion Danilevskij wieder häufiger zum Gegenstand der Forschung gemacht wird, sind oft identifikatorische Lesarten im Anschlag, ja werden Danilevskijsche Theoreme anverwandelt (wie etwa bei Galaktionov 1995).

Vergleichende Synopsen von Danilevskij und Gercen finden sich in der Forschungsliteratur bloß in Ansätzen. MacMaster leistet sich einen ahistorischen Irrealis, wenn er meint:

> Had Danilevsky lived on and extended his biological ideas into the philosophy of history, it seems quite probable that he would have developed an outlook similar to that of Herzen [...]. (MacMaster 1967, 149)

Pfalzgraf ist da handfester, wenn er in der Wegwendung vom Religiösen und der Hinwendung zum Gesellschaftlichen einen Punkt unbestreitbarer Konvergenz von Gercen und Danilevskij ausmacht (1954, 137). Bei Strachov fin-

---

[1] Das Pathos neoslavophiler Apologeten, wie stark Danilevskij rezepiert worden sei (etwa Vajgačev 1991, 556), erweist sich als schlichtweg falsch: Masaryk und Zen'kovskij erwähnen Danilevskij in ihren Geschichten der russischen Philosophie bloß marginal. Besonders frappant ist das Beispiel des deutschen Kulturphilosophen (Anhängers von „Kolonialpädagogik" – Spranger 1969a, 139 – und zugleich früher Interkulturalitätstheoretikers) Eduard Spranger, der im Aufsatz *Die Kulturzyklentheorie* von 1926 als einzigen russischen Vertreter der „Kulturstufentheorie" N. S. Trubeckoj anführt und Danilevskj mit keinem einzigen Wort streift (Spranger 1969b, 13), obwohl Trubeckoj in dieser Hinsicht ohne Danilevskij nicht denkbar wäre. Dabei wandelt Spranger selbst tief in Danilevskijs Fußstapfen, wenn er das Verhältnis zwischen Kulturen nominalistisch-disjunktiv konzeptualisiert („Intelligenz hier z.B. und Intelligenz dort können nicht ohne weiteres auf einen Nenner gebracht werden.", 1969b, 138). Jahrzehnte später ignoriert Fernand Braudel Danilevskij unbegreiflicherweise, wenn er in *L'histoire des civilisations* Spengler, Toynbee und sogar den kaum bekannten Alfred Weber bespricht, ja selbst auf Pitirim Sorokins Arbeit über Toynbee rekurriert, die ein Danilevskij-Kapitel enthält (Braudel 1992, 263). Und noch ein drittes Beispiel, nun aus neuester Zeit: Selbst Alexander Demandts kenntnisreiche Untersuchung von Geschichtsmetaphern übergeht Danilevskij (Demandt meint, Leo Frobenius habe 1896 als erster die These von Kulturen als „eigendynamischen Systemen, die nur in Analogie zum natürlichen Wachstum begriffen werden könnten" (Demandt 1978, 96), vertreten, womit Danilevskij indirekt enteignet wird.

7. Gercen und Danilevskij

det sich eine unklare Erwähnung Danilevskijs im Gercen-Text (1887, 106); Masaryk deutet ohne Nennung Danilevskijs eine Verbindung Gercens zum Panslavismus an (1992, I 361). Erst Schelting widmet beiden ein gemeinsames Teilkapitel (1948, 238-246) und führt Danilevskijs Panslavismus auf Gercen, d.h. auf eine einzige Belegstelle in einem Gercen-Brief zurück (ebd., 241), womit er Gercen unzulässig auf diese isolierte Äußerung festlegt.

Der Aspekt von Logik und Werten hat in der Danilevskij gewidmeten Literatur bislang so gut wie keine Rolle gespielt. Michajlovskij dekonstruiert Danilevskijs Beweis-Methode, seine „форма аргументации" (Michajlovskij 1897, 861), auf brillante Weise, bezeichnet damit aber die Verteilung von Beweisen im Text, keine *Logik* der Argumentation in einem strengeren Sinne. Galaktionov deutet Danilevskijs disjungierendes Erkenntnisinteresse in unzureichender Weise an, wenn er dessen Augenmerk „не только" auf Zusammenarbeit und Verbindendes, „но и более часто" auf die Nicht-Koinzidenz der Interessen von Europa und Rußland gerichtet sieht (1995, VIII). MacMaster wird deutlicher, wenn er von davon spricht, Danilevskijs Kulturtypen seien miteinander „incommensurable" (1967, 203). Pfalzgraf gelangt mit der These von Danilevskijs „Entweder-Oder-Haltung" zwar in die Nähe der logischen Definition von Disjunktion (ausschließendes „Oder", s. 2.5.), bezieht dies aber nur auf Danilevskijs maximale Zukunftsforderungen, nicht jedoch auch auf sein Kulturraumkonzept; eine Kombination mit anderen Operationen sieht er nicht (Pfalzgraf 1954, 171).

Auf der anderen Seite formuliert Berlin für Gercens Denken die Ausrichtung auf „specific ends" und – etymologisch identisch mit Burchardis These über die Slavophilen (s. 1.4.) – „the particular purposes of particular persons" (1978, 112). Malia kommt von einer anderen theoretischen Inspiration her, wenn er an Gercens Theorie der Individualisierung in allen Bereichen – Feminismus genauso wie Zeitkonzept (Malia 1961, 244, 268) –, den Geist des Stirnerschen Egoismus festmacht (ebd., 379). Und Novič leitet aus der romantischen Frühphase eine fortdauernde Struktur antithetischen Denkens bei Gercen her (1980, 314), ohne aber auf Vermittlung oder Nicht-Vermittelbarkeit der Pole einzugehen. Gegenüber diese Disjunktionsthesen heben besonders marxistische Vertreter gerne auf das Moment Hegel-Marxscher „Einheit von Sein und Denken" bei Gercen ab, die – von Marx' Warte aus gesehen – nicht befriedigend ausfalle (Plechanov 1923, 149; Volodin 1963, 82). Die Spannung von in der Tat synthetischer Episteme und disjunktivem Subjektkonzept wird in der Gercen gewidmeten Forschung nicht thematisiert.

Wo die Logik der Argumentation bei beiden Denkern nur marginal und implizit besprochen wird, verwundert es nicht, daß es bisher keine Parallelisierung ihrer Denk*formen* gibt. Bei Novikova/Sizemskaja findet sich ein noch weit von logischer Begrifflichkeit entfernter Ansatz, wenn sie Gercen als Vater jener Theorie der individuelle Vielfalt in der Geschichte erkennen, die Danilevskij ausarbeitet:

> От Герцена берет начало разработка проблемы многообразия исторического процесса, которая, в частности, получила развитие в концепции культурно-исторических типов [d.h. bei Danilevskij, DU] (Novikova/Sizemskaja 1995, 48).

7.2. Zur Gegenüberstellung von Gercen und Danilevskij

Die entscheidenden philosophischen Werke von Aleksandr Ivanovič Gercen (Herzen, Pseudonym: Iskander, 1812-1870) entstehen über einen Zeitraum von etwa dreißig Jahren, seit den frühen vierziger Jahren bis zu seinem Tod 1870. Schon mit seinen frühen Texten (s. Gercen 1975, V 280), besonders aber mit seiner Aufsatzsammlung *С того берега* erregt er schon 1850 – noch vor den großen Kireevskij-Aufsätzen von 1852 und 1856 – Aufsehen und entfaltet beträchtliche Wirkung (so Gercens Selbstzeugnis 1975, III 225, s. auch Tunimanov 1994, 59). Er gilt, nicht erst seit der sowjetischen Propaganda, als eine Leitfigur des revolutionären Rußlands und wird als Sozialist zunächst meist in die Schublade des Westlers einsortiert, wenn auch eine Vielzahl seiner Positionen sich gegen eine solche Etikettierung sträubt.

Nikolaj Jakovlevič Danilevskij (1822-1885), in der Forschung den Spätslavophilen, den „почвенники" (s. Galaktionov 1995, XVII), zugeordnet und zu einer Mustergestalt der Slavophilie erklärt, bringt sein Hauptwerk erst 1869 heraus, fast 20 Jahren nach *С того берега*, ein Jahr nach den letzten Fragmenten von *Былое и думы*, dem autobiographischen *magnum opus* Aleksandr Gercens.

Eine direkte Debatte zwischen den beiden hat es nicht gegeben; Danilevskij ist noch weitestgehend unbekannt als Kulturtheoretiker, als Gercen 1870 stirbt. Aber auch Danilevskij erwähnt Gercen in *Россия и Европа* kein einziges Mal. Im Gegensatz zu Čaadaev und Kireevskij, die beide Mitglieder der selben Salon- und damit gesellschaftlichen Diskussionskultur waren, lebten Gercen und Danilevskij die meiste Zeit weitab von Petersburg: Danilevskij als „Außenseiter" (Picht 1969, 265) in der Provinz und auf Reisen, Gercen in der Frühzeit ab 1835 an diversen Verbannungsorten und seit 1847

7. Gercen und Danilevskij

in der Emigration. Entsprechend ist in der Sekundärliteratur eine direkte Zusammenstellung der beiden wie gesehen selten.

Gercens philosophische Palette weist mehr Farben auf als Danilevskijs kulturosophisches Werk, das im wesentlichen aus der einen, wenngleich umfangreichen Schrift *Россия и Европа* besteht. Dieses Ungleichgewicht bereitet in der Gegenüberstellung die methodische Schwierigkeit, entweder die Bandbreite Gercenschen Denkens zu beschneiden oder aber ihm mehr Raum einzuräumen als seinem Widerpart Danilevskij.

7.2.1. Entwicklung im Denken und Textauswahl

Von romantisch-schellingianischen Inspirationen herkommend (Florovskij 1929a, 284-290), verfaßt Gercen in den frühen 40er Jahren im Übergang zur realistischen Episteme die beiden wissenschaftspropädeutischen Schriften *Дилетантизм в науке* (1842/43) und *Письма об изучении природы* (1844/45). Die prorevolutionäre Haltung, die er vertritt, erfährt spätestens 1848 einen herben Rückschlag durch die blutigen Umstände der französischen Revolution, den Sieg der Bürgerlichen über die Proletarier. Unmittelbare Reflexe darauf finden sich in den 1847 begonnenen *Письма из Франции и Италии*. Doch ist auch der Gercen von *С того берега* bei aller Hoffnungslosigkeit in anderen Facetten noch Revolutionär; 1850 setzt er sich die Aufgabe, eine Geschichte der revolutionären Bewegungen in Rußland zu schreiben: *О развитии революционных идей в России/Du développement des idées révolutionaires en Russie*[2]. Im Londoner Exil arbeitet Gercen von 1852 bis 1868 an seiner vielbändigen Autobiographie *Былое и думы*, in die programmatisch („*подстрочные* [...] рассуждения", Gercen 1975, VI 7) kulturosophische Passagen eingestreut sind. Im wesentlichen (Freiheit, Sozialismus) bleibt sich Gercen treu; infolge der Enttäuschung über Westeuropa wird lediglich der russische Rückstand zum Hoffnungsanstoß, daß die – nichtsdestotrotz messianistisch allgemeine – Befreiung der Völker vom russischen Volk ausgehen könnte. Einen zweiten und entscheidenderen resignativen Schritt bedeuten die vier an Bakunin gerichteten offenen Briefe *К ста-*

---

[2] Wie bei Čaadaevs *Философические письма* und seiner *Апология* werden bei Gercen auch diejenigen seiner Werke, die zunächst auf Französisch oder Englisch verfaßt wurden, im Haupttext nach den verbreiteten Fassungen auf Russisch zitiert; der französische und englische „Ur"text wird in der Fußnote beigegeben (bei indirekten Zitaten die Fundstelle in Klammern angeführt).

рому товарищу von 1869, in denen Gercen Evolution an die Stelle von gewaltsamer Revolution stellt. In diesem letzten wichtigen Werk ändert sich auch – wie etwa dreißig Jahre danach bei Solov'ev, ebenfalls im letzten Lebensjahr – die Axiologik Gercens.

Danilevskij gerät 1849 in den Strudel der Petraševskij-Affäre, wird für 100 Tage in Haft genommen, freigesprochen, aber dennoch aus Petersburg verbannt (dazu Alexander 1979). Sein weiteres Leben verbringt er in der Provinz, später die meiste Zeit in Mšatka auf der Krim und auf Expeditionsreisen. In Petersburg weilt er stets nur kurz, um über seine naturwissenschaftlichen Expeditionen Rechenschaft abzulegen (und um 1869 das Buchmanuskript zu *Россия и Европа* bei einem Verlag unterzubringen). Vor seinem Hauptwerk *Россия и Европа* bewegt sich Danilevskij auf den wissenschaftlichen Feldern von Zoologie und Wirtschaftsgeographie. Sein frühes Interesse an den utopischen Sozialisten, das ihm Verhaftung und Verbannung eintrug, erfährt in den erst deutlich später verfaßten kulturosophischen Schriften wenig Widerhall. Danilevskijs kulturosophisches *magnum opus Россия и Европа* findet, obschon rundum fertig, zunächst keinen Verleger und muß so 1869 ab der ersten Nummer der von Kašpirev neugegründeten und wenig verbreiteten Zeitschrift *Заря* in Folgen gedruckt werden; 1871 erscheint das Buch als ganzes in 1200 Exemplaren (s. Strachov 1995, XXVIII). 1888 folgt die dritte, von Strachov eingeleitete Ausgabe, 1889 schon die vierte. Neben einigen kleineren Texten aus den letzten Lebensjahren Danilevskijs ist die Monographie *Дарвинизм. Критическое исследование* (1. Band 1885, 2. in Fragmenten postum 1889) die einzige größere Arbeit Danilevskijs nach *Россия и Европа*.[3] Trotz der deutschen Übersetzung von *Россия и Европа* von 1917 (Pfalzgraf 1954, 109) ist die Rezeption Danilevskijs im Westen geringfügig[4]. Das Darwinismus-Buch ist derart wenig verbreitet, daß es außerhalb Rußlands nahezu unerreichbar ist.

Die folgende Gegenüberstellung bezieht (aufgrund des benannten Mankos in Sachen der Darwinismus-Buches) auf der einen Seite lediglich Dani-

---

[3] Nach übereinstimmender Auffassung von Biologen und Darwin-Forschern, aber auch von Solov'ev (1966, V 139f) und anderen Gegnern Danilevskijs, stellt *Дарвинизм* ein hochvollständiges Kompilat bereits gängiger Kritikpunkte an Darwin ohne eigenen systematischen Ansatz dar: „an elaborately structured synthesis of all anti-Darwinian arguments in circulation at the time [...] he [Danilevsky] gave prominence to every anti-Darwinian argument in circulation" (Vucinich 1988, 123, 126).

[4] Gegen die gesammelten nicht-beweisbaren Vermutungen über ein Schöpfen Spenglers aus Danilevskij (s. 7.3.2.1.) steht, wie oben an Spranger gezeigt, eine Vielzahl von Fällen eklatanter Nicht-Rezeption.

levskijs Hauptwerk ein; in Gercens Fall stützt sich die Konzeptualisierung auf alle größeren Texte seit den 40er Jahren[5] unter Einschluß von *Былое и думы*, während die noch stärker an einen konkreten Anlaß gebundenen journalistischen Kurztexte und Briefe lediglich kursorisch behandelt werden. Belletristische Werke Gercens scheinen am Rande auf.

7.3. Gegenstände der Diskussion

7.3.1. Kultur/Zivilisation/Zivilisationen

Gercen benutzt das Wort „Zivilisation", anders als Danilevskij, meist in einem philosophischen Singular und nicht einem kulturosophischen Plural (s. Grübel/Smirnov 1997, 5). „Zivilisation" meint bei Gercen so zunächst die Gesamtheit technischer wie kultureller Leistungen; nach Nationen wird dabei nicht differenziert:

> Кто ограничил цивилизацию одним прилагаемым? — где у нее забор? Она бесконечна, как мысль, как искусство, она чертит идеалы жизни, она мечтает апотеозу своего собственного быта [...]. (Gercen 1975, III 247)

Bei aller Kritik und Verzweiflung an der gegenwärtigen, insbesondere politischen Lage wird Zivilisation von Gercen als Gut verteidigt; denn etwas Besseres als die heutige Zivilisation stünde nicht zur Verfügung: „Наша цивилизация — лучший цвет современной жизни [...] (1975, III 242). Donoso Cortés' Gegenüberstellung von alter Kultur und neuer Zivilisation (die bei Spengler wiederkehrt) lehnt Gercen ab (1975, III 348); er setzt zwischen beiden Begiffen vielmehr Synonymie (ebd., 353). Ein anderes Mal wird „Zivilisation" von Gercen nicht als Gesamtbegriff (im Gegensatz zu Natur) gebraucht, sondern zeitlich differenziert, dann nämlich, wenn zugunsten des kommenden Neuen die „gegenwärtige Zivilisation" zerstört werden soll: „Готовы ли они пожертвовать современной цивилизацией, образом жизни, религией, принятой условной нравственностью" (1975, III 265), fragt Gercen die bürgerlichen Revolutionäre, mit denen er hadert. „Zivilisation" bedeutet hier eine Stufe in der Entwicklung der Gesellschaftsordnungen (ebd., 268). Es scheint in Gercens Begriffsgebrauch folglich eine Spannung zu geben: „Zivilisation" an sich ist zu verteidigen, die „gegen-

---

[5] Die romantisch, schellingianisch und religiös geprägte Frühphase Gercens in den 30er Jahre (s. dazu Florovskij 1929a, 1929b; Novič 1980) bleibt außer Betracht.

wärtige Zivilisation" hingegen zu überwinden. Ein Paradox ist nicht abzuleugnen.

Während bei Gercen der „Zivilisations"-Begriff eher ein Randthema bildet, sind „Zivilisationen" Danilevskijs Überbegriff – „Zivilisationen" im Plural. Jene technische Dimension, welche der deutsche Zivilisationsbegriff fokussiert, ist bei Danilevskij inbegriffen; aber auch „Kultur" ist in Danilevskijs Zivilisationsbegriff, der sich im übrigen mit dem des „Kulturtyps" weitgehend deckt, echt enthalten (Kultur bildet neben Politik, Ökonomie und Religion einen von dessen vier Parametern, 1995, 400). „Zivilisationen" oder „Kulturtypen" sind sein Überbegriff für alle andere Sparten menschlichen Seins (1995, 108).

7.3.1.1. Zur Lage der Kultur, insbesondere der russischen

Gercens Gegenwartswahrnehmung von 1848/51 ist katastrophisch. Er sieht ganz Europa „во время землетрясения" (1975, III 228), im „год крови" 1848/49 versinken (ebd., 320), „в сумерках тупоумия" (ebd., 322). Gercen borgt bei Čaadaev die Metapher von der schlechten Luft, an welcher der zeitgenössische (nicht nur der russische) Mensch ersticke (Gercen 1975, III 331).[6] Das Blutvergießen der französischen 48er Revolution versetzt ihn – wie Karamzin, dessen *Мелодор и Филалет* von 1795 er in diesem Zusammenhang zitiert, dasjenige der 1790er Jahre – in Verzweiflung (ebd., 226). Mit Karamzin kämpft er gegen den Gedanken einer Dialektik der Aufklärung an, die zwangsläufig in Barbarei zurückschlagen müsse (ebd., 227). Mit dem rückständigen Rußland (1975, II 9) stehe es gar noch schlimmer. Die russische verdoppelte politische Reaktion, das „царство мглы", vertieft Gercens Depression (1975, III 228). Der Ausdruck der Depression der „лишние люди" wird in *После грозы* allerdings dem Verzagten in den Mund gelegt (1975, III 237f), wogegen der Energische repliziert[7]: „Страдание, боль —

---

[6] Čaadaevsche Formulierungen scheinen auch in *О развитии революционных идей в России* durch (Gercen 1975, III 362, frz. 1954ff, VII 14f); später spricht Gercen vom „Embryonalstadium", über welches die russische Geschichte nicht hinausgelangt sei (1975, III, 372, frz. 1954ff, VII 24), oder vom russischen Nomadentum (1975, III 404, frz. 1954ff, VII 56), von der Ungefestigtheit und Beweglichkeit des russischen Zustands (1954ff, XII 185, 187). Wie Čaadaev in seiner *Апология* folgt aber aus dem Rückstand eine Hoffnung (ebd.; 1975, III 363, 440).

[7] Nach Bachtins Dostoevskij-Thesen (Bachtin 1972) wäre es verfehlt, einzig in den Repliken des Energischen die Stimme des Autors Gercen hören zu wollen. Gerade die ka-

это вызов на борьбу [...]" (ebd., 238)⁸. Gercen kritisiert die Erscheinung der „großen Agonie" (ebd.)⁹ als schlechtes Zeichen der Zeit. Von überkommenen Vorstellungwelten gelte es sich zu befreien (ebd., 239). Die Gegenwart sei – wie später im symbolistischen Topos von der phönixhaft untergehenden Jetzt-Zeit¹⁰ – nur Übergang, Geburtswehe der Zukunft (1975, VI 117, vgl. Zimmermann 1989, 89). Kultur wird somit je futurisch, im „Sich-vorweg" definiert: „Если и будущее не наше, тогда вся наша цивилизация — ложь [...]." (1975, III 242) Gercens Dekadenzmodell, das oben zunächst aufschien, bezieht sich einzig und allein auf die unmittelbare Gegenwart¹¹; danach hingegen würden „junge Völker" kommen (ebd., 323), und die Zukunft werde anders ansehen. Spätestens ab 1847¹² beginnt Gercen, aus der russischen Rückständigkeit den Funken für ein besonderes Potential für sozialistische Entwicklungen von Rußland aus zu schlagen. Der verheerenden Lage der offiziellen russischen Politik wird das russische Volk und seine Gemeindeform entgegengestellt (1975, III 5).

War Čaadaev in seinem *Первое философическое письмо* gleich im zweiten Absatz mit der Klage über das Fehlen russischer Kultur ins Haus gefallen, so schiebt Danilevskij seine Gegenwartsdiagnose über 200 Seiten bis ins XI. Kapitel von *Россия и Европа* auf. Vom diagnostischen Kapitel *Европейничанье — болезнь русской жизни* einmal abgesehen, weisen seine verstreuten Äußerungen eine gewisse Ambiguität auf: Wie Karamzin (5.3.1.) bedauert er die bisher geringen künstlerischen Errungenschaften der Russen (1995, 418). Er findet aber – mehr als 70 Jahre nach Karamzin –

---

tastrophischen Töne, die an anderer Stelle aus der Autorposition verlauten, weisen darauf hin, daß in den beiden Stimmen von *После грозы* ein innerer Widerstreit personifiziert wird.

⁸ Zur systematisierten Schmerz-Propädeutik und -Mnemonik Leont'evs und Nietzsches vgl. 8.3.6.

⁹ Es geht hier – wie stets – um Texte, nicht um die Lebenspraxis der betrachteten Autoren. Natürlich kann Gercens Sicht nach 1848, die revolutionäre Situation sei weit entfernt, im Kontrast etwa zu Bakunins und Marxens organistorischer Tätigkeit, von interessierter Seite ebenfalls als „Agonie", als Agonie Gercens kritisiert werden, was auch geschah (A. A. Serno-Solov'evič).

¹⁰ S. bspw. Merežkovskijs Gedicht *Morituri*, dessen Schlußverse lauten: „Грядущей веры новый свет,/ Тебе от гибнущих привет." (Merežkovskij 1912, XV 6).

¹¹ In *Кто виноват* werden Stereotypen vom Niedergang der Sitten in der verderbten neuen Zeit regelmäßig parodiert (1975, I 139, 142).

¹² Die Enttäuschung an Westeuropas bourgeoiser Gegenwart und die Verlagerung von Zukunftshoffnungen auf Rußland setzen, wie bereits Plechanov (1949, 164) zeigt, schon früher ein.

mehr Ansätze und beachtenswerte Einzelwerke (ebd., 425f). Er moniert, dem heutigen Rußland fehle es an patriotischem Bewußtsein (ebd., 54) und panslavischem Bestreben (ebd., 345). Die Umstände zur vollen Ausbildung einer eigenen slavischen „Zivilisation" seien ungünstig (ebd., 137) und russische Hochkultur so lediglich *in potentia* vorhanden. Im weiteren Verlauf attestiert er Rußland aber heile Grundlagen seines Volkscharakters (Herdertopoi) und eine solide Grundlegung des russischen Nationalstaates: „[...] государство основалось на незыблемой народной основе." (ebd., 220) Zu Beginn des schon angesprochenen Kapitels XI, *Европейничанье — болезнь русской жизни,* kontrastiert Danilevskij das – ihm zufolge – junge, gesunde Rußland und den im Niedergang befindlichen europäischen Westen. Bei aller „eigentlichen" Gesundheit[13] kranke das junge Rußland doch am westeuropäischen Einfluß (ebd., 222), eben am „европейничанье" (ebd., 226). An dem Punkt, daß Rußland ein *Potential* besäße, das unverbrauchter, jünger sei als der alternde Westen, trifft sich Gercen (nach 1848) mit Danilevskij.

7.3.2. Kulturräume

Gercen beklagt in *С того берега* die Abschottung Rußlands gegen die westliche Freiheitsbewegung (1975, III 228), also in ersten Linie das russische Freiheitsdefizit, aber in zweiter Linie auch eine Politik der Abgrenzung der politischen Räume. Bei ihm sind Formulierungen über Differenzen zwischen den Volkscharakteren der europäischen Nationen und die resultierenden bedauerlichen Animositäten (1975, III 363, 396, frz. 1954ff, VII 15, 48) meist nur Prolegomena zur Verkündung des gemeinsamen Ziel, das sozialistische Revolution heißt (1975, III 364, 473; frz. 1954ff, VII 16, 125), Befreiung aus der überall so oder anders bestehenden Unfreiheit (1975, III 368, frz. 1954ff, VII 20), des Kampfes gegen den gemeinsamen Feind Feudalismus (1975, III 365, frz. 1954ff, VII 17f)[14]. „[...] *разумное и свободное развитие русского народного быта совпадает с стремлением западного социализма"* (1975, V 230), hebt Gercen hervor. Der Emigrant Gercen stellt sich in den Dienst der Aufgabe, Europa die russische Kultur, eben nicht nur den poli-

---

[13] Man fühlt sich an Nietzsches kompensatorische Behauptung von der „großen Gesundheit" (Nietzsche 1978, 373) trotz „Kleingewehrfeuers" in Form vielfältiger, biographisch belegter Leiden erinnert.

[14] Selbst sein negatives Vexierbild, das westliche Kleinbürgertum, wird nicht national-essentialisierend, sondern als spezifische soziale Lage, als „не нормальное состояние" motiviert (1975, V 191).

tischen Schrecken, sondern auch das kulturell Positive näherzubringen (1975, III, 233f). Wenn nach der Enttäuschung von 1848 Gercens Hoffnung auf die Befreiung der Völker in besonderer Weise dem rückständigen Rußland gilt, so soll doch diese Befreiung nicht in Rußland halt machen, sondern – ein messianischer Gedanke – ganz Europa erfassen. Intertextuell-praktisch demonstriert Gercens Wahl seiner Motti aus Goethe sowie die Entscheidung für den Weimarer als Beispiel eines großen Individuums, daß Gercen sich als Teil einer allgemeineuropäischen Kultur unter Einschluß Rußlands sieht.[15]

Der berühmteste Punkt aus Danilevskijs Denken ist seine Kulturtypenlehre. Um deren Originalität wird energisch gestritten: Bereits Solov'ev spricht Danilevskij mit dem Hinweis auf Heinrich Rückert (1966, X 499) die Eigenständigkeit ab. Strachov (1995, XXVIIf) – und neuerdings wieder Galaktionov (1995, XX) – versuchen mit argumentativen Verrenkungen, die „Neuheit" der Danilevskijschen Lehre zu retten. Ohne apologetische Intention wenden sich auch Pfalzgraf, MacMaster und Picht gegen die Rückert-These; Pfalzgraf zeigt Differenzen zwischen Rückerts statischem Kulturtypenbegriff und Danilevskijs Biologismus auf (1954, 197); MacMaster schlägt neben Rückert Georg Gottfried Gervinus, Karl von Rotteck und Alfred Weber als Quellen vor (1967, 205); Picht (1969, 267) ergänzt Karl Vollgraf.[16]

Dieser Kulturtypenlehre zufolge ist die Weltgeschichte gekennzeichnet von einer Folge von Phasen, in denen jeweils ein „Kulturtyp" dominierte. Dieser Phasen habe es bisher zehn gegeben. Diese zehn Typen und nur diese zehn hätten durch ihre jeweilige Vorherrschaft die Weltgeschichte entscheidend geprägt: „Только народы, составляющие эти культурно-исторические типы, были положительными деятелями в истории человечества." (Danilevskij 1995, 74) Stellt man in Rechnung, daß Danilevskij seine „Kulturtypen" im breiten Sinne von Zivilisation auffaßt und keinen eng idealistischen Kulturbegriff (Kultur=Geist) vertritt, so läßt sich eine allen von der Sekundärliteratur aufgezählten möglichen Prätexten Danilevskijs zu-

---

[15] Asien bleibt für Gercen, dieser Integrativität zum Trotz, von Europa durch eine Kulturgrenze getrennt (1975, II 139), und auch die Finno-Ugren stehen für ihn außerhalb der europäischen Zivilisation (1975, III 361, frz. 1954ff, VII 13).

[16] Das Problem der Quellenkritik würde eine gesonderte Untersuchung erfordern, die zwar für die Frage nach Danilevskijs Originalität, nicht aber für den ideologischen Charakter seiner Arbeit von Bedeutung wäre; schon am Hegel-Beispiel (s. 7.3.10.) wird deutlich, daß Danilevskij westliche Zentrismen umkehrt. Daran würde eine differenziertere quellenkritische Unterscheidung, ob er terminologisch und konzeptuell aus Rückert, von Rotteck oder Gervinus geschöpft habe, nichts ändern. Kulturosophisch aufschlußreich ist vor allem die Umkehrungsfigur.

grundeliegende Quelle angeben: Es ist Hegel. Dieser schreibt in den *Grundlinien der Philosophie des Rechts*:

> Dieses [das jeweils kulturell, „geistes"geschichtlich dominierende] Volk ist in der Weltgeschichte für diese Epoche – *und es kann* [...] *in ihr nur einmal Epoche machen* – das *herrschende.* (Hegel 1996, 506)

Hegels Geschichtsphilosophie ist, wie noch an anderen Punkten deutlich werden wird, – bei vielen Verscheibungen – die wichtigste Basis für Danilevskijs Kulturtypenlehre.

Jenseits der Quellenfrage kann Danilevskijs Kulturtypenlehre – wenn man sie durch Aktualisierung nobilitiert – als Eurozentrimus-Kritik aufgefaßt werden (Ignatow 1996, 4). In der Tat wendet sich Danilevskij immer von neuem gegen die Identifikation der „германо-романская" mit der „общечеловеческая цивилизация" (1995, 48, 97, 100 et passim) und verteidigt andere Kulturräume, etwa Ostasien (mit besonderem Nachdruck auf China, 1995, 60) als eigenständig und gleichwertig. Desunbeschadet erklärt Danilevskij die griechische und die europäische „Zivilisation" für die „reichsten" (1995, 85).

Danilevskijs Kulturmorphologie macht expliziter als alle russischen Vorgänger die Differenz von Kulturen zum alleinigen Thema von Kulturphilosophie als Kulturosophie (s. Grübel/Smirnov 1997, 5); er naturalisiert die Differenz im Rahmen einer allgemeinen Kultur(en)theorie. Das suggeriert bereits der „Welt"-Begriff[17] in seinem Untertitel *Взгляд на культурные и политические отношения славянского мира к германо-романскому* (1995, III), den Strachov unterstreicht (1995, XXIX; weiteres s. Petrovič 1956, 72), wird aber auch explizit in gewisser Weise paratextuell herausgehoben, nämlich in Form eines „Gesetzes" festgehalten[18]: „Начала цивилизации одного

---

[17] Gerade an diesem Lexem wird der Unterschied zwischen der räumlichen Ausrichtung von Danilevskijs Denken und der zeitlichen von Gercens Philosophie sichtbar: Gercen spricht häufiger von Zeitgrenzen als von Weltgrenzen: „Мы живем на рубеже двух миров [...]", beginnt die Aufsatz-Serie *Дилетантизм в науке* (1975, II 5). Ein „славянский мир"/„monde slave" begegnet eher vereinzelt, etwa im Linton-Brief von 1854 (1954, XII 169, frz. 137).

[18] Die Heraushebung einzelner Gedanken in den Status von Gesetzen, die allen anderen Aussagen des ansonsten fortlaufenden Textes zugrundeliegen, bildet einen Sonderfall von Paratextualität, auf den Gérard Genette in seiner Untersuchung *Seuils* nicht hinweist. Das „Gesetz" müßte in der Nähe von Genettes „intretitres" anzusiedeln sein; die Numerierung in einer Reihe macht „Gesetze" zu einer Art Zwischenüberschrift des „régime rhématique" (Genette 1987, 274). Sie dienen einem didaktischen Zweck. Gerade in Dani-

культурно-исторического типа не передаются народам другого типа." (Danilevskij 1995, 77) Wo also die Hauptsache, die Grundprinzipien, das „Wesen" eines kulturellen „Typs" einem anderen nicht vermittelt („передача") werden könnten, da sei es doch möglich, daß Teilelemente weitergegeben würden („воздействие", zur Unterscheidung s. MacMaster 1967, 207; S. Puškin 1996, 41): Vererbung, Kolonisierung und andere Weisen von Super- und Substratierung seien wohl möglich (1995, 83f). So schließt sich an den zitierten Satz auch folgende Einschränkung Danilevskijs an:

> Каждый тип вырабатывает ее [цивилизацию] для себя при большем или меньшем влиянии чуждых, ему предшествовавших или современных цивилизаций. (1995, 77)

An konkreten Beispielen wird das Entlehnen aber wieder als schädlich markiert: Catos Gegnerschaft gegen römische Anleihen bei der griechischen Kultur wird als richtig gespriesen (1995, 80); gerade griechische Elemente seien für den Niedergang Roms verantwortlich (ebd.). Danilevskij warnt vor falscher („мнимая") Weitergabe, vor „культрегерство" (ebd., 105). Der von Kireevskij prinzipialisierte negative Nachahmungsbegriff (s. Uffelmann 1998b) wird auch von Danilevskij in Anschlag gebracht (ebd., 88). Das Rhema von Danilevskijs Interkulturalitätsauffassung ist – hier wirklich wie später bei Spengler (1963, 617-624) – die Reduktion der Rolle von „Einfluß", „Entlehnung" und „Austausch".

Während Danilevskij die Entwicklung in einem Kulturraum als von der Entwicklung in einem anderen weitgehend unabhängig sieht, dem Slaventum eine vom Niedergang der „romano-germanischen Zivilisation" unbeschadete, ja beförderte Zukunft verheißt, ist für Gercen die räumliche Differenz mitunter nahezu bedeutungslos: Auch Amerika sei nicht das gelobte Land; das Europäische sei mit den Europäern nach Amerika ausgewandert und werde dort genauso weiterwirken (Gercen 1975, III 326). Trotzdem sind die Unterschiede zwischen der westeuropäischen Situation und Rußland nach 1848 für ihn manifest. Hier sucht er nach der Spezifik historischer Entwicklungen, nicht aber nach Wesensdifferenzen. Wo er Unterschiede macht, dominiert bei ihm meist der Zeitvektor vor dem räumlichen und das Milieu vor dem „Charakter". In der *missio* des Sozialismus treffen sich die Völker ungeachtet aller Unterschiede.

---

levskijs Fall ist dies eine aufdringliche Didaktik, wie Genette sagt: „d'une ostentatoire rigueur, et d'une illusoire scientificité" (ebd., 287).

7.3.2.1. „Slaventum" und Westeuropa

Danilevskij folgert gleich im ersten Kapitel seiner Abhandlung *Россия и Европа* aus einer politikwissenschaftlichen Analyse der diplomatischen Vorgehensweisen und des Völker- und Vertragsrechts anhand eines Vergleichs von Krimkrieg 1853-56 und Preußisch-Österreichisch-Dänischem Krieg 1864 eine grundsätzlich antirussische Einstellung der (aller) Westeuropäer (1995, 17). Dieses Resultat leitet als Titelfrage das 2. Kapitel ein: *Почему Европа враждебна России?* (1995, 18), womit das Erkenntnisinteresse von Danilevskijs Buch formuliert ist. Die Antwort folgt gegen Ende des Buches: „Европа не случайно, а существенно нам враждебна." (1995, 376) Wo Kireevskij noch lediglich die Differenz essentialisiert hatte (vgl. 6.3.2. u. 6.5.2.), da erhebt Danilevskij gar „Feindschaft" in den Rang einer Wesensgegebenheit.

Während Danilevskij auf der Gegenstandsebene Feindschaft als Zeichen von Unvereinbarkeit diagnostiziert, verfolgt er ein wissenschaftlich nichtwertendes Programm, das aus der Unvergleichbarkeit der Kulturen und ihrer Entwicklungen die Folgerung zieht, die eine eine nicht am Maß der anderen zu messen, was er dem Eurozentrismus vorwirft. Dann ist allerdings ein methodischer Widerspruch festzumachen, der sich zwischen Danilevskijs Relativismus in bezug auf die unvergleichbaren Entwicklungsgesetze verschiedener Kulturtypen einerseits und seiner Erklärung von der absolut wertvollsten slavischen Zukunftszivilistion andererseits auftut:

> Aber statt sich mit der Herausarbeitung zweier individueller Gestaltungen der Weltgeschichte, „Verkörperungen der schöpferischen Idee", zu begnügen, legt Danilevskij seiner Beurteilung der slavischen und europäischen Kultur absolute Wertmaßstäbe zugrunde, die zum großen Teil der Schule der älteren Slavophilen entstammen. (Pfalzgraf 1954, 115, dazu auch Copleston 1988, 39)

Danilevskij tut schließlich genau das, was er – seinem Programm zufolge – nicht hätte tun dürfen: Er vergleicht den Westen (seiner Auffassung nach auf dem Wege zum Absterben) mit dem erst aufkommenden Slaventum, was er sich bei durchgehaltener Methodik hätte untersagen müssen (Pfalzgraf 1954, 121, 134f). Es tut sich die klassische Kluft von Methode und Erkenntnisinteresse auf.

In Danilevskijs *Россия и Европа* sind die Spuren seiner früheren geographischen Arbeiten unverkennbar. Bei ihm verbindet sich das axiologisch-legitimistische Denken der Kulturosophie mit geographistischen Begründungen, wenn etwa von der „естественная область" die Rede ist, welche Rußland einnehme (1995, 19). Der politologischen Terminologie hingegen neigt folgende Formulierung Danilevskijs von der Unveräußerlichkeit des nationalen Raumes zu: „национальная территория не отчуждаема [...]" (ebd., 22). Nationalismus wird von Danilevskij nobilitiert. Er wendet sich gegen den Antinationalismus des Schillerschen Marquis de Posa (Danilevskij 1995, 53) und kehrt Čaadaevs Diagnose, daß in Rußland etwas fehle, dahingehend um, daß es diesem an Patriotismus ermangele (ebd., 54). Sein Desiderat – naturgegeben, nur in der aktuellen politischen Situation verstellt – benennt Danilevskij mit „естественное и святое чувство народности" (ebd., 56).

Auf die Slaven angewandt, bedeutet das – es ist dies einer der wenigen von Danilevskij hervorgehobenen „Merksätze":

[...] *для всякого славянина: русского, чеха, серба, хорвата, болгара (желал бы прибавлять, и поляка), — после Бога и Его святой Церкви, — идея Славянства должна быть высшею идеей, выше свободы, выше науки, выше просвещения, выше всякого земного блага* [...]. (1995, 107)

Das „Slaventum" steht für Danilevskij vor der Aufgabe, ein eigenständiger Kulturtyp[19] zu werden (1995, 105). Im Versagensfalle werde es von anderen rekrutierbar werden, ins „этнографический материал" (ebd., 136) absinken.

Da jedoch – so ist Danilevskij, wenn auch nicht apodiktisch, überzeugt – die europäische „Zivilisation" ihren Höhepunkt im 16. und 17. Jahrhundert bereits hinter sich habe und gerade die Fülle von kulturellen und zivilisatorischen Errungenschaften im 19. Jahrhundert den baldigen Niedergang nahelege, stünden Rußlands Chancen wiederum nicht so schlecht (1995, 142), wie er noch kurz zuvor geklagt hatte (ebd., 137). Das Zukunftsziel „Allslavische Union" scheint Danilevskij immerhin so erreichbar, daß er konkrete Handlungsanweisungen gibt.

Danilevskijs biologistische Diagnose über den nahenden kulturellen Niedergang des Westens hat dazu geführt, daß er in der Sekundärliteratur gerne als Vorläufer (Copleston 1988, 38; Vajgačev 1991, 556) von Oswald Spenglers „Untergang des Abendlandes" tituliert wird (Pfalzgraf sieht eine intertextuelle Beziehung für möglich an [1954, 109] und Levickij behauptet gar apo-

---

[19] Die wissenschaftliche Metasprache steht bei Danilevskij-Lexemen in besonderem Maße (im Vergleich etwa zur weniger terminologischen Sprache Karamzins, Čaadaevs oder Leont'evs, vergleichbar aber mit Kireevskij und Solov'ev) vor der Schwierigkeit, seine Gedankenwelt nicht gänzlich ohne seine Terminologie beschreiben zu können, damit aber Gefahr zu laufen, seiner Ideologie schon ein Stück weit aufzusitzen.

diktisch, Spengler habe Danilevskij-Ideen „aufgegriffen" [1984, 135])[20], obwohl die Unterschiede zwischen beiden, gerade auch in der Konsequenz des Kulturrelativismus', evident sind:

> [...] it should be emphasized that his [Danilevsky's] theory of civilizations has often been too closely equated with Spengler's. Especially important is the fact that he [Danilevsky] was not the extreme relativist that Spengler was to be. (MacMaster 1967, 197)

Wenn Danilevskij die Unterschiedlichkeit, die Unvergleichbarkeit und „Unverbindbarkeit" Rußlands mit Westeuropas betont (1995, 89), so ist er bemüht, einer absoluten Wertung zu entgehen: Wenn er davon spricht, Westeuropa habe auf Rußland weder einen positiven noch einen negativen Einfluß gehabt (1995, 48), so verwirft er mit einem Schlag sowohl die Čaadaevsche als auch die Kireevskijsche Position: „Она (Россия) не причастна ни европейскому добру, ни европейскому злу." (1995, 49). Er fällt dann aber zurück in eine kulturosophische Wertung, geleitet von den hehren Auspizien slavischer Zukunftskultur (s. 7.3.10.).

Bei Gercen weist die Sekundärliteratur immer wieder auf ein und dieselbe Stelle in einem Brief an Michelet *Le peuple russe et le socialisme* von 1851 hin, wo von „славянский мир"/„monde slave" und „славянская федерация"/„fédération slave" die Rede ist (1954ff, VII 313, frz. 277). Obschon dies nahezu die einzige Belegstelle ist[21], die panslavistisch gelesen werden kann, wird Gercen von Marx und den, wie er sagt: „Marxiden" in diese Ecke gestellt[22]. Schelting (1948, 238-246) wagt deshalb gar die Behauptung einer Genealogie Danilevskijs aus Gercen, die fehlgeht. Eine gesonderte panslavische Zukunft sieht Gercen an vielen anderen Stellen genau nicht (1975, III 365, frz. 1954, VII 17f), gar nur die Teilnahme „einiger der slavischen Völ-

---

[20] Bei der Antizipationsthese Danilevskij-Spengler handelt es sich wohl eher um eine Aneignung in geläufigere (eigene nationale) Kontexte. Für einen Polen etwa würde sich anstelle Spenglers eher Florian Znanieckis *Upadek cywilizacji zachodniej* von 1921 (Znaniecki 1991) aufdrängen, was aber intertextuell auch nicht stichhaltiger zu belegen wäre.

[21] In *La Russie et le vieux monde* wird „федерация для Славян"/„fédération [...] pour les Slaves" ebenfalls, aber bedeutend vager, erwogen (Gercen 1954ff, XII 185, frz. 150).

[22] Besonders seiner angeblichen „Slawomanie" sowie „slawischen Illusion" halber (Hess im 2. Brief an Iscander, Hess 1959, 253f) wird Gercen von Marx und Engels als „panslawistischer Belletrist" verunglimpft (Marx/Engels XIX 107, XXII, 421). In ihrem Gefolge ereilt Gercen von der deutschen sozialdemokratischen Presse überhaupt breite Verurteilung (s. Reissner 1963, 124-148).

ker" an der allgemeinen europäischen Befreiungsbewegung[23]. Ein slavisches Besonderes, das nicht messianisch auch für Westeuropa, ja die ganze Welt, Früchte tragen solle, gibt es für Gercen nicht.

7.3.2.2. Menschheit?

Im Zuge seiner Entidentifizierung von westeuropäischer und „allgemeinmenschlicher" Kultur ist Danilevskij bestrebt, den Begriff der „Menschheit" auf nominalistische Weise zu entleeren: „общечеловеческой цивилизации не существует" (Danilevskij 1995, 104).[24] Er greift zu diesem Zweck zu solchen botanischen Argumenten wie dem, daß Sammelbegriffe für Einzelarten selbst gar nicht existierten (1995, 98), bloße Abstraktion seien: „ни малины, ни кошки как рода мы себе вовсе представить не можем." (ebd., 101) Die Entwicklungsstadien der verschiedenen Arten oder Kulturtypen seien somit nicht vergleichbar, Epochen gebe es nicht.[25] Danilevskij setzt dem Allgemeinen die Aufgabe, das Einzelne zur Entfaltung zu bringen, sich also selbst zu zerstören:

> Для коллективного же и все-таки конечного существа — человечества — нет другого назначения, другой задачи, кроме разновременного и разноместного (то есть разноплеменного) выражения разнообразных сторон и направлений жизненной деятельности, лежащих в его идее и часто несовместимых как в одном человеке, так и в одном культурно-историческом типе развития. (1995, 100)

---

[23] Bakunins Anstrengungen zur praktisch-organistorischen Herbeiführung einer demokratischen panslavischen Föderation, dargelegt in *Основы новой славянской политики* (Bakunin 1977a) von 1848 (s. D'jakov 1984, 28), werden von Gercen nicht mitvollzogen. Bei ihm ist, wie bei Bakunin in *Воззвание к славянам* (1997б, 291), das slavische Moment in den allgemein-revolutionären Prozeß eingebettet (s. ebd., 29).
[24] Solov'ev macht auf eine Inkonsequenz aufmerksam: Die nominalistische Skepsis müßte nicht nur für den „Menschheits"-Begriff, sondern auch für Nationen, Rassen, „Kulturtypen" gelten (1966, X 502). Sorokin systematisiert diese Kritik: „Der erste verhängnisvolle Fehler Danilewskijs, Spenglers und Toynbees [...] besteht darin, daß sie ihre „kulturhistorischen Typen" [...] „als reale Einheiten im Sinne entweder kausaler oder kausalsinnhafter Systeme auffassen." Außerdem „nehmen sie auch an, daß die Gesamtkultur [...] vollständig integriert ist und ein sinnvoll zusammenhängendes und kausal zusammengefaßtes Ganzes darstellt, das selbst eine Art Supersystem bildet, das alle kulturellen Erscheinungen der jeweiligen Kultur [...] in sich schließt." (Sorokin 1953, 237). Einheit wird hier von Danilevskij – zutiefst unnominalistisch – schlicht gesetzt (ebd., 245f).
[25] Michajlovskij kontert mit der These, bspw. der Feudalismus sei ein Nationalkulturen übergreifendes Merkmal, ja, ein – Danilevskijs Diktion wird, sie unterminierend, zitiert – „культурно-исторический тип" (1897, 880).

Danilevskij fordert die entleerende Umkehrung, sozusagen die „Kenosis" des Universalismus[26], dessen Übergang in sein Gegenteil.[27]

Auch Gercen kann mit dem Menschheitsbegriff nichts anfangen: „что такое любить человечество", fragt er im Geiste der Nüchernheit: Und er gibt sich selbst die Antwort: „[...] отчего верить в бога смешно, а верить в человечество не смешно?" (1975, III 318). „Слово «человечество» препротивное: оно не выражает ничего определенного [...]" (1975, VII 237). Der Menschheitsbegriff ist, hier sind sich Gercen und Danilevskij einig, eine unzulässige Abstraktion (Gercen 1975, III 321). Nationaler Eigensinn und Xenophobie sind – so sieht es auch Gercen – Gegebenheiten (1975, III 297), ohne daß sie für ihn aber, wie für Danilevskij, wünschenswert wären.

Gemeinsam ist Gercen und Danilevskij die polemisch-systematische Stoßrichtung gegen Abstraktionen, die das individuelle Einzelne überformen. An Gercen arbeitet besonders Isaiah Berlin diesen immer neu aufgenommenen Kampf gegen vorgefertigte, allgemeine und damit tyrannische Generalideen heraus (1978, 87-89). An Danilevskij preist Galaktionov dessen „große Entdeckung" der Individualität (historischer Entwicklungen, 1995, XVIII).

7.3.3. Entwicklung, Fortschritt

Der Entwicklungsbegriff ist insbesondere für den Organizisten Danilevskij von herausragender Bedeutung. Gercen hingegen spricht weniger von gerichteter Entwicklung als von unaufhörlicher und unaufhaltsamer Bewegung („беспрерывное движение всего живого", 1975, III 248) in der Geschichte. Eine Linearität vermag er in ihr nicht zu erblicken (1975, III 247) – aber auch keine Zyklik. Jenes Vicosche „corsi et ricorsi", das Bestužev-Rjumin als frühe Vorformulierung von Danilevskijs zyklischer Geschichtstheorie sieht (Bestužev-Rjumin 1995, 461), wird in *С того берега* einmal bejaht (1975, III 323, Sisyphos-Metapher), einmal mit Skepsis quittiert (1975, III 247). Es deutet sich zwar bei Gercen eine gewisse zyklische Sicht der Geschichte als Wiederkehr von Leiden an; einer Systematik gehorcht dies

---

[26] Insofern ist Danilevskijs Gedankengang die genaue Umkehrung der Čaadaevschen Gegenüberstellung von „Normalem" und „Universalem", repräsentiert durch Westeuropa (s. Kamenskij 1991, 16-18), einerseits und dem „anomalen" Sonderfall Rußland andererseits.

[27] Vladimir Solov'ev fordert – dem diametral entgegen – die Kenosis des Individuellen zugunsten des Universalen (s. 8.5.3.).

aber nicht. Vielmehr sieht er eine nicht-systematisierbare Unordnung am Werk: „Вот отчего так трудно произведения природы вытянуть в прямую линию, природа ненавидит фрунт." (1975, III 247) Wenn es auch vielleicht Fortschritt gebe, selbst in politischer Hinsicht[28], ja der Fortschritt unendlich sei (ebd.), so dürfe doch kein Augenblick einem anderen instrumentell, als Mittel zu einem Ziel, untergeordnet werden.

> Этот родовой рост — не цель, как вы полагаете, а свойство преемственно продолжающегося существования поколений. Цель для каждого поколения — оно само. (ebd. 250)

Der Sozialismus ist nach Gercen zwar die Gesellschaftsform der Zukunft, doch auch er werde einmal zum Konservativismus entarten und überwunden werden (1975, III 323). Wichtiger als jedes Nah- oder Fernziel ist Gercen der Eigenwert jedes Momentes: „Оттого каждый исторический миг полон, замкнут по-своему [...]." (ebd., 248). Individualisierung steht bei Gercen – auch zeitlich – vor übergreifenden Tendenzen. Das (einzelne) Leben selbst ist Ziel, nie Mittel (ebd., 249); „his goal must be self-realization in the here and now" (Malia 1961, 244).

Gercen argumentiert also implizit gegen den Fortschrittsbegriff: Sozialismus ist für ihn zwar die Gesellschaftsform der Zukunft – unzweifelhaft ein Element von Fortschrittsdenken –, er ist aber nicht das statische Ende der Geschichte. Eschatologie hat bei Gercen nichts zu suchen. Die Menschheit durchlaufe keine Vervollkommungsentwicklung: „Люди всегда были такие, пора, наконец, перестать дивиться, негодовать", heißt eine denkbar nüchterne Sentenz gegen den Fortschritt und gegen die Moralistik zugleich aus *Consolatio* (1975, III 304).

Bei der Anbahnung der Leitthese seines Werkes, der Impermeabilität verschiedener Kulturen füreinander, beschreitet Danilevskij den Weg über den alten, schon in der Antike anzutreffenden[29], dann aber in Rußland gerade im 19. Jahrhundert so mächtigen („«сквозная» концепция", Galaktionov 1995, XI) organizistischen Entwicklungsbegriff, genauer über die Differenzierung von Entwicklungsalter, Entwicklungsstadium einerseits und Entwicklungstyp andererseits. Er problematisiert die Vergleichbarkeit der Entwicklungen ver-

---

[28] Auch die bürgerliche Republik, seinen Gegner, erkennt er (wie Marx) als Schritt vorwärts im Kontrast zur Adelsoligarchie an (Gercen 1975, VII 236).

[29] Demandt führt eine Fülle an Belegstellen aus der jüdischen, griechischen und römischen Antike an, in denen die drei Lebensalter als invariantes Entwicklungsschema für Staaten, Kulturen gelten (besonders deutlich bei Polybios, s. Demandt 1978, 36).

schiedener „Organismen" durch die Koexistenz verschiedener Entwicklungsmuster[30]:

Итак, естественная система истории должна заключаться в различении культурно-исторических типов развития как главного основания ее делений от степеней развития, по которым эти типы (а не совокупность исторических явлений) могут подразделяться. (1995, 73)

Auch Danilevskijs Einspruch gegen ein allgemeines und ubiquitäres Entwicklungsgesetz mag als Antidarwinismus gelesen werden (Galaktionov 1995, XVIII). Indem Danilevskij den Hauptmotor von „Entwicklung" in das Innere eines Organismus bzw. eines Kulturtyps verlegt, wendet er sich – wie später in *Дарвинизм. Критическое исследование* – gegen Darwins Betonung äußerer Faktoren und des Zufalls (Vucinich 1988, 123). Der Primat des Inneren speist Danilevskijs entelechetischen Entwicklungsbegriff. Seinen Einwänden gegen das *eine, ubiquitäre* Entwicklungsgesetz zum Trotz reproduziert er aber Vellanskijs Dreistufenschema organischer Entwicklungen (s. Galaktionov 1995, XII) und hängt, wie Michajlovskij es nennt, einem Darwin nahekommenden „трансформизм" an (Michajlovskij 1897, 868): Einer langen Vorphase folgt für Danilevskij in jedem Fall eine nur einmalige und kurze Blüte (1995, 89f) und danach der unvermeidliche Niedergang.[31]

Geht man philosophiegeschichtlich noch weiter zurück, so drängt sich die Analogie von Aristotelischem Formbegriff und Danilevskijs „тип развития" auf (bei Losskij – wenn auch nicht *expressis verbis* – angedeutet, 1991, 99): Die Entelechie eines je individuellen Gestaltgesetzes bestimmt für beide, den griechischen (s. De anima 412a, Aristoteles 1950, 285f) wie den russischen Philosophen, die Entwicklung eines Dings.

Nach Danilevskijs Ansicht kann es Entwicklung, ja Fortschritt nur innerhalb eines Kulturtyps geben, nicht aber in historisch absoluter Perspektive: Kant stehe nicht über Platon (1995, 91)[32]. Fortschritt ist Danilevskij zufolge

---

[30] Erich Rothackers Kulturanthropologie zielt mit der These von der Verschiedenheit der „Baupläne" (Rothacker 1960, 82) später gleichfalls auf eine Spezifik „kultureller Lebensstile", ja „Kulturstile" bestimmter ethno-kultureller Gruppen (Nau 1966, 11).

[31] Gercen meldet seinerseits Kritik am Organizimus an (mit Blick auf Granovskij, Galaktionov 1995, XIII). Wie eine Reaktion auf Danilevskijs These von der Diskretheit der Kulturtypen – die zeitlich ausgeschlossen ist – klingt eine Passage aus *Перед грозой*, in der Gercen die Kontinuität der *memoria* über den Fall von Hochkulturen hinweg wirken läßt (1975, III 245).

[32] Dabei handelt es sich möglicherweise um eine Entgegnung an Karamzin, der in den *Письма русскаго путешественника* eben mit Platon und Kant Philosophiegeschichte als Fortschrittsgeschichte gelesen hatte: „[...] зато у подошвы Юры видим Боннета, а в

einzig und allein ein Vorgang der Komplizierung („усложнение", ebd., 92), die nicht als reines Positum, sondern auch als abträgliche Spezialisierung aufgefaßt werden kann (ebd.) – ein Gedanke, den Leont'ev weiterführt (8.3.3.). Spätere russische Philosophen schließen sich der Kritik des Fortschrittsbegriffs in großer Zahl an[33].

7.3.3.1. Weitere Dimensionen der Geschichtskonzepte

Geschichte ist für Gercen wie für Danilevskij ein Kampf zwischen widerstreitenden Parteien; Danilevskij will wissen, daß die betreffenden Parteien „Kulturen" und „Kulturtypen" seien; bei Gercen sind es verschiedenste Parteiungen, meist polarisiert als Parteien der Anhänger des Neuen und der Verteidiger des Alten, stets aber geleitet von Ideen – eine idealistische Geschichtsauffassung (s. Plechanov 1949, 172; Malia 1961, 251; Galaktionov/ Nikandrov 1989, 341). Für Gercen gibt es eine stete „полярность" in der Geschichte, für Danilevskij einen „natürlichen" Antagonismus zwischen den Kulturen. Gercen hebt die dialektische Spannung zwischen den Polen hervor, den *notwendigen* Konflikt zwischen den Gegenteilen. Geschichte ist für ihn – wie für Hegel, der hier klar und ausgewiesenermaßen Pate steht – dialektisch. Berücksichtigt man Gercens Kritik an Hegels Eschatologik (Gercen 1975, II 78), also an der Vision einer großen Synthese, so geht Gercen weiter als Hegel; er sieht kein Ende der Dialektik (der Sozialismus ist nicht das Geschichtsende, wie Marx meinte). Gercen verneint Teleologie (Ivanov-Razumnik 1920, 169). Danilevskij kommt in dieser Hinsicht Hegel inkonsequenterweise näher; zwar zweifelt auch er prinzipiell an der Ewigkeitsgeltung von „Zivilisationen", müßte also auch die slavische als zeitlich begrenzt sehen, und doch hat diese bei ihm viel von einer synthetischen Endlösung (sie werde die kompletteste aller bisherigen Zivilisationen werden).

Кенигсберге — Канта, перед которыми Платон в рассуждении философии есть младенец" (Karamzin 1964, I 363).

[33] Die Debatte über den Fortschrittsbegriff wird gegen Ende des 19. Jahrhunderts mit nachhaltiger Erbitterung ausgeweitet; insbesondere die Kontroverse von Lavrov und Tkačev (Tkačevs Entgegnung *Что такое партия прогресса?* auf Lavrovs *Исторические письма* von 1870; Lavrov 1906 u. Tkačev 1990) ist hier einschlägig; aber auch die religiöse Philosophie des frühen 20. Jahrhunderts distanziert sich gerne vom Fortschrittsbegriff – s. bspw. Buglakovs *Основные понятия теории прогресса* (Bulgakov 1993, II 46-94; Bulgakov beruft sich in *Душевная драма Герцена* mit seiner Fortschrittskritik auf Gercen, 1993, II 111) oder Berdjaevs *Смысл истории* (Berdjaev 1925).

Gercens Geschichtssicht zeichnet eine ästhetisierende Note aus (Isupov macht auf die Prävalenz von Kunstmetaphern in seiner Geschichtsinterpretation aufmerksam, 1995, 40). Die Geschichte wird, so gesehen, zunächst von den handelnden Subjekten losgelöst betrachtet. Gercen erlebt besonders die Zeitgeschichte, deren machtloser Zeuge er wird, als „ирония истории" (s. ebd., 38). Unterhalb der dialektischen Makroperspektive sieht Gercen in der vom Menschen nur *mit* gestaltbaren Geschichte (1975, VIII 338) ein gerüttelt Maß Unordnung am Werk (1975, II 132). Koexistierten Logik und Kontingenz für den frühen Gercen, so kommt in *С того берега* ein historischer Indeterminismus zum Tragen: „История импровизирует, редко повторяется" (1975, III 247). Die Kontingenz nimmt für Gercen im späteren Werk Überhand (Zen'kovskij 1948, II 296). Geschichte wird demnach vom freien, nicht determinierten Willen der Summe aller in ihr Handelnden gelenkt (1975, III 251, s. auch Gurvič-Liščiner 1997, 209f). Eine Logik in der Geschichte gibt es für Gercen nun nicht mehr (Gercen 1975, III 281). Zeiten der Kontinuität würden von Brüchen abgelöst, damit werde eine Grenze überschritten (1975, III 268), und eine neue Gesellschaftsform löse die vorhergehende ab; hierbei kämen Klasseninteressen zum Zuge: Solange die Unterdrückten die aktuelle Herrschaftsform annähmen, könne auch kein moralisches Argument dagegen sprehen. Der freie Wille einzelner Subjekte steht in Gercens Geschichtskonzeption etwas unvermittelt neben deren Ohnmacht vor der Ironie dieser Geschichte.

Danilevskij beginnt seine Argumentation ähnlich wie Gercen von konkreten historischen Anlässen her, geht vom Preußisch-Österreichischen Krieg von 1866 aus, der zum Zeitpunkt der Erscheinens von *Россия и Европа* gerade einmal drei Jahre her war, also aktueller Zeitgeschichte entnommen ist. Dieser Impakt auf dem Konkreten und Nicht-Allgemeinen bedeutet ein anderes Moment derselben Abwendung von Hegelianischer Bewußtseinsgeschichte (Galaktionov 1995, XI), der u.a. Čaadaev anhing, mit seiner Konkretisierung im Hinblick auf russische Kultur implizit aber ebenfalls korrigiert hatte.

Danilevskij sieht die Geschichte vom Handeln einzelner (das Danilevskij faszinierende Beispiel ist Bismarck, 1995, 3) bestimmt, wenn auch nicht in gleicher Weise wie von Mentalitätsdeterminanten („Grundfeindschaften") der Kulturen (s. S. Puškin 1996, 44). Die gesamte Geschichte des Abendlandes bleibe, meint Danilevskij, unverständlich, wenn man nicht die Annahme einer der „romano-germanischen Rasse" spezifisch eingeborenen Aggressivität akzeptiere (1995, 154). Über die Mentalitätsdominante hinaus lanciert Dani-

7. Gercen und Danilevskij 251

levskij wiederholt einzelne „Gesetze" historischer Entwicklungen anhand naturwissenschaftlicher Analogien wie etwa den „закон сохранения запаса исторических сил" (1995, 371), formuliert in Anlehnung an den Energieerhaltungssatz.

Immer wieder fragt Danilevskij nach dem „смысл" historischer Erscheinungen, ja ganzer Völker und Kulturen (1995, 266). Er präsupponiert damit nicht nur eine Gesetzmäßigkeit, sondern auch Sinnhaftigkeit von Geschichte. Diese Sinnhaftigkeit füllt er mitunter christlich, das aber eher am Rande, häufiger aber mit seiner Kulturtypenlehre. Danilevskij neigt so bei allen Individualitätsthesen, in einem gewissen Gegensatz zu Gercen, partiell (s. 7.3.10.) zu historischem Determinismus, ja zu Providentialismus (ebd., 268; nach Vajgačevs Zeugnis ist Providenz auch Danilevskijs Haupteinwand gegen Darwin, 1991, 560), wovon auch sein Begriff der „nationalen Idee" als Grund und Aufgabe des Seins einer Nation (Danilevskij 1995, 341) Zeugnis ablegt.

7.3.4. Russische Geschichte

Danilevskijs Evokation der russischen Geschichte unterliegt einem apologetischen Erkenntnisinteresse: Zunächst wirken in transformierter Form Herder-Topoi (Kohn 1956, 172) von den friedlichen[34], bei wenigen Ausnahmen evolutionär fortschreitenden (1995, 158), zur Kriegsführung untauglichen Slaven und ihrer Toleranz (ebd., 157) nach, wenn Danilevskij von Rußlands Tradition der „Nicht-Einmischungspolitik" spricht oder gar behauptet, Rußland habe gegen Napoléon nicht im eigenen Interesse, sondern – selbstlos – im Interesse anderer gekämpft (ebd., 35). Demgemäß ringt er darum, den russischen Imperialismus als friedliche Ausbreitung – im Falle von Sibirien (ebd., 19), worüber die „инородцы" gar noch glücklich gewesen seien[35] (ebd., 158) – oder Befreiung unterdrückter Völker – im Falle Finnlands (ebd., 22) –

---

[34] Die „Romano-Germanen" zeichne demgegenüber als Rasse „Gewaltsamkeit" (i. Orig. dt. 1995, 150) aus. Michajlovskij begehrt auf gegen das alte slavophile (1897, 880; er meint Kireevskij) „самохвальство" von der historisch schlicht falschen slavischen Friedfertigkeit; die Slaven hätten sich in Völkerwanderungszeiten in nichts von anderen Völkern unterschieden: „таково было время" (Michajlovskij 1897, 870).

[35] Danilevskij ist beileibe nicht selbst der „Urheber" dieser Projektion. Sie ist vermutlich genauso alt wie die Kolonisierung Sibiriens selbst; ein früherer prominenter Beleg findet sich in Pavel Pestel's Zentralismus-Konzept, in dem – Pestel's freiheitlichen Annahme von der Souveränität des Volkes zum Trotz – die Ergebnisse des russischen Kolonialismus zementiert werden.

darzustellen. In diesem Duktus handelt Danilevskij die Ausdehnung Rußlands in alle Himmelsrichtungen ab (ebd., 18-43). Er legt Wert darauf, die „Ausdehnung" Rußlands als nicht-expansiv darzustellen, sie als berechtigt oder gar friedfertig hinzustellen. Pfalzgraf und Picht haben überzeugend dargelegt, daß Pogodin als wahrscheinliche Quelle für diese Projektion und andere Thesen Danilevskijs anzusetzen ist (Pfalzgraf 1954, 76-80, Picht 1969, 266). Fischel referiert Danilevskijs Theorem von der nicht-expansiven Expansion so getreu, daß der Widerspruch hervortritt:

> Deren [der kleineren slavischen Völker] Unabhängigkeit und die Herrschaft über Konstantinopel zu verwirklichen, ist nicht ein unerlaubter Ehrgeiz Rußlands. Dieses erscheint in der ganzen Menschheitsgeschichte als die erste Macht, die frei von Eroberungsdrang ist. Aber Byzanz in Besitz zu nehmen, ist eben sein geschichtlicher Beruf. (Fischel 1919, 398)

Wo weder Friedfertigkeit noch Befreiung anderer Völker argumentativ möglich sind, da definiert Danilevskij eroberte Gebiete zu ureigen russischen um, wie es bei Polen geschieht:

> Северо-Западный и Юго-Западный край [gemeint ist Polen, DU] — точно такая же Россия и на точно таких же основаниях, как и сама Москва. (Danilevskij 1995, 24)

Was an Polens Aufteilung von Übel gewesen sei, gehe allein auf das Konto Österreichs und Preußens (ebd., 26)[36]. Wenn Danilevskij vor dieser Kontrastfolie in Rußlands Außenpolitik ein „сентиментальное великодушие" am Werk erblickt (ebd., 28), so fordert er damit zu einer härteren, unverhohlen imperialistischen Gangart auf. Ein klarer (nicht nur unterschwelliger) Expansionismus ist ihm nicht abzustreiten.

Peters Reformen markieren für Danilevskij den Übergang zum Russischen, Eigenen zum „общечеловеческое" (1995, 96), was in seinem Verständnis ein negativer Begriff ist, so daß es für ihn weiterer Diffamierung nicht mehr bedarf, um sich in Kireevskijs Gefolge von Petr I. abzusetzen. Peter der Große hätte Rußland zu Europa machen wollen („сделать Россию Европой", 1995, 224), also seiner selbst entfremden wollen. Von Gercen hingegen werden die petrinischen Reformen begrüßt, aber für halbherzig an-

---

[36] Für Gercen sind die polnischen Teilungen ein Schandfleck für alle europäischen Nationen (1975, III 368f, frz. 1954ff, VII 20f, zu Gercens vielzähligen Streitschriften für polnische Selbständigkeit s. Śliwowska/Śliwowski 1984). Auch im Petraševskij-Kreis, dem der junge Danilevskij angehört hatte, waren panslavische Bestrebungen mit der Forderung nach Freiheit für Polen verknüpft gewesen (s. D'jakov 1984, 24). Hier vollzieht Danilevskij später also eine Kehrtwende.

7. Gercen und Danilevskij

gesehen: Die neuen Verwaltungsformen aus dem Westen hätten nicht zugleich auch die Freiheit mit nach Rußland gebracht (1975, III 231). Danilevskijs Wertung Peters ist gleichermaßen zwiespältig („двояко", 1995, 224): Als Feldherr und technischer Reformer erkennt Danilevskij ihn und seine Verdienste an, die sozialen Reformen lehnt er ab (ebd.)[37]. Danilevskij etabliert an dieser Stelle eine von ihm im weiteren Velauf noch mehrfach benutzte Opposition von „техника" und „дух" (ebd., 236). Sowohl Gercens als auch Danilevskijs Sicht der petrinischen Reformen zeichnet unverkennbare Ambiguität aus: Die „technische" Seite begrüßen beide, die „geistige" lehnt Danilevskij zur Gänze ab, während Gercen sie unzureichend findet.

Im Gegensatz zu Danilevskij schreibt Gercen mit *O развитии революционных идей в России* eine Revolutionsgeschichte Rußlands – mit Zustimmung: Die altrussische Geschichte sieht er – wie später Fedotov und viele anderen russischen Philosophen nach Gercen[38] – durch weitgehende lokale Freiheit in der „община"-Ordnung geprägt (1975, III 373-5, frz. 1954ff, VII 25-27)[39]. Wie Danilevskij leistet sich auch Gercen eine herderisierende Formulierung: „В славянском характере есть что-то женственное"[40], wenn er auch sonst keine Idealprojektionen für die russische Geschichte gelten läßt, wie sein Angriff auf die Slavophilen zeigt (1975, III 450, frz. 1954ff, VII 102); Byzantinismus und Moskauer Rus' zerstörten Gercen zufolge die Freiheit (1975, III 381, frz. 1954ff, VII 33). Die Bevölkerung werde im Moskauer Staat versklavt (1975, III 385, frz. 1954ff, 36f). Nach gescheiterten Aufständen beginnt für Gercen die Geschichte der neuzeitlichen Freiheit in Rußland, ja überhaupt russische Geschichte (1975, III 22) mit dem „Revolutionär" (so schon Aleksandr Puškin, s. Lotman/Uspenskij 1975, 171) und zugleich Despoten Peter (Gercen 1975, III 387f, frz. 1954ff, VII 39). Die Dekabristen erscheinen in Gercens Freiheitsgeschichte Rußlands als „первая поистине

---

[37] Auch die Verschlimmerung der Leibeigenschaft kreidet Danilevskij Peter an (1995, 219). Nichtsdestotrotz hätten alle Unterdrückungsinstitute der russischen Geschichte einen „сравнительно легкий характер" (1995, 220) besessen.

[38] Fedotov legt diesen Gedanken seiner Geschichte der Freiheit in Rußland zugrunde (Fedotov 1989, 62); seine Argumentation laut in vielen Punkten zu der Gercenschen parallel (s. Uffelmann 1994).

[39] Mit Ausnahme seiner frühesten Äußerungen zur „Kommune" (Gercen 1954ff, VI 199, frz. 162, s. Malia 1961, 311; Acton 1979, 65) betont Gercen immer die Freiheit des Individuums in dieser Urkommune (so etwa in *Russian Serfdom* 1852, Gercen 1954ff, XII 45, engl. 17).

[40] „le caractère slave présente quelque chose de féminin", Gercen 1975, III 373, frz. 1954ff, VII 25; ähnlich 1975, V 228; vgl. Herder o.J. III 551.

революционная оппозиция"[41] in Rußland. Dieser Tradition sieht er selbst sich verpflichtet.

Vom deutschen Rußlandforscher von Haxthausen übernimmt Gercen noch vor Erscheinen von dessen monumentalem dreibändigen Werk *Studien über die inneren Zustände, das Volksleben und insbesondere die ländlichen Einrichtungen Rußlands* (1847) und der Fortsetzung *Die ländliche Verfassung Rußlands* (1866) bereits 1843 nach persönlicher Begegnung (Venturi 1966, 22) das Bild einer idealen Urkommune, der „община"[42]. Er propagiert es gegenüber Georg Herwegh in seinem Brief *La Russie* (1954ff, VI 199-204, frz. 162-167, hier noch kritisch) und dann immer wieder bei diversen Anlässen.[43]

7.3.5. Erkennen und Wissenschaft

Gercen befleißigt sich mit Vorliebe einer anti-idealistischen Polemik, wettert gegen das „желание оставаться в разрыве с миром" (1975, III 236), verwirft in *Былое и думы* an manchen Bekannten mystische Einschläge (Vitberg, 1975, IV 280f; Kireevskij, V 237; Mickiewicz, VI 39; auch Hegel, VI 199). Er plädiert für eine realistische Episteme und stellt den Realismus ans Ende seiner großen Schrift zur Theorie der Naturwissenschaft und Philosophie *Письма об изучении природы* von 1844/45 (1975, II 287). Der Wissenschaft als Verschränkung von Theorie und Empirie, als Lebenshaltung (1975, II 19) und nicht als „grauer Theorie" gilt bereits sein wissenschaftspropädeutisches Erstlingswerk *Дилетантизм в науке* von 1842/43, mit dem er seinen Lesern die Angst und Reserve vor der Wissenschaft nehmen möchte. Diese wird so im Frühwerk – gerade durch ihre Ausdehnung zur Lebenshaltung – zum Leitparadigma menschlichen Seins.

Gercens Polemik gegen den Idealismus wird flankiert von der Kritik einseitig materialistischer Annahmen. Die Sekundärliteratur streitet über nichts lieber als über die Frage von Idealismus oder Materialismus in Gercens Epi-

---

[41] „la première opposition véritablement révolutionnaire", Gercen 1975, III 414, frz. 1954ff, VII 66.

[42] Bei Danilevskij begegnet das „община"-Motiv (1995, 220), eher am Rande (Solov'ev 1966, V 88) als eines unter vielen Positiva Rußlands, nicht wie bei Gercen als das einzige befürwortenswerte Erbe in einem abzulehnenden autokratischen Regime.

[43] Mit diesem Gedanken wird er neben Pestel' zu einem, wenn nicht dem Stammvater des „народничество" (Venturi 1966, 1, 8). Selbst Leont'ev schöpft aus Gercens *община*-Konzept (s. S. Puškin 1996, 69).

stemologie und Geschichtsphilosophie. Angesichts des Intergrationsstrebens, das für sein epistemologisches Programm leitend ist, können nur vermittelnde Formeln angemessen sein. Malia spricht treffend davon, Gercen ziele zwar in *Richtung* Realismus, gehe aber vom Idealismus aus (1961, 250f); Masaryk ermittelt den „Zerebralismus" als Verbindungsglied (1992, I 355)[44].

Es ist eine Eigentümlichkeit von Danilevskijs Diskurs, daß er gängige Zuordnungen auf wissenschaftliche Weise hinterfragt. Klimageographische, botanische und zoologische Parameter dienen ihm dazu, die konventionelle Zuordnung der Erdteile zu dekonstruieren (1995, 44f) und die kulturgeschichtlich bedingte Künstlichkeit der Abgrenzung Europas gegen Asien zu belegen.[45]

Danilevskij verwendet als Gliederungsform seiner Hauptthese von der Wesensunterschiedlichkeit der Kulturtypen die aus der Naturwissenschaft entlehnte Darstellungsform des Gesetzes (1995, 77). Auch seine Kopernikus-Berufung (1995, 65) wäre so bei Čaadaev oder Kireevskij nicht möglich gewesen. Das Epitheton „нерациональный" dient ihm als Ausschlußkriterium (1995, 76). Geradezu einer soliden wissenschaftlichen Propädeutik scheint der Abschnitt über den Systembegriff entnommen (1995, 63-66)[46]. Danilevskijs Wahrheitsbegriff speist sich – zumindest auf der bewußt-beabsichtigten Ebene – aus der Naturwissenschaft. Danilevskij scheidet objektiven Fakt von perspektivischer Relativität („перспективный обман", 1995, 70), die demzufolge bezeichnenderweise falsch (обман) ist. Die wissenschaftlichen Beschreibungen „должны проистечь из самого расположения фактов" (1995, 76). Seinen Erkenntnisoptimismus faßt Danilevskij unter der Formel von der „естественная система" (1995, 129 und öfter), eines adäquaten Beschreibungssystems, dessen Begriffe induktiv, rein empirisch gewonnen seien und dem zu beschreibenden Gegenstande adäquat wären (vgl. Pfalzgraf 1954,

---

[44] Neurophysiologie ist bis in die Gegenwart etwa bei Edward Wilson das bevorzugte Vehikel, um Natur- und Geisteswissenschaft zu verknüpfen (s. bspw. Lumsden/Wilson 1981). Hier wandelt Gercen früh auf einer später vielbegangenen Fährte.

[45] Das hier von Danilevskij benutzte Verfahren der Unterscheidung kulturell-konventioneller Zuschreibungen von biologischen Parametern kommt – *mutatis mutandis* und natürlich ohne einen Rekurs auf den Spätslavophilen – in der Gender-Sex-Antinomie zu breiter Geltung.

[46] Danilevskij verwirft in vollem Sinne heterotope Ordnungssysteme, wie sie im 20. Jahrhundert Borges und Foucault als Alternative zum herrschenden aufklärerisch-abendländischen Modell neu plazieren (s. Lachmann 1993, 507-515), um sie anschließend zu demontieren.

101 u. 200). Humes Induktionskritik (Hume 1975, 39) hat Danilevskij[47] sichtlich nicht rezipiert. Durchgängig ist dabei Danilevskijs Bestreben – besser: seine Bekundungen dieses Bestrebens –, das Material nicht durch Hypothesen zu vergewaltigen, sondern diese quasi abduktiv (Peirce 1966, 136f) ans Material rückzubinden. Dementsprechend überfrachtet er seinen Text mit einer Masse an Belegen. Michajlovskij pointiert dies in seinen Erörterungen über Danilevskij „Argumentationsform" (Michajlovskij 1897, 861) brillant:

> И действительно, на первый взгляд г. Данилевский поражает, даже утомляет своей доказательностью. Каждое свое даже второстепенное положение он обставляет массой аргументов [...]. (ebd., 680)

Michajlovskij erblickt darin aber eher eine manipulativ-einschläfernde Strategie Danilevskijs; indem er das nicht Begründungsbedürftige bis zur Erschöpfung des Lesers belege, kaufe, ja versklave er seinen Leser (ebd., 861), indem er ihm Vertrauen zu allen seinen Aussagen einflöße (ebd., 862) und an anderer, wichtigerer Stelle Unbegründetes, „поразительная бездоказательность" (ebd., 865), unterschöbe :

> Эта роскошь доказательности, доходящая даже до последних пределов расточительности, естественно подкупает читателя, и он пропускает без внимания отсутствие доказательности там, где она была бы необходима. (ebd.)

Das Interesse, die panslavische Union als Zukunftsglück zu entwerfen und die Kulturtypentheorie ubiquitär gültig zu machen, überwirkt schließlich auch die abduktive Bindung ans Material. Was er später an Darwin bemängelt, nämlich das „pseudo-teleologische" Denken (s. Vucinich 1988, 123), – das leistet er sich bei seiner panslavischen Zukunftsvision selbst. Danilevskij „выкладывает свою систему с стремительностью и безаппеляционностью пушечного выстрела." (Michajlovskij 1897, 872) In Danilevskijs Denken besteht eine paradoxe Spannung zwischen dem naturwissenschaftlichen „professional" und dem anderen, dem „questing Danilevsky" (Mac Master 1967, 22f, auch: 243) bzw. zwischen „Данилевский-натуралист-обществовед" und „Данилевский-политик" (S. Puškin 1996, 57). Das Wünschen stört das wissenschaftliche Sehen: „Realities seem like parts of a dream. Both fantastic and real [...]" (MacMaster 1967, 277).

Gegenläufig zu diesen praktischen Hochwertungen von Wissenschaft verläuft ein Argumentationsstrang Danilevskijs, in dem er Wissenschaft nicht „einseitig" werden lassen will (1995, 108, man ist an Kireevskij erinnert),

---

[47] Im Gegensatz zu Gercen, der Hume häufig positiv erwähnt (1975, II 288, 292, 299) und einmal auch explizit auf die Induktionskritik Bezug nimmt (ebd., 301).

sondern der Nation und dem Kulturtyp unterzuordnen und anzupassen bemüht ist. Da jedoch „Zivilisation" Danilevskijs Superbegriff ist, kann von einer Abwertung von Wissenschaft nicht die Rede sein; sie ist bei ihm lediglich kein Absolutum.

7.3.6. Religion

In Gercens Frühphase haben religiöse Stimmungen sehr wohl eine Rolle gespielt (s. Florovskij 1929b, 344); die Kontinuitätsthese, daß auch sein Atheismus (Pessimismus) von starker Religiosität zeuge (Strachov 1887, 51; Bulgakov 1993, II 96; Florovskij 1929b, 365; Zen'kovskij 1948, II 282) ist eine unzulässige Vereinnahmung durch religiös orientierte Forscher: Religion und Idealismus sind für Gercen ab den 40er Jahren unzweifelhaft Hemmsteine auf dem Weg in die Zukunft. Ob er Čaadaev mit im Auge hat, wenn er den sogenannten „католический мистицизм" (1975, III 238) der Angst vor dem Natürlichen zeiht und als antirealistisch einstuft, läßt sich nicht abschließend entscheiden. Religion verstellt für Gercen jedenfalls den Blick auf die reale Welt[48]; sie ist zu überwindender Widerstand gegen ein neues Paradigma, das Paradigma der Physik: „[...] физика нас оскорбляет своей независимой самобытностью, нам хочется алхимии и магии." (ebd., 240) Religion wird von Gercen nicht nur in der Nachbarschaft von Magie angesiedelt, sondern geradezu als magisches Denken qualifiziert. Das ist für den „Realisten" Gercen weitaus hinreichend, um sie zu verwerfen. Idealismus, Katholizismus, Protestantismus – alles „historische Krankheiten", von denen Heilung nottue (1975, III 251)[49]. Doch Gedanken ließen sich nicht so leicht hinrichten wie Menschen; sie wirkten lange fort (1975, III 259). Auch der Atheismus von 1848 trage noch zu viele Spuren von Religion (ebd., 260)[50]: „Не будет миру

---

[48] In der Frühschrift *Письма об изучении природы* war Gercen hier noch kompromißbereiter: nur die Scholastik schien ihm dualistisch und weltfern, das Christentum „собственно" aber nicht (1975, II 220f).

[49] Die Ablehnung von Religion ist in gewisser negativer Weise „ökumenisch"; die Negation schließt außerchristliche Religionen ein; in der *Dilettantismus*-Schrift gilt die kritische Abgrenzung den „мухаммедане в науке" (Gercen 1975, II 6), den Buchstabengläubigen, genauso wie den „буддисты" (ebd., 60), den Ungerührten.

[50] Berdjaev systematisiert später den Gedanken von der atheistischen Religion bei seiner Kommunismus-Kritik (Berdajev 1990).

свободы, пока все религиозное, политическое не превратится в человеческое, простое, подлежащее критике и отрицанию." (ebd., 260)[51]

Religion als Metaphysik und als überlebte Tradition wird von Gercen verworfen; nicht aber gilt das für Christus als Revolutionär (1975, III 266)[52]; die Evangelien habe er zeitlebens mit Anklang gelesen, bekennt der Atheist (1975, IV 51). Maßstab der Beurteilung von Religion ist für Gercen demnach das ihr jeweils innewohnende revolutionäre Potential.

Auch Danilevskijs Diskurs ist zunächst ganz und gar nicht religiös geprägt: Wie der nüchtern wissenschaftsgläubige Biologe beim Gegenstand des Patriotismus zum Epitheton „святой" gelangt (1995, 56), nimmt wunder. Seine Naturalisierungsstrategie wird von dieser parareligiösen Prädizierung überboten und zugleich *ad absurdum* geführt: Sichtlich endet hier Danilevskijs Möglichkeit, auf argumentativem Wege etwas auszurichten.

Theologie ist zu Beginn von Danilevskijs *Россия и Европа* zunächst nicht Thema. Erst in dem Kapiteln VIII und IX rückt Konfessionalität und damit „Interreligiosität" in den Mittelpunkt; Gott (dem orthodoxen) wird zuvor lediglich in Nebensätzen die dogmatisch gebührende Referenz erwiesen (etwa 1995, 104, 107). Die Entwicklung monotheistischer Religion gilt Danilevskij als kultureller Fortschritt der Juden (1995, 107, der möglicherweise gar, so Danilevskij gegen den Strich gelesen, eine historisch absolute, über alle Kulturtypen hinausgehende Bedeutung hat).

Das Christentum – dies ist von Kireevskij her bekannt – wird Danilevskij zufolge in Rußland in größter Reinheit aufgenommen und von den tief religiösen Russen in ebensolcher Reinform erhalten (1995, 151, 407), im Westen hingegen durch den aggressiven Rassencharakter der „Romano-Germanen" pervertiert (ebd.).

Gercen verurteilt dagegen die Orthodoxie als „апатичный католицизм"[53], als Hindernis für eine dem Westen Europas ähnliche Entwicklung Rußlands sowie wegen des mit ihr zusammenhängenden Byzantinismus als

---

[51] Bemerkenswert ist, daß Gercen hier das später von Popper (1963) ausformulierte Falsifikationsprinzip einsetzt: Religion sei deshalb abzulehnen, weil ihre Behauptungen nicht falsifizierbar seien.

[52] Die Jesus-Biographik, welche Gercen hier punktuell andenkt und vom christlichen Bedeutungssystem abgrenzt, könnte auf David Friedrich Strauss' *Leben Jesu* von 1835/36 zurückgehen. Die von Gercen aufgemachte Differenz von innerweltlich-soziologisierender Biographik und und metaphysischem Mehrwert wird 15 Jahre nach Gercen bei Ernest Renan (*La vie de Jésus*, 1863) zum leitenden Prinzip.

[53] „le catholicisme apathique", Gercen 1975, III 451, frz. 1954ff, VII 102.

Stütze der Despotie (ebd., 376, 381, 402)[54]. Sein an die Religion angelegte Meßlatte ist das Implikat der (inhaltlich nicht weiter gefüllten) Befreiung, weswegen die Luthersche Reformation tendenziell bessere Noten erhält (1975, V 201)[55]; mit lutherischen Gottesdiensten durch seine Mutter früh bekannt gemacht, kann Gercen aber auch deren Ritus nichts abgewinnen (1975, IV 51).

Das Schisma wird von Danilevskij in altbekannter photianischer Manier dem Westen angelastet (ebd., 152). Die dogmatischen Inhalte – *filioque* oder nicht – interessieren Danilevskij, im Gegensatz zum von ihm vielzitierten Chomjakov, aber gar nicht: „то и другое одинаково непонятные" (ebd., 152). Deshalb verweist er den theologischen Streit von Ost- und Westkirche auf das Aachener Konzil von 809 zurück, weil er so die wahre Motivation (hier ist Danilevskij „Realist" in politologischer Hinsicht, s. 7.3.8.1.) im „Zäsaropapismus" Karls des Großen bloßlegen kann (ebd., 152f). Religion ist für den Spätslavophilen eine für irdische Realität nur begrenzt relevante Größe: Freie Konziliarität (s. Solov'evs „freie Theokratie", 8.5.8.) könne genausowenig wie Diplomatie, so Danilevskijs Metahistorie (Kohn 1956, 173), hinreichendes Mittel zur Erreichung einer allslavischen Union sein (Danilevskij 1995, 366), hierzu brauche es irdische Mittel (ebd., 367): „открытая борьба" (ebd., 368) – Krieg!

Das Kapitel IX von *Россия и Европа* konfrontiert die drei großen christlichen Konfessionen: Alle protestantischen Bekenntnisse betonten Danilevskij zufolge jeweils einen Partikularaspekt der christlichen Lehre, einen „вырез" (1995, 170), das Papsttum hält Danilevskij für biblisch unbegründbares „самозванство" (ebd., 173); beide, Katholizismus wie auch Protestantismus, seien damit inkonsequent und führten so selbst die Unzufriedenheit der Gläubigen gegen sie herauf (ebd., 174), die sich in Reformeifer wie der Trennung von Staat und Kirche, welche das Christentum aushöhle (ebd., 178), niederschlage. Die Widersprüchlichkeiten der westlichen Kirchen trieben diese in den Rationalismus (ebd., 183), welcher der einmütigen Orthodoxie fremd sei. Im Inneren nimmt Danilevskij Chomjakovs „соборность" also gerne als Abgrenzungsargument an, im Handeln nach außen verwirft er sie – womit sich eine Spaltung im logisch-axiologischen Denken Danilevskijs andeutet, die wiederum von Gegenstandsbereichen abhängt, sich aber in der Definition dieser Bereiche von Kireevskij und Čaadaev unterscheidet.

---

[54] Leont'ev wertet genau dies später positiv (s. 8.3.2.1.).

[55] Es ist unzutreffend, wenn Masaryk Gercen pauschal in die Tradition eines katholisch motivierten Antiprotestantismus russischer Philosophen eingliedert (1992, I 342).

Der Islam als fanatische (1995, 359) und „schnellwelkende" Religion, längst im Niedergang befindlich, wird von Danilevskij diffamiert (ebd., 265). Vor dem orthodoxen Christentum als „абсолютная и Вселенская религиозная истина" (ebd.) sähen alle anderen Religionen schlecht aus. Der Islam hätte einzig den Zweck gehabt, den Slaven „unbewußt" einen Dienst zu erweisen (1995, 269), indem die „Romano-Germanen" im Zaum hielte. Bei Gercen gibt es in bezug auf Religion keine „innere", positive und „äußere", abzulehnende Konfessionen und Religionen; seine Kritik erfaßt alle religiösen oder auch religionsphilosophischen Systeme, bis hin zu Hegels *Philosophie der Religion*.

7.3.7. Sprache

Sprache wird bei Gercen und Danilevskij in sehr unterschiedlicher Weise thematisch – und zwar in Abhängigkeit vom stärker zeitlichen Grundvektor von Gercens Denken und dem räumlichen von Danilevskijs Kulturraumsoziologie.

Gercen klagt über die Inadäquanz sprachlicher Ausdrücke, über nichtbewußte Metaphorizität (1975, III 274), über das Einschleifen von Sprachmustern durch Gewöhnung, Tradition (ebd., 280), wodurch die Wahrheit verstellt werde (ebd.): „обманывая своим именем" (ebd., 287). Ihn leitet – wie Karamzin und Šiškov – ein Ideal einfacher Klarheit (1975, II 61; Hegel stimmt er inhaltlich zu, hält nur dessen terminologischen Apparat für deplaziert, ebd., 58). Zugleich ist jedoch das freie Wort das letzte, woran er im Moment tiefster Depression noch glauben kann: „Итак, пусть раздается наше слово!" (1975, III 327)[56]

Kulturgruppen ließen sich – so demgegenüber Danilevskijs räumlich orientierter Argumentationsweg – über Sprachgruppen erstellen (Danilevskij 1995, 77). Die von Šiškov bekannte Tendenz, andere slavische Sprachen – bei Danilevskij zumindest das Weißrussische und Ukrainische – auf Dialekte zu reduzieren[57] (1995, 87), dauert in Danilevskijs Denken über Sprachräume

---

[56] Ein Pathos des eigenen, des „новое слово", das dann bei Dostoevskij und Černyševskij Karriere macht.
[57] Danilevskij nimmt an anderer Stelle (1995, 424) markiert Bezug auf den slowakischen „Dialekttheoretiker" Šafařík, s. dazu auch 5.3.2.).

fort. Während Völker mit eigenständigen Sprachen[58] sich am besten zu Föderationen zusammenschließen sollten, wird bei bloß dialektalen Unterschieden die Einstaatlichkeit favorisiert (ebd.). Die angestrebte „Allslavische Union" stellt sich Danilevskij als homogenes und doch mehrgestaltiges Sprachen- und Dialektsystem vor, in dem das Russische Verkehrssprache (in den Schulen aller slavischen Völker Pflicht), nicht aber einzige „Allunionssprache" sein soll (1995, 265)[59]. Danilevskij spricht auch über semantische Grenzen: Das Wort „европейский интерес" sei nur im europäischen Kulturraum verstehbar, jenseits von dessen Grenzen, d.h. auch in Rußland, aber bedeutungsleer. Begriffsübertragungen in andere kulturelle Kontexte führen nach Danilevskij stets in die Irre: Westliche Demokratievorstellungen könnten demnach in Rußland nur zu „лжедемократизм" (ebd., 246) entarten. Wie bei Danilevskijs gespaltenem Verhältnis zu Chomjakovs Konziliaritätstheorem werden die innere Dimension eines „Kulturtyps" und dessen Äußeres getrennt, divergent konzeptualisiert.

7.3.8. Menschenbild

Gercens Ideal ist der bewußte, sich von Illusionen befreiende und sich mit der Realität auseinandersetzende Mensch („realistischer" Geist sei anthropologische Konstante, 1975, II 143). Dies gelte für alle Menschen gleichermaßen. Soweit sind dies aufklärerische Ideale. Die Befreiung sei noch nicht geleistet, wenigstens nicht abgeschlossen: Alte Denkmuster ließen sich nicht sofort ausrotten (1975, III 241). Freiheit von äußeren Einflüssen, Befreiung von überlebten Traditionen – darauf läßt sich Gercens normatives Menschenbild, seine „религия личности" (1975, VI 166), festlegen: Sie ist seine „религия человека" (1954ff, XII 168, frz. 135). Diese Freiheit geht bis ins Schmerzhafte: „страшное имя *Свободы*" (1975, III 324); geradezu protoexistentialistisch wirkt das „Trotzdem", mit dem „Wissen" und Freiheit zu Beginn von *После грозы* als besserer, wenn auch ebenfalls nicht glücklicher Weg des Menschen nach desillusionierenden Erfahrungen dargestellt werden (1975, III 259). Zur Freiheit, zur Abgrenzung gegen außen kommt bei Gercen

---

[58] Das organizistisch-biologische Denken Danilevskijs geht so weit, auch Sprachen nicht bloß eine Entwicklung, sondern sogar ein „Wachstum" („рост", 1995, 140) zuzuschreiben.

[59] Wiederum ist anzunehmen, daß Pogodin der eigentliche Vater dieser Idee ist und Danilevskij sie von ihm übernommen hat (Pfalzgraf 1954, 79; zu Pogodins Panslavismus s. auch D'jakov 1984, 24f)

noch eine innere Ganzheitlichkeit, die nicht in die aufklärerische Tradition eingeordnet werden kann. Die Spaltung in „романтизм для сердца" und „идеализм для ума" gilt ihm als schädlich (ebd., 239). Er will den nach außen befreiten, innerlich ganzen Menschen. Das Pathos der Freiheit führt Gercen zu einer Ablehnung des Mittelmäßig-Kleinbürgerlichen, die Leont'ev näher ist als einem sozialistischen Gleichheitsideal: „грязная среда мещанства" (1975, III 264) wettert er im dritten Kapitel von *С того берега* gegen das Überhandgewinnen bürgerlicher Kräfte in der 48er Revolution in Frankreich.[60]

Goethe fasziniert Gercen als großer Einzelner (1975, III 316). Und doch räumt Gercen dem Genie keine unverzichtbar große Bedeutung ein: Es könne Geschichte prägen, aber die Völker schafften es auch ohne sie (1975, III 252). Das soziale Milieu bestimme die Handlungsweisen der Menschen; er passe sich an die Umweltbedingungen an (1975, I 155).[61] Die enormen Digressionen von Gercens Roman *Кто виноват*, in denen die Abstammung, der soziale Hintergrund, – mit den positivistischen drei großen „E" gesprochen[62] – das Ererbte, Erlernte und Erlebte der handelnden Personen eingefangen werden, stellen diese Kontextbestimmtheit des Menschen aus (soziale Not bildet dabei ein Kernthema, 1975, I 152). Aus der (tragischen) Gefangenheit in allen drei „E" resultiert die fatale Konstellation der Personen, in der schließlich alle Umstände, aber kein einzelner Handelnder allein persönlich „виноват" ist (Gercen 1975, I 302, 315; vgl. Strachov 1887, 16f).[63] Doch ist der Mensch im Rahmen der Umweltfaktoren frei, kann er sich gegen sie durchsetzen (etwa 1975, I 164) – und ist so auch frei, schuldig zu werden. Gercens Sicht der Verhältnisses von einzelnem Menschen und seiner Umwelt, von Freiheit und Notwendigkeit ist zwiespältig:

> Нравственная независимость человека — такая же непреложная истина и действительность, как его зависимость от среды, с тою разницею, что она с ней в обратном отношении: чем больше сознания, тем больше самобытности; чем

---

[60] Neben und noch vor Leont'ev bedient sich auch Bakunin dieses Gercenschen Kritikmusters in seiner *Schrift gegen Marx* (Bakunin 1981, 60).

[61] Auch die romantische Klimatheorie (Čaadaevs) kehrt bei Gercen wieder; sie wird allerdings nicht immer mit Zustimmung zitiert (1975, I 206, 247, III 105).

[62] Mit diesen drei „E" wird Taines Trias *race, milieu, moment* (Taine 1902, 11f) frei ins Deutsche übersetzt (Maren-Grisebach 1970, 12).

[63] Auch nicht, so entschuldigt die Milieupoetik des Romans, der „лишний человек" (Gercen sagt: „праздный турист", 1975, I 267) Bel'tov. Später dehnt Gercen diesen Freispruch auf die – beklagenswerten – politischen Verhältnisse im ganzen aus: „Никто не виноват" (1975, VIII 329).

меньше сознания, тем связь с средою теснее, тем больше среда поглощает лицо. (1975, III 333)

Gercens Antwort ist eine Dialektik von Gesellschaft und Individuum; er setzt sich so intensiv mit dieser Wechselbeziehung auseinander (s. die Differenzierungen 1975, III 333-335) wie in Rußland vor ihm noch keine Philosoph und nach ihm wohl nur noch Berdjaev (s. Nucho 1967, 49-70). Wichtiger ist Gercen dabei immer der Pol der Freiheit; das Individuum ist ihm – in der russischen Philosophie selten – das Zentrum. Leibnizisierend sagt er: „Лицо, истинная, действительная монада общества" (1975, III 338)[64]. Insofern kommt Gercen von allen hier behandelten russischen Kulturosophen dem westlichen Begriff von Individualismus und individueller Freiheit am nächsten; Versuche, zwischen Gercen und dem Individualismus westlicher Prägung eine wesenhafte Differenz einzuziehen[65], gehen fehl.

Einige Textpassagen von Danilevskijs *Россия и Европа* zeugen – wie Goethe bei Gercen – von der Faszination großer einzelner Menschen: Wenn auch nur Ausnahmezustand, so ist der „Held" doch Maximum des Menschenmöglichen (1995, 392). Danilevskij bekundet Ehrfurcht vor dem genialen Bismarck (1995, 3) und hält selbst Peters Einfluß, gleich ob positiv oder negativ, für entscheidend für die russische Geschichte (ebd., 224). Diese großen Individuen gemahnen an Lavrovs „критические личности" (Lavrov 1906, 98f). Ihnen steht allerdings die alles übersteigende Bedeutung der kollektiven nationalen Psyche, des nationalen und „kulturtypischen" Kollektivs gegenüber. So gibt es lediglich Einsprengsel von Individualismus und Elitarismus im Kollektivismus, den Danilevskij explizit positiv wertet (1995, 164). Gercens Individualismus des Subjekts steht gegen Danilevskijs Individualismus des Kulturtyps, der von Gercens Subjekt aus gesehen ein Kollektivismus ist.

Eine ganz andere Dimension von Danilevskijs Menschenbild tut sich durch den zoologischen Denkhintergrund des Spätslavophilen auf: Am Rande erklärt er einmal den Menschen in vielem für unvollkommener als das Tier (1995, 98f). In Danilevskijs Denken ist also gerade umgekehrt zur weitver-

---

[64] Solov'ev ordnet die Individuation später der Alleinheit unter, erklärt es zum „Strahl des all-einen Wesens" (bes. in *Смысл любви*, s. Dahm 1996, 62 u. 66); S. Bulgakov seinerseits setzt in *Философия хозяйства* das Individuum nur als Auge, als Organ des großen Subjekts Menschheit (1993, I 142-144).

[65] Greenfeld dekretiert: „The individualism of the Westernizers [gemeint sind vorrangig Gercen und Bakunin, DU] had nothing in common with Western—that is to say, Anglo-American—individualism" (Greenfeld 1992, 269). Allerdings kann Greenfeld dies nicht aus Gercens Texten belegen, schließt stattdessen ein anonymes und aus dem Zusammenhang genommenes Zitat in Halbsatzform an („a nation is collective in its nature").

breiteten anthropozentrischen Denkweise und anthropomorphen Metaphorik eine gewisse zoologisch motivierte, implizite Anti-Anthropologie festzustellen. Eine Übersetzung des „ἄνθρωποσ" aus der „Anti-Anthropologie" ins Lateinische führt mit „Antihumanismus" ebenfalls auf eine richtige Fährte, wird doch bei Danilevskij das humanistische Gleichheitsdenken durch Rassismen konterkariert (vgl. Pfalzgraf 1954, 98): In seinem Menschenbild gibt es mehrere biologische Trennmarken: Er zieht die Rassentheorie heran, um die Besonderheit der Slaven zu belegen (Danilevskij 1995, 146ff)[66]. Gegenüber dem aggressiven und egoistischen Westen seien die Russen moralisch und nicht-materialistisch, „uninteressiert" (ebd., 163) und bildeten – mit den Kireevskij-Worten – einen „цельный организм" (Danilevskij 1995, 389). Auf einem Umwege werden die Muslime degradiert: Wenn der Islam als historisch-negativ-dienende Funktion klassifiziert wird (ebd., 268), so geraten auch die Muslime zu bloßen Werkzeugen eines „höheren", slavischen Geschichtsziels[67]. Dieser Rassismus und instrumentelle Menschenbegriff rechtfertigt die starke These von Danilevskijs Protofaschismus, die Ignatow (1996, 4) vertritt.

An Gercens Menschenbild ist gerade der Anti-Instrumentalismus hervorzuheben: Er wird nie müde, das Leben – sein Synonym für Mensch, Individuum, Subjekt – als einzigartig, eigenwertig, als Ziel und nicht als Mittel herauszustellen[68]: „Для меня легче жизнь, а следственно, и историю, считать за достигнутую цель, нежели за средство достижения." (1975, III 249) Das Leben gilt es nach außen gegen alle Übergriffe zu schützen (Berlin 1978,112). „Liberty – of actual individuals, in specific times and places – is an absolute value." (ebd., 87) Erfolgreich nach außen abgegrenzt, bildet das „Leben" nach innen die Einheit der Pole: „Жизнь связует эти моменты;

---

[66] Auch Gercen denkt vereinzelt in den Kategorien von „Rasse" und resultierenden Charakterunterschieden (1975, VI 84), nie aber mit dem Rhema einer *positiven* Unterschiedenheit.

[67] Nach Danilevskij schwächten die Osmanen die europäische Zivilisation und bereiteten so den Slaven den Weg; Michajlovskij demontiert Danilevskijs Gedanken, indem er umkehrt: Mit gleichem Recht könnten die Slaven die dienende Geschichtsrolle zugeschrieben bekommen, indem sie die Osmanen schwächten und so Europa sekundierten (1897, 864).

[68] „And the purpose of life is to live it." (Berlin 1978, 94) Es gibt Ausnahmen, etwa gleich zu Beginn von *С того берега*, wo der Mensch der Gegenwart zur Brücke in die Zukunft degradiert wird (1975, III 223), oder wenn plötzlich zwanzig Generationen von Deutschen nötig sein sollen, um Goethe hervorzubringen (ebd., 270). Solche umgekehrten Implikationen verschwinden aber hinter der Fülle von Deklarationen des Eigenwertes jeden Lebens.

жизнь — процесс их вечного перехода друг в друга." (1975, II 55) Dieses Leben ist die Gesamtheit, die konjunktiv-systematische Einheit aller seiner Teile: „Жизнь есть сохраняющееся единство многоразличия, единство целого и частей." (ebd.)

Das „Leben" ist bei Gercen also dialektische Synthese, gesamtheitlicher Entwurf – im Anthropologisch-Konkreten, Individuellen genauso wie im (Wissenschafts-) Theoretisch-Abstrakten. Es ist sein Positivum, sein Nichtmehr-Hinterfragtes, Ausgangs- und Zielpunkt seines Denkens wie Meßlatte seiner Axiologik.[69]

7.3.9. Gesellschaftskonzept

Die Rechte des einzelnen Menschen verfechtend, kann Gercen im Staat nur eine Bedrohung für die Freiheit des Einzelnen sehen; der russische Despotismus ist hier besonders gefährlich: In Rußland herrsche eine unerhörte „избалованность власти" (1975, III 231).

Die politische Tirade *LVII год республики, единой и нераздельной* aus *С того берега* diffamiert den bürgerlichen, Gercen sagt: bourgeoisen Republikbegriff als „отвлеченная и неудобоисполнимая мысль" (1975, III 264). Bürgerliche Republik sei die Todeszuckung der alten feudalen Welt (ebd.), bloße Negation (ebd., 32). Die Struktur von Gesellschaft als Gefängnis bestehe darin fort (ebd., 265). Zum formalen Recht als einer Erscheinung bürgerlichen Mittelmaßes geht Gercen auf Distanz (Greenfeld 1992, 269). In seiner Ablehnung des „Gemäßigten" (1975, III 266), jeglicher revolutionären Halbherzigkeit ist Gercen fraglos ein Radikaler. Er will die proletarische Revolution (ebd., 267)[70]; die Organisationsform der revolutionären Bewegung

---

[69] Obgleich Gercen als Philosoph mit einer dem Titel nach naturphilosophischen Arbeit beginnt (*Письма об изучении природы*), spielt in seinem weiteren Philosophieren der Naturbegriff keineswegs die Rolle einer Grundkategorie. Diese füllt bei Gercen das „Leben" aus.

[70] Gercen bezieht in vielfacher Hinsicht Stellung für revolutionäres Handeln; er schreibt mit *О развитии революционных идей в России* eine erste russische Revolutionsgeschichte. Der Dekabristenaufstand ist für ihn in jungen Jahren *das* politische Erweckungserlebnis (1975, IV 57, neben Lektüre Saint-Simons, Proudhons und anderer utopischer Sozialisten, 1975, IV 157; V 104, VI 179), ja er berichtet in *Былое и думы* von einem Racheschwur, den er damals abgelegt habe (ebd., 58 Anm. 1); er singt insbesondere eine Ode auf Pestel' (1975, III 417f, frz. 1954, VII 69) und äußert seine Abscheu vor der Reaktion unter Zar Nikolaj I. (1975, IV 58). Später verantwortet er die Herausgabe von Radiščevs *Путешествие из Петербурга в Москву* 1858 in London (dazu

bleibt bei ihm – anders als bei Bakunin (so sieht jedenfall Gercen den anarchistischen Kollegen, Gercen 1975, VII 335-355) und insbesondere als bei Marx und Lenin – aber im wesentlichen eine Leerstelle; er sieht, das allein läßt sich fixieren, eine Minderheit am Werk gegenüber einer zurückstehenden, konservativen (1975, VIII 339) Mehrheit des Volkes (1975, III 325). Doch seine Hoffnungen über den Durchsetzungsweg schwanken nach 1848 beständig: mal sollen der aufgeklärte Adel, mal sogar der neue Zar Aleksandr II. mitwirken an der Schaffnung der neuen Ordnung (s. den Aufruf *Юрьев день! Юрьев день! Русскому дворянству*[71]).

Der Sozialismus wird von Gercen mitunter emphatisch proklamiert, als Wunschbild der Zukunft angerufen. Aus den Äußerungen über die altrussische „община" sowie über die Gesellschaftsform der Schweiz und den englischen Parlamentarismus läßt sich eine dezentral-subsidiäre, demokratische Ordnung[72], eine Föderation von „общины" (1954, XII 53) ohne übergeordnete Regierung (1954ff, XII 168) aber mit Gemeinschaftseigentum an Grund und Boden als Zielbild herauslesen (1975, VI 92, 122; III 476, frz. 1954ff, VII 128). Dazu kommen das Proudhonsche Programm der Vergesellschaftung des Grundeigentums (1975, III 9) und die Überwindung der Organisationsform des Staates, was Gercen erst 1869 kritisch hinterfragt (1975, VIII 340f). Schon in früheren Schriften aber entsagt Gercen oft dem eigenen Wünschen und Werten und stellt den Sozialismus als notwendig kommende historische Folgestufe dar, ohne ihn an sich für gut zu halten (1975, III 271): „Я предлагаю пари за социализм" (ebd., 272), heißt es lakonisch.[73]

Zapadov 1992, 481). Selbst reiht er sich so in vielfacher Weise in eine gerade auch russische revolutionäre Tradition ein. Erst 1869 klingen andere Töne an (s. 7.5.5.).

[71] Darin baut Gercen wie vor ihm Radiščev in bestimmten Passagen von dessen *Путешествие* (1992, 67) auf die Einsichtsfähigkeit des Adels: Entweder gäben die Adligen freiwillig den Bauern Land, oder ein neuer Pugačev werde sie hinwegfegen (Gercen 1954, XII 83f).

[72] In den *Письма из Франциии и Италии* scheint die Konzeption eines imperativen Mandats auf (1975, III 178).

[73] Der vierzehnte der *Письма из Франциии и Италии* malt das Bild eines Umbruchs zum Kommunismus, der die Errungenschaften der „Zivilisation" (noch eine andere Begriffsverwendung) hinwegfegen wäre. „Жаль ее и мне" (1975, III 211), bekundet Gercen. Es ist dies allerdings dasjenige von Gercens Voten über den kommenden Sozialismus, in dem er am stärksten die katastrophische Saite anschlägt; er differenziert – wenn auch terminologisch weder ganz konsistent noch konsequent – Kommunismus als katastrophische Erscheinung und positiven Sozialismus (Zimmermann 1989, 150). Zumeist dominieren eher Darstellungen des Kommenden als einer Möglichkeit oder das emphatische Herbeiwünschen des Neuen anstelle katastrophischer Stimmungen.

7. Gercen und Danilevskij

Wichtigstes politisches Leitbild Danilevskijs ist demgegenüber der Nationalstaat, auf den, so Danilevskij, die gesamte historische Entwicklung zustrebe (1995, 187). Die Nationen sind für ihn wie für Hegel (bspw. 1965, XI 88) Ideenträger und Subjekte der Geschichte, weshalb das Gefäß Nationalstaat die beste Verwaltungsform sei. Der starke Staat erlangt, wie dann auch für Leont'ev, den Rang eines alle Entfremdung aufhebenden Erlösungsmittels (MacMaster 1967, 294). Fremd- und Gruppenherrschaft, auch Leibeigenschaft, lehnt Danilevskij ab (ebd., 197). Demgegenüber zielten Menschenrechte und Sozialismus auf „общечеловечество" (1995, 98), das Danilevskij bekanntermaßen verabscheut, womit auch beide Denkrichtungen ins Abseits geraten. Wie jegliche übernationale Einheiten (über den „Kulturtyp" hinaus) verworfen werden, so gilt Danilevskij zugleich aber auch Spaltung der Gesellschaft im Inneren, „раскол на два слоя" (1995, 232), als schädlich.

Daneben ist eine Reihe antidemokratischer Nebenbemerkungen Danilevskijs – „бестолковый Франкфуртский парламент" (1995, 7) – aufzuführen: Parteienkampf gilt ihm als Anzeichen von Egoismen (1995, 160); Freiheit des Wortes hält er zwar für ein Naturrecht, attestiert der Presse aber trotzdem schlechten Einfluß auf die „Überzeugungen" der Menschen (1995, 237-242). Er votiert für Monarchie (Vajgačev 1991, 565), für die innere Einstimmigkeit (die er in der russischen Geschichte allzumeist verwirklicht sieht [Bsp. Christianisierung, ebd., 161]); die jeweiligen russischen Führer hätten sich nahezu ausnahmslos im Einklang mit dem gesamten Volke befunden (ebd., 161); und gar in der gerade 1861 erfolgten Bauernbefreiung erblickt Danilevskij – wie diese Fehleinschätzung möglich ist, da nicht einmal historische Distanz verdunkelnd wirken kann, bleibt unerklärlich[74] – sowohl Einmütigkeit aller beteiligten gesellschaftlichen Gruppen als auch einen uneingeschränkten Erfolg (ebd., 162).

Implizit nimmt Danilevskijs Argumentation allerdings Freiheit als positives Argumentationsmoment, wenn Rußland als „гласительница света и свободы" gepriesen wird (1995, 36) oder das westeuropäische Stereotyp von Rußland als dem „политический Ариман", Freiheit und Fortschritt abhold (1995, 19), verspottet wird. Ein systematisches, in bezug auf das innere Funktionieren differenziertes Gesellschaftsidealbild Danilevskijs ist schwer

---

[74] Zwei Varianten kommen in Frage: 1) Das Wünschen überformt das Beschreiben, das Normative das Deskriptive, s. 7.5.9.); oder 2): Die Loyalität Danilevskijs gegenüber dem aktuellen Zaren kennt keine Grenzen – auch nicht, wenn das Gegenteil des Behaupteten historisch offensichtlich ist.

zu erstellen, da alle anderen Parameter vom Nationenbegriff überformt werden[75] und das Grundinteresse Danilevskijs in Apologie und Affirmation der zeitgenössischen russischen Außen- wie Innenpolitik besteht. Selbst behauptet er die Unmöglichkeit von genereller politischer Theorie (1995, 134), was wiederum Affirmation des Bestehenden bedeutet. Aus seiner Argumentation läßt sich dennoch eine implizite politische Theorie, eine Theorie internationaler Beziehungen herauslesen:

7.3.9.1. Ansätze zu einer Theorie internationaler Beziehungen bei Danilevskij

Danilevskij verfolgt in *Россия и Европа*, in der heutigen Terminologie gesprochen, eine Fragestellung u.a. aus dem Feld der politologischen Disziplin „Internationale Beziehungen"; mit dem rechtslastigen Terminus wird sie (von Altkommunisten wie von Neonationalisten) gerne nach Kjellén „Geopolitik" (Kjellén 1921) genannt (s. bspw. in Anwendung auf Danilevskij: Galaktionov 1995, V). Gleich zu Beginn läuft Danilevskijs Darstellung der Motivationen zwischenstaatlichen Handelns darauf hinaus, daß in zwischennationalen Beziehungen das „formale Völkerrecht" (1995, 7f) das „Wesen" politischer Motivationen nicht verdecken könne[76]. Im sozialen Funktionssystem zwischenstaatlicher Beziehungen gelte das Prinzip „Auge um Auge" (1995, 27)[77]. Die sozialen und ethischen Pflichten, welche Danilevskijs im Inneren einer Gesellschaft, eines Kulturtyps einfordert, hätten nach außen keine Gültigkeit: „Die Angehörigen eines solchen Kulturtypus haben nur Pflichten gegen das eigene Volkstum." (Fischel 1919, 397) Nach außen gilt, selbst wenn Danilevskij diesen Begriff ablehnt und sich eher auf Bentham beruft (1995,

---

[75] Danilevskij folgt einem Primat der Außenpolitik, der bekanntlich zu allen Zeiten ein probates Mittel zur Vertuschung innenpolitischer Probleme darstellte.

[76] Bei Danilevskij findet sich so eine gemilderte Fortschreibung von Kireevskijs Kritik am „formalen Recht". Beide stehen damit in einer noch lang fortwirkenden russischphilosophischen Tradition (s. C. Friedrich 1996). Auch der Ehrbegriff, den schon Kireevskij am westlichen Mittelalter unterhöhlte (Kireevskij 1861, II 264), gilt Danilevskij als machtlos (1995, 14).

[77] Darüber hinaus gemahnt Danilevskijs Positivierung des zwischenstaatlichen Kampfes – will man sie aktualisierend aus dem Kräftefeld Machiavelli – Hegel herauslösen – zum einen an Carl Schmitts Begriff des politischen Feindes (Schmitt 1983, 26), zum anderen an Luhmanns Disjunktion der sozialen Funktionssysteme mit ihren jeweiligen, wechselseitig undurchdringbaren binären Codes (Luhmann 1987, 57-64).

27), „Machiavellismus" (vgl. MacMaster 1967, 125f, 190, 211)[78]. Außenpolitik wird – in fast systemtheoretischem Geiste – als eigengesetzliches Funktionssystem ausgesondert. „Machiavellismus" mag der im 20. Jahrhundert geläufige typologische Begriff für eine solches Konzept politischen Handelns sein. Gerade aber für die Nicht-Anwendbarkeit moralisch-ethischer Kategorien auf die Außenpolitik ist einmal mehr Hegel, diesmal die *Rechtsphilosophie* Prätext:

> Gerechtigkeit und Tugend, Unrecht, Gewalt und Laster [...] Die Weltgeschichte fällt außer diesen Gesichtspunkten; in ihr erhält dasjenige notwendige Moment der Idee des Weltgeistes, welches gegenwärtig *seine* Stufe ist, sein *absolutes Recht* [...]. (Hegel 1996, 505)

Was sich – bei Hegel und noch mehr bei Danilevskij – wie ein realistischer Einspruch gegen die liberalistische Hypostase von abstrakten Normen liest, gerät bei letzterem aber selbst in ein mentalitätszentristisches Fahrwasser; so kippt der politologische Realismus wieder zu einer mentalitätssoziologischen Annahme („духовная природа народов", 1995, 89; „психический строй", ebd., 112; „народный характер", ebd., 113) über die Beweggründe zwischenstaatlichen Handelns; „племенные симпатии и антипатии [...] инстинкт народов", lauten Danilevskijs naturalisierende Formeln (ebd., 41). Heimatliebe oder Präferenz des eigenen Klimas erscheint Danilevskij als den Völkern eingeboren (ebd., 42) – und Expansion auf „fremde" Territorien somit als unnatürlich.

Italiens Recht auf politische Einigung begreift Danilevskij dagegen als „прирожденное" (ebd., 9), womit er den Naturrechtsbegriff, der doch eigentlich unter die Gesamtheit abstrakter Normen fallen sollte, rehabilitiert. Es gibt für Danilevskij das unveräußerliche Naturrecht auf nationale Selbstbestimmung, was in der ersten kursiv gesetzten Passage seines Buches hervorgehoben wird:

---

[78] Machiavelli wird in der Rezptionsgeschichte eine an-ethische Radikalität zugeschrieben, die dieser nie (oder vielmehr: nie ganz so) vertreten hat (s. Zorn 1972, XV); er rechtfertigt Gewalt, grausame, also auch in seinem Verständnis böse Mittel, sofern sie rechtsetzend eingesetzt werden, nicht aber zu rechtserhaltender Tyrannis (s. das Kapitel VIII, *De his qui per scelera ad principatum pervenere*, Absatz 7 u. 8, von *Il principe,* Machiavelli 1991, 108). Danilevskijs Kampf zwischen den Kulturtypen läßt sich aber gerade als rechtsetzender, konstituierender begreifen, und wäre so gerade im Einklang mit Machiavelli gerechtfertigt.

[...] *всякая народность имеет право на самостоятельное существование в той именно мере, в какой сама его сознает и имеет на него притязание.* (Danilevskij 1995, 20)[79]

Dieses Recht zu beschädigen, verbietet Danilevskij als „национальное убийство" (ebd., 21). Eine jede Nation trägt für ihn eine Idee in sich, die sie als Aufgabe zu verwirklichen hat[80]. Den abstrakten Formulierungen nach votieren Danilevskij und Gercen gleichermaßen für das Selbstbestimmungsrecht der Völker; nur klammert letzterer Polen oder Finnland davon aus, Gercen gerade ein.

7.3.10. Zukunftsdesiderate

Von den politischen Konzepten, die bei Gercen genauso wie bei Danilevskij im Zentrum des Interesses stehen, führt eine direkte Verbindung zu den politischen Desideraten, die im Modus des Futur angesiedelt sind. Gercen hält – mit dem Dante-Zitat „il veder dinanziera tolto" (1975, IV 301) – eine Festlegung der Zukunft für ausgeschlossen[81]: „Впрочем, нет причины думать, что новый мир будет строится по нашему плану." (1975, III 241) Aus dem Niedergang von 1848/51, den Gercen als Belehrung, als„страшный урок" auffaßt (1975, III 151, 173), gibt es zwei Folgerungen: die des nötigen Übergangs zum Neuen, anderen, und die der Rückbesinnung auf das Individuelle und auf das Jetzt: „я теперь хочу жить" (1975, III 330). Gercens Lakonismus desillusioniert die Futurologie als Wissenschaft, grenzt sie aus dem Reich des wissenschaftlich Erforschbaren aus. Wie neuere Grammtiker (bspw. Hentschel/Weydt 1990, 95) bestimmt er das Futur als Modus, nicht als Tempus: „Будущее — возможность, а не действительность" (1975, II 83). Zukunft ist nur Gegenstand von Glauben und emphatischer (im Früh-

---

[79] Daß Danilevskij den Anspruch an das Erheben des Anspruchs koppelt, erinnert an Gercens Statement, Unterdrückung sei solange nicht moralisch verwerflich, wie sie von den Unterdrückten hingenommen werde (s. 7.3.4.).

[80] Solov'evs *L'idée russe* von 1888 (1991b) übernimmt diesen Gedanken von seinem Widersacher, kehrt ihn aber um: Kenosis des Spezifischen zugunsten des Universalen (8.3.2.).

[81] Humes Induktionskritik könnte eine der wesentlichen Inspirationen für diese methodische Skepsis sein (s. Gercen 1975, II 301).

werk, 1975, II 84) bis zweifelnd-verzweifelter (in *С того берега*) Hoffnungen[82], nicht aber von Prophezeiung (1975, III 367).

Ob Rußland in der Zukunft eine besondere Rolle spielen werde, ob „Россия хлынет на Европу?", diese für Danilevskij später höchstbrisante, ja einzig relevante Frage beantwortet Gercen lapidar mit: „Может быть." (1975, III 247). Potentialität (Zen'kovskij 1948, II 303; Malia 1961, 383), ja Hypothetik (Schelting 1948, 240) sind seine entscheidenden Kategorien. „Я не говорю, что это *необходимо*, но это *возможно*." (Gercen 1975, III 251). Vielleicht werde die Befreiungsbewegung sich auch nach Amerika verlagern (1954, VII 334). Nach 1848 setzt Gercen allerdings seine Hoffnung – trotz Indeterminismus – in Rußland als Ausgangsland der sozialistischen Revolution: „Мы в некоторых вопросах потому дальше Европы и свободнее ее, что так отстали от нее." (Gercen 1975, III 10) Die Rückständigkeit wird für ihn – wie für den Čaadaev der *Апология сумасшедшего*[83] – zum „Privileg" (Hildermeier 1987, 575), ja – Danilevskij vergleichbar – zur Jugend (am deutlichsten in den Briefen an Linton, die den Titel *La Russie et le vieux monde* tragen, bes. Gercen 1954ff, XII 183, frz. 149f). Gercen negiert damit die Existenz einer unveränderlichen Logik der Abfolge von Gesellschaftsformen: Rückstand könne gerade revolutionären Fortschritt ermöglichen; nicht alle Stadien der westlichen Entwicklung müßten nachdurchlaufen werden (1954ff, VI 205, frz. 168); Trockij und später Lenin schließen sich mit ihrer Revolutionstheorie Gercens These vom Vorteil der Rückständigkeit an (Hildermeier 1987, 590f; Steklov 1920, 24). In Kombination von westlicher sozialistischer Theorie und russischer erhaltener „община"-Struktur liegt für Gercen die Zukunft (1954ff, XII 43, engl. 15, auch 85f; s. dazu Volgin 1963, 63f).[84]

Danilevskij hingegen entwirft dezidiert für Rußland und die Slaven eine große Zukunft. Gegenüber Gercens Hypothetik mischen sich bei Danilevskij Notwendigkeit, Determinismus und Wunsch großer *slavischer* Zukunft

---

[82] Die Hoffnung auf Rußland besitzt für Gercen stark autotherapeutischen Charakter: „Вера в Россию — спасла меня на краю нравственной гибели" (Gercen 1975, III 8). Es ist ein Hoffen-Wollen (s. auch Prokof'ev 1979, 243; Acton 1979, 64).

[83] Es ist nicht klar, ob Čaadaev diesen Text gekannt hat (kursiert hat er in Salonkreisen mit Sicherheit, Schelting 1948, 63); die Sekundärliteratur übersieht die Verbindung von Čaadaevs *Apologie* und Gercens Hoffnung auf Rußland aufgrund der Rückständigkeit (bspw. Quenet 1931, 365).

[84] Černyševskij erklärt den Export des russischen „община"-Modells nach Westeuropa angesichts der lange vor Haxthausen bestehenden westlichen Theorie für obsolet (1950, VII 661f).

(Petrovič 1956, 76). Rußland solle, so Danilevskij, im Verein mit den kleineren slavischen Völkerschaften und an deren erster Stelle als neue Führungszivilisation, neuer „kulturell-historischer Typ" der „romano-germanischen Zivilisation" ein Ende bereiten und ihre Nachfolge antreten.[85] Die slavische Zivilisation solle am Ende der Geschichte die vollste Realisierung von Zivilisation sein (1995, 430). Diese Vorstellung vom Geschichtsgipfel in *einer* Zivilisation gemahnt, wie Michajlovskij (1897, 873) richtig anmerkt, an Hegel, der in den *Vorlesungen über die Philosophie der Geschichte* sagt:

> Die Weltgeschichte geht von Osten nach Westen, denn Europa ist schlechthin das Ende der Weltgeschichte, Asien der Anfang. Für die Weltgeschichte ist ein Osten κατ' ἐξοχήν vorhanden, da der Osten für sich etwas ganz Relatives ist; denn obgleich die Erde eine Kugel bildet, so macht die Geschichte doch keinen Kreis um sie herum, sondern sie hat vielmehr einen bestimmten Osten und das ist Asien. Hier geht die äußerliche physische Sonne auf, und im Westen geht sie unter: dafür steigt aber hier die innere Sonne des Selbstbewußtseins auf, die einen höheren Glanz verbreitet. Die Weltgeschichte ist die Zucht von der Unabhängigkeit des natürlichen Willens zum Allgemeinen und zur subjectiven Freiheit. Der Orient wußte und weiß nur, daß *Einer* frei ist, die griechische und römische Welt, daß *Einige* frei seyen, die germanische Welt weiß, daß *Alle* frei sind. (Hegel 1965, XI 150)

Ersetzt man in dieser Hegelschen dialektischen Steigerung Asien durch Europa und Europa durch das Slaventum (und „Freiheit" durch „allumfassende Kultur"), so gelangt man quasi unmittelbar zu Danilevskij. Dieser kehrt Hegel lediglich um.[86]

Dazu habe Rußland dem Beispiel der italienischen und deutschen Einigungsbewegung aus der jüngsten Vergangenheit vor Danilevskijs *Россия и Европа* zu folgen, die Südslaven von den Türken „heimzuholen" (ebd., 185), das ohne Berechtigung existierende (ebd., 300), ja an sich schon tote (ebd., 307) Österreich-Ungarn zu zerschlagen (Kap. XIII, 278-309 gibt konkrete

---

[85] Schon Pogodin hatte verkündet, „in der Geschichte herrrsch(e) eine Reihenfolge der Nationen", „nur die Slaven [seien] bis jetzt in jener glänzenden Reihe nicht erschienen; folglich ist es nun ihre Zeit, in die Laufbahn zu treten [...]" (zit. n. Pfalzgraf 1954, 78).

[86] Groys zufolge (1993, 248) hatte schon Čaadaev unter dem Fehlen eines Platzes für Rußland im „Schellingianisch-Hegelschen" System gelitten (was wieder Čaadaevs Hegellektüre vordatiert) und mit Atopizität sowie (in der *Апология сумасшедшего* von 1837) deren Vorteilhaftigkeit geantwortet. Bei Danilevskij ist der Bezug auf Hegel und dessen Umkehrung offensichtlicher sowie rezeptionsgeschichtlich und intertextuell weniger problematisch.

7. Gercen und Danilevskij

Anweisungen, die über Štúrs Gedanken von 1853 noch hinausgehen[87]), ganz Polen ins russische Reich einzugliedern (ebd., 330-334), Konstantinopel zu erobern[88], in „Царьград" umzutaufen und seinem Rang als geographischem Zentrum der Welt (ebd., 310) gemäß zur Hauptstadt der panslavischen Union (1995, 327) zu erheben[89]. Alle diese Schritte dienten dazu, die panslavische Union anzubahnen. Dafür gelte es zu kämpfen (1995, 277), ja der Kampf sei ganz unvermeidlich (ebd., 369). Diese „Föderation" solle sich von der Adria bis an den Stillen Ozean erstrecken (ebd., 308) und 120 Millionen Menschen umfassen. Für Danilevskij hat die „всеславянскиая федерация" die Bedeutung eines *sine qua non* (ebd., 337)[90]. Die Union solle keine Unterdrückung der kleineren slavischen Völker durch die Russen bedeuten, sondern freie Gemeinschaft sein (ebd., 347)[91]. Nur ein vereintes Slaventum könne gegenüber „Europa"[92] ein „всемирное равновесие" (1995, 360) gewährleisten.

---

[87] Bereits der slowakische Panslavist Ľudovít Štúr hatte 1853 in seiner Schrift *Das Slawenthum und die Welt* der Zukunft die Zerschlagung Österreich-Ungarns (Štúr 1931, 176-192) sowie die Errichtung einer panslavischen Union unter Führung eines demokratischen Rußlands (ebd., 192f) angeregt

[88] Zwar begegnet Konstantinopel auch bei Gercen, in „La Russie et le vieux monde". Doch ist das Streben des Zaren nach Byzanz für ihn, im Widerspruch zu Scheltings Interpretation (1948, 240), ein Schritt zur Zerstörung der Zarenherrschaft: „[...] Константинополь убьет Петербург" (1954ff, XII 199). – Scheltings Versuche einer Filiation Danilevskijs aus Gercen wird auch durch Danilevskijs Zitatwahl widerlegt: Mit seinem Motto aus Tjutčevs Gedicht *Пророчество* (Tjutčev 1987, 162) weist Danilevskij anstelle Gercens klar den Dichter als seinen Anreger bei diesem Gedanken aus (Danilevskij 1995, 310, vgl. dazu Pfalzgraf 1954, 82). – Dostoevskij pflichtet Danilevskij bei, wendet sich nur gegen dessen Intention, den gewaltsamen Charakter der Aneignung Konstantinopels zu kaschieren (1984, XXVI 83). Der Schriftsteller hat keine Probleme, Rußland als Expansions und Hegemonialmacht zu beschreiben. Auch die Abmilderung der Eroberung durch den Status als Hauptstadt der panslavischen Union geht für Dostoevskij fehl: „Великан Гулливер мог бы, если бы захотел, уверять лилипутов, что он им во всем отношениях равен, но ведь это было бы очевидно нелепо. [...] Константинополь должен быть *наш*, завоеван *нами*, русскими, у турок и остаться нашим навеки." (ebd.)

[89] Byzanz ist bei Danilevskij folglich Funktion Rußlands, während bei Leont'ev Rußland zur Funktion der byzantinischen Kultur wird (s. 8.3.2.1.).

[90] Wenn Rußland die von Danilevskij in es gesetzten Erwartungen nicht erfülle, so verfiele es unweigerlich und unmittelbar in Altersschwäche und würde historisch „sinnlos", unnütz werden (1995, 341).

[91] Danilevskij dies zu glauben, fällt vielen Interpreten (und nicht-russischen Panslavisten) schwer, zumal er immer wieder die (friedliche) Hegemonie des russischen Moments (als Sprache etc.) betont. Fischel und Pfalzgraf spitzen die implizierte Vorrangstellung der Russen in Danilevskijs allslavischer Union zu, wenn sie von dessen „nichtsals-

Um die „panslavische Union" zu erreichen, müsse, so Danilevskij, der alte Antagonismus von Romano-Germanen und Slaven bis zur alles entscheidenden Auseinandersetzung geführt werden (ebd., 277). Eine Epoche des Krieges stehe an. Die kriegerische Lösung des „Восточный вопрос" (man beachte die apotheotische Implikation der Großschreibung der Begriffe von Danilevskijs Zukunftsentwuf – eine säkulare Eschatologie) würde das größte historische Ereignis seit dem Fall Westroms (1995, 278) werden. Die Slaven würden, soweit Danilevskijs abschließende Hoffnung, als erster „Kulturtyp" alle Sphären des „nationalen" Handelns – Religion, Politik, Ökonomie und Kunst – gleichermaßen zur Blüte bringen (1995, 430).[93] Letzteres Argument zeichnet ein eschatologischer Zug aus; insgesamt tritt bei Danilevskij aber die synthetische Erlösung hinter der ideologisch-praktischen Handlungsanweisung zurück[94]. Wie kein anderer der hier betrachteten russischen Denker ist Danilevskijs Philosophie bewußt ideologisch, praktizistisch (MacMaster 1967, 3 u. 5), realpolitisch orientiert (ebd., 119). Er vertritt einen „utilitarian Panslavism" (ebd., 127), kommt aber trotzdem maximalistisch und durch diese Verbindung dem Totalitarismus nahe:

> Intellectually speaking, Danilevsky's totalitarianism had arisen in the fifites and sixties out of an effort to think in two contradictory ways at the same time: positivistically and metaphysically, once like a utilitarian (a „modern") and like a myth-maker. (MacMaster 1967, 162f)

Das Verhältnis von Denken und gewünschter Wirkung kommt bei Danilevskij in die Nähe intendierter (aber zeichentheoretisch nicht reflektierter) Performativität: „it was visionary, shamanistic, magical" (ebd., 251).

An den Zukunftsvorstellungen scheiden sich bei Gercen und Danilevskij die Geister: Verwirft Gercen Prophezeien und Determination, bergen Danilevskijs Wünsche eben solche Konzepte. Beschränkt Danilevskij den Messianismus der Russen auf das Slaventum (womit dies kein Messianismus mehr ist), weitet Gercen die politische Mission auf alle Völker aus.

---

russischer (sic) Auffassung des Panslawismus" (Fischel 1919, 399) oder „Panrussismus" (Pfalzgraf 1954, 172) sprechen.

[92] Bis heute ist in der russischen Umgangssprache die Opposition von Rußland und Europa üblich, nicht etwa die von Rußland und Westeuropa. Darin schwingt (allzumeist völlig unbeabsichtigt) eine alte Selbstexklusion aus Europa nach, der u.a. Danilevskij das Wort redete.

[93] Michajlovskij läßt dieses „хвастовство" (1897, 870) ironisch auflaufen: „а мы русские, в особенности — молодцы на все руки" (ebd., 871).

[94] Als Vergleich für diese konkreten Eroberungspläne bieten sich eigentlich nur faschistische Kampfschriften wie Hitlers *Mein Kampf* oder Žirinovskijs *Бросок на Юг* an.

7.4. Kulturmodellierende Oppositionen

7.4.1. Alt vs. neu

Gercen stuft seinen Aufschrei *С того берега* im Vorspann als „протест [...] против воззрения устарелого" ein (1975, III 223). „Устарелый", ein Derivat von „старый", besteht die Konstante des Unbrauchbaren, Unwert-Gewordenen. In Gercens gemäßigtem Progressismus erhält das Alte den Minuspol zugewiesen. Auch aus der Krise von 1848/49 könne der Weg nur voran, ins Neue führen, und nicht ins Alte zurück (1975, III 345). Der Titel *С того берега* meint das Ufer des Neuen, denn es gilt die imperativische Warnung: „Не останься на старом берегу!" (ebd.) Jene von Carl Schmitt herausgestellte Implikation der Unwerterklärung von *B* im Fahrwasser der Werterklärung von *A* (s. 3.4.2.1.) wird bei Gercen evident, wenn er sagt: „Мы [...] призваны быть палачами прошедшего" (ebd., 261). Auch wenn Gercen ab etwa 1847 verstärkt seine Hoffnung auf Rußland als Ausgangsland der sozialistischen Revolution setzt, so scheint in seinem Lob der Rückständigkeit nicht das positive Alte, sondern das unverbrauchte Junge auf (1954ff, VII 308, frz. 272) – und dieses taugt (nahezu tautologisch) zum Neuen.

Auf Danilevskijs kulturelle wie politische Ziele trifft weniger das Epitheton Konservativismus als das der Affirmation zu. Das Bestreben der loyalen (MacMaster 1967, 297) Rechtfertigung des russischen religiösen und imperialistischen *status quo* um 1869 positiviert aber implizit den Pol des „Alten". Andererseits sind die Desiderate Danilevskijs mit Weltkrieg zwischen Romano-Germanen und Slaven und „Allslavischer Union" klar futurisch, unterliegen einer Axiologie des Neuen. Eine Ambiguität ist hier nicht wegzudefinieren, d.h. die Opposition *alt vs. neu* ist in Danilevskijs Denken inkonstant und so auch wenig beschreibungsmächtig. Typisch für sein Denken ist vielmehr eine eigentümliche Vermischung: Wenn er gegen das zivilisatorisch-westliche Neue aufbegehrt, so benutzt er dazu wissenschaftlich „neue" Mittel. Er formuliert seine Kritik an der westlichen Moderne mit den „modernen" Mitteln der zeitgenössischen Naturwissenschaft. Hösle beschreibt für alle Slavophilen eine solche Kontamination von *alt* und *neu*, die aber für Danilevskij am ehesten zutrifft:

> Ja, man kann gute Argumente für die These anführen, die russischen Slawophilen seien die Vorläufer der Fundamentalisten des 20. Jahrhunderts – denn der Fundamentalismus, wie es ihn heute keineswegs alleine, aber besonders heftig in der islamischen Welt gibt, die der westeuropäischen Kultur näherkommt als alle anderen Kul-

turen außerhalb Osteuropas, ist seinem Wesen nach die Reaktion vormoderner Kulturformen auf den Triumphzug der Moderne, und zwar, was seine Widersprüchlichkeit begründet, eine Reaktion, die sich durchaus moderner Ausdrucksformen bedient. (Hösle 1998, 3)

7.4.2. Tot vs. lebendig

Bei Gercen hängt die Axiologisierung von *tot* und *lebendig* aufs Engste mit der beschriebenen von *alt* und *neu* zusammen. Das Hinüberreichen des Altens ins Gegenwärtige nehme sich aus wie eine „facies hypocratica" (1975, III 243). „Вы оскорбляете жизнь", hält der Energische dem Verzagten in *Перед грозой* vor (ebd.); im Verein mit „Leben" ist auch „lebendig" *das* positive Epitheton Gercens (s. 1975, II 54).

Danilevskij, der „славянофил в зоологии и зоолог в славянофильстве" (S. N. Trubekoj 1995, 147), importiert Denkgewohnheiten der Biologie in die Kulturphilosophie. Eine Vielzahl seiner illustrativen und argumentativen Beispiele rekrutiert er aus der Zoologie (s. etwa 1995, 64). Mit Danilevskij setzt sich eine in den 50er Jahren (Pisarev) eingeläutete „biologistische" Tradition in der russischen Philosophie, die der Arzt Leont'ev fort (Čechov, ebenfalls Arzt, gehört in eine andere Traditionslinie). Auch wenn er triadische Prinzipien (Jugend, Reife, Alter) allgemein setzt, wendet sich Danilevskij gegen ein ubiquitäres triadisches Entwicklungsschema (1995, 69; das bei seinem Adepten Leont'ev wieder voll zum Tragen kommt [s. 8.5.5.], – und *mutatis mutandis* auch Solov'evs in seiner invarianten Triadik mechanischen Hegelianismus steuert). Aber auch ohne das Dreierschema: Das Überlebte muß abtreten, wird vom Jungen, Lebendigen überholt (Danilevskij 1995, 62). Jedwede innere Entwicklung führe unausweichlich irgendwann zum Absterben (ebd.).

Bei Gercen gibt es eine Nebenbemerkung über Tod und Leben im Kontext Goethescher Ästhetik, die aufschlußreich ist: „Гете давным-давно толковал, что красота проходит, потому что только преходящее и может быть красиво [...]." (1975, III 248) Wie später von Heidegger („Sein zum Tode", 1986, § 53, bes. 266) wird hier von Gercen (mit Goethe) der Tod ins Leben integriert, eine Totalität Leben zum Tode und mit dem Tode geschaffen. In diesem Sinne ist der Tod sinnvoll, und zwar, anders als bei Heidegger, als Voraussetzung zur säkularen Version von Auferstehung: Wenn Europa stirbt (1975, III 328), so stirbt es, um neuem, anderem Platz zu machen (ebd., 324): „Смерть современных форм гражданственности скорее должна радовать, нежели тяготить душу." (1975, III 329)

In der polemischen Gegenüberstellung von *tot* und *lebendig* läßt sich bei Gercen und Danilevskij also keine Differenz ausmachen, in der verwandten Opposition von *neu* und *alt*, wie gesehen, hingegen schon (wenn auch wegen Danilevskijs Ambiguität nur bedingt).

7.4.3. Anti-Kultur vs. Mit-Kultur

Danilevskijs Kulturtypenlehre erklärt den Aufstieg und Niedergang von Nationalkulturen einerseits biologisierend mit einem Lebensaltermodell. Andererseits legt er in die historische Ablösung einer „Zivilisation", eines „Kulturtyps" durch einen anderen durchaus darwinistische Momente hinein, einen „natürlichen", angeborenen Antagonismus hinein. Diejenige „Zivilisation", welche der visionär erhofften slavischen vorausgehe und deren Entfaltung behindert, die „romano-germanische" europäische, stehe mithin zur slavischen in einem Verhältnis des „Gegen": Erst der „offene Kampf" mit der Anti-Kultur der Romano-Germanen könne zur Etablierung der „allslavischen Union" führen.[95]

Die Verehrung Alekandr Gercens für Goethe allein würde hinreichen, um den Unterschied zu Danilevskij in diesem Punkt zu belegen. Westeuropäische Kultur ist für Gercen Mit-Kultur mit der russischen. Gercens Enttäuschung an Europa ist eine an dessen bourgeoisem Zustand, nicht an Europa *an sich*. Wie im Westen dagegen sozialistische Theorie und Proletarier für das Positive stehen, so erhält auch Rußland nie ein reines Positivum (wie bei Danilevskij): Gercen bleibt trotzdem im moderater reaktionären Westen und setzt von dort der russischen Gemeindestruktur, die er feiert, stets die autokratische Staatsverfassung des Zarenreichs entgegen. Im gemeinsamen Interesse des Sturzes von Autokratie *und* Bourgeoisie gehen für Gercen französischer Proletarier und russischer *мужик* Seite an Seite.

---

[95] Die Denkfigur der Nicht-Kultur begegnet bei Danilevskij in Anwendung auf die sibirischen „инородцы", welche – Danilevskij repetiert einen geläufigen russisch-kolonialistischen Topos – die Eingliederung ins russische Reich nur als zivilisatorische Bereicherung hätten begrüßen können.

7.4.4. Eigen vs. fremd

Aleksandr Gercen, der Emigrant, der Bürger Europas, der Augenzeuge des westeuropäischen politischen Geschehens, bezieht in seinen Schriften (besonders in *С того берега*) eine Position, die, liest man den Titel räumlich, durch zwei Außenperspektiven – die russische auf Europa, die europäische auf Rußland – markiert ist. Vom anderen aus spricht Gercen – und zwar als intimer Kenner des westeuropäischen politischen Geschehens (wie schon in den *Письма об изучении природы* der westlichen Philosophie), von einem Ort, der von Rußland aus gesehen zwar der andere, für Gercen selbst aber keineswegs fremde ist. Von diesem doppelt anderen eigenen Ort aus unternimmt Gercen in *О развитии революционных идей в России* eine Zusammenschau der politischen Entwicklungen hier wie dort.[96]

Danilevskij klagt: „Европа не признает нас своими" (1995, 40). Europa sieht ihmzufolge in Rußland, ja den Slaven überhaupt „не чужое только, но и враждебное начало" (ebd., 41), was er mit gleicher Münze heimzahlt. Die Inkompatibilität von Eigenem und Fremdem wird hypostasiert. Danilevskij ist allerdings um eine Metaposition bemüht; er möchte, darin Šiškov folgend und doch konsequenter als dieser (s. 5.5.2.), die Kategorien „eigen" und „fremd" nicht auf eine Perspektive festlegen. Er beschreibt die beiden Begriffe als wechselseitige Termini, was ihnen aber nichts an Unterscheidungsmacht raubt. Vermischung mit und Integration des Fremden ins Eigene wird abgelehnt: „сделать Россию Европой" (1995, 224) gilt als Kultursünde (was für Danilevskijs Natiokulturozentrismus die schlimmste Sünde überhaupt ist), als „карикатурность"[97] (ebd., 247). Jene Symptome des „европейничанье", die Danilevskij auflistet, fußen ohne Ausnahme auf der Kontamination von *eigen* und *fremd*.

Die Opposition von *eigen* vs. *fremd* werden bei Danilevskij – im kulturellen, nicht im technischen Sinne (ebd., 224) – strikt aufrechterhalten, während Gercen sich im kulturell Eigenen (Gemeindestruktur) wie im Frem-

---

[96] Anders als Kireevskij und Danilevskij kann Gercen über russische Entlehnungen aus der westeuropäischen Kultur von einem in Wertbeziehung ungerührten Metastandpunkt sprechen: Die russische „чрезвычайная легкость принимать и усвоить себе плод чужого труда" stellt sich ihm gleichzeitig als „достоинство" und „вместе с тем и значительный недостаток" dar (1975, II 8).

[97] Die Ablehnung von Karikieren als unzulässiger Aufweichung der Grenzen von *eigen* und *fremd* durch Danilevskij läßt Bachtins Pathos und Ethos karnevalistischer Grenzaufweichung (Bachtin 1990, 15-17) als geraden Gegenentwurf zur Kulturraumdisjunktion des Spätslavophilen erscheinen.

den (sozialistische Theorie, Proletariat) zusammensucht, was politisch desiderabel scheint, und ablehnt, was abträglich. Sein Denken in *eigen-fremd-*Kategorien ist eher politisch als kulturell.

7.4.5. Innen vs. außen

Aleksandr Gercen legt Wahrheit in das Innere des Menschen, verdammt das „постоянное бегство от себя" (1975, III 236); mit Heideggerschen Worten könnte man bei Gercen eine Kritik des „Fallens in die Uneigentlichkeit", in äußere Ablenkungen festmachen. Selbst die familiäre Gemeinschaft gilt als Ablenkung von diesem inneren Ort der Wahrheit (ebd.). Auch aus dem gemeineuropäischen politischen Niedergang 1848, den Gercen zutiefst durchlebt, sieht er für sich den Ausweg in der Rückbesinnung auf sich selbst: „Мы не слышим гавани иначе, чем в нас самих" (ebd., 332), lautet seine Folgerung: Innen das Heil. Die von Kireevskij her bekannte Polarisierung von außen und innen begegnet auch bei Gercen. Doch ist dies nur ein Aspekt; der epistemologische Realismus fordert das adäquate Erkennen des Äußeren, die Milieu-Anthropologie den Kontakt mit der Umwelt (1975, I 272f). Das Ziel einer vollen *inneren* Entfaltung („полное развитие", 1975, II 82) ist weder in Abgrenzung vom Äußeren („тупо отстоять свою независимость", ebd., 273) noch in Abhängigkeit von diesem (ebd., 281) realisierbar; erreichbar ist es lediglich durch Auseinandersetzung mit dem Außen (vgl. Berlin 1978, 101), durch Befreiung *und* Kontakt, nicht durch Eskapismus. Eine Trennung verbietet Gercen mit der autoritativen Stimme Goethes: „Nichts ist drinnen, nichts ist draußen; Denn was innen, das ist außen. [...] Внутреннее без внешнего – какая-то дурная возможность [...]." (1975, II 15) Bei Danilevskij steht die Opposition von *innen* vs. *außen* oft im Schatten des Gegensatzes von *eigen* vs. *fremd*. Die negative Wertung des *außen* ist eine Sekundärerscheinung der Abtrennung von Eigenem und Fremdem[98]: Danilevskijs aktueller russischer Kulturdiagnose zufolge hängt Rußland in zu starkem Maße von der westlichen Meinung ab; es habe sein Zentrum „вне себя" (1995, 250); diese Struktur mache das dritte Symptom der Krankheit „евро-

---

[98] Auf die perspektivische Relativität der Danilevskijschen Grenzziehung, die angibt, wo *innen* vs. *eigen* endet und *außen* vs. *fremd* beginnt, weist schon Michajlovskij in Vorformulierung einer kultursemiotischen Metaposition hin (1897, 876). Innergesellschaftliche Differenzen (von „Kasten", „Klassen" fielen Danilevskijs national gefaßter Gegenüberstellung von *innen* vs. *außen* zum Opfer (ebd., 878).

пейничанье" aus: Selbstentfremdung gilt Danilevskij als hassenswert (ebd., 251). Aber auch Danilevskijs Epistemologie kennt ein autonomes Äußeres, das „objektive Faktum". Den äußeren Umständen wird dennoch eine determinierende Rolle abgesprochen. Immer wieder den Primat des inneren Entwicklungsgesetzes gegenüber den Umweltbedingungen herausstreichend, negiert Danilevskij Darwin (Vucinich 1988, 124), bedient aber, was hier vor allem interessiert, eine Axiologie des Innen.

Sowohl Gercen als auch Danilevskij sind im Bereich der Epistemologie in bezug auf diese Opposition ambivalent. Doch an einem anderen prominenten Punkt wird innen/außen für die Axiologik ihres Denkens modellierend relevant: Das schützenswerte, wünschenswert kohärente Innere des Individuums (Gercen: einzelner Mensch, Danilevskij: Kulturtyp) wird vom gefährlichen Äußeren abgegrenzt.

7.4.6. Nochmals zur Westler-Slavophilen-Konzeptualisierung

Danilevskij zitiert Kireevskij, K. S. Aksakov, besonders aber immer wieder Chomjakov zustimmend oder in der paratextuellen Zustimmungsform des Mottos (s. bspw. 1995, 97), ja er schließt seine Abhandlung *Россия и Европа* gar mit Chomjakov-Versen (1995, 431). Danilevskij stellt somit klar, in welcher Tradition er seine eigene Arbeit sieht. Umgekehrt zitiert er Čaadaev, wie gesehen, parasitär, ja markiert seine eigene Position durch explizite Abgrenzung vom ideologischen Gegner: „пагубно заблуждение [...] западничества" (ebd., 398).

In *С того берега* zitiert Gercen, anscheinend eine Umkehrung des Danilevskijschen Vorgehens, *in extenso* und voller Zustimmung Karamzin (1975, III 226f), in *О развитии революционных идей в России* bespricht er Čaadaev und stimmt nur der Auswegslosigkeit des *Первое философическое письмо* nicht zu (ebd., 448, frz. 1954ff, VII 99), will aller berechtigten Düsterkeit zum Trotz hoffen (1975, III 440, frz. 1954ff, VII 91). Trotzdem hebt Gercen seine emotionale Nähe zu Čaadaev hervor (1975, V 114, zum Problem ihres Verhältnisses s. Quenet 1931, 366-371), den er für die westlerische Position in Anspruch nimmt (ebd., 225). Die Slavophilen aber widerlegt er in einigen wenigen kurzen Sätze, mit rhetorischen *num*-Fragen. Er wirft ihnen vorgefaßte Wertentscheidungen vor:

> Решив a priori, что все, пришедшее от *немцев*, ничего не стоит, что все, введенное Петром I, отвратительно, *славянофилы* дошли до того, что стали восхищаться узкими формами Московского государства и, отрекшись от собст-

венного разума и собственных знаний, устремились под сень креста греческой церкви [...].⁹⁹

Für die Gruppenbildung in Westler und Slavophile (Gercen verortet sich zweifelsfrei mit der Unterscheidung von „наши"¹⁰⁰ - Bakunin, Belinskij, schon früher Ogarev und Granovskij, am Rande Botkin, Redkin, Krjukov, Galachov und Korš - und „не наши" - Chomjakov, die Kireevskijs und Aksakovs, Samarin, 1975, V 190, 212) ist *Былое и думы* eines der wichtigsten historischen Dokumente. Hervorgegangen aus dem, so Gercen, quasi homogenen Stankevič-Kreis (1975, V 121), bildeten sich erst später Parteien (ebd., 110); freundschaftliche Bande blieben bestehen („nos amis les ennemis [...] nos ennemis les amis", 1975, V 212), doch Versöhnungsfeiern scheiterten an der ideologischen Kluft (ebd., 244). Der Kontakt bricht 1844 ab (Malia 1961, 300).

Daß Gercen ab 1847 seine Hoffnung auf einen revolutionären Aufbruch auf Rußland setzt und die russische Gemeindestruktur als Urkommunismus *in potentia* begreift, hat slavophil interessierte Autoren dazu veranlaßt, zu versuchen, Gercen, den „отчаявшийся Западник" (Strachov 1887, 97), ins Slavophilenlager herüberzuziehen (ebd., 117). Gercen selbst hat diese Zuordnung nie mitgemacht; sein Sozialismus für alle Völker überwog in seiner Selbsteinschätzung die „russischen" Elemente seines Denkens (vgl. Zen'kovskij 1948, II 284).

Wenn versucht wird, Danilevskijs Werk als Gipfel, als „кульминационная точка" (Strachov 1995, XXVIII), und als „систематизация славянофильского воззрения" (Bestužev-Rjumin 1995, 434) zu nobilitieren, so ist einzuwenden, daß die Philosophie wenigstens Ivan Kireevskijs thematisch breiter angelegt ist als die Danilevskijs. Richtig ist hingegen, daß die Vertreter der späten Slavophilie und mit ihnen, vielleicht in vorderster Reihe Danilevskij, politisch eher affirmativ sind als die Frühslavophilen (Galaktionov 1995, XVI) und durch einen „Primat der Außenpolitik" (ebd.) gekennzeichnet werden können. Durch solche interne Hierarchisierungen und Differenzierungen der Slavophilie wird die Unterscheidung zu den Westlern stumm vorausgesetzt. Da sich Danilevskijs Denken mit der Konzentration auf

---

⁹⁹ „Après avoir décidé a *priori* que tout ce qui était venu des *Allemands* ne volait rien, que tout ce qui avait été introduit par Pierre Ier était détestable, les *Slavophiles* renvierent à l'admiration des formes étroites de l'Etat moscovite et, abdiquant leur propre raison et leur propres lumières, il coururent s'arbitrer avec ferveur sous la croix de l'église grecque." (Gercen 1975, III 450, frz. 1954ff, VII 102)

¹⁰⁰ Auch hier wirkt - politisch - die Opposition *eigen* vs. *fremd*.

das Problem der Kulturräume so einseitig darstellt, ist für ihn, wie wohl keinen anderen der ihm ideologisch nahestehenden Denker sonst, das Epitheton des „Slavophilen" aussagekräftig.

Danilevskij wie Gercen stellen sich beide klar in den Antagonismus hinein (Gercen schlägt im autobiographischen Rückblick einen versöhnlicheren, verklärenden Ton an [1975, V 192] als Danilevskij, was seine ideologische Stellungnahme nicht schmälert); Danilevskij erkennt den Westler-Slavophilen-Gegensatz für sich durch die gespaltene Intertextstrategie als effektive Unterscheidung und ideologische Verortung an, Gercen teilt in „наши" und „не наши". Eine Metabeschreibung der Ideologien kann Danilevskij seine slavophile Position getrost attestieren; bei Gercen bereitet die Verbindung westlicher sozialistischer Ideale und russischer „община" Probleme; manche Forscher verorten ihn daher lieber in einer „middle position" (Malia 1961, 308). Wo die inhaltliche Bestimmung kritisch ist, können Logik und Axiologie andere, weniger aporetische Antworten geben.

7.5. Realisationen logischer Denkoperationen

Gercen befleißigt sich wie gesehen mehrfach einer Dualismus-Kritik, meist in Zusammenhang mit Christentum und Idealismus, die den Menschen „entzweiten" (1975, III 339). Hier wird Disjunktion – im philosophiegeschichtlichen Gewand des Dualismus – für den Bereich der einzelnen Menschen verworfen, hier leitet Gercen das Ideal der Ganzheitlichkeit: „нераздельно" (ebd.). Andererseits gilt sein Interesse politisch dem Schutze des Individuums, dem Schutz vor dem Staat, vor oktroyierter Abstraktion.

Danilevskij nobilitiert Einseitigkeit und Egoismus in nationaler Hinsicht, votiert so – an einem anderen Gegenstandsbereich als Gercen – für Disjunktion. Zum anderen favorisiert er im Inneren einer Zivilisation, eines „Kulturtyps" engen Zusammenhalt. Vorformulierungen von klassenlogischen Verhältnissen, und zwar sowohl von Disjunktion als auch von Konjunktion, werden also bei beiden gegeben.

7.5.0. Gercen vs. Danilevskij. These 6

Gercen schottet das Individuum nach außen ab; er erstrebt die Freiheit des Einzelnen gerade von äußeren Einflüssen:. Er läßt keinen Zweifel daran, daß der Mensch milieubedingt sei (*Кто виноват*), daß aber der Wert Freiheit eine Loslösung von der Bedingtheit durch die Umstände fordere. Hier verfährt er klar disjungierend. Was das Individuum, oder, seiner Ausdrucksweise näher, das „Leben", das einzelne Leben in seinem Innenraum, angeht, so favorisiert er Vielseitigkeit, Ganzheitlichkeit (s. Volodin 1963, 98), ja lehnt wie Kireevskij „Einseitigkeit" ab (1975, III 250). Im Dienste des ganzheitlichen Individuums trennt er dieses vom Äußeren ab.

Bei Danilevskij läßt sich strukturell eine Analogie beobachten: Innerhalb seines „Supersystems" (Sorokin 1953, 287) Kulturtyp plädiert er für Vielfalt, Koexistenz von Unterschieden, für organischen Zusammenhalt. Dies verdankt sich einer konjunktiven Teil-Axiologik. Nach außen hingegen, *zwischen* den „Zivilisationen" und „Kulturtypen" fordert er Abgrenzung; hier argumentiert er disjungierend.

Danilevskij wie Gercen instrumentalisieren also Disjunktion nach außen im Dienste von Konjunktion im Inneren. Bei Gercen ist dieses Innere das Individuum, bei Danilevskij das „politische Individuum" (Pfalzgraf 1954, 146), ein Staat oder Kulturtyp. Nur in der Frage, was dieses Innere sei, darin unterscheiden sie sich beträchtlich, nicht hingegen der Verteilung logischer Operationen, nicht der Axiologik nach. In ihrem Denken stehen mit Innerem und Äußerem zwei Teil-Axiologiken gegeneinander, aber eben in komplementärem Bezug zueinander. Die diachrone[101] Konvergenz, die bei Čaadaev und Kireevskij zu beobachten war, verwandelt sich bei Gercen und Danilevskij in eine synchrone, räumliche, in die Konvergenz der Struktur ihrer räumlichen Distribution von Teilaxiologiken.

7.5.1. Erkennen

Der eine wie der andere sind Gercen und Danilevskij bestrebt, ihre Beschreibungen dem „Faktum" anzunähern; Gercen wirft den Idealisten „Faktenfurcht" vor (Gercen 1975, III 279) und hypostasiert eine objektive, äußere Wahrheit (1975, II 12). Auch Philosophie solle wissenschaftlich sein (1975, II 89).

Bei Danilevskij dominiert, wie gesehen, die Opposition von Perspektive, die, so klingt es, fast unausweichlich trügt (обман), und Faktum. Dies ist zunächst ein disjunktives Denkverfahren, das der Kantischen Gnoseologie

---

[101] Die Begriffe „diachron" und „synchron" besagen hier nichts anderes als eine Vorstellung im Denken der betrachteten Kulturosophen; sie beziehen sich nicht absolut auf die historische Zeit, in der diese schrieben.

näherkommt als irgendein anderer der hier besprochenen russischen Kulturosophen: Die von Kant verstellte Objektivität des „Dings-an-sich" wird hier zwar wieder geöffnet – in Danilevskijs positivistischem Wissenschaftsideal, oder, anders gesehen, Peircescher Abduktivität der Hypothesen –, aber wieder geschlossen; wenigsten wird die Schließung erstrebt, was bei weitem nicht auf so synthetische Weise und mit solche synthetischem Pathos geschieht wie bei Solov'ev und vielen russischen religiösen Philosophen nach ihm.

Mitunter stößt Danilevskij mit seiner Bemühung um wissenschaftliche Begründungen an Grenzen (die zumeist dort liegen, wo er „естественный" sagt). So schleicht sich die Begründungsstrategie der intuitiven Evidenz durch die Hintertür ein (etwa bei der Frage der Sprachverwandtschaft, 1995, 77). An solchen Stellen verlautet: „сомневаться в них невозможно" (1995, 78). Danilevskij strebt danach, eine „естественная система" zu finden (1995, 64, 129), was ebenfalls vom Optimismus zeugt, daß das Modell den Faken adäquat werden könne (vgl. MacMaster 1967, 80). Danilevskijs „естественная система" verwindet den Bewußtseinsanteil „система" mit dem Gegenstand der Betrachtung, dem „естественное" zu einer epistemisch idealen Einheit. Nach der Trennung von Sein und Perspektive scheint doch das Streben nach epistemologischer Integralität, nach Konjunktion als Erkenntnisziel auf.[102]

In Gercens integralem Menschenentwurf sollen Körper und Geist, Emotionalität und Rationalität monistisch zusammenhängen. Er beseitigt für sich – mittels Vereinfachung – das alte anthropologische Problem des *commercium mentis et corporis* (s. bspw. Descartes 1990., 38; in Rußland: Radiščev 1990, 369f). Das Christentum klagt er des Dualismus von Geist und Körper an (1975, III 339). In die Gercensche Ganzheitlichkeit hat stets beides einzugehen[103]. Dualismen gelten ihm als schädliches Erbe (1975, III 280). Es

---

[102] Solov'ev demontiert den Maßstab des „Natürlichen", welchen Danilevskij anlegt, als irrational (1966, V 111). Diese Metaposition schmälert aber Danilevskijs Argumentations*richtung* auf Wissenschaftlichkeit hin nicht.

[103] Im Kontrast dazu gerät Karamzins Leitbegriff „сердце" bei Gercen stellenweise (nicht immer, s. 1975, III 321) in die Kritik. Eine Ethik des Mitleids, der Toleranz der Schwäche des anderen aus Wissen um die eigene (Gercen 1975, III 293f), wird von Gercen naturalisierend dekomponiert: „Сердце есть у всех, кроме у нравственных уродов". (1975, III 285) Ebenso geht er auf Distanz zum puren Gefühlsrausch, zur „романическая экзальтация" (1975, I 144). Tränen, bei Karamzin Ausweis des echten Mitfühlens, verkehren sich bei Gercen in parodistisches Repertoir (1975, I 168); tränenlose Trauer wird bei ihm zum Anzeichen „echten" Gefühls (1975, I 303).

handelt sich um in gewissem Sinne „ganzheitliches" Erkennen, das aber anders aussieht als das „цельное знание" Kireevskijs und auch eine andere synthetische Figur beschreibt als Solov'evs Streben nach dreieiniger Erkenntnis: Bei Gercen geht es nicht um Subordination des Geistes, sondern dessen Vermittlung mit der Erfahrung. Sein Integralismus ist kein Antirationalismus.

Gercens Sprachkritik läuft eine Kritik an der Inadäquanz von Signifikaten und Referenten hinaus: die bürgerliche Republik etwa sei ein „Wortspiel" (1975, III 286). Desiderat ist, die Adäquanz wiederherzustellen. Und für Gercen *ist* diese wiederherstellbar: „Исполнение социализма представляет также неожиданное сочетание отвлеченного учения с существующими фактами." (1975, III 292) Auch hier also eine Ganzheitlichkeit als Desiderat; Rückkehr des Sinns zum Sein.

7.5.2. Theorie und Praxis

Beide, Gercen wie Danilevskij, sind auf Praxis hin ausgerichtet: Reine Philosophie interessiert beide weniger, Metaphysik wird verworfen (Gercen 1975, II 57, vgl. Bulgakov 1993, II 98). Beide schätzen die angewandte, empirisch ausgerichtete Naturwissenschaft als Leitparadigma des Erkennens. Auch seine Rolle als Zeitzeuge deutete Gercen, Isupov zufolge (1995, 32), als epistemisch privilegiert. Im Sinne einer Empirisierung der Philosophie ist schließlich Gercens Forderung nach Versöhnung von Philosophie und Naturwissenschaft zu verstehen, welche den Leitgedanken der *Письма об изучении природы* bildet:

> Между тем стало уясняться, что философия без естествоведения так же невозможна, как естествоведение без философии. (Gercen 1957, II 89)
>
> Опыт и умозрение — две необходимые, истинные, действительные степени одного и того же знания. (ebd., 93)

Gercen verfolgt demnach weder einen klaren Idealismus, wie Plechanov meinte (1923, 144, 157), noch einen eindeutigen Materialismus, wie ihn Lenin verstanden haben wollte (1969, XXI 256), sondern die Kombination, die Verschränkung von beidem („два магдебургские полушария" (Gercen 1957, II 94; vgl. dazu Losskij 1991, 80f); selbst zur (erwünschten) äußeren politischen Revolution sei reifes Freiheitsbewußtsein unerläßlich (1975, VIII 340). Da Gercen die Philosophiegeschichte als Überwiegen idealistischer Abstraktion begreift, lobt er in seinen *Письма об изучении природы* entsprechend realistische Elemente bei früheren Denkern (bspw. bei den Griechen, 1975, II 141), besonders aber Ansichten von dialektischer Verschränkung von Denken und Sein.[104]

Sobald das Denken sich von der Empirie, vom Leben entferne („распадение с жизнью", Gercen 1975, II 45), werde es unnütz. Kireevskijs Kategorie des „lebendigen Wissens" vergleichbar, befleißigt sich auch Gercen in bezug auf Wissenschaftstheorie einer Lebendigkeits-Topik:

> Никакая сумма сведений не составит науки до тех пор, пока сумма эта не обрастет живым мясом, около одного живого центра [...] (Gercen 1975, II 54).
>
> Науку надобно прожить, чтоб не формально усвоить ее себе. (ebd., 63)

Das Denken müsse in die Tat fortschreiten: „выход в жизнь" (ebd., 72). Schon im vierten Kapitel von *Дилетантизм в науке* deutet sich junghegelianischer Praktizismus an: Der Mensch habe als Organ seiner Zeit an deren Gestaltung teilzunehmen („живой и сознательный орган своей эпохи", 1975, II 67), tätige Person zu werden und sich nicht in der Unpersönlichkeit des Denkens selbst zu negieren (ebd.). Mit Aristoteles verschränkt Gercen δύναμισ und ἐνέργεια (1975, II 175). Lebendige Wissenschaft, wie sie Gercen vorschwebt, zielt auf Handeln: „Деяние, а не наука — цель человека." (ebd., 69), „одна деятельность дает полную жизнь" (ebd., 174).

Beide, Danilevskij nicht minder als Gercen, partizipieren damit an einem allgemeinen posthegelianisch-praktizistischen Diskurs, dessen programmtische Formulierung in Cieszkowskis *Prolegomena zur Historiosophie* von 1838 zu finden ist:

> *Seyn* und *Denken* muss also im *Thun*, – Kunst und Philosophie im *socialen Leben,* – *zu Grunde gehen*, um dort erst wieder wahrhaft und ihrer letzten Bestimmung gemäss aufzutauchen und aufzublühen. (Cieszkowski 1976, 112)

---

[104] Mit diesem Erkenntnisinteresse erschließt er sich besonders die griechische Philosophie, schreibt ziemlich genau wie Hegel (1965, XVII 343f, u. XVIII 221, 228) Heraklit nicht minder als die Sophisten, später auch Giordano Bruno (1975, II 226) u.a. in eine dialektische Tradition ein (1975, II 153, 159). Abstraktionsbewegungen (etwa Pythagoras, 1975, II 147) oder pure Negationen wie Humes Skeptizismus sind ihm dialektisch notwendige, bereichernde, aber zu überwindende Stufen (1975, II 197, 303).

In diesem praktizistischen Sinne[105] ließen sich die Formulierungen aus Gercens Frühwerk[106] durchaus auch als Beschreibung der normativ-gestalterischen Wissenschaftlichkeit von *Россия и Европа* einsetzen (s. MacMaster 1967, 3, 5, 119). Gercen wie Danilevskij vertreten Realpolitik.[107] Wie *innerhalb* des Erkennens dominieren bei beiden auch in der Zusammenschau von Denken und Handeln konjunktive Konzepte.

7.5.3. Kulturraumkonzepte

> Патриотизм его [Данилевского] был безграничный. (Strachov 1991, XXVII)

Das „und" aus Danilevskijs Titel *Rußland* und *Europa* hält die Glieder auseinander, es ist quasi ein disjunktives „und" (vgl. 2.3.). Die Hauptstoßrichtung von Danilevskijs Kulturraumkonzeptualisierung ist das Trennen, die „коренная рознь" zwischen den Völkern (1995, 43). Danilevskij rehabilitiert gar einen von Kireevskijs Negativbegriffen, wenn er die vorgeblich „естественная односторонность" eines Volkes hypostasiert (1995, 113). Rußland soll sich von Europa abgrenzen; völlige Trennung aber sei „немыслима" (1995, 340). Was Danilevskij fordert, ist keine durchgehaltene Disjunktion in allen Seinsbereichen, sondern eine *disjungierende Bewegung* (s. 4.2.1.): Rußland solle zu einem Gegengewicht gegen Europa als ganzes werden und sich dazu von diesem Europa ablösen (1995, 340). Die Slaven sollten sich selbst retten, nicht anderen Rettung bringen; insofern ist Danilevskijs Kulturraumdisjunktion dezidiert nicht-messianistisch: „Славяне не предназначены обносить весь мир, найти для всего человечества решение исторической задачи." (Strachov 1995, XXXI) Demgegenüber bilden aber Kulturtypen multinationale Kollektive (ebd., 77). Übernationale

---

[105] Der praktizistische Akkord, den die Philosophie im 19. Jahrhundert in Polen (s. Zieleńczyk 1923) wie auch in Rußland häufig anschlägt, ist nicht mit dem – von Marx ins Zentrum gestellten – Begriff der Arbeit zu verwechseln. „Tat" ist hier eher Heldentat (*подвиг*) als kontinuierliches Arbeiten (*труд*).

[106] Die Cieszkowski-Lektüre Gercens fällt in die Frühphase seiner Beschäftigung mit Hegel (Čiževskij 1934, 264).

[107] Sie vertreten sie mit Worten, beabsichtigen, durch ihr Wort Handeln anzustoßen. Gercens Journalismus ist seine „Tat" (Zen'kovskij 1948, II 285). Das unterscheidet ihn (und Danilevskij) vom nicht nur journalistisch, sondern auch organisatorisch wirkenden Marx (Zimmermann 1989, 159). In bezug auf die praktische Umsetzung seines Ziels ist Gercen sehr schwankend, geht vorübergehend ihn in den Augen vieler kompromittierende Koalitionen ein (wie mit dem Adel und Aleksandr II., s. Novič 1937, 72).

Einheiten, die über Kultur- und Sprachgrenzen hinausgehen, werden von Danilevskij bekämpft. Wo er sich die Föderation von sprachlich, kulturell (und, so will es Danilevskij: rassisch) verwandten Völkern vorstellen kann (obgleich es mehrfach so scheint, daß er einen großrussischen Nationalstaat unter Einschluß aller anderen Slaven, wenn er denn politisch stabilisierbar wäre, noch vorziehen würde), da lehnt er Verbindungen zwischen Kulturtypen ab. In diesem Sinne zollt er der Monroe-Doktrin seine Hochachtung (1995, 249). Sie als „славянский лозунг" anzunehmen, lautet sein Desiderat.

Während im Makromaßstab – zwischen den Kulturtypen – Disjunktion gilt, wird im Inneren Konjunktion in Anschlag gebracht, wird der innere Zusammenhang zur „Föderation" definiert (ebd., 78), die partielle Unterschiede aufrechterhält („разнообразие состава", 86), ja fordert (s. Bestužev-Rjumin 1995, 441) und dennoch verbindet: Konjunktion. Diese innere Konjunktion dient, wie bei Šiškov, der Abgrenzung nach außen, steht im Dienste der Disjunktion im größeren Maßstab. Der Nationalstaat oder die allslavische Union sind Erlösungsmittel, die Entfremdung aufzuheben geeignet sind, wie MacMaster Danilevskij zusammenfaßt:

> He [Danilevsky] sought in his major intellectual work to call men to undertake the solution of the problem of spiritual alienation and salvation, a bridging of the gaps between man and God, man and nature, man and man, man and himself—and that through the employment of the apparatus of the modern state [...]. (MacMaster 1967, 294)

Danilevskijs Partikularismus wird bei der Ablehnung einer Übereinheit, des Menschheitsbegriffs (1995, 87), nochmals klarer als durch die Duplizität der zwei Größenmaßstäbe im und zwischen den Kulturtypen für sich genommen.

Bei Aleksandr Gercen ist die Kulturraumfrage komplexer gelagert als bei Danilevskij. Eine eindeutige Konzeptualisierung ist schwieriger: In seinem publizistischen Wirken „Brücke" zwischen Rußland und Europa (Tunimanov 1994,4; Fridlender 1984), auf eine beide Räume umfassende Befreiung hoffend, „Charakterunterschiede" der Völker auf soziale Umstände zurückführend, kommt Gercen konjunktiven Kulturraumvorstellungen nahe. Die Enttäuschung von 1848 bringt ihn zu scharfer Kritik am „kleinbürgerlichen" Westen und mit der Projektion des Urkommunismus in der russischen „община" auch zu Kontrastierungen von Rußland und Westeuropa, die viele Interpreten zur Annahme einer quasi slavophilen Antithetik veranlassen

(Strachov 1887, 53; Lothe 1984, 237; Tunimanov 1994, 49)[108]. Aus diesen widersprüchlichen Tendenzen läßt sich festhalten: Gercens Antithesen sind nicht-essentialistisch (s. Schelting 1948, 222); die von ihm gesehenen Differenzen „не являются плодом национальной исключительности" (Bulgakov 1993, II 123); wo Gercen Unterschiede macht, zielt er auf die historische Individualität von Ländern, Kulturen, Epochen eher als auf eine zweiwertige Oppositon Rußland – Westeuropa. In seinem „russischen Sozialismus" sind beides: westliche Theorie und russisches Erbe „intervowen" (Acton 1979, 63). Das russische Moment soll die westliche sozialistische Theorie bereichern (Zimmermann 1989, 139); wenn nötig, müsse Rußland auf dem *gemeinsamen* Weg zum Sozialismus vorangehen.[109] Denn der Sozialismus verbinde beide: „Социализм объединяет европейских революционеров с революционнерами славянскими." (Gercen 1954ff, XII 195) Es koexistieren also konjungierende und disjungierende Operationen. Folgender Schluß ist möglich: In Bereichen, die über das Individuum (dessen Schutz, Episteme, Handeln) hinausgehen, ist Gercens Denken in *logisch-axiologischer* Hinsicht instabil. Was *außen* liegt (wie Kulturräume), wird logisch-axiologisch nicht mit signifikanten Rekurrenzen differenziert. Bei Danilevskij hingegen liegt die Innen-außen-Grenze genau zwischen den Kulturräumen, weswegen sich sein Denken über die beiden Bereiche logisch-axiologisch stark voneinander abhebt.

7.5.4. Zeitkonzepte

Wie gesehen erheben sowohl Danilevskij als auch Gercen – wenn auch mit ganz verschiedenen Argumenten und Gegenentwürfen – Einspruch gegen den Fortschrittsbegriff. Während Gercen ambivalent bleibt und bspw. physiologischen und wissenschaftlichen Fortschritt anerkennt (1975, III 250, ebd., II

---

[108] Sie berufen sich dabei immer wieder auf ein und dieselbe, vereinzelte Textpassage aus Gercens Brief an Herwegh von 1847 *La Russie*, wo ein „нечто", eine „сила" der Russen beschworen wird (Gercen 1954ff, VI 199f, frz. 162f), was an die „russische Seele" gemahnt (bspw. Koz'min 1946, 11). Auch bei Engels' Einwand, die Artel sei „keineswegs ausschließlich russisch oder gar slawisch" (Marx/Engels XVIII, 561) steht die Interpretation, Gercen mache damit eine essentielle Antithetik auf, Pate.

[109] „В самом деле, если революционный социализм [Европы] не в состоянии доконать вырождающийся общественный строй, его доконает Россия." (Gercen 1954ff, XII 177).

20), andererseits aber historische Momente individualisiert, atomisiert (ebd., III 249), favorisiert Danilevskij ein zyklisches Geschichtsbild.

Beide Einwände gegen unilinearen Fortschritt besitzen disjunktive Themata: Danilevskijs Zyklik setzt an das Ende, den Tod eines „Kulturtyps", einen Bruch, der keine Fortsetzung erlaubt. Diejenigen Momente von Entlehnung und Erinnerungskultur, die er einräumt (1995, 77), sind nicht das argumentative Ziel, nicht das Rhema seiner Darstellung; dies ist vielmehr das Trennen der Kulturtypen, eben auch in zeitlicher Hinsicht.

Bei Gercen steht der Eigenwert jeden Augenblicks über einer historischen Teleologie, die in seinem Verständnis den Nachteil hat, einzelnes (Momente wie Menschen) zum Mittel zu degradieren. Ivanov-Razumnik faßt dies terminologisch nicht ganz glücklich, inhaltlich aber treffend als „immanenten Subjektivismus" Gercens:

> Объективного смысла жизни нет, но жизнь имеет субъективный смыл; объективной целью в будущем ни жизнь человечества, ни жизнь человека не имеют, но такой цели является настоящее, является каждый данный момент. (Ivanov-Razumnik 1920, 167)

Zukunft ist für Gercen wie partiell auch für Danilevskij nicht gewiß; Danilevskij sagt: „гадательное дело" (1995, 399). Dies steht aber bei Danilevskij in einer Spannung zu seinem historischen Providentialismus (bei Gercen gibt es diese Spannung von Gesetzmäßigkeit und Freiheit auch, bei ihm fehlt nur das teleologische Moment). Es gibt bei Danilevskij also keine so wesentliche, keine so scharf romantische Trennung von Gegenwart und Zukunft wie bei Čaadaev und Kireevskij und keinen apokalyptischen Sprung wie bei Leont'ev. Dennoch hat der Zielentwurf für die panslavische Zukunft (nicht die detaillierten Handlungsanweisungen für das Morgen) wieder Züge einer paradiesischen Einheit, da die slavische „Zivilisation" als erste – *reine Hoffnung* Danilevskijs, insofern nicht chiliastische Erwartung, sondern bloßes Desiderat – alle vier Parameter einer „Zivilisation", die Danilevskij aufzählt, in sich enthalten soll: „Мы можем надеяться, что славянский тип будет первым полным четырехосновным культурно-историческим типом." (1995, 430) Gercens sozialistische Gesellschaft der Zukunft ist dezidiert (und von Marx weit enfernt) keine Endzeitutopie – weder immanent noch transzendent (Ivanov-Razumnik 1920, 169). Beide, Gercen nicht anders als Danilevskij, denken aufgrund ihrer erkenntnistheoretischen Vorsicht gegenüber der Zukunft nicht-apokalyptisch, aber durchaus in diskreten historischen Phasen (und beide nennen diese Zeitphasen „Zivilisationen").

Gercen neigt stärker zu Indeterminismus als Danilevskij, der Determination *innerhalb* der Entwicklung eines Kulturtyps gelten läßt (nicht aber gesamtgeschichtlich). Wieder also verläuft die Grenze zwischen Außen und Innen bei Gercen und Danilevskij an verschiedenen Stellen, was nach sich zieht, daß die Grenzen von konjunktiven und disjunktiven Operationen ebenfalls an unterschiedlichen Punkten zu suchen sind.

7.5.5. Evolution und Revolution

> Нам надобно делать страшные скачки. (Gercen 1975, VI 188)

Der junge Gercen, aber auch noch der schon hoffnungslose Beobachter von *C того берега*, zeigt sich als Revolutionsbefürworter: Halbherzigkeit lehnt er ab (1975, III 266); das Bestehende müsse zerstört werden (ebd., 290). Er ruft emphatisch aus: „катаклизм, переворот..." (ebd., 272), erkennt einen „гений разрушения" (1975, I 187). Gewalt gilt ihm als legitimes Mittel der Revolution (ebd., 273): „очистительный огонь" (ebd., 290).

Historische Entwicklung funktioniert nach Gercens dialektischer Geschichtsauffassung stets über den Kampf zweier Kräfte, einer beharrenden (der er, aller Ablehnung aus Makroperspektive zum Trotz, auch ihre eigene, vitale Legitimität attestiert, 1975, II 202) und einer fortschreitenden (ebd.). Letztere faßt er in einem weiten Sinne als revolutionär (auch Petr I. ist für Gercen ein Revolutionär, 1975, III 388, 391). Geschichte teilt sich für ihn in dialektische Phasen, die er als durchaus diskret oder wenigstens unterscheidbar anspricht: „рубеж двух миров", (1975, II 5), „[...] изъяты стремящиеся от блага обоих миров" (ebd., 6) „промежуток" (ebd., 7). Dennoch stellt sich die Phase des Übergangs in anderen Formulierungen auch als Vermischung, als Konjunktion dar; bei Descartes etwa dauerte, so Gercen, die scholastische Denkmanier fort (1975, II 239). Immer gilt aber Gercens Interesse, wie schon Strachov feststellt („совершенная замена" , 1887, 84) – dem Aufbruch ins Neue, ins übergangslos andere[110]; Bacons Empirismus sei, so Gercen – anders als Descartes' *cogito ergo sum* – das ganz und gar Neue: „Это было ново, чрезвычайно ново и чрезвычайно велико; это было

---

[110] Disjunktion – als Überzeichnung der Extreme – ist, wie Gercen in einer Anmerkung zu den *Письма об изучении природы* einräumt, auch eine Methode, deren er sich heuristisch bedient; seine Argumentation spitzt er also bewußt – disjungierend – zu (1975, II 118 Anm. 2).

воскресение реальной науки, instauratio magna." (Gercen 1975, II 254) Bei allem Wissen um allmähliche Übergänge, um den Überhang das Alten im Neuen – Gercens Augenmerk, seine Emphase gilt immer wieder dem Neuen als dem unverbunden anderen, dem Umbruch, der „Katastrophe" (Busch 1974, 523).

Revolution ist für Danilevskij ein Ausdruck von westlicher Aggressivität (ebd., 156). In Rußland sei dagegen friedlicher, im Inneren vorbereiteter und ohne äußere Umwälzungen vor sich gehender Wandel die Form nötiger Anpassungen: Evolution (ebd., 159). Betrachtet man Revolution und Evolution aber typologisch, logisch und nicht politisch: als harschen Umbruch das eine, als Veränderung in kleinsten Schritten das andere, so hängt Danilevskij allerdings in seiner Vision eines „offenen Kampfes", die ihn lexematisch Gercen nahebringt, ebenfalls einer Vorstellung gewaltsamer, vergleichsweise schneller und gewollter Veränderung an: Der Wechsel von der Dominanz eines „Kulturtyps" zu der eines anderen geht nach Danilevskij „revolutionär" vor sich. „Revolutionärer" Umbruch zwischen den „Kulturtypen", evolutionäre Entfaltung im Inneren eines „Kulturtyps"[111] (zumindest innerhalb des slavischen).

Gercen und Danilevskij bringen in ihrem Philosophieren sowohl konjunktive Vorstellungen von Geschichtsentwicklung als auch von gewaltsamem, harschem, näherungsweise disjunktiven Brüchen in Anschlag. Bei beiden liegt das Erkenntnisinteresse eher auf dem Bruch, auf dem Umbruch zum neuen, auf dem Kampf als der Beseitigung des Vorhergehenden als auf Vermischung widerstreitender Strömungen in einer (konjunktiven) Übergangszeit.

Erst Gercens Briefe *К старому товарищу*, geschrieben ein Jahr vor seinem Tod, rücken von der revolutionären Konzeption ab: „Я не верю в прежние революционные пути [...]" (1975, III, 336).[112] Nun fordert er, die

---

[111] Demandt zufolge impliziert die Lebenaltermetapher für Kulturen ein „Kontinuitätsbewußtsein" (1978, 43); dem ist aber die Implikation einer Diskontinuität mit dem Tod, der nach Durchlaufen der Alter notwendig eintritt, zur Seite zu stellen.

[112] Lenin und Gefolgsleute bestreiten diese Absage an die Revolution (Lenin 1969, XXI 255) und streichen stattdessen die positive Aussage zur Marxschen Internationale heraus (ebd., 257; Novič 1937, 97); Leninformeln finden in der sowjetischen Sekundärliteratur oft auch unmarkiert Verwendung (s. Pirumova 1956, 22: „[Герцен] остановился перед историческим материализмом"). In Umkehrung des zustimmend-unmarkierten Zitierens können Novikova/Sizemskaja 1995 dieselbe Leninformel als Rezeptionsklischee verurteilen, ohne die Quelle überhaupt nennen zu müssen (Novikova/Sizemskaja 1995, 48).

allmähliche (ebd., 333) Bewußtseinsentwicklung breiter Massen, die für einen gesellschaftlichen Umbruch nötig sei, von seiten der „цеховые революционеры" (ebd., 332) nicht auf künstliche Weise zu übergehen noch anzutreiben (ebd., 325). Überzeugen der Gegner statt zerstörerischer Gewalt leitet ihn jetzt (ebd., 330, 335). Was er nun noch Revolution nennt, ist, typologisch gesehen, keine mehr (kein disjunktiver Sprung). „Herzen glaubt – jetzt – nicht an Sprünge der Geschichte", sagt Masaryk (1992, I 351). Gercen sieht die historischen Phasen in dieser Spätschrift als konjunktiv verbunden („практические облегчения, компромиссы, диагонали, пути", 1975, VIII 333); die Grenzen zwischen den Phasen sind nicht mehr im Sprung überwindbar („перескочить сразу", ebd.). Die logisch-axiologisch Konzeptualisierung kann im Fall dieser Schrift den Streit von „bürgerlicher" und offiziell-staatssozialistischer Lesart (s. Mašinskijs Kommentar in Gercen 1975, VIII 404-406) entscheiden: In „К старому товарищу" – aber auch nur in diesem späten Text Gercens – tritt in bezug auf Zeitkonzepte eine evolutionär-konjunktive Axiologik an die Stelle der sonstigen revolutionär-disjunktiven.

7.5.6. Individuum und Gemeinschaft

Für Aleksandr Gercen hat es in der Geschichte der Kiever Rus' eine Phase gegeben, in der auf Grundlage der „община" (mit kollektivem Grundeigentum, 1975, III 476, frz. 1954ff, VII 128) Freiheit in höherem Maße realisiert gewesen sei als zur gleichen Zeit in Westeuropa (1975, III 375, frz. 1954ff, VII 27). Das „община"-System gilt ihm als Urkommunismus 1975, III 475, frz. 1954ff, VII 127). Die von der Gemeinschaft garantierte Freiheit des einzelnen, im weiteren Verlauf der russischen Geschichte verloren (1975, III 387, frz. 1954ff, VII 38f), gelte es – unter Aufnahme westlicher Freiheitskonzepte (1975, III, 460, frz. 1954ff, VII 111) – wieder zu erobern (1975, III 385, frz. 1954ff, VII 37).

Jenseits der Projektion eines heilen „Naturzustandes" lobt Gercen den Ungehorsam (1975, III 230). Er steht damit in Rußland allein auf weiter Flur (gemeinsam nur mit den Anarchisten) gegen den im weiten Sinne theologischen Freiheitsbegriff, demzufolge Freiheit in der Unterordnung unter den Gotteswillen und die Gemeinschaft der Glaubenden besteht und den Kireevskij, Chomjakov und besonders Solov'ev vertreten (und der sich bis zu

Fedotov weitervererbt, s. Uffelmann 1994, 334)[113]; die slavophile Predigt von „покорность" („soumission") und „дар самоотречения" („don d'abnegation" im Dienste der „соборность" (bei Gercen nicht wörtlich, nur sinngemäß) ist ihm zuwider (1975, III 461-463, frz. 1954ff, VII 113-114). Persönliche Freiheit, „личная независимость" („indépendance personelle") ist für Gercen das höchste Gut (1975, III 230, 457, frz. 1954ff, VII 109), der einzelne Mensch „Maß der Dinge" (Bulgakov 1993, II 115). Die Rechte des einzelnen („лицо") gelte es zu verteidigen (Gercen 1975, III 231), gerade gegen die Gemeinschaft (hierin schließt sich Gercen Mill an, 1975, VII 61), gegen den Staat (1975, III 181). Zu Recht stellt Plechanov fest, Gercen betone auch gegenüber allen vorgefundenen sozialistischen Utopien die Freiheit gegen die Gemeinschaft:

> Дело в том, что ни одна из тогдашних социалистических систем не удовлетворяла вполне нашего автора [Герцена]. Он находил, что во всех построениях социалистов человек, освобожденный от нищеты, не становится свободным человеком, а как-то теряется в общине. (Plechanov 1949, 167)

Die Unterordnung des Individuums unter die Gemeinschaft, die nachgerade als Distinktionskriterium klassischer russischer Philosophie herhalten kann, sie findet in Gercen keinen Befürworter (1975, III 338). Ja, Gercen gelangt, vor der Folie Kireevskij – Solov'ev bemerkenswert, zu einer Apologie des Egoismus:

> Разумеется, люди эгоисты, потому что они *лица*, как же быть самим собою, не имея резкого сознания своей личности? Лишить человека этого сознания значит распустить его, сделать существом пресным, стертым, бесхарактерным. Мы эгоисты и потому добиваемся независимости, благосостояния, признания наших прав, потому что жаждем любви, ищем деятельности... и не можем отказывать без явного противуречия в тех же правах другим.[114] (1975, III 341; vgl. dazu Malia 1961, 277)

Danilevskij bejaht zwar implizit Freiheit, rechtfertigt aber *de facto* an Rußlands Imperialismus die Unterdrückung. Andererseits ordnet er – im oben (7.3.2.2.) zitierten Merksatz – die Freiheit dem Panslavismus unter: Das Kol-

---

[113] Der marxistische Objektivismus zieht einen ähnlichen Begriff von Freiheit als bewußter Unterordnung unter objektive Geschichtszwänge vor.

[114] Man beachte die Figur des Schlusses von sich auf die anderen – „non ignara mali miseris succurrere disco" –, die für Karamzin schon so bedeutungsvoll war (s. 5.4.4.). Daraus sollte allerdings nicht gefolgert werden, Gercen verfechte wie der junge Karamzin einen „milden Humanismus", entferne sich im Geistes milder Nachgiebigkeit, Toleranz, Humanität von seinen revolutionären Idealen, wie es Masaryk in Gercen – wohl aus seiner eigenen Ethik – hineininterpretiert (1992, I 346-349).

lektiv kommt vor der Freiheit! Das frühslavophile Stereotyp der Kritik am individualistischen Westen stellt Danilevskij auf rassische, rassistische Füße:

> [...] чрезмерное чувство личности, индивидуальности, по которому человек, им обладающий, ставит свой образ мыслей, свой интерес так высоко, что всякий иной образ мыслей, всякий иной интерес необходимо должен ему уступить, волею или неволею, как неравноправный ему. (Danilevskij 1995, 150)

Danilevskij übt Kritik an unbeschränkter Freiheit des einzelnen (ebd.). Eine Gesellschaft solle vor allem homogen sein: Gruppenherrschaft (1995, 197) und Klassenspaltung (ebd., 232) werden genauso wie alle anderen denkbaren inneren Disjunktionen verworfen. Danilevskij sieht Liberalität nur innerhalb, unterhalb des Nationalen als möglich und positiv an (ebd., 274). Die Nation ist die Grenze der Freiheit.

In Gercens politischen Werten gibt es ein klassisches Gewichtungsproblem: von Gleichheitsideal[115] und Freiheitsideal. Doch sein Text *С того берега* gibt Antwort: Gleichheit ist bei Gercen nie absoluter Wert, sondern stets jemandes Gleichheit: Die Formel „его [пролетария] свобода" (1975, III 267) ist semantisch korrekt, die von „его равенство" (ebd.) nicht. Sozialismus, Gleichheit ist das Ziel, der Weg dorthin führt nicht über Entsagung vom Einzelnen, sondern über den Egoismus (ebd., 274, s. Berlin 1978, 201). Sozialismus steht als Ziel *unter* Freiheit (Gercen 1954ff, XVIII 469)[116] und kann daher in gewissem Sinne auch Anarchie genannt werden (Zimmermann 1989, 85). Der liberale negative Freiheitsbegriff, welcher den Egoismus (inkonsequenterweise im Sickereffekt, bei dem ja wieder das Allgemeinwohl letztes Kriterium ist) rechtfertigt, wird von Gercen mit dem Sozialismus-Ideal verbunden (1954ff, XII 190). Daraus wird deutlich, daß Gercens Sozialismus nichts mit nivellierender Subordination zu tun hat.

Mit Blick auf das Verhältnis von Individuum und Gesellschaft ist bei Gercen und Danilevskij ein klarer logisch-axiologischer Unterschied aufzumachen: Der Bereich, den Gercen als ganzheitlichen anstrebt, sein „Innenraum" (Berlin sagt „minimum area", 1978, 112), ist das einzelne Subjekt. Bei

---

[115] Elitarismus gilt ihm in allen Bereichen als schädlich („Время аристократии знания миновало", Gercen 1975, II 44); Wissenschaft ist für ihn wie die Politik eine demokratische Instanz (ebd., 47, 54).

[116] Daß die Betonung des Egoistischen im Sozialistischen soziologisch gesehen aus Gercens aristokratischer Herkunft ableitbar ist, wurde von ihm selbst thematisiert (1954ff, XII 192). Der Konflikt zwischen aristokratisch-individualistischem Habitus (zum Begriff des durch die Sozialisationsprägung bestimmten Habitus nach Bourdieus s. Schwingel 1998, 60) und sozialistischem Programm ist für ihn nie ganz lösbar.

Danilevskij ist es im Gegensatz dazu das kollektive Subjekt (der Kulturtyp). Anders als Gercen sieht Danilevskijs Axiologik keine Notwendigkeit, die Freiheit des einzelnen Menschen besonders zu schützen. Schutz-, disjunktionsbedürftig ist für ihn allein der „Kulturtyp". Die oben thetisch behauptete strukturelle Konvergenz der Teilungen der Axiologiken in beiden Denksystemen geht mit einer *Differenz in den Extensionen* der Axiologiken einher: Bei Gercen läuft die Grenze zwischen dem Innen (Konjunktionsaxiologik) und dem Außen (Disjunktionsaxiologik) zwischen Individuum und der es umgebenden Gesellschaft, bei Danilevskij hingegen zwischen einem „Kulturtyp" und einem anderen.

7.5.7. Geschlechterverhältnis

An einer Reihe von Szenen aus Gercens *Кто виноват*, in denen Frauen unterdrückt werden, läßt sich mittelbar eine Stellungnahme des Autors zugunsten von Frauenemanzipation ablesen (1975, I 252). Die Finalisierung der Frau auf die Verheiratung mit einem Mann wird karikiert (ebd., 259). Jeder Mensch ist gleich und frei – und nicht Mittel zu einem äußeren Zweck (Verheiratung o.a.). Gercen streitet für die Gleichheit der Menschen; gerade in bezug auf das Verhältnis der Geschlechter geht diese emanzipatorische Konsequenz sehr weit: Ausgehend von einer Kritik der Proudhonschen patriarchalen Familienkonzeption (1975, VI 193f) bekämpft er in *Былое и думы* die christliche Ehekonzeption als Versklavung der Frau (ebd., 201)[117]. Ja, noch einen Schritt radikaler: Er faßt auch das Band der Liebe als Fessel („рабство любви", ebd., 203). Die ganze Erziehung der Frau sieht er als Vorbereitung auf die Sklaverei Ehe (ebd., 205f); erst nach der Menopause werde die Frau frei – als Großmutter („особенно если дедушка умер", ebd., 206). Er bewundert Frauen, denen dennoch Emanzipation gelingt.[118] Ja, seine

---

[117] Im Exkurs zu N. Ch. Ketčer (Gercen 1975, V 298-328) wird aber auch freie Liebe sozial problematisch, womit Tunimanov die Formulierung „рабство любви" (Gercen 1975, VI 203) in Verbindung bringt (Tunimanov 1994, 90). Er betont damit die Dualität von „каторжная семья" und „freier Liebe" als Scylla und Charybdis (ebd., 95). Richtig ist, daß Gercens emanzipatorische Voten nicht unbedingt eine Handlungsanweisung enthalten, wie Frauen in Freiheit leben könnten. Bei ihm überwiegt die Kritik der Unfreiheit, und sei es die Unfreiheit durch Leidenschaft (Gercen 1975, VI 204)

[118] Sein Werk entfaltet ein Panorama von Vertreterinnen gescheiterter oder falsch verstandener Emanzipation (Ginzburg 1957, 223-228). Seine eigene Frau wird das für ihn selbst schmerzhafte Exempel des Gelingens (ebd., 248)

eigene Ehekrise (die zwischenzeitliche Annäherung seiner Frau an Georg Herwegh) möchte er in Былое и думы als Emanzipation auffassen und gutheißen (ebd.).[119]

Das Rhema seines Votums für Emanzipation ist nicht etwa Gleichstellung oder Eingliederung der Frau (ein konjunktives Argumentationsinteresse, wie es bei Karamzin der Fall war, 5.6.6.), sondern die Befreiung aus Banden, eine trennend-disjungierende Bewegung. Im Gefäß der Frauenfrage repetiert Gercen seine Individualitätstheorie: „Herzen's new view of love comes down to a theory of individuality." (Malia 1961, 268)

Bei Danilevskij ist das Geschlechterverhältnis nicht gesondertes Thema wie bei Gercen, woran sich bereits eine Affirmation traditioneller Rollen ablesen läßt.[120] In seinem traditionalen, autokratischen und orthodoxen Gesellschaftsbild erhält eine Veränderung wie Emanzipation sogleich den Stempel des „искажение" (1995, 225f). Die althergebrachte russische Gesellschaftsform, die eine unzweifelhaft patriarchalische war, muß danach von schädlichen westlichen Einflüssen freigehalten werden. Neben der Abschottung dieser Gesellschaft nach außen steht für Danilevskij das geschlossene (konjunktive) Gesellschaftssystem im Inneren im Vordergrund.[121]

7.5.8. Argumentationsweise

Danilevskij dekomponiert hauptsächlich andere und fiktive andere Positionen (des Ciceronischen Musters „mancher könnte nun einwenden"), sogenannte „Vorurteile" (Galaktionov 1995, X), eine in nationalistischen, ja überhaupt

---

[119] Ob er die „Untreue" auch in seinem *Leben* als Emanzipation begriff, ob hinter dem Konzept Emanzipation eine Lebenspraxis steht und ob nicht der autobiographische Text Selbstkasteiung ist, ob er je nach Person (Natalie Gercen vs. Herwegh) oder seiner Rolle in der eigenen Ehekrise und der seines Freundes Ogarev, an welcher er mitschuld war (s. Carr 1975, 186-203), nicht mit mindestens zweierlei Maß mißt, – all das ist nicht Gegenstand dieser textuell orientierten Untersuchung (zur Ehetragödie existiert eine Reihe von Untersuchungen, am meisten Material bietet Carr 1975, 46-121).

[120] Das Fehlen von Äußerungen macht aber eine logisch-axiologische Analyse schwierig, da diese ja nicht ohne Formulierungen auskommt. Aus Implikationen sind Rhemata nur mit Mühe zu entnehmen.

[121] Zwar votiert Gercen wie Karamzin – allgemein gesprochen – für „Emanzipation" und Danilevskij wie Šiškov dagegen. Bei Karamzin ist das Rhema aber Angleichung und Eingliederung, was – strukturell – eher Danilevskij nahekommt. Gercens Loslösung aus Banden ist logisch-strukturell näher an Šiškovs Trennung gesellschaftlicher Rollen. Inhalt und Axiologik laufen über Kreuz.

extremistischen Kreisen beliebte Strategie, bei der die eigene Position nicht allzu deutlich ausgesagt werden muß, während die polemische Schärfe voll zur Geltung kommt.

Gercen steht nicht weniger in der Brandung der politischen Auseinandersetzung. Zeit seines Lebens pflegt er eine Unmenge von Kontakten (s. Prokof'ev 1979, 60); auch viele seiner Werke sind dialogisch konzipiert (s. dazu Tunimanov 1994, 10-15); der Brief als halbdialogische Form liegt ihm. Das hindert ihn aber nicht, ebenfalls Ciceronischer Abgrenzung nahe, gerne von „они" (den Formalisten in der Wissenschaft, 1975, II 74) zu sprechen. Gercens Ironie ist nicht versöhnlich, wie die Karamzins (s. 5.6.7. u. 5.6.8.), sondern „острое оружие" (Tatarinova 1980, 71). Seine Gegenspieler bekämpft er aufs schärfste, „critical", wenn auch vielleicht nicht „intolerant", wie Berlin meint (Berlin 1978, 135). Die subjektive Berechtigung der anderen (falschen) Meinung läßt er bestehen, um sie nichtsdestotrotz zu verwerfen.[122] In der Argumentationsweise beider Kulturosophen scheint Radikalität auf; disjunktive Abgrenzung gegen den anderen, Andersdenkenden.[123]

7.5.9. Deskriptives und Normatives

Danilevskij polemisiert gegen „polarisierende" Denkschablonen. Damit meint er ein 0-1-Denken, zweiwertige Logik, die ein Positivum immer mit einem Negativum konfrontiert (etwa Fortschritt vs. Stillstand, Danilevskij 1995, 59). Sein Versuch der *epoché* vor der Wertung strebt nach einer 1-1-Logik. Die Glieder *A* und *B* werden nichtsdestoweniger voneinander getrennt, aber nicht sofort axiologisiert. Im Gewande sogenannter allgemeingültiger, vorgeblich objektiv ermittelter Gesetze läßt Danilevskij seinem politischen Wünschen freien Lauf. Die Deskription wird dem Normativen untergeordnet.

Bei Gercen sind die beiden Bereichen besser auseinandergehalten, stellenweise so gut, daß es für die logisch-axiologische Konzeptualisierung problematisch wird: Freiheit, so schien es, sei das höchste Ideal Gercens. Doch

---

[122] Rothe argumentiert sogar, Gercen sei zur Wahrnehmung des anderen nicht recht fähig gewesen: „Alexander Herzen could [...] think of only one thing in reality: of Alexander Herzen." (1984, 170), womit er Gercens Dialogik als Monologismus enttarnt – ein Schritt, der etwas über das Ziel einer Argumentationsstilsanalyse hinausschießt.

[123] Wiederum bildet Gercens Spätschrift *К старому товарищу* hier die bedeutsamste Ausnahme: Die politischen Gegner werden mit Verständnis, wie Kranke, bedauert (1975, VIII 342); Verbindung wird geschlagen über die ideologischen Trennmargen hinweg: Konjunktion.

der radikal negative Doktor aus *Consolatio* desillusioniert auch dieses Ideal als nicht-allgemeingültig, an der Deskription des Faktischen scheiternd:

> [...] другие равнодушно идут мимо, они заняты, они торгуют, они семейные люди. Из этого никак не следует, что мы не вправе требовать полнейшей независимости; но только не за что сердиться на народ, если он равнодушен к нашим скорбям. (1975, III 310)

Eine allgemeine normative Forderung an die Menschen könne es nicht geben: „Человек любит подчиняться" (ebd., 313) „Человек родится зверем – не больше" (ebd., 312). Der Satz, der beginnt wie ein Auszug aus den Naturrechten des Menschen („Der Mensch wird frei geboren..."), kippt ins deskriptive Gegenteil. Gercen desillusioniert durch die Stimme des männlichen Gesprächspartners in *Consolatio* den Normativismus an sich:

> Помилуйте, да ведь я не отвечаю *ни за пользу, ни за вред* [Hervorhebung DU] этого факта, я говорю только о его существовании." (1975, III 315)
>
> Общей нормы, общего решения [...] не может быть. (ebd., 343)

Ein Credo des Deskriptiven, Anti-Normativen. Ein für alle gleiches Wünschenswertes gibt es nicht. Wertungshierarchien zwischen *A* und *B*, ja Werte überhaupt scheinen unmöglich geworden.

Es läßt sich nun demjenigen, der solche Negation aller Werte vorträgt, trefflich entgegenhalten, er bezwecke Provokation. Der Intention von Gercens Sprecher ließe sich unterstellen, er verfolge ein kritisch-pädagogisches Ziel gegenüber seiner Geprächspartnerin; mit gleichem Recht ließe sich sein Negativismus der selbstgefälligen Eitelkeit, ja der Balz verdächtigen. Allen kaschierenden Alternativ-Interpretationen zum Trotz ist aber an dieser Stelle der russischen Kulturosophie – allen dergestaltigen Bannungsversuchen zuwider – ein Element eingeschlossen, das deren Grundtendenz des Wertens widerstrebt und sich einer Konzeptualisierung, die darauf gründet, nicht fügt.

7.5.10. Explizites Verhältnis zur Logik

In Gercens platonischem Dialog *Перед грозой* wirft der Energische dem Verzagten vor, auf Logik zu verzichten (1975, III 236). Immer wieder finden sich bei Gercen ganz oder teilweise positive Benutzungen des Logik-Begriffs (nicht-logisches Vorgehen wird, wie etwa bei Locke, beklagt, s. 1975, II 294). Gercen spricht in *С того берега* zugleich über Erfolg und Ohnmacht der Logik gegenüber den historischen Ereignissen (1975, III 245): „жизнь имеет свою эмбриогению, не совпадающую с диалектикой чистого разума." (ebd.) Kants „reine Vernunft" und Hegels „Logik der Geschichte" werden hier, anders als noch in den wissenschaftstheoretischen Frühwerken, gemeinsam in die Abstellkammer verfrachtet. Die Logik als strenge, unpersönliche Verstandesoperation reiche allein nicht hin (1975, II 62). Wie Kireevskij – 10 Jahre vor ihm (nämlich 1842 in *Дилетантизм в науке*) – wettert Gercen gegen den „бессмысленный формализм, логическое cassetête" (1975, II 10). Klar ist dennoch, daß Gercen im Vergleich zu Kireevskij oder Solov'ev weit weniger antirationalistisch argumentiert (s. etwa 1975, III 260, wo der Zweifel nobilitiert wird, 1975, II 12, wo Gercen eine Art rationale „соборность" entwirft: „единение умов", oder das aufklärerische Credo „A разуму кто судья? — Он сам.", ebd., 14)

Unterscheiden und Trennen sind die Hauptwerte von Danilevskijs Erkennntisethik. „Неразличение, смешение" im Denken (1995, 88 u. 100) sind für ihn klare Negativbegriffe. Explizit vertritt Danilevskij den hermeneutischen Grundsatz: zu unterscheiden, was zu unterscheiden ist: „Принцип деления должен обнимать собою всю сферу делимого, входя в нее как наисущественнейший признак." (1995, 66)

Als Motto seines VI. Kapitels zitiert Nikolaj Danilevskij die algebraische Formel $a + b > a$, und zwar zu polemischen Zwecken; im folgenden nämlich wird die Nicht-Existenz von Sammelbegriffen argumentiert: Das europäische *A* kann nicht zugleich alles sein (so interpretiert Bestužev-Rjumin 1995, 442); oder, umgekehrt verstanden: Die Verbindung eines *A* mit einem *B* trägt für Danilevskij nicht zur Steigerung, zum Gewinn bei![124] Für seine Interkulturalitätstheorie also sollen Algebra und Logik nicht mehr gelten, soll Addition nicht mehr vermehren.

Weder bei Danilevskij noch bei Gercen gibt es durchgehaltenen Antirationalismus oder konsequente Ablehnung von Logik. Danilevskij will logisch nachvollziehbar, ja unabweisbar argumentieren, Gercen aus Hegels Logik eine „алгебра революции" (1975, V 104f) . Beide negieren Logik als gegebenes unpersönliches Fixum, suchen sie aber für sich einzusetzen.

---

[124] Wie alle anderen Wissenschaften sollen bei Danilevskij (wie 100 Jahre später bei Šafarevič) auch Mathematik und Logik die Zeichen des Nationalen tragen (1995, 115 u. 127).

7.6. Logische Konzeptualisierung

Bisher hat sich die Axiologik von Gercen und Danilevskij als recht komplex dargestellt; politische Konzepte funktionieren ganz anders als epistemologische. Und doch steckt darin ein Sachzusammenhang, der als snychron-räumliche Trennung logisch-axiologischer Präferenzen beschreibbar ist.

Bei Gercen ist in bezug auf die Axiologik der Argumentation zusätzlich eine Entwicklung vom stärker integralistischen Frühwerk (den Schriften zur Naturwissenschaften, die eine konjunktive Verschränkung von Empirie und Theorie favorisierten, s.u. 7.9.) zu einem positiven Begriff von negativer Freiheit und Disjunktion als notwendiger, *schützender* Abgrenzung des einzelnen „Lebens" festzustellen. Wo es *nicht* um das Thema der Freiheit des einzelnen geht, wo ein anderer Maßstab in Frage steht (wie bei Kulturräumen), da ist Gercens Denken in logisch-axiologischer Hinsicht weniger stabil, ja indifferent.

Danilevskij benutzt in *Россия и Европа* disjunktive Operationen – in einer der Gercenschen negativen Freiheit vergleichbaren Weise – zur Abgrenzung, aber vielleicht nicht in erster Linie mit der Intention des *Schutzes* seines Subjektes, des „Kulturtyps" gegenüber äußeren Eingriffen, sondern in einer aggressiven Stoßrichtung: Während Gercens „Leben" als Gegebenes schützenswert ist, steht die Konstitution von Danilevskijs Subjekt, der „allslavischen Union" noch aus. Danilevskijs disjunktive Abgrenzung des „Subjektes" nach außen ist aus diesem Grund aggressiver als Gercens Defensive.

Trotz der strukturellen Analogie der Axiologiken Gercens und Danilevskijs schließt die notwendige Abgrenzung von Mittel und Zweck, von Thema und Rhema (die eben bei Čaadaev und Kireevskij noch identisch gewesen war: Thema/Diagnose der Disjunktion, Rhema/Zielvorstellung der Konjunktion) eine volle Konvergenz aus. Der Maßstab der Logik der Argumentation, die bei Gercen und Danilevskij „gleich" ist, reicht allein nicht hin. Wertgesichtspunkte und mit ihnen Aspekte von Argumentationsziel einerseits und Argumentationsmittel andererseits müssen einbezogen werden: Dem Mittel/Thema Konjunktion (Panslavismus) wird bei Danilevskij das Ziel/Rhema Disjunktion (Verschiedenheit von westeuropäischem und russischem Kulturtypus) übergeordnet; bei Gercen hingegen dient umgekehrt das Mittel/Thema Disjunktion (negativer Freiheitsbegriff) unter dem Szepter des Ziels/Rhemas Konjunktion (ganzheitliches Individuum).

Der Abgrenzung von innen und außen wird die Axiologik anderer Denkfelder nachgeordnet. Epistemologie und das Verhältnis von Denken und Handeln werden als Parameter des Inneren konjunktivisch aufgefaßt. Bei Zeitkonzepten und Geschlechterverhältnis unterscheiden sich Gercen und Danilevskij, weil die Grenze zwischen Innen und Außen bei ihnen an verschiedenen Stellen verläuft: Wo Gercen jeden Moment für selbstwertig erklärt, ist dieser von der Gesamtgeschichte abtrennbar; Danilevskij dagegen möchte innerhalb der Geschichte seines slavischen Kulturtyps Evolution, konjunktive Übergänge der Zeitphasen sehen, außerhalb aber trennenden Umbruch. Frauenemanzipation ist für Gercen wünschenswert, da das „Leben" (Gercens Superbegriff) des Individuums Frau ihm für schützenswert gilt; für Danilevskij demgegenüber bedroht die Freiheit von Frauen den Zusammenhalt des Kulturtyps.

7.7. Logisch-axiologisch nahestehende Denksysteme

> Философия Гегеля — алгебра революции [...] (Gercen 1975, V104f)
>
> Hegel's teaching drove some to revolution, others to reaction. (Berlin 1978, 147)

Das in logisch-axiologischer Hinsicht sowohl Gercen als auch Danilevskij nächststehende ausgreifte philosophische *System* ist, wie vielfach an Detailpunkten gezeigt, die Hegelsche Geschichtsphilosophie. Selbst der deklaratorische Antihegelianismus Danilevskijs (Galaktionov 1995, XI) ist strukturell ein Hegelianismus. Der Kampf der Kulturtypen ist auch eine dialektische Bewegung, und Danilevskij kehrt, wie gesehen, die Hegelsche Richtungszuweisung an den Gang der Weltgeschichte (von Ost nach West) gerade um (von West nach Ost), womit er ihm aber strukturell voll verhaftet bleibt.

Gercen reproduziert nicht bloß implizit wie Danilevskij Hegels Denkschemata, sondern belegt offen dessen Bedeutung für seinen geistigen Werdegang (1975, V 98, 100, s. dazu auch Čiževskijs Kompilat von Gercens Hegel-Hommagen, 1934, 265). Er bezieht sich explizit immer wieder auf ihn, gerade auf Hegels Dialektik-Theorie (er nimmt die Hegelsche Mehrfachbestimmung von „aufheben" [Hegel 1965, VIII 229] in seine Übersetzung „снимать" [Gercen 1975, II 97] mit hinein), auf seine „метода" (ebd., 185); mit Hegel hört er in der Geschichte ein „диалектическое биение пульса" (Gercen 1975, II 16) schlagen; seine *Письма об изучении природы* schießt er mit der Vision einer dialektischen Annäherung Hegels an seinen, wie Gercen es sieht, realistischen Antipoden Bacon (1975, II 309f).

Inhaltlich ist die Konvergenz im „Hegelianismus" (im weistesten Sinne) zwischen Gercen und Danilevskij am augenfälligsten in den praktizistischen Folgerungen. Wie die Junghegelianer, insbesondere Cieszkowski, streben Gercen und Danilevskij nach praktischer Fortsetzung (so Gercen über den Petersburger „praktizistischen Hegelianismus", 1975, III 470, frz. 1954ff, VII 122), nach dem „Untergang der Theorie in der Tat". Goerdt zeigt, daß Gercen in der Kritik von Hegels Idealismus genau den Feuerbachschen Weg beschreitet (1995, 439). Diese praktische, wenn auch als Korrektiv gegen Hegel fomulierte (1975, V 100-103) Vollendung gemahnt aber in vielem wieder an die *Struktur* der Hegelschen Synthesen; bei Danilevskij realisiert sich das synthetische Denken in der Vision von der slavischen Zivilisation als der „vollständigsten", bei Gercen in der Fülle des Lebens, Hegelscher Selbsterkenntnis[125]. Die Denkform, die Denkwege, nicht die Resultate sind – Gercen selbst sieht es so (1975, VI 179) – an Hegel (und Proudhon) entscheidend.[126] Gerade in den Teilbereichen Epistemologie und Praktizismus (dem Bereich des Inneren in Gercens und Danilevskijs Axiologiken) wirkt Hegels Dialektik als Logik der Synthese, der Konjunktion weiter.

Doch läßt sich an Hegels Dialektik auch in disjunktiver Auslegung anknüpfen: Danilevskij selbst spricht nicht explizit von einer Dialektik der Geschichte. Die Form historischer Entwicklung verbirgt sich bei ihm stets hinter dem konkreten Material, dem Kampf der Kulturtypen. Mit dem Kampf wird gegenüber dem Hegelschen Monismus Diskontinuität betont (Petrovič 1956, 73). Wenn er aber den Kulturcharakter der künftigen slavischen Zivilisation in der Form der Negation der Determinanten der romanisch-germanischen Zivilisation bestimmt, so ist damit eine dialektische Abhängigkeit impliziert, wenn auch nicht intendiert. Danilevskijs organizistische Theorie der Kultur-

---

[125] Ganz nach Hegel, aber mit praktizistisch-realistischer Aufpfropfung, ist Geschichte für den Gercen der *Письма об изучении природы* ein Prozeß allmählicher, dialektischer Selbsterkenntnis des „Geistes": „Этот разум, эта сущая истина, это развивающееся самопознание, — назовите его философией, логикой, наукой или просто человеческим мышлением, спекулятивной эмпирией, или как хотите, — беспрерывно превращает данное эмпирическое в ясную, светлую мысль, усвояет себе все сущее, раскрывая идею его." (1975, II 106) Geschichte und Logik sind für Gercen hier – hegelianischer geht es nicht – deckungsgleich (1975, II 125). Auch Erkenntnis der Natur ist Erkenntnis seiner selbst in seinem anderen (1975, II 122); der Mensch ist als Bewußtsein der „Schluß" (1975, II 123, i. Orig. dt.) aus der Natur.

[126] Insofern ist Volodin im Unrecht, wenn er als „Quintessenz" von Hegels Philosophie und von Gercens Rezeption derselben die Figur der „Einheit von Sein und Bewußtsein" annimmt (1963, 82)

typen impliziert eine Dialektik der Geschichte. Gercen begehrt nun in seinen späteren Schriften immer stärker gegen Hegel auf, bleibt aber bei dem dialektischen Schema (nur daß das Hegelsche System nicht die Synthese, sondern eher die Durchgangsstufe der Antithese darstellt – inbesondere die *Philosophie der Religion* verfällt harscher Kritik, 1975, III 455, 464, frz. 1954ff, VII 106, 116).

Hegel setzte an das Ende der dialektischen Bewegung bekanntlich eine millennistische Stasis, den „absoluten Geist", der alle früheren, alle Vorstufen in sich „aufhebe"; der dialektische Fortschritt findet (bei Marx nicht weniger als bei Hegel) ein Ziel, in dem er zur Ruhe kommen kann. In Danilevskijs System lösen sich die Kulturtypen nach mehr oder weniger festgelegten biologischen Rhythmen ab. Seine Vision von der vollsten slavischen Zivilisation widerspricht seiner Theorie, die dialektischer ist als seine Applikation. Nach dieser *Theorie* müßte die Geschichte eine endlos-diskontinuierliche Folge von Zivilisationen sein. Im Falle Aleksandr Gercens muß nicht erst zwischen Theorie und Applikation unterschieden werden, um seine radikale, nicht-eschatologische Dialektik herauszulesen:

> Herzen is more consistently „dialectical" than the „scientific" socialists who swept away the „Utopias" of their rivals, only to succumb to millennial fantasies of their own. (Berlin 1978, 98)

Der Prozeß des stets erneuerten Kampfes (Malia spricht von Gercens „cult of change", 1961, 234), der immer neuen dialektisch-revolutionären Umbrüche hat für Gercen kein Ende. Damit liegen Gercen und – seinen theoretischen Absichten nach – auch Danilevskij in ein und derselben junghegelianischen Fortsetzungslinie Hegelscher Dialektik.[127] MacLellan schreibt über die Junghegelianer:

> [...] an die Stelle der Hegelschen Vorstellung eines Kompromisses zwischen zwei einander polar entgegengesetzten Haltungen trat die zweier feindlicher Parteien, von denen eine den vollständigen Sieg davontragen müsse. (MacLellan 1974, 28)

Aus einer Dialektik der Vermittlung, der Konjunktion, wird eine, „die jede Vermittlung ausschloß" (ebd)[128]. So kann Gercen disjunktiv auf die Eigen-

---

[127] Bei Hegel selbst deutet sich in späteren Schriften ein Abrücken von der stringenten Teleologie dialektischer Geschichte aus den Berliner Vorlesungen und eine stärkere Integration von Zufall, also der Individualität historischer Erscheinungen an (Düsing 1983, 29f).

[128] Mit dem spezifischen Erkenntnisinteresse des „Problems des freien Menschen" habe Gercen von Anfang an Hegel gelesen, meint Čiževskij (1934, 264).

wertigkeit des Individuums (Danilevskij auf die des „individuellen" Kulturtyps) abheben. Eine Dialektik wie die Gercensche und die (theoretische, nicht applikative) Danilevskijsche, im Dienste der Verteidigung des Individuellen stehend, ist nach Theodor W. Adorno eine „negative"[129], eine Dialektik, der es um das unaufhebbare „Miteinander des Verschiedenen" zu tun ist (Adorno 1990, 153). Die Disjunktivität der Junghegelianer oder Adornos, Gercens oder Danilevskijs überbietet die in Hegels Dialektik eigentlich längst enthaltene, aber eschatologisch und synthetisch (s. „Aufhebung") gemilderte Disjunktivität. Das Einzelne wird vor der Formel, der Vermittlung und Synthese, bewahrt.[130] Bakunin verengt 1842 den (Hegelschen) „ewigen Geist" als „zerstörerischen" und „vernichtenden" (Bakunin 1842, 1002). Die Individualitätsvoten selbst werden von den Junghegelianern Feuerbach und Stirner angebahnt[131]:

> Aber der Gegenstand, auf welchen sich ein Subjekt *wesentlich, notwendig* bezieht, ist nichts andres als das *eigne*, aber *gegenständliche* Wesen dieses Subjekts. [...] Das absolute Wesen des Menschen ist sein eignes Wesen. [...] Jedes Wesen ist sich selbst genug. (Feuerbach 1969, 41-45)

Nochmals: Die inhaltliche Füllung von Eigenem, Wesen, Subjekt divergiert bei Gercen und Danilevskij: Individuum vs. Kulturtyp; nicht aber die disjungierende Stoßrichtung. Alles Übergreifende, in größere Konjunktionen Einordnende („Menschheit", Geschichtslogik usw.) wird als bedrohlich abgewehrt:

> Jedes höhere Wesen über Mir, sei es Gott, sei es der Mensch, schwächt das Gefühl meiner Einzigkeit und erbleicht erst vor der Sonne dieses Bewußtseins. Stell' ich auf Mich, den Einzigen, meine Sache [...]. (Stirner 1972, 412)

---

[129] Auf diese Weise könnte man Strachovs These vom alles erfassenden Pessimismus Gercens (1887, 3) etwas systematisch wie ethisch Bedeutsames abgewinnen.

[130] Adornos negatives Dialektikmodell kann in seinem Einsatz gegen die Synthese als Rettung des individuellen Besonderen, als Votum für Indvdualität verstanden werden genauso wie auch von Selbst-Nicht-Identität (weil Identität schon schon synthetische Gewalt darstellt). Letztere Lesart wird im Zuge der Synopse mit Leont'ev (quasi komplementär) nachgereicht (8.7.2.).

[131] Wann Gercen Stirner gelesen hat, ist unklar; die erste Referenz stammt von 1858, s. Malia 1961, 470 Anm. 26. Für Danilevskij fehlen Belege. Jene Steigerung von Feuerbach zu Stirner, die Masaryk andeutet (1992, I 341), ist unter dem Blickwinkel der Verteidigung des „Subjekts" nicht von Bedeutung.

7.8. Distribution der Axiologiken und Grenzen der Wertkonzeptualisierung

Wenn Gercen einerseits das ganzheitliche Individuum gegen den Übergriff von außen abschottet und andererseits Danilevskij die innere Vielfalt eines „Kulturtyps" gegen Einwirkungen fremden Kulturtypen verteidigt, so sind analoge logische Operationen und Wertigkeiten am Werke. Im Kontrast zur biologischen Urszene der Axiologik (0.1.), die innere Umwelt (Urhorde) und deren äußere Feinde scheidet, erweitert Danilevskij die innere Umwelt zur Nationalkultur, zum „Kulturtyp", Gercen verengt sie auf das einzelne Individuum.

Danilevskijs philosophisches Werk ist – wie eingangs angesprochen – eindimensional und relativ geschlossen. Stringenz ist eines der Ideale seiner Argumentation; dieses hält Danilevskij besser durch als das Desiderat, nur zu beschreiben, was ist. Die inhärenten Wertungen Danilevskijs sind massiv. Die Opposition *eigen* vs. *fremd* dominiert sein Denken; *alt* vs. *neu* sekundiert, wenn auch nicht mit derselben Eindeutigkeit. Was Danilevskij – unter dem Deckmantel der Ableitung aus deskriptiv-objektiver Analyse – für wünschenswert hält, schwankt nicht. Danilevskij ist von seinem Wünschen her (nicht ganz so von seinem Argumentieren her) eindeutig.

Gercens Schriften sind heterogen, auch innerhalb einer Schrift streiten die Stimmen und wechseln Euphorie und Hoffnungslosigkeit einander ab. Solange er jubelt und wünscht oder verzweifelt, sind seine Wertsetzungen offensichtlich (s. 1975, III 320). Die Eindimensionalität von Danilevskijs Desideraten erreicht Gercen aber nie – was unbestreitbar einen Vorzug für die Lebendigkeit und Lesbarkeit seiner Texte darstellt. Bei Gercen frappieren die Passagen der hoffnungslosen Deskription und deskriptiven Hoffnungslosigkeit. Zwischen wertender Verzweiflung („несчастие", 1975, III 320) und Hoffnungslosigkeit, also einer Position des Jenseits des Wünschens, Hoffens und Klagens ist deutlich zu scheiden. Die Dialektik von Euphorie und Verzweiflung überwiegt in Gercens Schriften, die Stimme aus einem Jenseits von Hoffen und Klagen ist seltener und doch als Anfrage an die Universalität der Methode bedeutsam.

7.9. Gercen und Danilevskij im Kontext der früheren Kulturosophen

7.9.1. Zum „Realismus"-Begriff im Lichte der Axiologik Gercens und Danilevskijs

Pfalzgraf lanciert die naheliegende These, daß Danilevskijs Wendung frühslavophiler religiös-philosophischer Positionen ins Realpolitische einem „‚realistischen' Zug der Zeit" zu verdanken sei (1954, 169). Daß er „realistisch" in Anführungszeichen setzt, bezeugt ein Unbehagen an dieser allzu offensichtlichen Begriffsbelegung, an einem Realismus-Begriff, der eher der Vulgärsprache als der philosophischen oder – in dieser Hinsicht noch raffinierter – literaturwissenschaftlichen Diskussion entstammt.

Durch Gercens Polemiken aus den 1840er Jahren[132] gegen die „запоздалые представители прошедшего", die Romantiker (1975, II 8) drängt sich seine Zuordnung zur Folgeepoche, zum Realismus, genauso auf wie durch die Benennung des Schluß- (und Ziel-)kapitels von *Письма об изучении природы* mit *Реализм* (1975, II 287), die stete Benutzung des Wortfeldes „реалист" usw. zu – ahistorischen – Belobigungen (z.B. Goethes, Gercen 1975, II 37, 110, oder Puškins, Gercen 1976, III 420). Doch auch hier lohnt es genauer hinzusehen; eine Epochendefinition ist an dieser Stelle selbstredend nicht zu leisten, sondern nur auf den Zusammenhang von logisch-axiologischen Merkmalen mit den Implikaten der gemeinsprachlichen Verwendung des Wortes „Realismus" hinzuweisen.

Klar ist, daß der stete Rekurs auf Empirie und Praxis, auf das Außen ein Epochenspezifikum ist. Inwieweit aber gilt das für die Kehrseite dieses Blicks nach außen, nämlich das Streben von Gercen wie von Danilevskij nach einer Ganzheit im Inneren (des jeweiligen Subjekts, des Gercenschen „Lebens" und Danilevskijs „Kulturtyp")? Bei Gercen liegt stärkeres Gewicht auf dem Ziel der inneren Ganzheitlichkeit als bei Danilevskij, wo sich Zusammenrücken innerhalb eines Kulturtyps und Abrücken von den „anderen" die Waage halten, wenn nicht gar das Abrücken wichtiger ist als das Zusammenrücken. Gercens Festhalten am Inneren und sein Beharren auf der Integrität dieses Inneren steht in einer romantischen Genealogie. Er ist – anders als Danilevskij – in seinem naturphilosophischen Frühwerk, trotz realistischer

---

[132] Novič datiert das Ende der romantischen Frühphase Gercens recht genau auf das Jahr 1840 (Novič 1980, 311).

Ideologie, noch von romantischer Axiologik geleitet. Gercens Frühwerk steht auf der Epochenschwelle, auch der zwischen zwei Axiologiken.

Gercens reifes Werk aber verwahrt sich gegen allgemeine Ideen, gegen abstrakte Formeln, gegen übergreifende Lösungen; er verteidigt das irreduzibel Individuelle, das einzelne real Seiende. Eben diesen Zug nennt Berlin „dry realism" (1978, 105). Für Danilevskijs Abheben auf das (kulturell) Individuelle gilt *mutatis mutandis* ähnliches.

Sollte am Beispiel Gercens und Danilevskijs eine „realistische" Axiologik formuliert werden, so wäre dies die synchrone Koexistenz zweier logisch-axiologischer Maßstäbe (nach der bei Čaadaev und Kireevskij festgestellten, „romantischen" diachronen Spaltung, s. 6.7.): eines abgetrennten Außen und eines in sich verbundenen Inneren, eine Sicht von Einsamkeit gegenüber einer Umwelt. Der „Realismus" würde danach strukturell zu logisch-axiologischen Urszene zurückkehren. Ein anderer Zug romantischen Erbes (Zukunftserlösung durch Verbindung) wird bei den beiden „Realisten" Gercen und Danilevskij zwar problematisch, wirkt aber (in Gercens Episteme oder Danilevskijs methodischer Inkonsequenz einer „komplettesten" slavischen Zivilisation) fort. Für die generelle Zuschreibung einer bestimmten, „typischen" Axiologik an gewisse geistesgeschichtliche Epochen wären weitere Untersuchungen erforderlich (vgl. 9.2.1.). Die Materialbasis ist mit der paarweisen Konzeptualisierunge vorderhand noch zu gering.

7.9.2. Erbstücke aus der Axiologik der „Romantiker"

Bei Kireevskij und Čaadaev war eine zeitliche Spaltung in der Verwendung logischer Operationen festzustellen gewesen: Einer als disjunktiv beklagten Gegenwart wurde ein konjunktives Zukunftsideal entgegengestellt. Bei Danilevskij verschiebt sich der zeitliche Vektor auf die räumliche Ebene, weswegen hier eine Zeitreihung von logisch-axiologischen Operationen weniger in Frage kommt. Gercen hat besonders im Frühwerk, in *Дилетантизм в науке* und *Письма об изучении природы* noch Elemente einer zeitlichen Differenzierung, wie sie von Čaadaev und Kireevskij bekannt ist. Da wird „Egoismus" verworfen (1975, II 11), Ausschließlichkeit beklagt („всякая исключительность тягостна", ebd., 95), die disjunktive Alternative als zu eng begriffen[133] und eine integrale, idealistisch-materialistische, lebendige „Ein-

---

[133] In einer Anmerkung zu *Дилетантизм в науке* spricht Gercen von „узенькое рассудочное «то или другое»" (1975, II 16, Anm. 1).

heit" philosophisch-naturwissenschaftlichen Denkens für die Zukunft projektiert (Gercens Vision des begeistert Bacon lesenden Hegel bildet den Schluß- und Gipfelpunkt der unabgeschlossenen *Письма об изучении природы*, 1975, II 309f), die Welt als harmonisches Ganzes beschrieben (1975, II 123). Ja es gibt selbst Anklänge einer Kreisbewegung von Einheit über Spaltung zurück zur Einheit (s. 1975, II 107-109 u. 128-130: „к истинному и вечному сочетанию раздвоенного")[134] – wie sie besonders für Solov'ev (8.7.1.), aber auch für Kireevskij bestimmend ist – wenn Gercen das Klischee von der heilen, ganzheitlichen Antike reproduziert (1975, II 140). Disjunktion wird hier noch allgemein verworfen. Doch die synthetische Frühphase konnte nicht lange halten, solches Denken war, wie Berlin etwas schwammig ausdrückt, „incompatible with his [Herzen's] temperament" (1978, 193). Mit dem negativen Freiheitsbegriff und der Betonung des individuellen historischen Moments und des nur eigenen Zwecken folgenden Individuums ändert sich das mit *С того берега*. Nun kommt bei Gercen, wie bei Danilevskij, ein synchrones Moment zum Tragen, das Individuen (und deren Zeit) positiv schützt – durch disjunktive Operationen.

Danilevskijs „естественная односторонность" einer Nation setzt sich von vornherein vom Integralismus des Čaadaevschen Zukunftsideals ab und erlaubt Disjunktion als Positivum – soweit sie eben im Dienste des nationalen Kollektivs steht. In anderen Feldern von Danilevskijs Denkens gilt Kireevskijs und Čaadaevs Disjunktionverwerfung weiter. Es handelt sich also um eine synchrone Koexistenz zweier logischer Dominanzen und Axiologiken: von Disjunktion und Konjunktion von Disjunktionsaxiologik und Konjunktionsaxiologik, während Čaadaev und Kireevskij einer diachronen Distribution anhingen.

7.9.3. Lob der Disjunktion: Šiškov, Danilevskij, Gercen

Die Relation trennender Operationen gegen das Außen und verbindender nach innen nähert auf allgemeinster Ebene die Denkweisen von Gercen und Danilevskij an die Šiškovsche Strategie an: Hatte bei Šiškov allerdings die identifikatorische Bewegung im „Inneren" (etwa zwischen Altgriechisch, Altkirchenslavisch und gegenwärtigem Russisch) im Dienste der Abgrenzung

---

[134] Andererseits geht Gercen auf Distanz zum Neoplatonismus, von dem diese Dreierbewegung (bei Solov'ev) herrührt; er begreift die neoplatonische Kosmogonie als „Verlust von Wirklichkeit" (1975, II 142, 199f).

nach außen gestanden, war hier eine Subordination der verbindenden Operationen als eines Mittels unter den Zweck der Disjunktion nach außen zu beobachten gewesen, so ist bei Danilevskij die Verbindung, welche im Inneren des „slavischen Kulturtyps" angestrebt wird, nicht so identifikatorisch wie bei Šiškov, werden in ihr die Unterschiede weniger verwischt. Zudem ist die innere Konjunktion nicht einzig und allein Mittel der Disjunktion, wenn auch eine gewisse Nachordnung der konjugierenden Operationen unter die disjungierenden gleichfalls bei Danilevskij nicht abzustreiten ist. Die Differenz in der Mittel-Zweck-Relation zwischen innerem Verbinden und äußerem Trennen, die zwischen dem Proto-Slavophilen Šiškov und dem Spätslavophilen Danilevskij auftritt, ist nicht mehr als gradueller Natur. Bei Gercen hingegen würde es seine Intention, sein Rhema vergewaltigen, wollte man das konjunktive Ideal einer ganzheitlichen Persönlichkeit, eines kohärenten Individuums unter den äußeren Zweck eines negativen (disjunktiven) Freiheitsbegriffs unterzuordnen. Hier ist die Mittel-Zweck-Relation eher umgekehrt anzusetzen: Die disjunktive Operation des negativen Freiheitsbegriffs steht im Dienste des Individuums, das – darin ist Gercen Erbe der romantischen Axiologik – ganzheitlich gedacht wird.[135]

---

[135] Andererseits ist gerade die Stirner-Gercensche Betonung des Ichs bzw. des Individuums als des einzigen „Realen" (Stirner 1972, 411) auf der begrifflichen Ebene nichtromantisch. Die Sprechweisen von Romantik und Realismus laufen in ihrer inhaltlichen Füllung einerseits und ihrer logisch-axiologischen Dimension andererseits nicht selten auseinander.

8. V. S. SOLOV'EV UND K. N. LEONT'EV

8.0. Anknüpfung an frühere Debatten

> Diesen Mittlern und Mischern sind wir gram. (Nietzsche 1975, 181)

Die Konvergenz der Axiologiken von Čaadaev und Kireevskij sowie von Gercen und Danilevskij war eher überraschend als repräsentativ für die gesamte Westler-Slavophilen-Kontroverse, obwohl man aus der Vergleichbarkeit mit Schelling, dem späten Schlegel und Baader zum einen schließen könnte, daß die Philosophie der Spätphase der romantischen Epoche insgesamt eher zu konjunktiver Axiologik neigt (in der Frühromantik gibt es in Rußland keine selbständige Philosophie), während andererseits der Realismus mit junghegelianischer Radikalisierung von Dialektik und der Ausrichtung auf das Einzelfaktum disjunktiver Axiologik anhängt. Versteht man den Streit von Westlern und Slavophilen typologisch, d.h. als über die Jahre 1842-44 hinausgehend, so kann in gewissem Maße auch noch Leont'ev als späte Verlängerung der slavophilen Position verstanden werden. Dies ist allerdings nicht unproblematisch: Leont'ev hat, eigenen Zeugnissen zufolge (S. Puškin 1996, 60), die Texte der Frühslavophilen kaum gekannt. Smolič sieht Leont'ev als einen bloß „Slavophilisierenden" (1934, 5), Frank stellt ihn in die „Mitte zwischen ‚Slavophile' und ‚Westler'" (Sem. Frank 1926, 35), und Berdjaev hält Leont'ev weder für einen Westler noch für einen Slavophilen (1968, 4, 45). Wie Solov'ev, Rozanov und Sem. Frank zieht auch Berdjaev den Vergleich Leont'evs mit Nietzsche („Vorläufer Nietzsches") seiner Einschreibung in die slavophile Tradition vor (Berdjaev 1983, 79).

Wenn in diesem Kapitel die Kontroverse von Solov'ev und Leont'ev im Mittelpunkt stehen soll, so ist doch der Rekurs besonders auf Danilevskij angeraten. Daß sich sowohl Solov'ev als auch Leont'ev in verschiedener Weise auf Danilevskij beziehen, sich mit ihm auseinandersetzen (s. Städtke 1995, 31f), macht einen wesentlichen kulturosophischen Aspekt ihrer Texte aus. Danilevskijs slavophil-isolationistische Kulturmorphologie beeinflußte Solov'ev (z.B. der Begriff des Kulturtyps, Solov'ev 1994a, 23), bildet aber für den späteren Solov'ev einen Abstoßungspunkt (s. Daugirdaité-Sruogiené 1948, 19f, Walicki 1975, 573). Zum anderen stellt er eine entscheidende Quelle für Leont'ev, der sich gar nur für einen „Nachfolger Danilevskijs" ansah (Berdjaev 1983, 79, was aber nur partiell zutrifft, Berdjaev 1968, 73). Er erklärt dessen Lehre von den Kulturtypen im ganzen für ein „истинное открытие" (Leont'ev 1993, 222). Doch Leont'ev unterscheidet sich in vielem von Danilevskij: Seine Apokalyptik trägt wesentliche neue Aspekte zur aus Danilevskijs Kulturdisjunktion entlehnten Lebensaltertheorie bei. Er modifiziert sie allgemein (Leont'ev 1993, 371) wie konkret (Byzanz, ebd., 384, Rußland, ebd., 223f). Pfalzgraf ist sicher im Recht, wenn er – mit eingehendem Miljukov-Zitat – meint, daß das Verhältnis Leont'evs zur slavophilen Tradition nicht ohne Berücksichtigung des Vermittlungsgliedes Danilevskij verstehbar ist:

> Danilevskij [ist] das Bindeglied zwischen dem „metaphysischen Absolutismus des alten Slavophilentums" und dem „pessimistischen Fatalismus" Leont'evs. Danilevskijs „Predigt der nationalen Ausschließlichkeit steht in der Mitte zwischen dem nationalen Messianismus der alten Slavophilen und der Verneinung jeder nationalen Selbständigkeit als eines verdächtigen Prinzips bei Leont'ev. Danilevskij ließ die Möglichkeit einer weiteren Entwicklung vieler Seiten des nationalen Lebens bestehen und sah in dieser Möglichkeit das Vermächtnis der Zukunft des slavischen Kulturtyps, Leont'ev dagegen, der nicht an die Zukunft glaubte, erhob die Resultate des vergangenen historischen Lebens zum nationalen Dogma." (Pfalzgraf 1954, 192)

Solov'ev seinerseits hält die Westler-Slavophilen-Kontroverse insgesamt für einen veralteten Antagonismus (1966, III 214). Entkommen kann er ihm damit aber noch nicht (muß sich argumentativ immer wieder von ihm absetzen), selbst wenn die Überwindung jeglichen Antagonismus genau in seinem deklarierten philosophisch-systematischen Erkenntnisinteresse liegt, *das* Positivum seiner Axiologik ist.

8.1. Gliederung des Kapitels

Die in den drei voraufgegangenen Kapiteln angewandte schrittweise Gliederung wird hier fortgeführt. Zunächst werden die Hauptgesichtspunkte des kulturosophischen Denkens Konstantin Nikolaevič Leont'evs (1831-1891) und Vladimir Sergeevič Solov'evs (1853-1900) im Kontrast vorgestellt. Zur Untersuchung ihrer Kulturosophien wird wiederum eine Gliederung nach Parametern wie Kulturräume, Geschichtsbegriff, Kunstkonzept, Menschenbild, Gesellschaftsvorstellung usw. leitend sein (8.3.1.-8.3.9.). Danach geht es um die in Leont'evs und Solov'evs Denken auftretenden dominanten kulturmodellierenden Oppositionen, diesmal um *alt* vs. *neu, Kultur* vs. *Anti-Kultur (bzw. Nicht-Kultur), innen* vs. *außen, eigen* vs. *fremd* und – *neu* – *einfach* vs. *komplex* (8.4.1.-8.4.5.). Die anschließende Darlegung der Realisierung logischer Operationen im Denken von Leont'ev und Solov'ev

(8.5.0.-8.5.12.) mündet in den Versuch einer Gesamtformel, welche die konträre, aber nicht kontradiktorische Differenz der beiden Debattanten herausarbeitet (8.6.). Zwei verschiedene Vergleichspunkte – die hermetische Tradition und Nietzsche (8.7.1.-8.7.2.) – dienen der Verdeutlichung des logisch-axiologischen Gegensatzes zwischen Solov'ev und Leont'ev.

8.2. Debatte

Im Mittelpunkt dieser Untersuchung steht die Debatte von Solov'ev und Leont'ev aus Anlaß der umjubelten Puškin-Rede Dostoevskijs vom 08.06.1880. Im direkten Anschluß an diese Rede entspann sich eine vorwiegend journalistische Debatte über politisch-gesellschaftliche, kulturosophische Inhalte von Dostoevskijs Ansprache unter Teilnahme Gradovskijs, Kavelins u.a.[1]. Leont'evs Broschüre *Наши новые христиане. Ф. М. Достоевский и гр. Лев Толстой* erschien in drei Teilen im *Варшавский Дневник* Nr. 162, 169 und 173 am 29.07., 07.08. und 12.08.1880 (über Dostoevskij, vgl. dazu Letopis' 1995, 454-459) und zwei Teilen im *Гражданин* 1882 (zu Tolstoj). Solov'evs Reden datieren vom 01.02.1882 (2. Rede) und vom 15.03.1883 (3. Rede); die erste ist Anfang 1884 zur Buchpublikation dazugeschrieben[2]. Auf Leont'evs Angriff gegen Dostoevskij reagiert Solov'ev mit *Заметка в защиту Достоевского от обвинения в «новом» христианстве*, publiziert am 01.05.1883 in *Русь*[3]. Trotz der inhaltlichen Kontroverse ist das persönliche Verhältnis der beiden – besonders von seiten Leont'evs – sehr gut (Fudel' 1917, 22). Auch Leont'evs als *Записки отшельника* zusammengestellte Texte enthalten eine umfängliche Auseinan-

---

[1] Zum Verlauf der Debatte s. ausführlich im Kommentar der Dostoevskij-Ausgabe (1984, XXVI 475-491, zu Leont'evs Kritik auch XV 496-498; besagte Kommentarpassagen stammen von V. E. Vetlovskaja, G. V. Stepanova, E. I. Kijko und – zu Leont'ev – A. I. Batjuto).

[2] Diese Angaben entstammen L. Müller 1992, 94, 103, 112. Die Werkausgabe führt als Vortragsdatum der dritten Rede unzutreffend den 19.02.1895 an. Liest man die Reden in der Reihenfolge ihrer Entstehung – zuerst Nr. 2 und 3 und erst dann Nr. 1 – so wird eine Entwicklung deutlich, in der Solov'ev das Russische ideell immer stärker durch das Universale ersetzt. L. Müller nennt dies eine Entfernung von Dostoevskij (L. Müller 1992, 81).

[3] Zum konkreten Verlauf der Debatte Solov'evs und Leont'evs Weiteres bei L. Müller 1992, 64-76. Auch gegen einen Angriff von links – gegen Michajlovskijs Vorwurf der „жестокость" an Dostoevskij (Michajlovskij 1990, 63) – nimmt Solov'ev den Schriftsteller 1882 in Schutz (Solov'ev 1989, 204-207). Hier liegt das Gewicht auf dem universalen Verzeihen als der Voraussetzung des „всечеловечество".

dersetzung mit Solov'ev: den Teil *Владимир Соловьев против Данилевского*, wo Danilevskij gegen Angriffe Solov'evs in Schutz genommen wird (Leont'ev 1993, 199-261). 1891 folgen sieben literarisierte Briefe Leont'evs an Solov'ev, in denen er seinen kosmopolitischen Widerpart zum Schiedsrichter in seinem Streit mit Astaf'ev über den „richtigen" Nationalismusbegriff anruft. Kurz vor seinem Tod kommt es nochmals zu einer heftigen Reaktion Leont'evs auf Solov'evs Lobpreis für nicht christlich motivierten humanitären Fortschritt im Referat *Об упадке средневекового миросозерцания* vom 19.10.1891 (s. Fudel' 1917, 22-24). Leont'evs Tod verhindert ein endgültiges Zerwürfnis. Solov'ev seinerseits schreibt einen Nachruf *Памяти К. Н. Леонтьева* (14.12.1891) und einen Enzyklopädie-Artikel über seinen zwischenzeitlich verstorbenen Rivalen.

Im Vergleich zu den drei bisherigen Gegenüberstellungen ist bei Solov'ev und Leont'ev der Debattencharakter am offensichtlichsten, da droht aufeinander geantwortet und Bezug genommen wird, während Karamzin selbst Šiškov nicht erwiderte, was seine Anhänger besorgten, Kireevskijs Bezüge auf Čaadaev zwar intertextuell als markiert gelten können, aber nicht namentlich und kommunikationspragmatisch auf den Konterpart verweisen, und Gercen und Danilevskij selbst von der Sekundärliteratur wenig in Verbindung gebracht werden.

Die Debatte, die von Dostoevskij ausgeht, wird hier nicht als Debatte *um Dostoevskij* gelesen und schon gar nicht als adäquate oder nicht-adäquate literaturwissenschaftliche Aussagen über denselben (s. Ackermann 1998, 111), sondern als Serie von Texten kulturosophischen Inhalts. Das Ausgehen von der Fragestellung der einen „Idee in der Kunst" (Solov'ev 1966, III 185, 199) rückt aber – stärker als bei Čaadaev und Kireevskij, Gercen und Danilevskij – die Frage nach der Zukunft der Kunst, die Karamzin und Šiškov bewegt hatte, wieder ins Blickfeld.

Fast alle journalistischen Kritiker der Dostoevskij-Rede besprachen – wie später auch Solov'ev und Leont'ev – lediglich allgemein kulturosophische Aspekte, lasen die Rede kaum als Rede über Aleksandr Puškin (Dostoevskij 1984, XXVI 475). In analoger Weise kann in dieser Untersuchung bei den Stellungnahmen Solov'evs und Leont'evs oftmals von Dostoevskij als dem Referenten der Äußerungen abstrahiert werden; denn es gibt vielfach, besonders bei Solov'ev, eine Identifikation von Aussagen über Dostoevskij mit eigenen, grundsätzlichen Statements. Was über Dostoevskij gesagt wird, gilt zugleich allgemein, und „Einsichten" Dostoevskijs sind für Solov'ev objektiv richtig:

А судить он мог по праву, ибо имел у себя мерило суждения в своей вере, которая ставила его выше господствующих течений [...] и суд его был праведен (Solov'ev 1966, III 192f, ähnlich 203)[4].

Somit können Solov'evs Dikta über Dostoevskij als allgemeine kulturosophische Geltungsbehauptungen Solov'evs gelesen werden. Leont'ev befleissigt sich sowohl gegenüber Dostoevskij als auch gegenüber Tolstoj einer polemischen Distanz. Da er, nachdem er eine Auffassung Tolstojs oder Dostoevskijs wiedergegeben hat, fast immer widerspricht, sind diese von ihm positiv vertretenen Aussagen aber unschwer zu identifizieren.

8.2.1. Forschungsstand

Relativ gut untersucht ist das Verhältnis von Dostoevskij und Solov'ev anhand der Parallelisierung von *Легенда о Великом Инквизиторе* und *Рассказ об Антихристе*. Die Dostoevskij-Reden Solov'evs bleiben meist etwas am Rande, und Leont'ev wird dabei nicht (Szyłkarski 1948) oder bloß sporadisch (d'Herbigny 1944, 168, Walicki 1969, 575f) berücksichtigt. Hier soll umgekehrt vorgegangen werden und der Kontrast und Konflikt von Solov'ev und Leont'ev ins Blickfeld gehoben werden.

Miljukov (1903) unternimmt noch zu Lebzeiten Solov'evs, im Januar 1894, eine erste Gegenüberstellung Leont'evs und Solov'evs auf dem Hintergrund der Kulturmorphologie Danilevskijs und der Transformation früher slavophiler Ideen. Miljukovs Wiedergabe von Leont'evschen nationalistischen Positionen ist von treffender Gehässigkeit, trägt deswegen aber wenig zu einer Konzeptualisierung bei. Fudel' stellt im Utopismus eine strukturelle Konvergenz der inhaltlichen Antipoden Solov'ev und Leont'ev fest (1917, 31). E. N. Trubeckojs kompendiale Studie über Solov'evs Philosophie (1995) läßt dessen Kontroverse mit Leont'ev völlig außer acht. Berdjaev

---

[4] Einmal stellt Solov'ev im Zusammenhang seiner übernational-teleologischen Argumentation richtigstellend fest: „Правда, он [Достоевский] считал Россию избранным народом Божиим, но избранным не для соперничества [...], а для свободного служения всем народам [...]" (1966, III 201). Er legt in Dostoevskij eine übergreifende Mission Rußlands hinein, wie sie eher für Gercen typisch war. Diese korrigierende, zurechtrückende Aussage Solov'evs über Dostoevskij ist aber ein Einzelfall. In der überwiegenden Regel gelten Dostoevskij-„Ideen" (ohne daß die Art und Weise ihrer Ermittlung ausgewiesen würde) für Solov'ev zwischen 1881 und 1884 als begrüßenswert. Erst später hebt er die ihm selbst fremden, nationalistischen Züge von Dostoevskijs Schaffen stärker hervor (s. L. Müller 1992, 82).

kommt 1936 zu der verblüffenden These eines großen Einflusses Solov'evs auf Leont'ev (1968, 186), kontrastiert aber aufschlußreich den kirchlichen Kollektivismus Solov'evs mit Leont'evs religiösem Solipsismus. Močul'skij erklärt Solov'ev und Leont'ev 1936 zu diametralen Gegensätzen (1995, 148), sieht aber im katastrophischen Spätwerk Solov'evs Leont'evs Einfluß, dessen „Sieg" (ebd., 149, ähnlich Stremouchov 1933, 227, u.a.). Ivask amplifiziert die Gegensatzthese Močul'skijs (1974, 322); frühe ästhetische Anziehung sei aufgrund des ideologischen Konflikts (wie bei Nietzsche und Wagner) später völlig geschwunden (ebd., 323, 325). Moss (1969) stellt Solov'ev einer Korona von Russophilen gegenüber, wobei Leont'ev nur sehr am Rande abgehandelt wird[5]. Gajdenko verdoppelt die ideologische Verurteilung Leont'evs mit der Marxschen Klassifikation von der feudalen Reaktion auf die bürgerliche Gesellschaftsentwicklung (Gajdenko 1974, 170). So wird das Problem von Leont'evs Widersprüchlichkeit soziologisch-symptomatologisch *ad acta* gelegt (ebd., 204). L. Müller referiert den Verlauf der Debatte mit Fokussierung auf Solov'ev und den Wandel in dessen Einstellung zu Dostoevskij und schwächt den Antagonismus mit Leont'ev – allerdings, ohne dies inhaltlich ausreichend zu belegen[6] – ab (L. Müller 1992, 82f). Manche neueste Texte über Leont'ev fallen in die ideologischen Fragestellungen des 19. Jahrhunderts zurück und suchen bei ihm autoritative Äußerungen über die Schädlichkeit des westlichen Einflusses, des sogenannten „primitiven Demokratismus'" für Rußland (Adrianov 1993a, 5 u. 9; Bulyčev 1993, 420 u.a.). Umgekehrt führt dieser Gestus zu pauschaler Abwertung Solov'evs (Mal'čevskij 1993, 443). Wie auch Texte, die eine umgekehrte Verurteilung vornehmen (Szyłkarski, wenngleich ohne Nennung Leont'evs, gegen den „heuchlerischen Panrussismus", Szyłkarski 1948, 35), sind diese Zugänge für eine kontrastive Konzeptualisierung wenig anschlußfähig.

Zur Logik der Denkformen bietet die Sekundärliteratur mit Ausnahme Levins (1993) wenig. Vielzählige Betonungen von Leont'evs Vorliebe für das Unterschiedene bzw. Solov'evs Präferenz des Synthetischen und Einen lassen sich jedoch logisch-axiologisch ausdeuten. Bspw. gipfelt Berdjaevs These vom dualistischen Weltbild Leont'evs in der kaum einer Übersetzung

---

[5] So gelangt er zu der abwegigen These von einem Einfluß Leont'evs auf Solov'ev in bezug darauf, daß beide die Kirche über die Nation stellten (Moss 1969, 47), was, wie unten (8.3.9.) gezeigt wird, für Leont'ev so eindeutig gar nicht zutrifft.

[6] Daß Solov'ev mit Leont'ev in einem schillerschen „naiven" Christentum übereinstimme (so L. Müller 1992, 82), ist eine unhaltbare Vermischung.

im Sinne der Axiologik mehr bedürfenden Sentenz: „He had a horror of identity, and insisted upon the validity of the dualistic principle of attraction and repulsion." (1968, 193) Und Broda lanciert die Hypothese, nach der Leont'ev einen programmatischen Antisynthetismus verfolgt habe. Leont'ev gelange

> ku pogłębiającej się świadomości wielorakości, niewspółmierności i możliwej konfliktowości różnorakich porządków sensu, świadomości nieuniknionej sytuacji wyboru oraz związanej z nią niezbędności hierarchizacji między nimi, nie prowadzącej jednak do żadnej ich „łagodnej", a tym bardziej ostatecznej, syntezy. (Broda 1994, 48)

Diesen Faden lohnt es weiterzuverfolgen. Die mittlere Phase in der Entwicklung Solov'evs mit Konzentration auf seine Polemik mit Leont'ev wird besonders in Blick genommen und mit der logischen Konzeptualisierung sowohl vereindeutigend wertende als auch vereindeutigend gegenüberstellende Kontrastierungen vermieden. Wie eingangs (1.1.1.) angedeutet, ist Jurij I. Levins logische Formalisierung von Solov'evs Philosophie dahingehend nützlich, als zwar sein Begriffsapparat redundant ist, die bei ihm durchscheinende Gegenüberstellung von Verbinden und Trennen sowie ihre axiologische Belegung inhaltlich aber mit der nachfolgend zu erarbeitenden logisch-axiologischen Auffassung zur Deckung geracht werden können. Levin schreibt:

> Состояние нормы С. [Соловьева] часто характеризует также словами: *солидарность, согласие, внутреннее свободное соединение, свободное общение.* Этим терминам соответствует, по-видимому, конъюнкция свободы, цельности (в том числе единства) и свободного подчинения. [...] (Levin 1993, 9)
>
> Положение вещей, к которому приводит господство обособления, может быть названо раздробленностью, разъединением, разделением: V_i Об($Э_i$) (ebd., 10)[7].

Es müßten nur noch die Grundstrukturen Disjunktion und Konjunktion benannt werden. Ansonsten gibt Levins – hier nur verkürzt zitierte – Formalisierung die wesentlichen Züge der Solov'evschen Axiologik wieder.

---

[7] **Об** steht bei Levin für die Abspaltungsoperation (Disjunktion), $Э_i$ ist ein Element der Welt.

8.2.2. Entwicklung im Denken der Kontrahenten und Textauswahl

Neben der angesprochenen Debatte über Dostoevskijs Puškin-Rede wird nachfolgend vor allem auf drei weitere, zentrale Werke der beiden Kontrahenten rekurriert, auf Solov'evs *Чтения о Богочеловечестве* (1878-1881) und die französisch geschriebene Schrift *La Russie et l'église universelle* (1889, russisch postum 1909[8]) und auf Leont'evs kulturosophisches Hauptwerk *Византизм и славянство* (1873). Dies ist eine beschränkte Auswahl[9]; sie ist angeraten aufgrund des großen Umfangs des Solov'evschen Werks und der fast unübersehbaren Sekundärliteratur[10] zu diesem – einem breiten Konsens zufolge – bedeutendsten russischen Philosophen. Bei Leont'ev ist die Literaturlage nicht so unübersehbar, da das Gros seiner Werke literarischer Natur ist und für die kulturosophische Fragestellung außer Betracht bleiben kann.

Dafür stellt sich bei Leont'ev ein Problem ganz anderer Art: die allgemein anerkannte Widersprüchlichkeit seiner kulturosophischen, religiösen und ästhetischen Auffassungen (s. z.B. Sem. Frank 1993, 352), die es im Nachfolgenden erforderlich macht, bisweilen mehrere Ansichten Leont'evs zu einem und demselben Punkt nacheinander vorzustellen. Seine Widersprüchlichkeit läßt sich auch diachron nicht bereinigen, d.h. in mehrere kohärente Entwicklungsstadien bändigen. Bei Solov'ev hingegen sind solche diachronen Gliederungen wichtig und nötig. Sein Denkweg führt ihn, wenn auch nicht, wie Kireev es will, von Osten nach Westen (1890, 4), so doch von der Slavophilie zum Universalismus – und schließlich, damit nicht mehr erklärbar, Katastrophismus. Frühere slavophile Positionen wie auch spätere katastrophistische, zeitlich nach seiner ominösen, sogenannten „Begegnung

---

[8] Nach dem bei Čaadaev und Gercen angewandten Verfahren werden auch auf Französisch publizierte Schriften Solov'evs im Haupttext auf Russisch und in den Anmerkungen auf Französisch zitiert.

[9] Auf andere Texte wird nur dort kursorisch rekurriert, wo dies nötig ist, um eine sonst entstehende Lücke im kulturosophischen Denken der beiden Kontrahenten zu schließen. Es handelt sich dabei z.B. um Solov'evs Enzyklopädiestichwörter zum Neoplatonismus, zur Metaphysik, die postum so genannte Schrift *Теоретическая философия* oder nationalismustheoretische Arbeiten Leont'evs.

[10] Allein der von K. A. Groberg 1995 erstellte erste Entwurf einer umfassenden Bibliographie der Solov'ev-Sekundärliteratur (Groberg 1995) – bestimmt zur Publikation im 100. Todesjahr Vl. Solov'evs 2000 durch die „Trans-National Vladimir Solovyov Society" – umfaßte bereits 48 engbeschriebene Seiten.

mit dem Bösen" angesiedelte Ansichten (*Три разговора*) können hier nur vorneweg (8.2.3.) und danach punktuell eingbezogen werden (8.5.4.).

Eine Beschränkung, die sich zeitlich an der Entwicklung im Denken Solov'evs orientiert, ist also neben dem textökonomischen Argument angebracht. Die Periodisierungsversuche weisen für das Schaffen Solov'evs bei gewissen Abweichungen doch zumeist einheitlich eine mittlere Periode von etwa 1881 bis 1890 als „theokratische Periode" (Stremouchov 1933, 119) aus. Diese steht hier im Mittelpunkt[11]. Evgenij Trubeckoj ermittelt in seinem fundamentalen zweibändigen Werk *Миросозерцание Соловьева* eine slavophile Frühphase Solov'evs und zeigt die spätere Überwindung dieser Frühpositionen auf (E. Trubeckoj 1995, I 448). Die folgende Betrachtung ist dezidiert auf die mittlere Schaffensphase beschränkt. Zur Charakteristik des frühen Schaffens Vladimir Solov'evs geht ein kurzer Vergleich mit Ideen Kireevskijs voraus, aus dem deutlich werden soll, daß Solov'evs Frühwerk unter dem Blickwinkel der Axiologik nicht als bedeutsame Neuerung innerhalb der russischen Kulturosophie gelten kann.

8.2.3. Slavophile Positionen des frühen Solov'ev

Sowohl in Solov'evs Magisterdissertation *Кризис западной философии* (1874) als auch im ersten Entwurf seines philosophischen Systems *Философские начала цельного знания* (1877) läßt sich ein deutlicher Niederschlag slavophiler, ja bis in die Lexik und Metaphorik hinein Kireevskijscher Topik und Axiologik aufzeigen (vgl. auch Stepun 1964, 22; Burchardi 1998, 47 Anm. 44). Die Kritik an der westlichen Gesellschaft stützt sich bei Solov'ev auf die gleiche Disjunktionskritik wie bei Kireevskij (Solov'ev 1966, I 271-276). Bei ihm klingt es so:

> Поэтому мы видим, что чрезмерное развитие индивидуализма на современном Западе ведет прямо к своему противоположному — к всеобщему обезличению и опошлению. (Solov'ev 1966, I 274)

Und weiter:

---

[11] Zu den verschiedenen Periodisierungen s. Georges Zusammenstellung, 1988, 74-77. Die unterschiedlichen Einteilungen der mittleren Phase decken sich auch unter dem Aspekt der Einheit der Kirchen; Szyłkarski siedelt die Wende vom russischen Messianismus zu ökumenischen Konzepten 1882 an. Konsens aller Periodisierungsversuche ist die fortschreitende Entfernung Solov'evs von (orthodoxer) Exklusivität (s. George 1988, 78).

Отдельный эгоистический интерес, случайный факт, мелкая подробность — атомизм в жизни, атомизм в науке, атомизм в искусстве — вот последнее слово западной цивилизации. (ebd., 283)

Implizit schwingt in diesen Statements Solov'evs die slavophile Kulturraumdisjunktion mit, die dem am Westen kritisierten Gespaltenen und Zersplitterten – logisch gesprochen: Disjunktiven – in selbst formal genauso disjunktiver Weise das russische Integrale kontrastiert. Die Analogie zwischen Kireevskij und dem jungen Solov'ev erstreckt sich bis in Details wie die Darstellung der angeblich hyperrationalistischen Scholastik (ebd., 277) oder Hegels als des Gipfelpunktes des westlichen Rationalismus (ebd., 278). Die Grundformel Kireevskijs wie des frühen Solov'ev lautet: „формальный принцип" (ebd., 270). Dieser Diagnose der aktuellen kulturellen Situation im Westen stellen beide ein Einheitsideal entgegen, das auch Solov'ev 1877 mit Kireevskijs Lexik „цельность" nennt (dazu Kondrinewitsch 1963, 147). Selbst das Gleichnis vom entelechetisch prädeterminierten Samen, unabhängig vom ihn umgebenden Boden, auf das Kireevskij seine Verteidigung des Innen gegen das Außen gegründet hatte und das mit Danilevskijs These von den je einzigartigen Entwicklungsgesetzen korrespondiert, findet sich in Solov'evs *Философские начала цельного знания* wieder (1966, I 252). Gegen das Kantische unbestimmbare Ding an sich setzt Solov'ev im Fahrwasser seines Lehrer Jurkevič[12] in den *Философские начала цельного знания* den Fichte-Schellingschen Gedanken einer adäquaten, Erscheinung und Wesen zusammenschmelzenden „intellektuellen Anschauung" („умственное созерцание", Solov'ev 1966, I 316). Es handelt sich also bei Kireevskij wie beim frühen Solov'ev auf den verschiedenen Ebenen um dieselbe Axiologik von negativer Disjunktivität und positivem Einheitsentwurf, ja dieselbe Kosmogonie aus dem Zerfall der Ureinheit, die wiederzuerreichen ist. Evgenij N. Trubeckoj, Autor der wichtigsten Monographie über Solov'ev, schreibt:

---

[12] Panfil Jurkevič' referiert in seiner Geschichte des Konzepts „Idee" Platon mit großer Beistimmung und erklärt schließlich Kants Unterscheidung von Erscheinung und Ding an sich für unwesentlich, da „познание явления становится по мере своего совершенства познанием сущности" (Jurkevič 1990, 66). Philosophie soll nach Jurkevič „целостное миросозерцание" und nicht abstraktes Bewußtseins sein (ebd., 68). Jurkevič' Denken bildet also im Bereich der Gnoseologie das Vermittlungsglied von Kireevskij zum frühen Solov'ev (bei den Kulturräumen ist Danilevskij der Vermittler).

Сама задача «великого синтеза» была несомненно предвосхищена славянофилами, хотя и поставлена у них с меньшей ясностью, чем у Соловьева. (1995, I 77)

Spuren der früheren slavophilen Ansichten Solov'evs sind noch in seinen *Чтения о Богочеловечестве* merklich (1994a, 22, dazu Szyłkarski 1948, 8). Diese Züge nehmen im späteren Werk immer weiter ab, so daß Leont'ev in *Владимир Соловьев против Данилевского* Solov'evs Abkehr von für Leont'ev richtigeren slavophilen Frühpositionen beklagen kann (1993, 203). Das Ideal der „großen Synthese" wird sich beim reifen Solov'ev weiterverfolgen lassen, spannend ist dann aber die Umwertung des früher von ihm selbst vertretenen disjunktiven slavophilen Kulturraumkonzepts besonders ab den 1880er Jahren, also zur Zeit der Dostoevskij-Reden. Aufgrund dieser Umwertung lohnt es, Solov'ev nochmals gesondert zu betrachten und nicht mit Blick auf die starke Berührung der Axiologik seiner frühen Texte mit slavophilem Gedankengut als Epigonen zu stempeln. Er ist – wenngleich Eklektiker – alles andere als ein Epigone (Florovskij [1983, 318] hat hierin entschieden Unrecht).

8.3. Parameter der Debatte

8.3.1. Lage der russischen Kultur

Die kulturelle Situation der Gegenwart wird von Solov'ev vor allem durch die – gemessen am utopisch-apokalyptischen Ziel – unzureichende Lage der Religion gekennzeichnet (1966, III 200f, 1994a, 13). Leont'ev seinerseits sieht das National-Russische überlagert, überschwemmt und von westeuropäischen Einflüssen, an denen er viele schädliche Parameter ausmacht, die im folgenden noch ausführlich behandelt werden. Den autokratischen, alten Zustand des russischen Staates hypostasiert Leont'ev.

Einerseits verbindet die beiden Kulturosophen also, daß sie die russische (religiöse) Kultur ihrer Zeit für unzureichend oder bedroht ansehen – dies zweifellos bei beiden Erbe einer alten, nicht nur romantischen (Florovskij 1983, 305 u. 311) russischen Tradition (s. auch Šiškov und Gercen). Am Ausweg, an der Entwicklungsmöglichkeit oder -unmöglichkeit aber scheiden sich die Geister andererseits wieder. Leont'ev ruft: weniger europäisch, nationaler, russischer, zurück zum autokratischen Ständestaat (1912, VIII

176), Solov'ev repliziert: kosmopolitischer, allversöhnend, auf zur sozialen Gerechtigkeit und vorwärts zur Einheit (1994a, 14).

8.3.2. Kulturräume

Dostoevskijs Voten für eine kollektive Basis im Glauben dürften, so Solov'ev – diese Lesart macht er immer wieder klar –, keinenfalls als nationale Beschränkung mißverstanden werden[13]:

> В том общественном идеале братства или всеобщей солидарности, которому верил Достоевский, главным было его религиозно-нравственное, а не национальное значение. (1966, III 197)

Im Zentrum von Solov'evs übernationaler Argumentation[14] steht also die Kirche der gesamten Menschheit, durch keine kulturellen, rassischen oder sonstigen Grenzen (die Danilevskij hypostasierte) getrennt:

> Истинная церковь [...] есть всечеловеческая. [...] В ней должно в конце исчезнуть разделение человечества на соперничествующие и враждебные между собою племена и народы. Все они, не теряя своего национального характера, а лишь освобождаясь от своего национального эгоизма, могут и должны соединиться в одном общем деле всемирнаго возрождения. Поэтому Достоевский, говоря о России, не мог иметь в виду национального обособления. (1966, III 201)

Solov'ev verneint hier alles Nationale, Nationalistische an Dostoevskij und zieht damit eine – wie Močul'skij es darlegt (1995, 136) – logisch zulässige Folgerung aus dessen Denken, die allerdings der dialektischen Gespaltenheit Dostoevskijs widerspricht[15]. Nationale Beschränkung dürfe es nicht geben. Solov'evs Schrift *L'idée russe* (1888) verwirft unter Berufung auf die

---

[13] Wichtig ist hier im Hintergrund die Doppelbedeutung des russischen Adjektivs „народный", die diese in anderen Sprachen vielleicht gar nicht nötige erläuternde Einschränkung Solov'ev erforderlich erscheinen läßt: nicht „national", sondern „volksnah", „volkshaft" (das Deutsche mit seiner Diskreditierung des Volksbegriffes durch den Nationalsozialismus ist hier wiederum in einer besonderen Bredouille) habe, so Solov'ev, der kollektive Anfang im Glauben zu sein.

[14] Ganz hält Solov'ev aber diesen übernationalen Normativismus in seiner eigenen Deskription nicht durch: Zwar bezieht er das Judentum in die künftige „allgemeine Kirche" mit ein, andererseits aber sind Äußerungen über Ostasien (vgl. Gercen), besonders China nahe an der Grenze zu Diskriminierung (1966, III 207).

[15] Das Verhältnis, in dem Dostoevskijs Denken selbst zu Europa steht, ist dialektisch. Die vereindeutigenden Zuschreibungen Leont'evs und Solov'evs sind Verkürzungen, die hier aber – da dies zu weit führen würde – nicht von Dostoevskijs Texten her inhaltlich widerlegt werden können.

höchste denkbare Autorität „эпидемическое безумие национализма" (Solov'ev 1991b, 329); er begründet dies in *L'idée russe/Русская идея* mit dem angeblich beredten Verschweigen jeglicher Nation[16] in den Evangelien:

> [...] в Новом Завете уже нет речи о какой-либо отдельной национальности и даже указывается, что никакой национальный антагонизм не должен более иметь места. (Solov'ev 1991b, 320)

Solov'evs Kosmopolitismus geht andererseits nicht bis zum utopischen Internationalismus, nicht bis zur innerweltlichen Aufhebung des national Eigenen und Einmaligen. Vielmehr betont er die Koexistenz des Verschiedenen bei wechselseitiger Tolerierung (Tartak 1948, 322; Levin 1993, 36; Gaut 1998, 83f): *Ein übernationaler Organismus mit unterschiedlichen, aber der organizistischen Metapher gemäß integral zusammenwirkenden Gliedern* (Solov'ev 1991b, 334).

So wie Rußland – Leont'ev zufolge – mit der byzantinischen Kultur unauflöslich verbunden sei (1993, 36), so sei es auch von der westlichen geschieden. Von Leont'ev als negativ angesehene gesellschaftliche Erscheinungen wie Demokratie, Revolution oder Gleichheit werden geläufig mit für ihn *per se* pejorativen Attributen wie „französisch", „europäisch" usw. belegt (Bsp. 1912, VIII 174). Sie seien für das erhaltene byzantinisch-russische Alte verderblich, gefährlich. Die beiden Kulturblöcke werden so moralisch identifiziert, aber – da es sich um Lebensalter und nicht um Wesenszüge handelt – nicht wie bei den Slavophilen (besonders bei Danilevskij), die Leont'ev darin verlacht, naturalisiert (Gajdenko 1974, 174). Leont'ev unterscheidet strikt zwischen dem abgelehnten *jetzigen* Stand in der kulturellen Entwicklung des Westens, den er als Niedergang auffaßt, und früheren Phasen sowie von früheren Phasen überbliebenen konservativen Dimensionen der westlichen Gesellschaften (dazu S. Trubeckoj 1995, 124f u. 137). Dem westlichen Hochmut, Stolz und der westlichen Selbstzufriedenheit korrespondiert Leont'ev zufolge die russische Milde, bisweilen vielleicht gar übermäßige Güte (Leont'ev 1912, VIII 179f) und auch politische Demut (für Leont'ev ein Positivum, ebd., 210)[17]. Die Übernahme westlicher mora-

---

[16] Daß zur Zeit, als die Evangelien niedergeschrieben wurden, von einem Denken in nationalstaatlichen Kategorien keine Rede sein konnte und daß dieses Konzept folglich auch gar nicht gezielt verschwiegen werden konnte, – diese historische Differenz wird Solov'ev in seinem nobel-antipartikularistischen Eifer nicht bewußt.

[17] An der These von der Güte des russischen Volkes zeigt sich ein übriges Mal in der russischen Kulturphilosophie das späte Nachwirken Herderscher Gedanken (obwohl doch dessen Hervorhebung der Volkskultur vom Etatisten Leont'ev in keiner Weise geteilt wird).

lischer Fehler müsse vermieden werden, selbst wenn sie, wie Leont'ev resignativ feststellt, letztlich wohl nicht verhindert werden könne (1993, 363). Er äußert regelrecht Haß auf und Angst vor dem Einfluß Westeuropas, haßt es:

[...] боюсь до-смерти, что у них, хотя полусознательно, но мелькают в уме газеты, западное общественное мнение, «вот мы какие милые и цивилизованные!». (1912, VIII 181)

О как мы ненавидим тебя, *современная Европа*, за то, что ты погубила у себя самой все великое, изящное и святое и уничтожаешь и у нас, несчастных, столько драгоценного твоим заразительным дыханием[18]! (ebd., 212)

Die moralische Implikation ist es, die bei Leont'ev – anders als bei Danilevskij, der Kultursysteme theorieprinzipiell voneinander trennte – die Gefahr übermäßiger Berührung mit dem Westen Europas ausmacht, die Berührung mit östlichen oder südlichen Nachbarn Rußlands aber ungefährlich erscheinen läßt (1912, VIII 179)[19]. Seine Kritik an der Art und Weise der Puškin-Feier von 1880, auf der Dostoevskij besagte berühmte Rede hielt, bedarf denn auch gar keiner Details. Zu ihrer Verunglimpfung reicht Leont'ev das Epitheton „europäisch" völlig aus (ebd., 175). Die Entlehnung selbst einzelner Gedanken gilt ihm schädlich (ebd., 200). Die Hauptgefahr für das russische Besondere („племенная особенность") lautet „Kosmopolitismus" (ebd., 177), „antinationaler Eudämonismus" (ebd., 199). Europas Nähe zu suchen, die Europäer zu lieben, dieses Ansinnen Dostoevskijs und

---

Die „übermäßige Güte" Rußlands hatte in politischer Hinsicht schon Danilevskij beklagt (1995, 35).

[18] Čaadaevs Metapher von der Luft zum Atmen, die seiner Briefpartnerin in Rußland fehlen müsse, wird nach Gercen, der sie auf Westeuropa mit ausdehnt, nun vom Pathologen Leont'ev in der Beschreibungssprache seiner Wissenschaft auf politisch-gesellschaftliche Phänomene gewendet (s. dazu Rozanov 1911, 173) und in den Gifthauch des Westens verkehrt.

[19] Während den Asiaten und Turkvölkern gegenüber ein sympathetisch-warmes Mitleid möglich sei, kann sich Leont'ev seines Europäerhasses nur durch eine buchstabengetreue, aber emotional distanzierte Erfüllung des christlichen Samariter-Gebots erwehren: „Милосердие к ним [к французам], в случае несчастья, должно быть сдержанное, сухое, как бы обязательное и холодно-христианское." (Leont'ev 1912, VIII 180).

Eine mögliche Tradition für die Sicht von Berührung mit südlichen und östlichen Nachbarn als eines Positivums bilden die Schriften von Ivan Peresvetov aus den 30er Jahren des 16. Jahrhunderts. Darin rühmt er die türkische Autokratie als potentiell beispielgebend für Rußland (1984, 618). Rozanov nennt Leont'ev den ersten Turkophilen in Europa (1911, 177) und übersieht dabei die Genealogie von Peresvetov her. Auch Berdjaev schreibt: „Leont'ev tended to be a Turkophil rather than a Slavophil." (1968, 167)

8. Solov'ev und Leont'ev

Solov'evs[20] ist für Leont'ev eine Zumutung (ebd.). Das Prinzip des monoethnischen Staates weist Leont'ev zurück. Für ihn sind kulturelle Normen das Kohärenzmerkmal (1993, 41). In seinem Aufsatz *Племенная политика и всемирная революция* läßt Leont'ev dann auch das ethnische Prinzip zugunsten des kirchlich-kulturellen Kriteriums hinter sich (vgl. dazu Masaryk 1992, II 214; Korol'kov 1994, 69f). Nationale Absonderung gilt Leont'ev zwar als richtige *Absicht* (1992, 452). In dem für ihn typischen Verfahren, historische Verhaltensweisen nicht zu naturalisieren, erblickt er aber in besagter Schrift nur *negative*, d.h. kosmopolitische *Folgen* aus den ethnisch motivierten Volksbewegungen:

> Движение современного национализма есть не что иное, как видоизмененное только в приемах распространение космополитической демократизации. (ebd.)

Der Ausweg heißt für ihn kultureller Nationalismus, für Rußland: Byzantinismus. Berdjaev faßt zusammen: „The Byzantine principles were aristocratic ones imposed from above, while racial principles were essentially democratic and came from below." (1968, 162)

In den Briefen an Vl. Solov'ev, die um den Streit mit Astaf'ev um Panslavismus und russischen Nationalismus gehen, sieht Leont'ev den Panslavismus angesichts von bei den Südslaven vorhandenen westlich-rationalistischen Elementen als Gefahr (Leont'ev 1993, 349, 352) – die Südslaven seien vom Gifthauch angesteckt. Bei den meisten slavischen Völkern fehle es, so Leont'ev, an aristokratischer und monarchischer Tradition (1993, 63). Sie seien quasi „geistig zurückgeblieben" (ebd., 68). Der Prätext, gegen den sich diese Tirade gegen den Panslavismus wendet, ist Danilevskijs *Россия и Европа*, dem Leont'ev in seiner Lebensaltertheorie viel, fast alles verdankt, dessen „всеславянский союз" er aber in keiner Weise als Lösung hinnehmen kann (s. dazu Pfalzgraf 1954, 189; Kosik 1996, 8): „Leont'ev hat also nur dem theoretischen Teil der Kulturtypenlehre Danilevskijs die Treue bewahrt." (Pfalzgraf 1954, 190)[21]

---

[20] Deckungsgleichheit der Ansichten Solov'evs und Dostoevskijs darf hier keineswegs angenommen werden. Die Sekundärliteratur zum Verhältnis der beiden neigt oftmals zu einer oberflächlichen Sicht von Konvergenzen, was besonders beim Problem des russischen Messianismus (z.B. Sutton 1988, 188) mitunter zu Fehlschlüssen führt. Der Einflußvektor zeigt, wie Szyłkarski argumentiert, eher von Solov'ev zu Dostoevskij als umgekehrt (1948, 20).

[21] Allein schon der „Futurismus" der Danilevskijschen Ideen (s. 7.3.10) muß dem konservativen Leont'ev fern liegen. Von den retrograden Frühslavophilen führt eine eigenartig wellenförmige Vererbungslinie über den konservativen „Futuristen" Danilevskij zum Ver-

Zugleich nimmt Leont'ev mit der antipanslavistischen Polemik strukturell das Stalinsche Sozialfaschismus-Ideologem vorweg, wenn er die „infizierten Brüder" für gefährlicher hält als die eigentlichen „Feinde" in Westeuropa (ebd., 117). „Русизм" heißt für Leont'ev folglich das Gegengewicht gegen das Konzept einer panslavischen Union (1912, VIII 349). Eine *spätere* Verbindung von Rußland mit den übrigen Slaven – eines der konjunktiven Elemente im Denken Leont'evs – erachtet er für nicht ganz ausgeschlossen (1993, 373). Um Leont'ev von den alten und auch zeitgenössischen Slavophilen abzugrenzen, muß eine Unterscheidung von Russophilie und Slavophilie (Panslavismus) gemacht werden. Korolev zieht zu Recht das Slavische von der „Slavophilie" Leont'evs ab (1911, 331f); Leont'ev ist ein Russophiler und damit in vielen Punkten ein Gegner der Slavophilen. Er stellt kulturelle Identität, „kulturelles Slavophilentum" an die Stelle der ethnischen Identität, die viele slavophile Theoretiker favorisieren (Korol'kov 1994, 69)[22].

Solov'ev dagegen verortet wie Čaadaev Rußland in einem Dazwischen, und zwar „между басурманством и латинством" (1966, III 215). Dazu kommt bei Solov'ev im gleichen Atemzug die alte weströmische Auffassung (Benz 1957, 145) vom Abfall von Byzanz von der allgemeineuropäischen Kultur („Византия в односторонней вражде с Западом", ebd., vergleichbar auch 1994b, 155, dazu Muckermann 1945, 111-117). Rußland habe demzufolge auch zwischen Ostrom und Westrom zu vermitteln – eine versöhnende Reformulierung der Filofej-These vom 3. Rom (Malinin 1901, 383). Eine Zeit lang sei, schreibt Solov'ev, die Unabhängigkeit, das Dazwischen-Sein, der Abstand von den beiden älteren Roms positiv für Rußland gewesen (Solov'ev 1966, III 215). Doch dabei habe es sich um einen Zwischenschritt (physische Kräftesammlung, s. 8.3.3.) gehandelt, der jetzt nicht mehr gelte. Von Rußland müsse die neue (geistige) Vereinigung ausgehen.

Allein bei gewissen messianistischen Motiven – welche aber der apokalyptische Hintergrund wieder entwertet – konstituiert auch Leont'ev ein anderes Verhältnis als das bei ihm übliche, Rußland absondernde: In messianistischer Tradition hat Rußland für Leont'ev eine besondere Mission zu erfüllen. In dieser apokalpytisch-negativen Welterlösungsperspektive – die sei-

---

ehrer des alten Byzanz Leont'ev. Pfalzgraf schreibt, diese Dialektik reduzierend, Danilevskij bilde „das Bindeglied zwischen dem ‚metaphysischen Absolutismus des alten Slavophilentums' und dem ‚pessimistischen Fatalismus' Leont'evs." (Pfalzgraf 1954, 192)

[22] Zur verzweigten Debatte über Leont'evs Verortung gegenüber den Slavophilen s. Janovs referierende Einführung (1969, 99-101).

nem Fatalismus, seiner Weltnegation widerspricht – überzeichnet er den von ihm selbst gemachten Unterschied von Nationalem und Universalem (Smirnov 1994, 96f).

Solov'evs Messianismus geht noch einen Schritt weiter. Ihm zufolge müsse die Rede eigentlich gehen vom Universalen, habe Rußland universal zu werden und alle anderen Kulturräume mit zu erlösen (1966, III 215). Das Nationale muß eine kenotische Selbstentleerung durchschreiten; es ist ein, wenngleich historisch berechtigtes, Durchgangsstadium (Gaut 1988, 83-85). Den von Danilevskij in partikularistischem Sinne eingeführten Begriff der „Idee einer Nation" (Danilevskij 1995, 100) wendet Solov'ev ins Universale um.

8.3.2.1. Die Verbindung mit einem Dritten: Byzanz

Wie oben angeführt geht Solov'ev zufolge die Trennung von Westrom und Ostrom von Byzanz aus und wird von ihm mit exakt denselben Epitheta kritisiert, die Kireevskij für die von ihm vertretene These vom Abfall Westroms verwendet. Die Distanz des reifen Solov'ev zu seinen eigenen früheren slavophilen Positionen – und zu Leont'ev – könnte deutlicher nicht sein.

Ein Traditionsstrang, in dem die russische Kultur – in der Absicht der Abgrenzung von Westeuropa – mit einem (östlichen) Dritten verbunden wird, führt von Peresvetov (Türkei) über Chomjakov („иранство") und Leont'ev (Byzantinismus) zum Eurasier N. S. Trubeckoj („туранский элемент")[23]. Šiškovs Sicht der griechischen Sprache und damit des byzantinischen Elements insgesamt als ein dem Russischen urverwandtes (Šiškov 1824, 3) klingt in Leont'evs Hervorhebung des Byzantinismus im russischen Leben nach (Leont'ev 1993, 34). Šiškovs Zusammendenken von Altkirchenslavisch und Russisch sowie Kireevskijs implizite Konjunktion der (griechischen) Väter der Ostkirche und altrussischer Orthodoxie finden einen vergleichbaren Nachhall in Leont'evs Konzeptualisierung des Verhältnisses von Byzanz und Rußland: Die Verbindung „русский «византизм»" setzt die Identifikation in einschränkende Anführungszeichen (1993, 375). Unterschiede werden also eingeräumt (Bsp. 1993, 396). An anderen Stellen wird die – eigentlich selbstverständliche (s. 2.5.1.) – historische Unterschiedlichkeit jedoch stellenweise deklaratorisch oder normativ überwunden: Das von

---

[23] N. S. Trubeckoj lehnt aber Leont'evs Konjunktion von Byzanz und Rußland entschieden ab.

Leont'ev behauptete Fehlen einer Vorkultur in Rußland vor der Übernahme der byzantinischen habe – ihm zufolge – deren identische Erhaltung in Rußland ermöglicht (1993, 21)[24]. Der Byzantinismus habe aus Rußland einen „einheitlichen Körper" geformt (ebd., 34). Er habe es bei allen äußeren Gefährdungen geschützt (ebd., 35). Eine vom Byzantinismus unabhängige slavische Kultur hingegen gibt es laut Leont'ev nicht (ebd., 42f). Daher sei „славянофильство" im Wortsinne unbrauchbar; byzantinisches „культурофильство", so Leont'evs Neologismus, habe an dessen Stelle zu treten (1992, 497). Echte russische Orthodoxie müsse ganz in der Art Filarets, ganz nach dem alten Muster, ganz dem Athos getreu, ganz griechisch-russisch sein (1993, 389).

Was aber ist „Byzantinismus"? Leont'ev antwortet: Autokratie, Orthodoxie und Reduktion der innerweltlichen Persönlichkeit des Menschen; zudem wirksamste Antidosis gegen das „всечеловечество" – dieser spätere Leitbegriff Solov'evs wird bereits auf der ersten Seite von *Византизм и славянство* (1873) im Fahrwasser Danilevskijs (7.3.2.2.) demontiert (Leont'ev 1993, 19). Man könnte noch das ästhetische Moment ergänzen, das für Leont'ev an Byzanz stets von besonderer Bedeutung ist (Berdjaev 1968, 169). Byzantinismus ist in Leont'evs genannten Schrift eine Kulturform, von der das Christentum allein ein Teil ist (so auch der Vorwurf Solov'evs, 1966, IX 403); diese innerweltlich-kultursoteriologische Auffassung wird aber in den weltnegierenden apokalyptischen Texten Leont'evs umgekehrt (s. 8.3.9.).

8.3.3. Geschichte

Von der Ureinheit weg führt nach Solov'ev der kosmogonische Prozeß mittels Diversifizierung und Arbeitsteilung zur Zivilisation (1966, III 188). Wie Čaadaev, Kireevskij und Danilevskij gebraucht auch er die ontogenetische Lebensalter-Metaphorik für die Kulturgeschichte. Wie später in den Evolutionslehren von Vladimir Vernadskij (1926)[25] und Teilhard de Chardin (1963) baut bei Solov'ev die geistige Entwicklung (Noosphäre) auf der

---

[24] Čaadaevs *Апология* hatte für die russische Gegenwart die Leerstelle ähnlich als Chance beschrieben, wie dies Leont'ev in die Vergangenheit projiziert (1993, 28).
[25] Begrifflich knüpft in den 20er Jahren des 20. Jahrhunderts der Geo-Philosoph Vladimir I. Vernadskij an Solov'ev an. Seine Skizzen zur Fortsetzung der Monographie *Биосфера* wurden unter dem Sammeltitel *О переходе биосферы в ноосферу* herausgegeben (Vernadskij 1989, 151ff).

physischen (Biosphäre) auf, die ersterer vorausgehen müsse (1994a, 138).[26] In bezug auf Rußland argumentiert Solov'ev identisch (1966, III 207). Die Bauernbefreiung von 1861 wird bei Solov'ev als Ende der physischen Entwicklung und Voraussetzung für die erstrebte künftige innere, geistig-moralische Entfaltung konzeptualisiert.

Das historische Geschehen ist für Solov'ev ein Teil des „мировой процесс" (1994a, 135), der einem „прогрессивный ход" folge (ebd., 138). In ihm wirkten göttliches Prinzip (Logos) und Weltseele (Sofia) zusammen mit dem Ziel der Vergöttlichung, Theosis (ebd., 136).

> Für [...] Solov'ev ist das geschichtsphilosophische Thema zentral, in gewissem Sinne ist seine ganze Philosophie Geschichtsphilosophie: Seine Lehre vom Weg der Menschheit zur Gottmenschheit, zur All-Einheit, zum Gottesreich. Seine Theokratie ist eine geschichtsphilosophische Konstruktion. (Berdjaev 1983, 165)

Hinter dem Solov'evschen Geschichtsdenken steht ein Fortschrittskonzept[27], das nur idealistisch eingeschränkt wird; Losskij nennt Solov'evs Entwurf eine „supernaturalistische Evolutionstheorie" (1930, 203). In dieser dominiert das Ideelle vor dem Praktischen, das Transzendierende vor dem Immanenten.[28]

Leont'ev äußert sich zwar – Solov'ev vergleichbar – gegen vielerlei Arten äußeren, sozialen Fortschritts (Leont'ev 1912, VIII 167), stellt aber keine moralische Verbesserung in Aussicht. Glaube an demokratischen Fortschritt gilt ihm als pathologisch, als „*mania democratica progressiva*" (ebd., 203). Er hält dem sozialpraktischen Progreß, den er als von westeuropäischem Einfluß induziert diffamiert, ewig nur die Demut, die Unterwerfung

---

[26] Solov'evs Schritt in die „Noosphäre" kann, sieht man ihn vor dem Hintergrund der in der „Hinführung" als ursprünglich angenommenen Distribution von innerer Verbindung und äußerer Trennung als Positiva, als Ausweg aus einer in der materiellen Welt unumgänglichen partiellen Werterklärung von Disjunktion auffassen. Wie Goethe sagt: „Leicht beieinander wohnen die Gedanken, doch hart im Raume stoßen sich die Sachen." In einer Seinssphäre reinen Denkens ist Konjunktivität leichter als ausschließlicher Wert behauptbar.

[27] Daß zeitliches Voranschreiten positiv begriffen wird, ja ein Teil der „Theogenese" ist, macht das bemerkenswerte Detail deutlich, daß Solov'ev den Raum, nicht aber die Zeit als Erscheinungsform der „gottfernen Zersplitterung" ansieht (1994, 134f).

[28] Angesichts der idealistischen Überzeichnung sowie der Hintanstellung einer Vorstellung von sozialem und immanent-zivilistorischem Fortschritt ist eine Klassifizierung Solov'evs als Modernisierungstheoretikers, wie sie Raškovskij vorschlägt, problematisch: „По сути дела, мы сталкиваемся в трудах Соловьева с чем-то похожим на предвосхищение последующих социоисторических теорий о «модернизации» внезападных ареалов и о западных заимствованиях как о неотъемлемой характеристике модернизационных процессов." (1997, 102)

des Menschen unter Gott, Gottesfurcht und ehernes christliches Gesetz entgegen (ebd.). Die Menschheit ist in seiner Auffassung in dieser Welt nicht verbesserbar: „Но Христос указал, что человечество *неисправимо в общем смысле;* Он сказал даже, что «под конец оскудеет любовь»." (ebd.) „Denn alles, was entsteht, ist wert, daß es zugrunde geht" (Goethe 1959, 47 V. 1139f; Masaryk 1992, II 211, zieht diesen nicht untreffenden Vergleich der negativen Apokalyptiker Leont'ev und Mephisto).

Leont'ev überbietet seine eigene These von der unaufhebbaren Stasis der menschlichen historischen Situation (welche die Unmöglichkeit von menschengemachter Geschichte impliziert) durch eine finale, übrigens teleologische und nicht etwa kontingente (1993, 356) Dekadenz zur Apokalypse hin („ухудшение человеческих отношений *под конец света"*, ebd., 202): Am Ende werde die Liebe, Gottes Plan gemäß (1993, 357) gar versiegen. Und wenn doch einzig die Apokalypse sicher sei, „и потому на что эта лихорадочная забота о земном благе грядущих поколений?" (Leont'ev 1912, VIII 189) Die Suche nach einem irdischen, künftigen universalen Wohl sei unnütz (ebd., 190). Alle Geschichte *vor* der Apokalypse sei ohne Bedeutung – und von Fortschritt in ihr zu reden, wäre daher unsinnig. Der „monophytistische" Gottesglaube Leont'evs (Berdjaev 1968, 228) impliziert die Negation von Mensch und Welt, also von Geschichte. Leont'ev schränkt aber bemerkenswerterweise seine kulturelle Dissoziationsthese in den Briefen an Solov'ev auf das 19. Jahrhundert ein, vollzieht eine historistische Relativierung; zu anderen Zeiten könne anderes erforderlich sein (1993, 364). Bei Leont'ev gibt es folglich ein Paradox von Geschichtsnegation und aus dem Geiste des Historismus geborenem Relativismus .

Vor dem Hintergrund dieser Leont'evschen Verachtung irdischer Geschichte sticht im Sinne dieses Paradoxes die geschichtsphilosophische Schrift *Византизм и славянство* ab, wo historisch detailliert argumentiert wird und einzelne Handlungen entscheidend werden. Z.B. werden die Despotie und kulturelle Ausdifferenzierung unter Petr I. und Ekaterina II. gelobt (1993, 32, 258, dazu Berdjaev 1968, 157-160) – was zutiefst unslavophil ist. Gerade dieses Hauptwerk *Византизм и славянство* wurde von der Mehrzahl seiner zur Slavophilie neigenden Zeitgenossen, insbesondere von Katkov, den er selbst hochschätzte (E. Trubeckoj 1995, 124), mit grosser Reserve aufgenommen (Emel'janov/Novikov 1995, 50f.). Leont'ev entwickelt dort eine Kulturpathographie, die als eine organizistische Altershypothese zur Erklärung von Aufstieg und Niedergang herhält.

Тому же закону подчинены и государственные организмы, и целые культуры мира. И у них очень ясны эти три периода: *1) первичной простоты, 2) цветущей сложности и 3) вторичного смесительного упрощения.* (Leont'ev 1993, 75)

Von manchem Interpreteten, ja eher Apologeten wird diese Lehre in den Mittelpunkt von Leont'evs Denken gerückt, wo dieser sie selbst auch sah (Rozanov sekundiert Leont'ev gar mit einer umfänglichen Exegese und Anwendung der Kulturalterslehre, Rozanov 1995). Miljukov merkt hingegen an, daß Leont'ev seine Lebensaltertheorie auf Rußland selbst nicht konsequent angewendet habe; im Falle Rußlands habe er zwischen Jugend und Alter geschwankt und dadurch seine eigene Theorie entscheidend eingeschränkt (1903, 287). Außerdem ist Leont'evs Lebensaltertheorie ohne Danilevskijs Inspiration nicht zu denken (s. den Komplizierungsbegriff Danilevskijs, 1995, 92, vgl. 7.3.3.). Die Leont'evs Denken innewohnende Spannung von Weltverachtung und dem politisch stark wertenden Lebensaltermodell wird unten (8.3.9.) nochmals aufgenommen. Welche Seite auch in den verschiedenen Schriften Leont'evs dominiert, – von der Progredienztheorie Solov'evs sind beide Ansätze Leont'evs klar zu scheiden.

Zusammenfassend ließe sich folglich von einer ausschließlich idealistisch-moralischen (nicht aber zugleich auch zivilisatorisch-sozialpraktischen) Progredienztheorie Solov'evs sprechen: Es progrediert Kultur, nicht Zivilisation. Diese Position Solov'ev steht einer zwischen ahistorischer Stasis und prä-apokalyptischer Dekadenz einerseits und dem Lebensaltermodell mit Aufstieg und Niedergang und dem Versuch von dessen Überwindung im statisch-monarchischen Staat andererseits schwankenden Geschichtsauffassung Leont'evs gegenüber.

8.3.4. Kunstkonzept

Zeitgenössische kunsttheoretische Progamme des *l'art pour l'art* sind für Solov'ev Produkte von Kulturgeschichte, die er als einen partiellen Zerfallsprozeß begreift: „[...] совершенство художественной формы стало главным делом." (1966, III 188) Jegliches religiöse Bewußtsein, wie es in der ursprünglichen Kultur mit der Kunst unauflösbar verbunden gewesen sei, habe, so meint er, die zeitgenössische Kunst verlassen. Die Blüte der „formalistischen" westeuropäischen Kunst habe ihren Gipfel erreicht und überschritten (ein Entwicklungsmodell in der Art Danilevskijs): Eine neue Suche, ein neues Bedürfnis nach Inhalt und Botschaft trete, so sieht.es Solov'ev, allmählich an die Stelle der bisherigen Äußerlichkeit (ebd.). Allerdings sei aufgrund fehlender Religiosität dieses Inhaltsstreben zumeist auf äußere Mimetik hin fehlgeleitet. Platons Kunstkritik als Nachahmung der dinglichen Welt, die nur „Nachahmung" der Ideen ist, klingt hier sichtlich nach (s. Uffelmann 1998a). Der Symbolismus deutet sich an. Doch läßt Solov'ev Platon auch hinter sich: Im Sinne der Schelling-Fichteschen intellektuellen Anschauung könne Kunst gerade wahre Erkenntnis der Ideen sein: „[...] действительность идей и умственное созерцание несомненно доказываются фактом *художественного творчества.*" (1994a, 68) Doch auch in der Gegenwart sei wahre, metaphysische (ebd., 69) Kunst, seien religiöse Neuanfänge bereits latent spürbar (ebd., 189f). Dostoevskij steht bei Solov'ev als der Vorläufer und Künder („предтеча") der neuen Kunst da. Das berühmte Diktum des Schriftstellers („Красота мир спасет") im Hintergrund, vereint Solov'ev Schönheit, Wahrheit und Gutes in eine unauflösliche Ligatur:

> Истина есть добро, мыслимое человеческим умом; красота есть то же добро и та же истина, телесно воплощенная в живой конкретной форме. (Solov'ev 1966, III 203)

Lebensveränderung und -erneuerung im religiösen Sinne[29], – dies ist für Solov'ev die Aufgabe der Kunst:

> Для могучего действия на землю, чтобы повернуть и пересоздать ее, нужно привлечь и приложить к земле *неземные силы*. Искусство, обособившееся, отделившееся от религии, должно вступить с нею в новую свободную связь. (ebd., 190)

Die urspüngliche Personalunion von Seher und Künstler müsse restituiert werden. Rückkehr zur Ureinheit? Nein, so direkt sei dies nicht gemeint, merkt Solov'ev an: Identisch mit der uranfänglichen synthetischen Kunst-Religion werde die neue, künftige nicht sein[30].

Gegenüber diesem synthetischen, re-synthetisierenden Kunstkonzept Solov'evs trennt Leont'ev mit seiner Kritik an Tolstoj bis zu einem gewissen

---

[29] Darin liegt die Differenz zum Praktizismus der Junghegelianer Cieszkowski oder Gercen; der sozialistische Praktizismus ist aber, wie Akulinin zeigt (1990, 83), Grundlage und Inspiration für Solov'evs „практически-преобразовательная направленность системы всеединства" (ebd., 82). Die Erneuerung des Gedankens vom theotischen Wirken des Menschen geht strukturell auf den junghegelianischen Praktizismus zurück: „Активность человека в Богочеловеческом акте всеединства — вот пафос философии всеединства" (ebd.).

[30] S. dagegen das Argument Čiževskijs, Solov'evs Dialektik sei eine bloße Rückkehr zur Ureinheit (1961, 354); dazu auch 8.7.1.

Grade die inhaltliche von der ästhetisch-formalen Seite. Auch bei ihm steht zwar eine Vorstellung von gelungener Verschränkung der formalen und inhaltlichen Seite eines Kunstwerkes im Hintergrund; er liest die fiktionalen Texte Lev Tolstojs hauptsächlich unter moralischem Blickwinkel (1912, VIII 163) und legt an Dostoevskij eine orthodox-dogmatische Meßlatte an (der dieser – anders als der Dostoevskijs Puškin-Rede gegenübergestellte Oberprokuror des Heiligen Synod Pobedonoscev mit einer von Leont'ev zitierten Ansprache in Jaroslavl am 09.06. 1880 –, nicht gerecht werde, s. Pobedonoscev 1996; Leont'ev 1912, VIII 206). Er beklagt an Tolstoj das Auseinanderklaffen der exzellenten künstlerischen Seite, des „потрясающий лиризм", und des im Texte von „Чем люди живы?" enthaltenen unvollkommenen christlichen Gedankens (Leont'ev 1912, VIII 158).

Doch erlaubt sich Leont'ev auch manchen begeisterten Ausruf über rein formale Merkmale von Kunst – ein Ästhetizismus. Was nun den Ästhetizisten Leont'ev am meisten schreckt, ist das Mittelmäßige (Gajdenko 1974, 167; Korol'kov 1994, 54), Mediierende (Kosik 1996, 7). Hierin, in bewußter Einseitigkeit nur hierin („Говоря о Герцене, я, разумеется, различаю в нем резко две стороны", zit. n. Fudel' 1995, 166) – schließt er an Aleksandr Gercens Kritik der kleinbürgerlichen Mittelmaßes in Westeuropa an[31]:

[...] понятно, Александру Ивановичу Герцену, московскому *настоящему* барину, изящному по вкусам, идеальному по воспитанию, ничего не оставалось, как только отвратиться с презрением от этого блузника, который согласен быть самоотверженным героем баррикад *лишь для того*, чтобы со временем воцарился такой мелочный, неподвижный и серый порядок полнейшей равноправности, когда ум и героизм и все идеальное станет лишним. (ebd.)

Eine solche isoliert ästhetizistische Betrachtung würde Solov'evs synthetische Kunstauffassung nicht gestatten. Leont'ev hingegen erlaubt sich bisweilen die Einklammerung von politischer und moralischer Wertung. Alles energetisch Reiche gilt ihm – in seinen Formulierungen mitunter unabhängig vom moralischen Gehalt – als groß und schön, worin er Nietzsche nahekommt (vgl. Sem. Frank 1993, 352). Die Identifikation von schön und natürlich in der Frühphase von Leont'evs Schaffen (Berdjaev 1968, 87) stellt das kultürliche Produkt Moral ins Abseits. Im hier betrachteten Werk nach 1871 erzeugt die orthodoxe Dogmatik eine unauflösliche Spannung zu diesem naturalistischen Ästhetizismus (s. auch Nikol'skij 1911, 370).

---

[31] Zur bedeutsamen russischen Tradition ästhetisch motivierter Kritik am Bürgertum s. Zen'kovskij 1948, II 283.

8.3.5. Rolle der Religion

> Ceterum censeo instaurandam esse Ecclesiae unitatem.
> (Solov'ev 1883 an Kireev, zit. n. Szyłkarski 1948, 23)
> Любить Церковь — это так понятно! (Leont'ev 1912, VIII 211)

Sein Glaube an das kommende Reich Gottes gebe Dostoevskij, so Solov'evs Auffassung, die objektive Meßlatte, das Werkzeug zur Erlangung objektiver Wahrheit an die Hand (1966, III 192). So hat für Solov'ev – läßt sich folgern – wohl ein jeder ernsthaft Glaubende eine höhere Wahrheitsposition; Religion verschafft epistemologische Superiorität. Das insbesondere deshalb, weil die zeitgenössische Situation – Solov'ev zufolge – zutiefst antireligiös (1994a, 13) sei, und der einzelne Religiöse als Seher aus der verderbten Menge herausrage.

Solov'ev verwirft in den Dostoevskij-Reden Chomjakovs Betonung der kirchlichen Sakramente[32] (Chomjakov 1994, II 13-16), wendet sich gegen eine räumlich und funktional eingegrenzte Kirche, gegen ein „храмовое христианство" (1966, III 200) und das „Winkeldasein der Religion"[33]. Dieser beschränkten Kirche wird im klassischen Hegel-Solov'evschen Dreischritt[34] das rein innerliche, „домашнее христианство" kontrastiert (ebd.), um schließlich beide zum wahrhaft synthetischen, „universalen" Christentum zu vereinen. So kann in Solov'evs Entgegnung an Leont'ev auch eine Synonymie von Menschheit und Kirche hergestellt werden, eine Identifikation, die Leont'evs polemischer Opposition von Humanismus und Christentum[35], von Weltlichkeit und Kirche diametral zuwiderläuft (Solov'ev 1866,

---

[32] E. Trubeckoj wiederum berichtet jedoch von einer von Leont'ev übermittelten Äußerung Solov'evs, in der dieser die Sakramente für die Weltveränderung für konstitutiv erklärt: „[...] там будет о семи таинствах, под влиянием которых, после примирения Церквей, весь мир переродится не только нравственно, но физически и эстетически." (E. Trubeckoj 1995, II 313)

[33] „Вместо того, чтобы быть всем во всем, она [религия] прячется в очень маленький и очень дальний уголок нашего внутреннего, является одним из множества различных интересов, разделяющих наше внимание." (Solov'ev 1994a, 14)

[34] Čiževskij erkennt im Solov'evschen Dreischritt eine „übertriebene Schematik, die rein äußerlich an die Hegelsche erinnert", eine „recht äußerliche Nachahmung der Dreitaktbewegung der Hegelschen Dialektik." (1961, 353).

[35] „[...] гуманность ново-европейская и гуманность христианская являются несомненно антитезами, даже очень трудно примиримыми [...]. Гуманность есть идея *простая:* христианство — представление *сложное.* Они [...] должны не только уда-

III 222). Anstelle einer buchstabengetreuen Dogmatik stellt Solov'ev eine freie und z.B. auch Mohammed einbeziehende Sicht der Geschichte als fortschreitender Religionsgeschichte dar (L. Müller 1956, 62).

Beide „überwinden" auf verschiedene Weise den Menschen: Leont'ev verdammt ihn zur Unbedeutenheit (vor Staat oder Apokalypse); Solov'ev läßt ihn sich im Prozeß der Theosis auflösen.

Auch bei Leont'ev gibt es eine Kritik dessen, was er als falsch verstandenes, pervertiertes Christentum ansieht; die verwendeten Attribute sind bei ihm andere als bei seinem Widerpart. Er wiederholt zum ersten Kireevskijs „односторонний"-Etikett (Leont'ev 1912, VIII 164), wendet es von dessen Rationalismuskritik weg und speziell auf ein gefühlsduseliges und allzu liebesidyllisches Christentum hin, das ihm als „sentimental" und „rosafarben" (ebd., 168) erscheint. Er hingegen, so nimmt Leont'ev für sich selbst in Anspruch, stehe in seinem Verständnis von Christentum auf dem festen Boden der offiziellen orthodoxen Dogmatik (was sicherlich aus der Perspektive der offiziellen Kirche nicht zutrifft, s. Leont'ev 1912, VIII 158)[36]. Autoritativ ist für ihn (wie für Kireevskij) u.a. Isaak von Ninive (ebd., 160). Die orthodoxe Kirche hat für Leont'ev das Vorrecht, im Alleinbesitz der Wahrheit zu sein[37], was ihn den Slavophilen annähert und in Gegensatz zu Solov'ev bringt (Szyłkarski 1948, 54). Wie Chomjakov[38] (1994, 13-16) hebt er die Bedeutung der kirchlichen Rituale hervor (1912, VIII 198). Der von Leont'ev (1912, VIII 206) *in extenso* und als autoritativ zitierte[39] Pobedonoscev fordert wie der frühe Slavophile: „Любите вы выше всего на свете нашу святую церковь [...]." (Pobedonoscev 1996, 123) Das Kernstück der Dogmatik sieht Leont'ev mit Pobedonoscev und Chomjakov im *Страх Божий*

риться друг об друга, но даже и придти в сокрушающее столкновение" (Leont'ev 1912, VIII 203f).

[36] Sowohl Solov'ev als auch Leont'ev flechten in ihren Diskurs vielfach Bibelstellen als Belege ein: Bei Leont'ev nimmt die Häufung von Belegen an manchen Stellen Šiškovsche Ausmaße an (Bsp. 1912, VIII 182f), wenn auch natürlich nicht im Sinne von linguistisch-stilistischen Belegen, sondern von inhaltlicher Autorität.

[37] Berdjaev, der eine Tradition anstößt, die Leont'ev in die Nähe zum Katholizismus stellt, hat an diesem Punkt unrecht (Berdjaev 1968, 181).

[38] Zu Leont'evs nicht-adäquater Kontrastierung Chomjakovs und Filarets bei der Suche nach der „wahren" Orthodoxie s. Berdjaev 1968, 207-210.

[39] Wenn Leont'ev auch in Moral- und Kirchenfragen Pobedonoscev als Beispiel hinstellt, eine Reihe anderer Äußerungen Leont'evs über den Oberprokuror belegt doch eine Distanz; Pobedonoscev sei nur Konservativer, Konservierender (консерватор), nicht aber, was nötig sei, Wiederhersteller, Restaurator (s. Kosik 1996, 11).

и любовь к человечеству überschriebenen Abschnitt seiner Streitschrift *Наши новые христиане* in der Gottesfurcht (Leont'ev 1912, VIII 159). Diesen Gedanken repetiert er gebetsmühlenartig und baut ihn durch die Furcht vor der Kirche (ebd., 183) sowie die Formel von der Geburt der Weisheit aus der Furcht (ebd.) aus. Seine Glaubenspsychologie operiert in mehreren Stufen: von der Furcht über die Demut zum Glauben, zum Gehorsam und als letztes erst zur Liebe (ebd., 205). Gott ist für Leont'ev vor allem strafende Instanz (biblischer Hauptbezug dafür dürfte 2. Thess. 1, 8 sein). Leont'ev streicht wie Nietzsche (1978, 386), dem er vielfach verglichen wird, das Moment notwendiger Härte heraus („железо смирения и страха", ebd., 169). S. Puškin bringt Leont'evs Religionsauffassung auf die kurze Formel: „Для него религия — глубоко насильственный акт." (1996, 63) Tolstoj, der die Liebe zu Gott und den Menschen betont, vernachlässigt Leont'ev zufolge das zentrale Moment am Christentum (Leont'ev 1912, VIII 169). Leont'ev will alle moralischen Vorgaben der Bibel und alle ihre Texte in gleichem Maße beachtet und befolgt wissen (ebd., 165). Der Denker des späten 19. Jahrhunderts dreht mit seinem strafenden und zu fürchtenden Gott das Rad der russischen Religionsphilosophie hinter den Metropoliten Ilarion (1984, 79) zurück[40]: Leont'evs Gott ist nicht der durch „благодать" Liebende, sondern der als „закон" zu Fürchtende[41].

Weltgeschichte ist für Solov'ev in den *Чтения о Богочеловечестве* Theogenese (1994a, 143). Sie vollzieht sich in verschiedenen aufeinander folgenden Offenbarungsstufen, repräsentiert durch unterschiedliche, auf ihrer Stufe je wahre (ebd., 43) Religionsformen (ebd., 46, 78f). Das Christentum sei deshalb die bedeutendste Religion, weil im Gottmenschen Christus Gott seine höchste Offenbarung erfahen habe. Christus bilde – wie bei Teilhards „Punkt Omega" (s. Truhlar 1966, 73f) – den entscheidenden qualitativen Sprung im Weltprozeß. Zur Offenbarung komme aber auch die Theurgie. Nach Christi Erscheinen hat jeder einzelne Anteil am Prozeß der Theo-

---

[40] Zugleich bewegt Leont'ev sich mit einer argumentativen Verschmelzung von „realer Erfahrung der Jahrhunderte", von „jahrhundertealter Empirie" und kirchlicher Dogmatik („Так говорит Церковь, совпадая с *реализмом*", 1912, VIII 195) zum Beleg seiner These nötiger Gottesfurcht und unmöglicher innerweltlicher Anbahnung des Reichs Gottes heraus aus einer alten Weltgegnerschaft der Dogmatik und vermählt diese mit der Empirie – eine Verschränkung des Religiozentrismus Čaadaevs und Kireevskijs mit dem Empirismus Gercens und Danilevskijs.

[41] Sergej N. Trubeckoj nimmt Leont'evs richtenden und strafenden Gott in *Учение о Логосе в его истории* auf, wenn er den Gerichtsaspekt herausstreicht: „Бог судит мир через Сына." (1994, 466)

sis[42]. Solov'ev konstituiert eine Abfolge religiöser Paradigmen (1994a, 143-147, s. dazu Ammer 1988, 161) im Stile der Progredienztheorie der Bahai-Religion. Es ist ein Prozeß der Vergeistigung und der Universalisierung. Das Ziel des „universalen", umfassenden Christentums ist für Solov'ev längst noch nicht erreicht. Die kirchliche Utopie schließt eine Kritik Solov'evs an der bestehenden Kirche, besonders deutlich in den Чтения о Богочеловечестве (1994a, 13), darum nicht aus. Leont'ev erstrebt Subordination unter die bestehende orthodoxe Kirche; deren gegenwärtige Realität muß für ihn keineswegs überwunden, überschritten werden (Leont'ev 1912, VIII 207). Bei Solov'ev ist das kommende Christentum hingegen Aufgabe, Zielvorgabe, normativer Begriff und als solcher so hoch angesiedelt, daß er die menschlichen Kräfte eigentlich übersteigt (1966, III 200). Leont'ev sieht genauso, daß die Aufgabe einer Gesamtkirche und umfassenden Liebe zur gesamten Menschheit eine Überforderung darstellt. Er folgert die Begrenzung der für ihn so und so eher drittrangigen christlichen Liebe auf einen unschädlichen Privatbereich (1912, VIII 207). Für Solov'ev ist die Überforderung hingegen kein unüberwindliches Hindernis: Zwar soll mit der Arbeit am Endziel der universalen Liebe und des universalen Christentum im Jetzt begonnen werden (ebd., 205); die Einlösung ist aber auf eine apokalyptische Endzeit hin aufgeschoben.

Die Universalität der künftigen Kirche schließt für Solov'ev jede konfessionelle Spaltung aus. Wenn Solov'ev Orthodoxie und „вселенская церковь" (1994a, 214) nacheinander nennt, was Identität setzt, so kann kein Ausschluß anderer Konfessionen gemeint sein. Vielmehr erblickt Stepun in der „Wiedervereinigung der Kirchen [...] das größte Anliegen seines [Solov'evs] Lebens" (1957, 188). Diese Wiedervereinigung müsse beileibe nicht zur Beseitigung aller individuellen Unterschiede führen (1994b, 213). Die Glieder hätten sich lediglich ihrer Zugehörigkeit zu einem Körper bewußt zu werden (ebd., 204). Solov'evs Übertritt zum Katholizismus am 18.02.1896 und seine Sicht von Rom und Papsttum als Zentrum der Universalkirche bedeuteten somit eine Befreiung von den slavophilen „préjugés antiromains" (d'Herbigny 1944, 160), mit denen er im 1. Buch von *La Russie et l'église*

---

[42] Im Rahmen der logisch-axiologischen Fragestellung ist lediglich diese Wiedergabe des religionsphilosophischen Systems sowie später der Blick auf einzelne Elemente aus logischer Perspektive möglich (8.7.1.). Gerade die Religionsphilosophie Solov'evs ist jedoch in zahlreichen Werken der Forschungsliteratur gut und eingehend dargelegt (E. Trubeckoj 1995, L. Müller 1956, Sutton 1988 u.a.).

universelle abrechnet, aber keine Lossagung von der Orthodoxie (d'Herbigny 1944, 231-278; Muckermann 1945, 101f; Berger 1950, 185)[43].

8.3.6. Menschenbild

> Вообще Леонтьев во всех сферах высоко ценил принудительный характер отношений. (Solov'ev 1966, X 509)

Um zur Wahrheit zu gelangen, zur Rückkehr in die Einheit des Anfangs mit Gott fähig zu sein, hat der Mensch für Solov'ev wie für Čaadaev den Weg der Selbstentsagung zu gehen („самоотречение", Solov'ev 1966, III 196). Unterordnung unter die höhere Wahrheit Gottes heiße das Gebot. Doch nötig sei, so Solov'ev, Unterordnung nicht nur unter Gottes Wahrheit, sondern auch – was allerdings als damit identisch gedacht wird – Einordnung in das „народный религиозный идеал" (ebd.), in dem jeder einzelne mit allen anderen solidarisch sei („отдельная личность солидарна со всеми", ebd.): geistige Wiedervereinigung mit dem ganzen Volk.

Bei Leont'ev ist die passive (1912, VIII 204) Subordination des Einzelnen unter das Ganze, unter Kirche und Gott, noch stärker etabliert als bei Solov'ev. Die orthodoxe Dogmatik müsse den Willen des Menschen beschränken[44]. Humanismus wird als gefährlich diffamiert, er könne „до зверств всеразрушения" (ebd., 161) führen. Das Menschenbild Leont'evs definiert sich vor allem durch das Verhältnis des Menschen zu Gott, erst sehr viel später durch eine für ihn (eigentlich) unwesentliche, nachgerade bloß private Praxis des Umganges mit anderen Menschen. Einen Schutz der Unverletzlichkeit der Menschenwürde, wie ihn das Naturrecht setzt, gibt es in Leont'evs Rechtfertigung von Körperstrafen (ebd., 185) nicht. Der Mensch solle, müsse leiden (ebd., 193): Einzig Angst und Schmerz (medizinisch begründet, 1993, 79) scheinen für Leont'ev (kafkaesk) ausreichend überzeugende Didakteme: „Без страданий не будет ни веры, ни на вере в Бога

---

[43] Über den Charakter, das Ziel und die innere Vollständigkeit dieses Übertrittes wird in der Forschung viel gestritten. Katholische (bspw. Paplauskas-Ramunas 1958, 29) und orthodoxe (Losskij 1991, 117f) Vereinnahmungen beherrschen das von der Forschung erzeugte Solov'ev-Bild. Von der All-Einheits-Teleologie her haben diese Details keine Bedeutung.

[44] Kologrivov zufolge sucht „Leontjew in der Kirche vor allem die Befreiung von seinem [eigenen] dämonischen Willen" (1948, 231f) – eine psychologisierende Erklärung, wie sie auch beim autokratischen Staatsideal greifen könnte (s. 8.5.5.).

основанной любви к людям." (1912, VIII 185). Das asketische und selbstkasteiende Mönchtum wird zum Menschenideal überhaupt[45]. Was bei Čaadaev, Kireevskij und Solov'ev eine funktional eingeordnete Rolle für die Zukunft spielt – die Kenosis –, das wird bei Leont'ev zum Schlüssel seines präsentischen Menschenbildes[46]. Dem Individuum bleibe keine Wahl; der dogmatische Brei müsse als ganzer geschluckt werden (ebd., 173). Für Solov'ev ist die Kenosis zwar genauso entscheidender Schritt („самоотрицание", 1994a, 22), aber mit utopischer Stoßrichtung versehen und also eingeordnet in die eschatologische universale Versöhnung. Ist für Leont'ev der irdische Mensch praktisch ein Nichts, so ist er für Solov'ev zugleich Nichts und Gott, ist Gottes teilhaftig: „Человек есть вместе и божество и ничтожество." (ebd., 114)[47] Die Liebe zum anderen sei, so Leont'ev dagegen, im Angesicht der rundweg sündigen und unvollkommenen Welt stets nur ohnmächtiges Palliativ (1912, VIII, 194). Der andere Mensch ist für Leont'ev kein solidarischer Partner, dem im Geiste christlicher Liebe sein So-Sein zu belassen wäre. Die gelebte Liebe der Heiligen ist für ihn übermäßige Antwort auf irdisches Übel, ist wesensmäßig vereinzelter Potlatsch (ebd.), nicht aber allgemeine Norm. Liebe als Duldung, als sympathetisches Verständnis des anderen kann es laut Leont'ev nicht geben. Rechte christliche Liebe ist für Leont'ev hart:

> Поэтому и поэзия земной жизни и условия загробного спасения — одинаково требуют не *сплошной* какой-то любви [...], а, говоря объективно, некоего *как бы гармонического, в виду высших целей, сопряжения вражды с любовью.* (ebd., 186)

---

[45] Einer ersten „mönchischen" Phase auf dem Athos, wo Leont'ev eine geheime Weihe anstrebt, die ihm verwehrt wird (Ivask 1974, 178), folgen mehrere Aufenthalte in Optina Pustyn' und von 1887 bis zu seinem Lebensende die volle klösterliche Zurückgezogenheit in Optina, wo ihn Amvrozij 1891 eine Woche vor seinem Tod zum Mönch „schert" (Gorelov 1997, 410).

[46] Rancour-Laferriere hält „смирение" für ein „key word" des russischen Masochismus, übersieht mit Leont'ev aber einen Kronzeugen *par excellence* für seine These (1995, 66-69). Seine Negation des Menschen zugunsten von Staat und strafendem Gott ist die systematischste Form dessen, was Smirnov am Sozialistischen Realismus „soziale Kenosis" nennt (1994, 253-255).

[47] Es scheint sich hier um eine Reformulierung des Pascalschen *locus classicus* – „A mesure qu'on a plus de lumière, on découvre plus de grandeur et plus de bassesse dans l'homme" (1964, 188; Brunschwicg-Zählung 443) – zu handeln. Von dieser Quelle her rührt wohl auch der vermutlich zwischen Pascal und Solov'ev vermittelnde Vers Deržavins „Я царь — я раб — я червь — я бог" (Deržavin 1957, 116).

Auch die Liebe kann bei Leont'ev die Distanz zum anderen nicht überbrücken. Der andere bleibt fern. Der dogmatische Normativismus Leont'evs klingt wegen seines Gegenwartsbezugs intoleranter als der Solov'evsche Utopismus (was aber den totalitären Anstrich der Kollektivismen beider nicht schmälert, s. dazu Koschmal 1997, 222).

Es gibt auch hier noch ein anderes Gesicht Leont'evs: das Gesicht des amoralistischen Ästhetizisten, für den das Mittelmäßige, Kleine, Bürgerliche das Schlimmste ist (s. Ignatow 1997, 28f) und der wie Nietzsche das energetisch Reiche, unbesehen von dessen Inhalt, verehrt: „Все хорошо, что прекрасно и сильно; будь это святость, будь это разврат, будь это охранение, будь это революция, все равно." (zit. n. Sem. Frank 1993, 353) Das Gleichförmige, also mit Leont'ev politisch-polemisch gesehen: Egalitäre, Demokratische, – all dies haßt Leont'ev, der inkarnierte Nonkonformist (Bulyčev 1993, 410).[48] Seine orthodoxe Dogmatik und sein ästhetischer Amoralismus sind genauso unvereinbar wie sein Konservativismus und seine – vereinzelte – Befürwortung von Revolution als ästhetischem Wert. Leont'ev findet keine eindeutige Antwort im Dilemma von Moral und Schönheit (Gajdenko 1974, 169).

8.3.7. Gesellschaftskonzept

> [...] русские либералы немощны, но Бог силен.
> (Leont'ev 1912, VIII 185)
>
> Пора учиться делать реакцию. (Leont'ev, zit. n. Miljukov 1903, 287)

Hatte das Gesellschaftideal Solov'evs in den *Философские начала цельного знания* (1877) noch „свободная теократия" geheißen, so ist der implizite Gesellschaftsentwurf seiner Dostoevskij-Reden (1880-1884) davon nicht grundsätzlich verschieden. Sozialismus westeuropäischer Prägung, der auf einen gewaltsamen revolutionären Umsturz abzielt, wird von Solov'ev abgelehnt. Diese Form rein materieller Gleichmacherei auf dem Niveau des „kleinsten gemeinsamen Nenners" wird verworfen. Solov'ev nennt dies Sozietäten vom Ameisenhaufen-Typ („муравейник", 1966, III 203). Ignatow

---

[48] Bulyčev gibt folgende Erklärung im Sinne einer Protestpsychologie: Der Liberalismus sei in gewissem Maße intellektuelle Norm der russischen 1880er Jahre gewesen (was zweifelhaft erscheint), und Leont'ev habe dagegen von seinem Charakter her das Gegenteil setzen müssen (Bulyčev 1993, 411).

diagnostiziert einen gemäßigten Elitebegriff Solov'evs und unterscheidet die Gleichheit der Würde aller Menschen von der Ungleichheit der ihnen zukommenden Rollen im historischen Prozeß (1997, 4). Die in besonderer Weise geschichtsgestaltenden „Providentiellen Menschen" sind ein ins Theologische überhobener Reflex auf Lavrovs „критические личности" (Lavrov 1906). „Freie Übereinstimmung" müsse Grundlage der künftigen Gesellschaft sein (Solov'ev 1966, III 203). Der „russische Sozialismus" soll ein moralisch gehobener Kollektivismus innerhalb der Kirche sein:

> «Русский социализм» [...] *возвышает* всех до нравственного уровня церкви, как духовного братства, хотя и с сохранением внешнего неравенства социальных положений [...]. (ebd., 197)

Die „Gleichmacherei" des „русский социализм" (Solov'ev übernimmt den Gercenschen Begriff, um ihn mit neuem Inhalt zu füllen) soll also eine rein innerliche, moralische sein. Außerdem ist dieser andersgeartete „Sozialismus" Solov'evs eine Endzielvorstellung, die durch keinen innerweltlichen, materiell-revolutionären Akt, sondern nur durch eine moralische universale Tat zu erreichen sei (s. Gleixner 1986, 139-142). Wie Ivan Kireevskij die Bauernbefreiung als zu seiner Zeit nicht praktikabel ablehnte, an seiner Ansicht von der ontologischen Gleichheit aller Menschen aber keinen Zweifel ließ, so lehnt auch Solov'ev Revolution als immanente (Gewalt-)Tat ab (1966, III 209; 1994a, 15). Seine *Чтения о Богочеловечестве* verwerfen ein weiteres Mal in der russischen Kulturosophie die französische Revolution (1994a, 16, 163), hier mit dem antikapitalistischen Argument, sie habe allein zur „плутократия" geführt. Die Bauernbefreiung hingegen, die für Solov'ev schon Vergangenheit ist, sieht er als eine notwendige Entwicklungsstufe auf dem Weg von der Bio- zur Noosphäre („освобождение русского общества от прежних обязательных рамок", 1966, III 207) und also positiv. Weniger als alle anderen hier behandelten Kulturosophen benötigt Solov'ev einen ausmodellierten Elitebegriff. Volk und Elite werden vielmehr im Solov'evschen Versöhnungsgestus zur Annäherung aneinander aufgerufen (Levin 1993, 40). Bei manchen, wenn auch vereinzelten demokratischen Elementen[49] überwiegen in Solov'evs Werk nichtsdestotrotz theokratische Vorstellungen, begründet durch Christus und die apostolische Sukzession (1994b, 229). Religion und Staatlichkeit sind für Solov'ev nicht zu trennen; seine Voten für eine rechtsstaatliche Verfassung (Burchardi

---

[49] „Соловьев всегда был гуманистом, но демократом в прямом смысле этого слова он никогда не был ни сном, ни духом", schreibt Raškovskij (1997, 93).

1998, 83) sind nicht säkular, sondern entwerfen – wie es bei Čaadaev auch war[50] – das sozial und politisch wirksame Christentum als höchstes Ideal. Leont'ev suspendiert zwar in *Наши новые христиане* zugunsten der Apokalypse die Bedeutung innerweltlicher Geschichte. Doch sorgt er sich – ein innerer Widerspruch – um russische Kultur, um politische Modelle etc. Fünf Begriffe werden von Leont'ev in rekurrenten und auch wechselnden Kombinationen verwandt, um all jene negativen neuen, westeuropäischen Erscheinungen zu kennzeichnen, welche die russische Kultur bedrohten: Utilitarismus, Egalitarismus, Demokratie[51], Revolution, Fortschritt (z.B. 1912, VIII 161f, 170). Sie alle bedeuten für ihn verderbliche, die Vielfalt reduzierende Gleichmacherei (s. Korol'kov 1994, 17-47). Sein Gegenbild ist eine monarchische, traditionalistische, nicht vorrangig nach kapitalistischen Prinzipien strukturierte, letzten Endes statische russische Klassengesellschaft. Die staatliche Macht sei mit einem „священный ужас перед авторитетом" (Bulyčev 1993, 41) zu fürchten. Antirationalismus, Antikapitalismus und Technikfeindschaft greifen ineinander (Leont'ev 1993, 360). Die konservativen Werte verankert er in seinem Verständnis von Christentum als „наказания, страх, покорность властям, родителям, мужу, *господам* [...]" (1912, VIII 165). Generationen, Geschlechter, soziale Stände – alles wird kategorial voneinander getrennt („расслоение, неравенство", 1993, 32). Elite, Aristokratie ist für Leont'ev unverzichtbar (Korolev 1911, 358). Adrianov sieht gar im „неравенство людей" die zentrale Überzeugung Leont'evs (1993b, 423). Darin, so Diec, ist Leont'ev Carlyle näher als Nietzsche (Diec 1984, 450f). „Divide et impera" heiße für Leont'ev das staatliche Leitprinzip, meint Kologrivov (1948, 157). Mit der Alphabetisierung könne, so Leont'ev, um der wichtigeren Erhaltung der ständischen Unterschiede willen auch noch gewartet werden (Leont'ev 1992, 360, 399). Die Aufhebung der Leibeigenschaft 1861 war folglich für Leont'ev ein Fehler (1993, 348), hatten doch die Apostel den römischen Sklaven die

---

[50] Bei Čaadaev findet sich das Ineinandergreifen von sozialpolitischen und religionsgeschichtlichen Vorstellung auf der diagnostischen Ebene: in seinen Lobeshymnen auf das westliche Christentum mit dessen praktisch-sozialer Implikation. Bei Solov'ev handelt es sich in stärkerem Maße um eine normative Zielvorstellung, die mit dem Theokratie-Begriff angemessener beschrieben ist als etwa durch die Übertragung der für Čaadaev geltenden Formel vom sozialen Christentum.

[51] Eine vom heutigen westlichen Konkurrenzbegriff von Demokratie endgültig nicht mehr nachvollziehbare Begriffskombination Leont'evs lautet „односторонний демократизм" (1912, VIII 171). Sie läßt sich einzig vor dem Hintergrund des russisch-kulturosophisch etablierten Einseitigkeitsvorwurfs verstehen.

8. Solov'ev und Leont'ev 343

Liebe zu ihren Herren befohlen (1912, VIII 173)[52] – hier geht er hinter Danilevskij zurück. Liebe zur und Angst vor der Obrigkeit, die Leont'ev allen Untergebenen anempfiehlt (ebd., 172), sollten die Gesellschaft vor umstürzlerischen Energien bewahren. Geliebt werden solle nicht bloß die Obrigkeit, sondern sogar der soziale Unterschied an sich – eine nicht nur wertende, sondern emotionale Belegung von Disjunktion (ebd.). Die soziale Disjunktion[53] wird durch die „Liebe" zu ihr, die eine Konjunktion herstellt, perpetuiert. Konjunktion steht hier im Dienst von Disjunktion.

Das Zentrum des Gesellschaftskonzeptes Konstantin Leont'evs ist der autokratische Staat als übergreifender Zusammenhalt, den er in Rußland über alle anderen sozialen Organisationsformen – über Familie, Aristokratie, stellenweise gar über die Kirche – stellt (1993, 32). Die autokratische Politik dürfe durch nichts, auch durch keine Ethik oder Moral, beschränkt werden (Masaryk 1992, II 113). In Leont'evs Staatsvorstellung sind mit hoher Wahrscheinlichkeit Einflüsse des Ordnungsdenkens von Hobbes, der Entbindung des Staates von abstrakten Normen nach Machiavelli und auch russische Quellen wie Ivan Groznyj oder Peresvetov anzunehmen. Überhaupt kann die Burckhardt zufolge in der Renaissance aufgekommene „moderne Fiktion der Staatsallmacht" (Burckhardt 1983, 8) hier als bestimmende Folie betrachtet werden. Außer Frage steht, daß bei Leont'evs „scharfer Trennung von Politik und Moral" Danilevskij Pate gestanden hat (Pfalzgraf 1954, 164, vgl. 7.3.9.1.). Der starke Staat, so schreibt Leont'ev im Zusammenhang mit seiner Konzeption von den Lebensaltern, sei der auch ästhetische[54] Gipfel

---

[52] Wurde an anderen Stellen die Restriktion gemacht, nicht mit den Kulturosophen über die historische Adäquatheit ihrer Dikta zu streiten, so gilt dies genauso für das Leont'evsche radikale, sozialpolitisch gesehen reaktionäre Bibelverständnis. Dostoevskij bspw. zeiht ihn der Häresie (1984, XV 496), Gajdenko diagnostiziert Heidentum (1974, 185), und Florovskij spricht ihm gar seinen vollmundigen orthodoxen Asketismus ab: „Леонтьев только драпировался в аскетику" (1983, 322). Es wäre kritisch noch viel dazu zu sagen; doch das wäre eine andere und längst keine philosophiehistorische Arbeit mit logischer Konzeptualisierungsabsicht mehr.

[53] Leibeigenschaft und Folter mögen wohl als „Grenzpunkt sozialer Gegenseitigkeit" (Sofsky 1996, 89) angesehen werden: Durch die klare Scheidung der Rollen („Reziprozität ist überflüssig", ebd.) wird aber die Leib-Bindung, welche die Leibeigenschaft ist, durch die Trennung der Funktionen überzeichnet: Das Disjunktive dominiert das Konjunktive. Schon Radiščev bemerkt, daß in der Leibeigenschaft „никакой не может быть связи, разве насилие" (Radiščev 1992, 72). Bei Leont'ev verbinden sich beide Denkoperationen im Thema Leibeigenschaft.

[54] Vgl. Jacob Burckhardts Kapitelüberschrift *Der Staat als Kunstwerk* aus *Kunst und Kultur der Renaissance in Italien* (Burckhardt 1983).

der Entwicklung, er hat für ihn – Leont'ev kommt eschatologischen Staatsbildern des alten Ägypten nahe – „vergänglichkeitsenthobene Dauer" (Assmann 1991, 23) zu repräsentieren. Egalitarismus und Demokratie hingegen sind in Leont'evs Auffassung die Negation von Entwicklung überhaupt, d.h. ein Sterbestadium (1993, 76).

Solov'evs gesellschaftlichem Leitbild, das geprägt ist von utopischer Harmonie, steht Leont'evs autoritäre Staatsgewalt diametral entgegen. Nosov legt aber überzeugend dar, daß sich beide Staats- und Gesellschaftskonzepte, die sich so gänzlich ausschließen, komplementär zueinander verhalten und einer gemeinsamen Tradition zuzurechnen sind; diese Tradition ist die Idee vom 3. Rom. Während Leont'ev aus der Geschichte dieser Vorstellung nur „неравенство и насилие" (Nosov 1994, 160), erhebt Solov'ev den utopischen Staat zum „апофеоз мировой гармонии" (ebd., 158).

8.3.8. Zukunftsentwurf

Den Schlußpunkt der Utopie Solov'evs bildet die Vision einer „вселенская церковь". Die Verschmelzung aller nationalen, partikularen Unterschiede zu einer Gesamteinheit ist das Geschichtsziel Solov'evs (s. Miljukov 1903, 302). Da hier auch die anderen christlichen Konfessionen genausowenig wie das Judentum ausgespart werden (1966, III 216), ist das Solov'evsche Allkirchenideal neueren ökumenischen Projekten wie dem „Konziliaren Prozeß" oder Hans Küngs *Ethos der Weltreligionen* (1990) durchaus vergleichbar[55].

Leont'ev partizipiert an diesem Ökumenismus nicht im geringsten. Das rechte Licht auf die Lehre Christi wirft für ihn einzig eine Bibelexegese durch das Prisma der Lehre der (wohl griechischen – eine Kireevskij-Spur[56]) Kirchenväter („сквозь стекла святоотеческого учения", Leont'ev 1912, VIII 196). Andere christliche Konfessionen werden verworfen (ebd.)[57]. Entsprechend kann Leont'ev Dostoevskijs Romanen zwar keine

---

[55] Man fühlt sich an Čaadaevs Einbeziehung des Islam erinnert. Der Islam wird in Solov'evs *Чтения* zwar auf eine primitivere Stufe zurückgestoßen (1994, 144). Andererseits schreibt Solov'ev 1896 eine eigene Biographie Mohammeds.

[56] Bei Leont'ev figuriert im Zentrum der Berg Athos (1993, 381f). Unter anderen aber erwähnt Leont'ev auch Kireevskijs Beichtvater Makarij aus Optina Pustyn' (Leont'ev 1912, VIII 196f), wo Leont'ev wie Kireevskij seine letzten Jahre verbrachte.

[57] Der einzige Punkt, an dem für Leont'ev Solidarität mit der Westkirche möglich ist, ist die gemeinsame Bedrohung durch den Atheismus (Leont'ev 1912, VIII 211). Diese

mangelnde Christlichkeit, wohl aber mangelnde Kirchlichkeit („не по-церковному", ebd.) zum Vorwurf machen. Ökumenische Wiedervereinigung der christlichen Konfessionen ist ihm fern. Vielmehr müsse der Ausschließlichkeitsanspruch (ebd., 199) der Orthodoxie gewahrt werden.

Solov'ev betont die Notwendigkeit einer normativ-utopischen Zielvorstellung als Meßlatte, da eine reine Negation des Bestehenden unabweisbar Gewalt gegen die Menschen und die Gesellschaft insgesamt bedeute (1966, II 208). Einen Minimalismus, der den menschlichen *status quo* in seiner aktuellen Beschaffenheit zu akzeptieren geneigt wäre, lehnt Solov'ev – mit seinem Kronzeugen Dostoevskij – ab. Er leugnet geradezu die Existenz einer überhaupt erhaltbaren oder schrittweise veränderbaren Gegenwart („до тех пор невозможно для нас никакое *дело*", ebd., 210) – ganz gegen die Leont'evsche Festschreibung des kirchlichen *status quo*. Bevor das – maximalistisch als Erlösung begriffene – eigentliche Leben überhaupt erst beginnen könne, ist nach Solov'ev Heilung vonnöten. Der maximalistische Glaube an das Gute sei mit dem Glauben an Gott und an den Menschen identisch, die Rückkehr der Welt zu Gott auf diesem Wege – ein neoplatonisch-gnostisches Motiv – möglich (ebd., 211f).

Wenn Solov'evs Apokalyptik durch einen allmählichen moralisch-normativen Selbstrevolutionisierungsprozeß des Menschen in ihrer disjunktiven Implikation (d.h. der kategorialen Trennung von Diesseits und Jenseits) eingeschränkt wird (s. 8.5.4.), so passiert bei Leont'ev das genaue Gegenteil. Er stellt unermüdlich die Ferne des Reiches Gottes, die Unvergleichbarkeit und Unverbundenheit dieses Reiches mit allem schon bestehenden Irdischen heraus. Auch für ihn ist das Bestehende die Welt des Bösen und Leidens, aber – im Unterschied zu Solov'ev – das sei gut so; kein noch so utopisch-normatives, nicht vom Bestehenden ausgehendes Bemühen des Menschen könne nach Leont'ev, wie es Solov'ev für möglich und nötig hält, den Weg in eine dem Reich Gottes zumindest nähere Zukunft bahnen:

> Христос не обещал нам в будущем воцарения *любви и правды на этой земле*, нет! Он сказал, что «под конец оскудеет любовь...». Но мы лично должны творить дела любви, если хотим себе прощения и блаженства *в загробной жизни —* вот и все. (Leont'ev 1912, VIII 162)

Überbietung eines Übels durch ein größeres ist aber noch längst keine Ökumene. Die Faszination Leont'evs durch die Ästhetik und absolute Herrschaftsform Roms schmälert seine Auffassung von der höheren Wahrheit der Orthodoxie nicht (Ivask 1974, 326f).

Nach Leont'ev wird einzig bei der Apokalypse gerichtet werden. Ein Reich Gottes auf Erden werde es nicht geben.

Wie so oft aber gibt Leont'ev auch eine mit seiner apokalyptischen Weltverneinung unvereinbare innerweltliche Antwort: Sich gegen die zunehmende europäische Egalisierung und Anarchie zur Wehr setzend, müsse Rußland Stärke zeigen, alle Hierarchien festigen und sich abgrenzen (1993, 112f). Die Rettung Rußlands habe mit der Rettung des Despotismus Hand in Hand zu gehen (s. Janov 1969, 103). Ohne die Restauration der byzantinischen Autokratie müsse Rußland untergehen.

8.3.9. Staat und Apokalypse – zur Widersprüchlichkeit Leont'evs

Solov'ev charakterisiert das Denken seines Widersachers im Nachruf auf Leont'ev folgendermaßen:

> [...] но его социально-политические и исторические взгляды не были ни простым и прямым отражением этой [православной] истины, ни ее логическим и органическим развитием, а скорее какими-то оригинальными *придатками* к ней. [...] Одного идеального средоточия [...] в миросозерцании Леонтьева не было. (Solov'ev 1966, IX 402, Hervorhebung DU)

Das Fehlen jeder vermittelnden Mitte, das Auseinanderklaffen von Leont'evs Ideenwelt veranlaßt Georgij Ivanov zur Sentenz: „Было два Леонтьева" (G. Ivanov 1995, 191).

Beide vorgestellten Denker sind Apokalyptiker. Leont'ev spricht von der katastrophischen Apokalypse, welche die hiesige Welt zerstören müsse, damit das Reich Gottes jenseitig anbrechen könne. Solov'ev erstrebt das Reich Gottes auf Erden und hat eben in der universalen, eschatologischen Versöhnung sein „одно средоточие". Solov'evs Normativismus und Utopismus lösen sich vom Bestehenden, sprechen vorzugsweise vom Zukunftsziel.

Bei Leont'ev hingegen gibt es eine Spaltung in wenigstens zwei Denkbereiche: Zum einen wertet er im Rahmen der Dostoevskij-Polemik die irdische Welt in immer gleicher Rhetorik ab, sieht in ihr keine Gestaltungsmöglichkeit und hält weder Verbesserung noch Fortschritt für denkbar. Zum anderen hypostasiert er – besonders in *Византизм и славянство* von 1873 sowie in den Briefen an Vladimir Solov'ev von 1891 – die orthodoxe und autokratische Vergangenheit Rußlands in einem zu restaurierenden, verbindlichen Kirchen- und Staatsideal (Janov 1968, 105). Um die innerweltliche

Hypostase Staat mit der apokalyptischen Nichtung alles Irdischen vereinbar zu machen, müßte eine inhaltliche Füllung dieses Staatsideals vermittelnd eintreten. Eine solche Füllung aber liefert Leont'ev selbst nicht. Daher kann nur vermutet werden, daß er an diesem Punkt – wie an vielen anderen – mit Pobedonoscev einverständen wäre, der sagt: „So ist also die Macht ein ununterbrochenes Dienen, und darum eigentlich eine That der Selbstaufopferung." (1897, 186) Macht als Kenosis, d.h. als Selbstnegation von Macht würde so mit apokalyptischer Nichtung vereinbar.

Andererseits wird von Leont'ev wieder alles, auch die Kirche („орудие дисциплины", 1993, 24), der Staatsmacht unter-, in sie eingeordnet. Die Kirche ist in diesem Fall für Leont'ev genauso Teil der „Maschine" Staat (1993, 77), wie Kultur dessen Produkt ist (ebd., 111). Berdjaev zieht daraus die Schlußfolgerung: „His cult of Tsarist authority was pagan in character." (1968, 158f) Eine nochmals andere Perspektive tragen Leont'evs Ästhetik und sein Ästhetizismus (die hier nur in ihrer logisch-axiologischen Implikation Thema sind) in sein Werk hinein. Seine politischen, religiösen und ästhetischen Konzepte sind über weite Strecken hinweg unvereinbar (so auch Solov'ev 1966, X 509). Leont'evs Philosopheme als Systematik zu fassen, wäre folglich verfehlt. Er selbst verweist wiederholt – wenn auch gebändigt durch die Pragmatik des Bescheidenheitstopos' – auf sein fehlendes „metaphysisches Talent" und bezeichnet sich selbst als „не-философ" (1993, 370). Ebenso sprechen weite Teile der Sekundärliteratur seinem Denken die Kohärenz ab (erstmals tut dies Solov'ev im Enzyklopädiestichwort über Leont'ev, 1966, X 506). Daß die Inkohärenz von einem Vergleich mit Nietzsche her gesehen auch noch anders denn bloß als Mangel interpretiert werden könnte, bleibt in der Forschung weitgehend außer Betracht (Ausnahme Broda 1994, s. 8.7.2.).

8.4. Kulturmodellierende Oppositionen

8.4.1. Alt vs. neu

Bei Leont'ev verläuft der axiologische Vektor von *alt* und *neu* beileibe nicht unidirektional: Wenn er in der neuen Zeit das Verschwinden der Geltung der alten orthodoxen Dogmatik beklagt (1912, VIII 160), Revolution (wie Kireevskij) allein schon als Veränderung ablehnt und überkommenes partiarchalisches Familienrecht beschwört (ebd.), so wird das Neue zugunsten des

Alten abgewertet. Dieses Alte, so Leont'ev, gelte es zu konservieren, zu rekonstruieren, selbst um den Preis der Erstarrung: „Надо подморозить Россию, чтобы она не жила." (Leont'ev, zit. n. Miljukov 1903, 285[58]). Es gibt aber, eher am Rande, im Leont'evschen Ästhetizismus, der aus dem konservativen Dogmatiker dennoch einen originellen und oftmals überraschenden Denker macht, eine nachgerade formalistische Hochwertung des Neuen und Ungewöhnlichen (Leont'ev 1912, VIII 176). Die Klage über die Puškin-Feier lautet, für einen Reaktionär erstaunlich: „Ничего нового!..." (ebd., 175, s. dazu Sivak 1991, 57).

Solov'evs unentwegtes Überschreiten der Gegenwart in Richtung normativ entworfener Zukunft kommt in die Nähe einer Axiologie des Neuen. Diese bezieht sich zwar in geringerem Maße auf die Gegenwart, die ja in der Zusammenschau mit der hellen Zukunft stets schlecht abschneidet. An anderer Stelle wird der zeitgenössische Stand der russischen Kultur aber als der Vergangenheit überlegen dargestellt. Der Progressismus Solov'evs impliziert also bei einem stark futurischen, ja ungeduldigen Moment eine Positivbelegung des Neueren im Kontrast zum Älteren.

8.4.2. Kultur vs. Anti-Kultur/Nicht-Kultur

In Solov'evs Sicht hat die russische Kultur noch nicht den vollen geistigen Reifegrad erlangt. Erst ihre physische Selbstkonstitution habe sie bereits geleistet und damit die Grundlagen für den geistig-moralisch-religiösen Aufbruch gelegt. Sie stehe folglich auf der Schwelle von Noch-nicht-Kultur zu Kultur. Denkt man diese Schwellenstelle weiter, so dürfte sich Solov'ev wohl selbst als denjenigen gesehen haben, der der russischen „Kultur"gemeinschaft den Eintritt in den Raum der eigentlichen Kultur ermöglicht.

Bei Leont'ev verhält sich dies im Zusammenhang mit seiner unaufhörlichen Verteufelung aller kulturellen Erscheinungen, die aus dem Westen nach Rußland kommen, völlig anders. Die in ihrem dogmatischen Konservativismus noch (zumindest in großen Teilen) bewahrte russische Kultur droht unter den Einflüssen der schädlichen Kultur, der Anti-Kultur des Westens unterzugehen. Diese Antikultur wird polemisch-negativ belegt mit dem Zivilisationsbegriff (vor dem Čaadaev und Danilevskij noch ihre Verbeugung gemacht hatten, Leont'ev 1912, VIII 181); (russische, orthodoxe) Kultur und

---

[58] Gajdenko und Šestakov geben hierzu die Variante „не гнила" (Gajdenko 1974, 176; Šestakov 1995, 118).

(europäische) Zivilisation werden als kontradiktorisch gegenübergestellt. Solov'ev wird von Leont'ev kritisch zitiert: „Русская цивилизация — есть цивилизация европейская." Und diesem Westeuropäischen hält er entgegen: „Русское православие — есть провославие византийское" (sic, 1993, 385). Leont'ev überbietet das Bemühen Danilevskijs, der (wie früher Šiškov) nur die Entlehnung von etwas, das der eigenen Kultur fremd ist, aus einer anderen Kultur verurteilt hatte, um eine zumindest relative, „wissenschaftliche" Wertungsneutralität zu erreichen. Für Leont'ev ist das Westliche wenngleich nicht wesenhaft (wie für die Slavophilen) Anti-Kultur, so doch im aktuellen Entwicklungsstand, d.h. der dritten, der Zerfallsphase.

8.4.3. Innen vs. außen bzw. geistig vs. materiell

Die Opposition von *innen* vs. *außen*, die zuvor besonders bei Kireevskij erkenntnisleitend war, kehrt bei Solov'ev und Leont'ev wieder, wird aber bei Solov'ev vom Gegensatz *Materie* vs. *Geist* überzeichnet.

„Rationaler Formalismus" als Vorwurf spielt beim reifen Solov'ev nur noch eine untergeordnete Rolle. Wenn innere gegen äußere Revolution gestellt wird (1966, III 209), so ist dies gleichbedeutend mit geistig-moralischem vs. materiellem Umbruch. Das Materialistische wird rundum negativ gewertet. (Es erhält aber nicht die Autonomie einer Gegenwelt wie in manchen gnostischen Weltentwürfen; Solov'ev hebt an Proklos' Denken positiv hervor, daß für diesen die Materie nicht (dualistisch) aus dem geistigen Weltbau herausfalle, sondern Teil der *einen* Kosmogonie sei (Solov'ev 1966, X 486).)

Die angesprochene Opposition von Zivilisation (materieller, technischer Kultur) und geistig-religiöser Kultur bei Leont'ev schafft eine ähnliche Abwertung des Materiellen. Da innerweltliches Handeln unabänderlich zur Aussichtslosigkeit verurteilt wird und andererseits die positiv konzeptualisierte Kirche – selbst wenn dies nicht gesagt wird – als geistiges Reich begriffen werden kann, scheint Inneres über Äußerem zu stehen. Die Festschreibung von kirchlichem Ritual und staatlicher Autokratie läßt bei Leont'ev aber wiederum mehr Raum für das Materielle als bei Solov'ev. Die doppelte Hypostase von post-apokalyptischem Reich und prä-apokalyptischem Staat bewirkt, daß bei Leont'ev auch die Frage nach der Axiologie von Innen und Außen sowie Materiellem und Geistigem nicht eindeutig zu entscheiden ist.

8.4.4. Eigen vs. fremd

So wie Solov'ev den Antagonismus von Westlern und Slavophilen abweist (1966, III 214), so lehnt er auch die daraus resultierende modellierende Opposition von Rußland und Europa für das Christentum ab (ebd., 215, vgl. Levin 1993, 35). Diese Spaltung sei Sünde (Solov'ev 1966, III 215); Solov'ev schreibt die Schuld – ganz gegen Leont'ev – Byzanz zu. Rußland sei die gegen den byzantinischen Sündenfall gesandte Retterin und ganz und gar nicht mit Byzanz kulturidentisch.

Was auf den ersten Blick bei Solov'ev als rassistische Disjunktion anmutet: die Deklaration von Juden und Polen zu Feinden (1966, III 216), ist in der Tat ebenfalls eher eine Überwindung der Geltung des Eigen-fremd-Topos. Da Polnisches und Jüdisches ins Russische eingegangen seien, könne nur von einer Feindschaft mit sich selbst, mit dem eigenen Fremden die Rede sein. Diese Solov'evsche Wendung dekonstruiert die Eigen-fremd-Opposition.

Leont'ev dagegen präjudiziert mit seinen Anleihen bei Danilevskij eine prinzipielle Trennung von Eigenem und Fremdem. Das Eigene ist ihm das Byzantinisch-Russische, alles andere bleibt fremd. Es gebe, räumt er ein, Unterschiede in der Gefährlichkeit des Fremden – das Westeuropäische sei das Schlimmste –, vom Standpunkt des eigenen ist aber ein jedes Fremde zurückzuweisen[59].

8.4.5. Einfach vs. komplex

An dieser Stelle muß ein Punkt wieder aufgenommen werden, der bei Karamzin und Šiškov sowie überhaupt in den ästhetischen Kontroversen des 18. Jahrhunderts eine bedeutsame Rolle gespielt hatte (5.8.1.-5.8.2.): das Ideal der *clarté* und der Einfachheit. Das Lexem „einfach" wird im Zusammenhang der Solov'ev-Leont'ev-Debatte in einem anderen, einem gnoseologischen Sinne gebraucht.

Leont'ev zitiert Isaak von Ninive „Многая простота есть удобопревратна..." (1912, VIII 160f) und wirft Tolstoj unzulässige Vereinseiti-

---

[59] Entgegen der offensichtlichen Intention Leont'evs ist dazu anzumerken, daß das Byzantinische schon das „чужое-свое" darstellt, ein Fremdes also ursprünglich für das Eigene (Russische) konsitutiv ist. Bei Leont'ev wird das ambige Thema (*чужое и свое*) im Falle des Byzantinischen auf das auf das Rhema des *свое* zurückgeführt.

gung der christlichen Lehre vor (ebd., 161): verderbliche Vereinfachung. Hier wird ein Wissenschaftsideal von komplexer Betrachtungsweise vertreten: „So einfach ist das alles nicht...".

Bei Solov'ev findet sich keine so explizite negative Axiologisierung von „einfach", doch sind in seiner Dreischritt-Synthese strukturell Differenzierung und komplexe Betrachtungsweise angelegt, wenn auch mit dem Wiederversöhnungsziel. Im Artikel *Метафизика* des Brokgauz-Efron-Lexikons verbindet Solov'ev den Komplexitätsbegriff mit dem für ihn typischen Positivum des Synthetischen, mit der Einheit des Differenzierten:

> В системах сложных, или синтетических, не только совмещаются типы различных категорий или по разным точкам зрения [...], но соединяются между собой типы одной и той же категории, напр. материальному началу дается место наравне с идеальным и духовным, далее принцип единства в целом совмещается с коренной множественностью единичных существ. (Solov'ev 1896, 166)

Das „ursprünglich" Einfache hingegen ist für Solov'ev kein Wert an sich. Sowohl der Wissenschaftlichkeitsanspruch bei Leont'ev als auch die systematische Philosophie bei Solov'ev werten das Komplexe implizit höher als das Einfache.

8.5. Realisationen logischer Denkoperationen

8.5.0. Solov'ev vs. Leont'ev. These 7

Auch bei Solov'ev und Leont'ev wiederholt sich – auf andere Weise als bei Kireevskij und Čaadaev, Gercen und Danilevskij – die für Karamzin und Šiškov gefundene Opposition von Disjunktions- und Konjunktionsdominanzen nicht: Zwar neigt Solov'ev deutlich zu konjunktiver Axiologik; bei Leont'ev aber stehen disjunktive und konjunktive Operationen bisweilen einander ergänzend, oft aber widersprüchlich nebeneinander. Die Verquikkung läßt sich aber nicht wie zuvor bei Šiškov, Gercen und Danilevskij als Komplementarität von Bereichen einer Ebene, von Räumen beschreiben; sie bleibt unaufhebbare Inkonsequenz. Solov'ev überbietet die dem Neoplatonismus und der deutschen romantischen Philosophie verwandte positive Konjunktionsaxiologik Kireevskijs und Čaadaevs, Leont'ev bewegt sich mit seiner Selbstwidersprüchlichkeit in Richtung einer seinem Denken problematisch innewohnenden Disjunktion von *Geltungs*bereichen (so etwas wie regional beschränkte Wahrheiten, nicht die Trennung von Innen- und Außenraum) – wozu es bei Nietzsche ein Komplement gibt[60].

8.5.1. Ontologie und Epistemologie

Wahrheit ist den Solov'evschen *Чтения о Богочеловечестве* zufolge präexistent; sie bestehe vor dem Erkenntnisakt (1994a, 20). Der Glaube verleiht Vladimir Solov'ev zufolge eine höhere Einsicht in die Wahrheit (1966, III 192). Die resultierende erkannte Wahrheit sei dann auch eine universale, allgemeingültige: „Истина может быть только вселенскою [...]" (ebd., 198). Ihr Ort sei die „вселенская церковь"[61]. Alles Partikuläre müsse geopfert werden, auch das Nationale, denn es sei Abtrennung von der Allgemeinheit (ebd.). Absonderung – in der hier verwandten Beschreibungssprache: Disjunktion –, das Partikulare stoße heraus aus der „universalen Wahrheit"; zu erreichen sei diese Wahrheit nur durch Opferung des Individuellen (ebd.), d.h. durch Identifikation mit dem Universalen. Solov'evs epistemologische Erörterung geht unmittelbar in Ontologie über (Akulinin 1990, 70) – und auch in Kosmogonie; was (schon im Frühwerk) adäquates Erkennen garantiert, ist die Identität von Wahrheit und Einheit (Meier 1969, 98); was die kosmologische und teleologische Quintessenz dieses „Absolut-Werdens" des beschränkten Subjekts ausmacht, ist die theotische Implikation dieses Prozesses: Erkennen ist All-Ein-Werden, also Teilhaftigwerden am höheren Seienden („сущее") und Rückkehr zu Gott.

Jedes allzu spezialisierte Erkennen verfehlt demnach Solov'ev zufolge die synthetische und einzig wahre Erkenntnis. Wie bei Kireevskij und dem

---

[60] Diese Disjunktion von Geltungsbereichen führt allerdings, da alle Aussagen einer oder eines Schreibenden automatisch auf Kohärenz hin gelesen werden (also von der Rezipientin oder vom Rezipienten konjunktiv zusammengedacht werden) zum Eindruck von Widersprüchlichkeit. Selbstwidersprüchlichkeit ist damit nicht allein eine Gefahr eines alles verbindenden, unkritisch konjunktiven Denkens, sondern kann auch dadurch ausgelöst werden, daß Geltungsfelder disjunktiv getrennt werden, die dann jedoch (in der Geschichte ihrer Rezeption fast stets mit Kohärenzannahme gelesen) nicht getrennt aufgefaßt werden. Der Aphorismus als „Form der Disjunktion" von Geltungen neigt stets dazu, im Widerspruch zum nächsten Aphorismus zu stehen, mit dem er – vielleicht – doch gar nichts zu tun haben sollte.

[61] Wahrheit konstituiert sich für Solov'ev wie für viele andere russische Philosophen im kollektiven Konsens. Wozu der einzelne, abgesonderte Geist nicht imstande sei, das vermöge – so faßt es später Bulgakov (1993, I 142f) – ein kollektives transzendentales Subjekt, dessen Erkenntnisse *per se* wahr seien.

8. Solov'ev und Leont'ev 353

frühen Gercen lautet auch hier der Vorwurf „Formalismus"[62] (1966, III 188). Die drei – nach Solov'ev – philosophisch möglichen Positionen, die drei „Zentrismen" Humanismus (Anthropozentrismus), Naturalismus (Naturozentrismus) und Mystik (Theozentrismus), die sämtlich ihre relative Bedeutung hätten, was Solov'ev ihnen in einer Gerechtigkeitsfigur (Vjač. I. Ivanov 1916, 105) attestiert, müssen zu einer höheren synthetischen Vereinigung finden. Sie erlangten diese in der Tat bei Dostoevskij (1966, III 213). Solov'ev zitiert für die Synthese der drei Haltungen den Begriff der Trinität heran („тройственная полнота", ebd.), die allein Harmonie gewährleisten könne (Epistemologie und religiöser Diskurs gehen hier eine Verbindung ein). Wenn er die mystische Erkennensweise auch schon vor der Vereinigung der drei Modi favorisiert, so grenzt sich Solov'ev doch mit der trinitären Synthese von der in der Mystik gängigen Exklusion von Empirie und *ratio* ab[63]. Am Punkt der Kritik „abstrakter" Erkenntnisformen und Moral kann Solov'ev in seiner Entgegnung an Leont'ev *Заметка в защиту Достоевского от обвинения в «новом» христианстве* diesem konzedieren, seine inhaltliche Position sei durchaus berechtigt, wenn auch Dostoevskij das Gegenteil nicht vorzuwerfen sei (Solov'ev 1866, III 220).

Hatte in Solov'evs Arbeiten nach den erkenntnistheoretischen Frühschriften in der mittleren Phase angewandtes und kulturkonkretes Philosophieren dominiert, so kehrt er im Spätwerk zum erkenntnistheoretischen Thema zurück. In einer Folge einzelner, aber als zusammenhängend konzipierter Schriften aus den Jahren 1897-99, postum als *Теоретическая философия* zusammengefaßt, wird an der Selbstgewißheit des Subjekts gezweifelt (Solov'ev 1990, 777) und der Weg zum wahren Erkennen als Intention auf Transpersonalität gekennzeichnet.[64] Wahrheit wird so wie das Subjekt

---

[62] Der von den Kireevskij und Gercen wie auch von Solov'ev erhobene Formalismus-Vorwurf wirkt in der Topik der späteren russischen Philosophie (z.B. Berdjaev 1994, I 51) wie auch des sowjetisch-marxistischen ideologischen Diskurses unvermindert, ja eher mit gesteigerter Beharrlichkeit und Überbietung der Redundanz, die diesem Topos bereits im 19. Jahrhundert innewohnte, fort.
[63] Bspw. Pseudo-Dionysius Areopagita (1994, 75); bei Kireevskij war die Eingliederbarkeit der *ratio* in die Intuition des Glaubens fraglich gewesen, s. 6.5.7.
[64] S. Bulgakov, Frank und Losskij setzen die Epistemologie in Richtung eines – geläufig, wenn auch nicht ganz zutreffend als averroistisch bezeichneten – Konsubstantialismus aller erkennenden Subjekte fort (s. Losskij Selbstkennzeichnung, 1991, 322f).

zum Akt; beide gehen in der Formel vom „становящийся разум истины" zusammen (ebd., 820, dazu: Dahm 1996, 76)[65].

> [...] умственный центр тяжести с внутреннею необходимостью переостанавливается из его ищущего я в искомое, т.е. в саму истину [...] (Solov'ev 1990, 821).

Das „Werden" ist ein Eingehen in ein transpersonales Ganzes, also wieder die Überschreitung einer „Beschränktheit".

Bei Leont'ev begegnet epistemologisch eine eigenartige Spannung zwischen dem Ideal komplexen und differenzierenden Erkennens[66] („любить и любить — разница...", Leont'ev 1912, VIII 178) und seiner Forderung nach umfassender Beachtung der verschiedenen biblischen Moralwerte und Texte („все учение церкви", ebd. 166). Beide Postulate verbindet strukturell ein Antireduktionismus, der aber im Gegenzug nicht etwa in eine mögliche Pluralität von Perspektiven oder gar einen Agnostizismus münden würde. Und in der Bibelexegese (und wohl in einem jeden Erkennensprozeß) wird von Leont'ev nichtsdestotrotz Eindeutigkeit reklamiert:

> Апостолы писали [...] не разное об одном; [...] Мысль Христа, не меняясь ничуть, разлагается в посланиях подобно единому солнечному лучу в радуге или призме на главные основные цвета. (ebd.).

---

[65] Dahm propagiert eine sehr spezifische Lesart Solov'evs als eines Proto-Phänomenologen, als Antizipators von Max Schelers Aktphänomenologie (Dahm 1996, 77), die er durch die „Spiegelbildlichkeit" der „geistigen Entwicklung beider Denker" garantiert sieht (Dahm 1971, 315). Plausibel festmachen kann er diese Synopse besonders an der „Phänomenologie der Sympathiegefühle" (dem Titel der Frühfassung *Zur Phänomenologie und Theorie der Sympathiegefühle und von Liebe und Haß* von Schelers Werk, das später *Wesen und Form der Sympathie* heißt [s. Scheler 1973] entlehnt) von Solov'evs Schrift Смысл любви von 1892-94 (Dahm 1996, 68-72). In bezug auf die Epsitemologie der *Теоретическая философия* ist dies komplexer gelagert und Dahm gezwungen, den All-Einheits-Kern von Solov'evs Philosophie hinter den Fokus auf Bewußtseinsakte zurücktreten zu lassen.

[66] Als ein im 19. Jahrhundert seltenes Stilmerkmal im kulturosophischen Diskurs tauchen bei Leont'ev (wie zuvor bei Danilevskij) eher für den wissenschaftlichen Diskurs typische Begrenzungen der jeweiligen Fragestellung seiner Schriften auf (Bsp. 1912, VIII 178). Es handelt sich bei ihm nicht um Apophatik, sondern allem Anschein nach um einen Einfluß des realistisch-positivistischen Diskursgeistes des ausgehenden 19. Jahrhunderts. Entsprechend ist auch das Epitheton „Realismus" bei Leont'ev (wie bei Gercen) als nüchterne Betrachtungsweise positiv belegt (ebd., 192). Romantische Exaltiertheit wird zurückgewiesen (ebd., 208).

Komplexität ja, Mehrdeutigkeit nein[67]. Wie später am Unterpunkt des expliziten Verhältnisses zur Logik (8.5.12.) noch deutlicher werden wird, verdammt Leont'ev in alter russischer anti- und überphilosophischer Tradition (Kireevskij, Čaadaev, s. dazu 6.6.4.) die individuelle Rationalität als selbständiges Erkenntniswerkzeug. Die (logisch-formale) Einfachheit oder Geradlinigkeit der *ratio* verurteilt er und hält ihr „сердечное понимание" entgegen (ebd.). Erst Demut des Geistes und nicht-rationaler Glaube führen auch in seiner Sicht zur wahren Einsicht. Bei Kireevskij war die Subordination des Denkens unter den Glauben in der Forschung umstritten, und auch bei Leont'ev ist die Verurteilung der Rationalität durch seine argumentative Form sowie durch einzelne positive Formeln „чистый разум" (ebd., 189) oder Integrationen des Denkens ins Glauben – „[...] мы обязуемся принимать [...] *вера ума* [...] *все* учение Церкви [...] " (ebd., 178) – nicht uneingeschränkt.

8.5.2. Kosmogonie und Kulturgeschichte

Im Kapitel III.6, *Три главные ступени космогонического процесса/Les trois degrés principaux du processus cosmogonique*, von *La Russie et l'église universelle* schreibt Solov'ev folgendes:

> Единство, действительно осуществленное, предполагает предварительное разделение, — разделение, проявляющееся в хаотическом существовании земли, существовании пустом и бесплодном, погруженном в тьму (хошех, Быт. 1, 2) и в бездну (тегом). Задача лежала в том, чтобы заполнить эту бездну, осветить эту тьму, оплодотворить это бесплодное лоно и, наконец, путем совокупного действия обоих миров вызвать к жизни полуземное и полунебесное существование, способное объять в своем единстве всю совокупность творения и связать ее с Богом свободной и живой связью, воплотив в созданном образе вечную Премудрость Божества. Космогонический процесс есть последовательное объединение низшего или земного мира, созданного в начале в состоянии хаоса и розни — тогу вабогу.[68]

---

[67] Sehr ähnliches findet sich bei Leont'evs Zeitgenossen Cyrian Norwid, einem anderen großen Außenseiter.

[68] „L'union actuellement réalisée suppose une séparation préalable – séparation se manifestant par l'existence chaotique de la Terre, existence vide et stérile, plongée dans les ténèbres (*khoshée*) et dans l'abîme (*tehom*). Il s'agissait de combler cet abîme, d'illuminer ces ténèbres, de rendre fécond ce sein stérile et enfin, par une action combinée des deux mondes, de produire une existence à demi-terrestre et à demi-céleste, capable d'embarasser dans son unité la totalité de la créature et de la rattacher à Dieu par un lien libre et vivant, en

Solov'ev reiht sich mit seiner Konzeptualisierung von göttlicher Ureinheit, Zerfall durch Weltschöpfung und stufenweiser Rückkehr zur Einheit (s. Józsa 1968, 284) ein in eine Kette von ähnlich gelagerten Konzepten, die kulturologische Transformationen des Sündenfallmodells darstellen. Er betont damit, so kann es logisch konzeptualisiert werden, den mengenlogischen Aspekt von Ganzheit/Einheit und Zerfall. In der kulturosophischen Axiologie von Čaadaev und Kireevskij war bereits eine vergleichbar gelagerte Konzeptualisierung beobachtet worden.

Leont'ev hat von diesen neoplatonischen Wurzeln nichts geerbt. Seine Weltentstehungs- und Weltendevorstellung deckten sich mit der orthodoxen Dogmatik, – so beansprucht es Leont'ev, was jedoch nicht zutrifft. Bei ihm dominiert anstatt weltgeschichtlicher Prozessualität die Dualität von Erde und Himmel. Dem Solov'evschen kosmogonischen Gesamtentwurf steht bei Leont'ev einerseits die schlichte Disjunktion von Diesseits und Jenseits (das bei ihm eher nur Ende ist), andererseits die innerweltliche Konjunktionslösung des statischen Staates entgegen.

8.5.3. Kulturraumkonzepte, Exklusion, Inklusion

Solov'ev beschreitet in seinem Werk einen Weg der Entfernung von slavophilen und damit auch in kulturräumlicher Hinsicht disjunktiven Anfängen seines Denkens zu einem umfassenden, jede Ausschließlichkeit meidenden Einheitsideal[69]. In den frühen 80er Jahren, als die Dostoevskij-Reden entstanden, sind die in den *Чтения о Богочеловечестве* noch merklichen slavophilen Reste fast ganz verschwunden. Das Lieblingspräfix des mittleren Solov'ev, *все-*, erteilt jeder Exklusion eine Absage. Es markiert das Streben nach dem Einschluß von allem in einen Zusammenhang, eine Synthese (s. Levin 1993, 33). Rußland – im Sinne einer Differenz Rußlands zum Westen – bringt Solov'ev in seinem Messianismus dem universalen „всеединство" zum Opfer (*La Russie et l'église universelle*); es wird für ihn normativ-messianisch zum „место встречи Европы и Востока" (Raškovskij 1997, 99). Im Gedicht *Ex oriente lux* von 1990 findet sich das Motiv vom Messia-

---

incarnant dans une forme créée l'éternelle Sagesse divine." (Solov'ev 1966, XI 302, frz. 1889, 248f; vgl. dazu Kondrinewitsch 1963, 136f.

[69] Onasch pointiert, daß Solov'evs Ökumenismus mit seiner Einbeziehung westlicher kulturgeschichtlicher Erfahrung „eine der ‚heiligen' Kühe der Slavophilen geopfert habe (Onasch 1983, 108f).

nismus als Versöhnung⁷⁰: „Тот свет исшедший из Востока/С Востоком Запад примирил." (1891, 35) Die erkennbare Eigenheit eines Körperteils, so instruiert Solov'ev die Leser seiner *Idée russe*/*Русская идея*, habe ihre Berechtigung nur im Ganzen des die Einzelteile übersteigenden Organismus:

> Национальные различия должны пребыть до конца веков; народы должны оставаться на деле обособленными членами вселенского организма. Но и сам этот организм должен существовать на деле. (Solov'ev 1991b, 334)

Im Zusammenhang darf der Unterschied bleiben: Identität, volle Deckung ist weder gemeint noch angestrebt, sondern punktuelle Überschneidung, Konjunktion.

Da es bei Danilevskij keinen Zweifel an der axiologisch positiven Belegung von Absonderung, Disjunktion der kulturellen Räume gegeben hatte (7.5.3.), beruft sich Leont'ev in diesem Punkt dezidiert auf Danilevskij (Leont'ev 1993, 350). Er versieht seinen russischen Nationalismus mit dem von Šiškov her bekannten Votum für die Dissoziation Rußlands vom schädlichen westlichen Einfluß („самобытное развитие", „славяноособие", Leont'ev 1993, 347, „истинное (то есть культурное, обособляющее нас в быте, духе, учреждениях) славянофильство", ebd., 349). Die Kehrseite lautet: „Сближение, слияние, *смешение*" (ebd., 365) – all dies sei gefährlich (wobei die Verbindung Byzanz natürlich eine Ausnahme bildet), Mediation zwischen den nationalen Eigenarten verderblich (Kosik 1996, 67). Wichtiger als das Slavische selbst sei seine Differenz zu Europa: „Надо, мне кажется, хвалить и любить не *славян*, а то, *что у них особое славянское, с западным несхожее, от Европы обособляющее.*" (Leont'ev 1993, 116) Der Unterschied wird von Leont'ev mehr als seiner Inhalte wegen in seiner Eigenschaft als *Unterschied an sich* gepriesen. Darin radikalisiert er die impliziten Disjunktionsaxiologiken Šiškovs und Danilevskijs zu einer expliziten. Beschreiben läßt sich dieser Aspekt von Leont'evs Denken also als eine bewußte (und nicht nur unreflektierte, s. 4.4.) Axiologik der Disjunktion. Der russische Staat soll eine Festung sein, soll Stabilität und Identität gewährleisten und nach außen hin abschirmen. Was im Inneren ein großes konjunktives System darstellt (s. 8.5.8.), ist nach außen Abgrenzung, Disjunktion.

---

[70] Was Vladimir Solov'ev hier in besonderer Weise betont, gilt im Grunde für jede Form von Messianismus. Dieser ist keinesfalls, wie Galaktionov meint (1995, XVIII), ein Isolationsstreben.

8.5.4. Apokalyptik

In Anlehnung an Lotman/Uspenskijs *Роль дуальных моделей в динамике русской культуры (до конца XVIII века)* (s. 1.3. u. 9.3.) stellt Aage A. Hansen-Löve einen Zusammenhang von „radikalem Dualismus und mit ihm einhergehende(m) Maximalismus" und apokalyptischem Denken her (1993, 232). Da bereits vorgeschlagen wurde, den Tartuer Dualismusbegriff um der genaueren Beschreibung des Grenzfeldes willen als zweiwertige Disjunktion zu fassen, ergibt sich die Verbindung von Apokalypse und Disjunktion. Apokalyptisches Denken in Reinform bildet eine Realisierung der disjunktiven Denkform, da sowohl Zeitphasen als auch Wertzuschreibungen in binärer Opposition zueinander stehen und disjunktiv getrennt sind. Apokalyptisches Denken meint also im Zusammenhang der logisch-axiologischen Typologie nicht Naherwartung und ständiges Reden vom baldigen Weltuntergang; es bedeutet vielmehr die disjunktive Trennung von irdischer Phase und dem apokalyptischen Ende (wobei die zeitliche Nähe oder Ferne logisch außer Betracht bleibt und bleiben muß, da dies die Grenze des Modells sprengt).

Doch gibt es vielleicht auch eine „gemilderte" Apokalyptik, eine, die durch Evolution kaschiert wäre? Einen allmählichen Übergang ins Reich Gottes? Eine Apokalypse, die Diesseits und Jenseits nicht so kategorial trennen würde, sondern trotz des apokalyptischen Bruches eine konjunktive Verbindung fortbestehen ließe? Also eine Vorbereitung der Umwälzung durch annähernde Schritte und damit auch die Aufnahme erster „paradiesischer" Elemente ins Diesseits?

Solov'ev spaltet, Evgenij Trubeckoj zufolge (1995, I 57), Gegenwart und Zukunft wie Kireevskij und Čaadaev. Dazu ist ergänzend zu sagen, daß sich diese Spaltung auf den Kontrast von schlechtem Jetzigen und utopischem Zukünftigen bezieht: Solov'ev mißt das schlechte Gegenwärtige (s. Levin 1993, 15) am normativen Maßstab der Zukunft („должно быть", Solov'ev 1966, III 201). Diese Zukunft ist nicht sofort im nahen Handeln der Gegenwart zu erreichen. Ein Sprung moralischer All-Vereinigung sei vonnöten, eine „moralische Revolution" (ebd., 209) – Gegenwärtiges und Zukünftiges werden dabei getrennt gedacht. Aber: Die Arbeit am Künftigen soll schon in der Gegenwart begonnen werden (1966, III 205). Somit gibt es in Solov'evs Vorstellung des apokalyptischen Künftigen Eigenschaften, die schon im präapokalyptischen Künftigen vorkommen[71]. Berger nennt diese Struktur bei Solov'ev ein „Hinienragen des Gottesreiches in die wesentlichen Belange der Welt" (1950, 119). Die Disjunktion wird hier folglich nicht durchgehalten, der apokalyptische Sprung steht neben der konjunktivallmählichen Vorbereitung (s. auch Levin 1993, 14, zit. in 8.6.1.), wie Solov'ev in seiner Antwort auf Leont'evs *Наши новые христиане* nochmals betont[72]:

> И напрасно г. Леонтьев указывает на то, что торжество и прославление Церкви должно совершиться на том свете, а Достоевский верил во всеобщую гармонию здесь, на земле. Ибо такой безусловной границы между «здесь» и «там» в Церкви не полагается. (Solov'ev 1966, III 222)

Das Reich Gottes beginnt für den Solov'ev in seiner mittleren Phase künftig auf Erden („начало той новой земли", ebd., 223), hat seine „прообразы"/„une préfiguration" bereits im Diesseits (1996, XI 308, frz. 1889, 259) – Christus ist das „первое слово ЦБ [Царства Божьего]" (Levin 1993, 69) – und geht in den Himmel über. Folglich ist die Apokalypse Solov'evs keine, die Diesseits und Jenseits vollgültig trennt. Der Bruch, den man gemeinhin mit Apokalypse assoziiert, wird überzeichnet.

Ganz charakteristisch ist Solov'evs normatives, teleologisches Befragen von Geschichte und Gegenwart. Er zitiert und konterkariert hier das Černyševskijsche *Что делать?* (Solov'ev 1966, III 207f). Es gebe nicht, wie der nicht genannte Černyševskij in Solov'evs Interpretation verlangt, eine direkte, auf das konkrete Hier und Jetzt bezogene Handlungsanweisung. Es könne nicht um bloße Umwälzung als Vernichtung des jetzt Bestehenden gehen (ebd., 208). Apokalyptische Umwälzung ist für Solov'ev sehr wohl nötig; dennoch trägt seine Distanz gegenüber immanent-physisch gewalttätigen Revolutionen (die er in nicht ganz nachvollziehbarer Weise als „jüdisch-

---

[71] Auch der Propheten- und Antizipatorentopos, den Solov'ev in bezug auf Dostoevskij verwendet (Bsp. 1966, III 209), erstellt eine Verbindung zwischen eigentlich getrennten Zeitphasen: Das Vor-Wissen bringt die finstere, frühere Zeit in eine visionäre Verbindung mit der apokalyptischen Erlösung.

[72] Gegen Danilevskijs Theorie von der Unversöhnlichkeit der „Kulturtypen" gewandt erklärt Solov'ev die Geschichte zur Bewegung allmählicher Sammlung des Einzelnen unter ein univerales Dach: „постепенное их [культур] *собирание* чрез подчинение более узких и частных образовательных элементов началам более широкой и универсальной культуры." (Solov'ev 1966, V 106) Die Geschichte diene zur Überwindung der „Begrenztheit" des Nationalen (ebd., 123, 128f, 132f). Gerade in der Korrektur fremder disjunktiver Konzepte bedient sich Solov'ev gerne des Bildes der allmählichen Annäherung zuvor getrennter Glieder aneinander.

materialisitisch" kategorisiert, ja diffamiert, ebd., 209) eine Schwächung in die apokalyptische Disjunktion von jetziger und künftig-utopischer Zeitphase hinein. Hier ist die Entscheidung zwischen Disjunktion (Apokalyptik) und Revolutionsablehnung, die in der Umkehrung evolutionäre Konzepte (Mediierung/Konjunktion, s. 9.3.) favorisieren muß, schwer zu treffen. Negativdiagnose und normative Vorstellung treten an dieser Stelle auseinander, aber auf eine andere Weise, als dies in der recht klar disjunktiven Trennung von Thema und Rhema in der Kulturosophie Čaadaevs und Kireevskijs (Kulturraumkonzept und eschatologische Einheit) der Fall war. Bei Solov'evs Zeitkonzepten gehen Konjunktion und Disjunktion ineinander, aber erstere behält die Oberhand. In der Version des mittleren Solov'ev kann die (eher erlösende als katastrophische) Apokalypse durch Schritte in der nahen Zukunft angebahnt werden.

Was sich in zeitlicher Hinsicht als Disjunktion darstellt, ist vom endzeitlichen Gehalt her, zumindest soweit es die Vorstellung vom Reich Gottes betrifft, eine Vision vollendeter Harmonie, der Aufhebung alles Trennenden[73]. Ob die *Краткая повесть об Антихристе* durch die Überwindung der kurzen Herrschaft des Antichristen ohne wesentlichen Bruch im ökumenischen (konjunktiven) Duktus des mittleren Solov'ev bleibt (so Ignatow 1997, 4) oder aber ob Solov'ev resigniert (so u.a. Onasch 1967, 123) und zu Leont'evs Katastrophismus übergeht und Entzweiung nunmehr positiviert –, diese Frage nach Kontinuität oder Bruch zwischen mittlerer Schaffensphase und Spätwerk kann hier nur gestellt, nicht aber abschließend beantwortet werden. Den Antichristen überwindet in diesem Werk Solov'evs die realisierte Ökumene, die vereinte Anstrengung der jeweiligen Gnadengaben:

> Getrennt sind die verschiedenen Gaben (der orthodoxen, protestantischen und katholischen Kirche) unnütz, vereint befähigen sie zum wahrhaft kirchlichen Tun. (L. Müller 1996, 114).

Das letzte Wort hat also (allem Katastrophismus des Spätwerks zum Trotz) die Vereinigung.

Leont'ev begehrt gegen alle Passagen aus Dostoevskijs Puškin-Rede auf, die in Richtung Allharmonie und kosmopolitische Verbindung gehen. Sie sind ihm häretisch (1912, VIII 195). Leont'evs Aufbegehren gegen Dostoevskij trifft zugleich ins Herz der Solov'evschen Zukunftsvision. Solov'evs

---

[73] In diesem Sinne beschwört Nikolaj Losskij das Gottesreich als sadistische, nämlich Körpergrenzen transgredierende Orgie (1994, 342).

positiver Zentralbegriff des „Богочеловек" ist bei Leont'ev spöttisch-polemisches Inventar:

[...] великое множество *европейских* и русских *всечеловеков, все еще* верит в мирную и кроткую будущность Европы и радуется тому, что нам, русским, быть может и скоро, придется утонуть и расплыться бесследно в безличном океане космополитизма. (Leont'ev 1912, VIII 199)

Das Solov'evsche Apokalypsekonzept der Versöhnung von allem mit allem ist für Leont'ev ein rotes Tuch (ebd., 177). Er ist gegen Frieden, gegen Westeuropa, gegen Kosmopolitismus, gegen synthetische Utopien, die die Gespaltenheit von Gott und Mensch zu überwinden suchen. Seine Apokalypse ist eine Katastrophe im Wortsinne: Herabwälzung eines Unglücks vom Himmel auf die Erde. Harmonisch ist an Leont'evs wenig getreulich orthodox-dogmatisch verstandener Apokalpyse gar nichts.

Не полное и повсеместное торжество любви и всеобщей[74] правды на *этой* земле обещают нам Христос и его апостолы; а, напротив того, нечто в роде кажущейся *неудачи* евангельской проповеди на земном шаре [...]. Христос пророчествовал не *гармонию всеобщую (мир всеобщий), а всеобщее разрушение.* (Leont'ev 1912, VIII 182f)

Leont'evs These von der Unmöglichkeit, die Apokalypse durch menschliches Handeln vorzubereiten, schließt bei ihm zugleich jede Möglichkeit einer Aussage darüber aus, wann die Apokalypse denn stattfinden werde. Somit wird ihre Geltung für das innerweltliche Handeln partiell wieder suspendiert. Obwohl Leont'ev die Apokalypse als harsche Disjunktion denkt, verliert sie durch ihre zeitliche Unbestimmtheit einen Teil ihrer konkreten Bedeutung. Sie läßt eine Bresche offen, in die Leont'evs Staatstheorie dann eindringt: Wenn die Apokalypse weder ausgesagt noch vorbereitet werden kann, liegt die Konzentration auf eine innerweltliche, vorläufige Lösung – bei Leont'ev der Staat – dann doch nahe. Bei diesem letzten Gedankengang handelt es sich um die Rekonstruktion eines *denkbaren* Zusammenhangs von Staatsphilosophie und Apokalyptik bei Leont'ev; er selbst negiert entweder das Irdische um der Apokalypse willen oder subordiniert das Religiöse unter das Staatliche.

---

[74] Das Präfix *все-* dominiert im Denken Solov'evs in einer Weise, daß trotz der Allgemeingebräuchlichkeit des Adjektivs „allgemein" (*всеобщий*) angenommen werden kann, daß Leont'evs Verwendung dieses Adjektivs eine lexikalische Markierung von polemischer Intertextualität mit Solov'ev darstellt.

Apokalypse ist also ein zweischneidiges Konzept: Betont der eine die Erlösung, den Anbruch des Reiches der Seligkeit, so unterstreicht der andere die Zerstörung der hiesigen Welt und das strafende Gericht.

> Leontiev's Apocalyptic views and presentiments of the end differed from those of Dostoievsky and Solovyev; they were more despairing and lacking in chiliastic expectations. But their real peculiarity was that Leontiev *naturalized* the end of the world. The impending of mankind assumed in his eyes the appearance of an irrevocable natural death. (Berdjaev 1968, 224)

Hebt Leont'ev die uneinholbare Ferne der Apokalypse hervor und geht damit zur innerweltlichen Ebene, zum Staat über, so erklärt Solov'ev trotz der Zukünftigkeit des Reiches eine allmähliche innerweltliche Annäherung für möglich. Wenn dennoch beide als „Apokalyptiker" charakterisiert werden können, so liegt das bei Solov'ev an der Naherwartung sowie Anbahnbarkeit des Reiches Gottes, bei Leont'ev hingegen an der Disjunktion von Diesseits und Jenseits. Was Leont'ev und Solov'ev trennt, ist aber die logische Form ihrer Apokalyptiken: konjunktive vs. disjunktive.

8.5.5. Geschichte

Solov'ev zieht, wie gesehen, keine kategoriale Grenze zwischen jenseitigem Reich Gottes und seinem Reich auf Erden. Der Mensch wirkt nach dieser Auffassung im Hinstreben auf die All-Harmonie am heilsgeschichtlichen Geschehen mit (Solov'ev 1966, III 223). Der Weltprozeß, die Kosmogonie ist mit der Theogonie gleichbedeutend (1994a, 143). Geschichte ist also nötig und, auch wenn die Welt nach Solov'ev im Bösen liegt, teleologisch gut (Levin 1993, 70). Der Weg sei weit, es brauche, so Solov'ev, einen moralischen Sprung, und doch ist der Weg in einer Reihe von Stufen beschreibbar. Diese kleinen Stufen zeichnen folglich gemeinsame Chrakteristika aus: Sie stehen in einer konjunktiven Relation zueinander.

Und Leont'ev? Die drei von ihm angenommenen Lebensalter eines Staates, einer Kultur oder Zivilisation sind zwar ebenso konjunktiv miteinander verwoben[75], doch geht es nach dem Aufwärts zyklisch wieder abwärts.

---

[75] Zur klassenlogischen Begründung dieser Formalisierung vgl. das über Karamzin Gesagte (5.6.5.) sowie nochmals 9.3. Man könnte hier einen neuen Begriff einführen und von Transitivität sprechen. Vom Blickwinkel des Dualismus' Konjunktion vs. Disjunktion bedeutet das verändernde Wachsen eine konjunktive Relation zwischen den einzelnen

Leont'ev charakterisiert die drei Stufen, wie oben (8.3.3.) zitiert, als „primäre Einfachheit", „blühende Komplexität" und „sekundäre vermischende Vereinfachung" (1993, 75). Die zweite wie auch die dritte Stufe sind als Aufgliederung gekennzeichnet. Es gibt eine positive Form (Stufe 2) und eine negative (Stufe 3). Die der zweiten Stufe bloß als Konjunktion zu bezeichnen, verbietet bspw. das Lexem „расслоение". Und auch die dritte Stufe changiert zwischen Vermischung (Konjunktion) und Zerteilung (Disjunktion).

Doch dies ist allein der innerweltliche Aspekt. Dazu kommt, wie gesehen, die Leont'evsche Trennung von Diesseits und Jenseits: Unermüdlich wiederholt Leont'ev die Trennung von „hier" und „dort", von apokalyptischer Erlösung, von eschatologischem Paradies und dem ganz anderen „Hier und Jetzt", das *per definitionem* schlecht sein muß – eine Theodizee umgekehrter Façon. Wie gesehen stehen bei Leont'ev daneben in widersprüchlicher Weise das Lebensaltermodell und die Forderung nach Wiederherstellung einer byzantinischen Ordnung in Rußland. Semen Frank erblickt darin eine Unvereinbarkeit von Optimismus und Pessimismus: „[...] как соединить глубочайший пессимизм с романтической верой в возрождение византийского строя?" (1993, 353) Zwei Hypostasen – Apokalypse und Staat –, die von Leont'ev kaum je *gegeneinander* gewichtet werden[76], schaffen, zusammen genommen, eine Spaltung in seinem Denken selbst, die nicht klare Trennung, sondern Selbstwiderspruch ist, da zwei Absolutheiten zwar (in der mehrwertigen Variante) logisch nebeneinandergestellt werden können (wenn die Absolutheit von A die Existenz eines konträr gedachten Nicht-A nicht ausschließt), kosmologisch aber schwer in Verbindung gedacht werden können.

Der Progressismus Solov'evs ist von einem Optimismus auf die Versöhnung der Gegensätze in einer endzeitlichen Synthese getragen, die für ihn ihre „positiven Schatten" vorauswirft. Für Leont'ev hingegen sind die Schatten der Apokalypse bedrohlich, geht ihr für ihn doch ein sozialer Niedergang voraus. Er setzt der letztlich optimistischen Geschichtsinterpretation des mittleren Solov'ev einen dekadenztheoretischen Katastrophismus entgegen:

Wachstumsstadien. Wenn zwei Phasen A und B ineinander übergehen, so lassen sich drei Stadien erstellen: A, B und C (Mischphase), wobei gilt: $A \wedge C$ und $C \wedge B$.

[76] In Leont'evs Briefen an Vladimir Solov'ev findet sich einmal die Hierarchisierung „[...] религиозное дело ставлю выше национального" (1993, 376). An vielen anderen Stellen gibt es stattdessen eine unverbundene Koexistenz zweier Hypostasen.

Наука поэтому должна будет неизбежно принять тогда более разочарованный, *пессимистический*, как я сказал, *характер. И вот где ее примирение с положительной религией*, вот где ее теоретический триумф: в сознании своего практического бессилия, в мужественном покаянии и смирении перед могуществом и правотою сердечной мистики и веры. (Leont'ev 1912, VIII 191)

Und diese Mystik und Religion spricht ja bei Leont'ev von nichts anderem als von der Furcht vor Gottes apokalyptischer Strafe.

Gibt es für Leont'ev keine Rettung aus der Furcht? Oder ist der Staat eben ein solcher Rettungsversuch? Ist die absolute Monarchie, das Ordnungsdenken Leont'ev – psychologisierend gesprochen – eine Kompensation seines Pessimismus, seiner Kierkegaardschen Verzweiflung[77], eine Reaktion des phiulosophierenden Subjekts auf seine eigene Psyche[78]? Soll der Staat eine Rettung vor dem jüngsten Gericht, ein Aufhalten der nicht aufhaltbaren Dekadenz hin zum fürchterlichen Weltengericht sein? Eine quasi altägyptische Erlösung aus der Vergänglichkeit durch die Dauerhaftigkeit des autoritären Staates? Und ist vielleicht die Furcht vor Gott, die Leont'ev predigt, eine, wie Sarkisyanz meint, „eschatologische Furcht" (1955, 140)? Ist sie Ausfluß seiner Angst vor der naturalisierten Apokalypse, die Leont'ev sich als Einebnung aller Unterschiede, als Egalisierung vorstellt? Die Ängste Leont'evs in bezug auf Demokratie wie auf die Apokalypse wären dann die gleichen und der absolute Staat die Kompensation... Es ist so schwierig, eine Kohärenz in Leont'evs Denken zu bringen, daß selbst derart spekulative Psychologisierungen in gewissem Maße hilfreich scheinen.

8.5.6. Endzeit, Einheit

Am Ende der Geschichte soll für Solov'ev die „all-menschliche Sache" stehen: „Всечеловеческое дело потому и есть всечеловеческое, что оно может совместить и ничего не исключает, кроме злобы и греха." (1966, III 204) Überhaupt ist für die Eschatologie und den Normativismus Solov'evs das Präfix *все-* lexikalisch dominant. Doch scheint es sich nicht um

---

[77] Diesen ins Auge stechenden inhaltlichen Vergleichspunkt läßt Korol'kov (1994, 96f) erstaunlicherweise außer acht, wenn er den antisystematischen Gestus Kierkegaards für vorbildgebend für Leont'ev erklärt.

[78] Masaryk spricht in diesem Sinne vom „geborenen Selbstreaktionär" Leont'ev (1992, II 220). Berdjaev deutet Leont'evs Sentenz vom „transzendenten Egoismus" als durchgängige Selbstbezogenheit, man könnte sagen: als Autodialog Leont'evs mit seinen eigenen Ängsten (1968, 195).

eine vollgültig pantheistisches Umfassen von allem zu handeln, da im obigen Zitat in christlichem Geiste die Sünde ausgespart wird. Daß Solov'ev andererseits ebensowenig ein dogmatisch reines Christentum vertritt, wird später an der Zusammenschau mit hermetischer und neoplatonischer Kosmologie deutlich werden. Jedenfalls ist bei Ausnahme der Sünde die All-Einheit am Ende schon keine volle All-Einheit mehr, doch ob dieser von ihm gemachte Ausschluß Solov'ev auch wirklich zu Bewußtsein gekommen ist, scheint fraglich, da er sich sonst – hätte er logisch konsequent sein wollen – den Gebrauch des Präfixes *все-* nicht hätte gestatten dürfen.

Der Kireevskij-Monograph Smolič sieht Solov'evs eschatologische All-Einheitsvorstellungen in der Genealogie Kireevskijs (Smolič 1934, 29). Die slavophilen Anfänge von Vladimir Solov'ev sind von E. Trubeckoj deutlich herausgearbeitet worden. Andererseits macht Trubeckoj Solov'evs allmähliche Entfernung von diesen Positionen deutlich. Nun wäre es sehr gut möglich, daß sich trotz Solov'evs Abweisung einzelner kulturräumlich-ideologischer Inhalte der slavophilen Lehre dennoch einige von deren formalen Charaktistika (eben die Axiologik) erhalten hätten. Andererseits hat Solov'ev so viele Anregungen aus verschiedensten Quellen aufgenommen und ließe sich zum zweiten ein „prosynthetischer Diskurs" in der europäischen Geistesgeschichte fast des gesamten 19. Jahrhunderts insgesamt nachweisen, daß die Eindeutigkeit dieses Ursprungs seiner Denkroutinen nicht mit letzter Sicherheit zu behaupten ist.

Bei Leont'ev ist der apokalyptische Endzustand nicht Gegenstand der Erörterung. Er begnügt sich meisthin mit der Feststellung von dessen Grundverschiedenheit von allem vorherigen Irdischen. „Верно только одно, — точно, одно, одно только несомненно, — это то, что все здешнее должно погибнуть!" (Leont'ev 1912, VIII 189) Identität, Gleichheit im Tode – das ist das Schreckgespinst Leont'evs. Beim Eschatologen, der Leont'ev ohne Frage ist, bleibt erstaunlicherweise die inhaltliche Füllung seiner Eschatologie farblos, nachgerade eine Leerstelle, was aber – das ist nach den Erfahrungen der negativen Theologie sofort einzuräumen – einzig adäquat und in Leont'evs Logik der innerweltlichen Disjunktion von Göttlichem und Menschlichem[79] lediglich konsequent ist. Vereinigungsvorstellungen wie die Solov'evs dürften für Leont'ev unter die – seiner These vom dritten Lebensalter der europäischen Kultur entsprechende – sekundäre

---

[79] Daß der Mensch als Gottes Geschöpf von letzterem ausgeht und apokalyptisch zurückkehrt, spielt in Leont'evs Argumentation – im Gegensatz zu Solov'ev – keine Rolle.

Vereinfachung (1993, 94, 96, 110) fallen, die ihm zufolge in Europa im 18. Jahrhundert begonnen haben soll. Solov'evs Einheitsstreben wäre demnach von Leont'evs Lebensalterperspektive her betrachtet ein Niedergangssymptom: „Везде ослепление фаталистическое, непонятное! *Везде реальная наука и везде не научная вера в уравнительный[80] и гуманный процесс.*" (Leont'ev 1993, 94) Das Ziel aller Einheitsbestrebungen erblickt Leont'ev in der Mittelmäßigkeit[81] (ebd., 95), welche für ihn – wie mehrfach gesehen – zutiefst verabscheuenswürdig ist.

8.5.7. Göttliches und Menschliches

In der eschatologischen Versöhnungsvision Solov'evs ist der dominante Begriff der „Богочеловек". Berdjaev sagt über Solov'evs Begriff: „Es gibt Kommensurables zwischen Gott und Mensch" (1983, 185). Göttliches und Menschliches sind kosmogonisch (s. unten) je schon aufeinander verwiesen. Der Mensch ist Gottes schon irdisch teilhaftig (Levin 1993, 15). Gott und Mensch müßten in „beiderseitiger Entsagung" (Ammer 1988, 164) wieder zusammenfinden: im Gottmenschen. In *La Russie et l'église universelle* heißt es in logischer Hinsicht besonders aufschlußreich (in der Begrifflichkeit der frühchristlichen Konzile): „[...] истинный центральный догмат христианства есть внутреннее и полное единение божеского и человеческого в нераздельности и неслиянности."[82] „нераздельность"/„sans division" läßt sich logisch als Negation von Disjunktion übersetzen, „неслиянность"/„sans confusion" als Negation von Identität. Solov'ev bleibt bei der Verbundenheit des Verschiedenen, bei der Konjunktion von Gott und Mensch.

Leont'ev kritisiert umgekehrt jeglichen denkerischen Versuch, die innerweltliche disjunktive Distanz zwischen Gott und Mensch schon vor der katastrophischen Apokalypse als überwindbar ansehen zu wollen (Leont'ev

---

[80] Leont'evs Schreibpraxis, die Schlüsselwörter seiner Sätze, die Rhemata hervorzuheben, läßt sich – gerade im obigen Fall, wo *уравнительный* (= konjungierend) unterstrichen ist, aber auch in zahlreichen anderen – als Beleg der Praktikabilität der logisch-axiologischen Analyse von Aussagenrhemata heranziehen.

[81] Diese ließe sich logisch genauso als Mediierung fassen, kann aber bei Reduktion auf den hier verwendeten Dualismus auch auf die konjunktive Angleichung von Eigenschaften zurückgeführt werden.

[82] „Le vrai dogme central du christianisme, c'est l'union intime et complète du divin et de l'humain sans confusion et sans division." (Solov'ev 1994b, 195, frz. 1889, XLVI).

1912, VIII 183, vgl. Masaryk 1992, II 211). Dieser Vorwurf, an Dostoevskij gerichtet, trifft in weit stärkerem Maße die Versöhnungskonzeption Solov'evs, die dieser in seiner Entgegnung an Leont'ev denn auch nicht zur Disposition stellt, sondern seinen Begriff unbefragt weiter benutzt (Solov'ev 1866, III 221). Leont'evs innerweltliche Disjunktion von Schöpfer und Geschöpf würdigt Solov'ev dort keines weiteren Kommentars.

Leont'evs Kampfbegriff der „антрополатрия" (1912, VIII 160) präjudiziert seine Ablehnung eines positiven Mitwirkens des Menschen im Weltenprozeß. Der strafende Gott steht unerreichbar hoch über dem Menschen. Die Unterschiedenheit beider ist keine kontradiktorische Relation, wohl aber konträre Disjunktion. Gott und Mensch sind für Leont'ev inkommensurabel. Gott allein bestimmt bei ihm das apokalyptische Weltende; einen aktiv zu erbringenden menschlichen Beitrag zum Kommen des Reiches Gottes gibt es nach Leont'evs Auffassung nicht.

8.5.8. Individuum, Sozium und Staat

Wird wahre Erkenntnis bei Solov'ev individuell-epistemologisch an den Glauben gekoppelt, so führt er aber noch die zweite Voraussetzung an, daß diese Wahrheit kollektiv begründet sein müsse: im „всенародное чувство" (1966, III 195). Der eine Glaube müsse alle menschlichen Anliegen in eine gemeinsame Sache bündeln: „[...] соединить и примирить все человеческие дела в одно всемирное дело."[83] (1966, III 202). „Universale Bruderschaft" (1994a, 22) ist in der Folge Saint-Simons (1911, 75) Solov'evs Ziel. Die Liebe führt den Menschen über sich hinaus, läßt ihn der All-Einheit teilhaftig werden (vgl. Dahm 1996, 66). Wie Kireevskij bemüht sich Solov'ev, Unterordnung und Freiheit zu verbinden: „*свободное же* подчинение" (1994a, 20). Das Individuelle solle nicht völlig überzeichnet werden, doch:

> Особо следует подчеркнуть «социальность» взглядов С. [Соловьева], и притом именно в такой традиционно «индивидуалистической» сфере, как нравственность. Не умаляя основополагающего значения *личной* нравственности, С. неустанно подчеркивает ее недостаточность и даже нереализуемость вне нравственного прогресса человеческого общества в целом [...]. (Levin 1993, 27)

---

[83] Die Formulierung „общее дело" entnimmt Solov'ev wohl der damals schon vor der Buchpublikation (1906/13) in Intellektuellen-Kreisen kursierenden Fedorovschen Philosophie (Fedorov 1982).

Solov'evs gesellschaftspolitisches utopisches Ideal „русский социализм" (1996, III 197) soll eine innere Verbindung aller Glieder der Gemeinschaft bei Erhaltung äußerer sozialer Ungleichheit schaffen: partielle Inklusion.

In Leont'evs religiöser Philosophie kann es keinen Zweifel in bezug auf seine Verurteilung eines individualistischen Menschenbildes geben. Indem er den Menschen – in noch ganz anderem Maße, als dies Čaadaev, Kireevskij oder Danilevskij taten – zur Demut verurteilt (1912, VIII 160), scheidet die Selbstbestimmung des Menschen aus. Aufgabe des Individuums ist einzig die sich selbst entsagende Unterordnung unter den kollektiven Körper der Kirche und des Staates. Wenn auch fern von jeder Zuschreibung eines Selbstwertes an das Individuum, betont Leont'evs heftiger Antiegalitarismus (ebd., 171) doch immer wieder die Unterschiede. Nie aber ist von Einzelnen die Rede, sondern von Klassen von Individuen. Wo Leont'ev auf sozialer Ebene zur Disjunktion von Teilgruppen greift, bedient er sich in der einen, über allem anderen gültigen christlichen Dogmatik zugleich der Identifikation. Die bei der Konzeptualisierung des Šiškovschen protokulturosophischen Denkens erforderliche Ligatur von Disjunktion und Identifikation als Grenzwert wiederholt sich an diesem einen Punkt bei Leont'ev.

Leont'ev verschreibt sich einem Normativismus, der als Antiindividualismus und Kenosis an Kollektivismus grenzt. Leont'ev erstrebt die Eingliederung des Einzelnen in die Kirche und den absolutistischen Staat, seine Subordination in ein konjunktives System, das bis zur „Vereinigung aller Widersprüche in einem „einzigen Willen" (Pobedonoscev 1897, 146) geht, ein System, in dem der Untertan aber von jeder Macht und Selbstbestimmung abgetrennt ist, was wieder die Differenz zwischen Macht und Untertan betont („неравенство сил", P. Struve 1995, 182)

Solov'evs Vereinigungsstreben zielt auf die Integration des Verschiedenen in eine All-Einheit. Gerade das Solov'evsche Streben nach All-Einheit, nach dem quantitativen Supermaßstab Menschheit, ist für Leont'ev aber verwerflich[84]: „Вот и преобладающая мысль нашего века, которая везде слышится в воздухе. Верить в *человечество*, в *человека* не верить больше." (Leont'ev 1912, VIII 188) Falsch wäre es jedoch, aus Leont'evs Verwerfung des Menschheitskollektiven in vorschneller Analogie zu Gercen ein Votum für den Einzelnen gegen alle normativen (und damit auch sozial

---

[84] Leont'evs Kritik des „Menschheitsbegriffs" tritt voll und ganz in die Fußstapfen Danilevskijs, dessen Polemik gegen das „общечеловеческое" (1995, 103) einer von vielen Anstößen für Solov'ev gewesen sein dürfte, soviel Gewicht auf die Menschheit als ganze zu legen.

normativen) Zwänge abzuleiten. Er glaubt weder an die Menschheit noch an den Menschen, sondern einzig an den strafenden Gott (oder, an anderer Stelle, strafenden Staat). Die Disjunktion Gott – Mensch bzw. Erde – Himmel dominiert und überzeichnet in seinem Denken alles andere.

Unterschiedlich ist bei Leont'ev und Solov'ev (wie zuvor schon bei Gercen und Danilevskij [Individuum vs. Kulturtyp]) vor allem der Maßstab: Russischer Staat, russische Kirche (Leont'ev) oder Menschheit (Solov'ev)? Beide, Kirche wie Menschheit, bilden große konjunktive Systeme. Bei Solov'ev ist das Gottmenschentum absolutes Geschichtsziel, bei Leont'ev bleibt die Spannung von Staat und zernichtender Apokalypse ungelöst.

8.5.9. Geschlechterverhältnis

Zum wiederholten Male lediglich am Rande, beiläufig begegnet auch bei Leont'ev die Subordination der Frau – unter die christliche (heilige) Institution Ehe (bei Leont'ev „eine Art Askese", Kologrivov 1948, 61): Gehorsam gegenüber dem Ehegatten (Leont'ev 1912, VIII 165). Sein statisch-traditionalistisches (ja im Bezug auf die Bauernbefreiung schlicht reaktionäres) Gesellschaftsbild impliziert die Ablehnung jeglicher Gleichwertigkeit noch Gleichberechtigung der Geschlechter. Die Disjunktion im Machtstatus von Mann und Frau soll hier wieder von der untergeordneten Frau geliebt werden; sie wird konjunktiv bemäntelt.

Solov'evs Schriften *Чтения о Богочеловечестве* sowie *Смысл любви* revozieren dagegen die alte platonische Vorstellung vom Zerfallen-Sein des ganzen Menschen in zwei Hälften, in Mann und Frau. Parallel zur irdischen Liebe läuft bei Solov'ev auch die metaphysische Teleologie der Vereinigung des männlichen und weiblichen Prinzips, von männlicher Gottheit und „вечная Женственность" (Solov'ev 1991a, 62). Die Vereinigungsform ist folglich androgyn (Benz 1955, 279; Klum 1965, 109f) und insofern Rückkehr zum Böhmeschen Adam Kadmon (s. Grunsky 1956, 276). Wenn auch diese geistigen Prinzipien weit vom realen Geschlechterverhältnis entfernt sind, so ist Solov'ev hier doch das Bemühen um die Zuweisung eines gleichberechtigten Ranges zu attestieren. Das Argumentationsinteresse ist Gleichstellung und Verbindung: Konjunktion.

Daß Solov'ev dabei in alte andro- und phallogozentrische Oben-unten-, Zentrum-Ergänzung- und Aktiv-passiv-Oppositionen fällt (1994a, 137, s. Benz 1955, 272f), ist diskurs- und zeittypisch. In der Vorrede zur dritten

Ausgabe seiner Gedichte antizipiert Solov'ev mögliche Vorwürfe, er könne das Ewig-Weibliche und das Konkret-Weibliche, Geschlechtliche zusammengedacht haben und verwahrt sich gegen solche Interpretationen (Solov'ev 1966, XII 4); die Sekundärliteratur nimmt ihm diese reine Geistigkeit allerdings nicht ab (Berdjaev 1930, 53f). Eine andere – Freuds und Weiningers These von der bei der Frau fehlenden Sublimation vorwegnehmende (Freud 1994, 180; Weininger 1926, 83f) – Aussage Solov'evs paßt in die verbreitete Ambivalenz des männlichen Stereotyps von der Frau als Doppel aus Engel und Hure:

> [...] поклонение женской природе самой по себе, то есть началу двусмыслия и безразличия, восприимчивому ко лжи и злу не менее, чем к истине и добру — есть величайшее *безумие* [...]. (Solov'ev, 1966, XII, 4)

8.5.10. Rationalität und Intuition

Solov'ev schafft, obgleich systematischer Dialektiker und als solcher höchst rationalistisch operierend (vgl. Sem. Frank 1926, 37; Berdjaev 1983, 162), dennoch – wie von Čaadaev und Kireevskij her wohlbekannt – die alleinige Autorität des individuellen Verstandes ab. Das Kollektive beglaubige erst die Wahrheitshaftigkeit, und die rationale Argumentationsform dient in Solov'evs Schriften als Vorbereitung zu ihrer Überwindung („*intellego, ut credam*", merkt Florovskij süffisant an, 1983, 313). Zudem spielen mystische Erlebnisse in Solov'evs Biographie eine große Rolle (s. die Erwähnung von Epiphanie-Momenten 1994a, 123, dazu George 1988, 57). Rationalität und Intuition (mystische Erlebnisse) greifen bei Solov'ev zusammen (s. Waage 1988, 110; Asmus 1994, 134f). Theoretisch fundiert er deren Status so: Rationalismus wird erst in Verbindung mit Mystik wirklich einsichtsfähig. Die Dreieinheit der Erkenntnisformen Humanismus, Naturalismus und Mystik erzeugt bei ihm eine epistemologische Dreier-Konjunktion, ein wechselseitiges Ergänzungs- und Verschmelzungskonzept (s. Levin 1993, 49, 57). Mystik bleibt für Solov'ev keine subjektiv beschränkte Introspektion. Wie von den anderen gnoseologischen Elementen gehe auch von ihr ein Impuls zum (utopischen) „преобразование действительности" aus (Asmus 1994, 71).

Leont'ev beerbt zwar in manchen Punkten seines epistemologischen und religiösen Denkens den slavophilen Antirationalismus[85]. Die „мистическая ортодоксия" (Leont'ev 1993, 359) schaltet bei ihm nämlich den individuellen Verstand aus. Zu Leont'evs Konzepten kommt aber zugleich noch die von Šiškov her bekannte und gegen den (Karamzinschen) Sentimentalismus gerichtete Kritik von Gefühlsduselei, von individuellem Gefallen, persönlicher Liebe hinzu. Die Individualisierung des Gefühls, ein Herausreißen aus dem der Liebe einzig gebührenden Rahmen der Liebe zur Kirche (Leont'ev 1912, VIII 167) kann in seiner Vorstellung zur Verehrung für das Schlimmst-Mögliche, für die Revolution werden (ebd.). Die Forderung der Demut gegenüber der orthodoxen Kirche überzeichnet bei ihm den Gegensatz von Rationalem und Emotionalem; die Meßlatte, die von Leont'ev an beides gelegt wird, ist gleich: wie verhält es sich zum Kern des (traditionalistisch verstandenen) Christentums: zur Gottesfurcht? Weder konjunktive Verbindlichkeit eines stärker emotionalen Wirklichkeitskonzepts noch rationalistisch-disjunktive Unterscheidung des Unterscheidbaren haben Bestand vor dem einen absolut identischen Maßstab Leont'evs, vor der einen, wahren orthodoxen Dogmatik.

8.5.11. Intertextpraxis

Середины тут нет. (Lenin 1969, VI 39)

Solov'ev bindet Positionen, die aus der Westler-Slavophilen-Debatte bekannt sind, als unausgewiesene „Zitate" in seinen Diskurs ein und verwendet diese Teilelemente in anverwandelter Form zu einer neuen Ordnung, welche die alten Widersprüche und die antagonistische Provenienz der Prätexte in einer neuen Synthese auslöschen soll. Walicki formuliert bspw. in bezug auf Kireevskij und Solov'ev:

> Solov'ëv adopted Kireevsky's philosophical ideas but tore them from the total context of Slavophile doctrine and by doing so set them up as autonomous philosophical theory. (Walicki 1975, 563)

---

[85] Wie beim Logik-Argument (s. 8.5.12.) entkommt Leont'ev mit seinem nebenherlaufenden rationalen Erkenntisideal aber nicht der Selbstwidersprüchlichkeit: So fehlt es – glaubt man ihm – den russischen Liberalen schlicht an Geist (der, so folgt aus der Umkehrung, zu besserer, auch glaubender Einsicht verhelfen könnte, 1912, VIII 185).

Wenn Solov'ev Prätexte in seinen manifesten Text integriert und diesem bei aller Verschmelzungsabsicht doch ein erhebliches Element von Intertextualität verleiht, so läßt sich bei Leont'ev ein entgegengesetzter Umgang mit anderen Texten, mit anderen Denkern festmachen. Eine leichte Umgewichtung von einer Position, die er als mit der seinen nicht (nicht voll) deckungsgleich empfindet, mit dem Ziel der Integrierbarkeit in die eigenen Vorstellungen, kommt für ihn nicht in Frage. Leont'ev kann nicht wie Solov'ev Naturalismus, Humanismus und Mystik (Solov'ev 1966, III 213) in einen Dreischritt integrieren. In seiner Rhetorik gibt es einen unaufhebbaren Dualismus von falsch und richtig (was nicht heißt, daß er nicht in genauso proto-symbolistischer negativer Intertextualität gegnerische Positionen – z.B. Proudhons – unmarkiert aufnähme wie Solov'ev). Sympathie für die Liberalen zu empfinden, wäre für Leont'ev aber erst *nach* deren Bekehrung zu Gottesfurcht und demütiger Selbsterniedrigung ihrerseits möglich:

> Но теперь их даже *не следует любить;* мириться с ними не должно... Им должно желать добра лишь в том смысле, чтоб они опомнились и изменились [...]. (Leont'ev 1912, VIII 185)

Es kommt ihm gar in den Sinn, die liberalistisch Andersdenkenden entweder zu bestechen oder elektromedizinisch „umzuprogrammieren" (s. Miljukov 1903, 286). Andersheit kann von ihm nicht angenommen werden. Wer sich nicht bekehre, verdiene, wenn ihm Übles widerfahre, gar Schadenfreude (Leont'ev 1912, VIII 185). Über die Abweichungen der anderen urteilt der „Gerechte" Leont'ev: „А есть вещи, которые уступать нельзя." (ebd., 186). Was hier für geistige Widersacher gesagt ist (mit Gesinnungsgenossen verfährt er teilweise gemäßigter, 1993, 340f), gilt wie gesehen bei geringerer Aggressivität auch für das Leont'evsche Verständnis von menschlichem Umgang als stets mit Feindschaft untermischter Liebe überhaupt (1912, VIII 186).

Während Solov'ev das andere leicht manipuliert, indem er Prätexte nicht ausweist, Gedanken aus dem Zusammenhang nimmt und in einen neuen integriert, schließt Leont'ev das andere aus: Konjunktion bei Solov'ev steht auf dieser Ebene Disjunktion bei Leont'ev gegenüber.

8.5.12. Explizites Verhältnis zur Logik

Wie insbesondere von Kireevskij her bekannt wird reine, formale Logik auch von Leont'ev und Solov'ev ins geistige Abseits, in eine unzulässig reduktionistische Einseitigkeit und Vereinfachung verwiesen. Leont'ev schreibt folgendermaßen:

> [...] ибо простота *ума*, односложность логического мотива для христианства вовсе не обязательны; обязательна *простота сердца*, то есть доброта, искренность, покорность Богу [...]. (Leont'ev 1912, VIII 166)

Wie gehabt klingt der Kireevskijsche und Čaadaevsche Einseitigkeitsvorwurf in Kombination mit der Konzeptualisierung von Rationalität als Abfall vom ursprünglichen (göttlichen) Ganzen auch hier nach, selbst wenn das kosmologische Gesamtmodell Einheit – Spaltung – Einheit bei Leont'ev keine Geltung hat.

Logik wird bei Leont'ev einerseits als Formalismus verworfen. Zum anderen aber führt sie ein zumindest rhetorisches Schattendasein fort: Tolstoj habe es, Leont'ev zufolge, beim Abfassen von *Чем люди живы?* an „логическое самосознание" gemangelt (ebd., 167). Jemand habe „unlogisch" argumentiert, – dieser Vorwurf zieht sich, wie gesehen, bei so gut wie allen Logikfeinden in der russischen Philosophie durch (erst Šestov wird programmatisch auch auf den Negativ-Gebrauch von Logizität verzichten, s. 10.2.4.). Die Bindekraft des kritischen Diskurses, der polemisch instrumentalisierten Logik-Metapher ist stärker als Leont'evs Streben nach Konsistenz seiner eigenen Argumentation (auch dem geistesverwandten Logik-Verächter Nietzsche unterläuft aber eine solche terminologische Instabilität, s. Nietzsche 1986, 152). Dazu wird Leont'ev mehr als irgendeinem anderen russischen Denker logische Inkonsequenz *vorgeworfen* (Janov 1969, 153).[86]

Bei Solov'ev liefert die Logik als Teildisziplin des Rationalismus, der seinerseits lediglich ein Drittel der Voraussetzungen einer adäquat integralen Erkenntnis bereitstellt, bloß begrenzte Einsichten; als solches Teilelement ist sie aber in dieser Konsequenz durchaus am Platze.

---

[86] Bei Šestov ist die Inkonsequez größer, weil programmatisch (s. 10.2.4.), ihm aufgrund der expliziten Absichtlichkeit aber kritisch nicht vorzuwerfen.

8.6. Logische Konzeptualisierung

Uranfangsvorstellungen und normative Zukunftsentwürfe Solov'evs haben konjunktiven Charakter. Levin beschreibt dies folgendermaßen:

> Состояние нормы С. [Соловьев] часто характеризует также словами: *солидарность, согласие, внутреннее свободное соединение, свободное общение.* Этим терминам соответствует, по-видимому, конъюнкция свободы, цельности (в том числе единства) и свободного подчинения. (Levin 1993, 9)

Dies gilt für die Vereinigung von Gutem, Schönem und Wahrem in einer Kunst der Zukunft. Dies gilt gleichermaßen für die Überwindung einseitiger Rationalität. Dies gilt für die Verschmelzung aller Einzelwillen in einen umfassenden, *einen* Glauben und eine „вселенская церковь"[87]. „Nirgends sieht Solov'ev unüberbrückbare Abgründe. Über alle Abgründe schlägt er Brücken." (Stepun 1964, 24) Bei Solov'ev schließt sich stärker, als dies bei Čaadaev und Kireevskij der Fall war, der Kreis von der Ureinheit zur Zielsynthese. Die Trennung von Gegenwart (Disjunktionsdiagnose) und Zukunft (Konjunktions- bis Identitätsvision[88]) deckt sich mit der bei den beiden genannten Vorgängern beobachteten Spaltung der Axiologik in zwei Bereiche: in den diagnostischen und den normativen. Bei Solov'ev rückt alles darüber hinaus in den Rahmen einer umfassenden Kosmogonie: Von der ursprünglichen Einheit, dem „absoluten Erstprinzip als dem Einen und Ganzen" (Dahm 1996, 106) fällt die Welt in die Spaltung:

> Положение вещей, к которому приводит господство обособления, может быть названо раздробленностью, разъединением, разделением: $\forall_i$ Об($Э_i$). (Levin 1993, 10)

Und – im dritten Schritt[89] – zurück zur Einheit. Solov'evs Denken verweist an diesem Punkt auf eine ganze Reihe verwandter kosmologischer Axiologiken, die in der Folge des Neoplatonismus entstanden sind (s. 8.7.1.)

---

[87] Die vermutlich nicht bewußten vereinzelten Exklusionen in der All-Einheitsvision Solov'evs wurden in 8.5.6. thematisiert. Sie dementieren nicht den Gestus des Strebens zu Konjunktion und Identität bei Solov'ev.

[88] Levin (1993, 8) macht in den Einheitsvorstellungen anscheinend keine klassenlogisch stringente Trennung von Identität und Konjunktion: „*тождество, смешение* или *слияние* (=)".

[89] Auch Leont'evs organisches Entwicklungsschema kennt drei Phasen, weswegen Diec (1994, 449) Solov'ev und Leont'ev in diesem Punkt gleichsetzt. Die Wertung verläuft jedoch umgekehrt: Die zweite Phase, die sog. „komplexe Blüte", ist bei Leont'ev der Gipfel der Entwicklung und nicht das Tal der Leiden.

Z.B. von Baaders Axiologik her bekannt ist folgende Identifikation von Spaltung und Bösem: „Отделение от Божества, т.е. от полноты Добра, есть зло." (1966, III 214)

In den Solov'evschen *Чтения о Богочеловечестве* läßt sich nicht mit letzter Sicherheit ausmachen, welcher Seinsstatus dem Bösen zugeschrieben wird: Einerseits wird die Welt der bösen Vereinzelung mit einem Platonismus und Antikantianismus als trughafter Schein apostrophiert (vgl. Uffelmann 1998a):

> Вот этот-то тяжелый и мучительный сон отдельного эгоистического существования, а не объективный характер природы в ее общих формах. [...] Мы видели, что действительное бытие природного мира есть недолжное или ненормальное [...]. (Solov'ev 1994a, 122- 124)

Andererseits wird das Böse, eben die egoistische Vereinzelung, metaphysisch verortet („в области вечного доприродного мира", 1994a, 126). In beiden Fällen sei Vereinzelung, Absonderung, Egoismus[90] etc. das Falsche (Wenzler 1978, 255). Die logische Form des Falschen geht so, wie Solov'ev erklärt, ihren materialen Ausprägungen voraus:

> [...] внешняя материальная раздельность и особенность [...] прямое следствие внутренней розни и самоутверждения, или эгоизма, который сам, следовательно, лежит глубже всякого материального обособленного бытия [...] (1994a, 126)

Wenzler arbeitet heraus, daß es bei Solov'ev folglich zwei Sündenfälle gibt: den der Weltseele und den des Menschen (Solov'ev 1966, III 262). Was er nicht sieht, ist, daß genau dieses Denken in zwei Sündenfällen ein Philosophem Baaders ist (dazu Schulte 1988, 180-184). In Solov'evs positivem, synthetischem Gegenentwurf wird die entsprechende hegelianisch-logische Denkgrundlage auch explizit genannt:

> [...] сущность истинного христианского дела будет то, что на логическом языке называется *синтезом*, а на языке нравственном — *примирение*. (Solov'ev 1966, III 262)

Metasprachlich dürfte es mithin zulässig sein festzustellen, daß Konjunktion und Identifikation bei Solov'ev den positiven axiologischen Pol erhalten, Disjunktion den negativen: Der mittlere Solov'ev vertritt eine hochkonsequente (insofern als einheitliche, nicht kombinierte) Konjunktionsaxiologik.

---

[90] In Hinsicht auf die Rechtfertigung des Egoistischen setzt sich Solov'ev wieder in klaren Gegensatz zu Gercen und Danilevskij (s. 7.7.).

Das Besondere am anderen zu verstehen („надо обратиться к самому их духовному существу", Solov'ev 1966, III 216), - dieses humanistischkonjunktive Credo Solov'evs berührt sich stark mit den bei Karamzin gezeigten Zügen der sympathetischen Verbindung mit dem (verwandten, verstehbaren ähnlichen) anderen. Solov'ev aber füllt den immanenten Humanismus des frühen Karamzin in stärker christlicher Weise: „Дадим Ему [Богу] больше места в себе и увидим Его яснее в другом." (Solov'ev 1966, III 217). Aus dem Christentum schlägt Solov'ev den Funken für ein humanistisches Ethos des anderen (s. Karamzin, 5.4.4.). Aus der Konjunktionsaxiologik resultiert auch eine Konjunktionsethik.

Auf wichtigen Ebenen der Leont'evschen nicht-kohärenten Argumentation überwiegen demgegenüber disjunktive Momente: Seine Apokalyptik präjudiziert die Disjunktion von Zeitphasen und von deren Eigenschaftszuständen; durchaus im Danilevskijschen Geiste werden Kulturräume zum Zweck ihres Gedeihens voneinander abgeschirmt („славяноособие"); in Leont'evs punktuellem Ästhetizismus wird der moralische Maßstab momentweise ausgeschaltet (s. Sivak 1991, 68); die kategoriale Trennung von Geschöpf und Schöpfer wird von Leont'ev hypostasiert; ständische Unterschiede werden ganz wie bei Šiškov festgeschrieben; die Aufhebung der Leibeigenschaft, also die Beseitigung der manifestesten Disjunktion der sozialen Zustände Freiheit und Unfreiheit, wird als Symptom des Niedergangs verworfen; sowohl zeitgenössischer Staat als auch künftiges Gottesreich werden voneinander getrennt hypostasiert.

Doch die Disjunktionsaxiologik bezieht sich bei weitem nicht konsequent auf alle Gegenstandsbereiche des Leont'evschen Denkens. Dagegen stehen z.B. ein Ideal wissenschaftlich differenzierter und komplexer Betrachtungsweise (an den frühen Gercen gemahnend), besonders die Betonung der Komplexität der christlichen Dogmatik (obwohl Leont'ev die Einseitigkeit des „rosanen" Christentums der Liebe durch eine ebensolche Hierarchisierung, nur eben das gegenläufige Herausstreichen des strafenden Gottes sowie der Furcht vor ihm ersetzt) sowie die Kennzeichnung der Blütephase einer Kultur als komplexer Differenziertheit. Soziale Unterschiede (in Form von Ständen wie Geschlechtern) sowie die Geschiedenheit des irdischen Menschen von Gott sollen nach Leont'ev entweder an sich „geliebt" werden oder in Demut ertragen und damit zugleich kompensatorisch überbrückt werden. Disjunktion wird dadurch eine quasi-konjunktive Spange stabilisiert: Die Konjunktion hält die disjungierenden Glieder auf Abstand, zugleich zusammen und auseinander. Der logisch-axiologische Widerspruch besteht in diesem Fall nicht zwischen zwei halbwegs getrennten oder heuristisch trennbaren Denkbereichen, sondern innerhalb einer einzigen Denkfigur.

Der wichtigste Punkt in der konjunktiven Hälfte von Leont'evs Denken ist der innerweltliche Staat in monarchischer Form: Er schafft für Leont'ev ein Zusammenspiel aller Gesellschaftsglieder, ist ein differenziertes, „farbenreiches" (Kologrivov 1948, 186) konjunktives System. In ihm werden zwar klare Disjunktionen aufrechterhalten – Ständeunterschiede, absolute Macht des Monarchen und völlige Machtlosigkeit der Untertanen – doch dient das einem Gesamtsystem, das mehr ist als nur eine Brücke über dem sozialen Hiat. Die sozialen Disjunktionen stehen im Dienst der Gesamtkonjunktion Staat. Als letzter und vielleicht am deutlichsten konjunktiver Aspekt ist das Verhältnis von Byzanz und Rußland anzuführen, das als Relation von Urbild und Abbild ein zweifellos konjunktives ist, auch wenn es von Leont'ev rhetorisch zumeist als Identität verkleidet wird. Wenn also bei Leont'ev über die zeitliche Distanz hin die Verbindung von Byzanz und Rußland gesetzt wird bzw. ihre Restauration gefordert wird, so verbinden sich Altes und Neues im Stil der Šiškovschen rhetorischen Identifikation von Russisch und Kirchenslavisch.

So wird es extrem schwierig, Leont'ev auf eine Formel, eine Axiologik zurückzuführen: Als Weltnegierender und Apokalyptiker denkt er disjunktiv; die Danilevskijschen Elemente seines Denkens perpetuieren dessen Kulturraumdisjunktion. Der Staat als Gesamtsystem hingegen und die Ligatur Byzanz-Rußland sind innerweltliche Lösungsvorschläge im Zeichen der Konjunktion. Die Vielzahl verstreuter konjunktiver Elemente in Leont'evs Denken macht es unmöglich, nach dem Muster Danilevskijs von einer äußeren Disjunktion bei inneren Konjunktion zu sprechen. Besonders die disjunktive Apokalyptik zerstört selbst noch dasjenige, was mit Vorbehalt als Innenraum anzusprechen wäre: das Leont'evsche altägyptische Staatsideal, das auf der Schwelle zwischen praktischer Lösung und quasi-religiöser Erlösung steht. In Leont'evs Denken fehlt es an Systematizität. Wie da logisch-axiologisch hierarchisiert werden soll, ist nicht abzusehen. Ist der Staat nur etwas hilflos Vorläufiges im Angesicht des drohenden göttlichen Weltengerichtes oder steht er – da jenes ja noch unvorhersehbar, also fern ist – als konjunktive Lösung am Ende der Axiologik Leont'evs?

Brodas Vorschlag, der Antisynthetismus, welcher Leont'evs gesamte Argumentation bestimme, wende sich gegen idei „łagodnych" syntez aksjologicznych, nieograniczonego rozwoju, tak czy inaczej zamyślonych projektów ziemskiej eschatologii, pośpiesznej „progresywizacji" chrześcijaństwa itp. (Broda 1994, 57),

leuchtet zwar ein, besitzt aber eine besondere, die Performativität des Forschungsdiskurses betreffende Problematik: Brodas Metazubeschreibung ordnet die kulturosophischen Inhalte der logischen – disjunktiven – Intention so weit nach, daß die Radikalismen Leont'evs zur „heurystyczna antyteza" (ebd.) gegen das herrschende Harmonie- und Einheitsdenken (also in erster Linie gegen Solov'ev) reduziert werden. Politische Reaktion als Heuristik? Broda räumt ein, daß Leont'ev sein „Lob der Inkonsequenz" nicht voll durchgehalten habe: „[...] ‚pochwalę niekonsekwencji' [...] Leontjew nie zawsze dostatecznie konsekwentnie odnosił do niektórych własnych myślowych konstrukcji." (ebd., 61). Leont'ev dadurch eindeutig zu machen, daß man ihm ein eindeutiges Streben nach Komplexität, nach Uneindeutigkeit attestiert, ist selbst wieder zu eindeutig. Besser wäre es, das Modell nicht klarer zu machen, als es der Gegenstand ist. So sollte diese Spannung bestehenbleiben.

8.7. Logisch-axiologisch nahestehende Denksysteme

8.7.1. Hermetische Wurzeln Solov'evs

> In allen seinen Konstruktionen geht er [Solov'ev] immer von der Annahme aus, daß die Welt ursprünglich eine Einheit war und alles in ihr sündhaft Getrennte zueinander strebt, um, in Liebe versöhnt und geeint, frei zu Gott zurückzukehren. (Stepun 1964, 18)
>
> Последнее слово С. [Соловьева], как всегда, синтез. (Levin 1993, 58)

Die Solov'evschen *Чтения о Богочеловечестве* warten mit einem der Kabbala und Mystik entnommenen Vokabular auf (Solov'ev selbst weist diese Entlehnung anhand des Sophia-Begriffes aus, 1994a, 115). Daneben begegnet der „Димиург" (1993, 142). Der „ewige Mensch" (1994a, 116, s. dazu E. Trubeckoj 1995, I 340) ferner gemahnt an den Adam Kadmon der Kabbala und Böhmes (s. Grunsky 1956, 275f). Die Sophia setzt die kabbalistische Weisheit *chochma* fort (Schulte 1994, 12). Das absolute göttliche Wesen vor seiner Manifestation nennt Solov'ev mit der Kabbala En-Soph (Kondrinewitsch 1963, 150). Diese Verbindung mit der Mystik verweist die kosmogonische Konzeption Solov'evs (er sagt wörtlich „kosmogonisch", 1994a, 138) auf die Tradition der Hermetik, der Gnosis[91], des Neoplatonismus zurück[92]. Der „всеединство"-Begriff Solov'evs läßt sich – wenn auch nicht mit intertextueller Markierung – legitim auf solche Formeln vom „Einen" wie Heraklits „ἓν πάντα εἶναι" (Diels 1922, I 87), Platons Tim. 29a-31b oder den Plotin-Satz „τὸ ἓν πάντα" (s. Beierwaltes 1985, 38-40) zurückverweisen (vgl. Wetter 1996, 32). Ein Vergleich scheint fruchtbar, zumal Solov'evs Biographen eine eingehende Beschäftigung des Philosophen mit Neoplatonismus, Gnosis, Mystik und Kabbala nachweisen (Masaryk 1992, II 225f). Lange Zeit lagen Mystik und Kabbala außerhalb des akademischen Forschungshorizonts (Losev 1994, 75). Die Sekundärliteratur beschränkt sich meist auf die Erwähnung dieser Quellen (z.B. Józsa 1968, 302, 361), verteidigt Solov'evs Selbständigkeit (Losev 1994, 62, 79) oder erklärt eingehendere Untersuchungen zum Desiderat (Wenzler 1978, 245f, zu weiteren Aspekten Klum 1965). Die Hermetik als spezifische Denkform wird in der Forschung kaum beachtet. Das soll hier zumindest auswahlweise geschehen.

Wenn nachfolgend versucht wird, Solov'ev in einen Kontext von Hermetik und Neoplatonismus zu stellen, so gründet dies, wie oben grundsätzlich dargelegt (4.7.) nur zuteilen auf intertextuellen Belegen wie dem hermetischen Vokabular der *Чтения о Богочеловечестве*. Wenn Solov'ev der hermetischen Philosophie *von der Denkform her vergleichbar* argumentiert, so heißt das noch nicht, daß es ohne Hermetik-Rezeption diese Denkform nicht gegeben hätte oder daß andere Anregungen (von Prätexten wäre dann auch nicht mehr zu sprechen) ausschließbar wären. Vielleicht weist Čiževskijs Formulierung von der „Wahlverwandtschaft" von russischer Philosophie und deutschem Idealismus, die in ihrer gemeinsamen Wurzel im Neuplatonismus beruhe und die Wetter auf das „Denken des Einen" in Neoplatonismus und russischer All-Einheitsphilosophie zuspitzt (Wetter 1996,

---

[91] Mit Gnosis wird gemeinhin ein manichäischer Dualismus und eine Konzeption des autonomen Bösen assoziiert, die bei Solov'ev – im Gegensatz zur Auffassung Józsas (1968, 370) – nicht wiederzufinden sind und die er selbst am Gnostizismus bemängelt (Losev 1994, 79). Weder übernimmt er den Materie-Geist-Dualismus noch die Böhme-Baadersche Sicht von der Mitwirkung Luzifers als eines selbständigen Prinzips an der Kosmogenese (Kondrinewitsch 1963, 151f). Andere gnostische Lehren wie die Emanation und das Denken in Zwischenstufen sind für das Verständnis wie für die logische Konzeptualisierung von Solov'evs Denken hingegen fruchtbar.

[92] Der orthodoxe Dogmatiker Florovskij behauptet mit gewisser Gehässigkeit, er sei dort auch geblieben: in der vor-nicäanischen Phase (1983, 317).

6), in eine vergleichbare Richtung: Aus analogen Denkformen muß noch nicht unbedingt ein intertextueller Konnex ableitbar sein. Die im folgenden dargelegte zyklisch-mengenlogische Denkfigur ist zu allgemein, als daß die eine Quelle allen anderen, von der Denkfigur her ähnlich gelagerten vorgezogen werden könnte. Es gilt also, daß – neben Hermetik und Neoplatonismus – viele andere Systeme ebenfalls eine Rolle spielen können (A. M. Ėtkind verweist auf die russischen Sekten, die für Solov'ev von großer Bedeutung gewesen seien, Ėtkind 1998, 167-179). Nachfolgend wird *am Beispiel* von Hermetik und Neoplatonismus exemplarisch demonstriert, mit welcher Art denkerischer Systeme sich Solov'evs Denkform berührt.

Die Kosmogonien Plotins und Proklos', von Solov'ev „грандиозное мировоззрение [...], достойное завершение всей древней философии" genannt (1966, X 47), gehen von einer Ureinheitsphase aus (μον'η), die im Moment der Weltwerdung zerfällt – Einzelerscheinungen gehen aus dem Ureinen hervor – (πρόοδος), um sich sodann zur Einheit zurückzuwenden (ἐπιστροφή) und ihr wieder zuzustreben (s. Solov'ev über Proklos 1966, X 484; dazu Albert 1996, 109, und Wetter 1996, 9)[93]. Solov'ev formuliert den Proklos-Plotinschen kosmogonischen Gedanken wie folgt:

> Мы *знаем* природу и материю, отделенную от Бога и извращенную в себе [πρόοδος, DU], но мы *верим* в ее искупление и ее соединение с божеством, ее превращение в *Бого-материю*, и посредником этого искупления и восстановления [ἐπιστροφή, DU] признаем истинного, совершенного человека, т.е. *Богочеловека* в Его свободной воле и действии. Истинный, рожденный свыше человек нравственным подвигом самоотречения проводит живую силу Божию в омертвевшее тело природы и весь мир образует во вселенское царство Божие. (1966, III 212)

Bei seiner logischen Konzeptualisierung des Weltprozesses nach Solov'ev kommt auch Levin auf drei bzw. vier Phasen, nimmt aber die vierte gleich wieder zurück:

> Только пройдя через опыт единства (1-я фаза) и опыт свободы (2-я фаза), У (универсум) может достигнуть состояния нормы (3-я фаза). 4-я фаза — идеальное сотояние, ЦБ [Царство Божье]. Следует еще раз подчеркнуть [...], что и для раннего, и для зрелого Соловьева 4-я фаза не отделена каким-то особым

---

[93] Das Rückkehrmoment ist es, das die hermetische Tradition hier zum fruchtbareren Vergleich als die Hegelsche Dialektik werden läßt. Čiževskij kritisiert Solov'ev: „Den Ausweg aus dieser Spaltung sucht er nicht in einer ‚Synthese' der beiden Prinzipien, die eine neue und höhere Entwicklungsstufe darstellen würde, sondern in der Rückkehr zur *ursprünglichen* Einheit. Das Vorwärtstreibende der Hegelschen Dialektik geht auf diese Weise verloren." (1961, 354)

барьером от предшествующих — это соответствует его ощущению близости и в некотором смысле посюсторонности ЦБ и связано с его мистическим опытом непосредственного общения с тем, что для большинства является «иным» миром. Радикальная перемена этой точки зрения [...] происходит лишь перед смертью, в период *Трех разговоров*. (Levin 1993, 14)

In *La Russie et l'église universelle* unterteilt Vladimir Solov'ev im Gefolge von Gioacchino da Fiore[94] den Weltprozeß in drei Stadien, drei Reiche (Przywara 1958, I 391)[95], die nicht mit den drei Stufen der neoplatonischen Kosmogonie identisch sind, sich aber in diese eingliedern lassen: Das Reich des Vaters, des Sohnes und des heiligen Geistes, die schrittweise Überwindung der gespaltenen Welt in drei Stufen des Wiederaufstiegs lassen sich als Teile der ἐπιστροφή denken[96].

Viele der hier herangezitierten Motive lassen sich auf ihre neoplatonsichen oder hermetischen Prätexte zurückverweisen. Die Zwischenstufen zwischen gottferner unbelebter Natur und Gottheit – insbesondere der höhere Gottmensch – gehören ins Repertoire der neoplatonischen Emanationenlehre vom Stufenbau der Wirklichkeit (Solov'ev 1966, X 480; Albert 1996, 108) – in der Kabbala heißen sie Sephirot. Alle Seinstufen sind miteinander durch einen Abfalls- und Wiederaufstiegsprozeß verbunden, durch „kontinuierliche Übergänge" (Scholem 1973, 137). Die einzig angemessene Art, die Welt zu denken, ist, Gott in der Welt oder die Welt in Gott zu denken:

Эта [христианская] идея утверждает воплощение божественного начала в природной жизни через свободный подвиг человека, присоединяя к вере в Бога веру в Богочеловека и в Бого-материю (Богородицу). (Solov'ev 1966, III 213)

---

[94] Oder auch von Proklos und Dionysius Pseudo-Areopagita, auf den Wetter besonders abhebt (1996, 12).

[95] Den Gedanken von den drei Reichen übernimmt Solov'ev wohl nicht direkt von Gioacchino da Fiore, sondern von Auguste Comte (Kondrinewitsch 1983, 153). Übrigens hat auch Hegel ein dem Neoplatonismus und Gioacchino da Fiore nahekommendes trinitäres Modell vom gottesgeschichtlichen Weltprozeß (s. Beierwaltes 1980, 261) mit dem *télos* „trinitarisch sich vollbringender Identität" (ebd., 263). Die Hermetik muß also keineswegs direkte Quelle sein. Viele neuzeitliche Vermittlungen sind als Vorlagen Solov'evs denkbar. Die „wirklich benutzten" auszumachen, ist nahezu unmöglich.

Levins Annahme von vier Phasen führt die nicht erforderliche Differenzierung von „Norm" und „Ideal" ein; wenn hier aber, wie er selbst schreibt (1993, 143), von Solov'ev keine undurchlässige Grenze gesehen wird, so sieht auch Levins Einteilung drei Hauptphasen vor.

[96] Solov'ev betont die Allmählichkeit der ἐπιστροφή bei Plotin gegen die Gnosis (1966, X 481).

Alles hänge mit allem zusammen, sei ineinander enthalten. Die einzelnen Stufen sind zwar bis zu einem gewissen Grade voneinander scheidbar, und doch ist das Rhema dieser der neoplatonischen Kosmogonie entlehnten Axiologik von Zerfall und Wiedervereinigung, die auch Böhme mit dem Fall des ersten Adam und dem Kommen des zweiten Adams Christus fortsetzt (Grunsky 1956, 277, 286), zum ersten die ontologisch-kosmogonische Allverbundenheit und zum zweiten dann die positive Wiedervereinigung, Re-Konjunktion. Im einzelnen heißt es bei Solov'ev: „[...] die menschliche Seele [ist] Teil der Göttlichen Seele" (Solov'ev, zit. n. L. Müller 1992, 13). Wenn das Menschliche im Göttlichen echt enthalten ist, also Teil, aber geringerer Teil des Ganzen ist, so handelt es sich – in der Sprache der Klassenlogik gesprochen – wie wohl bei jedem dem Panentheismus nahestehenden Konzept[97] um eine echte Inklusion.

Das Verbundenheitsmotiv (Scholems „kontinuierliche Übergänge"), ja Motiv der Angewiesenheit einer Seinstufe auf die andere wird besonders deutlich, wenn Solov'ev auch der Gottheit eine vom Menschen unabhängige Existenz abspricht. Ein solcher Gott wäre „leere Abstraktion" (1966, III 212). Gott wird damit letzten Endes vom Podest seiner Absolutheit heruntergeholt.

Die genaue Bestimmung von Solov'evs Sofia- und Weltseelen-Konzeption ist ein eminentes Forschungsproblem. Die frühere Vorstellung im Solov'evschen Werk (Чтения о Богочеловечестве) ordnet die Weltseele geschöpflich unter Gott an (1994a, 131f). Die Weltseele ist als erste Kreatur „противоположность или антитип существенной Премудрости Божией" /„l'opposé ou l'antitype de la Sagesse essentielle de Dieu" (Solov'ev 1966, XI 295, frz. 1889, 235) – wie bei Böhme also „erste Gestalt", erste Veräusserung Gottes (Benz 1959, 28f). Alttestamentlich heißt es bei Solov'ev (1994a, 111):

> Der Herr hat mich schon gehabt im Anfang seiner Wege, ehe er etwas schuf, von Urbeginn her. Ich bin gesetzt von Ewigkeit her, im Anfang, ehe die Erde war. (Spr. 8, 22f)

---

[97] Ein unpersönlicher Pantheismus soll Solov'evs Konzept deklariertermaßen nicht sein (1994, 152f). Aller verbindenden Begrifflichkeit („Богочеловечество") zum Trotz besteht Solov'ev auf der vollen Transzendenz Gottes (ebd., 153) – zur Absicherung gegen mögliche Häresie-Vorwürfe in Reaktion auf seine öffentlich gehaltenen Vorlesungen? Hier ist er nicht eindeutig. Zen'kovskij läßt in seiner Interpretation keinen Zweifel daran, daß er Solov'evs Kosmogonie für pantheistisch hält (1948, II 43).

8. Solov'ev und Leont'ev

Als solche erste Kreatur ist die Weltseele mit dem kosmogonischen Stadium der Gespaltenheit deckungsgleich: „Die Weltseele, zerrissen, zerspalten und zerstäubt in eine Unzahl von Atomen, empfindet das dunkle, aber tiefe Verlangen nach Einheit." (Kondrinewitsch 1963, 137). Indem die Weltseele den göttlichen Logos wieder aufnimmt, wird sie zum Leib Christi oder zur Sophia[98]. In der oben zitierten Formulierung dürfte sie dann weitgehend mit der mystischen Konzeptualisierung der Gottesmutter[99] deckungsleich sein, also Gottesgebärerin/Maria/Sofia (vgl. Zen'kovskij 1948, II 50) und als erste Emanation direkt unter der Gottheit ansiedeln. An ihr gemahnt vieles an die niedere Sophia, die „Achamoth der Gnostiker" (Onasch 1983, 132), aus denen Solov'evs Vorstellung schöpft (ebd., 135). Von der späteren Konzeption schließlich läßt sich, einem gewissen Konsens in der Forschung folgend, behaupten, daß Solov'evs Sofia „unchristlich" ist, d.h. der christlichen nicht entspricht, da sie *nicht mehr geschöpflich unter* Gott steht (ebd., 48), was dann starke Affinität zum Pantheismus aufweist (E. Trubeckoj 1995, I 341; dazu auch Onasch 1983, 134)[100].

Solov'evs Sofia kann sowohl als ein die geschaffene Welt in sich zusammenbindendes, gottzugehörig-weibliches Konzept als auch als Mittlerin zwischen Gott und Welt und Form ihrer Vereinigung (Benz 1959, 29)[101] bedingt[102] einer konjunktiven Logik zugeordnet werden.

Die kosmogonischen Konzeptionen Solov'evs schwanken zwischen seinen einzelnen Werken. Eine exakte Festlegung der jeweils implizit angewandten logischen Form ist problematisch. Im Hinblick auf die Unterscheidung von vorwiegend disjunktivem und vorwiegend konjunktivem Denken bereitet diese Inkohärenz Solov'evs jedoch keine wesentliche Schwierigkeit: Die Logik der neoplatonisch-hermetischen Kosmogonie im Ganzen mit ihrer Vielzahl von vermittelnden Zwischenstufen im Einzelnen operiert sichtlich

---

[98] Damit ist Solov'evs Sophia-Konzeption axiologisch (von Gott abfallend vs. Gott zustrebend) ebenso gespalten, wie dies in der philosophischen Tradition, besonders bei Platon und Plotin der Fall ist (Klum 1965, 100f).

[99] Solov'ev setzt Gottesmutter und „Gottesmaterie" gleich (1966, III 213).

[100] Das Sofia-Problem weiter zu verfolgen, ja nur den Anspruch zu erheben, mit den obigen Zeilen der Fülle von Vorstellungen bei Solov'ev auch nur nahegekommen zu sein, wäre im Rahmen dieser Arbeit vermessen.

[101] Zur Ambivalenz der Solov'evschen Sofia als „Mittelwesen zwischen Göttlichem und Menschlichem" oder aber „Moment im Göttlichen selbst" s. Józsa 1968, 303.

[102] Eigentlich entzieht sich aber dieser Teil der Solov'evschen Philosophie – die Lehre von den höheren Wesen, den Hypostasen Gottes – einer Konzeptualisierung in zweiwertiger Logik, vgl. Levin 1993, 14; zu Florenskij s. unten 7.2.1.).

mit einer Logik der partiellen Inklusion bestimmter Eigenschaften einer Stufe in einer anderen. Das Verhältnis vom Einzelnen zum Ganzen läßt sich als echte Inklusion fassen. Die Erkennbarkeit der diversen Stufen bleibt aber bei allen Verbindungen, Gemeinsamkeiten, Berührungen unvermindert erhalten: Konjunktion, nicht Identität. Ein Zustand undifferenzierter Einheit steht vor der Schöpfung, wo Gott als in sich ruhend gedacht wird. Und am Ende aller Weltgeschichte wird dies für Solov'ev wieder so sein. Doch diese identifikatorischen Stadien sind die Randpunkte einer im immanenten Bereich klar konjunktiven Kosmogonie.

8.7.2. Leont'ev und Nietzsche?

> [...] больше забочусь о наглядном изложении, чем о последовательности и строгой связи моей мысли.
> (Leont'ev 1993, 361)

> Леонтьев любил истину в ризах парадокса. (Nikol'skij 1911, 372)

Nietzsches aphoristische Argumentationsform, die Schärfe seiner ätzenden Polemiken, seine These von der notwendigen Überwindung des Menschen zugunsten des ganz Neuen, des Übermenschen[103], sein extremer Elitebegriff und viele andere Elemente mehr lassen sich als Erscheinungsformen einer Disjunktionsaxiologik beschreiben. An inhaltlichen Punkten gibt es – das ist gegen eine Tradition mehr inhaltlich orientierter Zusammenschau der beiden *fin-de-siècle*-Denker zu sagen – wenig Gemeinsames. Zwar sind gewisse inhaltliche Berühungspunkte Nietzsches mit Leont'ev feststellbar: die Favorisierung von Härte (s. Florovskij 1983, 303) gegenüber „verweichlichender" Harmonie und Liebe, der antiegalitaristische Ästhetizismus (Rozanov[104] 1911, 170, Sem. Frank 1993, 352), die These, ein nur guter Gott sei ein zu geringer Gott[105], wie die Krieg befürwortende Rhetorik (Leont'ev 1993,

---

[103] Der Übermensch selbst ist wie der „Богочеловек" Solov'evs eher ein konjunktives Konzept.

[104] Zum Verhältnis Leont'ev – Nietzsche in Rozanovs Sicht s. den ansonsten fehlerbehafteten Aufsatz von Šestakov 1995, 104-109, 113 u. 124

[105] „Die widernatürliche Kastration eines Gotts zu einem Gotte bloß des guten läge [...] außerhalb aller Wünschbarkeit", schreibt Nietzsche im *Antichrist* (1978, 205).

367) oder der Kriegsästhetizismus (Kologrivov 1948, 48)[106]. In vielen anderen Aspekten, wie zum Beispiel der Leont'evschen Apotheose des innerweltlichen Leidens und Nietzsches Verspottung der christlichen Martyrologie, klaffen die Ansichten der beiden jedoch weit auseinander (s. u.a. Onasch 1983, 70f). Doch scheint es auf der Ebene des Argumentations- bzw. Polemikstils sowie beim Verständnis des Verhältnisses von Gegensätzen zueinander wesentliche typologische Ähnlichkeiten zu geben.[107]

Korol'kov vergleicht den Asystematismus Kierkegaards und Leont'evs (1994, 96f). Nietzsche erlaubt aber gerade an diesem Punkt einen weiterführenden Vergleich: Die Ablehnung jeden Harmonismus, welche Nietzsche wie Leont'ev (s. Broda 1994), den beiden Konfliktideologen mit doch so unterschiedlichen Eschatologien, gemein ist, führt beide zu einer Auffassung von etwas, das Nietzsche eher Kampf, Leont'ev, obwohl der Begriff gerade nicht mehr angemessen ist, „Harmonie" nennt: Wenn extreme sündhafte Schlechtigkeit und – in der aufgezeigten Potlatsch-Relation – gerade Heiligkeit aufeinandertreffen (Leont'ev 1912, VIII 194) oder Leont'ev die Gegensätze, *concetti* in der Puškinschen Poetik lobt, dann suspendiert er konventionelle Harmonievorstellungen. Auch Hegels Verständnis von Synthese als „Aufhebung" im Sinne von Prolongierung der Gegensätze wird noch überschritten, wenn Leont'ev sagt:

> Вот *это гармония*, примирение антитез, но не в смысле мирного и братского *нравственного согласия*, а в смысле поэтического взаимного восполнения противоположностей и *в жизни самой*, и в искусстве. (Leont'ev 1912, VIII 201f)

Die Spannung der Gegensätze wird ausgehalten, nicht in Richtung einer höheren Synthese überschritten. Ein Vergleich könnte wie bei Gercen und Danilevskij nochmals Theodor W. Adorno sein[108]: „Die Tendenz der synthetisierenden Akte ist umzuwenden, indem sie auf das sich besinnen, was sie dem Vielen antun." (Adorno 1990, 160) Anders gesagt, die Verbindung perpetuiert bei Leont'ev die Trennung: die Konjunktion konserviert in sich die Disjunktion. Jene zweite Phase der Blüte aus Leont'evs organizistischem

---

[106] Daß es gar nichts Gemeinsames gäbe, wie Kologrivov (1948, 14 u. 193) meint, ist folglich genauso wenig haltbar wie Rozanovs Ansicht, die Analogie ginge „bis ins letzte" (1911, 182).

[107] Diec verwirft die Intertextualität (ja selbst den analogen Bezug auf dieselben Prätexte) als Erklärung der typologischen Vergleichbarkeit von Leont'ev und Nietzsche (Diec 1994, 454).

[108] Zum Unterschied der Differenz- und Identitätsbegriffe Hegels und Adornos s. bspw. Beierwaltes 1980, 269.

Entwicklungsmuster in drei Schritten ist anders als Solov'evs Ur- und *Télos*-Einheit keine Prävalenz der Einheit in der Konjunktion, sondern die Hineinnahme der Disjunktion ins organisch-konjunktive System.

Darauf, daß Leont'ev ästhetische Gegenstände mit einer gänzlich anderen Meßlatte mißt als moralische, wurde oben schon hingewiesen. Hier gilt die Aufrechterhaltung der Widerspruchsstruktur, die Leont'ev „Harmonie" nennt, jedoch explizit für beide Bereiche. Seinem „Harmonie"-Verständnis stellt Leont'ev eine Erläuterung zur Seite, die den konventionellen, also auch Solov'evschen Harmonie-Begriff als „унисcон" (Leont'ev 1912, VIII 202, vgl. auch 1993, 92) verwirft. Einheit scheint Leont'ev Einfalt, ist für ihn abzulehnen. Da es sich bei Leont'ev sichtlich um die Zusammenstellung von sich Ausschließendem handelt, kann auch von einer einfachen Konjunktion nicht die Rede sein. Hier wird vielmehr die Disjunktion in die Konjunktion hineingelegt. Es resultiert Selbst-Nichtidentität.[109] Die Inkohärenz von Leont'evs Denken sträubt sich gegen systematische Vorgehensweisen. Leont'ev tut dies nicht mit der Bewußtheit der Nietzscheschen Aphoristik und seiner Autodekonstruktion von Autorität (Uffelmann 1998b), doch eine Ästhetik des Chaos läßt sich auch bei ihm finden. Diese nun wiederum steht in krassem Gegensatz zu seinem autoritären Ordnungsideal.

Leont'evs unbekümmerte Widersprüchlichkeit sprengt den Rahmen der zweiwertigen Logik und öffnet den Blick auf die dezidierte Logikkritik der symbolistischen Philosophie (besonders Šestovs und Florenskijs). Hierfür reicht das Instrumentarium der Klassenlogik nicht mehr aus. Die logische Folgerung und andere Begriffe müßten hinzugezogen werden. Doch soweit ist die Entwicklung weg von der klassischen Logik bei Leont'ev noch nicht: Wie Fedotov (s. 10.2.5.) macht Leont'ev seine Widersprüche allem Anschein nach nicht bewußt und nicht programmatisch[110].

Ein solcher „Synthese"-Begriff konvergiert wie gerade auch Nietzsches Dialektik viel stärker mit Adornos *Negativer Dialektik* (s. Zitko 1991) als mit früheren, versöhnungstrunkenen Dialektikmodellen, wie sie – zumindest in einer bestimmten Lesart – Hegel, auf jeden Fall aber Solov'ev auszeichnen. Hatte es bei Danilevskij und Gercen ebenfalls eine negative, gegen Vermittlung zielende Dialektik gegeben, so werden sie, die ja eine systematische logisch-axiologische Trennung nach Innen- und Außenraum vor-

---

[109] Damit endet die Analogie zu Gercen und Danilevskij, bei denen negative Dialektik im Dienste der Identität des Einzelnen (Individuum bzw. Kulturtyp) stand (7.7.).

[110] Jedes Denken hat wohl seine inneren Widersprüche. Der Grad von deren Offensichtlichkeit ist aber unterscheidbar. Bei Leont'ev ist er außergewöhnlich hoch.

nahmen, im nicht-mehr-systematischen Denken von Leont'ev – negativ – überboten.

8.8. Zeitkontext und Rezeption

Manche der Theoreme Solov'evs sind slavophil-religionsphilosophischem Gedankengut durchaus nahe: So berührt sich seine Betonung der „народность" des Glaubens im Katorga-Erlebnis Dostoevskijs (1966, III 195) mit Ansichten Aksakovs. So ist auch seine Benennung der kollektiven Instanz, die dem eigenmächtigen Subjekt übergeordnet werden soll (ebd., 197), als „церковь" eine inhaltliche Umschreibung des von Chomjakov besetzten Begriffs. Und doch erhält der mittlere Solov'ev durch diese unausgewiesene, ausleihend-sich-aneignende Intertextualitätsstrategie nicht etwa auch das disjunktive Raumkonzept der frühen Slavophilen mit ins Gepäck (Nationalismus lehnt er, wie gesehen, ab, s. ebd., 197f). So formt er, wie Walicki (1975, 576) sagt, die slavophile „relative" in eine „absolute" Utopie um. Einzeltheoreme der Slavophilen verarbeitend, schafft er doch eine konjunktive Gesamtkonstruktion.

Solov'evs *Чтения о Богочеловечестве* fassen den Gegensatz von Osten und Westen als Komplementärverhältnis („оба этих исторических направления не только не исключают друг друга, но совершенно необходимы друг для друга", 1994a, 166). In den Dostoevskij-Reden ist der Antagonismus der Westler-Slavophilen-Debatte für den Synthetiker Solov'ev dann gänzlich zu überwinden („упразднён спор между славянофильством и западничеством", 1966, III 214). Die Sendung Rußlands gilt, so Solov'ev jetzt, übergreifend für Ost und West (ebd., 215).

Beide Denker sind mit ihrer Apokalyptik wichtige Wegbereiter für die um die Jahrhundertwende grassierende apokalyptische Stimmung in der symbolistischen Dichtung (Hansen-Löve 1993, 256). Bei beiden kommt in der späteren Rezeption der Antizipationstopos (vgl. Uffelmann 1997c) zum Tragen: Publizistisch wird Solov'evs Streben nach Versöhnung von Ost und West bis in die Gegenwart hinein als Leitbild evoziert und z.B. Gorbačev als Vollender begriffen (Waage 1988, 41 u. 327). Leont'evs pessimistische Apokalyptik macht ihn geradezu zum gefundenen Fressen, um postum als Seher der „Übel der russischen Revolution" (Berdjaev 1968, 101, 187; Ivask 1974, 319) gesehen zu werden oder um gar seine Fortschrittsfeindschaft an Černobyl' bestätigt zu finden (Korol'kov 1994, 21).

Bei Leont'ev ereignet sich ein interessanter Sprung, zugleich „zurück" und „vorwärts". Zunächst sind ihm die Positionen der frühen Slavophilen noch zu liberal (1993, 345) und zu egalitär (ebd., 346), d.h. er verschärft die alte Antinomie noch. Seine Axiologik berührt sich an einigen Punkten mehr mit der des Admirals Šiškov als mit der Doppelung von disjunktivem Thema und konjunktivem Rhema in den Kulturosophien Čaadaevs und Kireevskijs. Zum anderen ist Leont'evs eher nicht-bewußte A-Logik seiner Zeit in einer gewissen Hinsicht auch voraus: Die bei Gercen und Danilevskij anzutreffende systematische negative Dialektik wird bei Leont'ev durch eine a-systematische ersetzt (die aber noch keine antisystematische im Sinne Šestovs ist). Seine Logik der eine Konjunktion bewohnenden Disjunktion, der Selbstnichtidentität ist gewissen Topoi des logikkritischen Diskurses verwandt, wie sie bei Nietzsche, Šestov oder auch in der Postmoderne gang und gäbe sind.

Auf Solov'ev beruft sich eine ganze Generation von symbolistisch orientierten russischen religionsphilosophischern Denkern (die Brüder Trubeckoj, Bulgakov, Ėrn, Karsavin und Florenskij; zur Vergleichbarkeit dieser „всеединцы" s. Akulinin 1990), die mit dem „всеединство"-Konzept – bei fälligen Verschiebungen (stärker als Solov'ev stehen sie für Antirationalismus und orthodoxe Dogmatik) – Solov'evs Konjunktionsaxiologik fortführen.

9. ERGEBNISSE UND GRENZEN

9.1. Logisch-axiologische Prävalenzen in der russischen Kulturosophie zwischen 1790 und 1900

Eine Formalisierung der Kulturkonzepte Nikolaj Karamzins und Aleksandr Šiškovs, Petr Čaadaevs und Ivan Kireevskijs, Aleksandr Gercens und Nikolaj Danilevskijs sowie Vladimir Solov'evs und Konstantin Leont'evs mithilfe der Begriffe konjunktiv und disjunktiv und der Erweiterung um den Aspekt der Wertung –, diese Formalisierung kann – in verschiedenen Kombinationen, andere Oppositionen ergänzend und durch sie ergänzt – heterogene Teilbereiche des Denkens der betreffenden Kulturosophen zusammenfassen. Die logisch-axiologische Beschreibungssprache bildet ein Gefäß für jegliche Art kulturosophischer Inhalte.

9.1.1. Einzelergebnisse

Die vorausgegangene Untersuchung konnte zeigen, daß bei den acht ausgewählten Vertretern der russischen kulturosophischen Debatte des 19. Jahrhunderts sehr verschiedene logische Präferenzen und Wertbelegungen dieser Präferenzen zum Tragen kamen: Während der frühe N. M. Karamzin einer weitestgehend kohärenten Konjunktionsaxiologik anhing, nahm für seinen Widerpart A. S. Šiškov Disjunktion einen positiven Wert an, wurden einzelne notwendige Teiloperationen des Verbindens (des Konjungierens bis zum Grenzwert der Identifikation) dem Argumentationsziel (oder Rhema) Disjunktion untergeordnet. Das Gegensatzverhältnis, in welchem die Axiologiken Karamzins und Šiškovs standen, fand bei den nächsten paarweise betrachteten Kulturosophen, bei P. Ja. Čaadaev und I. V. Kireevskij, keine Fortsetzung. Bei beiden wurde – von allen inhaltlichen Gegensätzen abstrahiert – eine logisch-axiologische Konvergenz festgestellt; beide verwarfen sie Disjunktion als Negativkennzeichen und votierten im Rahmen positiver Zukunftsentwürfe für (verschiedene) Problemlösungen mittels Verbindung, Konjunktion. Sie benutzten aber selbst zur Abgrenzung vom negativen (disjunktiven) Gegenteil disjunktive Verfahren. Auch bei A. I. Gercen und N. Ja. Danilevskij war über tiefe ideologische Gräben, welche die beiden Kulturosophen trennte, hinweg eine formale, logisch-axiologische Konvergenz zu beobachten gewesen, die sich allerdings von der bei Čaadaev und

Kireevskij angetroffenen in doppelter Hinsicht unterschied: Gercen und Danilevskij trennten die Teilbereiche ihrer logisch-axiologischen Präferenzverteilung nicht nach dem Zeitvektor, sondern mit einer räumlichen Distribution: Sie werteten Verbindung, Zusammenwirken, Konjunktion in einem inneren Bereich, dem Schutzbereich ihres jeweiligen Subjekts (Gercen: Individuum, Danilevskij: „Kulturtyp") positiv, während sie die disjunktive Abgrenzung dieses Subjekts zum Schutz gegen äußere Bedrohungen für nötig hielten. Damit berührte sich ihre Axiologik formal mit der biologischen Urszene (0.1.) wie auch mit der logisch-axiologischen Präferenzenaufteilung Šiškovs. Beim mittleren V. S. Solov'ev und K. N. Leont'ev traten die Axiologiken nach den Konvergenzen Čaadaevs und Kireevskijs auf der einen Seite und Gercens und Danilevskijs auf der anderen wieder auseinander: Bei Solov'ev fand sich mit womöglich noch größerer Konsequenz als bei Karamzin eine klare Konjunktionsaxiologik, die einem Dreiphasenmodell der Weltgeschichte (Ur-Einheit – Zerfall – Rückkehr zu Ureinheit) verpflichtet war. Bei Leont'ev dagegen waren in verschiedenen Denkbereichen (Apokalyptik, Staatsphilosophie, Kulturraumgeographie) Disjunktions- und Konjunktionswerte unterschiedlich verteilt; einer funktionalen komplementären Distribution wie bei Čaadaev, Kireevskij, Gercen und Danilevskij fügte sich diese Widerspruchsstruktur zwischen den Teilbereichen von Leont'evs Denken nicht.

Daraus folgt, daß bei den acht Vertretern der russischen Kultursosophie des 19. Jahrhunderts, die hier betrachtet wurden, wenigstens vier logisch-axiologische Modelle aktuell wurden: Konjunktionsaxiologik (Karamzin, Solov'ev), zeitliche Distribution von konjunktiver Axiologik und disjunktiven Verfahren (Čaadaev, Kireevskij), räumliche Distribution von Konjunktionsaxiologik im Inneren und Disjunktionsaxiologik nach außen (Gercen, Danilevskij) und selbstwidersprüchliche Kontamination von Disjunktions- und Konjunktionsaxiologik (Leont'ev). Die pure Anzahl von (wenigstens) vier Modellen verbietet die Zuordnung der betrachteten Kulurosophen zu zwei Parteien – wie, der herkömmlichen Unterscheidung nach, zu Westlern und Slavophilen.

9.1.2. Allgemeine Resultate

Die in der Hinführung festgestellte biologisch älteste Kombination logisch-axiologischer Wertsetzungen (Verbinden in einem Innenraum und Trennen nach außen) wird von einigen der behandelten Kulturosophen unter höchst unterschiedlichen ideologischen Vorzeichen fortgeführt: Sowohl bei Šiškov als auch bei Gercen und Danilevskij läßt sich – grob gesprochen – eine solche logisch-axiologische Struktur beobachten. Die übrigen fünf Denker hingegen belegen, daß die ursprüngliche, biologische Werthierarchie in differenzierten Gesellschaften in keiner Weise mehr (verbindliches) Allgemeingut ist. Aus dem Ursprungsfeld von Umwelt- und Raumbereichen (im weitesten Sinne, s. 0.1.) löst sich die Operation Axiologik heraus und wird für jegliche Anwendungsgebiete der logischen Denkoperationen Trennen und Verbinden (Zeitkonzepte, Zeichenkonzepte, Menschenbilder etc.) eingesetzt (0.3.). Auch die Raumkomponente bleibt im Zuge des Prozesses zivilisatorischer Differenzierung nicht unverändert: Das Trennen von sozialen Grundeinheiten (der Urhorde von der sie bedrohenen Umwelt) ist im Rahmen einer multinationalen (europäischen) Kultur nicht mehr allgemeinverbindlich; Danilevskij und Šiškov erweitern die „innere Umwelt" auf National- bzw. Sprachgruppenkultur; Gercen engt sie auf das einzelne Individuum ein; der frühe Karamzin und der mittlere Solov'ev kommen ganz ohne die Unterscheidung von Innen und Außenraum aus.

Im Laufe der Untersuchung stellte sich des weiteren heraus, daß gewisse ideologische Parameter mitnichten „automatisch" bestimmte logisch-axiologische Dominanten nach sich ziehen: Wenn Šiškov und Danilevskij in logisch-axiologisch vergleichbarer Weise argumentieren, mag dies von gewissen ideologischen Übereinstimmungen her auch noch inhaltlich naheliegen; die Konvergenz zwischen Gercen und Danilevskij oder die von Čaadaev und Kireevskij im Hinblick auf die Axiologik der Argumentation hingegen schaffen neue Allianzen, die nur zum Teil, vielfach aber auch nicht (Gercen – Šiškov) über Epochenregularitäten motiviert werden können.

Es ist im Verlaufe der Arbeit anschaulich geworden, daß logisch-axiologische Dominanten nicht etwa von Text zu Text wechseln, sondern daß es – bei gewissen Verschiebungen zwischen (falls vorhanden) diskreten Schaffensphasen eines Autors – so etwas gibt wie *die* Axiologik von Kireevskij, von Čaadaev, von Gercen usw. Ideologisch kohärente Schaffensperioden fallen mit Phasen einheitlicher Axiologik zusammen. An ideologischen Umbrüchen vollziehen sich meist auch logisch-axiologische Wechsel. Wichtiger als die unlösbare Frage nach dem *prius* – was kam zuerst: der ideologische Wandel oder die logisch-axiologische Umorientierung? – ist die Feststellung, daß es einen *Interkonnex* von Ideologie und Axiologik gibt und Wechsel im einen häufig mit Wechseln im anderen einhergehen.

9.1.3. Aussagekraft der Ergebnisse

Daß das Werkzeug Axiologik zur Beschreibung von acht russischen Kulturosophen des 19. Jahrhunderts geeignet war, gibt einen gewissen Hinweis auf die Universalität der Anwendbarkeit (s. 4.6.1.-4.6.3.). Die Materialbasis ist natürlich zu gering, und induktives Schließen von Einzelfällen auf eine Regel, wie Hume gezeigt hat (1975, 39), nicht haltbar. Mehr als ein Hinweis ist also aus dem betrachteten Material nicht zu entnehmen. Daß die Anwendung in anderen Fällen mitunter noch komplexer sein dürfte und daß die Kombination von logischen Operationen und Axiologiken in noch stärkerem Maße zur Kontamination werden kann, als dies bei Leont'ev schon der Fall war, – das wird die nachfolgende (10.2.1-10.2.6.) Ausweitung des Blickwinkels auf die russische Philosophie im 20. Jahrhundert exemplarisch anschaulich machen.

Schwierigkeiten bereiten der logisch-axiologischen Formalisierung weniger diskrete Schaffensphasen als unsystematisches Vorgehen, Denken von verstreuten Einzelanlässen her und hohe Grade an Selbstwidersprüchlichkeit. Da die logisch-axiologische Formalisierung von der kommunikativen Situation abstrahiert, in der ein Text geschrieben ist, lassen sich kontextgebundene Abweichungen von einer Regel logisch-axiologischer Dominanten nicht über diesen Kontext begründen; sie fallen statistisch als „Rauschen" ins Gewicht. Das Problem der Widersprüchlichkeit stellt sich graduell: Da von Tendenzen und Dominanzen gesprochen wird, sind einzelne Abweichungen nicht problematisch, wohl aber grundsätzliche Widersprüche zwischen Denkbereichen wie bei Konstantin Leont'ev.

9.2. Verstehensangebote durch das logisch-axiologische Modell

Reine logische Operationen der Argumentation reichten allein nicht hin als Beschreibungsmittel; sie bedurften der Erweiterung 1) durch Kombinationen logischer Operationen, 2) durch Mittel/Zweck bzw. Thema/Rhema-Relationen zwischen den kombinierten logischen Operationen und 3) die Wertbelegung logischer Operationen (die eigentliche „Axiologik"). „Axiologik" ist also – bei aller Reduktion auf ein zweiwertiges Schema aus Klassenlogik – eine kombinierte Methode – und nur als solche aussagekräftig.

Die Unterscheidung von vorwiegend disjunktiven und vorwiegend konjunktiven Denkoperationen deckt sich nicht mit der Leitdifferenz der Westler-Slavophilen-Debatte, deren Kulturraumkonzepte eine Zuordnung der Slavophilie zu tendenziell disjunktivem und des Westlertums zu tendenziell konjunktivem Denken vermuten ließen (vgl. Burchardi 1998, s. 1.3.1.). Die Hineinnahme anderer Ebenen des philosophischen Nachdenkens in die logische Formalisierung steht zur Westen-Rußland-Opposition windschief, ja dieser vielgestaltig entgegen.

Gerade der hohe Formalisierungsgrad und die Argumentation in Tendenzen statt durchweg in Konstanten injiziert der Beschreibung eine produktive Unschärfe, welche die Applizierbarkeit des Modells vergrößert und die Verstehensangebote erweitert. So verschiedene Gegenstände des Denkens wie Zeitkonzepte, Geschlechterverhältnis, Religionskonzepte oder Rationalität vs. Emotionalität und viele andere können auf die allgemein(st)e Unterscheidung von Denken in Formen des Trennens und in Form des Verbindens, von Konjunktion und Disjunktion zurückgeführt werden. Die Opposition konjunktiv vs. disjunktiv illustriert, daß in allen vier untersuchten Kontroversen tiefere strukturelle Divergenzen im Spiele sind als schlicht die Ablösung des byzantinischen durch den französischen Einfluß, wie es Lotman an Karamzin und Šiškov, aber zugleich in zeitlich übergreifender und über Karamzin und Šiškov hinausgreifender Perspektive darlegt (1992c, 126).

Woher rühren aber diese tiefenstrukturellen Differenzen? Wie kommt es, daß sich beim frühen Karamzin fast in allen Bereichen konjunktives Denken ausmachen läßt, daß Šiškovs Neigung zu Disjunktionen einen klaren Konterpart dazu darstellt, daß sich bei Čaadaev, Kireevskij und Solov'ev aber eine vergleichbar positive Axiologik von Einheit, Zerfall und Restitution der Ureinheit in einer Zukunftssynthese beobachten läßt, daß Gercen und Danilevskij auf andere Weise, wieder Šiškov ähnlich, logisch-axiologisch nach Innen- und Außenraum differenzieren und daß sich schließlich Leont'evs

Denken in seiner Widersprüchlichkeit einer eindeutigen oder zumindest für Teilgebiete seiner Kulturphilosophie gültigen Axiologik entzieht?

Daß die konventionelle Westler-Slavophilen-Dichotomie hier nicht greift, ist bereits mehrfach angesprochen worden. Eine *inhaltlich* motivierte Diskursregularität ist die Wahl stärker disjunktiver oder stärker konjunktiver Denkoperationen bei den betrachteten russischen Kulturosophen also anscheinend nicht. Wenn ideologische Wechsel im Schaffen einzelner Denker auch mit logisch-axiologischen *einhergehen* (s. 9.1.2.), so ist doch kein eineindeutiges Bedingungsverhältnis von Ideologie und Axiologik herstellbar; nur die Wechselmomente, die Scharniere des Denkens hängen zusammen (etwa in der Artr von Lacans „points de capiton", Lacan 1975a, 27).

9.2.1. Nationalkulturelle, Gruppen- oder Epochentypizität?

> [...] es gibt gar keinen Zeitgeist, sondern es gibt sozusagen eine ganze Reihe von Zeitgeistern. (Schücking 1961, 13)

Es fällt angesichts der Vielzahl aufgezählter Detailprobleme schwer, eine übergreifende Gruppierung der russischen Kulturosophen nach Kriterien der Argumentationslogik und deren Axiologie vorzunehmen. Erstens scheitern alle Versuche, eine einheitliche Logik der russischen Kultur bzw. des russischen Denkens anzusetzen, wie sie Berdjaev und Frank oder in jüngster Zeit Ėpštejn, Świderski und C. Friedrich anboten (s. 1.3.1), an der Vielfalt der aufgezeigten Kombinatoriken logischer und axiologischer Verfahren. Zweitens sieht es so aus, als ob eine Klassifizierung nach ideologischen Gruppen oder Traditionen windschief steht zu jenen aufgezeigten komplexen Transformationslinien, welche die logisch-axiologischen Präferenzen durchlaufen. Drittens entsteht aus den paarweisen Kontrastierungen der erste Eindruck, daß eine wie auch immer geartete Epochentypizität *allein* als Erklärung einer logisch-axiologischen Schablone ebenfalls nicht hinreicht.

Die beiden ersten Fragen (nach der Existenz *einer* Logik der russischen Nationalkultur und nach *einer* Logik einer ideologischen Gruppe) können auf Grundlage des durchgesehenen Materials klar abschlägig beurteilt werden können – es gibt weder eine russische kulturelle Axiologik insgesamt noch für alle Vertreter gültigen Gruppenaxiologiken der Westler und Slavophilen. Die dritte aber, die Frage nach einer differenzierten Epochentypizität von Axiologiken führt über den Rahmen dieser Arbeit hinaus. Schließlich

9. Ergebnisse und Grenzen

hatte diese sich gerade die methodische Grenze gesetzt, Konzeptualisierungen selbst zu konzeptualisieren, nicht aber die Geschichte dieser Konzeptualisierungen.

Das Problem stellt sich bei verschiedenen Epochen auf unterschiedliche Weise: Während die Konvergenz von Čaadaevs und Kireevskijs zeitlich gespaltener Axiologik wie auch von Gercens und Danilevskijs räumlich untergliederter Axiologik als Hinweis auf einen Zusammenhang von Epochenzugehörigkeit und logisch-axiologischen Vorentscheidungen gelesen werden könnten, bereiten die beiden anderen Paare durch ihre logisch-axiologische Divergenz dabei Schwierigkeiten. Geht man kulturgeschichtlich oder kulturdidaktisch von einer Kohärenz von Epochen und von deren Strukturen (s. Steinwachs 1985, 313) aus, so muß in Karamzins und Šiškovs oder Leont'evs und Solov'evs Gleichzeitigkeit eine Ungleichzeitigkeit hineingelegt werden (s. Bloch 1962, 114; Jauss 1970, 195). Eine Binnendifferenzierung der Epochenzuordnung würde erforderlich. Ob durch dergestalt verfeinerte Raster – bspw. durch die Lichačevsche Binnendifferenzierung seines Modells der sogenannten primären und sekundären Epochen (1977, 173)[1] oder durch Smirnovs „персональные подсистемы" (Smirnov 1977, 159) – dann solche Epochentypizitäten festzustellen wären, die sich auf *alle* vier Paare, auf alle geistesgeschichtlichen Epochen des betrachteten Zeitraumes beziehen ließen, steht bereits auf einem anderen Blatt.[2] Dieses andere Blatt aber gehört (wie die etwaige, wiederum einen Schritt weitergehende Suche nach einer diachronen Gesetzmäßigkeit der Abfolge der epochenbestimmten Axiologiken, nach einer Logik der Geschichte der Axiologiken) nicht nur zu einem anderen Kapitel, sondern schon zu einem anderen Buch.

---

[1] Das Wellen- und Umschlagsmodell wurde vor Lichačev auf Grundlage der Renaissance-Barock-Distinktion Wölfflins (1968, 1) in Polen von Krzyżanowski (1966, 330), in Rußland von Žirmunskij (1928, 175) und Čiževskij (1968, 31) vertreten: Dmitrij S. Lichačev schließlich differenziert, von historischen Termini wie etwa Romantik – Klassizismus abstrahierend, zwei Typen literarischer Epochen mit der formalen Unterscheidung primär/einfach und sekundär/komplex (Lichačev 1973, 177).

[2] Eine *negativ* erschöpfende Behauptung (Nicht-Existenz-Aussage), Epochensystematisierung der russischen Kulturosophie sei unmöglich, darf nicht aufgestellt werden. Es kann im Rahmen der Heuristik der Konzeptualisierung von Konzeptualisierungen lediglich legitim sein, die Schwierigkeiten für eine eineindeutige Beziehung Epochensituierung – Denkform anzudeuten. Eine Nicht-Existenz-Aussage würde die eingangs formulierte (3.3.3.) Beschränkung auf heuristische Konzeptualisierung verletzten. Die Heuristik, das kulturwissenschaftliche Modell, würde durch rein philosophische Resultate nur gestört.

9.2.2. Tradition, Selektion, Re-kombination. These 8

Axiologik läßt sich, wie gesehen, nur als Kombinatorik beschreiben. Eben dieses kombinatorische Element erschwert kohärente Gruppierungen, sei es unter einen „Kulturgeist", einen „Zeit-" oder „Epochengeist" noch auch unter einen „Gruppengeist". Während das Charakteristikum der Kombinatorik also unter einer kohärentionistischen Heuristik Schwierigkeiten bereitet, hält es andererseits ein Modell bereit, mit dem denkerische Traditionen und ihre Aneignung durch Vertreter folgender Generationen beschrieben werden können: Tradition[3] wäre demnach ein Reservoir von Potenzen (sowohl von Inhalten, Motiven, Ideologemen wie von Argumentationsformen),

> von verschiedenen Serien [...], die sich nebeneinander stellen, aufeinander folgen, sich überlappen, sich überkreuzen, ohne daß man sie auf ein lineares Schema reduzieren kann. (Foucault 1994, 17)

Aus diesem Reservoir wählt sich jedes neue Subjekt *seine* Tradition aus. Traditionsbezug ist Selektion aus dem Reservoir vorhandener Möglichkeiten, ist Aktualisierung einzelner Momente und deren Re-kombination zu einem neuen (nie gänzlich neuen, sondern nur in der Zusammensetzung neuen) oder auch nicht neuen, epigonalen Denkgebäude.

Mit exakter Quellenangabe angebbare intertextuelle Beziehungen sind bei Denkformen, folgt man dem dargelegten Verständnis von Traditionsaneignung als Selektion und Re-kombination, oft schwer zu erstellen, da diese Denk*formen* in der Geistesgeschichte eine Vielzahl divergenter Realisierungen erfahren haben. Anstelle markierter Intertextualität können deswegen beim Versuch, etwas in der Art einer Geneologie einer Denkweise zu erstellen, nur Kontiguitäten stehen (die andere Kontiguitäten nicht ausschließen). Nicht ein verbindliches Modell und Muster einer Nationalkultur, einer nach ideologischen Gesichtspunkten definierten Gruppe, einer geistesgeschichtlichen Epoche, sondern eine Kultur, eine Traditionslinie, eine Epoche als Reservoir verschiedener Potentiale, die ihren jeweiligen Vertretern auf verschiedene Weise und in verschiedenem Maße aktualisiert werden.

---

[3] „Tradition" wird hier als Sammelbegriff aller möglichen „Traditionsrichtungen", benutzt, das heißt in einem sehr allgemeinen Sinne, etwa wie „abendländische Denktradition", gerade nicht als spezifische Auswahl aus der Kulturgeschichte, sondern nur als deren Gesamtreservoir, als deren „kulturelles Gedächtnis" (Assmann 1988, 12) greifbar wird.

9.2.3. Selektionsfreiheit

Entscheiden sich Philosophinnen oder Philosophen, Kulturosophinnen oder Kulturosophen für eine logisch-axiologische Präferenz, so selektieren sie bei dieser Entscheidung aus einer als umfassendes Reservoir verstandenen Tradition, re-kombinieren sie die darin gespeicherten Elemente. Bei jedem einzelnen Vertreter der russischen Kulturphilosophie läßt sich über diese kybernetische Vorstellung von Selektion und Re-kombination, die ein Akt von Freiheit sind (s. Uffelmann 1997c, 75), hinaus eine Reihe möglicher unterstützender, ja fallweise gar notwendiger Faktoren angeben, die aus synchronen Sozialzwängen resultieren, – sei dies die zeitliche Situierung in einer Epoche, seien es durch bestimmte Gruppenzugehörigkeiten vorgegebene (s. ebd., 76) Lektüreerfahrungen und Prätexte, seien es individuell-psychologische Faktoren. Trotz dieser vielfältigen individuellen Determinanten stellt die selektiv-rekombinierende Aneignung von im Reservoir einer Tradition *in potentia* enthaltenen Denkformen eine Art individueller Wahlfreiheit oder Autorschaft (an der Selektion und Re-kombination) dar[4]. Diese Freiheit ist, das sei betont, allerdings nur eine der Selektion: Die Kombinationsmöglichkeiten zweiwertiger logischer Operationen sind – strukturell gesehen[5] – nicht unendlich.

9.3. Logik und „Grenze"

9.3.1. Analyse vs. Synthese, Universalismus vs. Differenz

> Dieser Riß reißt die Gegenwendigen in die Herkunft ihrer Einheit aus dem einigen Grunde zusammen. (Heidegger 1977, 51)

Es gehört zum gemeinhin akzeptierten und verbreiteten Begriffsinventar, Analytik und Synthetik zu unterscheiden. Unter postmodernem Einfluß bildete sich eine Reformulierung dieser Opposition (mit Disjunktionsaxiolo-

---

[4] Den einen überall wiederkehrenden „Transformationstyp" (Foucault 1994, 19), die eine allseits verbindliche „Formationsregel" (M. Frank 1988, 35) gibt es nicht.
[5] Erst wenn die logisch-axiologischen Strukturen bestimmten Inhalten zugewiesen werden (etwa, wie bei Čaadaev und Kireevskij: Zeitphasen, oder, wie bei Danilevskij und Gercen: sozialen Räumen), wird die Palette unendlich.

gik⁶) heraus: Differenz vs. Verallgemeinerung/Universalismus/„generalization" (Henriksen 1995) heraus. In dieser Arbeit wurden, beiden Tendenzen zuwider, die logischen, klassenlogisch motivierten Begriffe Disjunktion und Konjunktion gewählt, um die Konzeptualisierung des Denkens in der russischen Kulturosophie zwischen 1790 und 1900 an ausgewählten Vertretern durchzuführen[7]. Dafür ist es nun, nach dem Durchgang durch die Texte, nochmals an der Zeit, die Vorteile dieser Terminologie zu offenzulegen.

Das erste Motiv für die klassenlogisch fundierte Terminologie ist deren breitere Anwendbarkeit. Entscheidend ist dabei, daß sowohl *Analyse* und *Synthese* als auch *Differenz* und *Universalismus* zwar (bedingt) als Prozesse aufgefaßt werden können, daß sie sich aber auf das Verhältnis *synchron nebeneinander bestehender* Elemente beziehen. Wie jedoch einzelne Zeitphasen, Geschichtsepochen usw. zueinander stehen, läßt sich mit den Begriffen analytisch und synthetisch schwer fassen.

---

[6] Das Differenztheorem, für sich allein genommen, hat disjunktionsaxiologische Form: Differenz statt Identität, Diskontinuität statt Ganzheit (s. Foucault 1991, 34); da postmoderne Unentscheidbarkeiten und eine Vielzahl anderer, besonders dekonstruktiver Strategien im Auflösen von binären Abgrenzungen bestehen, also Konjunktion zu ihren destabilisierenden Zwecken einsetzen, kann aber keinesfalls der Postmoderne als solcher und ganzer Disjunktionsaxiologik attestiert werden.

[7] Es wäre denkbar, anstelle von Kon- und Disjunktion das Jungsche Begriffspaar *Extro- und Introversion* (Jung 1960, VI 1) oder auch den Gegensatz von *Redundanz und Reduktion* ins Feld zu führen. Ein erster Nachteil dergestalter Terminologiewahl liegt in deren Vordefiniertheit in einer anderen Verwendung, was die Übertragung in stärkerem Maße zur metaphorischen „Übersetzung" stempelt, als es bei der vergleichsweise „reineren", d.h. weniger durch frühere Applikationen festgelegten und gebundenen Theorie der Logik der Fall ist. *Reduktion* gibt in der Tat wieder, wie disjunktives Denken ein komplexes Beziehungsgeflecht mit Teilhabe und Interaktion der Elemente auf diskrete Pole zurückführt, es mit der philosophischen Handhabbarmachung begrenzt. Demgegenüber tut konjunktives Denken, das Glieder in grenzunbestimmter Weise kohäriert, diesen nur in geringerem Maße Gewalt an. *Redundanz* als Wiederholungsstruktur ist hier nicht zu entdecken, daher terminologisch unglücklich. Wie das zweiwertige Modell Gewalt am Gegenstand zerebraler/semantischer Vorgänge verübt, erscheint aber auch jedes menschliche, semiotisch verfaßte Denken als Gewalt an seinem Gegenstande: „Also ist Leben nur vermöge eines solchen *Fälschungsapparates* möglich. Denken ist ein fälschendes Umgestalten." (Nietzsche 1904, 34) Auch konjunktivem, wenig hierarchisierendem, wenig totalisierendem Denken ist somit Reduktionismus (Gewalt) zu eigen; die Opposition *Reduktion* vs. *Redundanz* scheint wenig günstig. Die Opposition von *Introversion* vs. *Extroversion* krankt an der gleichen räumlichen Festlegung wie die von *Westlern* vs. *Slavophilen*. Z.B. für Zeitbegriffe ist sie unbrauchbar und damit *Konjunktion* vs. *Disjunktion* unterlegen.

9. Ergebnisse und Grenzen

Analytisches Denken zerlegt – landläufig verstanden[8] – Gegenstände in ihre Elemente und Eigenschaften. Analytisches Denken unterscheidet, „differenziert", „analysiert". Nehmen wir eine Aussage des Typs: Die Gegenstände a und b haben die Eigenschaften P_1, P_2 und P_3 gemeinsam, in P_4 und P_5 unterscheiden sie sich. Diese Behauptung würde wohl gemeinhin für mustergültig analytisch und differenzierend gelten. Ist sie damit auch disjunktiv? Mitnichten. Es handelt sich um eine partielle Inklusion, um konjunktives Denken. *Analytik* wie *Differenzierung* sagen nur etwas aus über die Genauigkeit, die Gründlichkeit von Denken, nichts aber darüber, in welches (klassen-) *logische* Verhältnis es zwei Gegenstände durch Zuschreibung oder Absprechen gemeinsamer Prädikate stellt. Daher ist der Begriff *Disjunktion* geeigneter für die Beschreibung als die Formulierung von der *Analytik*.

9.3.2. Grenzlinie vs. Grenzraum

> Wie wir alle wissen, ist ein Grenzbereich oder eine Grenzzone ein Raum zwischen zwei Welten, der eine Art doppeltes Land oder eine Parallele erzeugt, welche die Assoziation der Unstrukturiertheit oder der Universalität auslöst. Wann immer zwei Kulturen oder Ideen sich sehr nahe kommen, findet ein Wechselspiel statt, das den Charakter einer magischen Veränderung hat. Je gegensätzlicher die Zwischenfläche ist, desto größer die Spannung im Austausch. (MacLuhan1997. 225)

Ein weiteres Argument für die Verwendung des logischen Vokabulars liegt in der Konzeptualisierung von „Grenze". Wer von *Synthese* spricht, kann anhand dieses Begriffes nicht angeben, wie der Berührungsraum aussieht, in dem die beiden Elemente, die „synthetisiert" werden, aneinanderstoßen. Handelt es sich um Identität oder partielle Inklusion? Darüber sagt *Konjunktion* etwas aus, *Synthese* nicht. *Universalismus* wiederum suggeriert von Anfang an identifikatorisches Denken, ist also für Phänomene der Überschneidung insensibel.

Jurij M. Lotman schlägt in einem seiner letzten Texte den Begriff „смута" (Wirren) als besser geeignet zur Wiedergabe eines totalen Um-

---

[8] „Analytisch" und „synthetisch" werden hier eher im einfachen, vorzugsweise aus der Chemie in die Alltagssprache übernommenen, weniger im strengen, philosophischen Sinne benutzt („analytisch" etwa als „Auflösung, Zerlegung", nicht etwa im nochmals abweichenden Sinne von Kants sprachanalytischen Prädikatoren oder Urteilen, Kant 1983, III 52f).

bruchs vor als den Terminus „революция" (Revolution) (Lotman 1995, 69); dagegen ist einzuwenden, daß der Terminus Wirren gerade einen konjunktiven Mischbereich assoziieren läßt, der Revolutionsbegriff aber häufiger das Rhema der totalen Verschiedenheit der beiden Stasen „vorher" und „hinterher" beschreibt. Revolution läßt sich logisch als Disjunktion beschreiben, Wirren, bei denen sich die Grenze verwischt und sich damit auch die Eigenschaften der beiden aneinander grenzenden Elemente überschneiden, hingegen als Konjunktion. Daraus läßt sich ablesen, daß ein mengenlogisches Nachfragen, wie es hier praktiziert wird, hilfreich sein kann in bezug auf die Schärfung von Begriffen. Der klassenlogische Fokus, der sich darauf richtet, wie die *Prädikate* zweier Elemente sich zueinander verhalten, erlaubt genaueren Einblick, wie die *Elemente selbst* (die Mengen ihrer Prädikate) zueinander stehen.

Susanne Frank setzt sich anhand des Sibirienbildes in der russischen Kulturtradition mit Lotman/Uspenskijs obengenannter These von der insgesamt dualen Verfaßtheit der russischen Kultur auseinander (Su. Frank 1997, Lotman/Uspenskij 1977, 4). Sie zeigt, daß Lotman in *O семиосфере* implizit zwei Konzepte von Grenze benutzt, dies aber nicht ausweist.

> Lotman geht – implizit ohne selbst genau zu unterscheiden – mit den Konzepten von Grenzraum um, die man als Grenze einerseits und andererseits als Grenzraum oder Peripherie unterscheiden sollte. (Su. Frank 1997, 361)

Grenzraum definiert Frank am Gegenstand der Kultursemiotik Sibiriens so:

> Sibirien wird auch in dieser Hinsicht als typischer Grenzraum modelliert, nämlich als Raum, in dem kulturell festgelegte Strukturen und Werte aufgelöst oder verschoben werden. Eine Aufweichung, Relativierung oder Entgrenzung der eigenen Identität wird in diesem Raum *ohne starre Entgegensetzung* möglich. (ebd., 372, Hervorhebung DU)

Im Grenzraum überschneiden sich Eigenschaften von Eigenem und Anderem, klassenlogisch: die Prädikatmengen A und B der Elemente a und b. Der Grenzraum ist klassenlogisch eine nicht-leere Schnittmenge der Prädikatextensionen von A und B, die Relation von A und B folglich eine Konjunktion. Franks Gegenbegriff, die „starre Entgegensetzung", beschreibt hingegen exakt dasjenige, was logisch gesprochen Disjunktion genannt wird: Grenze nicht als Raum der Überlappung, sondern als undurchlässige Trennlinie.[9]

---

[9] Edmund Leach (1976, 35) zieht zur Klärung des Problems Grenze Eulersche Kreise haran, und zwar das Schema, das oben (2.5.) unter partieller Inklusion angeführt ist. Zunächst konstatiert er „some uncertainty about just where the edge of Category A turns into

9. Ergebnisse und Grenzen

In seinem Spätwerk *Культура и взрыв* von 1992 macht Jurij Lotman selbst in verschiedener Hinsicht die kulturelle Modellierung von Grenzen zum Thema. Er erneuert die Abgrenzung von binären und ternären Denkmustern und exerziert diese u.a. an den Zeitkonzepten „постепенный прогресс" und harschem Bruch (1992e, 17-34) oder auch am Verhältnis zweier Sprachen zueinander durch (ebd., 104-122). Er holt so implizit eine Grenzdifferenzierung nach, die Susanne Frank besonders an seinen früheren Texten einmahnt. Eine eigentlich mengenlogische Grenzdifferenzierung leistet Lotman jedoch auch hier nicht, obgleich er einmal in Anwendung auf Jakobsons Kommunikationsmodell, das er um die Aspekte Code-Überschneidung, Code-Gleichheit und Nicht-Überlappung der Codes (also Konjunktion, Identität und Disjunktion von Codes) verfeinert wissen möchte, Eulersche Kreise benutzt (den partiell-inklusiven Fall, ebd., 14).[10]

Auch Dmitrij S. Lichačev beschäftigt sich in seinen jüngeren Publikationen mehrfach mit der Dualitätsthese von Lotman/Uspenskij. Der unter Lichačevs Ägide von V. E. Bagno herausgegebene Band *Полярность в культуре* (Lichačev 1996b) tritt mit inhaltlichen Füllungen in die Fußstapfen der von Lotman/Uspenskij diagnostizierten binären Struktur von Kulturmodellierung. In dem kleinen Aufsatz *Два типа границ между культурами* (Lichačev 1996a) nimmt Lichačev zwar nicht explizit auf Lotman und Uspenskij Bezug, befaßt sich aber mit demselben Problem, von dem ausgehend sowohl von Susanne Frank als auch aus dem Blickwinkel der logisch-axiologischen Methode Ergänzungs- und Verfeinerungsbedarf an der These aus *Роль дуальных моделей в динамике русской культуры (до конца XVIII века)* angemeldet werden: mit der Frage nach der Be-

---

the edge of Category not-*A*", bestimmt also Grenze als konjunktiven Überschneidungsraum, dies aber, um anschließend in der menschlichen Zeichenlogik von Grenze das Rhema der Disjunktion hervorzuheben: „we concentrate our attention on the differences not the similarities" (ebd.). Die *objektive* Ambiguität von Grenzlinie und Grenzraum ist bei ihm angelegt; die Möglichkeit einer auch ambigen *Konzeptualisierung* vernachlässigt er allerdings.

[10] Lotman macht demonstriert in *Культура и взрыв* den polemischen Bezug auch der früheren kultursemiotischen Arbeiten (der dort lediglich mitschwang, in den Subtext abgedrängt wurde, s. Städtke 1998) auf die sowjetische Wirklichkeit offenbar: Gerade auch an der Art und Weise des Zerfalls der Sowjetunion (Lotman 1992e, 264) mache sich das fatale Vorherrschen des binären Prinzips in Rußland bemerkbar, woraus wieder eine binäre Axiologie – diesmal von Lotman selbst – folgt: Das binäre Denken müsse verworfen werden, das ternäre sei die Lösung der russischen Probleme (zur Struktur von Disjunktion als Verfahren gegen Disjunktion als Inhalt s. 6.7.).

schaffenheit des Berührungsraumes zwischen den Gliedern A und B, mit der Grenze. Lichačev schreibt:

> Если граница сохраняется как зона общения — она обычно и зона творчества. Если граница — зона разобщения, она консервирует культуру, омертвляет ее, придает ей жесткие и упрощенные формы. (Lichačev 1996a, 98)

Lichačev macht die Unterscheidung von Grenze als Linie und Grenze als Bereich nicht; sowohl die trennende, disjunktive Grenze als auch die verbindende, konjunktive Variante heißen bei ihm „зона". Auch sein Text hat wieder den (von Čaadaev, Kireevskij, Lotman) bekannten polemischen, disjunktiv gegen Disjunktion gerichteten Grundton („упрощение"). Dem zum Trotz ist sein definitorisches Anliegen mit dem Frankschen und dem logisch-axiologischen Konzeptualisierungsversuch identisch: Es geht Lichačev um eine Differenzierung dessen, was Lotman und Uspenskij das Binäre genannt haben.

Bei Lotman und Uspenskij wird im Zuge der logisch-axiologischen Methode versucht, mit binären Mitteln (zweiwertiger Logik) Denkstrukturen zu beschreiben, die selbst diese Binarität als Merkmal aufweisen. Wie die Moskau-Tartuer Semiotiker ist diese Methode damit in der Gefahr, im Binarismus steckenzubleiben. Die Differenzierung des Grenzraumes durch das Begriffspaar *Konjunktion* vs. *Disjunktion* erlaubt jedoch, einem starren dualen (disjunkten) System zu entgehen.

9.4. Ausweitung des Anwendungsbereiches?

Ob auch frühere und besonders spätere russische kulturosophische Konzepte[11] produktiv anhand der Opposition *konjunktiv* vs. *disjunktiv* formalisiert werden können, scheint ein lohnender Untersuchungsgegenstand. Zum

---

[11] Auch in diesem Ausblick auf eine Ausweitung des Anwendungsbereiuchs des logisch-axiologischen Ansatzes auf andere Kulturen wird bewußt nur auf russische Beispiele rekurriert. Daß in anderen Kulturen vergleichbare Dominanzen bestimmter logischer Denkoperationen und ihrer Wertbelegungen beobachtbar wären, ist wahrscheinlich. Etwas wie kulturelle *Logik* (Logik im engeren Sinne), wie rekurrente, nicht inhaltsgebundene Denkschemata, ist in anderen Wissenschaften, die sich mit fremden Kulturen befassen, weit weniger Forschungsthema (ausgenommen sind davon vielleicht die Orientalistik oder die Ostasienwissenschaften, aber auch dort wohl in geringerem Maße) als in der Osteuropaforschung und gerade in der Rußlandkunde. Die Frage nach der Ausweitbarkeit des logisch-axiologischen Ansatzes auf andere Kulturen überschreitet nicht nur den Rahmen dieser Arbeit, sondern auch die Kompetenz ihres Verfassers.

9. Ergebnisse und Grenzen

Beispiel ist der mengenlogische Aspekt von Ganzheit/Einheit und Zerfall in der russischen Kulturologie bis in die Gegenwart hinein wirksam.[12] Doch die Ausweitung der hier angewandten logisch-axiologischen Opposition auf das Denken des 20. Jahrhunderts ist problematisch, wo nicht nur einzelne Elemente herausgegriffen werden, sondern ganze Denksysteme (wenn nicht gar Denkrichtungen oder -schulen) auf logische Dominanzen zurückgeführt werden (was zum Beispiel am Gegenstand der Postmoderne nur mit beträchtlichen Differenzierungen [vgl. Ryklin, 10.2.6.] oder bei der Kulturphilosophie – nicht Kulturosophie – von I. P. Smirnov, die selbst diverse logische Operationen differenziert, nicht möglich wäre). Es gibt jedoch auch im 20. Jahrhundert noch einige russische Denker, deren Argumentation mit zweiwertiger Logik und Axiologik adäquat konzeptualisiert werden kann.

Schon in bezug auf die symbolistische Philosophie müßte das Modell aber um weitere logische Operationen wie z.B. die Konklusion erweitert werden. Auch sind genau dann, wenn Pavel A. Florenskij in *Столп и утверждение истины* die zweiwertige Logik verwirft und eine dreiwertige (bis vierwertige) Logik anvisiert, die Grenzen des hier verwandten zweiwertigen klassenlogischen Modells erreicht (10.2.3. u. 10.2.4.).

Einige logische Begriffe (nicht aus dem Rahmen der engen formalen Logik, sondern eher der Logik kultureller Handlungen) lassen sich auf Konjunktion und Disjunktion als fundamentalste Unterscheidung zurückführen. So sind beispielsweise Mediierung und Transitivität als Ausweitungen und Spielarten von konjunktivem Denken lesbar; die Überführungsoperationen, welche die beiden darstellen, könnten mit der Aufhebung von Grenze als Linie (Disjunktion) und statt dessen deren Darstellung als Raum oder Bewegung (Konjunktion) in Zusammenhang gebracht werden (dazu auch 5.6.5. u. 8.5.5.). Doch gibt es Begriffe, die sich, wie die logische Folgerung, einer solchen Reduktion widersetzen. Hier ist noch manches Potential für eine umfassendere logische Konzeptualisierung unausgeschöpft.

---

[12] Vgl. bspw. „Auf die Frage, *was* von uns uranfänglich unterdrückt wird, antworten wir: *die logische Operation der Ganzheitsbildung*, der Konstruierung von Allmengen." (Smirnov 1995, 219) oder: „Претензия жанра быть всем, вопреки своей частности, обязывает фольклор порождать особый паремийный язык." (Smirnov 1996, 34).

10. AUSBLICK: 20. JAHRHUNDERT

10.1 Motivfortdauer

Die kulturosophische Debatte ist mit der Kontroverse von Vladimir Solov'ev und Konstantin Leont'ev mitnichten zu einem Abschluß gekommen. Die im 19. Jahrhundert vorgeprägten Motive wirken in kulturosophische wie politische Diskurse des 20. Jahrhunderts fort (dazu ist das fundamentale, aber zu wenig gelesene Buch von Sarkisyanz [1955] weiterhin die wichtigste Arbeit).

10.1.1. Politischer Diskurs

Die Zahl derjenigen Motive des politischen Diskurses (und Handelns), die auf Traditionen des Westler-Slavophilen-Debatte, auf Ausschließlichkeits- und Verbundenheitsmotive der Kulturosophie des 19. Jahrhunderts zurückgreifen, ist unübersehbar. Mit oder ohne den Westen? Zusammenarbeit oder Konfrontation bzw. Dissoziation? Weltrevolution oder nationale Politik? Dieses Gedankenrepertoire ist – gerade nach dem Ende der Sowjetunion – unvermindert lebendig. Disjunktion und Konjunktion als zugrundeliegende Denkoperationen bestimmen bis heute die politische Meinungs- und Entscheidungsfindung in Rußland.

10.1.2. Kulturosophischer Diskurs

In der eurasischen Kritik der sogenannten „romano-germanischen" Universalkultur ist die Šiškovsche und Danilevskijsche Differenz von Kulturen wertleitend. Nikolaj S. Trubeckoj schreibt:

> Итак, культура должна быть для каждого народа другая. [...] общечеловеческая культура, одинаковая для всех народов, — невозможна. (N.S. Trubeckoj 1927, 15).

Die Formalismus-Polemik, die Kireevskij Gercen und der frühe Solov'ev führen, bleibt, wie gesehen (8.5.1.), aktuell für Berdjaev wie für die marxistische Staatsideologie. Leont'evs Begriff vom strafenden Gott hallt in Sergej N. Trubeckojs religionsphilosophischen Texten nach.

Diese kurze Aufzählung dreier ausgewählter Motive kann hier nur repräsentativ stehen für eine unübersehbare Fülle von Motivfortschreibungen im 20. Jahrhundert. Dazu kommt der besondere Aspekt, daß nach dem Zerfall der Sowjetideologie auf philosophische Rezepte von vor 1917 zurückgegriffen wird, wie der Auswahlband *К. Леонтьев — наш современник* (Adrianov/Mal'čevskij 1993) anschaulich belegt. Bettina Sieber (1998) ist dieser Wiederkehr russischer kulturphilosophischer Selbstthematisierungen anhand von „russischer Idee" und „Identität" nachgegangen.

Dieser Aspekt inhaltlicher Kontinuitäten steht hier aber nicht im Mittelpunkt des Interesses. Hier geht es darum, ob auch die Denkformen fortdauern.

10.2. Weiterwirken der logischen Denkformen

In bezug auf die logischen Denkformen, die in der russischen Philosophie und Kulturphilosophie des 20. Jahrhunderts zum Tragen kommen, seien überblicksweise sechs Aspekte unterschieden: Zum ersten eine Fortsetzung eines Zweiges der Tradition der Axiologik aus dem 19. Jahrhundert – der Konjunktionsaxiologik – bei Vjačeslav Ivanov, die bei ihm, obgleich mit Emphase vertreten, an eine Grenze stößt (wo sich nämlich der Teufel parasitär der an sich positiven Konjunktion bedient); zweitens die Versuche der Mitglieder des Moskauer *Религиозно-философское общество*, den Antagonismus von Westlern und Slavophilen aus dem 19. Jahrhundert aufzuheben, womit auch eine Kombination alter Argumentationslogiken und -axiologien und so eine Überwindung des zweiwertigen Bereichs der formalen Logik einhergeht; zum dritten eine programmatische Überschreitung der zweiwertigen Logik in Richtung Antilogik durch den symbolistischen Philosophen Lev Šestov sowie viertens in Richtung Mehrwertigkeit bei Pavel Florenskij; zum fünften eine Fortsetzung der beiden Verfahren aus der zweiwertigen Logik, die aber bei Fedotov zu selbstwidersprüchlichen Kombinationen führt; und zum sechsten die Ryklinsche Instrumentalisierung der Kombination einander widersprechender Verfahren zu Zwecken einer dekonstruktiven Textstrategie.

10.2.1. Ivanovs Dualismen

In seinem Aufsatz *О русской идее* (1909) betrachtet Vjačeslav Ivanovič Ivanov (1866-1949) den russischen „Nationalcharakter" als an sich dualistisch. Er trüge in sich sowohl Elemente der ursprünglich-ganzheitlichen, „primitiven" Kultur („культуры так называемых органических эпох", 1994, 364) als auch der auf sie folgenden „kritischen Kultur". Diese zeichne sich, was schon aus dem etymologischen Potential des Adjektivs „критический" vom griechischen Verb κρινειν (absondern, trennen, unterscheiden) hervorgeht, durch Dispersion, durch Teilung aus:

> Критическая же культура — та, где группа и личность, верование и творчество обособляются и утверждаются в своей отдельности от общественного целого, и не столько проявляют сообщительности и как бы завоевательности по отношению к целому, сколько тяготения к сосредоточиванию и усовершенствованию в своих пределах, — что влечет за собой дальнейшее расчленение в отделившихся от целого микрокосмосах. (ebd.)

Doch beinhaltet für Ivanov die Zersplitterung in Einzelteile jene „Dialektik der Aufklärung", hier noch genauer „Dialektik der Kritik", der disjunktiven Zergliederung, die zum Ganzen, Organischen zurückstrebe (ebd., 366). Ivanov vermeidet zwar den Gebrauch des eindeutig positiv wertenden Kireevskij-Wortes „цельный" und erstrebt mit dem bei weitem nicht so positiv belegten, ja zumindest ambivalenten „примитивный" eine in axiologischer Hinsicht neutralere Metabeschreibung. Doch die Werthierarchie pro Ganzheit, „согласие совершенного всеединства" (ebd.), steht außer Zweifel.[1] Ivanovs Kulturziel für Rußland lautet Wiedervereinigung der voneinander getrennten, aber nach neuer Einheit sich sehnenden Gruppen Volk und Intelligenzija (ebd., 367). Er stellt sich also in dieser Schrift mit einer gewissen Neutralisierung des axiologischen Momentes durch neutrale bis ambivalente Terminologie in die Traditionslinie konjunktiver Axiologiken des 19. Jahrhunderts hinein.

In *Легион и соборность* von 1916 hält Ivanov zwar am positiven Einheits- und Kollektivideal fest (1994, 98), sieht sich aber mit einem organisationswissenschaftlichen Gegenbild konfrontiert, das ihm als apokalypti-

---

[1] Ganz ähnlich ist dies in Ivanovs kulturtheoretischer Schrift *О веселом ремесле и умном веселии* (1907) gelagert, wo das „варварское возрождение" (beileibe kein ausschließlich positiver Begriff) zu synthetischem „мифотворчество" (1994, 70f) führen kann, einen „порыв к воссоединению культурных сил в новое синтетическое миросозерцание" (ebd., 69) darstellt.

sches Tier „kollektiv toter" Atome erscheint (ebd., 99f). Dieses tote Kollektiv ist das Böse; es wirft für Ivanovs Konjunktionaxiologik ein eminentes Problem auf, das er selbst thematisiert:

> Как разъединение может стать принципом соеднения, как ненависть может сплавлять взаимоненавидящие элементы — нам, к счастью, по существу непонятно. (ebd., 100)

Am Teufel scheitert auch der Bewertungsmaßstab Axiologik – aber erst an ihm.

10.2.2. Das *Religiozno-filosofskoe obščestvo*

Von Ivanov ist der Weg nicht weit zum Moskauer *Религиозно-философское общество*, in dessen Rahmen Ivanov selbst, wie Burchardi recherchiert hat (1998, 359f), mit acht Vorträgen auftrat.

In ihrer Dissertation „Die Moskauer ‚Religiös-Philosophische Vladimir-Solov'ev-Gesellschaft'" führt Kristiane Burchardi die in den Vorträgen, die im Rahmen des Moskauer *Религиозно-философское общество* (*РФО*) gehalten wurden, zutagetretenden philosophischen Konzeptionen auf die Westler-Slavophilen-Debatte zurück. Diese definiert sie, wie oben angesprochen, zu Eingang ihrer Arbeit mit einem logischen Antagonismus als Widerstreit von Partikularismus (Slavophilie) und Universalismus (Westlertum, Burchardi 1998, 52, s.o. 1.3.1.). Diese problematische Zuspitzung der Verteilung logischer Argumentationsformen bei Westlern und Slavophilen – problematisch, weil sie ohne Kombinationen und Kontaminationen divergenter Operationen auskommt – ist bei Burchardi allerdings von Anfang an auf die späteren Diskussionen im *РФО* hin ausgerichtet. Burchardis These, erstellt auf Grundlage sämtlicher, großteils unpublizierter Vorträge im *РФО* von 1905 bis 1918, lautet, die Mitglieder des *РФО* seien (im Gefolge von Solov'evs Intergrationsphilosophie, ebd., 72, 91) bestrebt gewesen, die, wie Burchardi es sieht, einander ausschließenden Positionen von Westlern und Slavophilen in einer Synthese aufzuheben:

> Die RFO Moskau [...] war darum bemüht, beide Traditionslinien, die „slavophile" und die „westlerische" fortzuführen und miteinander zu verschränken; die (überprüften und revidierten) Inhalte und Werte beider Modelle des russischen Selbstverständnisses stellen das geistige Fundament der RFO dar. (Burchardi 1998, 38)

Benutzt man nun wieder das von Burchardi in Anschlag gebrachten protologischen Begriffspaar *Partikularismus* vs. *Universalismus*, also *Disjunktion* vs. *Konjunktion*, so bedeutet das Versöhnungsstreben der Mitglieder des *РФО* nicht mehr und nicht weniger als die Versöhnung zweier einander ausschließender logischer Argumentationsformen, die Verbindung von Disjunktion und Konjunktion, oder, zur Gänze in logischer Formulierung: die Konjunktion von Disjunktion und Konjunktion. Wie nachstehend an Fedotov erläutert (10.2.5.), führt eine solche konjunktive Kombination von Konjunktion und Disjunktion aber formallogisch zu einer logischen Falschheit. Dieser Syntheseversuch, wie Burchardi ihn konzeptualisiert, geht also weiter als Ivanovs Versöhnungsanliegen; hatte Ivanov ein klassisches konjunktives Erkenntnisinteresse geleitet, die Verbindung von Volk p und Intelligenzija q, also p∧q, so geht es dem *РФО* um *(p ∧ q) ∧ (p ⊦ q)*. Der Bereich der zweiwertigen Logik wird mit dieser logischen Falschheit verlassen. Ähnliches läßt sich im einzelnen an den Philosophien von Pavel Florenskij und Lev Šestov *en detail* illustrieren, bei denen die Überschreitung der Zweiwertigkeit jedoch programmatischen Charakter annimmt.

10.2.3. Die mehrwertige Logik Florenskijs

Pavel Aleksandrovič Florenskijs (1882-1937) Hauptwerk *Столп и утверждение истины* (1914) strebt nach der Überwindung der – von ihm herausgestellen – Paradoxe der zweiwertigen Logik. Diese seien nach Florenskij $A=A$ und $A=B$, woraus für ihn, wenn $B = \neg A$ ist, folgt, daß dann $A=\neg A$ wäre – was eine logische Falschheit ist.

> Для того же, чтобы «мыслить ясно и отчетливо», надо понимать это А, т.е. надо «объяснять» его, — т.е. «определять» и «доказывать» —, надо устанавливать А, как не-А. Но для последнего опять-таки надо установить А, как А. И так идет процесс ad indefinitum. Одна функция разума предполагает другую; но вместе, одна — исключает другую. Всякое не-тождесловное объяснение приводит А к не-А. Всякое ясное и отчетливое мышление устанавливает тождество А=А. (Florenskij 1914, 485)

Daraus folgt für Florenskij die Zerstörung der Selbstidentität („нарушение самотождества") von *A* (ebd.). Den Ausweg sucht er in einer Kehre weg von den Aporien, das heißt vom Skeptizismus (wie er ihn versteht), zu einer mehr als zweiwertigen Logik. Zunächst entwickelt er so die Vorstellung von der Auflösung der Paradoxe aus der zweiwertigen Logik durch ein Drittes. In Analogie zum christlichen trinitären Modell soll bei Florenskij eine dreiwertige Logik[2] Abhilfe schaffen. Ein *C* (bei Florenskij gemäß dem russischen Aphabet: *В*) kommt zu *A* und *B* hinzu:

> Через В круг может замкнуться, ибо в его «другом» — в «не-В» А находит себя, как А [...]. Истина — созерцание через Другого в Третьем: Отец, Сын, Дух. (ebd., 48)

Da hier die Grenzen der Zweiwertigkeit dezidiert verlassen werden, ist an Florenskijs Philosophie der Maßstab der zweiwertigen Opposition von Disjunktion und Konjunktion nicht mehr anzulegen.

10.2.4. Die Antilogik Šestovs

In seinem Hauptwerk von 1938 unternimmt Lev Šestov (eigtl. Lev Isaakovič Švarcman, 1866-1938) die Konfrontation von *Афины и Иерусалим*, so sein Titel, von Religion und Philosophie (1993, 317). Šestov stellt darin reine, philosophische Rationalität als gefesseltes Erkennen („скованный Парменид", ebd., 337ff) bloß. Aristoteles gerät ins Schußfeld Šestovs, als geistesgeschichtlicher Hauptgegner (ebd., 346f). Athen ist für ihn der philosophische Ort irdischer Notwendigkeit (s. Uffelmann 1998a), gespiegelt in rationalen, logischen Erkenntnisversuchen. Von der Notwendigkeit aber befreit nach Šestov die Religion, das religiöse Denken – auch von der Notwendigkeit und den Fesseln der Logik.

In seinem früheren Werk, dem *Апофеоз беспочвенности* (1905) hält Lev Šestov der herkömmlichen zweiwertigen Logik mit ihren normativen Postulaten für den Aufbau einer Argumentation entgegen, er habe gar nicht erst die Absicht, logisch folgerichtig zu argumentieren. Triumphierend verkündet Šestov:

> Нет идеи, нет идей, нет последовательности, есть противоречия, но ведь этого именно я добивался. [...] вся моя задача состоит в том, чтобы раз навсегда избавиться от всякого рода начал и концов [...]. (1991, 34f)

So versucht Lev Šestov, den geistesgeschichtlich wenig zweifelhaften Sieg Athens über Jerusalem (1993, 596), Aristoteles' Oberhand-Behalten über seinen Lehrer Platon (ebd., 381), umzukehren.

Hier sind – anders als bei Florenskij – die Maßstäbe der zweiwertigen Logik zwar noch anlegbar, doch dementiert das vorstellbare Hohnlachen

---

[2] Durch die Hineinnahme eines vierten, der Sofia, geht Florenskij später im Buch dann noch einen Schritt weiter (1914, 326) – vierwertige Logik.

Šestovs über den bloßen Versuch, sie anzuwenden, von Anfang an jede Ernsthaftigkeit eines solchen Unterfangens.

10.2.5. Fedotov oder selbstwidersprüchliche Kombination

Der Kulturphilosoph und Emigrant Georgij Petrovič Fedotov (1886-1951) erhebt den Dualismus zum Grundprinzip seiner Freiheitsphilosophie. Das Gegenüberstehen zweier unverbundener, konkurrierender Sinn- und Machtsysteme Staat und Kirche habe historisch in der Zeit der Kiever Rus' Freiheit gewährleistet.

> Установилось двоевластие, двойное подданство. [...] И в этом конфликте создалось и окрепло первое, хотя и смутное, сознание свободы. [...] самый факт церковно-государственного дуализма ограничивал власть государства, создавал сферу личной свободы. (Fedotov 1989, 30f).

Insofern stellt Fedotovs Philosophie einen schönen Beleg für die (begrenzte) Gültigkeit der Lotman/Uspenskijschen These von der dualen russischen Kultur dar. Die Wertbelegung des Dualismus als Freiheitsgarant bei Fedotov geht in Richtung einer Axiologik der Zweiwertigkeit, in Richtung Disjunktionsaxiologik.

In Ansätzen entwickelt Fedotov so einen Begriff von Disjunktion als Konfrontation und – axiologisch positiv – Befreiung, der dem Batailleschen Begriff der Heterogenität nahekommt, diesen aber nicht erreicht (Bataille 1978, 16). Es kommt im Fedotovschen Denken nämlich keineswegs zu einer Bestimmung von Freiheit, die radikal über Heterogenität liefe und damit im modernen konkurrenzdemokratischen Sinne politische Freiheit wäre. Vielmehr kombiniert Fedotov dies mit einem theologischen Freiheitsbegriff (1989, 214), der nicht mit dem sozial-politischen Begriff der Hobbesschen negativen Freiheit, auf die sich Fedotov unausgewiesenermaßen bezieht, vereinbaren läßt (Uffelmann 1994, 334). Individuelle Verschiedenheit und Heterogenität werden bei Fedotov mit kollektiver Identität in der Chomjakovschen „соборностъ" (1989, 213) verbunden. Diese Kombination der logischen Operationen Disjunktion und Identität war im Vorhergehenden in allerdings ganz anderer Weise im Denken von Šiškov, Gercen und Danilevskij ausgemacht worden. Allerdings bestand bei diesen immer die Wahl zwischen entweder disjunktiver oder konjunktiver bis identifikatorischer Denkoperation. Fedotov leistet demgegenüber eine Verbindung von Disjunktion und Identifikation: p ⊔ q, was sich in den beiden w-Alternativen {p ∧ (¬ q)} v {(¬p) ∧ q} explizieren läßt, und zugleich p=q.

Nach formallogischen Kriterien ist das ein Widerspruch.[3] Hier greift auch das auf Unschärfen abhebende Levinsche Argument (1992, 138f), kulturelle Logik könne mit formallogischen Kriterien nicht erschöpfend adäquat beschrieben werden, nicht zur Rehabilitierung von Fedotovs Verfahren.

Zum zweiten formuliert Fedotov 1945 – gegen die zeitgenössische Krise der Freiheit in Rußland – einen doppelköpfigen, d.h. paradox dialektischen (Maslin/Andreev 1990) oder selbstwidersprüchlichen (vgl. Uffelmann 1994, 341) positiven Zukunftsentwurf, der Rückbesinnung auf christlich-mittelalterliche Werte der Kiever Rus' (Fedotov 1989, 86) einerseits mit dem Import westlicher Ideen (ebd., 99) andererseits verbindet, also genau in der von Karamzin und Šiškov vorgezeichneten Spannung von Disjunktion/Autozentrismus und Konjunktion/Austausch steht.

Was sich als double bind von ausschließenden Inhalten beschrieben ließ (Uffelmann 1994), würde auf dem Hintergrund des logischen Typologisierungsversuches als *double bind* (Bateson 1969, 16) zweier einander ausschließender Verfahren, logisch gesprochen: als Konjunktion von Konjunktion und Disjunktion erscheinen.

10.2.6. Ryklin oder dekonstruktive Kombination

Am Schluß soll ein kurzer Blick in die zeitgenössische russische Philosophie gewagt werden, in der Spurenelemente der im 19. Jahrhundert dominanten, aber der obigen (4.7.1.) Hypothese nach eben universalen Opposition von Konjunktion und Disjunktion feststellbar sind. In keiner Weise soll damit behauptet werden, daß die Reflektiertheit der Operationen bzw. Kulturste-

---

[3] Wenn A_1 (p∧q) und A_2 (p ⊔ q), dann ergibt die extensionale Interpretation von $A_1 \wedge A_2$ in der Wahrheitstafel keinen einzigen Fall, in dem der Schlußsatz A_3 aus den beiden Prämissen $A_1 \wedge A_2$ wahr wäre:

(p	∧	q)	∧	(p	⊔	q)
w	w	w	f	w	f	w
w	f	f	f	w	w	f
f	f	w	f	f	w	w
f	f	f	f	f	f	f

Die Wahrheitswerte der Hauptspalte (fett markiert) sind für alle vier im Rahmen der zweiwertigen Logik möglichen Fälle falsch, d.h. $A_1 \wedge A_2$ ist aussagenlogisch falsch.

reotype bei heutigen Philosophinnen und Philosophen noch dem kulturosophischen Niveau des 19. Jahrhunderts entspräche. Nichtsdestoweniger erhält sich die alte Gegenüberstellung auf eine dialektische Weise: in Ablehnung und Überwindungsversuchen:

In vielen Texten Michail Kuzmič Ryklins (*1948) ist sein stetes Andenken gegen die überkommene disjunktive Ontologie festzustellen. Ein gutes Beispiel ist seine Revision der, wie er es sieht, slavophilen Ideologie[4] von Dostoevskijs *Игрок* (Ryklin 1995), eine Lesart gegen den Strich: Der Ideologie des Textes, der russische Unberechenbarkeit positiv dem westlichen Akkumulationsprinzip kontrastiert, hält Ryklin entgegen, daß beim Roulette diese partielle Chaotik der Spielinstanz der Bank (im Russischen mit Großbuchstaben), d.h. der Apotheose des westlichen Prinzips der allmählichen Akkumulation, funktional untergeordnet ist, daß das Chaos der geordneten Akkumulation, also seinem Gegenteil dient.

Als zweites Beispiel sei die Schlußfolgerung von Ryklins *Террорологики II* genannt: Nachdem Michail Ryklin im gesamten Aufsatz die Überbietung des westlichen, noch individualisierten, noch visuellen und im Sinne der Foucaultschen Geständnistechnik auch noch zweckrationalen Terrorkonzepts bei de Sade durch den kosmischen, irreflektiven, kollektiven sowjetischen Terror (mit Reflex bei Vladimir G. Sorokin) ausgebreitet hat[5], nimmt er ganz zum Ende diese binäre, disjunktive Gegenüberstellung im Geiste von Nietzsches Distinktion von *apollinisch* vs. *dionysisch* (s. Grübel 1995, 238) wieder zurück. Dort stehen Baudrillards Vorstellung vom Informationsterror in den westlichen Industriegesellschaften und russische Körper- und Terrorkonzepte auf gleichberechtigter Ebene neben dem sowjetischen „kosmischen" Terror (1992, 214; vgl. dazu Uffelmann 1997b, 44). Die anfänglich gemachte Disjunktion wird durch eine Konjunktion überzeichnet. Es ist eben, so stellt Ryklin damit indirekt klar, doch nicht so, daß der Terror in Rußland eine kategorial ganz andere Sache wäre als der westliche Terror.

Hier wird ein konjunktiver Schluß gegen eine bis dahin disjunktiv verfahrende Argumentation gestellt. Die Kombination von Disjunktion und Konjunktion fördert in Ryklins Fall, da sie bewußt eingesetzt ist, ein zur

---

[4] Vieles spricht dafür, daß Ryklin hier mit einem von ihm selbst vereindeutigten Phantom ringt, daß Dostoevskij selbst weniger auf der „ideologischen Magistrale" (Drubek-Meyer 1996, 26) voranschreitet als sein Dekonstrukteur Ryklin.
[5] „Западная культура поддчрживает эксцессы пола и даже пол как эксцесс, чтобы постоянно делать его рентабельным и при всей неизбежной архаичности предсказуемым." (1992, 203)

Gänze anderes Resultat zutage als dies in der Widersprüchlichkeit des Fedotovschen Denkens der Fall war. Bei Ryklin ist das Nicht-Aufgehen disjunktiven *und* konjunktiven Argumentierens eine dekonstruktive Textstrategie, die Aufschub an die Stelle endgültiger Aussagen und Resümées setzt.

10.2.7. Zusammenschau

Da im theoretischen Vorspann angenommen wurde, daß Argumentationsformen ubiquitär seien (4.7.1.), ist es nicht verwunderlich, daß es im 20. Jahrhundert keinen radikalen Bruch gegenüber den Axiologiken des russischen Denkens im 19. Jahrhundert gegeben hat. Da Axiologiken eher selten den Status von markierbaren Intertexten haben (s. 4.9.) – eine Ausnahme wäre hier, wollte man Burchardi 1998 folgen, die *PФO*, die bestrebt war, die Argumentationsformen von Westlern und Slavophilen zusammenzuführen –, sind die Fortsetzungen nicht eineindeutig bestimmten Traditionssträngen zuzuschreiben.

Wo eine solche Intertext-Rekonstruktion kaum möglich ist, läßt sich aber auf der anderen Seite eine gewisse Tendenz festhalten, welche die Entwicklung im 20. Jahrhundert von der im 19. Jahrhundert abhebt: Wie sich bei Leont'ev angedeutet hatte, werden klar binäre, zweiwertige Lösungen zunehmend problematisch und eignet sich das hier verwandte zweiwertige Modell immer weniger zur Konzeptualisierung der Denkformen. Wo bei Ivanov, dem *PФO* und auch bei Fedotov die Fortsetzung der Zweiwertigkeit eher implizit (oder eben erst von einer Metaposition der Forschung her) problematisch wird, stoßen Florenskij, Šestov und Ryklin bewußt an die Grenze zweiwertiger Logik, drängen über sie hinaus.

10.3. Zu Erkenntnisinteresse und Ergebnis

Im Stufenbau der logischen Propädeutik von Tugendhat/Wolf (1983, 100f) folgt nach der Logik die Semantik. Die weitere Ebenenhierarchisierung der Linguistik ist dann bekannt.

Wenn, wie hier unternommen, Texte mit semantischer Ebene, pragmatischem Hintergrund und auch der Möglichkeit produktionspsychologischer Interpretation auf *eine* logische Opposition und deren Wertbelegung reduziert werden und die vergleichsweise schlanke logisch-axiologische Gegenüberstellung lediglich durch (eigentlich semantische) Thema-Rhema und

10. Ausblick: 20. Jahrhundert 415

Zweck-Mittel-Relationen gestützt wird, muß zwangsläufig vieles andere verlorengehen. Das Modell ist reduktionistisch, jedoch zugleich gegen die vorherrschende inhaltliche Einseitigkeit der Sekundärliteratur zur Westler-Slavophilen-Debatte gerichtet und also deklariert „therapeutisch-reduktionistisch". Die Konzeptualisierung fördert eine Struktur zutage, die einen Teilaspekt ausleuchtet, nicht aber *Realität* wiederzugeben (oder „erklären") vermöchte. Jegliche Reduktion ist genau dann und nur dann zulässig, wenn sie als solche ausgewiesen wird.

> Логические рассуждения очень удобны при небольших расстояниях, как пути мысленного общения, но круглота земли, увы, отражена в логике: при идеально последовательном продвижении мысли вы вернетесь к отправной точке... с сознанием гениальной простоты, с приятнейшим чувством, что обняли истину, между тем как обняли самого себя. (Nabokov 1993, 148)

Der Maßstab, der an eine wissenschaftliche Arbeit angelegt werden muß, kann selbstredend nicht allein derjenige der Bewußtmachung des Erkenntnisinteresses sein. Über Plausibilität und Leistung der Verstehensangebote müssen andere urteilen.

11. RÜCKBLICK: METHODOLOGIE

11.1 Komplexere Logik oder logisch-generative Wertphilosophie?

Das logisch-axiologische Modell war geeignet, ein solches weitgehend zweiwertiges Denken wie das der russichen Kultursosophie in der Zeit von 1790 bis 1900 zu konzeptualisieren. Bei dezidiert anti-logischen oder gezielt instabilen (z.b. dekonstruktiven) Argumentationsweisen, wie sie im 20. Jahrhundert zunehmend an Boden gewinnen, stößt das Modell an eine Grenze: an die Grenze der Zweiwertigkeit. Widersprüchlichkeitsstrategien lassen so sich nicht befriedigend erfassen. Eine Erweiterung in Richtung höherwertiger Logiken birgt das Risiko, daß damit die angemessene Relation vom (dann hochkomplexen) Modell und dem zu beschreibenden Gegenstand verlorenginge. Diese Richtung der Ergänzung und Erweiterung der Beschreibungsmetasprache ist also nicht unbedingt praktikabel. Eine Erweiterung muß nicht unbedingt die Ausdifferenzierung des logischen Teils der logisch-axiologischen Modells betreffen (in dieser Richtung ist von anderen – Levin 1993, Smirnov 1994 – bereits vieles geleistet worden); es verspricht nämlich nicht sonderlich viel Erkenntnisgewinn, eine detaillierte und möglichst erschöpfende (inventarisierende) Aufstellung aller Operationen kultureller Logik zu liefern.

Auf der anderen Seite könnte der universale Anspruch der Hypothese ernstgenommen werden und könnten Disjunktion und Konjunktion als Grundoperationen nicht nur für Denkoperationen, sondern im Sinne der Axiologik als Generatoren von Werten verstanden werden. Mit einer solchen wertphilosophischen Fortschreibung ginge die philosophiegeschichtliche Untersuchung in den Bereich rein philosophischer Resultate über, etwa in das Feld von Kognitionstheorie und Wertphilosophie. Rein philosophische Ergebnisse sind in einer philosophiegeschichtlichen Untersuchung, die über die notwendige Heuristik ihrer Annahmen hinaus nicht selbst philosophisch zu sein beansprucht, sondern „Philosophologie" betreibt, ein Störfaktor (s. 3.2.2.). Von der methodischen Seite her waren oben zwei philosophische Annahme unverzichtbar: 1) die „anthropo-logische" Annahme daß im menschlichen Denken die logischen Operationen von Trennen und Verbinden selbst (die klassenlogisch beschreibbar sind) – von den Inhalten des zu Trennenden oder zu Verbindenden abgesehen – Werte zugeschrieben bekommen (können), sowie 2) die historisch differenzierende Hypothese, daß dies in differenzierten Gesellschaften, in bestimmten geistesgeschichtlichen Traditionen (wie der russischen Kulturosophie) in statistisch rekurrenter Weise geschieht. Alle weitergehenden philosophischen Ableitungen aus diesen beiden Hypothesen würden über das methodische Erkenntnisziel hinausgehen.

11.2. Eine Parallele von Methode und Geschichte?

Es konnte festgestellt werden, daß die Anwendung der Axiologik-Hypothese auf Denk- und Textsysteme aus der russischen Kulturosophie – vom Ende her betrachtet – im Verlaufe der Jahrzehnte schwieriger wird: Die Opposition von der Karamzinschen Konjunktionsaxiologik und der Dominanz von Disjunktionsrhemata bei Šiškov kam mit der geringsten Komplexität in Sachen Kombinatorik und Kontamination aus; bei Leont'ev erreichte die Formalisierung bereits die Grenze der zweiwertigen Logik und war die Oszillation zwischen logischen Verfahren und widersprüchlichen Wertungen allzeit präsent. Šestovs „Logik der Bodenlosigkeit" zielte auf ein antirationales und damit auch antilogisches Projekt; hier wurde die Oszillation zwischen den Widersprüchen zum Programm. Kann daraus der Schluß gezogen werden, daß sich mit dem Fortschreiten der russischen kulturosophischen Debatte auch die Methoden zu ändern haben, die sie beschreiben? Von Karamzin-Šiškov und (mehr oder weniger orthodoxem) Strukturalismus zu Leont'ev und Šestov und neuhistoristischer Oszillation?[1]

Dieses historische Ergebnis käme, nachdem dies zu Anfang ausgeklammert worden war (4.3.1.-4.3.3.), doch noch in die Nähe einer gewissen (jetzt Methoden-) Logik der Geschichte – einer Logik der Komplizierung. In gewisser Weise würde nämlich die fortschreitende Komplizierung der Methode – parallel zur Komplizierung der logischen Verfahren in der Geschichte des Denkens – zum von Igor' P. Smirnov beschriebenen Mechanismus der regressiven Psycho-Logik der russischen Literaturgeschichte umgekehrt proportional ablaufen. (Smirnov 1994, 349-351). Möglicherweise gibt es also eine Methodenlogik der Geschichte der russischen Kulturosophie, die – in logischer Hinsicht – auf eine Komplizierung hinausläuft. In psycho-logischer Hinsicht wäre das dann aber zugleich eine Entdifferenzierung, weswegen die hier an der russischen Kulturosophie gemachte Be-

---

[1] Ein vergleichbarer Zusammenhang von literarischen Verfahren und der zeitgleich entstandenen Theorie ist besonders im Hinblick auf Formalismus und Futurismus hergestellt worden (Èrlich 1987, 55).

obachtung doch mit der von Igor' Smirnov an der russischen Literaturgeschichte gewonnenen (vgl. Smirnov 1994, 349-351) konform gehen kann. Gegen eine solche Methodenlogik der Geschichte spricht aber im vorliegenden Fall, daß die Komplexität der Beschreibungsmodelle von Kireevskij und Čaadaev zu Danilevskij und Gercen eher stagniert, während bei Solov'ev das nach Karamzin vielleicht sogar einfachste Modell in Anschlag gebracht werden konnte. Die Komplizierung, die bei Leont'ev auftrat, wäre dann eher als kontingenter Zufall denn in einer Logik der Geschichte zu sehen. Es sind dabei noch zahlreiche andere Faktoren zu berücksichtigen. Zwar könnte die Rede gehen von gewissen Epochenaxiologiken in Romantik und Realismus (wobei die Unterschiede in den Extensionen der kombinierten Teilbereiche besonders im Realismus, zwischen Gercen und Danilevskij, beträchtlich sind). Hier könnten die strukturellen Berührungen zwischen den Rivalen auf so etwas wie eine Epochenaxiologik zurückgeführt werden, würde die Axiologik der Epoche folgen. Dagegen widerstehen andererseits die auch logisch-axiologischen Fronten zwischen Karamzin und Šiškov und zwischen Solov'ev und Leont'ev einer Epochengemeinsamkeit; hier folgt die Axiologik der Ideologie, und zwar in stärkerem Maße als dies oben als Verschränkung der Wechsel in beiden Reihen, der ideologischen und der logisch-axiologischen, an gewissen „points de caption" (9.2.), festgestellt worden war.

11.3. Metaaxiologik

Die Hypothese, daß die Logik und Axiologie von Denkoperationen relevant sein könnte zur Beschreibung historischer Denksysteme, gilt nicht nur für die historischen Gegenstände. Sie kann mit ebenso guter Berechtigung auch auf die kulturgeschichtlichen Methoden zurückbezogen werden, unter anderem auf diejenigen, welche hier (partiell) zur Anwendung kamen. Während, wie gesehen, die Kulturphilosophie des 19. Jahrhunderts (man könnte diese Beobachtung über Rußland hinaus ausweiten) zu verbindenden Operationen tendierte, neigt eine skeptische Tradition des 20. Jahrhunderts (etwa die Ideologiekritik der Frankfurter Schule) zur Negativwertung von Identität. Sie vernachlässigt Konjunktion als Zwischenglied zwischen Disjunktion und Identität. Auch im Poststrukturalismus (und seinem Fortsatz New Historicism) sind Einheit und einheitliche Erklärungsmodelle verpönt. Damit reagierte der Poststrukturalismus bekanntlich auf den Optimismus des Strukturalismus, ein optimiertes Modell der Strukturen der Welt erarbeiten zu können.

11.4. Zwischen Strukturalismus und New Historicism

Diese Untersuchung hatte mit einer universalistischen Applizierbarkeitsthese eingesetzt, um sich dann auf ein konkretes historisches Faktum (die russische Kulturosophie) zu beschränken. Schon die Verbindung von universalistischer Theorie und konkretem Material bedingt die Spannung von strukturalistischer All-Anwendbarkeit einerseits und begrenzter (Neo-)Historizität und unvergleichbarer Spezifik der beschriebenen Denksysteme andererseits.

Chronologisch gesehen stehen zwischen Strukturalismus und New Historicism Poststrukturalismus und Dekonstruktion, die in noch stärkerem Maße die Unvergleichbarkeit historischer Einzelfakten hervorheben und allgemeine Formeln desillusionieren. Der New Historicism hat von ihnen die asystematische Inspiration aufgenommen, aber in der Synchronie der „surprising coincidences" und „bizarre overlappings" wieder einen „komparatistischen" Blick aufgenommen; allein der Mut zur historistischen Diachronie fehlt diesem Neohistorismus wie seiner Stammutter Dekonstruktion. Die vorliegende Untersuchung situiert sich zwar gleichermaßen in einem „Dazwischen", jedoch nicht im chronologischem Sinne: Zwischen Strukturalismus und New Historicism, aber nicht am Ort der Dekonstruktion. Der logisch-axiologische Fokus richtet sich auf eine nicht gänzlich asystematische, sondern polysystematische Diachronie.

Die jeweiligen Denksysteme der einzelnen Vertreter der russischen Kulturosophie waren nicht als Einzelphänomene belassen worden, sondern in historische Transformationslinien hineingestellt und kontextualisiert worden, wenn auch der Geschichte dieser Denksysteme vorderhand keine einheitliche Logik zugeschrieben werden konnte. Im Sinne des Beharrens auf historischer Einzelhaftigkeit und Einzigartigkeit und zugleich auf der Suche nach diachronen, nicht aber historiologischen (in Poppers Sinne „historizistischen", Popper 1979) Entwicklungslinien knüpft die logisch-axiologische Untersuchung an Inspirationen des New Historicism an. Sie votiert allerdings für eine stärkere Einbeziehung der Diachronie, die Baßler zwar in den New Historicism einschließen will (1995, 23), welche die synchronistische Praxis der Neuhistorizisten aber wenig einlöst.

11. Rückblick: Methodologie

Die „bizarre overlappings" zwischen verschiedenen synchronen Serien, welche die Neuhistorizisten untersuchen, reichen als Beschreibung von Geschichte nicht hin. Geschichte kann nicht auf Synchronie reduziert werden (eben in dieser Reduktion ist der New Historicism seinem systematischen Antipoden, dem Strukturalismus verdächtig nahe). Es wäre in der Tat Desiderat, die am kulturphilosophischen Diskurs in Rußland gemachten Beobachtungen auch auf andere soziale Erscheinungen des 19. Jahrhunderts in Rußland auszuweiten. Inwieweit läßt sich etwa in sozialen Institutionen, Parteiprogrammen usw. Konjunktions- oder Disjunktionsaxiologik diagnostizieren? Ein sozialwissenschaftlich-integrativer Blick wäre gefordert:

> Eine umfassende kulturelle Analyse wird schließlich die Grenzen des Textes verlassen und Verbindungen zwischen dem Text und Werten, Institutionen und Praktiken herstellen müssen. (Greenblatt 1995, 50)

Die Untersuchung des kulturphilosophischen Diskurses hat den methodischen Vorteil, daß in dieserDdiskursformation die Werte klar *im* Text zu finden sind, daß dieser nicht erst überschritten und nicht nach einem „Dahinter" gesucht werden muß. Sie hat aber auch den Applikationsnachteil, nur auf Textualität beschränkt zu sein; mehr als ein Baustein zu einer Soziohistorie von Trennen und Verbinden ist sie nicht.

Im Gegensatz zum vordergründigen „Synchronismus" von New Historicism und Strukturalismus (und auch im Kontrast zum Antihistorizismus der Dekonstruktion) wurde in dieser Arbeit versucht, ambigue Entwicklungslinien in der Kulturgeschichte und die Nebeneinander-Evolution einander widersprechender Traditionen wiederzugeben. In Ermangelung einer übergreifenden Epochen-, Methoden- oder sonstwie gearteten Logik der historischen Entwicklung bleibt nur ein gewisser Pragmatismus im Umgang mit Geschichte: Modelle werden eingesetzt, um das Wiederkehren bestimmter Strukturen und die Transformationen innerhalb gewisser Traditionen zu beschreiben.

11.5. Pragmatischer Historismus

Mit Blick auf den New Historicism wäre demnach das Desiderat eines pragmatischen Historismus und historischen Pragmatismus[2] zu formulieren, der über synchrone „Überlappungen" hinausgelangt und Geschichte als mehrfach, komplex und über Kreuz geordnete diachrone Entwicklung verschiedener Traditionslinien begreift, die sich dann in der Tat auch „überlappen".

Axiologik ist dann nichts anderes als ein „tool" unter anderen aus dem Werkzeugkasten eines pragmatischen Historismus[3]. Die Beobachtungen, welche mit dem Werkzeug Axiologik gemacht werden können, gewinnen durch die Koexistenz mit anderen Augenmerken an Aussagekraft:

> Совершенно очевидно, что никакой исторический процесс не может быть изображен в виде простой синусоиды, в нем всегда можно выделить бесконечное количество осей, и по всем этим осям будут происходить изменения, описываемые самыми разными кривыми. (Papernyj 1985, 17)

Logik und Axiologie sind zwei Achsen, welche die Kulturgeschichte und damit auch die Geschichte der russischen Kulturosophie von 1790-1900 durchziehen. Ihre Beschreibung ist *ein* Werkzeug unter anderen, dessen man sich zu einer pragmatischen Kultur- und Interkulturalitätsgeschichtsschreibung bedienen kann, das aber – wenn andere Instrumente eine effektive oder feinere Bearbeitung des Materials versprechen – auch ungenutzt im Werkzeugkasten verbleiben kann.

---

[2] Eine gewisse Konjunktur des Pragmatismus Rortyscher Prägung gerade in der Literatur- und Kulturwissenschaft und nicht in der Fachphilosophie ist schon mehrfach beobachtet worden (Rorty/Ryklin 1997, 152); der Vorschlag eines „pragmatischen Historismus" ist danach nur eine Facette der schon erwiesenen Importierbarkeit pragmatischer Skepsis und – vor dem Hintergrund postmoderner Vorsicht – pragmatischen Wagemutes in die Kulturwissenschaft.

[3] Zur pragmatistischen Theorie pluraler Werkzeuge (tool-kit theory) s. unter anderem Flournoy 1930, 28.

LITERATUR

ACHIEZER, A. S., 1991. *Rossija. Kritika istoričeskogo opyta*, 3 t., Moskau.
<ACKERMANN, A.> AKKERMANN, A., 1998. O dostoevščine v russkoj filosofii. Filosofskoe vosprijatie „Brat'ev Karamazovych" v russkom simvolizme. – In: *Die Welt der Slaven* XLIII (1998), 109-136.
ACTON, E., 1979. *Alexander Herzen and The Role of the Intellectual Revolutionary*, Cambridge e.a.
ADORNO, Th. W., 1971. *Zur Metakritik der Erkenntnistheorie. Drei Studien zu Hegel* (= Gesammelte Schriften Bd. 5), Frankfurt a.M.
–, 1990. *Negative Dialektik*, Frankfurt a.M. 6. Aufl.
ADRIANOV, B., 1993a. Mesto i značenie K. N. Leont'eva v russkoj filosofii. – In: *K. Leont'ev. Naš sovremennik*. Hg. v. B. Adrianov; N. Mal'čevskij, Sankt Petersburg, 4-9.
–, 1993b. Ierarchija – večnyj zakon čelovečeskoj žizni. Sterževnoj, gospodstvujuščij princip K. N. Leont'eva. – In: *K. Leont'ev. Naš sovremennik*. Hg. v. B. Adrianov; N. Mal'čevskij, Sankt Petersburg, 422-441.
AKULININ, V. N., 1990. *Filosofija vseedinstva. Ot V. S. Solov'eva k P. A. Florenskomu*, Novosibirsk.
ALBERT, K., 1996. *Einführung in die philosophische Mystik*, Darmstadt.
ALEXANDER, M., 1979. *Der Petraševskij-Prozeß. Eine „Verschwörung der Ideen" und ihre Verfolgung im Rußland von Nikolaus I*, Wiesbaden.
ALTHUSSER, L., 1968: *Pour Marx*. Dt. zit. n.: *Für Marx*, Frankfurt a.M:
AL'TŠULLER, M., 1984. *Predteči slavjanofil'stva v russkoj literature (Obščestvo „Beseda ljubitelej russkogo slova")*, Ann Arbor.
AMMER, V., 1988. *Gottmenschentum und Menschgottum. Zur Auseinandersetzung von Christentum und Atheismus im russischen Denken*, München.
ARISTOTELES, 1950. Peri psychēs. Dt. zit. n.: *Von der Seele*. – In: *Vom Himmel. Von der Seele. Von der Dichtkunst*, Zürich, 257-347.
–, 1952. Topika. Dt. zit. n.: *Topik*, Paderborn.
–, 1967. Topika. Gr. zit. n.: *Topiques*, Paris.
–, 1987. Physikē akroasis. Dt. zit. n.: *Physik. Vorlesung über Natur*, Hamburg.
ASMUS, V. F., 1994. *Vladimir Solov'ev*, Moskau.
ASSMANN, J., 1988. Kollektives Gedächtnis und kulturelle Identität. – In: J. Assmann; T. Hölscher (Hg.): *Kultur und Gedächtnis*, Frankfurt a.M., 9-19
–, 1991. *Stein und Zeit. Mensch und Gesellschaft im alten Ägypten*, München.
BAADER, F. X. v., 1851. *Sämtliche Werke in 16 Bdn*, Leipzig Ndr. Aalen 1963.
BACHTIN, M. M., 1972. *Problemy poètiki Dostoevskogo*, Moskau 3. Aufl.
–, 1990. *Tvorčestvo Fransua Rable i narodnaja kul'tura srednevekov'ja i Renessansa*, Moskau 2. Aufl.
BAECKER, D., 1996. Gewalt im System. – In: *Soziale Welt* 1 (1996), 92-109.
–, 1999.- Gesellschaft als Kultur. Warum wir beschreiben müssen, was wir erkennen wollen. – In: *Lettre International* 45 (1999), 56-58.

BAKUNIN, M., 1842. Die Reaction in Deutschland. Ein Fragment von einem Franzosen. – In: *Deutsche Jahrbücher für Wissenschaft und Kunst.* 247, 985-987; 248, 989-991; 249, 993-995; 250, 997-999; 251, 1001f.

–, 1977a. Osnovy novoj slavjanskoj politiki. Dt. zit. n.: Statuten der neuen slavischen Politik. – In: *Sozialpolitischer Briefwechsel mit Alexander Iw. Herzen und Ogarjow,* Berlin, 285-289.

–, 1977b. Vozzvanie k slavjanam. Dt. zit. n.: Aufruf an die Slaven. – In: *Sozialpolitischer Briefwechsel mit Alexander Iw. Herzen und Ogarjow,* Berlin, 290-294.

–, 1981. *Schrift gegen Marx (Fragmentarische Folge des „Knuto-Germanischen Kaiserreichs"),* Hannover.

BARABANOV, E. V., 1992. Der „Erste Philosophische Brief" von P. J. Čaadaev und die Wege der russischen religiösen Philosophie. – In: *Russische religiöse Philosophie. Das wiedergewonnene Erbe. Aneignung und Distanz,* Stuttgart, 103-120.

BARAN, P., 1990. Artikel: Werte. – In: *Europäische Enzyklopädie zu Philosophie und Wissenschaften.* Bd. 4, Hamburg, 805-815.

BASSLER, M., 1995. Einleitung: New Historicism. Literaturgeschichte als Poetik der Kultur. – In: ders. (Hg.): *New Historicism. Literaturgeschichte als Poetik der Kultur,* Frankfurt a.M., 7-28.

BATAILLE, G., 1978. La structure psychologique du Fascisme. Dt. zit. n.: Die psychologische Struktur des Faschismus. – In: *Die psychologische Strutktur des Faschismus. Die Souveränität,* München, 7-43.

BATESON, G. (e.a.) 1969. Towards a Theory of Schizophrenia. Dt. zit. n.: Auf dem Weg zu einer Schizophrenie-Therapie. – In: G. Bateson e.a.: *Schizophrenie und Familie,* Frankfurt a. M., 11-43.

BAUMGARTEN, A. G., 1961. *Aesthetica,* Ndr. Hildesheim.

BEIERWALTES, W., 1980. *Identität und Differenz,* Frankfurt a.M.

–, 1985. *Denken des Einen. Studien zur neuplatonischen Philosophie und ihrer Wirkungsgeschichte,* Frankfurt a.M.

BELINSKIJ, V. G., 1955. *Sočinenija v dvuch tomach,* Moskau, 325-332.

BENJAMIN, W., 1978. Über den Begriff der Geschichte. – In: *Gesammelte Schriften* I 2, Frankfurt a.M. 2. Aufl., 693-704.

–1991. *Das Passagen-Werk.* (=Gesammelte Schriften V, 1), Frankfurt a. M.

BENZ, E., 1955. *Adam. Der Mythus vom Urmenschen,* München/Planegg.

–, 1957. *Geist und Leben der Ostkirche,* Reinbek.

–, 1959. Der Prophet Jakob Boehme. Eine Studie über den Typus nachreformatorischen Prophetentums. – In: *Akademie der Wissenschaften und der Literatur. Abhandlungen der geistes- und sozialwissenschaftlichen Klasse.* Jhg. 1959 Nr. 3, Mainz.

BERDJAEV, N. A., 1912. *Aleksej Stepanovič Chomjakov,* Moskau.

–, 1925. *Smysl istorii.* Dt. zit. n.: *Der Sinn der Geschichte. Versuch einer Philosophie des Menschengeschickes,* Darmstadt.

–, 1930. Iz ėtjudov o Jakove Beme. Ėtjud II. Učenie o Sofii i androginie Ja. Beme i russkija sofiologičeskija tečenija. – In: *Put'* 21 (1930), 34-62.

–, 1967. *Duchi russkoj revoljucii*. – In: *Iz glubiny. Sbornik statej o russkoj revoljucii*, Paris 2. Aufl., 71-106.
–, 1968. *Leont'ev*. Engl. zit. n.: *Leontiev*, Orono (ME).
–, 1983. *Russkaja ideja*. Dt. zit. n.: *Die russische Idee. Grundprobleme des russischen Denkens im 19. Jahrhundert und zu Beginn des 20. Jahrhunderts*, Sankt Augustin.
–, 1994. *Filosofija tvorčestva, kul'tury i iskusstva v dvuch tomach*, Moskau.
BERGER, O., 1950. *Die Wiedervereinigung der Kirchen bei Chomjakow und Solowjow*, Diss. Wien.
BERGSON, H., 1920. *Sur les donnés immédiates de la conscience*. Dt. zit. n.: *Zeit und Freiheit. Eine Abhandlung über die unmittelbaren Bewußtseinstatsachen*, Jena. Ndr. Frankfurt a.M. 1989.
BERLIN, I., 1978. *Russian Thinkers*, London.
BESTUŽEV-RJUMIN, K. N., 1995. Teorija kul'turno-istoričeskich tipov. – In: N. Ja. Danilevskij: *Rossija i Evropa. Vzgljad na kul'turnye i političeskie otnošenija slavjanskogo mira k germano-romanskomu*, Moskau, 432-462.
BEZWIŃSKI, A., 1993. *Iwan Kirejewski – krytyk i myśliciel (Korzenie rosyjskiego nacjonalizmu)*, Toruń.
BIBLER, Vl. S., 1991a. *Ot naukoučenija k logike kul'tury. Dva filosofskich vvedenija v dvadcat' pervyj vek*, Moskau.
–, 1991b. *Michail Michajlovič Bachtin – ili poètika kul'tury*, Moskau.
BITTNER, K., 1959. Herdersche Gedanken in Karamzins Geschichtsschau. – In: *Jahrbücher für Geschichte Osteuropas* NF 7, 3 (1959), 237-269.
BLACK, J. L., 1975. *Nicholas Karamzin and Russian Society in the Nineteenth Centruy. A Study in Russian Political and Historical Thought*, Toronto/Buffalo.
BLAGOVA, T. I., 1995. *Rodonačal'niki slavjanofil'stva. A . S. Chomjakov i I. V. Kireevskij*. Moskau.
BLOCH, E., 1962. *Erbschaft unserer Zeit*, Frankfurt a.M.
BLOK, A., 1980. *Sobranie sočinenij v šesti tomach*, Leningrad.
BLOOM, H., 1973. *The Anxiety of Influence*, Oxford.
–, 1975. *A Map of Misreading*, New York.
–, 1976. *Poetry and Repression. Revisionism from Blake to Stevens*, London.
BOCHEŃSKI, I. M., 1962. *Formale Logik*, Frankfurt a.M.
–, 1990. *Logika religii*, Warschau.
BOLZ, N., 1989. *Auszug aus der entzauberten Welt. Philosophischer Extremismus zwischen den Weltkriegen*, München.
de BONALD, L., 1959. Discours politique sur l'état actuel de l'Europe. § 5 (dt.). – In: <D. Čiževskij> D. Tschižewskij; D. Groh (Hg.): *Europa und Rußland. Texte zum Problem des westeuropäischen und russischen Selbstverständnisses*, Darmstadt, 48-56.
BOSANQUET, B., 1927. *The Principle of Individuality and Value*, London. Ndr. New York 1968.
BOVENSCHEN, S., 1979. *Die imaginierte Weiblichkeit. Exemplarische Untersuchungen zu kulturgeschichtlichen und literarischen Präsentationsformen des Weiblichen*, Frankfurt a.M.

BRAUDEL, F., 1977. Histoire et sciences sociales. La longue durée. Dt. zit. n.: Geschichte und Sozialwissenschaften. Die „longue durée". – In: *Schrift und Materie der Geschichte. Vorschläge zur systematischen Aneignung historischer Prozesse.* Hg. v. C. Honegger, Frankfurt a.M., 47-85.

–, 1992. L'histoire des civilisations. Le passé explique le présent. Dt. zit. n.: Die Kulturgeschichte. Die Vergangenheit erklärt die Gegenwart. – In: *Schriften zur Geschichte* 1. Gesellschaft und Zeitstrukturen, Stuttgart, 240-293.

BRENTANO, F., 1955. *Vom Ursprung sittlicher Erkenntnis*, Hamburg.

BRODA, M., 1994. *Najtrudniejsze z rosyjskich wyzwań. Zagadka Leontjewa i Rosja*, Łódź.

BRODSKIJ, N. L., 1910. Slavjanofily i ich učenie. – In: *Rannie slavjanofily. A. S. Chomjakov, I. V. Kireevskij, K. S. i I. S. Aksakovy*, Moskau, IX-LXV.

BULANIN, D.M. 1994: Translatio studii. Put' k russkim Afinam. – In: V.E. Bagno (Hg.): *Puti i miraži russkoj kul'tury*, Sankt Petersburg, 87-154.

BULANOV, A. M., 1994. Racional'noe i serdečnoe v teorii ponimanija i v ėstetike slavjanofilov. – In: *Slavjanofil'stvo i sovremennost'. Sbornik statej*, Sankt Petersburg, 77-91.

BULGAKOV, S. N., 1993. *Sočinenija v dvuch tomach*, Moskau.

BULYČEV, Ju., 1993. Vol'noljubivyj pevec despotizma. O prednaznačenii vlasti i smysle svobody v vozzrenijach K. N. Leont'eva. – In: *K. Leont'ev. Naš sovremennik.* Hg. v. B. Adrianov; N. Mal'čevskij, Sankt Petersburg, 409-422.

BURCHARDI, K., 1998. *Die Moskauer „Religiös-Philosophische Vladimir-Solov'ev-Gesellschaft" (1905-1918).* (=Forschungen zur osteuropäischen Geschichte 53), Wiesbaden.

BURCKHARDT, J., 1953. *Kunst und Kultur der Renaissance in Italien*, Köln.

BURKE, P., 1989. Stärken und Schwächen der Mentalitätsgeschichte. – In: *Mentalitäten-Geschichte. Zur historischen Rekonstruktion geistiger Prozesse.* Hg. v. U. Raulff, Berlin, 127-145.

BUSCH, U., 1989. Nachwort. – In: A. Gercen: *Kindheit, Jugend und Verbannung.* Zürich, 517-542.

ČAADAEV, P. Ja., 1991. *Polnoe sobranie sočinenij i izbrannye pis'ma.* 2 t., Moskau.

CAATS, A., 1937. *Kiréevsky. Essai sur la formation de sa personnalité et de ses idées*, Diss. Lille. (= DORN 1938!)

CARR, E. H., 1975. *The Romantic Exiles*, New York.

ČERNYŠEVSKIJ, N. G., 1950. *Polnoe sobranie sočinenij*, Moskau.

–, 1998: Apologija sumasšedšego. – In: A. A. Ermičev; A. A. Zlatopol'skaja (Hg.): *P. Ja. Čaadaev. Pro et Contra. Ličnost' i tvorčestvo Petra Čaadaeva v ocenke russkich myslitelej i issledovatelej. Antologija*, Sankt Petersburg, 143-160.

CHOMJAKOV, A. S., 1994. *Sočinenija v dvuch tomach*, Moskau.

–, 1995. Po povodu stat'i I. V. Kireevskogo. – In: T. I. Blagova: *Rodonačal'niki slavjanofil'stva. A. S. Chomjakov i I. V. Kireevskij*, Moskau, 195-243.

CHRISTOFF, P. K., 1972. *An Introduction to Nineteenth-Century Russian Slavophilism. A Study in Ideas. Vol. II: I. V. Kireevskij*, Den Haag/Paris.

CIESZKOWSKI, A., 1976. *Prolegomena zur Historiosophie*, Nendeln.
<ČIŽEVSKIJ> TSCHIŽEWSKIJ, D., 1934. *Hegel bei den Slaven*, Reichenbach.
–, 1968. *Vergleichende Geschichte der slavischen Literaturen. Bd. 1 Einführung. Anfänge des slavischen Schrifttums bis zum Klassizismus*, Berlin.
COPLESTON, F. C., 1986. *Philosophy in Russia. From Herzen to Lenin and Berdyaev*, London.
CZAPLEJEWICZ, E., 1977a. *Wstęp do poetyki pragmatycznej*, Diss. Warschau.
–, 1977b. *Tradycje i założenia poetyki pragmatycznej.* – In: *Problemy poetyki pragmatycznej*, Warschau, 11-46.
–, 1991. Między formalizmem a neoidealizmem (wokół myślenia totalitarnego w teorii literatury). – In: *Przegląd Humanistyczny* 6 (1991), 45-60.
DAHM, H., 1971. *Vladimir Solov'ev und Max Scheler. Ein Beitrag zur Geschichte der Phänomenologie im Versuch einer vergleichenden Interpretation*, München/Salzburg.
–, 1996. Rußland. Aufstieg zur Weltgeltung. – In: H. Dahm.; A. Ignatow (Hg.): *Geschichte der philosophischen Traditionen Osteuropas*, Darmstadt, 44-229.
DANILEVSKIJ, N. Ja., 1995. *Rossija i Evropa. Vzgljad na kul'turnye i političeskie otnošenija slavjanskogo mira k germano-romanskomu*, Moskau.
DAUGIRAITÉ-SRUOGIENÉ, V., 1948. *N. I. Danilewskij und W. S. Solowjew. Ein Beitrag zur Theorie der historischen Kulturtypen*, Diss. Bonn.
DAVIDSON, D., 1982. *Expressing Valuations*, Kansas.
DEGOT', K., 1995: Moskauer Aktionismus. Selbstbewußtsein ohne Bewußtsein. In: Haralampi G. Oroschakoff (Hg.): Kräftemessen. Eine Ausstellung ost-östlicher Positionen innerhalb der westlichen Welt, Stuttgart, 162-159.
DEMANDT, A., 1978. *Metaphern für Geschichte. Sprachbilder und Gleichnisse im historisch-politischen Denken*, München.
DERRIDA, J., 1974. *De la Grammatolgie*. Dt. zit. n.: *Grammatologie*, Frankfurt a.M.
–, 1991. *Force de loi. Le „fondement mystique de l'autorité"*. Dt. zit. n.: *Gesetzeskraft. Der „mystische Grund der Autorität"*, Frankfurt a.M.
–, 1993. *Žak Derrida v Moskve. Dekonstrukcija putešestvija*, Moskau.
–, 1998. Ich mißtraue der Utopie, ich will das Un-Mögliche. – In: *Die Zeit* 11 (1998), 47-49.
DERŽAVIN, G. R., 1968. *Stichotvorenija*, Leningrad 2. Aufl.
DESCARTES, R., 1990. *Les passions de l'âme*, Paris.
DIEC, J., 1994. Konstantin Leontiev and His Philosophical Counterparts. – In: *Slavia Orientalis* XLIII 4, 447-455.
DIELS, H., 1922. *Die Fragmente der Vorsokratiker*, Bd. 1, Berlin 4. Aufl.
DINZELBACHER, P., 1993. Zu Theorie und Praxis der Mentalitätsgeschichte. – In: *Europäische Mentalitätsgeschichte. Hauptthemen in Einzeldarstellungen*. Hg. v. P. Dinzelbacher, Stuttgart, XV-XXXVII.
D'JAKOV, V. A., 1984. Ideja slavjanskogo edinstva v občestvennoj mysli doreformennoj Rossii. – In: *Voprosy istorii* 12 (1984), 16-31.
DOBIESZEWSKI, J., 1986. Filozofia społeczna Piotra Czaadajewa. – In: *Studia Filozoficzne* 7 (1986), 17-33.

DÖRING-SMIRNOV, J. R., 1994. Das zweigeschlechtliche Wort. Die Autorisierung der Korrespondentin in zwei Brief-Werken der russischen Romantik. – In: I. Schabert; B. Schaff (Hg.): *Autorschaft. Genus und Genie in der Zeit um 1800*, Berlin, 77-86.
<DÖRING-SMIRNOV, J.R.> DERING-SMIRNOVA, I. R.; SMIRNOV, I. P., 1982. *Očerki po istoričeskoj tipologii kul'tury. ...→ realizm → (...) → postsimvolizm (avangard) →* ... (= Neue Russische Literatur – Almanach Sonderband), Salzburg.
DORN, N., 1938. *Kireevskij. Opyt charakteristiki učenija i ličnosti*, Paris (=CAATS 1937).
DOSTOEVSKIJ, F. M., 1984. *Polnoe sobranie sočinenij v 30-ti tt.*, Leningrad.
DRUBEK-MEYER, N., 1992. Gogol's Psychologik in den „Večera na chutore bliz Dikan'ki". – In: *Psychopoetik. Beiträge zur Tagung „Psychologie und Literatur"*. München 1991. – In: Wiener Slavistischer Alamanach Sonderband 31 (1992), 61-98.
–, 1996. Dostoevskijs „Igrok". Von *nul'* zu *zéro*. – In: *Wiener Slavistischer Almanach Sonderband* 44 (1997), 173-210.
DUDEK, G., 1989. Die französische Revolution im Urteil N. M. Karamzins. – In: *Zeitschrift für Slavische Philologie* 34, 345-351.
–, 1991. Das Problem der „zwei Welten" in Karamzins Ästhetik. – In: *Zeitschrift für Slawistik* 36, 4, 475-482.
DÜSING, K., 1983. *Hegel und die Geschichte der Philosophie. Ontologie und Dialektik in Antike und Neuzeit*, Darmstadt.
DUTU, A., 1985. Mentalitätsgeschichte, Modelle, Kulturbeziehungen. – In: *Revue des Études sud-est Européennes* (1985), 3-9.
EBERT, C., 1999. Alte neue Weiblichkeitsbilder in der postsowjetischen Literatur. – In: W. S. Kissel; F. Thun; D. Uffelmann (Hg.): *Kultur als Übersetzung. Fstschrift für Klaus Städtke zum 65. Geburtstag*, Würzburg, 307-318.
EHRENFELS, C. v., 1982. *Werttheorie. Philosophische Schriften Bd. 1.*, München/Wien.
EJCHENBAUM, B., 1969. Karamzin. – In: *O proze. Sbornik statej*, Leningrad, 203-213.
–, 1971. Kak sdelana šinel' Gogolja. – In: Texte der russischen Formalisten I. Hg. v. Ju. Striedter, München, 122-158.
ELIAS, N., 1997. *Über den Prozeß der Zivilisation. Soziogenetische Untersuchungen. Bd. 1. Wandlungen des Verhaltens in den weltlichen Oberschichten des Abendlandes*, Frankfurt a.M.
EMEL'JANOV, B. V.; NOVIKOV, A. I., 1995. *Russkaja filosofija serebrjanogo veka. Kurs lekcij*, Ekaterinburg.
ĖPŠTEJN, M., 1995a. An Overview of Russian Philosophy. *http://www.cc.emory.edu/ INTELNET/rus_thought_overview.html*.
–, 1995b. *After the Future. The Paradoxes of Postmodernism and Contemporary Russian Culture*, Massachusetts.
–, 1996. The Phoenix of Philosophy. On the Meaning and Significance of Contemporary Russian Thought. – In: *Symposion* 1, 35-73.
<ĖRLICH> ERLICH, V., 1987. *Russian Formalism. History-Doctrine*. Dt. zit. n.: *Russischer Formalismus*, Frankfurt a.M.
ĖTKIND, A. M., 1998. *Chlyst. Sekty, literatura i revoljucija*, Moskau.

EULER, L., 1960. *Leonhardi Euleri Opera Omnia Bd. III 11: Lettres à une princesse d'Allemagne*, Zürich.
FALK, H. (S. J.) 1954. *Das Weltbild Peter J. Tschaadajews nach seinen acht „Philosophischen Briefen"*, München.
FEDOROV, N. F., 1982. *Sočinenija*, Moskau.
FEDOTOV, G. P., 1989. *Imperija i svoboda*, New York.
FEUERBACH, L., 1969. *Das Wesen des Christentums*, Stuttgart.
FISCHEL, A., 1919. *Der Panslawismus bis zum Weltkrieg. Ein geschichtlicher Überblick*, Stuttgart/Berlin.
FLEISCHER, M., 1996. *Die weltbildgesteuerte kulturelle Zeit- und Raumkonsruktion. Eine empirische Untersuchung an polnischem Material (=Specimina Philologiae Slavicae Supplementband 49)*, München.
–, 1997. *Das System der russischen Kollektivsymbolik. Eine empirische Untersuchung (=Specimina Philologiae Slavicae 116)*, München.
FLORENSKIJ, P., 1914. *Stolp i utverždenie istiny. Opyt pravoslavnoj teodicei v dvenadcati pis'mach*, Moskau.
FLOROVSKIJ, G., 1929. Iskanija molodogo Gercena. – In: *Sovremennye zapiski* XXXIX, 274-305, u. XL, 335-367.
–, 1983. *Puti russkogo bogoslovija*, Paris 3. Aufl.
FLOURNOY, T., 1930. *Die Philosophie von William James*, Tübingen.
FÓNAGY, I., 1996. Figures of Thought and Forms of Thinking. – In: *Elementa* 3, 1, 1-47.
FOUCAULT, M., 1991. *L'ordre du dicours*. Dt. zit. n.: *Die Ordnung des Diskurses*, Frankfurt a.M.
–, 1994. *L'archéologie du savoir*. Dt. zit. n.: *Archäologie des Wissens*, Frankfurt a.M. 6. Aufl.
FRANK, M., 1998. Zum Diskursbegriff bei Foucault. – In: J. Fohrmann; H. Müller (Hg.): *Diskurstheorien und Literaturwissenschaft*, Frankfurt a.M., 25-44.
FRANK, Semen., 1926. *Die russische Weltanschauung*, Charlottenburg <Berlin>.
–, 1993. Mirosozercanie Konstantina Leont'eva. – In: *K. Leont'ev. Naš sovremennik*. Hg. v. B. Adrianov; N. Mal'čevskij, Sankt Petersburg, 350-355
FRANK, Susanne 1997. Sibirien. Peripherie und Anderes der russischen Kultur. – In: *Wiener Slavistischer Almanach Sonderband* 44 (1997), 357-382.
FRANZ, N. P., 1996. Philosophie in der Kiever Rus'? Eine Re-Lektüre des „Poslanie Klimenta Smoljatiča". – In: *Russian Literature* XXXIX (1996), 139-166.
FREGE, G., 1964. *Begriffsschrift und andere Aufsätze*, Darmstadt 2. Aufl.
FREUD, S., 1991. *Die Traumdeutung*, Frankfurt a.M.
–, 1994. Einige psychische Folgen des anatomischen Geschlechtsunterschieds. – In: *Schriften über Liebe und Sexualität*, Frankfurt a.M., 171-181.
FRIDLENDER, G., 1984. Gercen v bor'be za sbliženie narodov i kul'tur (iz istorii russko-anglijskich literaturnych svjazej). – In: M. Partridge (Hg.): *Alexander Herzen and European Culture. Proceedings of an International Symposium, Nottingham and London, 6-12th September 1982*, Nottingham, 211-225.

FRIEDRICH, C., 1996. Mentale Blockaden gegen eine gesellschaftliche Modernisiserung. Die Differenzierungsfeindschaft der russischen Philosophie. – In: H. Roggemann; H. Sundhaussen (Hg.): *Ost- und Südosteuropa zwischen Tradition und Aufbruch. Aspekte der Umgestaltungsprozesse in den postsozialistischen Ländern* (=Osteuropa-Institut der Freien Universität Berlin. Multidisziplinäre Veröffentlichungen Bd. 6), Berlin, 33-52.

FRIEDRICH, H., 1964. *Epochen der italienischen Lyrik*, Frankfurt a.M.

FUDEL', I., 1917. K. Leont'ev i Vl. Solov'ev v ich vzaimnych otnošenijach. – In: *Russkaja mysl'* 11/12 (1917), 17-32.

–, 1995. Kul'turnyj ideal K. N. Leont'eva. – In: *K. N. Leont'ev. Pro et contra. Antologija. kn. 1. Ličnost' i tvorčestvo Konstantina Leont'eva v ocenkach russkich myslitelej i issledovatelej 1891-1917 gg*, Sankt Petersburg, 160-180.

GABRIEL, G., 1996. Logik in Literatur. Über logisches und analogisches Denken. – In: C. Schildknecht; D. Teichert (Hg.): *Philosophie in Literatur*, Frankfurt a.M., 109-133.

GAJDENKO, P., 1974. Naperekor istoričeskomu processu. Konstantin Leont'ev – literaturnyj kritik. – In: *Voprosy literatury* 5 (1974), 159-205.

GALAKTIONOV, A. A., 1995. Organičeskaja teorija kak metodologija sociologičeskoj koncepcii N. Ja. Danilevskogo. – In: N. Ja. Danilevskij: *Rossija i Evropa. Vzgljad na kul'turnye i politiČeskie otnošenija slavjanskogo mira k germano-romanskomu*, Moskau, V-XX.

GALAKTIONOV, A. A.; NIKANDROV, P. F., 1989. *Russkaja filosofija IX-XIX vv.*, Leningrad 2. Aufl.

GALLAS, H., 1972. Strukturalismus als interpretatives Verfahren. – In: *Strukturalismus als interpretatives Verfahren.* Hg. v. H. Gallas, Darmstadt/Neuwied, IX-XXXI.

GARDE, P., 1986. Šiškov et Karamzin. Deux ennemis?. – In: *Studia slavica mediaevalia et humanistica. Riccardo Picchio dicata*. Hg. v. M. Colucci; G. dell'Agata; H. Goldblatt, Rom, 279-285.

GARNETT, A. C., 1937. *Reality and Value. An Introduction to Metaphysics and an Essay on the Theory of Value*, New Haven.

GASPAROV, B. M., 1992. *Poėtičeskij jazyk Puškina kak fakt literaturnogo jazyka* (=Wiener Slawistischer Alamanch Sonderband 28), Wien.

GAUT, G., 1998. Can a Christian Be a Nationalist? – In: *Slavic Review* 57, 1 (1988), 77-94.

GENETTE, G., 1987. *Seuils*, Paris.

GEORGE, M., 1988. *Mystische und religiöse Erfahrung im Denken Vladimir Solov'evs*, Göttingen.

GERCEN, A. I., 1954ff. *Polnoe sobranie sočinenij v 30-i tomach*, Moskau.

–, 1975. *Sobranie sočinenij v 8-i tomach*, Moskau.

GERŠENZON, M., 1908. *P. Ja. Čaadaev. Žizn' i myšlenie*, Sankt Petersburg Ndr. Den Haag 1968.

GILLEL'SON, M. I.; VACURO, V. Ė., 1986. *Skvoz' „umstvennye plotiny". Očerki o knigach i presse puškinskoj pory*, Moskau.

GINZBURG, L., 1957. *„Byloe i dumy" Gercena*, Leningrad.

GLANC, T., 1995. Ruské vize. – In: *Revolver Revue* 30, 174-216.

GLEASON, A., 1972. *European and Muscovite. Ivan Kireevsky and the Origins of Slavophilism*, Cambridge (Mass.).
GLEIXNER, H., 1986. *Die ethische und religiöse Sozialismuskritik des Vladimir Solov'ev*, Sankt Ottilien.
GOERDT, W., 1968. *Vergöttlichung und Gesellschaft. Studien zur Philosophie von Ivan V. Kireevskij*, Wiesbaden.
–, 1995. *Russische Philosophie. Grundlagen*, Feiburg/München 2. Aufl.
GOETHE, J. W. v., 1959. *Faust. Eine Tragödie* (= Hamburger Ausgabe Bd. 3), Hamburg 4. Aufl.
GORBATOV, I., 1991. *Formation du Concept du Sentimentalisme dans la Littérature Russe. L'Influence de J.-J. Rousseau sur l'Œuvre de N. M. Karamzine*, New York.
GORELOV, A., 1997. Mističeskij sojuz ljubvi. – In: *Optina Pustyn'. Russkaja pravoslavnaja duchovnost'*, Moskau, 391-414.
GORŠKOV, A. I., 1969. *Istorija russkogo literaturnogo jazyka*, Moskau.
GRASSL, W., 1982. Christian von Ehrenfels als Werttheoretiker. Einleitung. – In: C. v. Ehrenfels: *Werttheorie. Philosophische Schriften Bd. 1*, München/Wien, 1-22.
GRAUEL, A., 1995. *Fuzzy-Logik. Einführung in die Grundlagen mit Anwendungen*, Mannheim e.a.
GREENBLATT, S. J., 1989. Towards a Poetics of Culture. – In: H. A. Veeser (Hg.): *The New Historicism*, New York, 1-14.
–, 1995. Culture and New Historicism. Dt. zit. n.: Kultur. – In: M. Baßler (Hg.): *New Historicism. Literaturgeschichte als Poetik der Kultur*, Frankfurt a.M., 48-59.
GREENFELD, L., 1992. *Nationalism Five Roads to Modernity*, Cambridge (Mass.)/ London.
GREIMAS, A., 1971. *Semantique structurale. Recherche de methode*. Dt. zit. n.: *Strukturale Semantik. Methodologische Untersuchungen*, Braunschweig.
GROBERG, K., 1996. *Solovyov Bibliography*. Interner Entwurf der Trans-National Vladimir Solovyov Society, Moorhead (MN).
GROT, Ja. K., 1912. Karamzin v istorii literaturnogo jazyka i Šiškov. – In: V. Pokrovskij (Hg.): *Nikolaj Michajlovič Karamzin. Ego žizn' i sočinenija*, Moskau 3. Aufl., 148-156.
GROYS, B., 1993. Rossija kak podsoznanie Zapada. – In: *Utopija i obmen*, Moskau, 245-259.
–, 1994. Die gebaute Ideologie. – In: P. Noever (Hg.): *Tyrannei des Schönen. Architektur der Stalin-Zeit*, München/New York, 15-21.
–1995. *Die Erfindung Rußlands*, München/Wien.
GRÜBEL, R., 1995. Zur russischen Kulturphilosophie der Gegenwart. Ein Nachwort. – In: A. Ackermann; H. Raiser, D. Uffelmann (Hg.): *Orte des Denkens. Neue Russische Philosophie*, Wien, 227-249.
–1996. *Sirenen und Kometen. Axiologie und Geschichte der Motive Wasserfrau und Haarstern in slavischen und anderen europäischen Literaturen*, Frankfurt a.M. e.a.
GRÜBEL, R.; SMIRNOV, I. P., 1997. Die Geschichte der russischen Kulturosophie im 19. und 20. Jahrhundert. – In: *Wiener Slavistischer Almanach Sonderband* 44 (1997), 5-18.

GRUNSKY, H., 1956. *Jacob Böhme*, Stuttgart.
GRZYBEK, P., 1995. Zum Aufkommen des Kulturbegriffs in Rußland. – In: C. Ebert (Hg.): *Kulturauffassungen in der literarischen Welt Rußlands. Kontinuitäten und Wandlungen im 20. Jahrhundert*, Berlin, 47-75.
GUBIN, V., 1996. Das Problem der Kultur im Kontext der russischen Philosophie. – In: K.-D. Eichler; U. J. Schneider (Hg.): *Russische Philosophie im 20. Jahrhundert*, Leipzig, 151-159.
GUIZOT, F. P. G., 1884. *Histoire de la civilisation en Europe depuis la chute de l'empire romain jusqu'à la révolution française*, Paris.
GUKOVSKIJ, G. A., 1939. *Russkaja literatura XVIII veka*, Moskau.
GÜNTHER, G., 1959. *Idee und Grundriß einer nicht-Aristotelischen Logik. Bd. 1. Die Idee und ihre philosophischen Voraussetzungen*, Hamburg.
GURVIČ-LIŠČINER, S., 1997. *Gercen i russkaja chudožestvennaja kul'tury 1860-x godov*, Tel Aviv.
HALL, E. W., 1952. *What is Value?*, New York.
HANSEN-LÖVE, A. A., 1993. Apokalyptik und Adventismus im russischen Symbolismus der Jahrhundertwende. – In: R. Grübel (Hg.): *Russische Literatur an der Wende vom 19. zum 20. Jahrhundert. Oldenburger Symposium*, Amsterdam/Atlanta, 231-326.
–, 1999. Zur Kritik der Vorurteilskraft. Rußlandbilder. – In: *Transit* 16, 167-185.
HARRIS, E. E., 1987. *Formal, Transcendental and Dialectical Thinking: Logic and Reality*, New York.
HARTL, F., 1993. Baaders organisch-dialektisches Kirchenverständnis. – In: P. Koslowski (Hg.): *Die Philosophie, Theologie und Gnosis Franz von Baaders. Spekulatives Denken zwischen Aufklärung, Restauration und Romantik*, Wien, 193-199.
HAXTHAUSEN, A. v., 1847. *Studien über die inneren Zustände, das Volksleben und insbesondere die ländlichen Einrichtungen Rußlands*. 3 Bde., Hannover.
–, 1866. *Die ländliche Verfassung Rußlands. Ihre Entwicklung und ihre Festlegung in der Gesetzgebung von 1861*, Leipzig.
HEESCHEN, V., 1972. *Die Sprachphilosophie Wilhelm von Humboldts*, Diss. Bochum.
HEGEL, G. W. F., 1965. Jubliäumsausgabe in 20 Bdn, Stuttgart/Bad Cannstatt 4. Aufl.
–, 1969. *Wissenschaft der Logik. 1. Teil*. – In: Werke Bd. 5, Frankfurt a.M.
–, 1970. *Die Vernunft in der Geschichte*, Hamburg. 5. Aufl.
–, 1996. *Grundlinien der Philosophie des Rechts oder Naturrecht und Staatswissenschaft im Grundrisse*. (=Werke 7), Frankfurt a.M. 5. Aufl.
HEIDEGGER, M., 1977. *Holzwege*, Frankfurt a.M.
–, 1986. *Sein und Zeit*, Tübingen 16. Aufl.
HENRICH, D., 1979. „Identität" – Begriff, Probleme, Grenzen. – In: O. Marquard; K. Stierle (Hg.): *Identität* (= Poetik und Hermeneutik VIII), München, 133-186.
HENRIKSEN, J. A., 1995. *Particularly Critical. Generalization, Culture and the Case of Russia*, Diss Harvard. Cambridge (Mass.).
HENTSCHEL, E.; WEYDT, H., 1990. *Handbuch der deutschen Grammatik*, Berlin.
d'HERBIGNY, M., 1944. *Un Newman russe. Vladimir Soloviev (1853-1900)*, Paris 3. Aufl.

HERDER, J. G., o.J.. *Werke*, Leipzig.
HESS, M., 1959. *Briefwechsel*, 'S-Gravenhage.
HESSEN, J., 1937. *Wertphilosophie*, Paderborn.
HILDERMEIER, M., 1987. Das Privileg der Rückständigkeit. Anmerkungen zum Wandel einer Interpretationsfigur der neueren russischen Geschichte. – In: *Historische Zeitschrift* 244 (1987), 557-603.
HÖSLE, V., 1984. *Wahrheit und Geschichte. Studien zur Struktur der Philosophiegeschichte unter paradigmatischer Analyse der Entwicklung von Parmenides bis Platon*, Bad Cannstatt.
–, 1998. *Woher rührt der außerordentliche literarische Wert der russischen Literatur des 19. Jahrhunderts?* (ms)
HOFFMEISTER, E., 1980. *Die „Logik" in der Geschichte. Zum Problem von materialistischer und idealistischer Dialektik*, Köln.
HÜLSMANN, H., 1961. Artikel: Axiologie. – In: *Historisches Wörterbuch der Philosophie*. Hg. v. J. G. Ritter. Bd. 1, Basel, 737.
HUIZINGA, J., 1987. *Herbst des Mittelalters. Studien über Lebens- und Geistesformen des 14. und 15. Jahrhunderts in Frankreich und in den Niederlanden*, Stuttgart.
HUME, D., 1975. *Enquiries Concerning Human Understanding and Concerning the Principles of Morals*, Oxford. 3. Aufl.
HUNTINGTON, S. P., 1996. *The Clash of Civilizations and the Remaking of World Order*, New York.
HURWICZ, E., 1921. Einleitung. – In: *Peter Tschaadajew. Schriften und Briefe*, München, 5-30.
HUSSERL, E., 1992. *Gesammelte Schriften*, Hamburg.
IGNATOW, A., 1996. *Das russische geschichtsphilosophische Denken. Grundmotive und aktuelle Resonanz*. Bericht des BIOst 5/1996.
–, 1997. *Solowjow und Berdjajew als Geschichtsphilosophen. Ideen und aktueller Einfluß*. Bericht des BIOst 3/1997.
ILARION 1984. *Slovo o zakone i blagodati*. Hg. v. A. M. Moldovan, Kiew.
ISUPOV, K. G., 1995. „Istoričeskaja ėstetika' A. I. Gercena. – In: *Russkaja literatura 2, 1995, 32-46*.
ISUPOV, K. G.; BOJKOV, V. F., 1991. Ličnost' P. Ja. Čaadaeva i ego filosofija istorii. – In: A. F. Zamaleev (Hg.): *Rossija glazami russkogo. Čaadaev – Leont'ev – Solov'ev*, Sankt Petersburg, 139-154.
IVANOV, G., 1995. Strach pered žizn'ju. Konstantin Leont'ev i sovremennost'. – In: *K. N. Leont'ev. Pro et contra. Antologija. kn. 2. Ličnost' i tvorčestvo Konstantina Leont'eva v ocenkach russkich myslitelej i issledovatelej posle 1917 g.*, Sankt Petersburg, 187-196.
IVANOV, Vjač. I., 1916. *Borozdy i meži. Opyty ėstetičeskie i kritičeskie*, Moskau.
IVANOV, Vjač. Vs. 1998. Nenavistnik slova „rab". – In: A. A. Ermičev; A. A. Zlatopol'skaja (Hg.): *P. Ja. Čaadaev. Pro et Contra. Ličnost' i tvorčestvo Petra Čaadaeva v ocenke russkich myslitelej i issledovatelej. Antologija*, Sankt Petersburg, 726-728.
<IVANOV, Vl.> IWANOW, Wl., 1995. *Russland und das Christentum*, Frankfurt a.M.
IVANOV-RAZUMNIK, <R. V.>, 1920. *A. I. Gercen 1870-1920*, Petrograd.

–, 1998: Zapadniki i slavjanofily. Čaadaev. – In: A. A. Ermičev; A. A. Zlatopol'skaja (Hg.): *P. Ja. Čaadaev. Pro et Contra. Ličnost' i tvorčestvo Petra Čaadaeva v ocenke russkich myslitelej i issledovatelej.* Antologija, Sankt Petersburg, 385-400.

IVASK, Ju., 1974. *Konstantin Leont'ev. Žizn' i tvorčestvo,* Bern/Frankfurt a.M.

JAKOBSON, R. O., 1965. L'importanza di Kruszewski per lo sviluppo della linguistica generale. – In: *Richerche slavistiche* XIII, 3-23.

–, 1966a. Novyj trud o jugoslavjanskom épose. – In: *Selected Writings* IV, Den Haag, 38-50.

–, 1966b. Über den Versbau der serbokroatischen Volksepen. – In: *Selected Writings IV,* Den Haag, 51-59.

–, 1979. Two Aspects of Language and Two Types of Aphasic Disturbances. Dt. zit. n.: Zwei Seiten der Sprache und zwei Typen aphatischer Störungen. – In: *Aufsätze zur Linguistik und Poetik,* Frankfurt a.M., 117-141.

–, 1983. The Twofold Character of Language. The Metaphoric and Metonymic Poles. Dt. zit. n.: Der Doppelcharakter der Sprache und die Polarität zwischen Metaphorik und Metonymik. – In: A. Haverkamp (Hg.): *Theorie der Metapher,* Darmstadt, 163-174.

JAKOBSON, R. O.; POMORSKA, K., 1982. *Dialogues.* Dt. zit. n.: *Poesie und Grammatik. Dialoge,* Frankfurt a.M.

JAMES, W., 1967. Pragmatism's Conception of Truth. – In: *The Writings of William James,* New York, 429-443.

JANOV, A. P., 1969. Slavjanofily i Konstantin Leont'ev. Russkaja konservativnaja mysl' XIX v. i ee interpretatory. – In: *Voprosy filosofii* No. 8 (1969), 97-106.

JANTZEN, J., 1988. Artikel: Timaois. – In: F. Volpi; J. Nida-Rümelin (Hg.). *Lexikon philosophischer Werke,* Stuttgart, 711f.

JAUSS, H. R., 1975. *Literaturgeschichte als Provokation,* Frankfurt a.M. 2. Aufl.

JAZYKOV, N. M., 1964. *Polnoe sobranie stichotvorenij,* Moskau/Leningard.

JÓZSA, B., 1968. *Dostoevskij und Solovev. Eine Synthese aus europäischem und spezifisch russischem Denken. Aufgezeigt am Problem der Liebe,* Diss. Innsbruck.

JUNG, C. G., 1960. *Gesammelte Werke,* Zürich 9. Aufl.

JURKEVIČ, P. D., 1990. Ideja. – In: *Filosofskie proizvedenija,* Moskau, 9-68.

KAMENSKIJ, Z. A., 1980. *Russkaja filosofija načala XIX veka i Šelling,* Moskau.

–, 1991. Vstupitel'naja stat'ja. Paradoksy Čaadaeva. – In: P. Ja. Čaadaev: *Polnoe sobranie sočinenij i izbrannye pis'ma.* t. 1, Moskau, 9-85.

KANT, I., 1983. *Kritik der reinen Vernunft* (= Bde. 3 u. 4 d. Werke in 10 Bdn. Hg. v. W. Weischedel), Darmstadt.

KARAMZIN, N. M., 1964. *Izbrannye sočinenija.* 2. t, Moskau/Leningrad.

–, 1974. *O drevnej i novoj Rossii v ee političeskom i graždanskom otnošenijach.* Engl. zit. n.: *Karamzin's Memoir on Ancient and Modern Russia.* Hg. v. R. Pipes, New York.

–, 1982. *Izbrannye stat'i i pis'ma,* Moskau.

–, 1984. *Sočinenija v dvuch tomach.* t. 1, Leningrad.

–, 1992. *Bednaja Liza. Zweisprachige Ausgabe,* Stuttgart.

KIREEV, A. A., 1890. *Slavjanofil'stvo i nacionalizm. Otvet g. Solov'evu,* <Sankt Petersburg> Petrograd.

KIREEVSKIJ, I. V., 1861. *Polnoe sobranie sočinenij v dvuch tomach*, Moskau. Ndr. Ann Arbor 1983.
KISLJAGINA, L. G., 1976. *Formirovanie obščestvenno-političeskich vzgljadov N. M. Karamzina (1785-1803gg.)*, Moskau.
KISSEL, W. S., 1999. Pyramiden in Petropolis. Der „Petersburger Text" und das Erinnerungs-Bild Altägyptens. – In: W. S. Kissel; F. Thun; D. Uffelmann (Hg.): *Kultur als Übersetzung. Festschrift für Klaus Städtke zum 65. Geburtstag*, Würzburg, 141-166.
KISSEL, W. S.; UFFELMANN, D., 1999: Vorwort. Kultur als Übersetzung. Historische Skizze der russischen Interkulturalität (mit Blick auf *Slavia orthodoxa* und *Slavia latina*). – In: W. S. Kissel; F. Thun; D. Uffelmann (Hg.): *Kultur als Übersetzung. Festschrift für Klaus Städtke zum 65. Geburtstag*, Würzburg, 13-40.
KJELLÉN, R., 1921. *Die Großmächte und die Weltkrise*, Leipzig/Berlin.
KLAUS, G., 1967. *Moderne Logik. Abriß der formalen Logik*, Berlin 4. Aufl.
KLIMENT (SMOLJATIČ), 1980. Poslanie. – In: *Pamjatniki literatury drevnej Rusi*. t. 2. XII vek, Moskau, 282-288.
KLUM, E., 1965. *Natur, Kunst und Liebe in der Philosophie Vladimir Solov'evs. Eine religionsphilosophische Untersuchung*, München.
KNEALE, W.; KNEALE, M., 1966. *The Development of Logic*, Oxford.
<KOČETKOVA> KOCHETKOVA, N., 1975. *Nikolay Karamzin*, Boston.
KOHN, H., 1956. *Die Slawen und der Westen. Die Geschichte des Panslawismus*, München.
KOHUT, H., 1991. *Die Heilung des Selbst*, Frankfurt a.M. 4. Aufl.
<KOLOGRIVOV> KOLOGRIWOF, I. v., 1948. *Von Hellas zum Mönchtum. Leben und Denken Konstantin Leontjews (1831-1891)*, Regensburg.
KONDRINEWITSCH, J., 1963. *Die Lehre von der integralen Einheit bei V. Solov'ev*, Diss. Wien.
KONERSMANN, A., 1996. (Hg.) *Kulturphilosophie*, Leipzig.
KOROLEV, A. V., 1911. Kul'turno-istoričeskie vozzrenija K. N. Leont'eva. – In: *Pamjati Konstantina Nikolaeviča Leont'eva. Literaturnyj sbornik*, Sankt Petersburg, 327-363.
<KOROL'KOV> KOROLKOW, A., 1994. *Proroctwa Konstantego Leontjewa*, Toruń.
KOSCHMAL, W., 1997. Rezensionsaufsatz: C. Ebert (Hg.): Kulturauffassungen in der literarischen Welt Rußlands. Kontinuitäten und Wandlungen im 20. Jahrhundert, Berlin 1995. – In: *Zeitschrift für Slavische Philologie* LVI 1, 216-230.
KOSIK, V. I., 1996. Kontantin Nikolaevič Leont'ev. Reakcioner, prorok?. – In: K. N. Leont'ev: *Vostok, Rossija i Slavjanstvo. Filosofskaja i političeskaja publicistika. Duchovnaja proza (1872-1891)*. Hg. v. G. B. Kremnev, Moskau, 5-12.
KOSMOLINSKAJA, G. A., 1993. N. M. Karamzin i David Jum. K voprosu ob istoriografičeskoj koncepcii Karamzina. – In: *Vosemnadcatyj vek* 18, 203-217.
KOVALEVSKAJA, E. G., 1978. *Istorija russkogo literaturnogo jazyka*, Moskau.
KOYRÉ, A., 1926. Russia's Place in the World. Peter Chaadaev and the Slavophils. – In: *Slavonic Review* 5 (1926), 594-609.
–, 1929. *La philosophie et le problème national en Russie au début du XIXY siècle*, Paris.

KOZ'MIN, B., 1946. Gercen o Rossii. – In: *A. I. Gercen (1812-1870). Sbornik statej.* Hg. v. I. Klabunovskij; B. Koz'min, Moskau, 7-21.
KRAUS, O., 1955. Zur Einleitung. – In: F. Brentano: *Vom Ursprung sittlicher Erkenntnis*, Hamburg, VII-XVI.
KRISTEVA, J., 1969. Pour une sémiologie des paragrammes. – In: *Sēmeiōtikē*, Paris, 174-207.
–, 1978. *La révolution du language poétique.* Dt. zit. n.: *Die Revolution der poetischen Sprache*, Frankfurt a.M.
KRUSE, J.-M.; UFFELMANN, D., 1999. Tolstoj und Luther. Eine verdeckte Rezeption aus apotropäischen Gründen. – In: *Die Welt der Slaven* XLIV (1999), 155-172.
KRZYŻANOWSKI, J., 1966. *Nauka o literaturze*, Wrocław.
KÜNG, H., 1990. *Projekt Weltethos*, München.
KUHN, H., 1973. Artikel: Das Gute. – In: *Handbuch philosophischer Grundbegriffe.* Hg. v. H. Krings; H. M. Baumgartner; C. Wild. Bd. 3, München, 657-677.
KULAKOVA, L. I., 1964. Ėstetičeskie vzgljady N. M. Karamzina. – In: *Vosemnadcatyj vek* 6, 146-175.
KUZNECOV, P. 1998: Metafizičeskij Narciss i russkoe molčanie: P. Ja. Čaadaev i sud'ba filosofii v Rossii. – In: A. A. Ermičev; A. A. Zlatopol'skaja (Hg.): *P. Ja. Čaadaev. Pro et Contra. Ličnost' i tvorčestvo Petra Čaadaeva v ocenke russkich myslitelej i issledovatelej. Antologija*, Sankt Petersburg, 729-752.
LACAN, J., 1975a. L'instance de la lettre dans l'inconsient ou la raison depuis Freud. Dt. zit. n.: Das Drängen des Buchstabens im Unbewußten oder die Vernunft seit Freud. – In: *Schriften* II, Olten, 16-55.
–, 1975b. Subversion du sujet et dialectique de désir dans l'inconscient freudien. Dt. zit. n.: Subversion des Subjekts und Dialektik des Begehrens im Freudschen Unbewußten. – In: *Schriften* II, Olten, 165-204.
LACHMANN, R., 1982. Wertaspekte in Jurij Lotmans Textbedeutungstheorie. – In: B. Lenz; B. Schulte-Middelich (Hg.): *Beschreiben, Interpretieren, Werten. Das Wertungsproblem in der Literatur aus der Sicht unterschiedlicher Methoden*, München, 134-155.
–, 1990. *Gedächtnis und Literatur. Intertextualität in der russischen Moderne*, Frankfurt a.M.
–, 1993. Gedächtnis und Weltverlust. Borges' *memorioso* – mit Anspielungen auf Lurijas „Mnemonisten". – In: *Memoria. Vergessen und Erinnern.* Hg. v. A. Haverkamp; R. Lachmann, München, 492-519.
–, 1994. *Die Zerstörung der schönen Rede. Rhetorische Tradition und Konzepte des Poetischen*, München.
–, 1998. Phantomlust und Stereoskopie. Zu einer Erzählung aus dem Spätwerk Ivan Turgenevs. – In: A. Kablitz; G. Neumann (Hg.): *Mimesis und Simulation* (=Rombach Litterae 52), Freiburg, 479-514.
LAERMANN, K., 1976. Raumerfahrung und Erfahrungsraum. Einige Überlegungen zu Reiseberichten aus Deutschland vom Ende des 18. Jahrhunderts. – In: H. J. Piechotta (Hg.): *Reise und Utopie. Zur Literatur der Spätaufklärung*, Frankfurt a.M., 57-97.

LAKATOS, I., 1970. Falsification and the Methodology of Scientific Research Programmes. – In: I. Lakatos; A. Musgrave (Hg.): *Criticism and the Growth of Knowledge*, Cambridge, 91-195.
LAMONT, W. D., 1955. *The Value Judgement*, New York.
LANG, E., 1981. Exkurs über den Lotmanschen Denkstil. – In: <Jurij M. Lotman> Juri M. Lotman: *Kunst als Sprache. Untersuchungen zum Zeichencharakter von Literatur und Kunst*. Hg. v. K. Städtke, Leipzig, 433-448.
LANZ, H., 1925. The Philosophy of Ivan Kireyevsky. – In: *Slavonic Review* 4 (1925), 594-604.
LAVROV, P. L., 1906. *Istoričeskie pis'ma*, Sankt Petersburg. 4. Aufl.
LEACH, E., 1976. *Culture & communication. the logic by which symboles are connected. An introduction to the use of structuralist analysis in social anthropology*, Cambridge e.a.
LEHMANN-CARLI, G., 1991. Karamzins Lavater-Rezeption. – In: *Zeitschrift für Slawistik* 36, 4 (1991), 505-517.
–, 1996. *Aufklärungs-Rezeption und Kulturkonzepte in Rußland. Studien zu N. M. Karamzin und seinem geistigen Umfeld*, 2 Bde, Habil.-Schrift Potsdam.
LENIN, V. I., 1969. *Polnoe sobranie sočinenij*, Moskau 5. Aufl.
LEONT'EV, K. N., 1912. *Sobranie sočinenij v 8-i tomach*, Moskau.
–, 1992. *Zapiski otšel'nika*, Moskau.
–, 1993. *Izbrannoe*, Moskau.
<LEONTOVIČ> LEONTOVITSCH, V., 1974. *Geschichte des Liberalismus in Rußland*, Frankfurt a.M. 2. Aufl.
LESSING, G. E., 1968. Briefe, die neueste Litteratur betreffend. – In: *Sämtliche Schriften Bd. 8*, Ndr. Berlin, 1-285.
LETOPIS' žizni i tvorčestva F. M. Dostoevskogo 1995. V trech tomach, Sankt Petersburg.
LEVICKIJ, S. A., 1984. *Russisches Denken. Gestalten und Strömungen. Bd 1. Von den Anfängen bis zu Vladimir Solov'ev*, Frankfurt a.M.
LEVIN, Ju. I., 1992. Istina v diskurse. – In: *Novyj krug* 2, 115-141.
–, 1993. Invariantnye struktury v filosofskom tekste. Vl. S. Solov'ev. – In: V. V. Ivanov, V. N. Toporov, T. V. Civ'jan (Hg.): *Serebrjanyj vek v Rossii. Izbrannye strannicy*, Moskau, 5-86.
LICHAČEV, D. S., 1973. *Razvitie russkoj literatury X-XVII vekov. Ėpochi i stili*. Leningrad.
–, 1996a. Dva tipa granic meždu kul'turami. – In: *Očerki po filosofii chudožestvennogo tvorčestva*, Sankt Peterburg, 97-102.
–, 1996b. (Hg. zus. m. V. E. Bagno) *Poljarnost' v kul'ture*, Sankt Peterburg.
LIEDTKE, R. 1996. *Die Hermetik. Traditionelle Philosophie der Differenz*, Paderborn e.a.
LIFTON, R. J., 1969. *Revolutionary Immortality. Mao-Tse-tung and the Chinese Cultural Revolution*, London.
LINDNER, B., 1973. Probleme der literarischen Wertung. – In: H. L. Arnold; V. Sinemus (Hg.): *Grundzüge der Literatur- und Sprachwissenschaft. Bd. 1. Literaturwissenschaft*, München, 444-458.

LINK, J., 1988. Literaturanalyse als Interdiskursanalyse. Am Beispiel des Ursprungs literarischer Symbolik in der Kollektivsymbolik. – In: J. Fohrmann; H. Müller (Hg.): *Diskurstheorien und Literaturwissenschaft*, Frankfurt a.M., 284-306.
LJAMINA, E. È., 1997. Archaisty i nenovatory. – In: *Novoe literaturnoe obozrenie* 27, 67-74.
LOMONOSOV, M. V., 1952. *Trudy po filologii*, Moskau.
LOSEV, A. F., 1994. *Vl. Solov'ev*, Moskau.
LOSSKIJ, N. O., 1930. Die Lehre Wl. Solowjows von der Evolution. – In: *Festschrift für Th. G. Masaryk zum 80. Geburtstag. Erster Teil*, Bonn, 203-208.
–, 1991. *Istorija russkoj filosofii*, Moskau.
–, 1994. Bog i mirovoe zlo, Moskau.
LOTHE, J., 1984. Herzen, the Slavophils and Europe. – In: M. Partridge (Hg.): *Alexander Herzen and European Culture. Proceedings of an International Symposium, Nottingham and London, 6-12th September 1982*, Nottingham, 227-238.
LOTMAN, Ju. M., 1970. Problema znaka i znakovoj sistemy i tipologija russkoj kul'tury XI-XX vv. – In: *Stat'i po tipologii kul'tury*, Tartu, 12-35.
–, 1981. Ideja istoričeskogo razvitija v russkoj kul'ture konca XIII – načala XIX stoletija. – In: *Vosemnadcatyj vek* 13 (1981), 82-90.
–, 1987. *Sotvorenie Karamzina*, Moskau.
–, 1992a. „O drevnej i novoj Rossii v ee političeskom i graždanskom otnošenijach" Karamzina – pamjatnik russkoj publicistiki XIX veka. – In: *Izbrannye stat'i II*, Tallinn, 194-205.
–, 1992b. Dinamičeskaja model' semiotičeskoj kul'tury. – In: *Izbrannye stat'i* I, Tallinn, 90-101.
–, 1992c. Problema vizantijskogo vlijanija na russkuju kul'turu v tipologičeskom osveščenii. – In: *Izbrannye stat'i* I, Tallinn, 121-128.
–, 1992d. O russkoj literature klassičeskogo perioda. Vvodnye zamečanija. – In: *Trudy po znakovym sistemam* 25, Tartu, 79-91.
–, 1992e. *Kul'tura i vzryv*, Moskau.
–, 1995. Mechanizm smuta. K tipologii russkoj istorii kul'tury. Dt. publ. als: Zeit der Wirren. Zur Typologie der russischen Kulturgeschichte. – In: *Lettre International* 30, 67-71.
LOTMAN, Ju. M.; USPENSKIJ, B. A., 1971. O semiotičeskom mechanizme kul'tury. – In: *Trudy po znakovym sistemam* V, Tartu, 144-166.
–, 1974. K semiotičeskoj tipologii russkoj kul'tury XVIII veka. – In: *Chudožestvennaja kul'tura XVIII veka. Materialy naučnoj konferencii*, Moskau, 259-282.
–, 1975. Spory o jazyke v načale XIX v. kak fakt russkoj kul'tury („Proisšestvie v carstve tenej, ili sud'bina rossijskogo jazyka" – neizvestnoe sočinenie Semena Bobrova). – In: *Trudy po russkoj i slavjanskoj filologii XXIV. Literaturovedenie*, Tartu, 168-322.
–, 1977. Rol' dual'nych modelej v dinamike russkoj kultury (do konca 18 veka). – In: *Trudy po russkoj i slavjanskoj filologii* 28, Tartu, 3-36.
–, 1984. „Pis'ma russkogo putešestvennika" Karamzina i ich mesto v razvitii russkoj kul'tury. – In: N. M. Karamzin: *Pis'ma russkogo putešestvennika*, Leningrad, 525-606.

–, 1992. Mif – imja – kul'tura. – In: *Izbrannye stat'i* I, Tallinn, 58-75.
LOTZE, H., 1923. *Mikrokosmos. Ideen zur Naturgeschichte und Geschichte der Menschheit. Versuch einer Anthropologie.* 3 Bde, Leipzig.
LUHMANN, N., 1975. *Macht,* Stuttgart.
–, 1987. *Soziale Systeme,* Frankfurt a.M.
–, 1992a. *Die Wissenschaft der Gesellschaft,* Frankfurt a. M.
–, 1992b. *Beobachtungen der Moderne,* Opladen.
LUMSDEN, C. J.; WILSON, E. O., 1981. *Genes, Mind, and Culture. The Coevolutionary Process,* Cambridge (Mass)/London.
LUTZ, L., 1981. *Zum Thema „Thema". Einführung in die Thema-Rhema-Theorie* (=Hamburger Arbeiten zur Linguistik und Texttheorie 1), Hamburg.
MACHIAVELLI, N., 1991. *Il principe. Testo originale con la versione in italiano di oggi,* Mailand.
MACLELLAN, D., 1974. *Die Junghegelianer und Karl Marx,* München.
MACLUHAN, M., 1997. *Der McLuhan-Reader,* Mannheim.
MACMASTER, R. E., 1967. *Danilevsky. A Russian Totalitarian Philosopher,* Cambridge (Mass.).
MACNALLY, R. T., 1969. Biographical Sketch. An Analysis of Chaadaev's Major Ideas on History. – In: *The Major Works of Peter Chaadaev,* London, 1-19.
–, 1971. *Chaadayev and his Friends. An Intellectual History of Peter Chaadayev and His Russian Contemporaries,* Tallahassee (Florida).
MAISTRE, J. de., 1893. Cinq lettres sur l'éducation publique en Russie. – In: *Œuvres complètes.* t. 8, Lyon, 163-232.
–, 1959. <Briefe über Rußland>. – In: <D. Čiževskij> D. Tschižewskij, D. Groh (Hg.): *Europa und Russland. Texte zum Problem des westeuropäischen und russischen Selbstverständnisses,* Darmstadt, 57-75.
MAKAROV, P., 1817. Kritika na knigu pod nazvaniem: Razsuždenie o starom i novom sloge Rossijskago jazyka. – In: *Sočinenija i perevody.* t. I 2, Moskau, 15-56.
MAL'ČEVSKIJ, N., 1993. Živoe i mertvoe v russkoj filosofii. – In: *K. Leont'ev. Naš sovremennik.* Hg. v. B. Adrianov; N. Mal'čevskij, Sankt Petersburg, 441-454.
MALIA, M., 1961. *Alexander Herzen and the Birth of Russian Socialism (1812-1855),* Cambridge (Mass.).
MALININ, V., 1901. *Starec Eleazarova Monastyria Filofej i ego poslanija. Istoriko-literaturnoe izsledovanie,* Kiev.
MANDEL'ŠTAM, O., 1971. Petr Čaadaev. – In: *Sobranie sočinenij v 3-ch tomach.* t. 2, New York, 284-292.
MAREN-GRISEBACH, M., 1970. *Methoden der Literaturwissenschaft,* Tübingen.
MARQUARD, O., 1982. *Schwierigkeiten mit der Geschichtsphilosophie,* Frankfurt a.M.
MARX, K., 1971. *Frühe Schriften* Bd. 2, Darmstadt.
–, 1957. *Das Kapital. Kritik der politischen Ökonomie,* Stuttgart.
MARX, K.; ENGELS, F., 1969. *Werke,* Berlin.
MASARYK, T. G., 1992. *Russische Geistes- und Religionsgeschichte.* 2 Bde, Frankfurt a.M.

MASLIN, M.; ANDREEV, A., 1990. Predislovie. – In: *O Rossii i russkoj filosofskoj kul'ture*, Moskau, 31-38.

MEIER, R., 1969. *Abstrakte Prinzipien und integrales Wissen in den Frühschriften Valdimir Solov'evs*, Diss. Münster.

MEINONG, A., 1894. *Psychologisch-ethische Untersuchungen zur Werth-Theorie*, Graz.

–, 1968. *Abhandlungen zur Werttheorie* (=Gesamtausgabe Bd. III), Graz.

MENKE, B., 1991. Das Nach-Leben im Zitat. Benjamins Gedächtnis der Texte. – In: A. Haverkamp; R. Lachmann (Hg).: *Gedächtniskunst. Raum – Bild – Schrift*, Frankfurt a.M., 74-110.

MENNE, A., 1991. *Einführung in die formale Logik*, Darmstadt.

MEREŽKOVSKIJ, D. S., 1912. *Polnoe sobranie sočinenij*, Sankt Petersburg/Moskau.

–, 1998. Revoljucija i religija. – In: A. A. Ermičev; A. A. Zlatopol'skaja (Hg.): *P. Ja. Čaadaev. Pro et Contra. Ličnost' i tvorčestvo Petra Čaadaeva v ocenke russkich myslitelej i issledovatelej. Antologija*, Sankt Petersburg, 309-318.

MEYER, H., 1993. Rusko jako přepsání. Čaadaev – Puškin. – In: *Rusko jako podvědomí Západu. Konference* (=Volné sdružení českých rusistů 9 (1993), 41-51.

MICHAJLOVKSIJ, N. K., 1897. Rossija i Evropa (Kap. XXIV v. Zapiski Profana). – In: *Sočinenija*. t. 3, Sankt Peterburg, 854-887.

–, 1990. Žestokij talant. – In: *O Dostoevskom. Sbornik stat'ej. 1891-1931*, Moskau, 59-63.

MILJUKOV, P., 1903. *Iz Istorii russkoj intelligencii. Sbornik statej i ėtjudov*, Sankt Petersburg. 2. Aufl.

–, 1913: *Glavnye tečenija russkoj istoričeskoj mysli*, Sankt Petersburg 3. Aufl.

MITTER, W., 1955. Die Entwicklung der politischen Anschauungen Karamzins. – In: *Forschungen zur osteuropäischen Geschichte* 2 (1955), 165-285.

MOČUL'SKIJ, K., 1995. *Gogol', Solov'ev, Dostoevskij*, Moskau.

MONDRY, H., 1991. A Husband's Confession. Pagan Aesthetics versus Christian Ethics. Towards a Typology of The Work of Konstantin Leont'ev. – In: *Die Welt der Slaven* 36 (1991), 347-364.

MORDOVČENKO, N. I., 1959. *Russkaja kritika pervoj četverti XIX veka*, Moskau.

MOSS, G., 1969. *Vladimir Solovev and the Russophiles*, Diss. Georgetown.

MUCKERMANN, F., 1945. *Wladimir Solowiew. Zur Begegnung zwischen Rußland und dem Abendland*, Olten.

MÜLLER, E., 1966. *Russischer Intellekt in europäischer Krise. Ivan V. Kireevskij (1806-1856)*, Köln/Graz.

–, 1993. I. V. Kireevskij i nemeckaja filosofija. – In: *Rossija i Germanija. Opyt filosofskogo dialoga*, Moskau, 106-145.

MÜLLER, L., 1956. *Das religionsphilosophische System Vladimir Solovjevs*, Berlin.

–, 1986. Anmerkungen zur „Erzählung vom Antichrist. – In: <V. Solov'ev> W. Solowjew: *Kurze Erzählung vom Antichrist*, München 6. Aufl., 67-118.

–, 1992. *Wladimir Solowjew. Reden über Dostojewski*, München.

MÜNSTERBERG, H., 1908. *Philosophie der Werte. Grundzüge einer Weltanschauung*, Leipzig.

MURAŠOV, Ju., 1993. *Jenseits der Mimesis. Russische Literaturtheorie im 18. und 19. Jahrhundert von M. V. Lomonosov bis V. G. Belinskij*, München.

–, 1995. Vosstanie golosa protiv pis'ma. O dialogizme Bachtina. – In: *Novoe literaturnoe obozrenie* 16 (1995), 24-31.

NABOKOV, V., 1993. *Romany – rasskazy – ėsse*, Sankt Petersburg.

NAU, H.-W., 1968. *Die systematische Struktur von Erich Rothackers Kulturbegriff*, Bonn.

NIETZSCHE, F., 1904. *Nachgelassene Werke. Unveröffentlichtes aus der Umwerthungszeit (1882/83-1888)*. (=Werke 2. Abtheilung Bd. XIV), Leipzig.

–, 1975. *Also sprach Zarathustra. Ein Buch für alle und keinen*, Stuttgart 17. Aufl.

–, 1978. *Götzendämmerung. Ecce Homo. Gedichte*, Stuttgart 7. Aufl.

–, 1980. *Der Wille zur Macht. Versuch einer Umwertung aller Werte*, Stuttgart 12. Aufl.

–, 1986. *Die fröhliche Wissenschaft*, Stuttgart 7. Aufl.

NIKOL'SKIJ, B. V., 1911. K charakteristike Leont'eva. – In: *Pamjati Konstantina Nikolaeviča Leont'eva. Literaturnyj sbornik*, Sankt Petersburg, 367-381.

NÖTZEL, K., 1923. *Die Grundlagen des geistigen Rußlands. Versuch einer Psychologie des russischen Geisteslebens*, Leipzig.

NOSOV, S. N., 1994. Ideja „Moskva – tretij Rim' v interpretacii Konstantina Leont'eva i Vladimira Solov'eva. – In: *Russkaja literatura i kul'tura novogo vremeni*, Sankt Petersburg, 156-165.

NOVIČ, I., 1937. *Duchovnaja drama Gercena*, Moskau.

–, 1980. *Molodoj Gercen. Iskanija, idei, obrazy, ličnost'*, Moskau.

NOVIKOVA, L. I.; SIZEMSKAJA, I. N., 1995. Paradigma russkoj filosofii istorii. – In: *Svobodnaja mysl'* 5 (1995), 42-54.

NUCHO, F., 1967. *Berdyaev's Philosophy. The Existential Paradox of Freedom and Necessity. A Critical Study*, London.

ONASCH, K., 1967. *Grundzüge der russischen Kirchengeschichte* (=Die Kirchen in ihrer Geschichte Bd. 3 M), Göttingen.

–, 1993. *Die alternative Orthodoxie. Utopie und Wirklichkeit im russischen Laienchristentum des 19. und 20. Jahrhunderts*, Paderborn.

PAPERNYJ, V., 1985. *Kul'tura „dva"*, Ann Arbor.

PAPLAUSKAS-RAMUNAS, A., 1958. Vladimir Soloviev au delà de l'Est et de l'Ouest. – In: *Études Slaves et Est-Européennes* III 1 (1958), 25-31.

PASCAL, B., 1964. *Pensées*, Paris.

PASTERNAK, B., 1991. Vassermanova reakcija. – In: *Sobranie sočinenij v 5-i tomach. t. 4. Povesti – stat'i – očerki*, Moskau.

PEIRCE, C. S., 1966. *Collected Papers*, Cambridge (Mass.).

PERESVETOV, I., 1984. Bol'šaja čelobitnaja. – In: *Pamjatniki literatury drevnej Rusi. Konec XV – pervaja polovina XVI veka*, Moskau, 602-624.

PESKOV, A. M., 1993. Germanskij kompleks slavjanofilov. – In: *Rossija i Germanija. Opyt filosofskogo dialoga*, Moskau, 53-98.

<PETROVIČ> PETROVICH, M. B., 1956. *The Emergence of Russian Panslavism 1856-1870*, New York.

PFALZGRAF, K., 1954. Die Politisierung und Radikalisierung des Problems Rußland und Europa bei N. J. Danilevskij. – In: *Forschungen zur osteuropäischen Geschichte* 1, Berlin, 55-204.
PICHT, U., 1969. *M.P. Pogodin und die slavische Frage*, Stuttgart.
PIPES, R., 1975. Karamzin's Conception of the Monarchy. In.: J. L. Black (Hg.): *Essays on Karamzin*, Den Haag/Paris, 105-126.
PIRUMOVA, N., 1956. *Istoričeskie vzgljady A. I. Gercena*, Moskau.
PLECHANOV, G. V., 1949. Gercen-ėmigrant. – In: *A. I. Gercen v russkoj kritike. Sbornik statej*. Hg. v. V. Putnicev, Moskau, 160-179.
–, 1923. *Filosofskie vzgljady A. I. Gercena*. – In: A. I. Gercen, Moskau, 138-207.
POBEDNONOSCEV, K. P., 1897. *Streitfragen der Gegenwart*, Berlin.
–, 1996. <Naputstvennoe slovo K. P. Pobedonosceva v g. Jaroslave 9 ijunja 1880 g. na vypusknom akte v učilišče dlja dočerej svjaščenno- i cerkovno-služitelej, sostojavšem pod pokrovitel'stvom ženy imperatora Aleksandra II imperatricy Marii Aleksandrovny>. – In: *Sočinenija*, Sankt Petersburg, 123-125.
POLITYCKI, M., 1997. *Weiberroman. Historisch-kritische Gesamtausgabe*, München.
POPPER, K., 1963. *Conjectures and Refutations. The Growth of Scientific Knowledge*, London.
–, 1979. *The Poverty of Historicism*. Dt. zit. n.: *Das Elend des Historizismus*, Tübingen 5. Aufl.
PROKOF'EV, V., 1979. *Gercen*, Moskau.
PROSKURIN, O. A., 1997. U istokov mifa o „novom sloge". Kogo i začem citiroval admiral Šiškov v „Rassuždenii o starom i novom sloge rossijskogo jazyka". – In: *Lotmanovskij sbornik* 2, Moskau, 153-172.
PRUDENTIUS 1962. *Psychomachia*, Cambridge (Mass.).
PRZYWARA, E., 1958. *Mensch. Typologische Anthropologie*. 2 Bde., Nürnberg.
PSEUDO-DIONYSIUS AREOPAGITA 1994. *Über die Mystische Theologie und Briefe*, Stuttgart.
PUŠKIN, S. N., 1996. *Očerki russkoj istoriosofii*, Sankt Petersburg.
QUENET, C., 1931. *Tchaadaev et les lettres philosophiques. Contribution à l'étude du mouvement des idées en Russie*, Paris.
QUINE, W. v. O., 1969. *Elementary Logic*. Dt. zit. n.: *Grundzüge der Logik*, Frankfurt a. M.
RADIŠČEV, A. N., 1990. O čeloveke, o ego smertnosti i bessmertii. – In: B. V. Emel'janov (Hg.): *Russkaja filosofija vtoroj poloviny XVIII veka. Chrestomatija*, Sverdlovsk, 347-388.
–, 1992. *Putešestvie iz Peterburga v Moskvu. Vol'nost'*. Hg. v. V. A. Zapadov, Sankt Petersburg.
RADUGIN, A. A., 1997. *Kul'turologija. Učebnoe posobie dlja vysšich učebnych zavedenij*, Moskau.
RANCOUR-LAFERRIERE, D., 1995. *The Slave Soul of Russia. Moral Masochism and the Cult of Suffering*, New York/London.

RAŠKOVSKIJ, E. B., 1997. Sovremennoe miroznanie (мирознание!) i filosofskaja tradi-
cija v Rossi. O segodnjašnem pročtenii trudov VI. Solov'eva. – In: *Voprosy filosofii* 6
(1997), 92-106.
REISSNER, E., 1963. *Alexander Herzen in Deutschland*, Berlin.
RESCHER, N., 1969. *Introduction to Value Theory*, Englewood Cliffs (New Jersey).
RICKERT, H., 1921. *Allgemeine Grundlegung der Philosophie*, Tübingen.
RITZ, G., 1996. *Jarosław Iwaszkiewicz. Ein Grenzgänger der Moderne* (=Slavica Helve-
tica 47), Bern e.a.
<RJAZANOVSKIJ> RIASANOVSKY, N. V., 1954. *Rußland und der Westen. Die Leh-
re der Slawophilen. Studie über eine romantische Ideologie*, München.
RODNJANSKAJA, I. B., 1992. Russkij zapadnik v kanun „vtorogo vozroždenija" Evropy.
– In: *Zdes i teper'* 2 (1992), 85-95.
RODRÍGUEZ-LORES, J. 1972: Artikel: Dialektik (Teile 5.2.-5.3.; Lenin/Lukács). – In: *Hi-
storisches Wörterbuch der Philosophie*. Hg. v. J.G. Ritter. Bd. 2, Basel/Stuttgart, 164-
226 (Rodríguez-Lores: 209-211).
RÖTZER, H. G., 1979. *Traditionalität und Modernität in der europäischen Literatur. Ein
Überblick vom Attizismus-Asianismus-Streit bis zur „Querelle des Anciens et des Mo-
dernes"*, Darmstadt.
ROMBACH, H., 1991. *Der kommende Gott. Hermetik – eine neue Weltsicht*, Freiburg.
RORTY, R., 1992. *Contingency, Irony, and Solidarity*. Dt. zit. n.: *Kontingenz, Ironie und
Solidarität*, Frankfurt a.M.
RORTY, R.; RYKLIN, M. K., 1997. Filosofija bez osnovanij. Besedy Michaila Ryklina s
Ričardom Rorti. – In: A. Rubcov (Hg.): *Filosofskij pragmatizm Ričarda Rorti i ros-
sijskij kontekst*, Moskau, 126-155.
ROTHACKER, E. 1966: *Philosophische Anthropologie*, Bonn 2. Aufl.
ROTHE, H., 1961. Karamzinstudien I. – In: *Zeitschrift für Slawische Philologie* XXIX,
102-125.
–, 1962. Karamzinstudien II. – In: *Zeitschrift für Slawische Philologie* XXX, 272-306.
–, 1968. *N. M. Karamzins europäische Reise. Der Beginn des russischen Romans*, Bad
Homburg.
–, 1984. Herzen's Quotations. The Inner Form of His Thinking. – In: Monica Partridge
(Hg.): *Alexander Herzen and European Culture. Proceedings of an International Symposium, Nottingham and London, 6-12th September 1982*, Nottingham, 159-171.
ROULEAU, F., 1970. Introduction. – In: *Pierre Tchaadaev. Lettres philosophiques adres-
sés à une dame*, Paris, 7-42.
ROZANOV, V. V., 1911. Neuznannyj fenomen. – In: *Pamjati Konstantina Nikolaeviča
Leont'eva. Literaturnyj sbornik*, Sankt Petersburg, 165-184.
–, 1995. Ėstetičeskoe ponimanie istorii. – In: *K. N. Leont'ev. Pro et contra. Antologija. kn.
1. Ličnost' i tvorčestvo Konstantina Leont'eva v ocenkach russkich myslitelej i issledo-
vatelej 1891-1917 gg.*, Sankt Petersburg, 27-122.
RUSCH, G., 1987. *Erkenntnis, Wissenschaft, Geschichte. Von einem konstruktivistischen
Standpunkt*, Frankfurt a.M.

RUSSELL, B., 1967. *The Problems of Philosophy*. Dt. zit. n.: *Probleme der Philosophie*, Frankfurt a.M.

RYKLIN, M. K., 1992. Terrorologiki II. – In: *Terrorologiki*, Tartu/Moskau, 185-221.

–, 1995. Russkaja ruletka. Dt. zit. n.: Russisches Roulette. – In: *Lettre International* 30, 72-77.

–, 1999. Liki Janusa. K istorii russko-evropejskoj granicy. Dt. zit. n.: Hinter den Spiegeln. Zur Geschichte der Grenze zwischen Rußland und Europa. – In: *Transit* 16, 158-166.

ŠAFAŘÍK, P. J., 1963. *Über die literarische Wechselseitigkeit zwischen den verschiedenen Stämmen und Mundarten der slavischen Nation*. Slk. zit. n.: *Dejiny slovanského jazyka a literatúry všetkých nárečí*, Bratislava.

SAID, E.; BURGMER, C., 1998. Rivalität der Definitionen. Identitätswechsel – vom Trauma zur Sehnsucht. – In: *Lettre International* 42 (1998), 84-87.

SAINT-SIMON, H. de 1911. *Le nouveau christianisme*. Dt. zit. n.: *Neues Christentum*, Leipzig.

SALZMANN, M., 1988. *Die Kommunikationsstruktur der Autobiographie. Mit kommunikationsorientierten Analysen der Autobiographien von Max Frisch, Helga M. Novak und Elias Canetti*, Bern/Frankfurt a.M.

SARKISYANZ, E., 1955. *Rußland und der Messianismus des Orients. Sendungsbewußtsein und politischer Chiliasmus des Ostens*, Tübingen.

SAUER, E. F., 1973. *Axiologie (Wertlehre). Mit einer Kritik des Strukturalismus*, Göttingen e.a.

SAUSSURE, F. de 1975. *Cours de linguistique générale*. Hg. v. C. Bally; A. Sechehaye, Paris.

SCHAEFFLER, R., 1991. *Einführung in die Geschichtsphilosophie*, Darmstadt 4. Aufl.

SCHELER, M., 1966. *Der Formalismus in der Ethik und die materiale Wertethik. Neuer Versuch der Grundlegung eines ethischen Personalismus*, Bern/München 5. Aufl.

–, 1973. *Wesen und Formen der Sympathie. Die deutsche Philosophie der Gegenwart*, Bern/München.

SCHELLING, F. W. J., 1993. *Philosophie der Offenbarung 1841/42*, Frankfurt a.M. 2. Aufl.

SCHELTING, A. v., 1948. *Rußland und Europa im russischen Geschichtsdenken*, Bern.

SCHERRER, J., 1997. Alter Tee im neuen Samowar. – In: *Die Zeit* 39 (1997), 62.

–, 1999. Kul'turologija als ideologischer Diskurs. – In: W. S. Kissel; F. Thun; D. Uffelmann (Hg.): *Kultur als Übersetzung. Fstschrift für Klaus Städtke zum 65. Geburtstag*, Würzburg, 279-292.

SCHILLER, F., 1984. *Sämtliche Werke*, München 7. Aufl.

SCHLEGEL, F., 1971. *Philosophie der Geschichte*, Paderborn.

SCHMITT, C., 1979. Die Tyrannei der Werte. – In: S. Schelz (Hg.): *Die Tyrannei der Werte*, Hamburg, 11-43.

–, 1983. *Der Begriff des Politischen*, Berlin.

SCHNÄDELBACH, H., 1983. *Philosophie in Deutschland. 1831-1933*, Frankfurt a.M.

SCHOLEM, G., 1973. *Zur Kabbala und ihrer Symbolik*, Frankfurt a.M.

SCHÜCKING, L. L., 1961. *Soziologie der literarischen Geschmacksbildung*, Bern 3. Aufl.

SCHULTE, C., 1988. *radikal böse. Die Karriere des Bösen von Kant bis Nietzsche*, München.
–, 1994. Kabbala in der deutschen Romantik. – In: E. Goodman-Thau (Hg.): *Kabbala und Romantik*, Tübingen, 1-19.
SCHULTZE, B., 1950. *Russische Denker. Ihre Stellung zu Christus, Kirche und Papsttum*, Wien.
SCHWINGEL, M. 1998: *Pierre Bourdieu zur Einführung*, Hamburg 2. Aufl.
<SEČKAREV, V.> SETSCHKAREFF, W., 1939. *Schellings Einfluß in der russischen Literatur der 20er und 30er Jahre des XIX. Jahrhunderts* (= Veröffentlichungen des Slavischen Instituts an der Friedrich-Wilhelm-Universität Berlin 22), Leipzig.
ŠESTAKOV, V. P., 1995. Konstantin Leont'ev o sud'bach russkoj kul'tury. – In: *Eschatologija i utopija. Očerki russkoj filosofii i kul'tury*, Moskau, 104-123.
ŠESTOV, L., 1991. *Apofeoz bespočvennosti. Opyt adogmatičeskogo myšlenija*, Leningard.
–, 1993. Afiny i Ierusalim. – In: *Sočinenija v dvuch tomach*. t.1., Moskau, 317-664.
SIMONS, P., 1986. Alexius Meinong. Gegenstände, die es nicht gibt. – In: J. Speck (Hg.): *Grundprobleme der großen Philosophen. Philosophie der Neuzeit IV. Lotze – Dilthey – Meinong – Troeltsch – Husserl – Simmel*, Göttingen, 91-127.
ŠIŠKOV, A. S., 1824. *Sobranie sočinenij i perevodov*. t. 2, Sankt Petersburg.
–, 1825. *Sobranie sočinenij i perevodov*. t. 4, Sankt Petersburg.
SIVAK, A. F. 1991: *Konstantin Leont'ev*, Leningrad.
<ŚLIWOWSKA/ŚLIWOWSKI> SLIWOWSKI, W. u. R., 1984. Herzen, the Poles and the Polish Problem. – In: M. Partridge (Hg.): *Alexander Herzen and European Culture. Proceedings of an International Symposium, Nottingham and London. 6-12th September 1982*, Nottingham, 259-271.
SMIRNOV, I. P., 1977. *Chudožestvennyj smysl i évoljucija poětičeskich sistem*, Moskau.
–, 1990. *Bytie i tvorčestvo*, Marburg.
–, 1991. *O drevnerusskoj kul'ture, russkoj nacional'noj specifike i logike istorii* (=Wiener Slawistischer Almanach Sonderband 28), Wien.
–, 1994. *Psichodiachronologika. Psichoistorija russkoj literatury ot romantizma do našich dnej*, Moskau.
–, 1995. Das Urverdrängte. In: A. Ackermann; H. Raiser; D. Uffelmann (Hg.): *Orte des Denkens. Neue Russische Philosophie*, Wien, 217-226.
–, 1996. Sistema fol'klornych žanrov (Metafizika fol'klora). – In: *Lotmanovskij Sbornik* 2, Moskau, 14-38.
–, 1997. *Bytie i tvorčestvo*. Dt. zit. n. *Sein und Kreativität*, Ostfildern.
SMIRNOVA, Z. N., 1998. Problema razuma v filosofskoj koncepcii Čaadaeva. – In: *Voprosy filosofii* 11/1998, 91-101.
SMIRNOVA, Z. V., 1968. P. Ja. Čaadaev i russkaja obščestvennaja mysl' pervoj poloviny XIX veka. – In: *Voprosy filosofii* 1 (1968), 111-122.
SMOLIČ, I., 1934. *Ivan Vasil'evič Kireevskij. Leben und Weltanschauung. 1806-1856. Beitrag zur Geschichte des russischen Slavophilentums*, Diss. (Berlin) Breslau.
SOFSKY, W., 1996. *Traktat über die Gewalt*, Frankfurt a.M.
SOLOV'EV, V. S., 1889. *La Russie et l'église universelle*, Paris.

–, 1891. *Stichotvorenija*, Moskau.
–, 1896. Artikel: Metafizika. – In: *Brokgauz/Efron. Ènciklopedičeskij slovar'*. t. XIX, Sankt Petersburg, 164-166.
–, 1966. *Sobranie sočinenij*, Sankt Petersburg o.J. Ndr. Brüssel 1966.
– <SOLOWJEW, Wl.>, 1986. *Kratkaja povest' ob Antichriste*. Dt. zit. n.: *Kurze Erzählung vom Antichrist*, München 6. Aufl.
–, 1989. Stat'i i pis'ma. – In: *Novyj mir* 1 (1989), 194-234.
–, 1990. <Teoretičeskaja filosofija>. – In: *Sočinenija v dvuch tomach*. t. 1, Moskau 2. Aufl., 756-831.
–, 1991a. Smysl ljubvi. – In: *Russkij Èros*. Hg. v. V. P. Šestakov, Moskau, 19-77.
–, 1991b. Russkaja ideja. – In: A. F. Zamaleev (Hg.): *Rossija glazami russkogo. Čaadaev – Leont'ev – Solov'ev*, Sankt Petersburg, 311-339.
–, 1994a. *Sočinenija*, Moskau.
–, 1994b. *O christianskom edinstve*, Moskau.
SOROKIN, P. A., 1953. *Social Philosophies of an Age of Crisis*. Dt. zit. n.: *Kulturkrise und Gesellschaftsphilosophie. Moderne Theorien über das Werden und Vergehen von Kulturen und das Wesen ihrer Krisen*, Stuttgart/Wien.
SPENGLER, O., 1963. *Der Untergang des Abendlandes. Umrisse einer Morphologie der Weltgeschichte*, München.
SPINOZA, B., 1925. *Opera*. Bd. IV, Heidelberg
SPRANGER, E., 1969a. Probleme der Kulturmorphologie. – In: *Gesammelte Schriften Bd. 5. Kulturphilosophie und Kulturkritik*, Tübingen, 129-172.
–, 1969b. Die Kulturzyklentheorie und das Problem des Kulturverfalls. – In: *Gesammelte Schriften Bd. 5. Kulturphilosophie und Kulturkritik*, Tübingen, 1-29.
STÄDTKE, K., 1978. *Ästhetisches Denken in Rußland. Kultursituation und Literaturkritik*, Berlin.
–, 1992. Vernunftkritik – Ganzheit der Welt – Selbsterkenntnis. Zur „neuen Renaissance" der Philosophie in Rußland. – In: *Deutsche Zeitschrift für Philosophie* 40 (1992), 563-576.
–, 1995. Kultur und Zivilisation. Zur Geschichte des Kulturbegriffs in Rußland. – In: C. Ebert (Hg.): *Kulturauffassungen in der literarischen Welt Rußlands. Kontinuitäten und Wandlungen im 20. Jahrhundert*, Berlin, 18-46.
–, 1998. Figura umolčanija v Moskovsko-Tartuskoj škole. Vortrag auf der Konferenz „Russkaja filosofija v (post)sovetskich uslovijach", Bremen, 26.06.1998. Erscheint in Konferenzsammelband. Hg. v. M. K. Ryklin; K. Städtke; D. Uffelmann, Moskau (Ad Marginem).
–, 1999. Fragwürdigkeiten der Rußland-Interpretation. Erscheint in: *Leviathan* 2/1999.
STEINER, H. G., 1980. Artikel: Mengenlehre. – In: J. G. Ritter (Hg.): *Historisches Wörterbuch der Philosophie*. Bd. 5, Basel, 1044-1059.
STEINWACHS, B., 1985. Was leisten (literarische) Epochenbegriffe? Forderungen und Folgerungen. – In: H.-U. Gumbrecht; U. Link-Heer (Hg.): *Epochenschwellen und Epochenstrukturen im Diskurs der Literatur- und Sprachhistorie*, Frankfurt a.M., 312-323.
<STEKLOV, Ju.> STEKLOW, G., 1920. *A. J. Herzen. Eine Biographie*, Berlin.

STEPUN, F., 1957. Das ökumenische Problem in der Geschichtsphilosophie Wladimir Solowjews. – In: *Beiträge zur evangelischen Theologie* 26, 188-201.

–, 1959. *Der Bolschewismus und die christliche Existenz*, München.

–, 1964. *Mystische Weltschau. Fünf Gestalten des russischen Symbolismus*, München.

STIRNER, M., 1972. *Der Einzige und sein Eigentum*, Stuttgart.

STRACHOV, N. N., 1887. *Bor'ba s Zapadom v našej literature. Istoričeskie i kritičeskie očerki*, Sankt Petersburg.

–, 1995. Žizn' i trudy N. Ja. Danilevskogo. – In: N. Ja. Danilevskij: *Rossija i Evropa. Vzgljad na kul'turnye i političeskie otnošenija slavjanskogo mira k germano-romanskomu*, Moskau, XXI-XXXIV.

ŠTRANGE, M. M., 1956. *Russkoe Obščestvo i francuzskaja revolucija 1789-1794gg.*, Moskau.

<STREMOUCHOV.> STRÉMOOUKHOFF, D., 1933. *Vladimir Soloviev et son œuvre messianique*, Lausanne.

STRICH, W., 1909. *Das Wertproblem in der Philosophie der Gegenwart*, Diss. (Leipzig). Berlin.

STRUVE, N. A., 1967. Proročeskaja kniga. – In: *Iz glubiny. Sbornik statej o russkoj revoljucii*, Paris, V-VII.

STRUVE, P. V., 1995. Konstantin Leont'ev. – In: A. R. Kozyrev; A. A. Korol'kov (Hg.): *K. N. Leont'ev. Pro et contra. Antologija. kn. 2. Ličnost' i tvorčestvo Konstantina Leont'eva v ocenkach russkich myslitelej i issledovatelej posle 1917 g*, Sankt Petersburg, 180-186.

ŠTÚR, L.' 1931. *Das Slawenthum und die Welt der Zukunft. Slovanstvo a svět budoucnosti*. Hg. v. J. Jirásek, Bratislava.

SUMAROKOV, A. P., 1957. Dve épistoly. Épistola I. – In: *Izbrannye proizvedenija*, Leningrad, 112-115.

SUTTON, J., 1988. *The Religious Philosophy of Vladimir Solovyov. Towards a Reassessment*, Basingstoke/London.

ŚWIDERSKI, E., 1998. *Culture, Contexts, and Directions in Russian Post-Soviet Philosophy*. (ms).

SZYŁKARSKI, W., 1948. *Sołowjew und Dostojewskij*, Bonn.

TAINE, H., 1902. *Philosophie de l'art*. Dt. zit. n.: *Philosophie der Kunst*, Leipzig.

TARASOV, B. N., 1987. P. Ja. Čaadaev i russkaja literatura pervoj poloviny XIX veka. – In: P. Ja. Čaadaev: *Stat'i i pis'ma*, Moskau, 3-32.

TARSKI, A., 1936. Grundlegung der wissenschaftlichen Semantik. – In: *Actes du Congrès International de la Philosophie Scientifique*. Bd.3, Paris, 1-8.

TARTAK, E. L., 1948. The Liberal Tradition in Russia. A. Herzen and S. Soloviev. – In: F. Gross (Hg.): *European Ideologies. A Survey of 20th Century Political Ideas*, New York, 310-323.

TATARINOVA, L. E., 1980. *A. I. Gercen*, Moskau.

TEILHARD DE CHARDIN, P., 1963. *L'apparition de l'homme*. Dt. zit. n.: *Die Entstehung des Menschen*, München 3. Aufl.

TITUNIK, I. R., 1984. Russian Sentimentalist Rhetoric of Fiction („Image of Author"). – In: M. Halle e.a. (Hg.): *Semiosis, Semiotics and the History of Culture*. In Honorem Georgij Lotman, Michigan, 228-239.

TJUTČEV, F. I., 1987. *Polnoe sobranie stichotvorenij*, Leningrad.

TKAČEV, P. N., 1990. Čto takoe partija progressa. – In: *Kritičeskie stat'i 1869-1880*, Moskau, 36-103.

TOROPYGIN, P., 1994. P. Ja. Čaadaev i I. V. Kireevskij. – In: *Klassicizm i modernizm. Sbornik statej*, Tartu, 94-101.

– o.J. <1996>. Kantianstvo Čaadaeva. – In: *Trudy po russkoj i slavjanskoj filosofii. Literaturovedenie. Novaja serija* 1, Tartu, 112-123.

TRUBECKOJ, E. N., 1995. *Mirosozercanie V. S. Solov'eva*. 2 t., Moskau.

TRUBECKOJ, N. S., 1991. O istinnom i ložnom nacionalizme. – In: *K probleme russkogo samopoznanija. Sobranie statej*, o.O., 10-20.

TRUBECKOJ, S. N., 1994. *Sočinenija*, Moskau.

–, 1996. Razočarovannyj slavjanofil. – In: *K. N. Leont'ev. Pro et contra. Antologija. kn. 1. Ličnost' i tvorčestvo Konstantina Leont'eva v ocenkach russkich myslitelej i issledovatelej 1891-1917 gg.*, Sankt Petersburg, 123-159.

TRUHLAR, K. V., 1966. *Teilhard und Solowjew. Dichtung und religiöse Erfahrung*, Freiburg/München.

TUGENDHAT, E.; WOLF, V., 1993. *Logisch-semantische Propädeutik*, Stuttgart.

TUNIMANOV, V. A., 1994. *A. I. Gercen i russkaja obščestvenno-literaturnaja mysl' XIX v.*, Sankt Petersburg.

TYNJANOV, Ju., 1929. *Archaisty i novatory*, Ann Arbor.

UFFELMANN, D., 1994. Halbherzige Heterogenität. Der Freiheitsbegriff in der politischen Philosophie von G. P. Fedotov. – In: *Die Welt der Slaven* XXXIX (1994), 323-343.

–, 1996. Kulturauffassungen in der Karamzin-Šiškov-Kontroverse. – In: *Die Welt der Slaven* XLI (1996), 126-152.

–, 1997a. Die Rolle dualer Modelle bei der Entwicklung russischen Geschichtsbewußtseins. – In: H. Raisch; A. Reese (Hg.): *Historia didactica. Geschichtsdidaktik heute. Festschrift für U. Uffelmann zum 60.*, Idstein, 259-276.

–, 1997b. Michail Ryklins politische Philosophie, oder: Gibt es einen russischen Poststrukturalismus?. – In: *Via Regia* 48/49 (1997), 41-44.

–, 1997c. Der Antizipationstopos (Am Beispiel der Rezeption Cyprian K. Norwids). – In: *Zeitschrift für Slavische Philologie* LVI 1 (1997), 55-89.

–, 1998a. miraž/nebytie/zlo. Zum Problem einer Ligatur in der russischen Philosophie. Vortrag Konstanz 08.02.1998. Erscheint in Konferenzsammelband „*Mystifikation – Autorschaft – Original*". Hg. v. Su. Frank; S. Sasse; S. Schahadat; C. Schramm.

–, 1998b. Autobiografizm i antropologija. „Ecce homo" Fryderyka Nietzschego i „Pan Cogito" Zbigniewa Herberta. – In: E. Kasperski (Hg.): *Postać literacka. Teoria i historia*, Warschau 1998, 53-75.

–, 1998c. Mesto mysli. Zametki po povodu problemy prostranstvennosti v russkoj filosofii. Vortrag Bremen 26.06.1998. Erscheint in Konferenzsammelband. Hg. v. M. K. Ryklin; K. Städtke; D. Uffelmann, Moskau (Ad Marginem)
–, 1999: Radiščev lesen. Zur Strategie der Widersprüche im „Putešestvie iz Peterburga v Moskvu". Erscheint in: Wiener Slavistischer Almanach 43 (1999).
URBAN, W., 1909. *Value. Its Nature and Laws*, London.
–, 1917. Ontological Problems of Value. – In: *The Journal of Philosophy, Psychology and Scientific Methods*. Vol. XIV 12, 309-327.
USPENSKIJ, B. A., 1985. *Iz istorii russkogo literaturnogo jazyka XVIII – načala XIX veka. Jazykovaja programma Karamzina i ee istoričeskie korni*, Moskau.
–, 1994. *Kratkij očerk istorii russkogo literaturnogo jazyka (XI-XIX vv.)*, Moskau.
VAJGAČEV, S. A., 1991. Posleslovie. – In: N. Ja. Danilevskij: *Rossija i Evropa*, Moskau, 556-567.
VAL'DENBERG, V. 1998. Čaadaev i slavjanofily. – In: A. A. Ermičev; A. A. Zlatopol'skaja (Hg.): *P. Ja. Čaadaev. Pro et Contra. Ličnost' i tvorčestvo Petra Čaadaeva v ocenke russkich myslitelej i issledovatelej*. Antologija, Sankt Petersburg, 375-381.
VALICKAJA, A. P., 1983. *Russkaja èstetika XVIII veka. Istoriko-problemnyj očerk prosvetitel'skoj mysli*, Moskau.
VEESER, H. A., 1989. Introduction. – In: *The New Historicism*, New York, IX-XVI.
VENN, J., 1880. On the Diagrammatic and Mechanical Representation of Propositions and Reasonings. – In: *The London, Edinburgh and Dublin Philosophical Magazine and Journal of Science*. Series 5 Vol. 9 No. 59 (July 1880), 1-18.
VENTURI, F., 1966. *Il populismo russo*. Engl zit. n.: *Roots of Revolution. A History of The Populist and Socialist Movements in Nineteenth Century Russia*, New York.
VERGIL 1969. P. *Vergilii Maronis Opera*, Oxford.
VERNADSKIJ, V. I., 1989. *Biosfera i noosfera*, Moskau.
VJAZEMSKIJ, M. A., 1984. *Èstetika i literaturnaja kritika*, Moskau.
VOLGIN, V. P., 1963. Socializm Gercena. – In: *Problemy izučenija Gercena*, Moskau, 43-81.
VOLODIN, A. I., 1963. Gercen i Gegel' (Problema edinstva bytija i myšlenija v „Pis'mach ob izučenii prirody"). – In: *Problemy izučenija Gercena*, Moskau, 82-121.
VUCINICH, A., 1988. *Darwin in Russian Thought*, Berkeley e.a.
WAAGE, P. N., 1988. *Der unsichtbare Kontinent. Wladimir Solowjow, der Denker Europas*, Stuttgart.
WACKWITZ, S., 1982. *Trauer und Utopie um 1800. Studien zu Hölderlins Elegienwerk*, Stuttgart.
WALICKI, A., 1975. *The Slavophile Controversy. History of a Conservative Utopia in Nineteenth-Century Russian Thought*, Oxford.
–, 1979. *Rosyjska filozofia i myśl społeczna od oświecenia do marksizmu*. Engl. zit. n.: *A History of Russian Thought form the Enlightenment to Marxism*, Stanford.
WEININGER, O., 1926. *Geschlecht und Charakter. Eine prinzipielle Untersuchung*, Wien/Leipzig.
WENISCH, F., 1968. *Die Objektivität der Werte*, Regensburg.

WENZLER, L., 1988. *Die Freiheit und das Böse nach Vladimir Solov'ev*, Freiburg/ München.

WERKMEISTER, W. H., 1970. *Historical Spectrum of Value Theories. Vol. 1: The German-Language Group*, Lincoln (Nebraska).

–, 1973. *Historical Spectrum of Value Theories. Vol. 2: The Anglo-American Group*, Lincoln (Nebraska).

WETTER, G. A. (S.J.), 1996. Rußland. Ursprünge und erste Entwicklung der russischen Philosophie. Gedanken zu einer Philosophie ihrer Geschichte. – In: H. Dahm; A. Ignatow (Hg.): *Geschichte der philosophischen Traditionen Osteuropas*, Darmstadt, 3-43.

WILLIAMS, J. R., 1989. *A paradigm lost. The linguistic theory of Mikolaj Kruszewski*, Diss. Chapel Hill (North Carolina).

WINCKELMANN, W., 1756. *Gedanken über die Nachahmung der Griechischen Werke in der Malerey und Bildhauerkunst*, Dresden/Leipzig.

WINDELBAND, W., 1914. *Einleitung in die Philosophie*, Tübingen.

WINKO, S., 1991. *Wertungen und Werte in Texten. Axiologische Grundlagen und literaturwissenschaftliches Rekonstruktionsverfahren*, Braunschweig/Wiesbaden.

WITTE, G., 1997. Rußland als Psychotop. – In: E. Cheauré (Hg.): *Rußland 1987-1997*, Berlin, 17-35.

WÖLFFLIN, H., 1968. *Renaissance und Barock. Eine Untersuchung über Wesen und Entstehung des Barockstils in Italien*, Basel/Stuttgart 7. Aufl.

YOUNG, R. J. C., 1995. *Colonial Desire. Hybridity in Theory, Culture and Race*, London New York.

ZAMALEEV, A. F., 1995. *Lekcii po istorii russkoj filosofii*, Sankt Petersburg.

ZAPADOV, V. A., 1992. Istorija sozdanija „Putešestvija iz Peterbuga v Moskvu" i „Vol'-nosti". – In: A. N. Radiščev: *Putešestvie iz Peterburga v Moskvu. Vol'nost'*. Moskau, 475-623.

ZELINSKY, B., 1975. *Russische Romantik*, Köln/Wien.

ZENKIN, S., 1998. Refleksija o kul'ture v sovetskoj nauke 70-ch godov. Ideologičeskie aspekty. – In: *Rossija/Russia* 1 [9] (1998), 197-212.

ZEN'KOVSKIJ, V. V., 1948. *Istorija russkoj filosofii*. 2 t,. Paris. Ndr. Paris 1989.

ZIELEŃCZYK, A., 1923. Czynnik pragmatyczny w filozofii polskiej. – In: *Przegląd filozoficzny* 26 (1923) z. 2-3.

ZIMMERMANN, J. E., 1989. *Midpassage. Alexander Herzen and European Revolution (1847-1852)*, Pittsburgh.

<ZINOV'EV> SINOWJEW, A.; WESSEL, H., 1975. *Logische Sprachregeln*, München Salzburg.

ŽIRMUNSKIJ, V., 1928. *Voprosy teorii literatury. Stat'i 1916-1926*, Leningrad.

ZITKO, H., 1991. *Nietzsches Philosophie als Logik der Ambivalenz*, Würzburg.

ŽIVOV, V. M., 1990. *Kul'turnye konflikty v istorii russkogo literaturnogo jazyka XVIII – načala XIX veka*, Moskau.

ZNANIECKI, F., 1991. Upadek cywilizacji zachodniej. – In: *Pisma filozoficzne*. t. 2, Warschau, 929-1108.

ZORN, R., 1972. Einleitung. – In: N. Macciavelli: *Der Fürst*, Stuttgart 4. Aufl., IX-XXII.

NAMENSINDEX

Dieser Index enthält ausschließlich Namen historischer Personen, keine literarischen Helden oder mythischen Gestalten. Bei russischen Namen wird bis auf wenige Ausnahmen lediglich die bibliothekarische Transliteration angeführt (Doubletten werden im Literaturverzeichnis aufgelöst).

Achiezer, A. S.   24f, 33, 36f, 40, 81, 94

Ackermann, A.   177, 314

Acton, E.   253, 271, 289

Adorno, T. W.   49, 62, 93, 107f, 305, 385

Adrianov, B.   316, 342, 406

Aksakov, I. S.   281

Aksakov, K. S.   280f, 387

Akulinin, V. N.   322, 352, 388

Albert, K.   380f

Aleksandr I.   219

Aleksandr II.   266, 286f

Alexander, M.   234

Althusser, L.   93

Al'tšuller, M.   26, 124, 134, 139, 144, 174

Ammer, V.   337, 366

Amvrozij   339

Andreev, A.   412

Aristoteles   53, 67, 82f, 117, 181, 248, 286, 410

Asmus, V. F.   370

Astaf'ev, P. E.   314, 325

Assmann, J.   343, 396

Averincev, S.   46

Baader, F. X. v.   27, 117, 189, 216, 219-221, 311, 375

Bacon, F.   291, 302, 309

Bachtin, M. M.   22, 95, 102, 115, 117, 202, 222, 236, 278

Baecker, D.   84

Bagno, V. E.   34, 401

Bakunin, M. A.   233f, 237, 245, 262, 266, 281, 292, 298, 305

Ballanche, P.-S.   216

Barabanov, E. V.   192, 215

Baran, P.   67

Baßler, M.   90, 420

Bataille, G.   411

Bateson, G.   412

Batjuškov, K. N.   26

Batjuto, A. I.   313

Baudrillard, J.   413

Baumgarten, A. G.   157

Beierwaltes, W.   226, 379, 381, 385

Belinskij, V. G.   123, 159, 222, 281

Benjamin, W.   34, 75, 116, 141

Bentham, J.   67, 268

Benz, E.   184, 326, 369, 382f

Berdjaev, N. A. 32, 35-37, 195, 220, 249, 257, 263, 311, 315f, 324f, 328-330, 333, 335, 347, 364, 366, 370, 387, 394, 405

Berger, O. 338

Bergson, H. 148, 173

Berlin, I. 231, 246, 264, 279, 295, 298, 302, 304, 308f

Bestužev-Rjumin, K. N. 230, 246, 281, 288, 300

Bezwiński, A. 161f, 204, 211

Bibler, V. S. 22, 28

Bismarck, O. v. 250, 263

Bittner, K. 123

Black, J. L. 26, 131, 147

Blagova, T. I. 171, 219

Bloch, E. 132, 395

Blok, A. 17

Bloom, H. 101, 111f, 114

Bocheński, I. M. 49, 60, 63, 83

Böhme, J. 219-221, 369, 378, 382

Boileau, N. 157

Bojkov, V. F. 170, 172, 183

Bolz, N. 116

Bonald, L. de 168, 183, 216

Bonnet, C. de. 130, 248

Borges, J. 255

Bosanquet, B. 72f, 75

Botkin, V. P. 281

Bourdieu, P. 99, 295

Bovenschen, S. 210

Braudel, F. 29f, 148, 230

Brentano, F. 67, 69-71

Brockhaus, F. A. 29, 351

Broda, M. 317, 347, 377f, 385

Brodskij, N. L. 162, 165

Bruno, G. 286

Bulanin, D. M. 212

Bulanov, A. M. 162, 213

Bulgakov, S. N. 249, 257, 263, 285, 289, 294, 352f, 388

Bulyčev, Ju. 316, 340, 342

Bunin, I. A. 102

Burchardi, K. 36f, 319, 341, 393, 408, 414

Burckhardt, J. 343

Buridan, J. 51

Burke, P. 42

Burleigh, W. 51

Busch, U. 292

Čaadaev, P. Ja. 18-20, 23, 26, 28, 30f, 44, 48, 56, 58, 85f, 110f, 117, 144, 158-229, 232f, 236, 243, 246, 250, 255, 257, 259, 262, 271f, 280, 283, 290, 301, 308f, 311, 314, 318, 324, 326, 328, 336, 338, 342, 344, 348, 351, 355, 358, 368, 373f, 388-391, 395, 397, 402, 419

Caats, A. 162, 204, 207

Carlyle, T. 342

Namensindex

Carr, E. H. 297
Casanova, G. G. 135
Cato (maior) 241
Čechov, A. P. 102, 276
Černyševskij, N. G. 166f, 224, 228, 260, 271, 359
Chomjakov, A. S. 28, 47, 162, 164, 175, 181, 184, 192, 214, 225, 259-261, 280, 293, 327, 334f, 387
Christoff, P. K. 23, 162, 174, 193, 200, 216
Chvostov, D. M. 121
Cicero, M. T. 297
Cieszkowski, A. 215, 286, 303, 332
Čiževskij, D. 287, 302, 332, 334, 379f, 395
Coleridge, S. T. 34
Comte, A. 381
Copleston, F. C. 162, 182, 207, 210, 242f
Czaplejewicz, E. 53, 181

Dahm, H. 36, 263, 354, 367, 374
Dante Alighieri 270
Danilevskij, N. Ja. 23, 28, 30, 45, 51, 58, 86, 104, 110, 118, 123, 159f, 175, 205, 229-315, 321f, 325-328, 331, 336, 343, 348f, 351, 354, 357, 368, 375, 377, 385f, 388-391, 393, 395, 397, 405, 411, 419
Darwin, C. 234, 248, 251, 256, 277, 280

Daškov, D. V. 121
Daugirdaité-Sruogiené, V. 311
Davidson, D. 68
Davydov, I. I. 217
Degot', K. 202
Demandt, A. 230, 247, 292
Derrida, J. 59, 74, 76, 100, 107, 202
Deržavin, G. R. 339
Descartes, R. 284, 291
Dewey, J. 67
Diderot, D. 152
Diec, J. 342, 374
Diels, H. 379
Dinzelbacher, P. 42, 112
D'jakov, V. A. 245, 252, 261
Dobieszewski, I. 177, 224
Donoso Cortés, J. F. M. 235
Döring-Smirnov, J. R. 24, 211
Dorn, N. 162, 204, 207
Dostoevskij, F. M. 26f, 36, 84, 236, 260, 273, 313-316, 320, 322, 324f, 332f, 334, 340, 344-346, 353, 359f, 362, 367, 387, 413
Drubek-Meyer, N. 39, 413
Dudek, G. 131f
Düsing, K. 304
Dutu, A. 43

Ebert, C. 55
Eforn, I. A. 29, 351

Ehrenfels, C. v. 67, 69, 71, 73f, 79f, 82, 114
Ekaterina II. 330
Ėjchenbaum, B. 56, 119
Elias, N. 30
Emeljanov, B. V. 330
Engels, F. 207, 244, 289
Ėpštejn, M. 35, 228, 394
Ėrlich, V. 418
Ėrn, V. F. 388
Ėtkind, A. M. 380
Euler, L. 60, 63f, 95, 147f, 210, 400

Falk, H. 164, 167, 176f, 194, 201, 216
Fedorov, N. F. 132, 367
Fedotov, G. P. 48, 86, 97, 149, 193, 223, 253, 294, 386, 406, 411f, 414
Feuerbach, L. 303, 305
Fichte, J. G. 181, 217, 320, 322
Filaret 335
Filofej 152, 186, 212, 326
Fischel, A. 252, 268, 273f
Fleischer, M. 38f
Florenskij, P. A. 48, 103, 110, 383, 386, 388, 403, 406, 409f, 414
Florovskij, G. 181, 196, 233, 235, 257, 320, 343, 370, 379, 384
Flournoy, J. 422
Fónagy, I. 35, 56, 86

Foucault, M. 38, 108, 255, 396-398, 413
Frank, M. 397
Frank, Se. L. 28, 33, 35-37, 222, 311, 318, 333, 340, 353, 363, 370, 384, 394
Frank, Su. 400f
Franz, N. P. 152
Frege, G. 49, 58f, 62, 96, 98
Freud, S. 44, 99f, 370
Fridlender, G. 288
Friedrich, C. 35, 42, 87, 268, 394
Friedrich, H. 155
Frobenius, L. 230
Fudel', I. 313f, 333

Gabriel, G. 91, 122
Gadamer, H. G. 27
Gajdenko, P. 316, 323, 333, 340, 343, 348
Galachov, I. P. 281
Galaktionov, A. A. 176, 195f, 212, 230-232, 239, 246-250, 268, 281, 297, 302, 357
Galič, A. I. 217
Galilei, G. 180
Gallas, H. 87
Garde, P. 120, 126, 152
Garnett, A. C. 69f
Gasparov, B. M. 120, 122, 131, 150

Namensindex

Gaut, G. 323, 327

Genette, G. 239f

George, M. 319, 370

Gercen, A. I. 23, 30, 32, 43, 45, 55, 58, 86, 104f, 110, 114, 119f, 136, 138, 148, 150, 159f, 163f, 168, 171, 175, 182, 185, 200, 202, 217, 222, 224, 228-311, 314f, 318, 321f, 333, 336, 341, 351, 353f, 375, 386, 388-391, 393, 395, 397, 405, 411, 419

Gercen, N. A. 297

Geršenzon, M. 164, 172, 177, 182, 186, 191f, 213, 224

Gervinus, G. G. 239

Gillel'son, M. I. 164f

Ginzburg, L. 114, 296

Gioacchino da Fiore 381

Glanc, T. 148

Gleason, A. 162, 164f, 190, 193, 212

Gleixner, H. 341

Gnedič, N. I. 122

Goerdt, W. 179, 184f, 206, 216, 303

Goethe, J. W. v. 82, 262f, 276f, 279, 307, 329f

Gogol', N. V. 39, 56

Gorbačev, M. S. 387

Gorbatov, I. 151

Gorelov, A. 339

Gorškov, A. I. 144

Gradovskij, A. D. 313

Granovskij, T. N. 248, 281

Grassl, W. 71

Grauel, A. 96

Greenblatt, S. J. 20f, 45, 83, 421

Greenfeld, L. 204, 224, 263, 265

Greimas, A. 51, 58

Griboedov, A. S. 1122

Groberg, K. 318

Grot, Ja. K. 120

Groys, B. E. 44f, 169f, 202, 204, 206, 215f, 272

Grübel, R. 26, 29, 32, 34, 40, 47, 82, 101, 235, 239, 413

Grunsky, H. 369, 378, 382

Grzybek, P. 29-31

Gubin, V. 30

Guizot, F. P. G. 168, 186, 216

Gukovskij, G. A. 132

Günther, G. 96f, 103

Gurevič, A. 46

Gurvič-Liščiner, S. 250

Hall, E. W. 68

Hansen-Löve, A. A. 34, 196, 358, 387

Harris, E. E. 92

Hartl, F. 220

Haxthausen, A. v. 254, 271

Heeschen, V. 137

Hegel, G. W. F. 21, 60, 62, 72, 92-94, 107, 163, 177, 179, 181, 189, 192, 195, 208, 212, 217, 220, 224-226,

228, 231, 239f, 249f, 254, 260, 267, 269, 272, 276, 286f, 300, 302-305, 309, 334, 375, 381, 386
Heidegger, M. 92, 188, 275, 279, 397
Henrich, D. 59, 62
Henriksen, J. A. 18f, 21, 398
Hentschel, E. 270
Heraklit 285, 379
d'Herbigny, M. 315, 337f
Herder, J. G. 123, 170, 174, 238, 251, 253, 323
Herwegh, G. 254, 289, 297
Hess, M. 244
Hessen, J. 67, 69, 74
Hildermeier, M. 271
Hitler, A. 274
Hobbes, T. 138, 343, 411
Hölderlin, F. 217
Hösle, V. 27, 45, 92f, 275f
Hoffmeister, E. 92
Hülsmann, H. 67
Huizinga, J. 42
Humboldt, W. v. 146
Hume, D. 151, 256, 270, 285, 392
Huntington, S. P. 46f
Hurwicz, E. 214
Husserl, E. 96

Ignatow, A. 36, 45, 175, 240, 264, 340, 360

Ilarion 18, 26, 43, 212, 336
Isaak (von Ninive) 197, 216, 335, 350
Isupov, K. G. 170, 172, 183, 250, 285
Ivan Groznyj 343
Ivanov, G. 346
Ivanov, Vjač. I. 48, 110, 353, 406-408, 414
Ivanov, Vjač. Vs. 191
Ivanov, Vl. 181, 212
Ivanov-Razumnik, <V. R.> 217, 222, 249, 290
Ivask, Ju. 316, 339, 345, 387
Iwaszkiewicz, J. 48

Jakobson, R. O. 86, 99f, 401
James, W. 98
Jameson, F. 20f
Janov, A. P. 346, 373
Jantzen, J. 18
Jauss, H. R. 395
Jazykov, N. M. 199
Jones, W. 146
Józsa, B. 356, 379, 383
Jung, C. G. 398
Jung-Stilling, J. H. 186
Jurkevič, P. D. 320

Kačenovskij, M. T. 133
Kafka, F. 338

Namensindex

Kamenskij, Z. A. 164, 170, 191, 195, 207, 217, 224f, 246

Kant, I. 49, 60, 67f, 75, 83, 91, 93, 110, 177, 188, 190, 201, 220, 248f, 284, 300, 320, 375, 399

Kantemir, A. D. 124

Karamzin, N. M. 18, 23, 26-29, 37, 55, 58, 85f, 99, 109, 116, 119-161, 163, 166f, 170, 172, 187, 196, 202f, 209, 211, 213, 222, 227, 229, 236f, 243, 248f, 260, 280, 284, 294, 314, 351, 371, 376, 389f, 391, 393, 395, 418f

Karl d. Gr. 259

Karsavin, L. P. 388

Kašpirev, V. V. 234

Katenin, P. A. 122

Katkov, M. N. 330

Kavelin, K. D. 313

Ketčer, N. Ch. 296

Kierkegaard, S. 364

Kijko, E. I. 313

Kireev, A. A. 318, 334

Kireevskij, I. V. 23, 28, 30, 37, 43, 48, 51, 53, 57f, 86, 110, 117, 119, 144, 150, 158-229, 232, 241-244, 251f, 254-256, 258f, 264, 268, 278-280, 283, 285-287, 290, 293f, 300f, 308f, 311, 314, 319f, 328, 335f, 341, 344, 347, 352f, 355, 358, 365, 367f, 371, 373f, 388-391, 393, 395, 397, 402, 405, 419

Kisljagina, L. G. 131

Kissel, W. S. 111, 168, 221

Kjellén, R. 268

Kjuchel'beker, V. 133

Klaus, G. 97

Kliment (Smoljatič) 152

Ključevskij, V. O. 131

Klum, E. 369, 379, 383

Kneale M. 51, 60

Kneale, W. 51, 60

Kočetkova, N. 120, 131

Kohn, H. 251, 259

Kohut, H. 58

Kologrivov, I. 338, 369, 377, 385

Kondrinewitsch, J. 356, 379, 381f

Konersmann, A. 45

Kopernikus, N. 255

Korolev, A. V. 30, 326

Korol'kov, A. 325f, 333, 342, 364, 385, 387

Korš, E. 281

Koschmal, W. 30, 340

Kosik, Ju. 325, 333, 335, 357

Kosmolinskaja, G. A. 151

Kovalevskaja, E. G. 121, 126, 139

Koyré, A. 162, 164f, 217f

Koz'min, B. 289

Kraft, V. 67

Kraus, O. 70

Kreibig, J. C. 72

Kristeva, J. 97, 100, 122, 132

Namensindex

Krjukov, D. L. 281
Kruse, J.-M. 185
Kruszewski, M. 99f
Krzyżanowski, J. 395
Küng, H. 344
Kuhn, H. 70
Kulakova, L. I. 120, 132
Kuznecov, P. 208
Kutuzov, P. L. 121

Lacan, J. 99-101, 155, 394, 419
Lachmann, R. 30, 32, 34, 99, 103, 117, 120, 139, 148, 255
Laermann, K. 139
La Harpe, J.-F. 152
Lakatos, I. 85, 87
Lammenais, H.-F.-R. de 183, 216
Lamont, W. D. 78f
Lang, E. 51f
Lanz, H. 177, 190, 212, 216
Lavater, J. K. 150
Lavrov, P. L. 249, 263, 341
Leach, E. 400
Lehmann-Carli, G. 30, 38, 119, 122, 132, 150
Leibniz, G. W. 60, 263
Lenin, V. I. 93f, 265, 271, 292, 371
Leont'ev, K. N. 23, 28, 30f, 37, 58, 86, 89, 97, 109f, 117f, 149, 173f, 197f, 227, 237, 243, 249, 254, 259, 262, 276, 290, 305, 311-390, 392f, 405f, 418f
Leontovič, V. 120, 131, 149
Lepechin, M. I. 164
Lessing, G. E. 157
Levickij, S. A. 243
Levin, Ju. I. 24f, 57, 104, 316f, 323, 341, 350, 356, 358f, 362, 367, 370, 374, 378, 381, 383, 412, 417
Lewis, C. I. 67
Lichačev, D. S. 33, 46, 155, 395, 401f
Liedtke, R. 21
Lifton, R. J. 94
Lindner, B. 82
Link, J. 38
Linton, W. 240
Ljamina, E. Ė. 120
Locke, J. 299
Lomonosov, M. V. 123-125, 142, 155
Losev, A. F. 379
Losskij, N. O. 162, 166, 187, 205, 228, 248, 285, 329, 338, 353, 360
Lothe, J. 289
Lotman, Ju. I. 24, 32-34, 36f, 40, 42, 50-53, 89, 99, 101f, 119, 123, 126-128, 131f, 134, 136, 138f, 141f, 145, 148, 155f, 198, 253, 358, 393, 399-402, 411
Lotze, H. 67, 69, 74f
Luhmann, N. 33, 40f, 84, 88, 113, 268
Lumsden, C. J. 255

Luther, M. 141, 259
Lutz, L. 55
Lyotard, J.-F. 20f

Macchiavelli, N. 268f, 343
MacLellan, D. 304
MacLuhan, M. 399
MacMaster, R. E. 174f, 231, 239, 241, 244, 256, 267, 269, 274f, 284, 287
MacNally, R. T. 162f, 166, 178, 183, 191f, 216f
Maistre, J. de 127, 168-170, 183, 216
Makarij 216, 344
Makarov, P. 121f, 125f, 130f, 133
Mal'čevskij, N. 316, 406
Malebranche, N. 185
Malia, M. 231, 247, 249, 253, 255, 271, 281f, 297, 304
Malinin, V. 152, 186, 326
Malinowski, B. 31
Mamardašvili, M. B. 28
Mandel'štam, O. È. 163, 166, 176, 186, 198, 206
Mann, H. 31
Mann, Th. 31
Maren-Grisebach, M. 262
Marquard, O. 93f, 188
Marx, K. 81, 92-94, 117, 207, 231, 237, 244, 247, 249, 262, 265f, 287, 289, 290, 304

Masaryk, T. G. 162, 166, 179, 186, 230, 255, 259, 293f, 304, 325, 330, 343, 364, 379
Mašinskij, S. I. 293
Maslin, M. 412
Mathesius, V. 55
Maturana, H. R. 116
Maximos (Confessor) 197, 216
Meier, R. 352
Meinong, A. 67, 69, 71, 73, 75f, 79f, 109, 113f
Menke, B. 116
Menne, A. 60, 63
Merežkovskij, D. S. 178, 237
Meyer, H. 26, 56
Michajlovskij, N. K. 231, 245, 248, 251, 256, 264, 272, 274, 279, 313
Michelet, J. 244
Mickiewicz, A. 254
Miljukov, P. 162, 166, 183, 312, 315, 331, 340, 344, 348, 372
Mill, J. S. 294
Mitter, W. 123, 136, 141
Močul'skij, K. 315, 322
Mondry, H. 165
Monroe, J. 288
Montesquieu 131, 170
Mordovčenko, N. I. 120f, 131, 133, 139
Mordvinov, N. S. 152
Moss, G. 316

Muckermann, F. 326, 338
Müller, E. 36, 161-163, 166, 168, 171, 174, 176f, 179, 181f, 186, 189, 193, 198, 204, 206, 212, 218
Müller L. 313, 315f, 334, 337, 382
Münsterberg, H. 19f, 143
Murašov, Ju. 120, 128, 131, 135, 137, 141, 145, 222

Nabokov, V. 415
Naieždin, N. I. 164
Napoléon I. 251
Nau, H.-W. 248
Nietzsche, F. 67, 104, 107, 117, 170, 188, 215, 237f, 311, 313, 316, 333, 336, 340, 343, 347, 352, 384, 386, 388, 398, 413
Nikandrov, P. F. 195, 212, 249
Nikolaj I. 265
Nikol'skij, B. V. 333, 384
Nötzel, K. 67
Norov, A. S. 164
Norwid, C. K. 355
Nosov, S. N. 344
Novič, I. 231, 235, 287, 292, 307
Novikov, A. I. 330
Novikov, N. I. 132
Novikova, L. I. 177, 232, 292
Nucho, F. 263

Obrezkov, A. F. 130
Odoevskij, V. F. 213
Ogarev, N. P. 281, 293
Onasch, K. 181, 190, 212f, 356, 360, 383, 385

Paisij (Veličkovskij) 181
Panova, E. D. 164, 211
Papernyj, V. 86, 101, 422
Paplauskas-Ramunas, A. 338
Pascal, B. 185, 339
Pasternak, B. 99
Pavlov, I. P. 97
Pavlov, M. G. 217
Peirce, C. S. 49, 256, 284
Pepper, S. C. 67
Peresvetov, I. 324, 327, 343
Perrault, C. 157
Peskov, A. M. 171, 198, 206, 214, 222
Pestel', P. I. 251, 254
Petr I. 121, 123, 156, 170, 174, 252f, 263, 265, 280f, 291, 330
Petraševskij (Butaševič-), M. V. 234, 252
Petrovič, M. B. 240, 272, 303
Pfalzgraf, K. 219, 230f, 234, 239, 242f, 252, 255, 261, 264, 272-274, 283, 307, 312, 325f, 343
Photius 184
Picht, U. 232, 239, 252

Namensindex 461

Pipes, R. 131f, 138
Pirumova, N. 292
Pisarev, D. I. 276
Platon 17-19, 53, 67, 69f, 180, 248f, 320, 332, 379, 383, 410
Platon, Metropolit 43, 212
Plechanov, G. V. 224, 231, 237, 249, 285, 294
Plotin 19, 117, 379-381, 383
Pobedonoscev, K. P. 333, 335, 368
Podoroga, V. A. 100
Podšivalov, V. S. 121
Pogodin, M. P. 252, 261
Politycki, M. 15
Polybios 247
Pomorska, K. 99
Popper, K. 85, 94, 98, 188, 258, 420
Proklos 349, 380f
Prokof'ev, V. 271, 298
Proskurin, O. A. 126, 130
Proudhon, P. J. 265f, 296, 303
Prudentius 222
Przywara, E. 381
Pseudo-Dionysius Areopagita 353, 381
Pugačev, E. 131, 265
Puškin, A. S. 228, 253, 307, 313, 317, 324, 333, 348, 360
Puškin, S. N. 160, 196, 241, 250, 254, 256, 311, 336
Puškin, V. L. 122

Pythagoras 286

Quenet, C. 26, 133, 162-164, 166f, 169, 172, 183, 191, 216f, 271, 280
Quine, W. v. O. 61

Radiščev, A. N. 34, 129, 132, 138, 147, 209, 265f, 284, 343
Radugin, A. A. 46
Rancour-Laferriere, D. 339
Raškovskij, E. B. 329, 341, 356
Redkin, P. G. 281
Reissner, E. 244
Renan, A. 258
Rescher, N. 82f
Rickert, H. 74, 83
Ritz, G. 48
Rjazanovskij, N. V. 163, 193, 199
Rodnjanskaja, I. B. 206
Rodríquez-Lores, J. 93
Rötzer, H. G. 157
Rombach, H. 53
Rorty, R. 98, 422
Rothacker, E. 248
Rothe, H. 120, 134, 151, 298
Rotteck, K. v. 239
Rouleau, F. 164, 177f, 211
Rousseau, J.-J. 136, 152, 156f, 179
Rozanov, V. V. 49, 311, 324, 331, 384f
Rückert, H. 239

Rusch, G. 116

Ryklin, M. K. 44, 48, 86, 97, 135, 149, 173, 403, 406, 412-414, 422

Šachovskoj, A. A. 122

Šachovskoj, D. I. 167

Sade, D. A. F. Marquis de 413

Šafarevič, I. R.. 300

Šafařík, P. J. 128, 260

Said, E. 47

Saint-Simon, H. de 265, 367

Sapir, E. 53f

Sarkisyanz, E. 364, 405

Salzmann, M. 122

Samarin, Ju. 281

Sauer, E. F. 68

Saussure, F. de 51, 79

Ščerbatov, I. A. 18, 158

Schaeffler, R. 156

Scheler, M. 84, 354

Schelling, F. W. J. 117, 169, 182, 190, 208, 212-214, 216-220, 224f, 228, 320, 332

Schelting, A. v. 164f, 167f, 223, 244, 271-273, 289

Scherrer, J. 46

Schiller, F. 213, 221, 243

Schlegel, F. 190, 218f, 311

Schlözer, C. v. 172

Schmitt, C. 19, 68, 83f, 113, 268, 275

Schnädelbach, H. 45, 67, 69f, 75

Scholem, G. 381f

Schücking, L. L. 394

Schulte, C. 219f, 375, 378

Schultze, B. 183f

Schwingel, M. 99, 295

Sečkarev, V. 158, 163, 217f

Serno-Solov'evič, A. A. 237

Šeršenevič, V. G. 99

Šestakov, V. P. 348, 384

Šestov, L. 48, 89, 110, 216, 373, 386, 388, 406, 409-411, 414, 418

Shakespeare, W. 157

Sieber, B. 406

Simmel, G. 45

Simons, P. 71

Šiškov, A. S. 18, 23, 26-28, 56, 58, 85f, 99, 119-161, 163, 166, 174, 196, 200, 202f, 207, 209, 214, 222f, 227, 229, 260, 278, 288, 297, 309f, 314, 321, 327, 335, 349-351, 357, 368, 371, 376, 388f, 391, 393, 395, 405, 411f, 418f

Sivak, A. F. 348, 376

Sizemskaja, I. N. 177, 232, 292

Skovoroda, G. S. 18

Śliwowska, W. 252

Śliwowski, R. 252

Smirnov, I. P. 24-26, 29, 32, 34, 40, 44f, 47, 87, 94, 101, 108, 190f, 221, 235, 240, 327, 339, 395, 403, 417-419

Namensindex

Smirnova, Z. N. 176, 202
Smirnova, Z. V. 208, 224
Smolič, I. 186, 193, 210, 214f, 311, 365
Sofsky, W. 343
Sokrates 67
Solov'ev, V. S. 23f, 27, 36, 55, 57f, 104, 107, 110, 117, 219f, 227, 229, 234, 239, 243, 245f, 254, 259, 276, 284f, 293f, 300, 309, 311-391, 405, 408
Sorokin, P. A. 230, 245, 283
Sorokin, V. G. 413
Spengler, O. 31, 230, 234f, 241, 243-245
Spinoza, B. 101, 188
Spranger, E. 230
Städtke, K. 26f, 30, 111, 147, 156, 171, 183, 205, 221, 311, 401
Stalin, J. V. 326
Stankevič, N. V. 281
Steiner, H. G. 59
Steinwachs, B. 395
Steklov, Ju. 271
Stepanova, G. V. 313
Stepun, F. 161, 163, 203, 205-207, 214, 216, 319, 374, 378
Sterrne, L. 122
Stirner, M. 231, 305, 310
Strachov, N. N. 148, 232, 234, 239, 257, 262, 281, 287, 289, 291, 305
Štrange, M. M. 132

Strauss, D. F. 258
Stremouchov, D. 316, 319
Strich, W. 68
Struve, N. A. 32
Struve, P. V. 368
Štúr, L'. 273
Sumarokov, A. P. 155
Sutton, J. 325, 327
Świderski, E. 28, 35-37, 394
Szyłkarski, W. 315f, 319, 321, 325, 335

Taine, H. 262
Tarasov, B. N. 161f, 167
Tareev, M. M. 212
Tarski, A. 50
Tartak, E. L. 323
Tatarinova, L. E. 298
Teilhard (de Chardin) 328, 336
Titunik, I. R. 122, 125
Tjutčev, F. I. 273
Tkačev, P. N. 249
Tönnies, F. 193
Tolstoj, L. N. 27, 102, 313, 315, 332f, 336, 350, 373
Toropygin, P. 162, 168, 177
Toynbee, A. J. 230, 245
Trockij, L. D. 271
Trubeckoj, E. N. 217, 315, 319-321, 330, 334, 337, 358, 365, 378, 383, 388

Trubeckoj, N. S. 230, 327, 405
Trubeckoj, S. N. 276, 323, 336, 388
Truhlar, K. V. 336
Tugendhat, E. 50, 91, 414
Tunimanov, V. A. 232, 288f, 296, 298
Turgenev, I. S. 34
Tynjanov, Ju. 120, 123, 126, 130, 133, 144

Uffelmann, D. 33, 111f, 132, 162, 169, 175, 185, 193, 208, 221, 223, 241, 253, 294, 332, 375, 386f, 397, 410f, 413
Urban, W. 67, 71, 74
Uspenskij, B. A. 24, 32-34, 36, 40, 42, 89, 119, 126-129, 131f, 141f, 145, 155f, 253, 358, 400-402, 411

Vacuro, V. È. 164f
Vaihinger, H. 188
Vajgačev, S. A. 230, 243, 251, 267
Val'denberg, V. 228
Valickaja, A. P. 131
Veeser, H. A. 90
Vellanskij, D. M. 217, 248
Venn, J. 61
Venturi, F. 254
Vergil 138, 294
Vernadskij, V. 328
Vetlovskaja, V. E. 313

Vico, G. 246
Vitberg, A. L. 254
Vjazemskij, M. A. 127, 131, 172
Volgin, V. P. 271
Vollgraf, K. 239
Volodin, A. I. 231, 283, 303
Voltaire, F. M. 152
Vostokov, A. Ch. 133
Vucinich, A. 234, 248, 256, 280

Waage, P. N. 370, 387
Wackwitz, S. 217
Wagner, R. 316
Walicki, A. 23, 162f, 165, 177, 180, 182, 189-191, 193, 204, 206, 213f, 224, 311, 371, 387
Watzlawick, P. 122
Weber, A. 230, 239
Weininger, O. 370
Wenisch, F. 69
Wenzler, L. 375, 379
Werkmeister, W. H. 67, 72
Wessel, H. 94
Wetter, G. A. 36, 379f
Weydt, H. 270
Whorf, B. L. 53f
William (of Ockham) 51
William (of Shyreswood) 51
Williams, J. R. 100
Wilson, E. O. 255

Winckelmann, W.   166
Windelband, W.   67, 69f, 83
Winko, S.   68
Witte, G.   44
Wölfflin, H.   395
Wolf, U.   50, 91, 414
Wolzogen, W. v.   121

Young, R. J. C.   34

Zadeh, L. A.   96
Zamaleev, A. F.   195, 223
Zapadov, V. A.   265
Zelinsky, B.   214

Zenkin, S.   33, 46
Zen'kovskij, V. V.   105, 224, 230, 250, 257, 271, 281, 287, 333, 382f
Zieleńczyk, A.   215, 287
Zimmermann, J. E.   266, 273, 287, 289, 295
Zinov'ev, A.   94
Žirinovskij, V.   274
Žirmunskij, V.   395
Zitko, H.   386
Živov, V. M.   120f, 147, 151
Znaniecki, F.   244
Zorn, R.   269
Žukovskij, V. A.   122

SLAVISCHE LITERATUREN
Texte und Abhandlungen

Herausgegeben von Wolf Schmid

Band 1 Thomas Wächter: Die künstlerische Welt in späten Erzählungen Čechovs. 1992.

Band 2 Wolf Schmid: Ornamentales Erzählen in der russischen Moderne. Čechov – Babel' – Zamjatin. 1992.

Band 3 Raoul Eshelman: Nikolaj Gumilev and Neoclassical Modernism. The Metaphysics of Style. 1993.

Band 4 Matthias Freise: Michail Bachtins philosophische Ästhetik der Literatur. 1993.

Band 5 Walter Koschmal: Zur Poetik der Dramentrilogie. A. V. Suchovo-Kobylins "Bilder der Vergangenheit". 1993.

Band 6 Алла Ханило: Личная библиотека А. П. Чехова в Ялте. С приложением, составленным Петером Урбаном. 1993.

Band 7 Árpád Kovács: Персональное повествование. Пушкин, Гоголь, Достоевский. 1994.

Band 8 Schamma Schahadat: Intertextualität und Epochenpoetik in den Dramen Aleksandr Bloks. 1995.

Band 9 Rainer Georg Grübel: Sirenen und Kometen. Axiologie und Geschichte der Motive Wasserfrau und Haarstern in slavischen und anderen europäischen Literaturen. 1995.

Band 10 Wolfgang Schlott: Von der Darstellung des Holocaust zur *kleinen Apokalypse*. Fiktionale Krisenbewältigung in der polnischen Prosa nach 1945. 1996.

Band 11 Sven Spieker: Figures of Memory and Forgetting in Andrej Bitov's Prose. Postmodernism and the Quest for History. 1996.

Band 12 Raoul Eshelman: Early Soviet Postmodernism. 1997.

Band 13 Anja Tippner: Alterität, Übersetzung und Kultur. Čechovs Prosa zwischen Rußland und Deutschland. 1997.

Band 14 Reinhold Vogt: Boris Pasternaks monadische Poetik. 1997.

Band 15 Christine Gölz / Anja Otto / Reinhold Vogt (Hrsg.): Romantik – Moderne – Postmoderne. Beiträge zum ersten Kolloquium des Jungen Forums Slavistische Literaturwissenschaft, Hamburg 1996. 1998.

Band 16 Dunja Kary: Postmoderne metahistoriographische Fiktion und Andrej Bitovs *Puškinskij dom*. 1999.

Band 17 Alexander Wöll: Doppelgänger. Steinmonument, Spiegelschrift und Usurpation in der russischen Literatur. 1999.

Band 18 Dirk Uffelmann: Die russische Kulturosophie. Logik und Axiologie der Argumentation. 1999.

Königsberg-Studien

Beiträge zu einem besonderen Kapitel der deutschen Geistesgeschichte des 18. und angehenden 19. Jahrhunderts

Herausgegeben von Joseph Kohnen

Frankfurt/M., Berlin, Bern, New York, Paris, Wien, 1998. VIII, 421 S., 3 Abb.
ISBN 3-631-32677-7 · Geb. DM 118.–*

Dieser zweite Band zum Thema *Königsberg* vereinigt weitere internationale Beiträge zu Philosophie, Theologie, Dichtung und lokaler Kulturgeschichte im Königsberg des 18. und beginnenden 19. Jahrhunderts. Aus vielfältiger, vorwiegend weniger bekannter Sicht beleuchtet das Wirken der bedeutendsten Vertreter der ostpreußischen Geistesgeschichte und ihres Umkreises die abgelegene Provinzhauptstadt als Schnittpunkt und Zentrum zugleich der wesentlichen Kulturströmungen Mittel- und Osteuropas.

Aus dem Inhalt: T. Namowicz: Der *Genius loci* und die literarische Kultur der Zeit · M. Seils: J. G. Hamann und die Königsberger Universität · E. Meinzer: Biblische Poetik. Analogie als Stilprinzip bei Hamann u. Lenz · J. Kohnen: Hippel und die dichterischen Größen seiner Zeit nach seinen Briefen · A. Lindemann: Hippels Plan einer Bürgerschule · H. Beck: The Dialogic Element in Hippel's *Lebensläufe* · P. Reimen: Hippel und Diderot · J. Rathmann: Herder in Königsberg · G. Arnold: *Gesang an den Cyrus* · D. Irmscher: Herders Seereisen in den Jahren 1769 und 1770 · U. Gaier: Herder zwischen geläutertem Patriotismus und Kritik am Nationalismus · J. Simon: Kant als Autor und Hamann als Leser der *Kritik der reinen Vernunft* · R. Theis: Kant über rationale Theologie · I. Koptzev: Kant und das Problem der Sprache · K. Röttgers: Zwei Königsberger 'Bäume' · St. Dietzsch: Zensur in Königsberg · J.-P. Harpes: L'éthique de la communication · L. Kalinnikow: Kant and the Königsberg culture in Kaliningrad · R. Knoll: Michael Lilienthal · J. Kohnen: Ein Königsberger Roman der Spätaufklärung · B. Jähnig: J.F. Goldbeck · E. Mertens: *Der Spiegel* von 1810 und Schenkendorfs *Freiheitsgesänge* · M. Lossau: Goethe und Karl Lehrs

Frankfurt/M · Berlin · Bern · New York · Paris · Wien
Auslieferung: Verlag Peter Lang AG
Jupiterstr. 15, CH-3000 Bern 15
Telefax (004131) 9402131
*inklusive Mehrwertsteuer
Preisänderungen vorbehalten